소송실무자료

2024년 최신판

소규모주택정비사업
{가로주택·소규모(재건축·재개발), 모아주택}

편저 : 법률연구회

법률정보센터

목 차

제1편 가로주택정비사업 주요내용

1. 사업대상과 목적 ··· 1
2. 임대주택 건설비율 ·· 8
3. 시행방법 ·· 9
4. 사업시행자 ··· 10
5. 시공자의 선정 등 ··· 14
6. 주민합의체의 구성 등 ·· 16
7. 조합설립 ·· 18
8. 토지등소유자의 동의방법 등 ·· 21
9. 주택의 규모 ··· 22
10. 관리처분의 내용 및 수립기준 ··· 23
11. 매도청구, 수용 ··· 30
12. 건축규제의 완화 ··· 31

제2편 빈집 및 소규모정비사업 요점정리

제1장 사업진행 절차

1. 사업개요 ·· 35
   가. 의의 ·· 35
   나. 개념 ·· 35
   다. 수립 ·· 35
   라. 법적근거 ·· 36
   마. 빈집정비계획의 내용 ·· 37

2. ICT기반의 빈집정보시스템 구축 ··· 37
    가. 개요 ··· 37
        (1) 개념 ··· 37
        (2) 위탁 ··· 37

3. 빈집실태조사 ··· 38
    가. 개요 ··· 38
        (1) 개념 ··· 38
        (2) 위탁 ··· 38
    나. 조사내용 ··· 38
        (1) 사전조사 ··· 38
        (2) 빈집확인조사 ··· 38
        (3) 등급산정조사 ··· 38
        (4) 소유자 의견조사 ··· 38
    다. 절차 ··· 39

4. 빈집정비계획 수립 ··· 39
    가. 개요 ··· 39
        (1) 개념 ··· 39
        (2) 위탁 ··· 39
    나. 수립절차 ··· 39
    다. 정비사업 절차도 ··· 40
        (1) 도시정비법 ··· 40
        (2) 소규모정비법 ··· 40

제2장 자율주택정비사업

제1절 사업진행절차

1. 자율주택정비사업이란 ··· 41
2. 자율주택정비사업을 할 수 있는 지역은? ··· 42
3. 주민합의체란 ··· 43
4. 자율주택정비사업 사업방식 ··· 44
5. 자율주택정비사업에 "건축협정"더하기 ··· 45

6. 건축협정 : 하나의 대지 ·· 46
7. 건축협정 : 토지분할 ··· 47
8. 건축협정 : 맞벽, 합벽건축 ·· 48
9. 건축협정 : 특례 ·· 49
10. 자율주택정비사업 : 특례 ·· 50
11. 자율주택정비사업의 시행자, 설계자, 시공자, 감리자 ······················ 51
12. 자율주택정비사업 진행절차 ··· 52
13. 통합심의 ··· 53
14. 사업시행계획인가 ··· 54
15. 준공인가 ··· 55
16. 자율주택정비사업의 진행 공공지원 ··· 56
17. 자율주택정비사업의 금융, 매입 및 기존임차인지원 ························ 57
18. 자율주택정비사업의 금융지원 ··· 58
19. 건축협정 FAQ ··· 59
   ① 대지분할 제한 ·· 59
   ② 일조 등의 확보를 위한 건축물의 높이제한 ······························· 59
   ③ 주차장 ·· 60
   ④ 계단 ·· 60
   ⑤ 건폐율과 용적률 -1 ··· 61
   ⑤ 건폐율과 용적률 -2 ··· 61
   ⑥ 맞벽 및 합벽-1 ··· 62
   ⑥ 맞벽 및 합벽-2 ··· 62
   ⑥ 맞벽 및 합벽-3 ··· 62
   ⑦ 건축협정 인가심의 ··· 63
   ⑧ 공부기재 ·· 63
❖ 소규모주택정비사업 관련 법령 ·· 64

제3편 빈집 및 소규모주택 정비에 관한 특례법 상단 대비표

빈집 및 소규모주택 정비에 관한 특례법	빈집 및 소규모주택 정비에 관한 특례법 시행령	빈집 및 소규모주택 정비에 관한 특례법 시행규칙
[시행 2024. 2. 15.] [법률 제19225호, 2023. 2. 14., 타법개정]	[시행 2023. 11. 28.] [대통령령 제33895호, 2023. 11. 28., 일부개정]	[시행 2023. 10. 19.] [국토교통부령 제1265호, 2023. 10. 19., 일부개정]
제1장 총 칙	제1장 총 칙	
제1조 (목적) ·················· 67	제1조 (목적) ·················· 67	제1조 (목적) ·················· 67
제2조 (정의) ·················· 67	제2조 (빈집에서 제외되는 주택) ···· 67	제2조 (가로구역의 범위 등) ······ 70
	제3조 (소규모주택정비사업 대상 지역) ····· 68	
□ 핵심포인트 법 제2조		
법령해석 [법령해석 1] 민원인 - 토지 또는 건축물을 신탁한 위탁자가 가로주택정비사업 조합설립에 동의 대상인 '토지등소유자'에 해당하는지 여부 (「빈집 및 소규모주택 정비에 관한 특례법」 제2조 등) ····· 78 [법령해석 2] 민원인 - 가로(街路)주택정비사업 대상인 "「주택법」 제2조제3호의 공동주택"의 범위 (「빈집 및 소규모주택 정비에 관한 특례법」 「주택법 시행령」 제3조 등 관련) ····· 82 [법령해석 3] 민원인 - 재정비촉진계획의 변경 없이 준지역에서 가로주택정비사업을 시행할 수 있는지 여부 (「도시계정비 촉진을 위한 특별법」 제2조제6호 등 관련) ····· 85		
제3조 (다른 법률과의 관계) ······ 88		

법령해석	[법령해석 1] 민원인 - 가로주택정비사업의 요건 중 건축물의 수 산정방법 (「빈집 및 소규모주택 정비에 관한 특례법 시행령」 제3조제1항제2호나목 등 관련) ·········· 89
	[법령해석 2] 민원인 - 가로(街路)주택정비사업의 대상인 "「주택법」 제2조제3호의 공동주택"의 범위 (「빈집 및 소규모주택 정비에 관한 특례법 시행령」 제3조 등 관련) ············ 93

제 2 장 빈집정비사업

제 1 절 빈집정비계획의 수립 등

제4조 (빈집정비계획의 수립 및 변경) ······ 96
제5조 (빈집정비계획의 수립절차 및 방법) ······ 98
제6조 (실태조사의 내용) ······ 101
제7조 (실태조사의 대행기관) ······ 101
제8조 (실태조사의 방법 및 절차) ······ 102
제8조의2 (빈집의 등급 산정기준) ······ 103
제8조의3 (빈집등에 관한 자료 또는 정보의 이용 및 요청) ······ 105

제 2 절 빈집정비사업의 시행방법 등

제3조 (빈집등에의 출입) ······ 104

제 2 장 빈집정비사업

제 1 절 빈집정비계획의 수립 등

제4조 (빈집정비계획의 수립) ······ 96
제5조 (빈집등 실태조사) ······ 100
제6조 (빈집등에의 출입) ······ 103
제7조 (빈집등에의 출입에 따른 손실보상) ······ 104
제8조 (빈집등에 관한 자료 또는 정보의 이용 및 요청) ······ 105

제 2 절 빈집정비사업의 시행방법 등

- 5 -

제9조 (빈집정비사업의 시행방법)	································107
□ 핵심포인트 법 제9조	································108
법령해석 [법령해석 1] 민원인 국토교통부 - 가로주택정비사업 조합 설립을 위한 정립총회에 관하여 「도시 및 주거환경정비법」 규정을 준용해야 하는지 여부(「빈집 및 소규모주택 정비에 관한 특례법 시행규칙」 제9조제2항 등 관련)	································108
제10조 (빈집정비사업의 시행자)	································111
□ 핵심포인트 법 제10조	
	제4조 (빈집 소유자의 동의방법) ································112
제11조 (빈집의 철거 등) ·······································114	제5조 (빈집의 철거 등 절차) ································113
제11조의2 (빈집의 매입) ·····································116	제5조의2 (빈집의 철거통지) ································114
제11조의3 (빈집에 대한 신고 등) ·························117	제5조의2 (빈집의 매입) ································117
제11조의3 (빈집에 대한 현장조사) ·····················118	
제11조의4 (빈집의 소유자등에 대한 행정지도) ·····118	
제11조의4 (빈집의 수용 또는 사용) ·····················119	
제3절 사업시행계획인가 등	제3절 사업시행계획인가 등
제12조 (사업시행계획인가) ································120	제6조 (사업시행계획인가의 신청 및 고시) ································120
제11조의2 (사업시행계획인가의 경미한 변경) ································120	
□ 핵심포인트 법 제12조	································122
제13조 (사업시행계획서의 작성) ························122	
□ 핵심포인트 법 제13조	································123

제14조 (준공인가 및 공사완료 고시) ······ 123
　핵심포인트 법 제14조 ······ 125
제15조 (빈집정보시스템의 구축) ······ 125
제15조의2 (빈집정보시스템의 구축·운영 전문기관) ······ 126
제15조의2 (빈집정보의 제공) ······ 127

제3장 소규모주택정비사업

제1절 소규모주택정비사업의 시행방법 등

제15조의3 (소규모주택정비사업의 편입 면적) ······ 128
제16조 (소규모주택정비사업의 시행방법) ······ 128
□ 핵심포인트 법 제16조 ······ 129

법령해석
[법령해석 1] 민원인 - 토지등소유자가 통합심의를 거치지 않은 주택단지 외 토지 등을 부지 정형화를 위해 소규모건축사업의 사업시행구역에 포함할 수 있는지 여부(「빈집 및 소규모주택 정비에 관한 특례법」제16조 등 관련) ······ 129
[법령해석 2] 민원인 - 소규모재건축사업 시행상 불가피하여 주택단지에 편입하는 토지 또는 건축물의 면적이 해당 사업시행구역 면적에 포함되는지 여부(「빈집 및 소규모주택 정비에 관한 특례법」제16조 등 관련) ······ 132

제17조 (소규모주택정비사업의 시행자) ······ 137
□ 핵심포인트 법 제17조 ······ 138

법령해석
[법령해석 1] 국토교통부 - 민원인 - 토지등소유자가 20명 미만인 가로주택정비사업 등의 경우 조합을 설립하여 사업을 시행할 수 있는지 여부(「빈집 및 소규모주택 정비에 관한 특례법」제17조 등) ······ 138

- 7 -

법령해석	[법령해석 2] 국토교통부 - 민원인 - 토지등소유자가 20명 미만인 가로주택정비사업 등의 경우 조합을 설립하여 사업을 시행할 수 있는지 여부(「빈집 및 소규모주택 정비에 관한 특례법」 제17조 등) ·················· 141
	[법령해석 3] 민원인 - 「재건축초과이익 환수에 관한 법률」에 따른 재건축부담금의 부과대상 사업의 범위 (「재건축초과이익 환수에 관한 법률」 제2조제1호 등 관련) ·················· 144

제17조의2 삭제 <2023. 4. 18.> ·················· 148

제18조 (소규모주택정비사업의 공공시행자 지정) ·················· 148

제16조 (사업시행자 고시 및 통보) ·················· 150

제17조 (지정개발자의 요건) ·················· 151

제19조 (소규모주택정비사업의 지정개발자 지정) ·················· 151

□ 핵심포인트 법 제17조 ~ 제19조 ·················· 152

제20조 (시공자의 선정 등) ·················· 154

□ 핵심포인트 법 제20조 ·················· 156

제21조 (정비사업전문관리업자의 등록 및 선정 등) ·················· 157

제2절 주민합의체의 구성 및 조합의 설립

제22조 (주민합의체의 구성 등) ·················· 159

제19조 (주민합의서의 경미한 변경) ·················· 161

□ 핵심포인트 법 제22조 ·················· 163

법령해석	[법령해석 1] 민원인 - 투기과열지구에서의 소규모재건축사업 조합원 자격 취득 제한의 범위 (「빈집 및 소규모주택 정비에 관한 특례법 시행령」 제22조제1호 관련) ·················· 163

제23조 (조합설립인가 등) ·················· 167

제20조 (조합설립인가의 절차 등) ·················· 167

제8조 (주민합의체 신고 등) ·················· 160

제9조 (조합설립인가 등) ·················· 167

- 8 -

핵심포인트별 법 제23조 ································· 169	
	제20조의2 (창립총회의 소집절차 등)
	································· 170

법령해석

[법령해석 1] 민원인 - 가로주택정비사업의 조합설립을 위한 창립총회를 개최하려는 경우에 선임해야 하는 대표자의 자격 요건 등 (「빈집 및 소규모주택 정비에 관한 특례법 시행령」 제20조의2 등) ································· 172

[법령해석 2] 민원인 - 가로주택정비사업의 조합설립을 위한 창립총회를 개최하려는 경우에 선임해야 하는 대표자의 자격 요건 등 (「빈집 및 소규모주택 정비에 관한 특례법 시행령」 제20조의2 등) ································· 177

[법령해석 3] 민원인 국토교통부 - 가로주택정비사업에서의 조합 설립을 위한 창립총회에 관하여 「도시 및 주거환경정비법」 규정을 준용해야 하는지 여부 (「빈집 및 소규모주택 정비에 관한 특례법 시행규칙」 제9조제2항 등 관련) ································· 182

	제20조의3 (창립총회 결의사항 등) ································· 186
	제21조 (조합설립인가 사항의 경미한 변경) ································· 186
	제21조의2 (조합설립인가 등의 고시) ································· 188

법령해석

[법령해석 4] 민원인 - 국토교통부 - 사업시행구역의 면적 증가에 따른 조합설립변경인가를 받으려는 경우 토지등소유자의 동의율 판단 기준 및 기존 토지등소유자의 동의서의 재징구 여부 (「빈집 및 소규모주택 정비에 관한 특례법」 제23조제1항 등) ································· 189

[법령해석 5] 민원인 - 가로주택정비사업 조합 설립을 위한 동의 비율의 산정 기준인 공동주택 외의 건축물이 소재하는 전체 토지면적의 의미 (「빈집 및 소규모주택 정비에 관한 특례법」 제23조제1항 관련) ································· 194

[법령해석 6] 민원인 - 가로주택정비구역에서 공동주택 외의 건물이 소재한 전체 토지의 소유자가 1명인 경우에도 토지면적의 토지소유자 동의 요건이 적용되는지(「빈집 및 소규모주택 정비에 관한 특례법」 제23조 등) ································· 197

[법령해석 7] 민원인 - 지역주택조합의 모집 신고가 수리된 지역에서 가로주택정비사업 조합 설립에 대한 동의서의 검인을 할 수 있는지 여부 (「빈집 및 소규모주택 정비에 관한 특례법」 제23조제1항 등 관련) ································· 200

[법령해석 8] 민원인 - 국토교통부 - 사업시행구역의 면적의 재산구 여부 (「빈집 및 소규모주택 정비에 관한 특례법」 제23조 등) ································· 203
기존 토지등소유자의 동의서의 재징구 여부 (「빈집 및 소규모주택 정비에 관한 특례법」 제23조 등)

[법령해석 9] 민원인 - 토지면적을 기준으로 한 조합설립인가 신청시, 소재물명자가 단독 소유한 토지면적의 제외 여부 (「빈집 및 소규모주택 정비에 관한 특례법」 제23조 등 관련) ································· 209

제23조의2 (조합설립인가의 취소 등)	제21조의3 (조합해산의 요청 방법 등) ······ 212
	제9조의2 (조합설립인가 취소 요청서 등) ······ 212
	제21조의4 (조합설립인가 취소 절차) ······ 213
제23조의3 (행위제한 등) ······ 214	제21조의5 (행위허가의 대상 등) ······ 214
	제9조의3 (간이공작물 등) ······ 215
제24조 (조합원의 자격 등) ······ 216	
	제22조 (조합원의 자격 등) ······ 219

법령해석 [법령해석 1] 민원인 - 소규모재건축사업 조합설립인가 후 투기과열지구 지정 시 해당 사업의 건축물 또는 토지를 양수한 자의 조합원 자격 여부(「민집 및 소규모주택 정비에 관한 특례법」 제24조제2항 등 관련) ······ 220

제25조 (토지등소유자의 동의방법 등) ······ 222	제22조의2 (토지등소유자 동의서의 검인 방법) ······ 222
	제23조 (토지등소유자의 동의자 수 산정 방법 등) ······ 223

□ 핵심포인트 법 제25조 ······ 224

법령해석 [법령해석 1] 민원인·국토교통부 - 「주택법」 제11조의3제5항제1호에 따른 "이미 신고된 사업대지와 전부 또는 일부가 중복되는 경우"의 의미(「주택법」 제11조의3 등) ······ 224

제3절 사업시행계획 등	
제26조 (건축심의 등) ······ 228	제24조 (건축심의) ······ 228
제27조 (통합심의) ······ 230	

법령해석 [법령해석 1] 국토교통부 - 임대주택 건설로 건설 시·도조례에 따른 용적률 특례를 적용받는 경우 통합심의권자 (「민집 및 소규모주택 정비에 관한 특례법」 제27조 등) ······ 232

제28조 (분양공고 및 분양신청) ·············· 235	
제28조의2 (소규모재개발사업의 분양받을 권리의 산정 기준일) ·············· 239	제25조 (분양공고 및 분양신청) ·············· 235
	제26조 (사업시행계획인가 사항의 경미한 변경) ·············· 237
제29조 (사업시행계획인가) ·············· 241	제10조 (사업시행계획인가) ·············· 241
법령해석	[법령해석 1] 국토교통부·민원인 - 분양신청기간에 분양신청을 하지 않은 토지등소유자 등이 가로주택정비사업의 사업시행계획인가 신청을 위한 조합 총회의 의결정족수 산정 시 조합원에 포함되는지 여부(「빈집 및 소규모주택 정비에 관한 특례법」제29조 등) ·············· 243
	[법령해석 2] 국토교통부·민원인 - 분양신청기간에 분양신청을 하지 않은 토지등소유자 등이 가로주택정비사업의 사업시행계획인가 신청을 위한 조합 총회의 의결정족수 산정 시 조합원에 포함되는지 여부(「빈집 및 소규모주택 정비에 관한 특례법」제29조 등) ·············· 247
제30조 (사업시행계획서의 작성) ·············· 251	제27조 (사업시행계획서의 작성) ·············· 251
□ 핵심포인트 법 제30조 ·············· 253	
□ 핵심포인트 시행령 제27조 ·············· 253	
제31조 (시행규정의 작성) ·············· 255	제28조 (시행규정의 작성 사업관리비용 책정) ·············· 255
제32조 (주택의 규모 및 건설비율 등) ·············· 256	제29조 (주택의 규모 및 건설비율 등) ·············· 256
□ 핵심포인트 법 제32조 ·············· 257	
제33조 (관리처분계획의 내용 및 수립기준) ·············· 257	제30조 (관리처분계획의 내용 등) ·············· 258
	제31조 (관리처분의 방법) ·············· 259
□ 핵심포인트 법 제33조 ·············· 263	
제34조 (사업시행계획인가에 따른 처분 등) ·············· 264	

- 11 -

제32조 (일반분양 신청절차 등) ·········· 265
제33조 (공공지원민간임대주택의
       인수절차 및 가격 등) ·········· 265
제34조 (임대주택의 공급) ·········· 266

□ 핵심포인트 법 제34조
제4절 사업 시행을 위한 조치 등 ·········· 267

제35조 (매도청구) ·········· 267

□ 핵심포인트 법 제35조 ·········· 269

법령해석 [편행해석 1] 민원인 - 가로주택정비사업의 사업시행자가
       매도청구권을 행사하지 않은 경우, 같은 법 제36조제2항에 따른 매도청구소송 제기를 할 수 없는지 여부 등
       (「빈집 및 소규모주택 정비에 관한 특례법」제35조제5항에 따른
        「빈집 및 소규모주택 정비에 관한 특례법」제35조 등) ·········· 270

제35조의2 (토지 등의 수용 또는 사용) ··· 275
제35조의2 (이주대책의 수립 등
       손실보상) ·········· 275
제36조 (분양신청을 하지 아니한 자
       등에 대한 조치) ·········· 277
제37조 (건축물 등의 사용·수익의
       중지 및 철거 등) ·········· 278
제35조 (지연일수에 따른 이자 산정) ····· 278
제38조 (지상권 등 계약의 해지) ·········· 280
제38조의2 (소유자의 확인이 곤란한
       건축물 등에 대한 처분) ········ 281
제5절 공사완료에 따른 조치 등 ·········· 282
제5절 공사완료에 따른 조치 등 ········ 282

제39조 (준공인가 및 공사완료 고시) ·········· 282	제36조 (준공인가 및 공사완료 고시 등) ·········· 282
제40조 (이전고시 및 권리변동의 제한 등) ·········· 283	
제41조 (청산금 등) ·········· 285	
제6절 비용의 부담 등	제6절 비용의 부담 등
제42조 (비용부담의 원칙 및 비용의 조달) ·········· 286	제37조 (주요 정비기반시설 및 공동이용시설) ·········· 286
제43조 (정비기반시설의 설치 및 토지 등의 귀속 등) ·········· 287	
	제38조 (임시거주시설의 공급) ·········· 288
제7절 소규모주택정비 관리계획	제7절 소규모주택정비 관리계획
제43조의2 (소규모주택정비 관리계획의 수립) ·········· 290	제38조의2 (소규모주택정비 관리계획 수립대상 지역) ·········· 290
	제10조의2 (소규모주택정비 관리계획의 수립 제안) ·········· 290
	제38조의3 (소규모주택정비 관리계획의 경미한 변경) ·········· 291
제43조의3 (소규모주택정비 관리계획의 내용) ·········· 292	제38조의4 (소규모주택정비 관리계획의 내용) ·········· 293
제43조의4 (소규모주택정비 관리지역에 대한 특례) ·········· 294	제38조의5 (소규모주택정비 관리지역에 대한 특례) ·········· 294

제43조의5 (관리지역에서의 임대주택의 공급 및 인수) ·········· 295	제38조의6 (소규모주택정비 관리지역 에서의 임대주택의 인수) ······ 295	
제43조의6 (소규모주택정비 관리지역의 해제 등) ·········· 297		
제4장 사업 활성화를 위한 지원	제4장 사업 활성화를 위한 지원	
□ 핵심포인트 ·········· 298		
제44조 (보조 및 융자) ·········· 299		
□ 핵심포인트 법 제44조 ·········· 299		
제45조 (공동이용시설 사용료 등의 감면) ·········· 300	제11조 (빈집정비사업에 대한 특례) ······ 300	
□ 핵심포인트 법 제45조 ·········· 300		
제46조 (빈집정비사업에 대한 특례) ·········· 300		
□ 핵심포인트 법 제46조 ·········· 301		
제47조 (정비구역의 행위제한에 관한 특례) ·········· 301		
□ 핵심포인트 법 제47조 ·········· 301		
제48조 (건축규제의 완화 등에 관한 특례) ·········· 302	제40조 (건축규제의 완화 등에 관한 특례) ·········· 302	
	제40조의2 (소규모주택정비 관리지역 에서의 소규모주택정비사업 통합 시행) ·········· 305	
□ 핵심포인트 법 제48조 ·········· 307		

법령해석	[법령해석 1] 경기도·인천광역시 서구 - 소규모주택정비 관리지역에서 서로 연접한 가로주택정비사업의 사업시행구역을 하나의 사업시행구역으로 통합하려는 경우 통합 사업시행구역의 면적기준(「빈법 및 소규모주택 정비에 관한 특례법」 제48조제5항 등 관련) ··········· 307

제49조 (임대주택 건설에 따른 특례) ······ 311

제41조 (임대주택 건설에 따른 특례) ······ 312
제41조의2 (소규모재개발사업의 용적률 등에 관한 특례) ······ 314

□ 핵심포인트 법 제49조 ······ 314

제49조의2 (소규모재개발사업 및 소규모재건축사업의 용적률 등에 관한 특례) ······ 314

제41조의3 (소규모재개발사업으로 건설하는 주택 등의 인수 절차 등) ······ 315

제50조 (정비지원기구) ······ 318

제42조 (정비지원기구) ······ 318
제12조 (정비지원기구의 업무) ······ 319

제51조 (임대관리업무 등의 지원) ······ 320

제43조 (임대관리업무 등의 지원) ······ 320

□ 핵심포인트 법 제51조 ······ 322

제5장 보 칙

제5장 보 칙

제52조 (빈집정비사업의 지원고시 등) ····· 322
제53조 (기술지원 및 정보제공) ············· 323

제44조 (빈집정비사업의 지원) ············· 322

제54조 (감독 등) ·········· 324	제13조 (감독 등) ·········· 324
제55조 (다른 법률의 인·허가 등의 의제) ·········· 327	제44조의2 (속기록 등의 보관) ·········· 325
제56조 (「도시 및 주거환경정비법」의 준용) ·········· 332	
[별령해식 1] 국토교통부 - 조합 임원의 결격사유 등에 관해 준용되는 「도시 및 주거환경정비법」 제43조제1항제5호의 범위 (「빈집 및 소규모주택 정비에 관한 특례법」 제56조 등 관련) ·········· 334	
법령해식 [별령해식 2] 민원인 - 소규모재건축사업을 위한 조합 설립 시 시장·군수등이 검인한 서면동의서를 사용해야 하는지 여부 (「빈집 및 소규모주택 정비에 관한 특례법」 제56조 관련) ·········· 337	
제57조 (사업시행자 등의 권리·의무의 승계) ·········· 340	
제58조 (벌칙 적용에서 공무원 의제) ·········· 340	
제6장 벌 칙	
제59조 (벌칙) ·········· 341	
제60조 (벌칙) ·········· 341	
제61조 (벌칙) ·········· 342	
제62조 (벌칙) ·········· 344	
제63조 (양벌규정) ·········· 345	제45조 (과태료의 부과) ·········· 345
제64조 (과태료) ·········· 345	
제65조 (이행강제금) ·········· 346	제46조 (이행강제금의 부과 기준) ·········· 346

시행령 별표

[별표 1] 소규모주택정비사업의 시행으로 건설된 임대주택의 공급조건 등
　　　　(제34조 제1항 관련) ··· 348
[별표 2] 과태료의 부과기준(제45조 관련) ··· 349

시행규칙 서식

[별지 제1호 서식] 출입통지서 ··· 351
[별지 제2호 서식] 출입허가증 ··· 352
[별지 제3호 서식] 빈집정비사업 동의서 ··· 353
[별지 제4호 서식] 조치명령서 ··· 355
[별지 제5호 서식] 철거통지서 ··· 356
[별지 제5호의2 서식] 빈집매입청구서 ··· 357
[별지 제6호 서식] 사업시행계획 (인가, 변경인가) 신청서 ··· 359
[별지 제7호 서식] 준공인가신청서 ··· 365
[별지 제8호 서식] 준공인가증 ··· 367
[별지 제8호의2 서식] 삭제 ··· 367
[별지 제8호의3 서식] 삭제 ··· 367
[별지 제9호 서식] 주민합의체(구성, 변경) 신고서 ··· 368
[별지 제10호 서식] 주민합의체 해산 신고서 ··· 373
[별지 제11호 서식] 조합설립(변경)인가 신청서 (가로주택정비사업, 소규모재건축사업) ················· 375
[별지 제12호 서식] 조합설립 동의서 (가로주택정비사업, 소규모재건축사업) ································ 377
[별지 제12호의2 서식] 조합설립인가 취소요청서 ··· 380
[별지 제12호의3 서식] 조치명령서 ··· 382
[별지 제12호의4 서식] 조합설립인가 취소통지서 ··· 383
[별지 제12호의5 서식] 공사・사업 계속신고서 ··· 384
[별지 제13호 서식] 조사공무원 증표 ··· 385

제3편 관련 지침 및 고시

❖ 소형주택의 활용기준 산정방법

1. 목적 및 적용대상	386
2. 항목별 산정방법	386

❖ 정비사업의 임대주택 및 주택규모별 건설비율

제1조 (목적)	388
제2조 (용어의 정의)	388
제3조 (주거환경개선사업의 임대주택 및 주택규모별 건설비율)	388
제4조 (재개발사업의 임대주택 및 주택규모별 건설비율)	389
제5조 (재건축사업의 임대주택 및 주택규모별 건설비율)	390
제6조 (공공재개발사업에서의 공공임대주택 건설비율)	390
제7조 (재검토기한)	391

❖ 공공건설임대주택 표준건축비

1. 공공건설임대주택 표준건축비	392
2. 개정된 표준건축비 적용시점	393
3. 재검토기한	393

❖ 소규모주택정비사업의 시공자 및 정비사업전문관리업자 선정기준

제1조 (목적)	394
제2조 (시공자의 선정 등)	394
제3조 (시공자 선정 시 예외사항)	394
제4조 (정비사업전문관리업자 선정 시 예외사항)	395
제5조 (적용 제외)	395
제6조 (재검토기한)	395

❖ 빈집정비사업에 관한 업무지침

제1장 총 칙

제1조 (목적) ··· 396
제2조 (정의) ··· 396
제2조의1 (적용범위) ··· 396
제2조의2 (다른규정과의 관계) ··· 396

제2장 빈집등 실태조사의 방법

제1절 실태조사의 방법 등 ··· 397

제3조 (실태조사의 유형) ··· 397
제4조 (실태조사의 대상구역) ··· 397
제5조 (실태조사의 절차) ··· 397
제6조 (실태조사의 업무대행) ··· 397
제7조 (조사자의 교육) ··· 398

제2절 사전조사 ··· 398

제8조 (사전조사의 준비) ··· 398
제9조 (빈집등의 추정) ··· 398
제9조의1 (빈집등의 추정 절차) ··· 398

제3절 현장조사 ··· 399

제10조 (현장조사의 준비) ··· 399
제11조 (소유자 등의 확인) ··· 399
제12조 (빈집의 판정) ··· 399
제13조 (빈집의 확인) ··· 399

제4절 등급산정조사 ··· 399

제14조 (등급산정조사의 준비) ··· 399
제15조 (빈집 출입에 따른 안전사고 예방 등) ····································· 400

제16조 (빈집의 등급산정) ··· 400
제16조의1 (빈집등급의 유형) ··· 400
제16조의2 (검수 절차) ·· 400
제17조 (실태조사 결과의 관리・활용) ·· 400

제5절 확인점검 ·· 401

제18조 (확인점검의 방법) ·· 401
제18조의1 (빈집신고에 대한 현장조사 등) ··· 401
제19조 (확인점검 결과의 반영) ·· 401

제3장 빈집정보시스템의 구축 및 운영

제1절 빈집정보시스템의 구축 및 운영 등 ······································ 401

제20조 (빈집정보시스템의 구축・운영) ·· 402
제21조 (빈집정보시스템 구축・운영의 업무대행) ······························· 402
제22조 (빈집정보시스템의 주요기능) ··· 402
제23조 (관련 자료・정보의 요청) ·· 402
제24조 (사용 권한 관리) ·· 402
제25조 (빈집정보시스템의 운영중단) ··· 403

제2절 빈집정보의 관리 및 공개 등 ·· 403

제26조 (빈집정보의 관리) ·· 403
제27조 (빈집정보의 제공) ·· 403
제28조 (빈집정보의 공개) ·· 404
제29조 (빈집정보시스템의 운영현황 보고) ·· 404

제4장 빈집정비계획의 수립

제1절 계획수립의 일반원칙 ··· 404

제30조 (빈집정비계획의 기본방향) ·· 404
제31조 (빈집정비계획의 대상구역) ·· 404
제32조 (빈집정비계획의 수립주기 등) ··· 405

제33조 (빈집정비계획의 수립절차) ··· 405
제34조 (빈집정비계획의 수립지원 등) ·· 405

제2절 계획수립의 내용 및 기준 ·· 405

제35조 (빈집정비계획의 수립내용) ·· 405
제36조 (빈집정비계획의 수립기준 등) ·· 406
제37조 (빈집밀집구역의 고려 등) ·· 406

제3절 빈집정비사업의 시행계획 ·· 407

제38조 (사업시행계획 등) ·· 407
제39조 (빈집의 철거계획) ·· 407
제40조 (빈집의 안전조치 및 관리계획) ·· 407
제41조 (빈집의 매입계획) ·· 408
제42조 (정비기반시설 등의 설치계획) ·· 408
제43조 (임대주택의 건설 및 공급계획) ·· 408
제44조 (재원조달계획) ·· 408
제45조 (지원대상 등) ·· 409

제5장 행정사항

제46조 (재검토기한) ·· 409

❖ 정비사업 계약업무 처리기준

제1장 총칙

제1조 (목적) ·· 410
제2조 (용어의 정의) ·· 410
제3조 (다른 법률과의 관계) ·· 410
제4조 (공정성 유지 의무 등) ·· 410

제2장 일반 계약 처리기준

제5조 (적용범위) ·· 411
제6조 (입찰의 방법) ·· 411
제7조 (지명경쟁에 의한 입찰) ·· 411
제8조 (수의계약에 의한 입찰) ·· 411
제9조 (입찰 공고 등) ·· 411
제10조 (입찰 공고 등의 내용) ·· 412
제10조의2 (입찰보증금) ·· 412
제11조 (현장설명회) ·· 412
제12조 (부정당업자의 입찰 참가자격 제한) ·· 412
제13조 (입찰서의 접수 및 개봉) ·· 413
제14조 (입찰참여자의 홍보 등) ·· 413
제15조 (계약 체결 대상의 선정) ·· 413
제16조 (입찰 무효 등) ·· 414
제17조 (계약의 체결) ·· 414

제3장 전자입찰 계약 처리기준

제18조 (적용범위) ·· 414
제19조 (전자입찰의 방법) ·· 414
제20조 (전자입찰 공고 등) ·· 414
제21조 (전자입찰 공고 등의 내용) ·· 414
제22조 (입찰서의 접수 및 개봉) ·· 415
제23조 (전자입찰 계약의 체결) ·· 415
제24조 (일반 계약 처리기준의 준용) ·· 415

제4장 시공자 선정 기준

제25조 (적용범위) ·· 415
제26조 (입찰의 방법) ·· 415
제27조 (지명경쟁에 의한 입찰) ·· 416
제28조 (입찰 공고 등) ·· 416
제29조 (입찰 공고 등의 내용 및 준수사항) ······································· 416
제30조 (건설업자등의 금품 등 제공 금지 등) ··································· 416
제31조 (현장설명회) ·· 417
제32조 (입찰서의 접수 및 개봉) ·· 417
제33조 (대의원회의 의결) ·· 417

제34조 (건설업자등의 홍보) ·· 418
제35조 (건설업자등의 선정을 위한 총회의 의결 등) ··· 418
제36조 (계약의 체결 및 계약사항의 관리) ·· 419

제5장 보 칙

제37조 (입찰참여자에 대한 협조 의무) ·· 419
제38조 (자료의 공개 등) ··· 420
제39조 (재검토기한) ·· 420

❖ 공동사업시행 건설업자 선정기준

제1장 총 칙

제1조 (목적) ·· 421
제2조 (정의) ·· 421
제3조 (다른 법령 등과의 관계) ·· 422

제2장 공동사업시행자 업무 및 부담

제4조 (업무 구분) ··· 422
제5조 (용역업체 선정) ·· 422
제6조 (사업비 조달 및 부담) ··· 423
제7조 (미분양 분담) ·· 423

제3장 건설업자 선정 절차 등

제8조 (입찰의 방법) ·· 424
제9조 (선정계획 결정) ·· 424
제10조 (조합원의 동의) ··· 424
제11조 (공동사업시행자 선정시기 등) ·· 424
제12조 (공사원가 자문) ·· 425
제13조 (입찰공고 등) ··· 425
제14조 (입찰 공고 등의 내용 및 준수사항) ··· 425
제15조 (현장설명회) ·· 426
제16조 (입찰신청서 제출) ·· 427
제17조 (협약서 작성 및 배부) ·· 427

제18조 (입찰서의 접수 및 개봉) ··· 427
제19조 (입찰제안서 비교표 작성 등) ··· 428
제20조 (대의원회의 의결) ··· 428
제21조 (건설업자의 선정을 위한 총회의 의결 등) ··· 428
제22조 (협약의 체결 및 협약사항의 관리) ··· 428
제23조 (수의계약의 공사비 검증) ··· 428

제4장 보 칙

제24조 (공사도급계약으로 변경 제한) ··· 429
제25조 (보조·지원의 제한) ·· 429
제26조 (입찰보증금) ·· 429
제27조 (입찰보증금의 예치) ··· 429
제28조 (부정당업자의 입찰참가자격 제한) ··· 430
제29조 (자료의 제출) ··· 430
제30조 (관련자료의 공개) ·· 430
제31조 (부정행위 단속) ··· 430
제32조 (각종 서식) ·· 431
제33조 (감독) ··· 431
제34조 (입찰참여자 등에 대한 협조 의무) ·· 431
<별지 제1호 서식> 정비사업의 조합과 건설업자 간 공동사업시행 동의서 ············ 432
<별지 제2호 서식> 공동사업시행 건설업자 입찰참여 의향서 ······························· 433
<별지 제3호 서식> 공동사업시행 건설업자 입찰참여 신청서 ······························· 434
<별지 제4호 서식> 입찰제안서 비교표 ··· 435
<별지 제5호 서식> 입찰참여 안내서 ··· 438
📖 입찰제안서 ·· 447
📖 입찰참여 견적서 ·· 448

❖ 공동사업시행 건설업자 홍보 지침 및 준수 서약서

📖 이행각서 ·· 453
📖 입찰참여안내서에 대한 공람 확인서 ·· 454
📖 회사 소개서 ··· 455

❖ 소규모주택정비 등기규칙

제1조 (목적) ·· 456
제2조 (대위등기신청) ·· 456
제3조 (대위등기의 일괄신청) ··· 456
제4조 (대위등기절차) ·· 456
제5조 (이전고시에 따른 등기신청) ··· 456
제6조 (종전 토지에 관한 등기신청) ·· 457
제7조 (종전 토지에 관한 등기) ·· 457
제8조 (건축시설에 관한 등기신청) ··· 457
제9조 (건축시설에 관한 등기) ··· 458
제10조 (대지에 관한 등기신청) ·· 458
제11조 (대지에 관한 등기) ·· 458
제12조 (대지권의 등기, 대지권이라는 뜻의 등기 등) ··························· 458
제13조 (준용규정) ··· 459

❖ 서울특별시 빈집 및 소규모주택 정비에 관한 조례

제1장 총 칙

제1조 (목적) ·· 460
제2조 (정의) ·· 460
제2조의2 (노후・불량건축물) ··· 461
제3조 (소규모주택정비사업의 대상범위 등) ·· 461
제4조 (다른 조례와의 관계) ··· 462

제2장 빈집정비사업

제1절 빈집정비계획의 수립 등 ··· 462

제5조 (빈집정비계획의 수립) ··· 462
제6조 (빈집정비계획의 수립 내용) ··· 463
제7조 (빈집등 실태조사) ··· 463
제8조 (빈집등 실태조사의 방법 및 절차) ·· 463

제2절 빈집정비사업의 시행방법 등 ·· 464

제9조 (빈집의 활용방법) ·· 464
제10조 (빈집정비 시행자) ·· 464
제11조 (빈집 관리위탁) ·· 464
제12조 (입주자 선정 등) ·· 464
제13조 (빈집의 안전조치) ·· 465
제14조 (빈집의 철거명령 시기) ·· 465
제15조 (감정평가업자의 선정기준 등) ·· 465

제3절 사업시행계획인가 등 ·· 465

제16조 (사업시행계획인가의 경미한 변경) ·· 466
제17조 (사업시행계획서의 작성) ·· 466
제18조 (공사완료의 고시) ·· 466
제19조 (빈집정보시스템의 구축) ·· 466
제20조 (사업비 지원) ··· 466
제21조 (지도·감독) ··· 467
제21조의2 삭제 <2023.12.29> ·· 467

제3장 소규모주택정비사업

제1절 소규모주택정비사업의 시행방법 등 ·· 467

제22조 (지정개발자의 추정분담금에 관한 정보의 제공) ··························· 467
제23조 (시공자 등의 선정방법) ·· 467
제24조 (공공지원 적용) ·· 468

제2절 주민합의체의 구성 및 조합의 설립 ·· 468

제25조 (주민합의체의 구성 및 운영) ··· 468
제26조 (조합설립인가 신청서류) ·· 468
제27조 (조합설립인가 내용의 경미한 변경) ··· 468
제28조 (특정무허가건축물 소유자의 주민합의체 구성 및 조합원 자격) ··· 469

제3절 사업시행계획 등 ··· 469

제29조 (건축심의 내용) ·· 469
제30조 (소규모주택정비 통합심의위원회 설치) ··· 469
제30조의2 (시통합심의위원회 구성 및 운영) ··· 470
제30조의3 (위원의 제척·기피·회피) ··· 471
제30조의4 (위원장의 직무 등) ·· 471
제30조의5 (심의대상 등의 사전검토) ··· 471
제30조의6 (회의소집 및 운영) ·· 472
제31조 (분양신청의 절차 등) ·· 472
제32조 (사업시행계획인가의 경미한 변경) ·· 472
제33조 (사업시행계획서의 작성) ·· 472
제34조 (제2종일반주거지역내 가로주택정비사업의 건축물 층수) ··································· 473
제35조 (관리처분계획의 내용 등) ··· 473
제36조 (가로주택정비사업의 분양주택 규모) ··· 473
제37조 (가로주택정비사업의 분양대상) ·· 474
제38조 (주택공급 기준 등) ··· 475
제39조 (공공지원민간임대주택의 인수 등) ·· 475
제40조 (임대주택 공급대상자 등) ··· 476

제4절 사업 시행을 위한 조치 등 ··· 476

제41조 (기존 건축물의 철거 제한) ·· 476

제5절 공사완료에 따른 조치 등 ·· 476

제42조 (공사완료의 고시) ·· 477

제6절 비용의 부담 등 ·· 477

제43조 (정비기반시설 등 설치비용의 지원) ·· 477
제44조 (공동이용시설의 범위) ··· 477

제7절 소규모주택정비 관리계획 <신설 2021.9.21> ··· 477

제44조의2 (소규모주택정비 관리계획의 경미한 변경) ·· 477
제44조의3 (소규모주택정비 관리계획의 내용) ·· 478

제44조의4 (관리지역에서의 임대주택의 공급 비율) ··· 478
제44조의5 (소규모주택정비 관리계획의 수립 제안) ··· 478

제4장 사업 활성화를 위한 지원

제45조 (사업비의 보조 등) ··· 478
제46조 (사업비의 융자 등) ··· 479
제47조 (공동이용시설 사용료의 감면) ··· 480
제48조 (마을공동체의 지도・감독) ··· 480
제49조 (건축규제의 완화) ·· 481
제49조의2 (소규모주택정비 관리지역에서의 통합 시행) ··································· 482
제50조 (임대주택 건설에 따른 용적률 등에 관한 특례) ··································· 482
제50조의2 (소규모재개발사업 및 소규모재건축사업의 용적률 등에 관한 특례) ········· 483
제50조의3 (소규모재개발사업으로 건설하는 주택등) ······································ 484
제51조 (정비지원기구의 지정 및 업무) ·· 484
제51조의2 (현장지원단 운영) ··· 484

제5장 보 칙

제52조 (기술지원 및 정보제공) ·· 485
제52조의2 (관련 자료의 인계) ··· 485
제53조 (수수료 또는 점용료의 면제) ·· 485
제54조 (권한의 위임) ··· 486
제55조 (과태료의 징수절차) ·· 486
제56조 (조정협의체 구성 및 운영) ··· 486

❖ 서울특별시 빈집 및 소규모주택 정비에 관한 조례 시행규칙

제1조 (목적) ··· 490
제2조 (사업시행계획의 인가 등) ··· 490
제3조 (사업시행계획서의 작성) ·· 490
제4조 (조합설립인가 신청서류) ·· 490
제5조 (조합설립인가서) ·· 490
제6조 (조합설립인가 내용의 경미한 변경) ··· 490
제7조 (분양신청) ·· 490
제8조 (사업시행계획인가의 신청) ··· 491

제9조 (사업시행계획의 인가 등) ·· 491
제10조 (사업시행계획서의 작성) ·· 491
제11조 (관리처분계획의 내용) ··· 491
제12조 (정비기반시설 등 설치비용의 지원신청 등) ······················ 492
제13조 (보조계획 수립) ··· 493
제14조 (우선 보조대상 정비사업) ·· 493
제15조 (보조신청) ··· 493
제16조 (보조대상 및 금액 결정방법 등) ······································ 493
제17조 (보조대상자 통보) ··· 493

❖ 「도시정비법」과 「소규모주택정비법」의 체계 비교 ··················· 494

제1편 가로주택정비사업 주요내용

1. 사업대상과 목적 (법 제2조, 영 제3조, 규칙 제2조)

가. 도시계획도로, 폭 6m 이상의 도로로 둘러싸인 1만㎡ 이하의 가로구역으로서 해당 구역내 통과도로(4m 이하 도로는 제외)가 없을 것
나. 노후·불량건축물 수가 사업시행구역 내 전체 건축물 수의 2/3 이상
다. 기존주택 호수가 10호(모두 단독주택인 경우), 20세대(모두 공동주택인 경우), 20채(단독+공동주택인 경우) 이상
라. 가로구역
   (1) 면적 : 1만㎡ 미만
   (2) 도시계획도로, 건축법 제2조제1항제11호의 폭6m 이상 도로(사도는 주거·상업·공업지역의도로)+통과 도시계획도로 無
마. 노후·불량건축물이 2/3 이상
바. 기존주택수
   (1) 단독주택 10호 이상
   (2) 공동주택 20세대 이상
   (3) 단독주택+공동주택 20채 이상 (단독주택 10호 이상인 경우 기존주택 총합 20채 미만도 20채로 봄(가로구역에서 종전 가로를 유지하면서 소규모로 주거환경을 개선하는 사업)

제 2 조 정의	빈집 및 소규모주택 정비에 관한 특례법
	[시행 2024. 2. 15.] [법률 제19225호, 2023. 2. 14., 타법개정]
	① 이 법에서 사용하는 용어의 뜻은 다음과 같다. <개정 2019. 4. 23., 2021. 7. 20., 2021. 10. 19.>
	1. "빈집"이란 특별자치시장·특별자치도지사·시장·군수 또는 자치구의 구청장(이하 "시장·군수등"이라 한다)이 거주 또는 사용 여부를 확인한 날부터 1년 이상 아무도 거주 또는 사용하지 아니하는 주택을 말한다. 다만, 미분양주택 등 대통령령으로 정하는 주택은 제외한다.
	2. "빈집정비사업"이란 빈집을 개량 또는 철거하거나 효율적으로 관리 또는 활용하기 위한 사업을 말한다.
	3. "소규모주택정비사업"이란 이 법에서 정한 절차에 따라 노후·불량건축물의 밀집 등 대통령령으로 정하는 요건에 해당하는 지역 또는 가로구역(街路區域)에서 시행하는 다음 각 목의 사업을 말한다.

가. 자율주택정비사업: 단독주택, 다세대주택 및 연립주택을 스스로 개량 또는 건설하기 위한 사업
나. 가로주택정비사업: 가로구역에서 종전의 가로를 유지하면서 소규모로 주거환경을 개선하기 위한 사업
다. 소규모재건축사업: 정비기반시설이 양호한 지역에서 소규모로 공동주택을 재건축하기 위한 사업. 이 경우 도심 내 주택공급을 활성화하기 위하여 다음 요건을 모두 갖추어 시행하는 소규모재건축사업을 "공공참여 소규모재건축활성화사업"(이하 "공공소규모재건축사업"이라 한다)이라 한다.
  1) 제10조제1항제1호에 따른 토지주택공사등이 제17조제3항에 따른 공동시행자, 제18조제1항에 따른 공공시행자 또는 제56조에 따른 사업대행자(이하 "공공시행자등"이라 한다)일 것
  2) 건설·공급되는 주택이 종전 세대수의 대통령령으로 정하는 비율 이상일 것. 다만, 제27조에 따른 통합심의를 거쳐 「국토의 계획 및 이용에 관한 법률」 제18조에 따른 도시·군기본계획 또는 정비기반시설 등 토지이용 현황 등을 고려하여 대통령령으로 정하는 비율 이상 건축할 수 없는 불가피한 사정이 있다고 인정하는 경우에는 그러하지 아니하다.
라. 소규모재개발사업: 역세권 또는 준공업지역에서 소규모로 주거환경 또는 도시환경을 개선하기 위한 사업

4. "사업시행구역"이란 빈집정비사업 또는 소규모주택정비사업을 시행하는 구역을 말한다.
5. "사업시행자"란 빈집정비사업 또는 소규모주택정비사업을 시행하는 자를 말한다.
6. "토지등소유자"란 다음 각 목에서 정하는 자를 말한다. 다만, 「자본시장과 금융투자업에 관한 법률」 제8조제7항에 따른 신탁업자(이하 "신탁자"라 한다)가 사업시행자로 지정된 경우 토지등소유자가 소규모주택정비사업을 목적으로 신탁업자에게 신탁한 토지 또는 건축물에 대하여는 위탁자를 토지등소유자로 본다.
  가. 자율주택정비사업, 가로주택정비사업 또는 소규모재개발사업은 사업시행구역에 위치한 토지 또는 건축물의 소유자, 해당 토지의 지상권자
  나. 소규모재건축사업은 사업시행구역에 위치한 건축물 및 그 부속토지의 소유자
7. "주민합의체"란 제22조에 따라 토지등소유자가 소규모주택정비사업을 시행하기 위하여 결성하는 협의체를 말한다.
8. "빈집밀집구역"이란 빈집이 밀집한 지역을 관리하기 위하여 제4조제5항에 따라 지정·고시된 구역을 말한다.
9. "소규모주택정비 관리지역"(이하 "관리지역"이라 한다)이란 노후·불량건축물에 해당하는 단독주택 및 공동주택과 신축 건축물이 혼재하여 광역적 개발이 곤란한 지역에서 정비기반시설과 공동이용시설의 확충을 통하여 소규

모주택정비사업을 계획적·효율적으로 추진하기 위하여 제43조의2에 따라 소규모주택정비 관리계획이 승인·고시된 지역을 말한다.

② 이 법에서 따로 정의하지 아니한 용어는 「도시 및 주거환경정비법」에서 정하는 바에 따른다.

제3조 빈집 및 소규모주택 정비에 관한 특례법 시행령

[시행 2023. 11. 28.] [대통령령 제33895호, 2023. 11. 28., 일부개정]

소규모주택 정비사업 대상지역

① 법 제2조제1항제3호 각 목 외의 부분에서 "노후·불량건축물의 밀집 등 대통령령으로 정하는 요건에 해당하는 지역 또는 가로구역(街路區域)"이란 다음 각 호의 구분에 따른 지역을 말한다. <개정 2023. 11. 28.>

1. 자율주택정비사업: 빈집밀집구역, 소규모주택정비 관리지역, 「지방자치분권 및 지역균형발전에 관한 특별법」에 따른 도시활력증진지역 개발사업의 시행구역, 「국토의 계획 및 이용에 관한 법률」 제51조에 따른 지구단위계획구역, 「도시 및 주거환경정비법」 제20조·제21조에 따라 정비예정구역·정비구역이 해제된 지역 또는 같은 법 제23조제1항제1호에 따른 방법으로 시행하는 주거환경개선사업의 정비구역, 「도시재생 활성화 및 지원에 관한 특별법」 제2조제1항제5호의 도시재생활성화지역 또는 그 밖에 특별시·광역시·특별자치시·도·특별자치도 또는 「지방자치법」 제198조제1항에 따른 서울특별시·광역시 및 특별자치시를 제외한 인구 50만 이상 대도시의 조례(이하 "시·도조례"라 한다)로 정하는 지역으로서 다음 각 목의 요건을 모두 갖춘 지역

   가. 노후·불량건축물의 수가 해당 사업시행구역의 전체 건축물 수의 3분의 2 이상일 것. 다만, 소규모주택정비 관리지역의 경우에는 100분의 15 범위에서 시·도조례로 정하는 비율로 증감할 수 있다.

   나. 해당 사업시행구역 내 기존 주택(이하 "기존주택"이라 한다)의 호수(戶數) 또는 세대수가 다음의 구분에 따른 기준 미만일 것. 다만, 지역 여건 등을 고려하여 해당 기준의 1.8배 이하의 범위에서 시·도조례로 그 기준을 달리 정할 수 있다.

   1) 기존주택이 모두 「주택법」 제2조제2호의 단독주택(이하 "단독주택"이라 한다)인 경우: 10호

   2) 기존주택이 「건축법 시행령」 별표 1 제2호나목에 따른 연립주택(이하 "연립주택"이라 한다) 또는 같은 호 다목에 따른 다세대주택(이하 "다세대주택"이라 한다)으로 구성된 경우: 20세대(연립주택과 다세대주택의 세대수를 합한 수를 말한다)

   3) 기존주택의 구성이 다음의 어느 하나에 해당하는 경우: 20채(단독주택의 호수와 연립주택·다세대주택의 세대수를 합한 수를 말한다)

   가) 단독주택과 연립주택으로 구성

나) 단독주택과 다세대주택으로 구성

다) 단독주택, 연립주택 및 다세대주택으로 구성

다. 해당 사업시행구역에 나대지(裸垈地)를 포함하려는 경우에는 다음의 어느 하나에 해당하는 나대지로서 그 면적은 사업시행구역 전체 토지 면적의 2분의 1 이내일 것

1) 진입도로 등 정비기반시설의 설치에 필요한 나대지

2) 노후·불량건축물의 철거로 발생한 나대지

3) 법 제9조제3호에 따른 빈집의 철거로 발생한 나대지

4) 그 밖에 지형여건·주변환경을 고려할 때 사업 시행상 불가피하게 포함되는 나대지로서 시·도조례로 정하는 기준을 충족하는 나대지

2. 가로주택정비사업: 가로구역의 전부 또는 일부로서 다음 각 목의 요건을 모두 갖춘 지역

가. 해당 사업시행구역의 면적이 1만제곱미터 미만일 것. 다만, 사업시행구역이 소규모주택정비 관리지역인 경우이거나 다음의 요건을 모두 갖춘 경우에는 2만제곱미터 미만으로 할 수 있으며, 소규모주택정비 관리지역으로서 1) 및 2)의 요건을 모두 갖춘 경우에는 4만제곱미터 미만으로 할 수 있다.

1) 특별자치시장·특별자치도지사·시장·군수 또는 자치구의 구청장(이하 "시장·군수등"이라 한다) 또는 법 제10조제1항제1호에 따른 토지주택공사등(이하 "토지주택공사등"이라 한다)이 법 제17조제3항 또는 제18조제1항에 따라 공동 또는 단독으로 사업을 시행할 것

2) 다음의 어느 하나에 해당하는 비율이 10퍼센트 이상일 것

가) 가로주택정비사업으로 건설하는 건축물의 전체 연면적 대비 공공임대주택 연면적의 비율

나) 가로주택정비사업으로 건설하는 주택의 전체 세대수 대비 공공임대주택 세대수의 비율

3) 사업시행자는 법 제30조에 따른 사업시행계획서(사업시행구역 면적을 1만제곱미터 미만에서 1만제곱미터 이상 2만제곱미터 미만으로 변경하는 경우로서 법 제29조제1항 본문에 따라 사업시행계획서를 변경하는 경우를 포함한다)를 작성하기 전에 다음의 요건을 모두 충족할 것. 이 경우 「국토의 계획 및 이용에 관한 법률」 제51조에 따라 지구단위계획구역을 지정할 수 있거나 지정해야 하는 경우 또는 지구단위계획구역 및 지구단위계획이 지정·수립되어 있는 경우로서 같은 법 제30조제5항 본문에 따라 이를 변경해야 하는 경우로 한정한다.

가) 「국토의 계획 및 이용에 관한 법률 시행령」 제19조의2제2항제2호에 따른 토지소유자의 동의를 받을 것

나) 가) 요건을 갖춘 후 「국토의 계획 및 이용에 관한 법률」 제113조제1항 및 제2항에 따라 특별자치시·특별자치도·시·군·구(자치구

를 말한다)에 설치하는 도시계획위원회(이하 "지방도시계획위원회"라 한다)의 심의를 받을 것. 이 경우 지방도시계획위원회는 제2항제2호 나목에 따른 사항을 함께 심의할 수 있다.
  나. 노후・불량건축물의 수가 해당 사업시행구역 전체 건축물 수의 3분의 2 이상일 것. 다만, 소규모주택정비 관리지역의 경우에는 100분의 15 범위에서 시・도조례로 정하는 비율로 증감할 수 있다.
  다. 기존주택의 호수 또는 세대수가 다음의 구분에 따른 기준 이상일 것
    1) 기존주택이 모두 단독주택인 경우: 10호
    2) 기존주택이 모두 「주택법」 제2조제3호의 공동주택(이하 "공동주택"이라 한다)인 경우: 20세대
    3) 기존주택이 단독주택과 공동주택으로 구성된 경우: 20채(단독주택의 호수와 공동주택의 세대수를 합한 수를 말한다. 이하 이 목에서 같다). 다만, 기존주택 중 단독주택이 10호 이상인 경우에는 기존주택의 총합이 20채 미만인 경우에도 20채로 본다.
3. 소규모재건축사업: 「도시 및 주거환경정비법」 제2조제7호의 주택단지(이하 "주택단지"라 한다)로서 하나의 주택단지 또는 둘 이상이 연접(주택단지 사이에 도로가 있는 경우에는 시・도조례로 정하는 바에 따라 해당 도로가 폐지되거나 노선이 변경되는 경우만 해당한다)한 주택단지 중 다음 각 목의 요건을 모두 충족한 지역
  가. 해당 사업시행구역의 면적이 1만제곱미터 미만일 것
  나. 노후・불량건축물의 수가 해당 사업시행구역 전체 건축물 수의 3분의 2 이상일 것
  다. 기존주택의 세대수가 200세대 미만일 것
4. 소규모재개발사업: 다음 각 목의 지역
  가. 소규모재개발사업을 시행하려는 지역의 면적 과반이 「철도의 건설 및 철도시설 유지관리에 관한 법률」, 「철도산업발전기본법」 또는 「도시철도법」에 따라 건설・운영되는 철도역(개통 예정인 역을 포함한다)의 승강장 경계로부터 반경 350미터 이내인 지역으로서 다음의 기준을 모두 충족하는 지역. 다만, 승강장 경계로부터의 반경은 지역 여건을 고려해 100분의 30 범위에서 시・도조례로 정하는 비율로 증감할 수 있다.
    1) 해당 사업시행구역의 면적이 5천제곱미터 미만일 것
    2) 노후・불량건축물의 수가 해당 사업시행구역의 전체 건축물 수의 3분의 2 이상일 것. 다만, 지역 여건 등을 고려해 100분의 25 범위에서 시・도조례로 정하는 비율로 증감할 수 있다.
    3) 해당 사업시행구역이 국토교통부령으로 정하는 도로에 접할 것
  나. 「국토의 계획 및 이용에 관한 법률 시행령」 제30조제1항제3호다목의 준공업지역으로서 가목1)부터 3)까지에서 규정한 기준을 모두 충족하는 지역

② 제1항제2호 각 목 외의 부분에 따른 가로구역은 다음 각 호의 요건을 모두 갖춰야 한다. <신설 2023. 11. 28.>
1. 해당 가로구역은 국토교통부령으로 정하는 도로 및 시설로 둘러싸인 일단(一團)의 지역일 것. 다만, 소규모주택정비 관리지역인 경우는 제외한다.
2. 해당 가로구역의 면적은 1만제곱미터 미만일 것. 다만, 다음 각 목의 어느 하나에 해당하는 경우에는 다음 각 목의 구분에 따른 면적 미만으로 할 수 있다.
   가. 지역여건 등을 고려하여 시·도조례로 기준 면적을 달리 정하는 경우: 1만3천제곱미터
   나. 사업시행자가 법 제30조에 따른 사업시행계획서(법 제29조제1항 본문에 따라 사업시행계획서를 변경하는 경우를 포함한다)를 작성하기 전에 사업시행에 따른 정비기반시설 및 공동이용시설의 적정성 여부에 대하여 지방도시계획위원회의 심의를 거친 경우: 2만제곱미터
   다. 소규모주택정비 관리지역인 경우: 4만제곱미터
3. 「국토의 계획 및 이용에 관한 법률」에 따른 도시·군계획시설인 도로(같은 법 제32조제4항에 따라 신설·변경에 관한 지형도면의 고시가 된 도로를 포함한다)로서 폭이 4미터(제1항제2호가목1)부터 3)까지 외의 부분 단서에 해당하는 지역으로서 사업시행구역의 면적이 1만제곱미터 이상 4만제곱미터 미만인 지역의 경우에는 6미터)를 초과하는 도로가 해당 가로구역을 통과하지 않을 것

③ 법 제43조제2항·제3항에 따라 사업시행자가 새로 설치하는 정비기반시설이 그 시설을 관리할 국가 또는 지방자치단체에 귀속되는 경우에는 해당 시설의 면적을 다음 각 호의 면적에 산입하지 않는다. <신설 2023. 10. 18.>
1. 제1항제2호가목, 같은 항 제3호가목 및 같은 항 제4호가목1)에 따른 사업시행구역의 면적
2. 제2항제2호에 따른 가로구역의 면적

④ 법 제2조제1항제3호다목2) 본문 및 단서에서 "대통령령으로 정하는 비율"이란 각각 100분의 120을 말한다. <신설 2022. 1. 18., 2023. 10. 18.>

제2조 빈집 및 소규모주택 정비에 관한 특례법 시행규칙

[시행 2023. 10. 19.] [국토교통부령 제1265호, 2023. 10. 19., 일부개정]

가로구역의 범위

① 「빈집 및 소규모주택 정비에 관한 특례법 시행령」(이하 "영"이라 한다) 제3조제1항제4호가목3)에서 "국토교통부령으로 정하는 도로"란 다음 각 호의 도로 및 예정도로를 말한다. 다만, 해당 사업시행구역에 이러한 도로 또는 예정도로가 둘 이상 접한 경우로 한정한다. <신설 2021. 9. 17.>
1. 「국토의 계획 및 이용에 관한 법률」 제2조제7호에 따른 도시·군계획시설인 도로 및 같은 법 제32조제4항에 따라 신설·변경에 관한 지형도면의 고시가 된 도로

  2. 「건축법」 제2조제1항제11호에 따른 도로
  3. 다음 각 목의 지정을 받거나 신고·신청을 하기 위하여 「국토의 계획 및 이용에 관한 법률」, 「사도법」 또는 그 밖의 관계 법령에 따라 도로를 신설·변경할 수 있는 계획을 제출한 경우 그 계획에 따른 예정도로
   가. 법 제18조 및 제19조에 따른 사업시행자 지정
   나. 법 제22조에 따른 주민합의체 구성 신고
   다. 법 제23조에 따른 조합설립인가 신청
② 제1항에 따른 도로의 너비는 각각 4미터 이상이어야 하며, 둘 이상의 도로 중 하나는 6미터[지역 여건을 고려하여 40퍼센트의 범위에서 특별시·광역시·특별자치시·도·특별자치도 또는 「지방자치법」 제198조제1항에 따른 서울특별시·광역시 및 특별자치시를 제외한 인구 50만 이상 대도시의 조례(이하 "시·도조례"라 한다)로 넓게 정하는 경우에는 그 너비로 한다] 이상이어야 한다. <신설 2021. 9. 17., 2022. 8. 2.>
③ 영 제3조제2항제1호 본문에서 "국토교통부령으로 정하는 도로 및 시설"이란 다음 각 호의 도로 및 시설을 말한다. <개정 2021. 9. 17.>
  1. 다음 각 목의 도로 및 예정도로
   가. 제1항제1호의 도로
   나. 「건축법」 제2조제1항제11호에 따른 도로로서 너비 6미터 이상의 도로. 이 경우 「사도법」에 따라 개설되었거나 신설·변경에 관한 고시가 된 도로는 「국토의 계획 및 이용에 관한 법률」 제36조제1항제1호가목부터 다목까지의 규정에 따른 주거지역·상업지역 또는 공업지역에서의 도로로 한정한다.
   다. 제1항제3호의 도로로서 너비 6미터 이상인 도로
  2. 다음 각 목의 기반시설
   가. 공용주차장
   나. 광장, 공원, 녹지, 공공공지
   다. 하천
   라. 철도
   마. 학교
[전문개정 2019. 10. 24.] [제목개정 2021. 9. 17.]

2. 임대주택 건설비율 (법 제10조, 영 제9조)

가. 도정법에 따른 주거환경개선·재개발사업과 달리 임대주택 건설 공급의무는 없음
다만, 자율주택정비사업 시행으로 임대주택 공급하고자 할 경우 1인 토지등소유자가 사업 시행할 수 있고, 대통령령으로 정한 자율주택정비사업 대상 지역 외에서도 사업 시행 가능하며 전체 연면적 대비 공공·준공공임대주택 연면적의 비율이 대통령령으로 정한 비율 범위에서 시·도조례로 정한 비율 이상으로 건설하는 경우 국토계획법의 용적률 상한선까지 건축가능사업시행자가 자신이 소유한 주택을 개량하여 임대주택으로 공급하기 위해 다세대주택 또는 다가구주택을 건설하는 경우 주차장 설치기준을 완화 (세대당 0.6대 / 주거전용면적 30㎡ 미만의 경우 0.5대)하는 등의 특례가 있다.

제10조	빈집 및 소규모주택 정비에 관한 특례법 [시행 2024. 2. 15.] [법률 제19225호, 2023. 2. 14., 타법개정]
빈집정비사업의 시행자	① 빈집정비사업은 시장·군수등 또는 빈집 소유자가 직접 시행하거나 다음 각 호에 해당하는 자와 공동으로 시행할 수 있다. <개정 2019. 4. 30.> 1. 「한국토지주택공사법」에 따라 설립된 한국토지주택공사 또는 「지방공기업법」에 따라 주택사업을 시행하기 위하여 설립된 지방공사(이하 "토지주택공사등"이라 한다) 2. 「건설산업기본법」 제9조에 따른 건설사업자(이하 "건설업자"라 한다) 3. 「주택법」 제7조제1항에 따라 건설업자로 보는 등록사업자(이하 "등록사업자"라 한다) 4. 「부동산투자회사법」 제2조제1호에 따른 부동산투자회사(이하 "부동산투자회사"라 한다) 5. 「사회적기업 육성법」 제2조제1호에 따른 사회적기업, 「협동조합 기본법」 제15조에 따라 설립신고된 협동조합, 「민법」 제32조에 따른 비영리법인 및 「공익법인의 설립·운영에 관한 법률」 제4조에 따라 설립허가된 공익법인 ② 시장·군수등은 제1항에도 불구하고 제9조제1호, 제2호 또는 제4호의 방법으로 시행하는 빈집정비사업으로서 빈집 소유자가 요청하거나 빈집정비사업을 효율적으로 시행하기 위하여 필요한 경우에는 제1항 각 호의 어느 하나에 해당하는 자를 사업시행자로 지정하여 해당 빈집정비사업을 시행하게 할 수 있다. ③ 시장·군수등은 빈집정비사업(제11조제2항에 따라 직권으로 빈집을 철거하는 경우는 제외한다)을 시행하는 경우에는 국토교통부령으로 정하는 바에 따라 해당 빈집 소유자의 동의를 받아야 한다. 다만, 해당 빈집 소유자의 소재를 알 수 없는 경우에는 제13조에 따른 사업시행계획서의 내용을 해당 지방자치단체의 공보 및 홈페이지에 공고하고, 공고한 날부터 30일이 지난 날까지 해당 빈집 소유자가 의견을 제출하지 아니하면 동의한 것으로 본다.

제9조	빈집 및 소규모주택 정비에 관한 특례법 시행령
	[시행 2023. 11. 28.] [대통령령 제33895호, 2023. 11. 28., 일부개정]
빈집의 철거 등 절차	① 시장·군수등은 법 제11조제1항에 따라 빈집의 철거 등 필요한 조치를 명하는 경우 국토교통부령으로 정하는 바에 따라 조치명령의 내용 및 사유 등을 빈집의 소유자에게 알려야 한다. ② 제1항에 따른 조치명령 중 빈집의 철거는 법 제4조제4항 전단에 따라 빈집정비계획을 고시한 날(법 제11조제1항 각 호 외의 부분 단서에 따라 지방건축위원회의 심의를 거치는 경우에는 빈집 소유자에게 지방건축위원회 심의 결과가 통지된 날을 말한다)부터 6개월 이상의 범위에서 시·도조례로 정하는 기간이 지난 때에 명할 수 있다. <개정 2022. 8. 2.> ③ 제1항에 따른 조치명령을 받은 빈집 소유자는 천재지변이나 그 밖의 부득이한 사유로 법 제11조제1항 각 호 외의 부분 후단에 따른 이행기간 내에 조치의 이행이 불가능한 경우 그 기간이 종료되기 7일 전까지 이행기간의 연장을 시장·군수등에게 신청할 수 있다. ④ 시장·군수등은 법 제11조제2항에 따라 빈집에 대한 직권 철거를 결정한 때에는 철거 사유 등을 빈집 소유자에게 통보하여야 하며, 철거 예정일이 결정된 때에는 철거 예정일 7일 전까지 빈집 소유자에게 국토교통부령으로 정하는 바에 따라 철거통지서를 송달하여야 한다. [제목개정 2021. 10. 14.]

3. 시행방법 (법 제16조)

인가받은 사업시행계획(관리처분계획을 포함)에 따른다(주택, 부대시설·복리시설 및 오피스텔을 건설·공급).

제16조	빈집 및 소규모주택 정비에 관한 특례법
	[시행 2024. 2. 15.] [법률 제19225호, 2023. 2. 14., 타법개정]
소규모주택 정비사업의 시행방법	① 자율주택정비사업은 제29조에 따른 사업시행계획인가를 받은 후에 사업시행자가 스스로 주택을 개량 또는 건설하는 방법으로 시행한다. ② 가로주택정비사업은 가로구역의 전부 또는 일부에서 제29조에 따라 인가받은 사업시행계획에 따라 주택 등을 건설하여 공급하거나 보전 또는 개량하는 방법으로 시행한다. ③ 소규모재건축사업은 제29조에 따라 인가받은 사업시행계획에 따라 주택, 부대시설·복리시설 및 오피스텔(「건축법」 제2조제2항에 따른 업무시설 중 오피스텔을 말한다)을 건설하여 공급하는 방법으로 시행한다. 다만, 주택단지에 위치하지 아니한 토지 또는 건축물이 다음 각 호의 어느 하나에 해당하는 경

우로서 사업시행상 불가피한 경우에는 대통령령으로 정하는 편입 면적 내에서 해당 토지 또는 건축물을 포함하여 사업을 시행할 수 있다. <개정 2018. 3. 13., 2021. 10. 19.>
1. 진입도로 등 정비기반시설 및 공동이용시설의 설치에 필요한 토지 또는 건축물
2. 건축행위가 불가능한 토지 또는 건축물
3. 시·도지사가 제27조에 따른 통합심의를 거쳐 부지의 정형화 등을 위하여 필요하다고 인정하는 토지 또는 건축물

④ 소규모재개발사업은 제29조에 따라 인가받은 사업시행계획에 따라 주택 등 건축물을 건설하여 공급하는 방법으로 시행한다. <신설 2021. 7. 20.>

4. 사업시행자 (법 제17조, 제18조, 제19조)

가. 조합 : 조합이 구청장으로부터 조합설립인가를 받아 단독 시행하거나, 조합원 과반수 동의를 얻어 토지주택공사(LH, SH) 등과 공동 시행
나. 공공시행자 : 토지면적의 1/2 이상, 토지등소유자 2/3 이상 동의를 얻어 구청장으로부터 토지주택공사를 사업시행자로 지정받아 토지주택공사가 시행
다. 지정개발자 : 토지등소유자의 8/10 이상,및 토지면적의 2/3 이상 동의를 얻어 구청장으로부터 신탁업자를 사업시행자로 지정받아 신탁업자가 시행
라. 20명 미만 토지등소유자/조합 시행
마. 20명 미만 토지등소유자 또는 조합 단독 시행
바. 조합(토지등소유자)와 공동시행
  (1) 20명 미만 토지등소유자+㉠
  (2) 조합+㉠ ➔ 조합원의 과반수 동의
사. 공공시행자
  (1) 시장·군수등
  (2) 시장·군수등이 지정한 LH(LH등이 건설업자, 등록사업자와 공동시행 포함)
아. 공공시행 법적요건 (빈집 특례법 제18조제1항)
  (1) 천재지변, 사용제한·사용금지 등의 불가피한 사유로 긴급히 사업 시행할 필요가 있는 경우
  (2) 토지등소유자가 주민합의체 신고한 날 또는 조합이 조합설립인가를 받은 날부터 3년 이내에 사업시행계획인가를 미신청한 경우
  (3) 사업이 장기간 지연되거나 권리관계에 대한 분쟁 등으로 해당 조합 또는 토지등소유자가 시행하는 사업을 계속 추진하기 어려운 경우
  (4) 빈집 특례법 제54조제4항에 따라 사업시행계획인가가 취소된 경우
  (5) 사업시행구역의 국·공유지 면적 또는 국·공유지와 LH등이 소유한 토지를 합한 면

적이 전체 토지면적의 2분의 1 이상으로서 토지등소유자의 과반수가 시장·군수등 또는 LH등을 사업시행자로 지정하는 것에 동의하는 경우
        (6) 사업시행구역의 토지면적 1/2 이상의 토지소유자와 토지등 소유자의 2/3 이상이 시장·군수등 또는 LH등을 사업시행자로 지정할 것을 요청하는 경우
자. 공공시행자 지정 고시 및 효력 (빈집 특례법 제19조)
    (1) 시장·군수등은 영 제16조제1항 각 호의 사항을 지자체 공보에 고시, 토지등소유자에게 통보(단, 천재지변 등에 의한 경우에는 시행사유·시기 및 방법까지 통보)
    (2) 고시 효력 : 고시일 다음 날 주민합의체 신고, 조합설립인가 취소된 것으로 본다.
차. 지정개발자 (빈집 특례법 제19조)
    (1) 시장·군수등이 지정한 다음의 자
        (가) 신탁업자(사업시행구역 면적의 1/3 이상의 토지를 신탁받은 자
카. 지정개발자 시행 법적요건 (빈집 특례법 제19조제1항)
    조합설립을 위한 동의요건 이상에 해당하는 자가 신탁업자를 사업시행자로 지정하는 것에 동의하는 때
    ※ 토지등소유자 전체회의 구성 심의
타. 사업시행자 지정 고시 및 효력
    【공공시행자】와 동일
파. 조합과 공동시행
    (1) 조합 + (시장·군수등, LH등, 건설업자, 등록사업자, 신탁업자, 부동산투자회사)
        (가) 조합원의 과반수 동의

하. 공공시행자 지정
    (1) 토지등소유자가 시장·군수등 또는 LH등을 사업시행자로 지정 요청할 경우
        (가) 사업시행구역의 국·공유지 면적 또는 국·공유지와 LH등이 소유한 토지를 합한 면적이 전체 토지면적의 2분의 1이상으로서 토지등소유자의 과반수가 사업시행자 지정에 동의
        (나) 사업시행구역의 토지면적 1/2 이상의 토지소유자와 토지등 소유자의 2/3 이상이 사업시행자로 지정을 요청
거. 지정개발자 지정
    (1) 지정개발자 자격요건
    (2) 사업시행구역 면적의 1/3 이상의 토지를 신탁받은 신탁업자
        (가) 조합설립을 위한 동의요건 이상에 해당하는 자가 신탁업자를 사업시행자로 지정하는 것에 동
    (3) 주민합의체 구성
    (4) 토지등소유자의 전원 합의

※ 추진위원회 구성 없음

제17조 빈집 및 소규모주택 정비에 관한 특례법
[시행 2024. 2. 15.] [법률 제19225호, 2023. 2. 14., 타법개정]

소규모주택 정비사업의 시행자

① 자율주택정비사업은 2명 이상의 토지등소유자가 직접 시행하거나 다음 각 호의 어느 하나에 해당하는 자와 공동으로 시행할 수 있다.
1. 시장·군수등
2. 토지주택공사등
3. 건설업자
4. 등록사업자
5. 신탁업자
6. 부동산투자회사

② 자율주택정비사업의 시행으로 「공공주택 특별법」 제2조제1호가목에 따른 공공임대주택(이하 "공공임대주택"이라 한다)의 비율(건축물의 전체 연면적 대비 공공임대주택의 연면적의 비율 또는 전체 세대수 대비 공공임대주택의 세대수의 비율을 말한다)이 50퍼센트 이상이 되도록 건설하는 경우에는 제1항에도 불구하고 토지등소유자 1명이 사업을 시행할 수 있으며, 제2조제1항제3호에 따른 지역 외에서도 사업을 시행할 수 있다. <개정 2019. 8. 20., 2021. 7. 20.>

③ 가로주택정비사업, 소규모재건축사업 또는 소규모재개발사업은 다음 각 호의 어느 하나에 해당하는 방법으로 시행할 수 있다. <개정 2021. 7. 20.>
1. 토지등소유자가 20명 미만인 경우에는 토지등소유자가 직접 시행하거나 해당 토지등소유자가 제1항 각 호의 어느 하나에 해당하는 자와 공동으로 시행하는 방법
2. 제23조에 따른 조합이 직접 시행하거나 해당 조합이 조합원의 과반수 동의를 받아 제1항 각 호의 어느 하나에 해당하는 자와 공동으로 시행하는 방법

제18조 빈집 및 소규모주택 정비에 관한 특례법
[시행 2024. 2. 15.] [법률 제19225호, 2023. 2. 14., 타법개정]

가로주택정비사업·소규모재건축사업의 공공시행자 지정

① 시장·군수등은 가로주택정비사업, 소규모재건축사업 또는 소규모재개발사업이 다음 각 호의 어느 하나에 해당하는 경우에는 제17조제3항에도 불구하고 직접 해당 사업을 시행하거나 토지주택공사등(토지주택공사등이 건설업자 또는 등록사업자와 공동으로 시행하는 경우를 포함한다. 이하 이 조 및 제20조에서 같다)을 사업시행자로 지정하여 해당 사업을 시행하게 할 수 있다. <개정 2021. 7. 20., 2022. 2. 3.>
1. 천재지변, 「재난 및 안전관리 기본법」 제27조 또는 「시설물의 안전 및 유지관리에 관한 특별법」 제23조에 따른 사용제한·사용금지, 그 밖의 불

가피한 사유로 긴급하게 사업을 시행할 필요가 있는 경우
2. 토지등소유자가 제22조에 따른 주민합의체를 신고한 날 또는 조합이 제23조에 따른 조합설립인가를 받은 날부터 3년 이내에 제29조에 따른 사업시행계획인가를 신청하지 아니한 경우
3. 사업이 장기간 지연되거나 권리관계에 대한 분쟁 등으로 해당 조합 또는 토지등소유자가 시행하는 사업을 계속 추진하기 어려운 경우
4. 제54조제4항에 따라 사업시행계획인가가 취소된 경우
5. 사업시행구역의 국유지·공유지 면적 또는 국유지·공유지와 토지주택공사등이 소유한 토지를 합한 면적이 전체 토지면적의 2분의 1 이상으로서 토지등소유자 과반수가 시장·군수등 또는 토지주택공사등을 사업시행자로 지정하는 것에 동의하는 경우
6. 사업시행구역의 토지면적의 2분의 1 이상의 토지소유자와 토지등소유자의 3분의 2 이상에 해당하는 자가 시장·군수등 또는 토지주택공사등을 사업시행자로 지정할 것을 요청한 경우

② 시장·군수등은 제1항에 따라 직접 가로주택정비사업, 소규모재건축사업 또는 소규모재개발사업을 시행하거나 토지주택공사등을 사업시행자로 지정하는 때에는 14일 이상 주민 공람을 거쳐 의견을 수렴하고 사업시행구역 등 대통령령으로 정하는 사항을 해당 지방자치단체의 공보에 고시하여야 한다. 다만, 제1항제1호의 경우에는 토지등소유자에게 지체 없이 사업의 시행 사유·시기 및 방법 등을 통보하여야 한다. <개정 2021. 7. 20., 2022. 2. 3.>

③ 제2항에 따른 사업시행구역에 관한 지형도면 고시 등에 대하여는 「토지이용규제 기본법」 제8조에 따른다. <신설 2023. 4. 18.>

④ 제2항에 따라 사업시행자의 지정·고시가 있은 때에는 그 고시일 다음 날에 주민합의체의 신고 또는 조합설립인가가 취소된 것으로 본다. <개정 2023. 4. 18.>

[제목개정 2021. 7. 20.]

제19조 — 가로주택정비사업·소규모재건축사업의 지정개발자 지정

빈집 및 소규모주택 정비에 관한 특례법

[시행 2024. 2. 15.] [법률 제19225호, 2023. 2. 14., 타법개정]

① 시장·군수등은 가로주택정비사업, 소규모재건축사업 또는 소규모재개발사업의 조합설립을 위하여 제23조에 따른 조합설립 동의요건 이상에 해당하는 자가 대통령령으로 정하는 요건을 갖춘 신탁업자(이하 "지정개발자"라 한다)를 사업시행자로 지정하는 것에 동의하는 때에는 지정개발자를 사업시행자로 지정하여 해당 사업을 시행하게 할 수 있다. <개정 2021. 7. 20.>

② 시장·군수등은 제1항에 따라 지정개발자를 사업시행자로 지정하는 때에는 14일 이상 주민 공람을 거쳐 의견을 수렴하고 사업시행구역 등 대통령령으로 정하는 사항을 해당 지방자치단체의 공보에 고시하여야 한다. 이 경우 사업시행구역에 관한 지형도면 고시 등에 대하여는 「토지이용규제 기본법」 제8조

에 따른다. <개정 2022. 2. 3., 2023. 4. 18.>
③ 지정개발자는 제1항에 따른 사업시행자 지정에 필요한 동의를 받기 전에 다음 각 호에 관한 사항을 토지등소유자에게 제공하여야 한다.
  1. 토지등소유자별 분담금 추산액 및 산출근거
  2. 그 밖에 추정분담금의 산출 등과 관련하여 시·도조례로 정하는 사항
④ 제2항에 따른 사업시행자의 지정·고시가 있은 때에는 그 고시일 다음 날에 주민합의체의 신고 또는 조합설립인가가 취소된 것으로 본다.
[제목개정 2021. 7. 20.]

5. 시공자의 선정 등 (법 제20조)

가. 선정시기
  (1) 주민합의체 구성시 ⇒ 주민합의체 신고 후
  (2) 조합 시행 ⇒ 조합설립인가 후
  (3) 공공시행자, 지정개발자 시행 ⇒ 사업시행자 지정·고시 후
나. 선정방법
  (1) 주민합의체 - 주민합의서에서 정하는 바에 따라 시공자 선정
  (2) 조합 시행 - 국토부장관이 정하는 경쟁입찰 또는 수의계약(2회유찰시)방법으로 선정
  (3) 국토부 고시-소규모주택정비사업의 시공자 및 정비사업전문관리업자 선정기준
    [참조] 토지등소유자 또는 조합원 100인 이하인 소규모주택정비사업은 토지등소유자 전체회의 또는 조합 총회에서 정관으로 정하는 바에 따라 시공자 선정
다. 공공시행자·지정개발자 시행
  (1) 주민대표회의 또는 토지등소유자 전체회의에서 영 제18조제2항에 따른 경쟁입찰 또는 수의계약(2회 유찰시) 방법으로 시공자 추천 → 사업시행자는 추천자를 시공자로 선정

제20조	빈집 및 소규모주택 정비에 관한 특례법
	[시행 2024. 2. 15.] [법률 제19225호, 2023. 2. 14., 타법개정]
시공자의 선정 등	① 토지등소유자는 소규모주택정비사업을 시행하는 경우 제22조에 따라 주민합의체를 신고한 후 주민합의서에서 정하는 바에 따라 건설업자 또는 등록사업자를 시공자로 선정하여야 한다. ② 조합은 소규모주택정비사업을 시행하는 경우 조합설립인가를 받은 후 조합 총회(시장·군수등 또는 토지주택공사등과 공동으로 사업을 시행하는 경우에는 조합원의 과반수 동의로 조합 총회 의결을 갈음할 수 있다)에서 국토교통부장관이 정하여 고시하는 경쟁입찰 또는 수의계약(2회 이상 경쟁입찰이 유찰된 경우로 한정한다)의 방법으로 건설업자 또는 등록사업자를 시공자로 선정

하여야 한다. 다만, 대통령령으로 정하는 규모 이하의 소규모주택정비사업은 조합 총회에서 정관으로 정하는 바에 따라 선정할 수 있다. <개정 2020. 8. 18., 2022. 2. 3.>
③ 사업시행자는 시장·군수등이 제18조제1항에 따라 직접 사업을 시행하거나 토지주택공사등을 사업시행자로 지정하는 경우 또는 제19조제1항에 따라 지정개발자를 사업시행자로 지정하여 사업을 시행하게 하는 경우 제18조제2항 및 제19조제2항에 따른 고시가 있은 후 건설업자 또는 등록사업자를 시공자로 선정하여야 한다.
④ 제25조제2항 또는 제3항에 따른 주민대표회의 또는 토지등소유자 전체회의는 제3항에 따라 시공자를 선정하는 경우 대통령령으로 정하는 경쟁입찰 또는 수의계약(2회 이상 경쟁입찰이 유찰된 경우로 한정한다)의 방법으로 시공자를 추천할 수 있다. 다만, 대통령령으로 정하는 규모 이하의 소규모주택정비사업은 주민대표회의 또는 토지등소유자 전체회의에서 별도로 정하는 바에 따라 선정할 수 있다.
⑤ 사업시행자는 제4항에 따라 주민대표회의 또는 토지등소유자 전체회의가 시공자를 추천한 경우 추천받은 자를 시공자로 선정하여야 한다.
⑥ 다음 각 호의 어느 하나에 해당하는 경우 시공자와의 계약에 관하여는 「지방자치단체를 당사자로 하는 계약에 관한 법률」 제9조 및 「공공기관의 운영에 관한 법률」 제39조를 적용하지 아니한다.
  1. 제17조제1항 및 제3항에 따라 시장·군수등 또는 토지주택공사등이 소규모주택정비사업을 공동으로 시행하는 경우
  2. 제5항에 따라 주민대표회의 또는 토지등소유자 전체회의가 추천한 시공자를 선정하는 경우
⑦ 사업시행자는 제1항부터 제6항까지에 따라 선정된 시공자와 공사에 관한 계약을 체결하는 때에는 기존 건축물의 철거 공사(「석면안전관리법」에 따른 석면 조사·해체·제거를 포함한다)에 관한 사항을 포함하여야 한다.
⑧ 조합 또는 토지등소유자가 소규모주택정비사업의 시행을 위하여 시장·군수등 또는 토지주택공사등이 아닌 자를 시공자로 선정(제17조제1항 및 제3항에 따른 공동 사업시행자가 시공하는 경우를 포함한다)한 경우 그 시공자는 공사의 시공보증을 위하여 시공보증서를 조합 또는 토지등소유자에게 제출하여야 한다. <개정 2020. 6. 9.>

6. 주민합의체의 구성 등 (법 제22조)

주민대표회의 구성(공공시행자 지정하는 경우)

제22조

주민합의체의 구성 등

빈집 및 소규모주택 정비에 관한 특례법
[시행 2024. 2. 15.] [법률 제19225호, 2023. 2. 14., 타법개정]

① 토지등소유자는 다음 각 호에 따라 소규모주택정비사업을 시행하는 경우 토지등소유자 전원의 합의를 거쳐 주민합의체를 구성하여야 한다.
  1. 제17조제1항에 따라 자율주택정비사업을 시행하는 경우로서 토지등소유자가 2명 이상인 경우
  2. 제17조제3항제1호에 따라 가로주택정비사업 또는 소규모재건축사업을 시행하는 경우로서 토지등소유자가 20명 미만인 경우
② 제17조제3항제1호에 따라 소규모재개발사업을 시행하는 경우에는 토지등소유자의 10분의 8 이상 및 토지면적의 3분의 2 이상의 토지소유자 동의(국유지·공유지가 포함된 경우에는 해당 토지의 관리청이 해당 토지를 사업시행자에게 매각하거나 양여할 것을 확인한 서류를 시장·군수등에게 제출하는 경우에는 동의한 것으로 본다. 이하 제3항에서 같다)를 받아 주민합의체를 구성하여야 한다. 이 경우 주민합의체의 구성에 동의하지 아니한 토지등소유자도 주민합의체 구성원으로 포함하여야 한다. <신설 2021. 7. 20.>
③ 제1항제1호에도 불구하고 관리지역에서 시행하는 자율주택정비사업의 경우에는 토지등소유자의 10분의 8 이상 및 토지면적의 3분의 2 이상의 토지소유자 동의를 받아 주민합의체를 구성할 수 있다. 이 경우 주민합의체의 구성에 동의하지 아니한 토지등소유자도 주민합의체 구성원으로 포함하여야 한다. <신설 2021. 7. 20.>
④ 사업시행구역의 공동주택은 각 동(복리시설의 경우에는 주택단지의 복리시설 전체를 하나의 동으로 본다)별 구분소유자의 과반수 동의(공동주택의 각 동별 구분소유자가 5명 이하인 경우는 제외한다)를, 그 외의 토지 또는 건축물은 해당 토지 또는 건축물이 소재하는 전체 토지면적의 2분의 1 이상의 토지소유자 동의를 받아야 한다. <신설 2021. 7. 20.>
⑤ 토지등소유자는 주민합의체를 구성하는 경우 토지등소유자 전원의 합의(제2항 및 제3항에 따라 주민합의체를 구성하는 경우에는 토지등소유자의 10분의 8 이상 및 토지면적의 3분의 2 이상의 토지소유자 동의를 말한다)로 주민합의체 대표자를 선임하고 국토교통부령으로 정하는 바에 따라 주민합의서를 작성하여 시장·군수등에게 신고하여야 한다. <개정 2021. 7. 20.>
⑥ 제5항에 따른 주민합의서는 다음 각 호의 사항을 포함하여야 한다. <개정 2021. 7. 20.>
  1. 주민합의체의 명칭

2. 사업시행구역의 위치 및 범위
3. 주민합의체의 목적 및 사업 내용
4. 주민합의체를 구성하는 자의 성명, 주소 및 생년월일(법인, 법인 아닌 사단이나 재단 및 외국인의 경우에는 「부동산등기법」 제49조에 따라 부여된 등록번호를 말한다. 이하 같다)
5. 주민합의체 대표자의 성명, 주소 및 생년월일
6. 시공자 또는 정비사업전문관리업자의 선정 및 변경 방법
7. 주민합의체의 의결사항 및 의결방법
8. 그 밖에 주민합의체의 구성 및 운영에 필요한 사항으로서 시·도조례로 정하는 사항

⑦ 주민합의체 대표자는 제5항에 따라 신고한 사항을 변경하는 경우에는 국토교통부령으로 정하는 바에 따라 변경신고를 하여야 한다. 다만, 대통령령으로 정하는 경미한 사항을 변경하는 경우에는 그러하지 아니하다. <개정 2021. 7. 20.>

⑧ 제1항부터 제3항까지에 따라 구성된 주민합의체는 다음 각 호의 요건을 모두 갖춘 때에는 국토교통부령으로 정하는 바에 따라 시장·군수등에게 변경신고를 거쳐 이 법에 따른 소규모주택정비사업으로 전환하여 시행할 수 있다. <신설 2023. 4. 18.>

1. 제29조에 따른 사업시행계획인가를 신청하기 전일 것
2. 시행 중인 사업이 전환하려는 사업에 관하여 제2조제1항제3호에서 정하는 요건을 모두 충족할 것
3. 전환하려는 사업에 관하여 제1항부터 제3항까지에서 정하고 있는 주민합의체 구성을 위한 동의 요건을 충족할 것

⑨ 주민합의체 대표자는 주민합의체를 해산하는 경우에는 주민합의체를 구성하는 자의 과반수 동의를 받아 국토교통부령으로 정하는 바에 따라 해산신고를 시장·군수등에게 하여야 한다. <개정 2021. 7. 20., 2023. 4. 18.>

⑩ 시장·군수등은 제5항에 따라 주민합의체 구성의 신고(제7항 또는 제8항에 따라 신고한 사항을 변경하는 경우를 포함한다)가 있거나 제9항에 따라 해산신고가 있는 때에는 14일 이상 주민 공람을 거쳐 의견을 수렴하고 해당 지방자치단체의 공보에 해당 내용을 고시하여야 한다. 이 경우 사업시행구역에 관한 지형도면 고시 등에 대하여는 「토지이용규제 기본법」 제8조에 따른다. <신설 2022. 2. 3., 2023. 4. 18.>

⑪ 토지등소유자의 자격 등에 관하여는 제24조를 준용한다. 이 경우 "조합설립인가"는 "주민합의체 구성의 신고"로 본다. <신설 2023. 4. 18.>

7. 조합설립 (법 제23조)

가. 토지등소유자의 8/10 이상 및 토지면적의 2/3 이상 동의
나. 공동주택은 각 동별 구분소유자의 과반수 동의, 공동주택 외의 건축물은 해당 건축물이 소재하는 전체 토지면적의 1/2 이상의 토지등소유자 동의
다. 조합설립인가
   (1) 토지등소유자의 8/10 이상+토지면적의 2/3 이상의 토지소유자 동의
      (가) 공동주택은 각 동(복리시설은 전체를 1동으로 봄)별 구분소유자의 과반수 동의(각 동별 구분소유자가 5 이하는 제외)
      (나) 공동주택 외의 건축물은 해당 건축물이 소재하는 전체 토지면적의 1/2 이상의 토지소유자의 동의
라. 주민대표회의 구성 (공공시행자 지정하는 경우)
마. 토지등소유자의 과반수 동의(공공시행자 지정고시 후 구성)
바. 총회의결 : 조합설립한 경우
   건축심의 및 사업시행계획인가 신청 전
사. 조합원의 과반수 찬성
   (1) 정비사업비가 10%(생산자물가상승률분 및 손실보상금액 제외) 증가한 경우 조합원 2/3 이상 찬성
   (2) 사업시행계획의 경미한 변경, 천재지변 등의 공공시행자 긴급 시행사업(이하 "취약주택정비사업") ➔ 총회 의결 불요
아. 토지등소유자의 동의
   건축심의 및 사업시행계획인가 신청 전
자. 토지등소유자의 사업시행
   (1) 주민합의서에서 정하는 토지등소유자의 동의
차. 지정개발자의 사업시행
   (1) 토지등소유자의 과반수 동의 + 토지면적 1/2 이상의 토지소유자의 동의
      (가) 사업시행계획의 경미한 변경, 취약정비사업의 경우
   (2) 동의 불요
카. 토지등소유자 전체회의 의결 : 지정개발자의 사업시행계획서 작성
타. 토지등소유자의 과반수 찬성 의결 (소규모재건축사업 - 토지등 소유자는 신탁업자의 사업시행자 지정에 동의한 자임)
   (1) 토지등소유자의 20% 이상 출석, 요함
      [참조] 정비사업비가 10%(생산자물가상승분, 단 손실보상액은 제외) 이상 증가하는 경우 토지등소유자 2/3 이상 찬성 의결
파. 토지등소유자 전체회의 의결 : 지정개발자의 관리처분계획 수립

하. 토지등소유자의 과반수 찬성 의결 (재건축사업의 경우 토지등 소유자는 신탁업자의 사업시행자 지정에 동의한 자임)
  (1) 토지등소유자의 20% 이상 출석 요함
    [참조] 정비사업비가 10%(생산자물가상승분, 단 손실보상액은 제외) 이상 증가하는 경우 토지등소유자 2/3 이상 찬성 의결
  (2) 관리처분계획은 사업시행계획서에 포함되는 사항으로 시장·군수등의 사업시행계획인가시 그 내용이 확정되며 별도 관리처분계획인가 처분절차는 없음
거. 토지 또는 건축물의 소유자, 지상권자
  (1) 토지등소유자
  (2) 다음은 그 여러 명을 대표하는 1인이 조합원
    (가) 수인이 토지 또는 건축물의 소유권과 지상권을 공유한 경우
    (나) 수인의 토지등소유자가 1세대에 속하는 때
  (3) 1세대란
    (가) 동일세대별 주민등록표에 등재되지 않은 배우자·미혼19세 미만 직계비속
    (나) 조합설립인가후 1세대로 구성된 수인의 토지등소유자가 세대분리한 경우도 1세대임 ※ 이혼, 19세 이상 자녀 분가에 의한 세대분리의 경우 1세대로 보지 않음
  (4) 조합설립인가 후 1인의 토지등소유자에게서 토지 또는 건축물의 소유권이나 지상권을 양수하여 수인이 소유하게 된 때
    투지과열지구에서 소규모재건축사업 조합원의 자격 제한(조합원 자격 無)
  (5) 조합설립인가 후, 해당 사업의 건축물 또는 토지를 양수(매매·증여 등 포함, 상속·이혼에 의한 양수는 제외)한 자 ⇒ 손실보상
    (예외) 다음의 양도인으로부터 그 건축물 또는 토지를 양수한 자
    (가) 세대주를 포함하여 세대원의 근무·생업상의 사정, 질병치료(1년 이상)·취학·결혼으로 세대원 모두 해당 사업구역 외의 특별(자치)시·도, 광역시, 시 또는 군으로 이전한 자
    (나) 상속취득한 주택으로 세대원 모두 이전한 자
    (다) 세대원 모두 해외 이주 또는 2년 이상 해외 체류하려는 자
    (라) 기타 불가피한 사정으로 양도하는 경우로서 영 제22조에서 정한 경우
  (6) "정비사업 동의기준" 참조

제23조 빈집 및 소규모주택 정비에 관한 특례법
[시행 2024. 2. 15.] [법률 제19225호, 2023. 2. 14., 타법개정]

조합설립 ① 가로주택정비사업의 토지등소유자는 조합을 설립하는 경우 토지등소유자의 10분의 8 이상 및 토지면적의 3분의 2 이상의 토지소유자 동의를 받은 후 조

합설립을 위한 창립총회(이하 "창립총회"라 한다)를 개최하고 다음 각 호의 사항을 첨부하여 시장·군수등의 인가를 받아야 한다. 이 경우 사업시행구역의 공동주택은 각 동(복리시설의 경우에는 주택단지의 복리시설 전체를 하나의 동으로 본다)별 구분소유자의 과반수 동의(공동주택의 각 동별 구분소유자가 5명 이하인 경우는 제외한다)를, 그 외의 토지 또는 건축물은 해당 토지 또는 건축물이 소재하는 전체 토지면적의 2분의 1 이상의 토지소유자 동의를 받아야 한다. <개정 2022. 2. 3.>

1. 정관
2. 공사비 등 소규모주택정비사업에 드는 비용(이하 "정비사업비"라 한다)과 관련된 자료 등 국토교통부령으로 정하는 서류
3. 그 밖에 시·도조례로 정하는 서류

② 소규모재건축사업의 토지등소유자는 조합을 설립하는 경우 주택단지의 공동주택의 각 동(복리시설의 경우에는 주택단지의 복리시설 전체를 하나의 동으로 본다)별 구분소유자의 과반수 동의(공동주택의 각 동별 구분소유자가 5명 이하인 경우는 제외한다)와 주택단지의 전체 구분소유자의 4분의 3 이상 및 토지면적의 4분의 3 이상의 토지소유자 동의를 받은 후 창립총회를 개최하고 제1항 각 호의 사항을 첨부하여 시장·군수등의 인가를 받아야 한다. <개정 2022. 2. 3.>

③ 토지등소유자는 제2항에도 불구하고 주택단지가 아닌 지역이 사업시행구역에 포함된 경우 주택단지가 아닌 지역의 토지 또는 건축물 소유자의 4분의 3 이상 및 토지면적의 3분의 2 이상의 토지소유자의 동의를 받아야 한다.

④ 소규모재개발사업의 토지등소유자는 조합을 설립하는 경우 토지등소유자의 10분의 8 이상 및 토지면적의 3분의 2 이상의 토지소유자 동의를 받은 후 창립총회를 개최하고 제1항 각 호의 사항을 첨부하여 시장·군수등의 인가를 받아야 한다. <신설 2021. 7. 20., 2022. 2. 3.>

⑤ 제1항·제2항 또는 제4항에 따라 설립된 조합은 인가받은 사항을 변경하는 경우 조합 총회에서 조합원의 3분의 2 이상의 찬성으로 의결한 후 제1항 각 호의 사항을 첨부하여 시장·군수등의 인가를 받아야 한다. 다만, 대통령령으로 정하는 경미한 사항을 변경하는 경우에는 조합 총회의 의결 없이 시장·군수등에게 신고한 후 변경할 수 있다. <개정 2021. 7. 20.>

⑥ 제1항·제2항 및 제4항에 따라 설립된 조합은 다음 각 호의 요건을 모두 갖춘 때에는 제5항에 따라 조합 총회의 의결을 거쳐 시장·군수등의 변경인가를 받아 이 법에 따른 소규모주택정비사업(자율주택정비사업은 제외한다)으로 전환하여 시행할 수 있다. <신설 2023. 4. 18.>

1. 제29조에 따른 사업시행계획인가를 신청하기 전일 것
2. 시행 중인 사업이 전환하려는 사업에 관하여 제2조제1항제3호에서 정하는 요건을 모두 충족할 것

⑦ 조합이 가로주택정비사업, 소규모재건축사업 또는 소규모재개발사업을 시행하

는 경우 「주택법」 제54조를 적용할 때에는 해당 조합을 같은 법 제2조제10호에 따른 사업주체로 보며, 조합설립인가를 받은 날에 같은 법 제4조에 따른 주택건설사업 등의 등록을 한 것으로 본다. <개정 2021. 7. 20., 2023. 4. 18.>

⑧ 조합은 법인으로 하며, 조합에는 조합원으로 구성되는 총회를 두고 총회의 소집 절차·시기 등은 정관으로 정한다. 조합에 관하여는 이 법에 규정된 것을 제외하고는 「민법」 중 사단법인에 관한 규정을 준용한다. <개정 2021. 7. 20., 2023. 4. 18.>

⑨ 시장·군수등은 제1항, 제2항 또는 제4항에 따라 조합설립인가(제5항 또는 제6항에 따라 인가받은 사항을 변경하는 경우를 포함한다)를 하는 때에는 14일 이상 주민 공람을 거쳐 의견을 수렴하고 사업시행구역 등 대통령령으로 정하는 사항을 해당 지방자치단체의 공보에 고시하여야 한다. 이 경우 사업시행구역에 관한 지형도면 고시 등에 대하여는 「토지이용규제 기본법」 제8조에 따른다. <신설 2022. 2. 3., 2023. 4. 18.>

⑩ 제1항부터 제6항까지에 따른 토지등소유자에 대한 동의의 대상 및 절차, 창립총회의 방법 및 절차, 조합설립인가 및 그 변경 등에 필요한 사항은 대통령령으로 정한다. <개정 2021. 7. 20., 2022. 2. 3., 2023. 4. 18.>

8. 토지등소유자의 동의방법 등 (법 제25조)

토지등소유자의 과반수 동의
※ 공공시행자 지정고시 후 구성

제25조	빈집 및 소규모주택 정비에 관한 특례법
	[시행 2024. 2. 15.] [법률 제19225호, 2023. 2. 14., 타법개정]
토지등소유자의 동의방법 등	① 다음 각 호의 어느 하나에 대한 동의(동의한 사항의 철회를 포함한다)는 서면동의서에 토지등소유자가 성명을 적고 지장(指章)을 날인하는 방법으로 하며, 주민등록증, 여권 등 신원을 확인할 수 있는 신분증명서의 사본을 첨부하여야 한다. 이 경우 제3호에 해당하는 때에는 시장·군수등이 대통령령으로 정하는 방법에 따라 검인(檢印)한 서면동의서를 사용하여야 하며, 검인을 받지 아니한 서면동의서는 그 효력이 발생하지 아니한다. <개정 2021. 7. 20., 2022. 2. 3., 2023. 4. 18.> 1. 제17조제1항 및 제3항 각 호에 따라 토지등소유자가 소규모주택정비사업을 시행하는 경우 1의2. 삭제 <2023. 4. 18.> 2. 제18조 및 제19조에 따라 가로주택정비사업·소규모재건축사업·소규모재개발사업의 공공사업시행자 및 지정개발자를 정하는 경우

2의2. 제22조제2항부터 제5항까지에 따라 주민합의체를 구성하는 경우
3. 제23조제1항부터 제5항까지에 따라 조합을 설립하는 경우
4. 제2항에 따라 주민대표회의를 구성하는 경우
5. 제29조제3항에 따라 사업시행계획인가를 신청하는 경우

② 가로주택정비사업, 소규모재건축사업 또는 소규모재개발사업의 토지등소유자는 시장·군수등 또는 토지주택공사등을 사업시행자로 지정하는 경우 주민대표기구(이하 "주민대표회의"라 한다)를 구성하여야 한다. <개정 2021. 7. 20.>

③ 소규모주택정비사업의 토지등소유자는 제19조에 따른 지정개발자가 사업을 시행하는 경우 토지등소유자 전원으로 구성되는 회의(이하 "토지등소유자 전체회의"라 한다)를 구성하여야 한다. 이 경우 지정개발자는 「도시 및 주거환경정비법」 제48조제1항 각 호의 사항에 관하여 토지등소유자 전체회의의 의결을 거쳐야 한다.

④ 제1항에 따른 토지등소유자의 동의자 수 산정 방법 및 절차에 관한 사항은 대통령령으로 정한다. <신설 2019. 8. 20.>

9. 주택의 규모 (법 제32조, 조례 제34조)

가. 기존주택의 호수(단독주택)와 세대수(공동주택)를 합한 수 이상의 주택을 공급
나. 제2종일반주거지역내 가로주택 층수는 7층이하로 하되, 자치구 건축심의를 거쳐 평균 층수 7층이하로 할 수 있으며, 임대주택(공공임대 또는 공공지원민간임대)을 건설시에는 시 통합심의를 거쳐 15층까지 완화
다. 건축물의 층수
  (1) 국토계획법을 따름
    ※ 단, 제2종일반주거지역인 경우 시도조례로 제한하고자 할 경우 15층 이하 범위에서 따로 정할 수 있음
라. 주택공급 세대수
  (1) 기존 단독주택 호수+공동주택 세대수 합계 이상

제32조 | 빈집 및 소규모주택 정비에 관한 특례법
[시행 2024. 2. 15.] [법률 제19225호, 2023. 2. 14., 타법개정]

주택의 규모 및 건설비율 등

① 가로주택정비사업의 사업시행자는 사업시행구역에 있는 기존 단독주택의 호수(戶數)와 공동주택의 세대 수를 합한 수 이상의 주택을 공급하여야 한다. 이 경우 건설하는 건축물의 층수 등은 대통령령으로 정한다.
② 국토교통부장관은 주택수급의 안정과 저소득 주민의 입주기회 확대를 위하여 소규모재건축사업으로 건설하는 주택에 대하여 전체 세대수의 100분의 90 이하로서 대통령령으로 정하는 범위에서 「주택법」 제2조제6호에 따른 국민주택규모의 주택 건설비율을 정하여 고시할 수 있다.

제34조 | 서울특별시 빈집 및 소규모주택 정비에 관한 조례
[시행 2023. 12. 29.] [서울특별시조례 제9051호, 2023. 12. 29., 일부개정]

제2종 일반주거지역내 가로주택정비사업의 건축물 층수

① 영 제29조제1항 단서에 따라 "시·도조례로 정하는 건축물 층수"는 7층 이하로 한다. 다만, 구 건축위원회 심의를 거쳐 평균층수를(「서울특별시 도시계획조례」 제28조제2항의 "평균층수"를 말한다. 이하 같다) 7층 이하로 적용할 수 있다.
② 제1항에도 불구하고 시통합심의위원회의 심의를 거쳐 건축물 층수를 완화할 수 있다. <개정 2023.3.27., 2023.10.4.>
③ 삭제 <2023.3.27>

10. 관리처분의 내용 및 수립기준 (법 제33조, 제34조, 영 제30조, 제31조)

가. 종전 토지 또는 건축물 가액의 범위 또는 종전 주택의 주거전용면적 범위에서 2주택까지 공급받을 수 있고, 이 중 1주택은 주거전용면적 60㎡ 이하로 공급(60㎡ 이하 주택은 이전고시일부터 3년간 전매제한)
나. 조합정관, 관리처분계획으로 정할 경우 최대 3주택까지 공급 가능
다. 주택공급기준 [관리처분계획]
  (1) "1주택만 공급(원칙)
    (가) 1세대 또는 1명,이 1이상의 주택 또는 토지를 소유한 경우 1주택 공급
    (나) 다른 세대의 2명 이상이 1주택 또는 1토지를 공유한 경우 1주택 공급
  (2) 소유한 주택 수만큼 공급
    (가) 근로자(공무원 포함) 숙소, 기숙사 용도로 주택을 소유하고 있는 토지등소유자
    (나) 국가, 지자체 및 LH등

(다) 공공기관지방이전시책 등에 따라 이전하는 공공기관이 소유한 주택을 양수한 자
(3) 2주택 공급
(4) 3주택까지 공급
다가구주택 소유자는 종전자산 평가액을 분양주택 중 최소분양 단위 규모의 추산액으로 나눈 값(소수점 이하 버림)만큼 공급가능
(5) 주택분양대상자
 (가) 종전 주택소유자
 (나) 분양신청자가 소유하고 있는 권리가액이 분양용 최소규모 공동주택 1가구의 추산액 이상인 자
(6) 위(가), (나)에 따른 분양대상자 일지라도 수인의 분양신청자를 1인의 분양대상자로 보는 경우
 (가) 권리산정 기준일주2) 후 단독·다가구주택→다세대주택으로 전환되어 수인이 분양신청한 경우
 (나) 수인의 분양신청자가 1세대인 경우(세대주와 동일한 세대별 주민등록표상에 등재되어 있지 아니한 세대주의 배우자 및 배우자와 동일한 세대를 이루고 있는 세대원 포함)
 (다) 1주택 또는 1필지 토지를 수인이 공유한 경우(단, 권리산정 기준일주2)이전에 공유지분 소유한 토지 지분면적이 분할제한면적 이상인 자는 분양대상자로 봄)
 (라) 권리산정 기준일주1) 후 1필지의 토지를 수개의 필지로 분할한 경우
 (마) 권리산정 기준일주1)후 하나의 대지범위에 속하는 동일인 소유의 토지와 주택을 토지와 주택으로 각각 분리하여 소유한 경우
(7) 주택분양에 경합 있는 경우
주택공급순위 사업시행계획인가일을 기준으로 한 종전 토지 또는 건축물의 권리가액주1)을 기준으로 다음의 기준에 따라 공급한다.
 - (가), (나), (다) : 아래(재개발사업)과 동일

> 주택 및 부대·복리시설 공급순위
> 도정법에 따른 재건축사업에서의 주택 및 부대·복리시설의 공급순위관련 기준과 동일

(8) 상가 등 부대·복리시설의 분양 방법 및 공급순위
 아래 (재개발사업)과 동일,

> 주택 및 부대·복리시설 공급순위
> 도정법에 따른 재건축사업에서의 주택 및 부대·복리시설의 공급순위관련 기준과 동일

(단, "종전가액"은 "권리가액"주1)으로 봄)

주 1) "권리가액"이란 분양신청기간 종료일 현재 법 제33조 및 영 제30조에 따라 산정된 종전 토지 등의 총 가액
주 2) "권리산정기준일"
- 토지등소유자가 사업시행자가 되는 경우에는 주민합의체 구성을 신고한 날
- 조합이 사업시행자가 되는 경우에는 조합설립인가일
- 구청장 또는 토지주택공사등이 사업시행자가 되는 경우에는 사업시행자 지정 고시일
- 지정개발자가 사업시행자로 지정되는 경우에는 사업시행자 지정 고시일

(9) 분양신청 완료 후 잔여분 처분
　(가) 보류지 지정 및 처분
　　　⇒ 인가받은 사업시행계획(관리처분계획)에서 정한 처분방법에 의함
　(나) 일반분양 ⇒ 주택법 제54조 준용

제33조   빈집 및 소규모주택 정비에 관한 특례법

[시행 2024. 2. 15.] [법률 제19225호, 2023. 2. 14., 타법개정]

관리처분계획의 내용 및 수립기준

① 가로주택정비사업, 소규모재건축사업 또는 소규모재개발사업의 사업시행자는 제28조에 따른 분양신청기간이 종료된 때에는 분양신청의 현황을 기초로 다음 각 호의 사항을 포함하여 제30조제1항제10호에 따른 관리처분계획을 수립하여야 한다. <개정 2021. 7. 20.>

1. 분양설계
2. 분양대상자의 주소 및 성명
3. 분양대상자별 분양예정인 대지 또는 건축물의 추산액(임대관리 위탁주택에 관한 내용을 포함한다)
4. 다음 각 목에 해당하는 보류지 등의 명세와 추산액 및 처분방법
　가. 일반 분양분
　나. 임대주택
　다. 그 밖에 부대시설·복리시설 등
5. 분양대상자별 종전의 토지 또는 건축물 명세 및 제26조에 따른 심의 결과를 받은 날을 기준으로 한 가격(제26조에 따른 심의 전에 제37조제3항에 따라 철거된 건축물은 시장·군수등에게 허가를 받은 날을 기준으로 한 가격)
6. 정비사업비의 추산액(소규모재건축사업의 경우에는 「재건축초과이익 환수에 관한 법률」에 따른 재건축분담금에 관한 사항을 포함한다) 및 그에 따른 조합원 분담규모 및 분담시기
7. 분양대상자의 종전 토지 또는 건축물에 관한 소유권 외의 권리명세
8. 세입자별 손실보상을 위한 권리명세 및 그 평가액(취약주택정비사업의 경우로 한정한다)
9. 그 밖에 소규모주택정비사업과 관련한 권리 등에 관하여 대통령령으로 정하는 사항

② 조합은 제29조제3항 본문에 따른 의결이 필요한 경우 총회 개최일부터 30일 전에 제1항제3호부터 제6호까지에 해당하는 사항을 조합원에게 문서로 통지하여야 한다.

③ 제1항에 따른 관리처분계획의 내용은 다음 각 호의 기준에 따른다. <개정 2018. 3. 20., 2019. 8. 20., 2020. 6. 9., 2023. 6. 9.>

1. 종전의 토지 또는 건축물의 면적, 이용 상황, 환경, 그 밖의 사항을 종합적으로 고려하여 대지 또는 건축물이 균형 있게 분양신청자에게 배분되고 합리적으로 이용되도록 한다.
2. 지나치게 좁거나 넓은 토지 또는 건축물은 넓히거나 좁혀 대지 또는 건축물이 적정 규모가 되도록 한다.
3. 너무 좁은 토지 또는 건축물이나 다음 각 목에 따라 사업시행구역이 확정된 후 분할된 토지를 취득한 자에게는 현금으로 청산할 수 있다.
   가. 제18조에 따른 공공시행자 또는 제19조에 따른 지정개발자의 지정·고시
   나. 제22조에 따른 주민합의체 구성의 신고
   다. 제23조에 따른 조합설립인가
4. 재해상 또는 위생상의 위해를 방지하기 위하여 토지의 규모를 조정할 특별한 필요가 있는 때에는 너무 좁은 토지를 넓혀 토지를 갈음하여 보상을 하거나 건축물의 일부와 그 건축물이 있는 대지의 공유지분을 교부할 수 있다.
5. 분양설계에 관한 계획은 제28조에 따른 분양신청기간이 만료하는 날을 기준으로 하여 수립한다.
6. 1세대 또는 1명이 하나 이상의 주택 또는 토지를 소유한 경우 1주택을 공급하고, 같은 세대에 속하지 아니하는 2명 이상이 1주택 또는 1토지를 공유한 경우에는 1주택만 공급한다.
7. 제6호에도 불구하고 다음 각 목의 경우에는 각 목의 방법에 따라 주택을 공급할 수 있다.
   가. 2명 이상이 1토지를 공유한 경우로서 시·도조례로 주택공급을 따로 정하고 있는 경우에는 시·도조례로 정하는 바에 따라 주택을 공급할 수 있다.
   나. 다음 어느 하나에 해당하는 토지등소유자에게는 소유한 주택 수만큼 공급할 수 있다.
      1) 「수도권정비계획법」 제6조제1항제1호에 따른 과밀억제권역에 위치하지 아니한 소규모재건축사업의 토지등소유자
      2) 근로자(공무원인 근로자를 포함한다) 숙소, 기숙사 용도로 주택을 소유하고 있는 토지등소유자
      3) 국가, 지방자치단체 및 토지주택공사등
      4) 「지방자치분권 및 지역균형발전에 관한 특별법」 제25조에 따른 공공기관지방이전 및 혁신도시 활성화를 위한 시책 등에 따라 이전하는 공공기관이 소유한 주택을 양수한 자
   다. 제1항제5호에 따른 가격의 범위 또는 종전 주택의 주거전용면적의 범위

에서 2주택을 공급할 수 있고, 이 중 1주택은 주거전용면적을 60제곱미터 이하로 한다. 다만, 60제곱미터 이하로 공급받은 1주택은 제40조제2항에 따른 이전고시일 다음 날부터 3년이 지나기 전에는 주택을 전매(매매·증여나 그 밖에 권리의 변동을 수반하는 모든 행위를 포함하되 상속의 경우는 제외한다)하거나 전매를 알선할 수 없다.

라. 가로주택정비사업의 경우에는 3주택 이하로 한정하되, 다가구주택을 소유한 자에 대하여는 제1항제5호에 따른 가격을 분양주택 중 최소분양단위 규모의 추산액으로 나눈 값(소수점 이하는 버린다)만큼 공급할 수 있다.

마. 「수도권정비계획법」 제6조제1항제1호에 따른 과밀억제권역에서 투기과열지구에 위치하지 아니한 소규모재건축사업의 경우에는 토지등소유자가 소유한 주택수의 범위에서 3주택 이하로 한정하여 공급할 수 있다.

④ 제1항부터 제3항까지에 따른 관리처분계획의 내용 및 수립기준, 관리처분의 방법 등에 필요한 사항은 대통령령으로 정한다.

⑤ 제1항부터 제4항까지는 시장·군수등이 직접 수립하는 관리처분계획에 준용한다.

제34조 사업시행계획인가에 따른 처분 등

빈집 및 소규모주택 정비에 관한 특례법

[시행 2024. 2. 15.] [법률 제19225호, 2023. 2. 14., 타법개정]

① 가로주택정비사업, 소규모재건축사업 또는 소규모재개발사업의 사업시행자는 사업의 시행으로 조성된 대지 및 건축물을 사업시행계획인가에 따라 처분 또는 관리하여야 한다. <개정 2021. 7. 20.>

② 가로주택정비사업, 소규모재건축사업 또는 소규모재개발사업의 사업시행자는 사업의 시행으로 건설된 건축물을 제29조에 따라 인가된 관리처분계획에 따라 토지등소유자에게 공급하여야 한다. <개정 2021. 7. 20.>

③ 사업시행자는 사업시행구역에 주택을 건설하는 경우 입주자 모집 조건·방법·절차, 입주금(계약금·중도금 및 잔금을 말한다)의 납부 방법·시기·절차, 주택공급 방법·절차 등에 관하여 「주택법」 제54조에도 불구하고 대통령령으로 정하는 범위에서 시장·군수등의 승인을 받아 따로 정할 수 있다.

④ 사업시행자는 제28조에 따른 분양신청을 받은 후 잔여분이 있는 경우에는 정관 등 또는 사업시행계획으로 정하는 목적을 위하여 그 잔여분을 보류지(건축물을 포함한다)로 정하거나 조합원 또는 토지등소유자 외의 자에게 분양할 수 있다. 이 경우 분양공고와 분양신청절차 등에 필요한 사항은 대통령령으로 정한다.

⑤ 국토교통부장관, 시장·군수등 또는 토지주택공사등은 「민간임대주택에 관한 특별법」 제2조제4호에 따른 공공지원민간임대주택(이하 "공공지원민간임대주택"이라 한다)이 제39조에 따른 준공인가 및 공사완료의 고시가 있는 날까지 공급대상자에게 공급이 되지 아니한 때에는 해당 임대주택을 인수할 수 있다. 이 경우 임대주택의 인수 절차 및 방법, 인수가격 등에 필요한 사항은 대통령

령으로 정한다. <개정 2018. 1. 16., 2022. 2. 3.>

⑥ 사업시행자는 소규모주택정비사업의 시행으로 임대주택을 건설하는 경우 임차인의 자격·선정방법, 임대보증금, 임대료 등 임대조건에 관한 기준 및 무주택세대주에게 우선 매각하도록 하는 기준 등에 관하여 「민간임대주택에 관한 특별법」 제42조 및 제44조, 「공공주택 특별법」 제48조, 제49조 및 제50조의3에도 불구하고 대통령령으로 정하는 범위에서 시장·군수등의 승인을 받아 따로 정할 수 있다.

⑦ 사업시행자는 제2항부터 제6항까지에 따른 공급대상자에게 주택을 공급하고 남은 주택을 제2항부터 제6항까지에 따른 공급대상자 외의 자에게 공급할 수 있다.

⑧ 제7항에 따른 주택의 공급 방법·절차 등은 「주택법」 제54조를 준용한다. 다만, 사업시행자가 제35조에 따른 매도청구소송을 통하여 법원의 승소판결을 받은 후 입주예정자에게 피해가 없도록 손실보상금을 공탁하고 분양예정인 건축물을 담보한 경우에는 법원의 승소판결이 확정되기 전이라도 「주택법」 제54조에도 불구하고 입주자를 모집할 수 있으나, 제39조에 따른 준공인가 신청 전까지 해당 주택건설 대지의 소유권을 확보하여야 한다.

제30조 빈집 및 소규모주택 정비에 관한 특례법 시행령
[시행 2023. 11. 28.] [대통령령 제33895호, 2023. 11. 28., 일부개정]

관리처분계획의 내용 등

법 제33조제1항제9호에서 "대통령령으로 정하는 사항"이란 다음 각 호의 사항을 말한다. <개정 2021. 10. 14.>

1. 법 제34조제4항 전단에 따른 보류지 등의 명세와 추산액 및 처분방법
2. 법 제36조에 따라 손실보상에 관한 협의를 하여야 하는 토지등소유자별 기존 토지·건축물 또는 그 밖의 권리의 명세와 처분방법
3. 제31조제1항제4호에 따른 비용의 부담비율에 의한 대지 및 건축물의 분양계획과 그 비용부담의 한도·방법 및 시기. 이 경우 비용부담에 의하여 분양받을 수 있는 한도는 정관등에서 따로 정하는 경우를 제외하고는 기존 토지 또는 건축물의 가격의 비율에 따라 부담할 수 있는 비용의 50퍼센트를 기준으로 정한다.
4. 사업의 시행으로 인하여 용도가 폐지되는 정비기반시설 및 새로 설치되는 정비기반시설의 명세
5. 기존 건축물의 철거 예정시기
6. 그 밖에 시·도조례로 정하는 사항

제31조 빈집 및 소규모주택 정비에 관한 특례법 시행령

[시행 2023. 11. 28.] [대통령령 제33895호, 2023. 11. 28., 일부개정]

관리처분의 방법

① 법 제33조에 따른 가로주택정비사업 및 소규모재개발사업 관리처분의 방법은 다음 각 호와 같다. <개정 2021. 9. 17., 2022. 1. 18.>

1. 시·도조례로 분양주택의 주거전용면적을 제한하는 경우 그 면적 이하의 주택을 공급할 것
2. 하나의 건축물의 대지는 하나의 필지가 되도록 할 것. 다만, 주택단지의 경우에는 그러하지 아니하다.
3. 토지등소유자(지상권자를 제외한다. 이하 이 조에서 같다)에게 분양할 것. 다만, 공동주택을 분양하는 경우 시·도조례로 정하는 금액·규모·취득시기 또는 유형에 관한 기준에 부합하지 아니하는 토지등소유자는 시·도조례로 정하는 바에 따라 분양대상에서 제외할 수 있다.
4. 하나의 필지로 된 대지 및 그 대지에 건축된 건축물(법 제34조제4항 전단에 따라 잔여분을 보류지로 정하거나 조합원 또는 토지등소유자 외의 자에게 분양하는 부분은 제외한다)을 2인 이상에게 분양하는 경우 기존 토지 및 건축물의 가격과 제30조제3호에 따라 토지등소유자가 부담하는 비용의 비율에 따라 분양할 것
5. 분양대상자가 공동으로 취득하게 되는 건축물의 공용부분은 각 권리자의 공유로 하되, 해당 공용부분에 대한 각 권리자의 지분비율은 그가 취득하게 되는 전용부분의 위치 및 바닥면적 등의 사항을 고려하여 정할 것
6. 하나의 필지로 된 대지에 2인 이상에게 분양될 건축물이 설치된 경우 건축물의 분양면적 비율에 따라 그 대지의 소유권이 주어지도록 하되, 토지의 소유관계는 공유로 할 것. 다만, 대지에 건축된 건축물이 주택과 그 밖의 용도의 건축물로 구성된 경우 건축물의 용도 및 규모 등을 고려하여 대지의 소유권이 합리적으로 배분되도록 한다.
7. 주택 및 부대시설·복리시설의 공급순위는 기존 토지 또는 건축물의 가격을 고려하여 정할 것. 이 경우 공급순위 선정의 구체적 기준은 시·도조례로 정한다.

② 법 제33조에 따른 소규모재건축사업 관리처분의 방법은 다음 각 호와 같다. 다만, 조합이 조합원 전원의 동의를 받아 그 기준을 따로 정하는 경우에는 그에 따른다.

1. 제1항제5호부터 제7호까지의 방법에 따를 것
2. 기존 부대시설 또는 복리시설(부속토지를 포함한다. 이하 이 호에서 같다)의 소유자에게는 새로 건설되는 부대시설 또는 복리시설을 공급할 것. 다만, 다음 각 목의 어느 하나에 해당하는 경우에는 하나의 주택을 공급할 수 있다.
   가. 새로운 부대시설 또는 복리시설을 건설하지 아니하는 경우로서 기존 부대시설 또는 복리시설의 가액이 분양주택 중 최소분양단위 규모의 추산액에 정관등으로 정하는 비율(정관등으로 정하는 비율이 없는 경우에는 1을 말한다. 이하 이 조에서 같다)을 곱한 가액보다 큰 경우
   나. 기존 부대시설 또는 복리시설의 가액에서 새로 공급받는 부대시설 또는

복리시설의 추산액을 뺀 금액이 분양주택 중 최소분양단위 규모의 추산액에 정관등으로 정하는 비율을 곱한 가액보다 큰 경우

다. 새로 건설한 부대시설 또는 복리시설 중 최소분양단위규모의 추산액이 분양주택 중 최소분양단위규모의 추산액보다 큰 경우

③ 법 제33조제1항제3호·제5호 및 제8호에 따른 재산 또는 권리의 평가에 관하여 법 제56조에 따라 「도시 및 주거환경정비법」 제74조제4항을 준용하는 경우 같은 항 제1호나목의 "재건축사업"은 "가로주택정비사업, 소규모재건축사업 또는 소규모재개발사업"으로, "조합총회"는 "조합총회, 주민합의체 회의, 법 제25조제2항에 따른 주민대표회의 또는 같은 조 제3항 전단에 따른 토지등소유자 전체회의"로 본다. <신설 2018. 6. 12., 2022. 1. 18.>

11. 매도청구, 수용 (법 제35조, 제36조)

가. 매도청구 (사업시행자가 토지등소유자인 경우 제외)
  (1) 건축심의 결과를 받은 날부터 30일 이내 조합설립 동의 여부 또는 시장·군수등, LH등, 지정개발자의 사업시행자 지정 동의여부에 대해 최고(催告)→회답기간(2月) → 회답기간 만료일로부터 2月 이내에 미동의자 및 소규모재건축사업의 토지 또는 건축물만 소유한 자에게 매도청구소송 제기
  (2) 관리처분계획인가 후 분양신청을 하지 아니한 자등과 손실보상 협의 미성립 시 매도청구소송 제기에 대하여 상대방, 손실보상 협의시기 등 제반사항은 좌측과 동일, 이 경우 상대방에 좌측의 (3)은 제외하며, '수용재결'은 '매도청구소송'으로 본다
    ※ 빈집 특례법 제36조에 분양신청을 하지 아니한 자 등에 대한 조치에서 수용재결 신청토록 하고 있으나 「토지보상법」의 그 밖에 별표에 규정된 법률에 따라 토지등을 수용할 수 있는 공익사업에는 「빈집 및 소규모주택 정비에 관한 특례법」에 따른 소규모주택정비사업이 아직 미반영되어 있다.
  (3) 토지등소유자
  (4) 잔여분 : 일반공급, 보류지

제35조	빈집 및 소규모주택 정비에 관한 특례법
	[시행 2024. 2. 15.] [법률 제19225호, 2023. 2. 14., 타법개정]
지연일수에 따른 이자 산정	법 제36조제3항에 따른 지연일수에 따른 이자 산정을 위한 이율은 다음 각 호의 구분에 따른다. 1. 지연일수가 6개월 이내인 경우: 100분의 5 2. 지연일수가 6개월 초과 12개월 이내인 경우: 100분의 10 3. 지연일수가 12개월을 초과한 경우: 100분의 15

제1편 가로주택정비사업 주요내용 31

제36조	빈집 및 소규모주택 정비에 관한 특례법 [시행 2024. 2. 15.] [법률 제19225호, 2023. 2. 14., 타법개정]
준공인가 및 공사완료 고시 등	① 법 제39조에 따른 준공인가의 방법·절차 및 준공인가·공사완료의 고시 방법 등에 관하여는 제13조를 준용한다. 이 경우 "빈집정비사업"은 "소규모주택정비사업"으로, "법 제14조제1항"은 "법 제39조제1항"으로, "법 제14조제2항"은 "법 제39조제2항으로", "법 제14조제3항 및 제4항"은 "법 제39조제3항 및 제4항"으로 본다. ② 법 제39조제5항 본문에서 "완공된 건축물이 사용에 지장이 없는 등 대통령령으로 정하는 기준에 적합한 경우"란 다음 각 호의 기준을 모두 충족한 경우를 말한다. 1. 완공된 건축물에 전기·수도·난방 및 상하수도 시설 등이 갖추어져 있어 건축물의 사용에 지장이 없을 것 2. 완공된 건축물이 법 제29조에 따라 인가받은 사업시행계획에 적합할 것 3. 공사에 따른 차량통행·소음·분진 등의 위해로부터 입주자의 안전이 확보될 것

12. 건축규제의 완화 (법 제48조, 영 제40조)

건축위원회 심의를 거쳐 대지의 조경기준, 건폐율 산정기준, 대지안의 공지기준, 도로에 의한 높이제한 기준, 채광방향 높이제한 기준 등 완화

제48조	빈집 및 소규모주택 정비에 관한 특례법 [시행 2024. 2. 15.] [법률 제19225호, 2023. 2. 14., 타법개정]
건축규제의 완화 등에 관한 특례	① 사업시행자는 자율주택정비사업(「도시재생 활성화 및 지원에 관한 특별법」 제2조제1항제6호나목에 따른 근린재생형 활성화계획에 따라 시행하거나 빈집밀집구역, 관리지역에서 시행하는 경우 또는 시·도조례로 정하는 경우로 한정한다), 가로주택정비사업, 소규모재건축사업, 소규모재개발사업 또는 취약주택정비사업의 시행으로 건설하는 건축물에 대하여 다음 각 호의 어느 하나에 해당하는 사항은 대통령령으로 정하는 범위에서 지방건축위원회의 심의를 거쳐 그 기준을 완화받을 수 있다. <개정 2019. 4. 23., 2021. 7. 20., 2021. 10. 19.> 1. 「건축법」 제42조에 따른 대지의 조경기준 2. 「건축법」 제55조에 따른 건폐율의 산정기준(경사지에 위치한 가로구역으로 한정한다) 3. 「건축법」 제58조에 따른 대지 안의 공지기준 4. 「건축법」 제60조 및 제61조에 따른 건축물의 높이 제한

5. 「주택법」 제35조제1항제3호 및 제4호에 따른 부대시설 및 복리시설의 설치기준

6. 제1호부터 제5호까지에서 규정한 사항 외에 사업의 원활한 시행을 위하여 대통령령으로 정하는 사항

② 사업시행자는 소규모주택정비사업 시행구역 내 건축물 또는 대지의 일부에 다음 각 호의 어느 하나에 해당하는 시설을 설치하는 경우에는 「국토의 계획 및 이용에 관한 법률」 제78조에 따라 해당 지역에 적용되는 용적률에 그 시설에 해당하는 용적률을 더한 범위에서 시·도조례로 정하는 용적률을 적용받을 수 있다. 이 경우 용적률의 산정방법 등에 관한 사항은 대통령령으로 정한다. <개정 2019. 4. 23.>

1. 정비기반시설

2. 공동이용시설

3. 「주택법」 제2조제14호에 따른 복리시설로서 대통령령으로 정하는 공동시설

③ 시장·군수등은 사업시행자가 빈집정비사업 또는 소규모주택정비사업의 시행으로 건설하는 건축물에 대하여 대통령령으로 정하는 범위에서 「주차장법」 제2조제1호에 따른 주차장을 사용할 수 있는 권리(이하 "주차장 사용권"이라 한다)를 확보하는 경우 그에 상응하는 범위에서 주차장 설치기준을 완화할 수 있다. <개정 2022. 2. 3.>

④ 제3항에 따른 주차장 사용권의 확보를 위한 방법 및 절차, 비용의 산정기준 및 감액기준 등에 필요한 사항은 시·도조례로 정한다.

⑤ 사업시행자는 관리지역에서 소규모주택정비사업을 시행하는 경우 대통령령으로 정하는 바에 따라 서로 연접한 사업시행구역을 하나의 사업시행구역으로 통합하여 시행할 수 있다. 이 경우 공공임대주택 또는 공공지원민간임대주택을 임대주택 비율(건축물의 전체 연면적 대비 임대주택 연면적의 비율 또는 전체 세대수 대비 임대주택 세대수의 비율을 의미한다. 이하 제49조에서 같다)이 100분의 20 미만의 범위에서 시·도조례로 정하는 비율 이상이 되도록 공급하여야 한다. <신설 2021. 7. 20., 2023. 4. 18.>

⑥ 제5항에 따라 서로 연접한 사업시행구역을 하나의 사업시행구역으로 통합하여 시행하는 경우에는 제49조제1항에 따른 공공임대주택의 임대주택 비율을 해당 사업시행구역마다 적용하지 아니하고 전체 사업시행구역의 전부 또는 일부를 대상으로 통합하여 적용할 수 있다. <신설 2021. 7. 20.>

제40조 건축규제의 완화 등에 관한 특례

빈집 및 소규모주택 정비에 관한 특례법 시행령

[시행 2023. 11. 28.] [대통령령 제33895호, 2023. 11. 28., 일부개정]

① 법 제48조제1항 각 호 외의 부분에서 "대통령령으로 정하는 범위"란 다음 각 호의 구분에 따른 범위를 말한다. <개정 2018. 6. 12., 2021. 9. 17., 2022. 1. 18.>

1. 「건축법」 제42조에 따른 대지의 조경기준: 2분의 1 범위
2. 「건축법」 제55조에 따른 건폐율의 산정기준: 건축면적에서 주차장 면적을 제외
3. 「건축법」 제58조에 따른 대지 안의 공지기준: 2분의 1 범위
4. 「건축법」 제60조에 따른 건축물의 높이 제한 기준: 2분의 1 범위
5. 「건축법」 제61조제2항제1호에 따른 건축물(7층 이하의 건축물과 소규모 주택정비 관리지역에 위치하는 15층 이하의 건축물로 한정한다)의 높이 제한 기준: 2분의 1 범위

5의2. 「건축법」 제61조제2항제2호에 따른 건축물(소규모주택정비 관리지역에 위치하는 건축물로 한정한다)의 높이 제한기준: 같은 법 시행령 제86조제3항제2호가목 및 나목에도 불구하고 같은 목에 따라 건축조례로 정할 때 적용되는 같은 목에 따른 거리의 하한 기준 이상

6. 「주택법」 제35조제1항제3호 및 제4호에 따른 부대시설 및 복리시설의 설치기준

   가. 「주택법」 제2조제14호가목의 어린이놀이터의 설치기준: 「주택건설기준 등에 관한 규정」 제55조의2제7항제2호다목의 적용배제

   나. 「주택법」 제2조제14호의 복리시설의 설치기준: 같은 법 제35조제1항제4호 및 「주택건설기준 등에 관한 규정」에 따른 복리시설별 설치기준에도 불구하고 설치대상 복리시설(어린이놀이터는 제외한다)의 면적의 합계 범위에서 필요한 복리시설을 설치할 수 있다.

② 법 제48조제1항제6호에서 "대통령령으로 정하는 사항"이란 「주택건설기준 등에 관한 규정」 제6조제2항제2호에 따른 단지안의 시설 설치기준을 말한다. 이 경우 「주택건설기준 등에 관한 규정」 제6조제2항제2호에 따른 단지안의 시설 설치기준에도 불구하고 폭 6미터 이상인 일반도로에 연접하여 주택을 「건축법 시행령」 별표 1 제3호에 따른 제1종 근린생활시설과 복합건축물로 건설할 수 있다.

③ 법 제48조제2항제3호에서 "대통령령으로 정하는 공동시설"이란 「주택건설기준 등에 관한 규정」 제2조제3호의 주민공동시설을 말한다. <개정 2019. 10. 22.>

④ 법 제48조제2항 후단에 따른 용적률의 산정방법은 다음 각 호와 같다. <신설 2019. 10. 22.>

1. 법 제48조제2항제1호에 따른 시설을 설치하는 경우: 해당 지역에 적용되는 용적률의 200퍼센트 이하의 범위에서 해당 시설의 면적이 해당 사업시행구역의 전체 면적에서 차지하는 비율을 기준으로 시·도조례가 정하는 바에 따라 산정

2. 법 제48조제2항제2호 및 제3호에 따른 시설을 설치하는 경우: 해당 지역에 적용되는 용적률에 해당 시설의 용적률을 더한 범위에서 해당 시설의 건축 연면적이 해당 사업시행구역의 전체 건축 연면적에서 차지하는 비율을 기준

으로 시·도조례가 정하는 바에 따라 산정

⑤ 시장·군수등은 법 제48조제3항에 따라 빈집정비사업 또는 소규모주택정비사업의 시행으로 건설하는 건축물에 대하여 다음 각 호의 어느 하나에 해당하는 주차장을 사용할 수 있는 권리를 다음 각 호의 구분에 따른 비율 미만으로 확보하는 경우 그에 상응하는 범위에서 주차장 설치기준(「주차장법」에 따라 해당 건축물에 설치해야 하는 부설주차장의 주차단위구획 총수를 말한다. 이하 이 조에서 같다)을 완화할 수 있다. 이 경우 주차장을 사용할 수 있는 권리를 확보하는 주차단위구획의 총수는 주차장 설치기준의 100분의 50 미만이어야 한다. <개정 2020. 9. 22.>

1. 특별시장, 광역시장, 시장·군수등 또는 토지주택공사등이 직접 또는 위탁하여 관리·운영하는 주차장으로서 그 위치가 사업시행구역 안인 경우(「도시재생 활성화 및 지원에 관한 특별법」 제2조제1항제5호에 따른 도시재생활성화지역에서 시행하는 빈집정비사업 또는 소규모주택정비사업인 경우에는 같은 항 제6호에 따른 도시재생활성화계획에 따라 설치되어 주차장의 위치가 사업시행구역 밖인 경우를 포함한다): 주차장 설치기준의 100분의 50
2. 주차장의 위치가 「주차장법 시행령」 제7조제2항 각 호의 어느 하나에 해당하는 경우: 주차장 설치기준의 100분의 30

제2편 빈집 및 소규모정비사업 요점정리

제1장 사업진행 절차

1. 사업개요

　가. 의의

　빈집 증가에 따른 안전사고나 범죄발생 우려, 도시미관이나 주거환경 장애 등 사회문제에 대한 체계적인 관리 및 지원 필요한 사업이다.

　나. 개념

　한국감정원이 지자체의 의뢰를 받아 빈집정보체계 구축 및 실태조사, 정비계획 수립을 통해 빈집을 효율적으로 관리 또는 활용하기 위한 사업을 말한다.

　다. 수립

　빈집정보체계 구축(시·도→감정원) → 빈집실태조사 대행(시·군·구→감정원) → 빈집정비계획 수립(시·군·구→감정원) → 빈집활용(지자체, 공공기관)

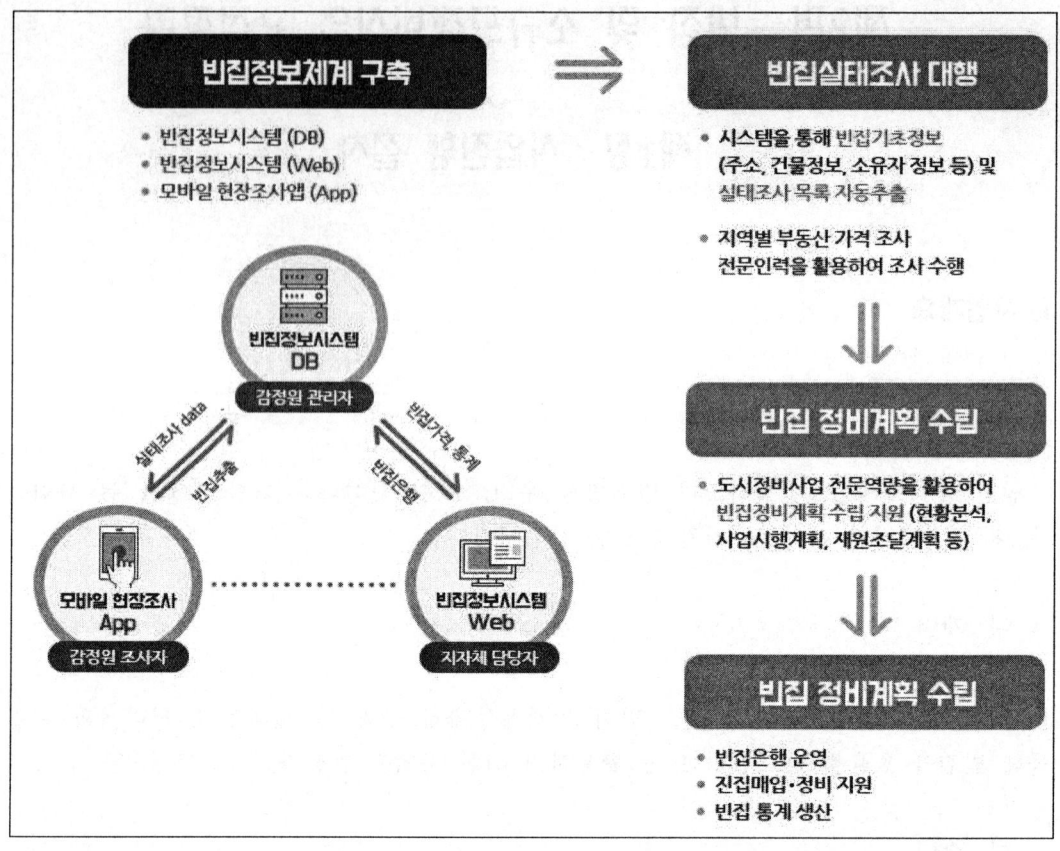

라. 법적근거

- 빈집 및 소규모주택정비에 관한 특례법」제5조, 제16조, 제50조, 시행령 제8조, 제42조
- 빈집 및 소규모 정비지원기구」지정(국토부 고시 제2018-157호, '18.3.20)

마. 빈집정비계획의 내용

<공익목적 사용으로 철거·리모델링 비용지원>

구분	사업명	내용
서울시	빈집살리기 프로젝트	6개월 이상 비어있는 아파트와 단독주택 등을 리모델링하여 저소득층에 임대주택으로 제공
부산시	착한텃밭 조성사업	폐가를 철거하고, 철거부지에 민간기업의 사회공헌활동과 연계하여 착한 텃밭 등 주민편의시설 조성
	신복도로 르네상스 프로젝트	빈집철거 및 리모델링을 통해 게스트하우스, 카페, 커뮤니티 공간으로의 활용, 노후 주택을 수리하는 집수리사업
인천시	남구 마을공방 빈집은행	빈집매칭 등을 통해 청년 주거문제와 지역 빈집문제에 복합적으로 대응할 수 있는 총괄대응센터 구축
대구시	폐·공가정비사업	철거 후 주차장·텃밭·쌈지공원 등 조성. 3년 동안 공익을 목적으로 사용을 동의한 빈집을 대상으로 철거비 지원 및 세금감면혜택

2. ICT기반의 빈집정보시스템 구축

가. 개요

(1) 개념

빈집의 효율적 정비를 위해 빈집추정 및 현황관리를 위한 정보시스템 구축을 말한다.

(2) 위탁

시행령 제15조에 의해 시·도의 위탁을 받아 빈집추정 및 실태조사 지원, 빈집활용 지원 등 빈집 확인부터 빈집정비까지 원스톱 지원을 말한다.
- 한국감정원의 전기에너지DB와 지자체 상수도DB를 기초로 빈집을 추정하여 ICT기반의 실태조사체계를 지원하기 위한 시스템 구축 대행한다.

3. 빈집실태조사

가. 개요

(1) 개념

빈집으로 추정되는 주택의 물리적·권리적 현황, 소유자 의견 등을 조사하여 빈집확인 및 등급산정한다.

(2) 위탁

시행령 제7조에 의해 시·군·구의 실태조사 업무 위탁을 말한다.

나. 조사내용

(1) 사전조사

1년 이상 거주 또는 사용하지 않은 것으로 확인되는 빈집을 선별하는 조사로 빈집정보시스템으로 자동추출한다.

(2) 빈집확인조사

조사자가 현장 방문하여 추정된 빈집을 관찰 및 소유자 면담 등을 통해 빈집여부 확인하는 조사한다.

(3) 등급산정조사

확인된 빈집의 상태 및 위해 수준 등을 조사하여 빈집의 등급을 산정하는 조사를 말한다.

(4) 소유자 의견조사

소유자와 면담을 통해 빈집여부, 미사용 기간, 빈집발생원인, 공공사업 참여, 빈집정보 공개 동의여부 등 조사한다.

다. 절차

빈집실태조사 목록 추출 ⇒ 조사자 배정 및 DM발송 ⇒ 소유자 의견수렴 ⇒ 실태조사 계획 및 알림 공고 ⇒ 실태조사 수행 ⇒ 확인점검 및 재조사

4. 빈집정비계획 수립

가. 개요

(1) 개념

빈집을 효율적으로 정비(개량·철거) 또는 활용하기 위해 빈집정비에 대한 계획 수립한다.
- 개별 빈집(점)에 대한 계획, 활용중심 계획
* 도정법상 정비계획은 도정법상 공간 및 평면중심 계획

(2) 위탁

시행규칙 제12조에 의해 시·군·구의 정비계획수립 업무 위탁

업무구분	세부내용
계획의 개요	빈집정비계획의 목표
현황분석	대상구역의 인구, 기업, 빈집 현황(도) 및 위치도
계획의 기본구상	기본구상도, 빈집밀집구역
빈집정비사업의 시행계획	빈집 철거계획, 안전조치 및 관리계획, 매입계획, 정비기반시설 설치계획, 임대주택의 건설 및 공급계획 등 빈집활용 계획
재원조달계획	사업시행의 시급성, 주변지역에 미치는 파급효과 등을 고려하여 재원조달 계획과 연차별 집행계획 수립
예산지원계획	사회적기업, 협동조합, 공익법인이 시행하는 빈집정비사업 비용, 임대주택 공급비용, 정비기반시설 및 공동이용시설 설치비용 등

나. 수립절차

실태조사 결과를 토대로 빈집 소유자, 이해관계자 등의 상호협력을 바탕으로 빈집정비계획 수립한다.
- 도시·군기본계획, 지구단위계획 등 상위 계획과 연계 및 시·군·구 도시계획위원회 심의 진행한다.

다. 정비사업 절차도

(1) 도시정비법

「도시정비법」에 의한 재건축 및 재개발사업은 정비계획의 수립 및 정비구역의 지정 → 추진위원회 인가 → 조합설립의 인가 → 사업시행계획의 인가 → 관리처분계획의 인가 → 이주 및 착공 → 준공인가 및 이전고시 → 청산 및 조합의 해산의 순서로 진행된다.

(2) 소규모정비법

소규모주택정비사업은 사업구역의 지정 → 조합의 설립 → 관리처분계획 및 사업시행계획의 인가 → 이주 → 착공 및 공사완료 → 주택의 배분과 일반분양 → 조합해산 등으로 절차로 진행된다.

제2장 자율주택정비사업

제1절 사업진행절차

1. 자율주택정비사업이란

　　정의 : 단독·다세대·연립주택을 스스로 개량 또는 건설하기 위한 사업
　　자율주택정비사업은 노후화된 단독주택 또는 다세대 밀집지역의 주민들이 주민합의체를 구성하여 스스로 개량 또는 건설하는 사업이다.

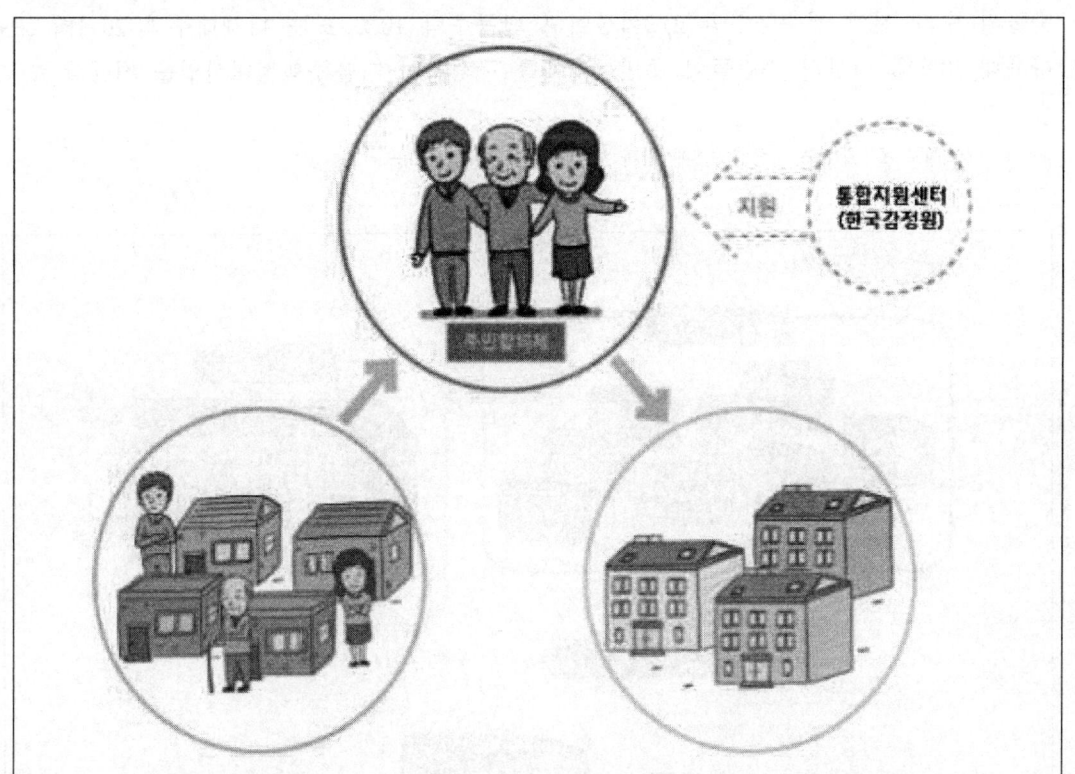

대상 : 단독주택, 다세대주택 및 연립주택(도시활력증진지역 사업 구역, 지구단위계획구역, 도시재생활성화지역 등 한정)

관련 법령
- 도시재생 활성화 및 지원에 관한 특례법, 시행령, 시행규칙
- 빈집 및 소규모주택정비에 관한 특례법, 시행령, 시행규칙, 조례)
- 건축법, 시행령, 시행규칙, 조례

☞ 국토교통부 "자율주택정비사업 가이드라인" 참조 수록

2. 자율주택정비사업을 할 수 있는 지역은?

규모 및 요건 (시행령) : - 기존주택 10호 ~ 20채 미만
　　　　　　　　　　　　(단독) 10호 미만
　　　　　　　　　　　　(다세대・연립) 20세대 미만
　　　　　　　　　　　　(단독 호수・다세대・연립 세대수 합산) 20채 미만
　　　　　　　　　　　　* 시・도조례로 해당 기준의 1.8배 이하의 범위에서 기준을 달
　　　　　　　　　　　　　리 정할 수 있음
　　　　　　　　　　　- 노후 불량건축물 전체 2/3 이상

　자율주택정비사업을 할 수 있는 사업시행지역은 법 또는 조례로 지정되며, 노후.불량건축물의 수가 전체 건축물수의 2/3이상이고 단독주택 10호 또는 다세대주택 20세대 또는 다세대 20세대 미만의 주민들이 주민합의체를 구성하여 자율주택정비사업을 시행할 수 있습니다.

※ 시·도 조례로 호 세대수 기준을 1.8배 이하 범위까지 정할 수 있음

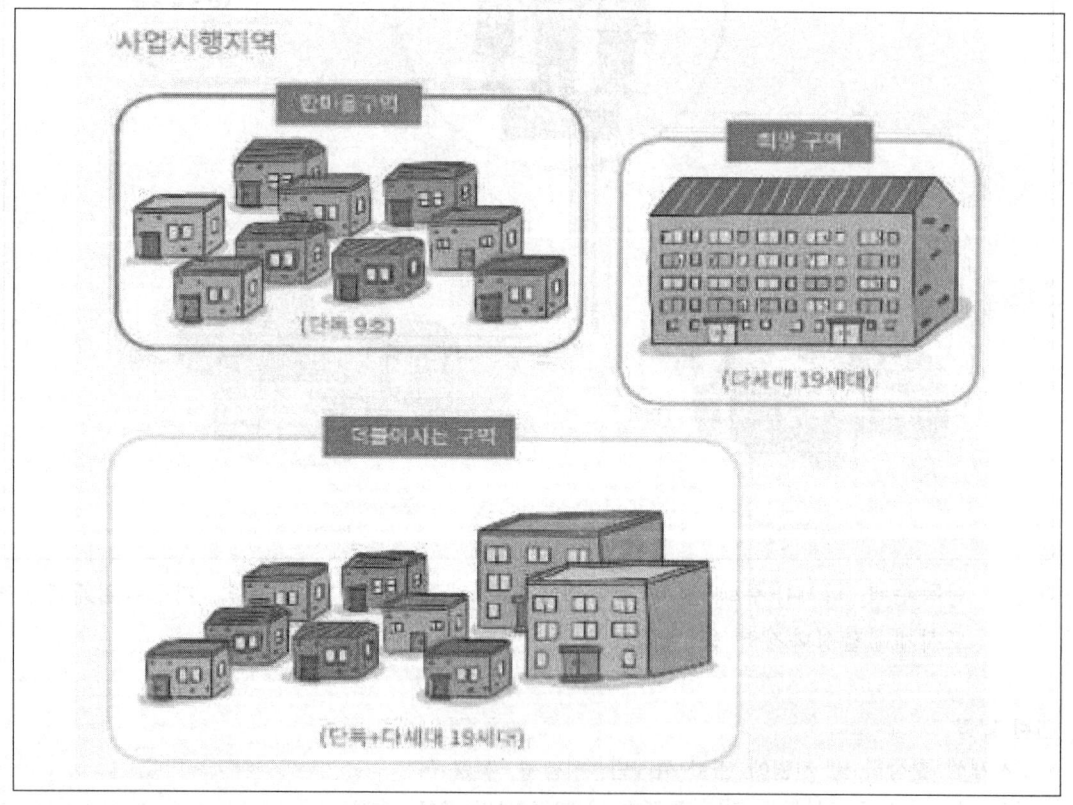

관련 법령
• 빈집 및 소규모주택정비에 관한 특례법 시행령 제3조 제1항

☞ 국토교통부 "자율주택정비사업 가이드라인" 참조 수록

3. 주민합의체란

사업시행자 : 토지등소유자(2명이상 주민합의체 구성)

 토지등 소유자(2명 이상)가 자율주택정비사업을 시행하기위하여 토지등 소유자 전원의 합의로 결정하는 합의체를 말하며, 의사 결정은 주민합의체 전원의 합의가 있어야 합니다.
※ 토지등 소유자는 토지 또는 건축물, 토지의 지상권자를 말합니다.

 주민합의체 구성을 위해서는 토지등 소유자 전원의 합의로 주민합의체 대표자를 선임하고 주민합의서를 작성하여 시장.군수 등에게 신고하여야 합니다.

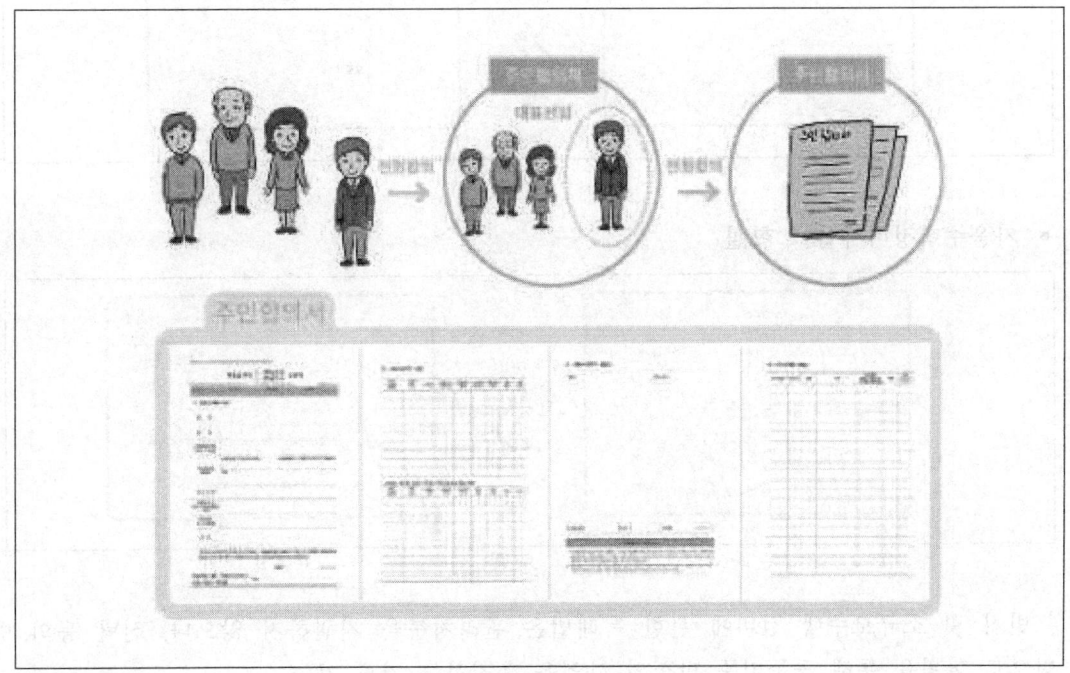

관련 법령
• 빈집 및 소규모주택정비에 관한 특례법 제2조
• 빈집 및 소규모주택정비에 관한 특례법 제22조
• 빈집 및 소규모주택정비에 관한 특례법 시행규칙 제9조
• 참조 – 주민합의체 신고 접수 시 지자체 검토사항

☞ 국토교통부 "자율주택정비사업 가이드라인" 참조 수록

4. 자율주택정비사업 사업방식

자율주택정비사업은 여건에 따라 여러 방식으로 사업이 가능합니다.
1. 건축협정형
2. 자율형
3. 합필형

※ **자율주택정비사업 + 건축협정**
　빈집 및 소규모주택 정비에 관한 특별법에 반영된 절차로, 효율적 건축공간 확보, 공동이용

● 자율주택정비사업 + 구획정리(대지의 분할은 60㎡ 이상)

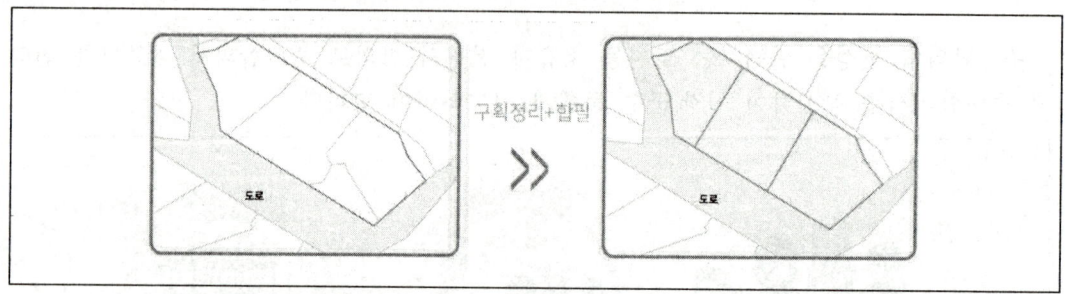

● 자율주택정비사업 + 합필

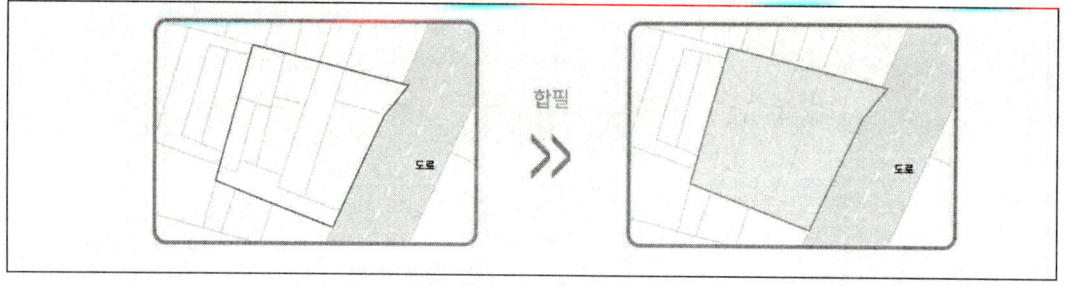

　빈집 및 소규모주택 정비에 관한 특례법은 관리처분을 지원하지 않으나, 신탁 등의 방법으로 합필을 통해 공동지주 방식의 사업을 추진하는 것도 가능.

☞ 국토교통부 "자율주택정비사업 가이드라인" 참조 수록

5. 자율주택정비사업에 "건축협정"더하기

자율주택정비사업 구역에서는 건축협정을 함께 할 수 있습니다.

건축협정은 건축의 종류와 건축물에 대한 세부사항에 대한 약속을 주민합의체 구성원들이 하고 건축협정인가권자(시,군,구청장)에게도 인가를 받으면 전체 토지를 하나의 토지로 간주함으로써 여러혜택을 받을 수 있는 제도입니다.

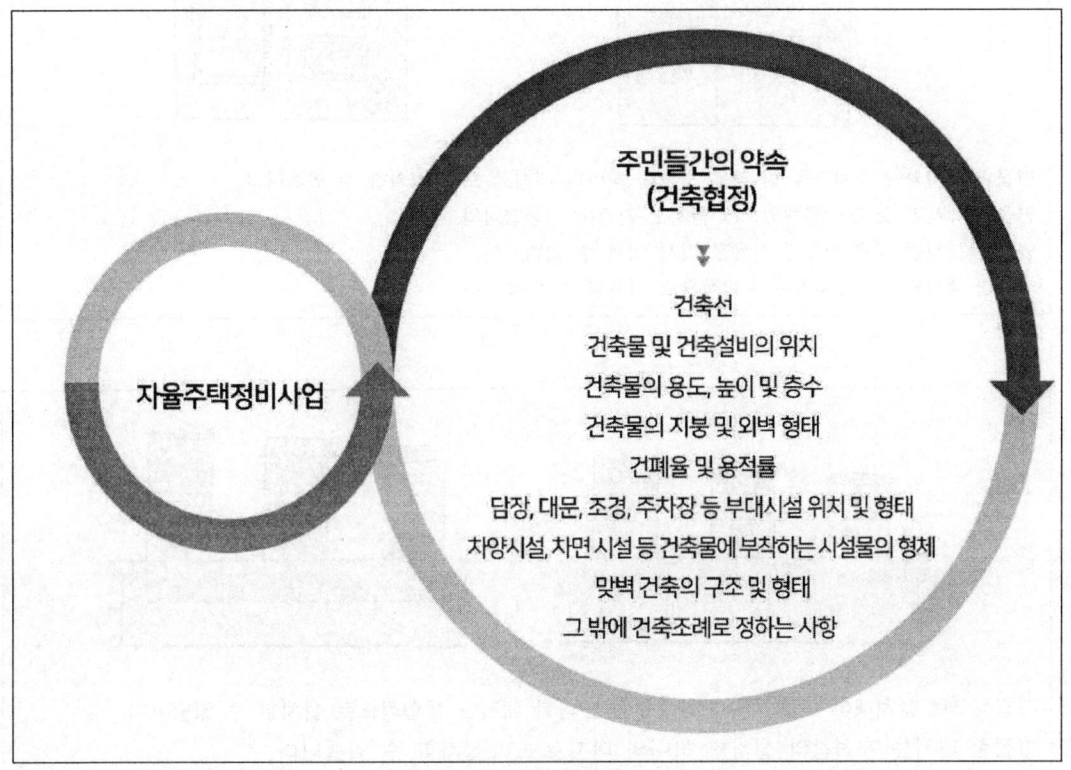

관련 법령
- 빈집 및 소규모주택정비에 관한 특례법 조례
- 건축법 제77조의4부터 제77조의14
- 건축법 시행령 제110조의3
- 건축법 시행규칙 별지 제27호의8

☞ 국토교통부 "자율주택정비사업 가이드라인" 참조 수록

6. 건축협정 : 하나의 대지

건축협정을 할 경우 개별대지에서 적용받던 여러 규정이 하나의 대지로 적용됩니다.

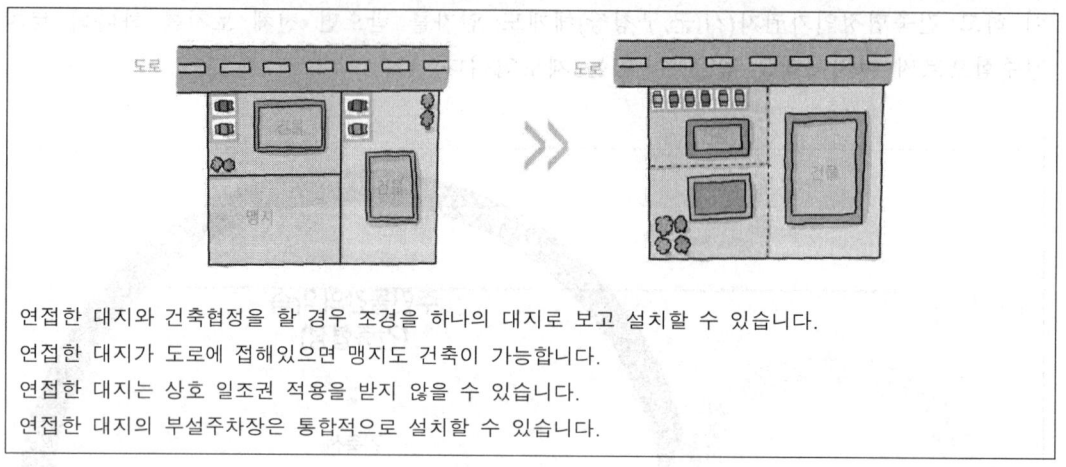

연접한 대지와 건축협정을 할 경우 조경을 하나의 대지로 보고 설치할 수 있습니다.
연접한 대지가 도로에 접해있으면 맹지도 건축이 가능합니다.
연접한 대지는 상호 일조권 적용을 받지 않을 수 있습니다.
연접한 대지의 부설주차장은 통합적으로 설치할 수 있습니다.

개별적으로 설치해야 하는 하수처리시설을 연접한 대지는 통합적으로 설치할 수 있습니다.
연접한 대지는 지하층의 설치를 하나의 대지로보고 설치할 수 있습니다.

관련법령
- 빈집 및 소규모주택정비에 관한 특례법 조례
- 건축법 제77조의 4
- 건축법 시행령 제110조의 3
- 건축법 시행규칙 별지 제27호의 8

☞ 국토교통부 "자율주택정비사업 가이드라인" 참조 수록

7. 건축협정 : 토지분할

건축협정구역 내에서는 60㎡ 미만의 토지 분할이 가능하여 토지를 반듯하게 만들고 유효 건축면적을 확보하는데 유리합니다. 주민들이 자율적으로 각 토지의 개발여건에 따라 구획정리를 하여 합리적으로 건축물을 배치하고 토지의 이용가치를 높일 수 있습니다.

관련법령
- 건축법 제57조

☞ 국토교통부 "자율주택정비사업 가이드라인" 참조 수록

8. 건축협정 : 맞벽, 합벽건축

건축협정을 할 경우 맞벽, 합벽 건축을 할 수 있습니다.

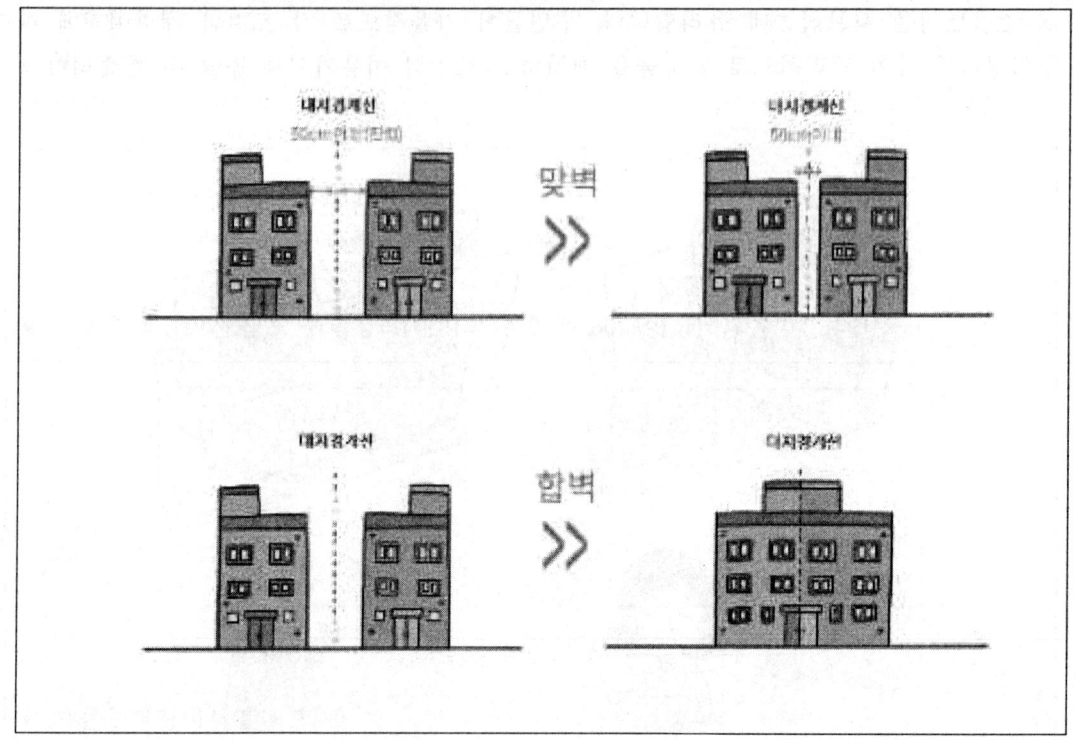

<합벽>
건축물의 경계벽을 전체 또는 일부를 공유하는 합벽 건축의 경우에는 건폐율과 용적율을 통합적용 할 수 있으며, 계단을 통합적용 할 수 있습니다. 단, 통합설계하는 계단의 위치는 계단을 공유하는 두 필지의 경계선에 걸리도록 하여야 함.

관련 법령
• 건축법 제77조의13

☞ 국토교통부 "자율주택정비사업 가이드라인" 참조 수록

9. 건축협정 : 특례

건축협정을 할 경우 조경면적, 건폐율, 높이제한의 완화를 받을 수 있습니다.
→ 용적률 완화는 건축위원회, 지방도시계획위원회 심의를 거쳐야 합니다.

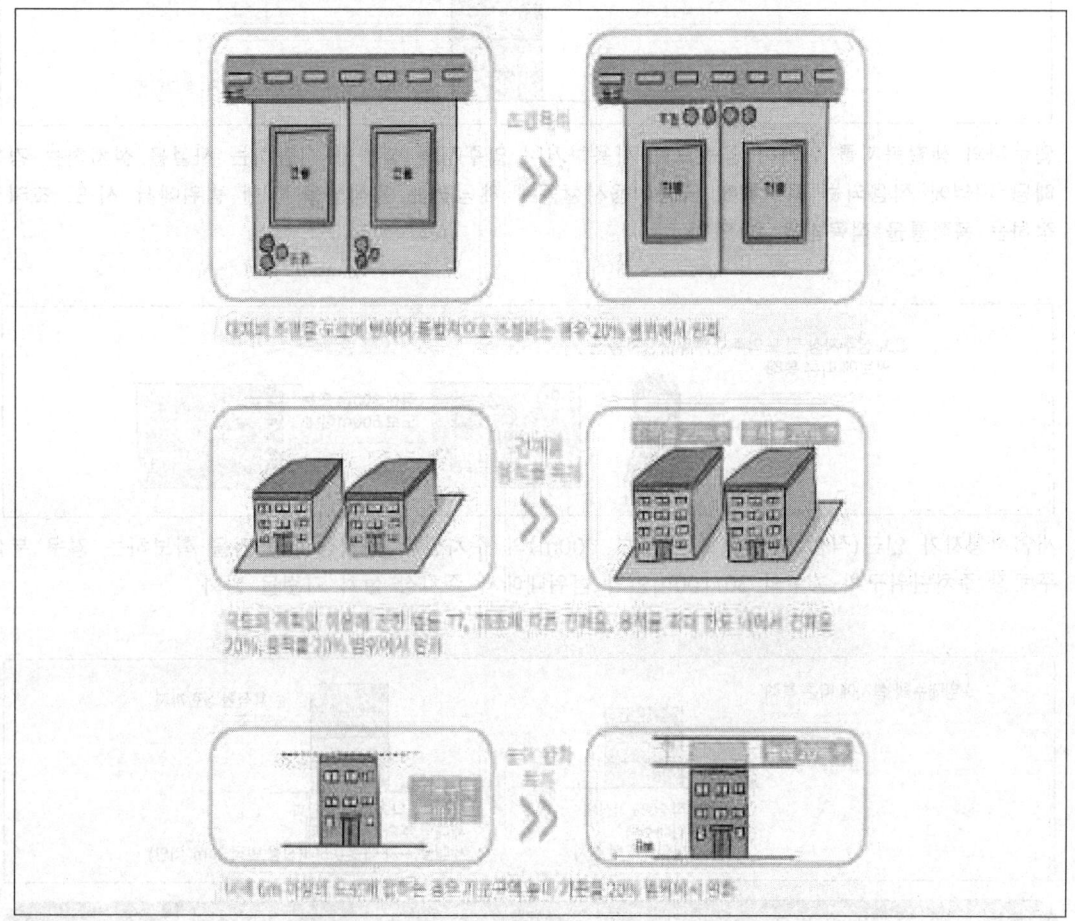

관련 법령
- 건축법 제77조의13 제8항
- 건축법 시행령 제110조의 제1항

☞ 국토교통부 "자율주택정비사업 가이드라인" 참조 수록

10. 자율주택정비사업 : 특례

자율주택정비사업에서는 여러특례를 받을 수 있습니다.

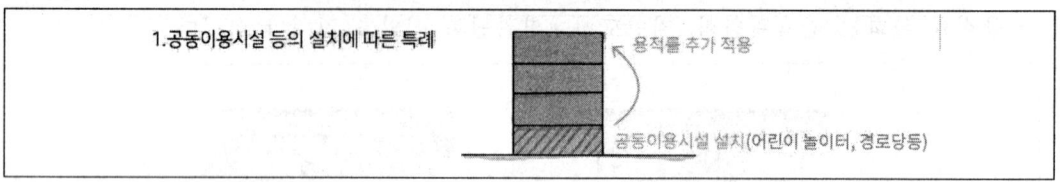

입주자의 생활복지를 위하여 공동으로 사용하거나 입주자의 생활을 지원하는 시설을 설치하는 경우 해당 지역에 적용되는 용적률에 공동이용시설등에 해당하는 용적률을 더한 범위에서 시·도 조례로 정하는 용적률을 적용받을 수 있다.

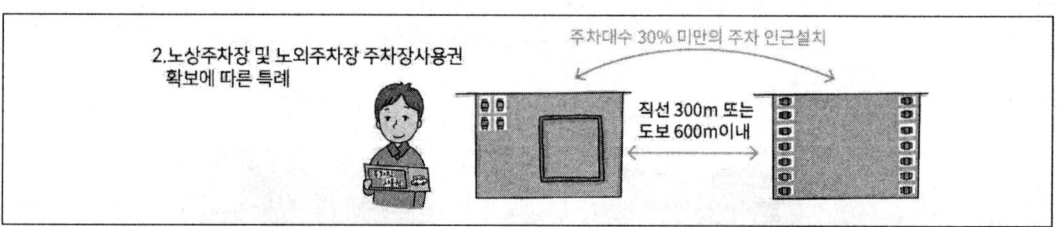

사업시행자가 인근(직선 300m 또는 도보 600m)의 주차장에 주차장 사용권을 확보하는 경우 부설 주차장 주차단위구획 총수의 30/100미만의 범위내에서 주차장 설치 기준을 완화

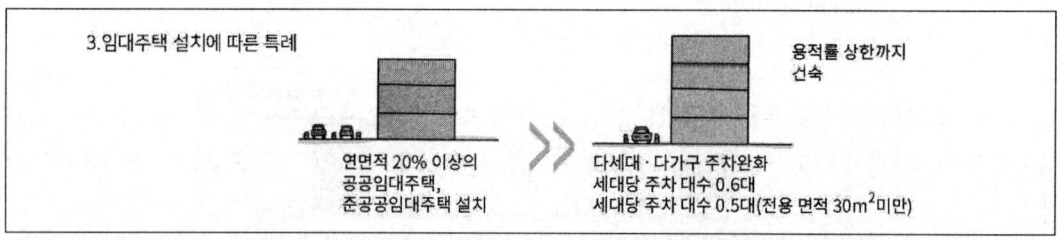

> 도시재생 활성화 지역에 근린 재생형 계획이 반영된 경우 조경, 대지안의 공지, 건축물의 높이 제한을 1/2범위에서 완화 받을 수 있으며, 부대시설 및 복리시설의 설치기준을 완화받을 수 있습니다.

관련법령
- 빈집 및 소규모주택정비에 관한 특례법 제48조 제2항
- 빈집 및 소규모주택정비에 관한 특례법 제48조 제3항
- 빈집 및 소규모주택정비에 관한 특례법 제49조

☞ 국토교통부 "자율주택정비사업 가이드라인" 참조 수록

11. 자율주택정비사업의 시행자, 설계자, 시공자, 감리자

사업시행자 : (공동시행자) 시장·군수등, 토지주택공사등, 건설업자, 등록사업자, 신탁업자, 부동산투자회사

사업시행자는 자율주택정비사업을 시행하는 자로 토지등 소유자(주민합의체)가 직접 시행을 하거나 아래의 하나와 공동으로 시행할 수 있습니다.

1. 시장.군구 등
2. 토지주택공사 등
3. 건설업자
4. 등록사업자
5. 신탁업자
6. 부동산투자회사

단독주택 20호 또는 공동주택 20세대(도시형생활주택 30세대) 이상인 경우 주택건설사업자 등록을 하거나 주택건설사업자 또는 국가 지방자치단체, 한국토지주택공사, 지방공사와 공동으로 시행을 해야 합니다.

시공자의 선정방법 : 주민합의서에 포함

관련 법령
- 빈집 및 소규모주택정비에 관한 특례법 제2조 제1항
- 빈집 및 소규모주택정비에 관한 특례법 제17조 제1항
- 주택법 제4조 제1항
- 건축법 제23조 제1항
- 건설산업기본법 제41조

☞ 국토교통부 "자율주택정비사업 가이드라인" 참조 수록

12. 자율주택정비사업 진행절차

자율주택정비사업의 진행절차는 아래와 같습니다.

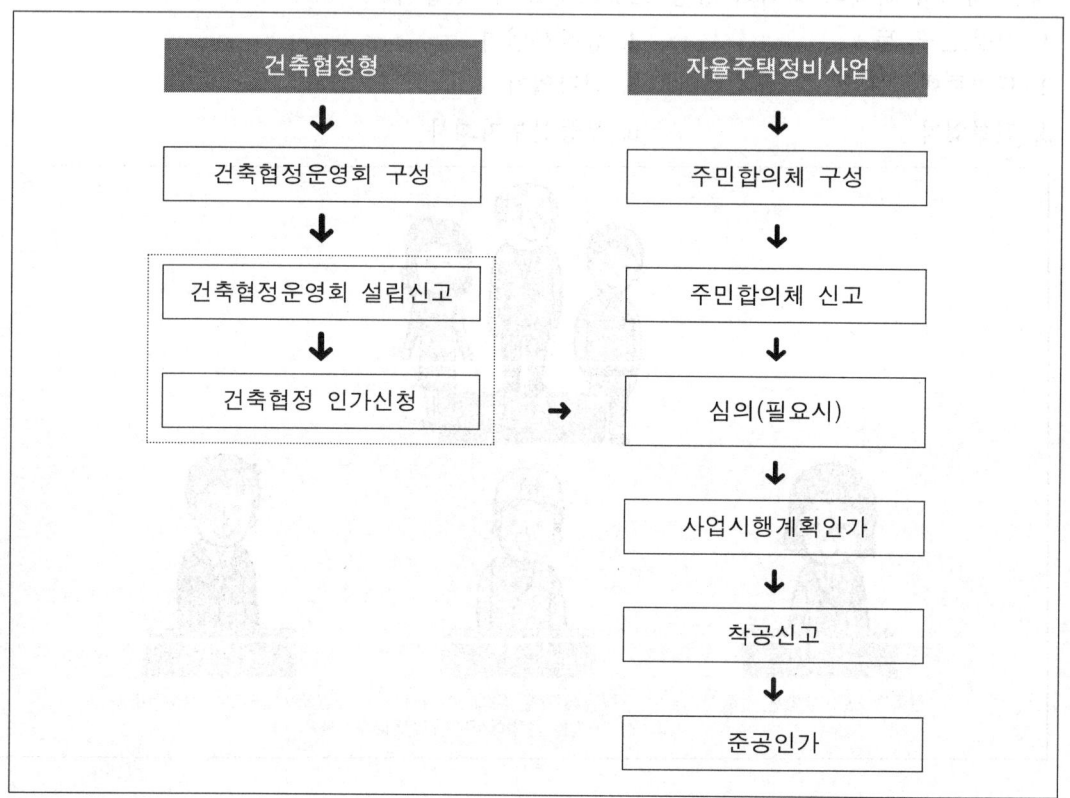

건축협정위원회설립 신고 및 건축협정 인가신청은 통합심의 시 신청 할 수 있습니다.(건축법 제77조 제6항)

관련 법령
- 빈집 및 소규모주택정비에 관한 특례법 제22조 제1항
- 빈집 및 소규모주택정비에 관한 특례법 제27조
- 빈집 및 소규모주택정비에 관한 특례법 제39조
- 건축법 제77조의 5
- 건축법 제77조의 6

☞ 국토교통부 "자율주택정비사업 가이드라인" 참조 수록

13. 통합심의

자율주택정비사업에서 아래의 둘 이상의 심의가 필요한 경우 통합심의로 진행됩니다.
1. 『건축법』에 따른 건축심의
2. 『국토의 계획 및 이용에 관한 법률』에 따른 도시 군관리계획 및 개발행위 관련사항
3. 그 밖에 시장.군수 등이 필요하다고 인정하여 통합 심의에 부치는 사항.

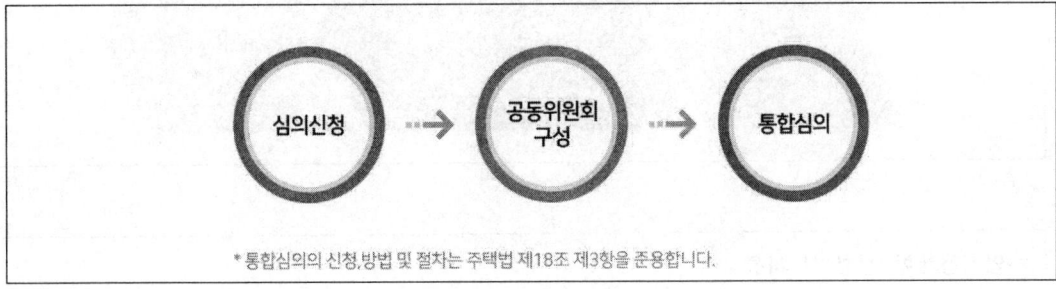

* 통합심의의 신청,방법 및 절차는 주택법 제18조 제3항을 준용합니다.

통합심의의 신청, 방법 및 절차는 주택법 제18조 제3항을 준용합니다.

   시장.군수 등은 국토의 계획 및 이용에 관한 법률에 따른 도시군관리계획 및 개발행위 관련사항 또는 임대주택건설에 따른 특례로 용적률의 상한까지 건축하는 경우 시.도지사에게 통합 심의를 신청하여야 합니다.

관련 법령
- 지자체 조례
- 빈집 및 소규모주택정비에 관한 특례법 제27조
- 주택법 제18조 제3항

☞ 국토교통부 "자율주택정비사업 가이드라인" 참조 수록

14. 사업시행계획인가

사업시행계획인가는 아래의 절차에 따라 진행이되며, 다른 법률에 따른 인·허가는 의제 처리됩니다.

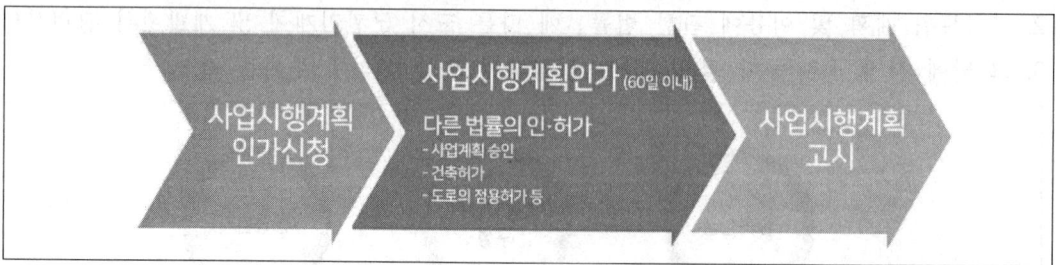

사업시행계획 신청 시 서류

- 사업계획인가 신청서
- 사업시행계획 신청서
- 정관등
- 토지등 소유자의 동의서 및 명부
- 사업시행계획서
- 해당 법률이 정하는 관계서류

사업시행계획인가를 신청한 때에 시공자가 선정되어 있지 아니하여 관계 서류를 제출할 수 없는 경우에는 시장·군수등이 정하는 기한까지 제출할 수 있습니다.

관련 법령
- 빈집 및 소규모주택정비에 관한 특례법 제29조
- 빈집 및 소규모주택정비에 관한 특례법 제30조
- 빈집 및 소규모주택정비에 관한 특례법 제55조

☞ 국토교통부 "자율주택정비사업 가이드라인" 참조 수록

15. 준공인가

준공인가는 아래의 절차에 따라 진행이 됩니다.

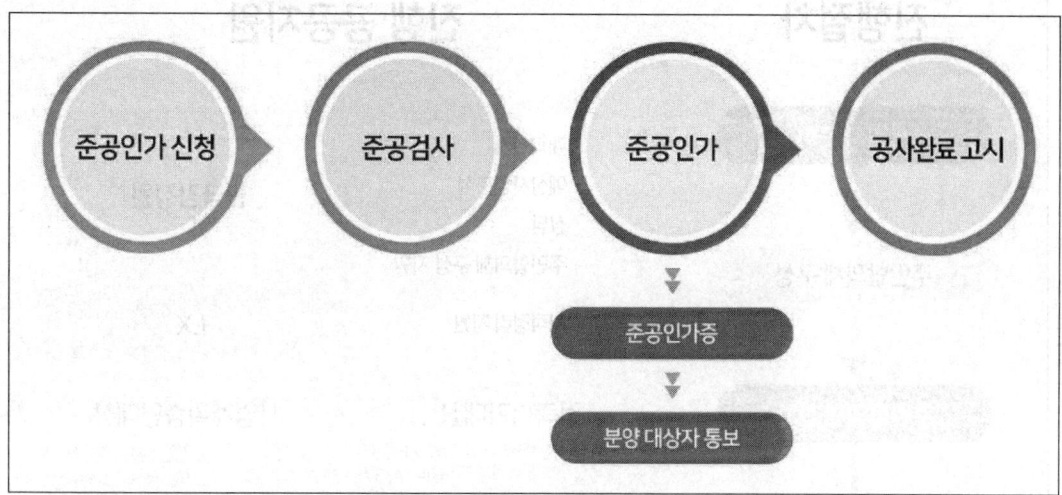

준공인가 시 제출서류
- 준공인가 신청서
- 건축물·정비기반시설 및 공동이용시설 등의 설치내역서
- 공사감리자의 의견서

관련 법령
- 빈집 및 소규모주택정비에 관한 특례법 제39조
- 빈집 및 소규모주택정비에 관한 특례법 시행령 제36조
- 빈집 및 소규모주택정비에 관한 특례법 시행규칙 제12조

☞ 국토교통부 "자율주택정비사업 가이드라인" 참조 수록

16. 자율주택정비사업의 진행 공공지원

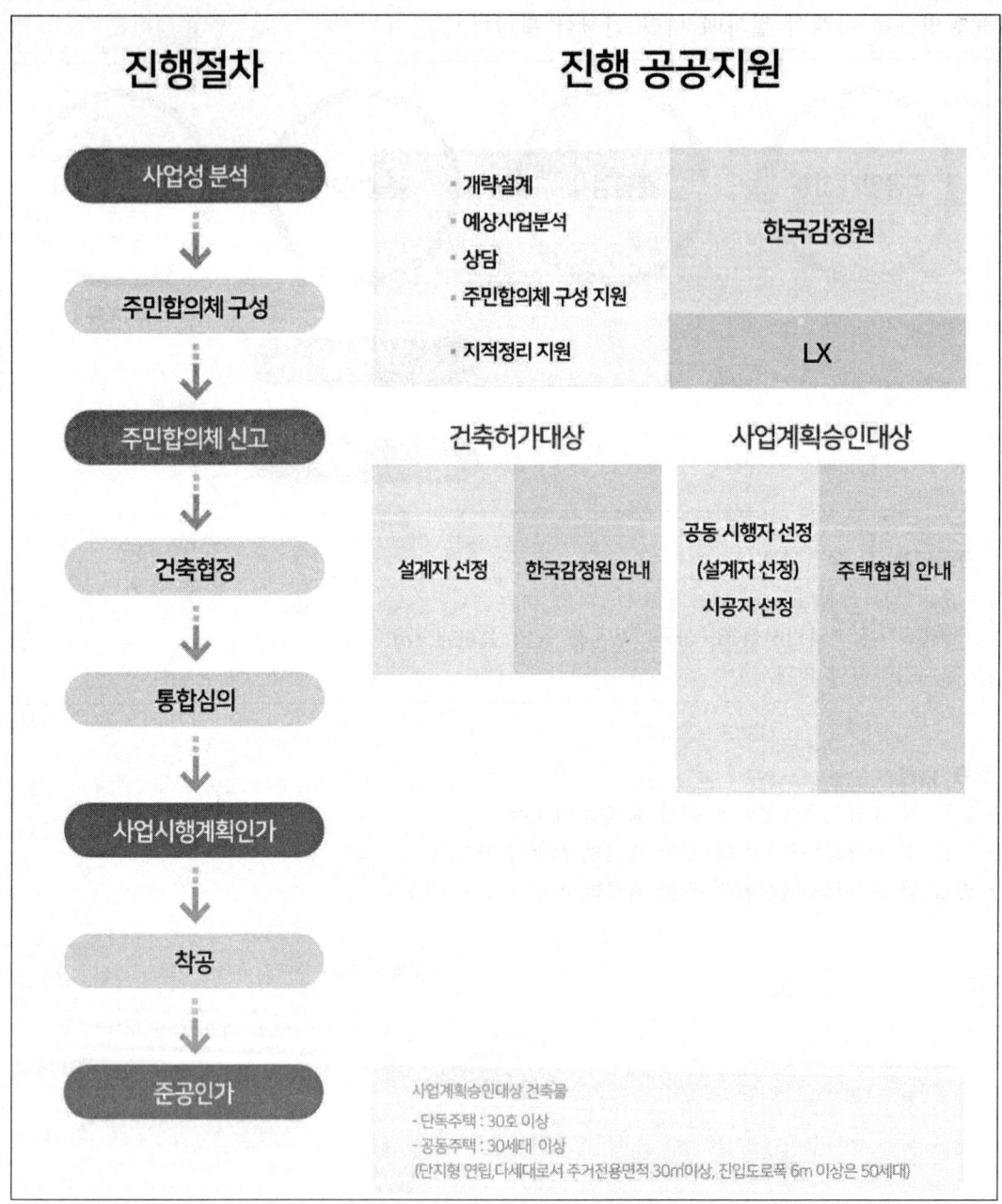

☞ 국토교통부 "자율주택정비사업 가이드라인" 참조 수록

17. 자율주택정비사업의 금융, 매입 및 기존임차인지원

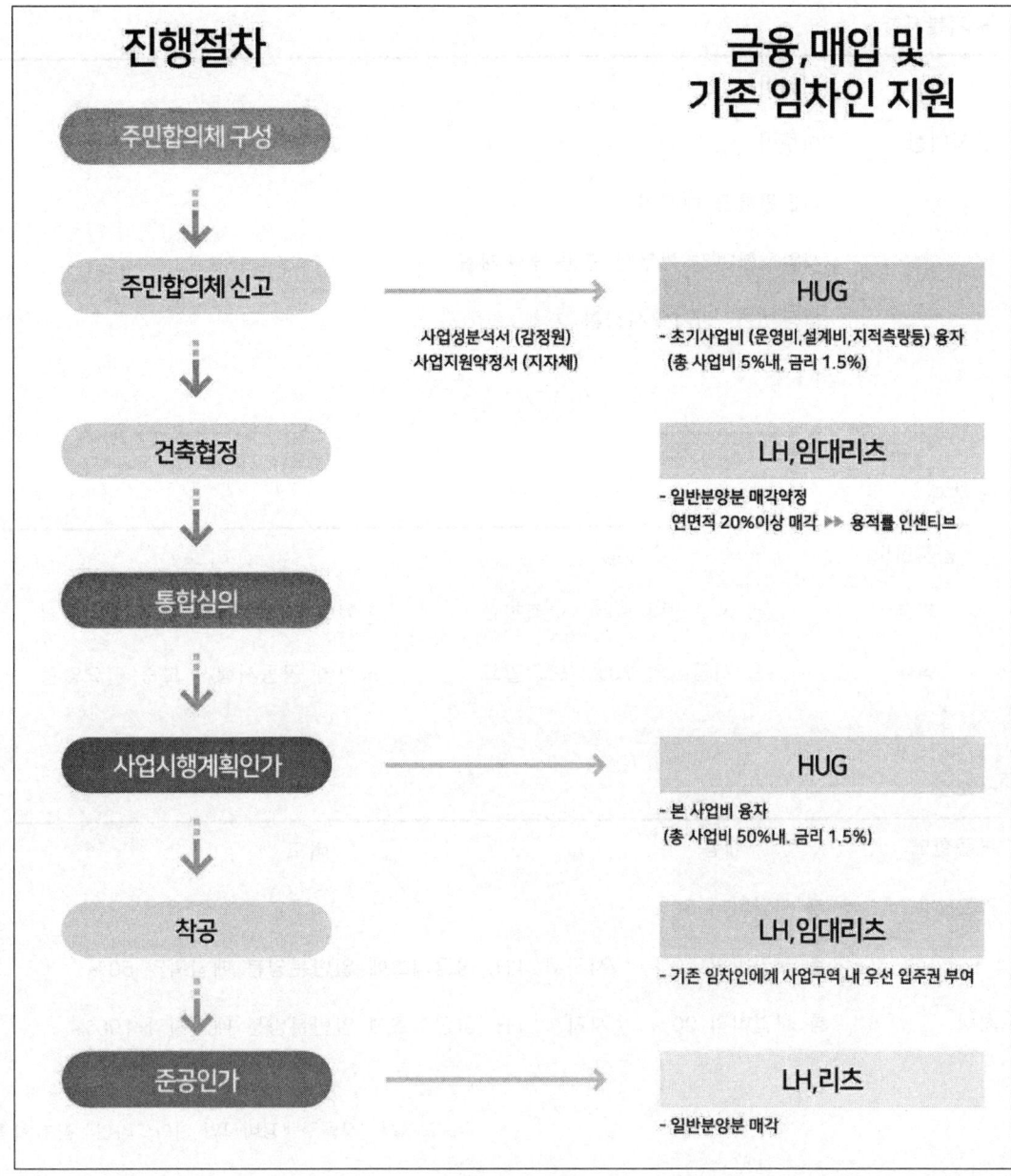

☞ 국토교통부 "자율주택정비사업 가이드라인" 참조 수록

18. 자율주택정비사업의 금융지원

- 기본사항

융자대상	사업비
	이주비
	선순위물권 해지비
	사업시행인가 시부터 준공 후 6개월
	최장 5년, 만기일시상환
	1.5%

- 융자

융자한도	내용	비고
기본	총 사업비의 50%, 보증필요	공기업 공동시행시 보증 필요없음
최대	총 사업비의 70%, 보증필요	공기업 공동시행시 보증 필요없음

- 보증

보증한도	내용	비고
기본	총 사업비의 50%	
	총 사업비의 70%	지자체, LH, 공공리츠에 일반분양분 매입확약 50%
최대	총 사업비의 90%	지자체, LH, 공공리츠에 일반분양분 매입확약 100%

☞ 국토교통부 "자율주택정비사업 가이드라인" 참조 수록

19. 건축협정 FAQ

> ① 대지분할 제한

Q : 건축협정을 체결하려는 연접하는 필지간 분필하거나 합필하려면 언제 해야 하며 어떤 기준으로 해야 하나요?
A : 건축법 제57조 제3항의 건축협정 예외규정 적용
 - 법 제57조 제1항 및 제2항에서는 시행령 및 조례에서 정하는 면적에 못 미치게 대지를 분할 할 수 없도록 하고 있음
 - 그러나, 건축법 제57조 제3항에서 건축협정에 대한 예외규정을 두어, 건축법 제77조의6에 따라 건축협정이 인가된 경우 대지분할 제한면적에 못 미치게 분할할 수 있도록 함
 - 이에 따라, 건축협정 인가신청서에 건축법 제57조 제3항의 규정을 건축협정 체결항목으로 하여 심의를 득한 후, 대지의 분할 및 이에 따른 행정절차를 따르도록 함

> ② 일조 등의 확보를 위한 건축물의 높이제한

Q : 건축협정구역에서 일조 등의 확보를 위한 건축물의 높이제한을 완화받으려면 맞벽으로 건축하는 부분만 해당되나요?
A : 건축법 제59조 제1항 및 시행령 제81조 제1항 제4호 적용
 - 법 제59조 제1하 및 시행령 제81조 제1항 제4호에 따라, 건축협정 구역의 맞벽건축은 건축법 제61조(일조 등의 확보를 위한 건축물의 높이제한)을 적용하지 않음
 - 또한, 건축법 시행령 제86조 제2항 제2호에 따라, 전용주거지역이나 일반주거지역인 건축협정구역에서 대지 상호간에 건축하는 건축물(일정거리 이상을 띄어 건축하는 경우)도 건축법 제61조(일조 등의 확보를 위한 건축물의 높이제한)을 적용하지 않음
 - 다시 말해, 건축협정구역에서는 맞벽 또는 합벽 건축물 뿐만 아니라 일정거리 이상을 띄어 건축하는 경우에도 토지등 소유자 간 건축협정을 체결하여 일조 등의 확보를 위한 건축물의 높이제한을 적용하지 않을 수 있음

☞ 국토교통부 "자율주택정비사업 가이드라인" 참조 수록

③ 주차장

Q : 필지별 5대 이하 연접주차가 가능한 2개 필지가 건축협정을 체결하여 부설주차장을 통합 설치하여 한 필지에 5대 이상 주차면을 조성하면 일렬주차방식으로 해야 하나요?

A : 건축법 제77조의13 제3항, 제4항, 제5항 적용
- 법 제77조의13 제3항과 제5항에 따라, 건축협정구역에서 연접한 대지의 경우와 합벽건축을 하는 경우 주차장법 제19조에 따른 부설주차장을 통합설치 할 수 있음
- 여기서 부설주차장의 통합설치는 필지별 조성하는 주차진출입구의 통합과 주차면의 위치를 필지단위가 아니라 구역단위에서 변경할 수 있음을 의미하며, 이외의 기준은 건축법 제77조의13 제4항에 따라 주차장법에서 정한 기준 이상을 적용해야 함
- 부설주차장의 차량 진출입로 통합설치란, 여러 개의 필지에 하나의 진출입로를 공유하는 것을 인정하는 것을 의미함 (건축협정제도를 적용한 주차장의 통합설치는 주차면 위치를 필지단위로 적용하지 않고 구역단위로 적용)
- 각 필지별 주차면 5대씩 총 10대 설치하는 두 개 필지에서 건축협정제도에 따라 주차장을 통합설치하여 필지별 주차면을 6대와 4대로 배치한 경우, 주차장법에 따른 주차면 설치기준은 두 개 대지를 하나의 대지로 간주하여 적용함에 따라 6대 및 4대 모두 일렬주차방식으로 설치하여야 함
- 동일한 필지에서 주차면을 필지별 5대로 한 경우, 건축협정제도를 적용하여 주차면 설치기준을 통합 적용한 것이 아니므로 주차장 설치기준은 건축협정구역 단위가 아니라 필지단위로 적용하여 연접주차방식을 따르면 됨

④ 계단

Q : 계단은 통상 계단과 엘리베이터를 포함한 계단실 또는 코어(core)로 사용하는데 여기서는 어디까지 해당하며, 통합 설치하는 계단의 위치에 관한 기준이 있나요?

A : 건축법 제77조의13 제3항, 제5항 적용
- 건축협정제도에서 계단을 통합설치 할 수 있는 요건은 제한되어 있음
- 법 제77조의13 제3항에서 계단이 삭제('16.1.19)됨에 따라 연접한 대지에서 맞벽건축 또는 벽체분리형 건축의 경우 계단을 통합설치 할 수 없고, 법 제77조의13 제5항에 따라 건축물의 경계벽의 전체 또는 일부를 공유하여 건축하는 경우, 즉, 합벽 건축물의 경우에만 계단을 통합조성 할 수 있음
- 여기서의 계단은 엘리베이터를 포함한 계단실로 보는 것이 적절함
- 통합설치하는 계단의 위치는 계단을 공유하는 두 필지의 경계선에 걸치도록 하여야 함
- 이는, 계단 공유형 협정건축물의 건축물관리대장이 필지경계선을 기준으로 수직으로 세운면으로 건축물을 구분하여 생성되도록 하고, 이 때 생성되는 필지별 건축물관리대장에 반드시 계단의 일부가 포함되도록 하기 위함임

☞ 국토교통부 "자율주택정비사업 가이드라인" 참조 수록

⑤ 건폐율과 용적률 -1

Q : 건폐율과 용적률을 통합적용하기 위한 준수사항이 있나요?
A_1 : **건축법 제77조의13 제3항, 제5조 및 영 제6조 제2항 6호 적용**
- 법 제77조의13 제3항 5호에 따라, 연접하는 대지 또는 맞벽건축을 하는 경우에는 건폐율만 통합적용할 수 있으며, 법 제5조 및 영 제6조 제2항 6호에 따라 연접한 둘 이상의 대지에서 건축허가를 동시에 신청하는 경우 둘 이상의 대지를 하나의 대지로 보아 건폐율 및 용적률 완화여부 및 적용범위를 정할 수 있음

A_2 : **건축법 제77조의13 제5항 적용**
- 법 제77조의13 제5항에 따라, 건축물의 경계벽을 전체 또는 일부를 공유하여 건축하는 합벽건축의 경우에는 건폐율과 용적률을 통합적용할 수 있음
- 모든 경우에 있어서 건축협정구역 내 특정 필지는 법률이 정하는 건폐율과 용적률을 상회할 수 있지만, 건축협정구역의 (평균)건폐율 및 (평균)용적률은 법률이 정하는 기준을 따라야 함

A_3 : **건축법 제77조의4 제3항 적용**
- 국토의계획및이용에관한법률에 따른 도시/군관리계획에서 필지별로 정한 건폐율과 용적률은 상회할 수 없으며, 지자체가 조례를 정하는 건폐율과 용적률은 상회할 수 있음

⑤ 건폐율과 용적률 -2

Q : 건폐율과 용적률 완화 인센티브의 허용기준이 있나요?
A_1 : **건축법 제77조의13 제6항, 영 제110조의7 제1항 2호 및 3호 적용**
- 건축협정제도에서 건폐율 및 용적률의 완화범위는 해당지역에 적용하는 건폐율 및 용적률의 100분의 20 범위임
- 완화되는 건폐율과 용적률의 상한은 국토의 계획 및 이용에 관한 법률 제77조 및 제78조에 따른 최대한도를 초과할 수 없으며, 지자체가 정하는 조례에 따른 최대한도는 초과할 수 있음

A_2 : **건축법 제77조의13 제6항, 제7항, 영 제110조의7 제2항 적용**
- 건축협정제도가 부여하는 특례는 법적기준만 만족하면 되는 사항이 아님
- 건축협정제도는 인가권자가 두는 건축위원회의 심의를 거쳐 적용 여부와 적용범위를 결정하도록 하고 있고, 특히 용적률 완화적용의 경우 지방도시계획위원회의 심의를 통합하여 거치도록 하고 있음
- 따라서, 건축협정 체결항목에 대한 지자체 건축담당자와의 사전협의가 중요하며, 인센티브 적용에 따른 인접대지에 미치는 부정적 외부효과를 최소화하고 생활가로 및 주변지역에 긍정적으로 기여하도록 건축기준의 통합적용 및 완화적용의 인센티브를 활용하여 건축계획을 수립할 것을 권장함

☞ 국토교통부 "자율주택정비사업 가이드라인" 참조 수록

⑥ 맞벽 및 합벽-1

Q : 건축협정구역에서 맞벽 건축은 건축법에 따른 맞벽건축 규정을 따라야 하나요?
A : 건축법 제59조 제1항, 영 제81조 제1항 4호 및 제4항 적용
- 법 제59조 제1항 및 시행령 제81조 제1항 4호에 따라, 건축협정구역에서는 맞벽건축이 허용됨
- 그러나, 같은법 시행령 제81조 제4항에 따라 지자체가 건축조례로 정하는 맞벽건축물의 수, 층수 등 필요한 사항은 적용하지 않음

⑥ 맞벽 및 합벽-2

Q : 건축협정구역에서 맞벽 및 합벽 건축 시 벽체의 형태 및 위치에 대한 기준이 있나요?
A : 맞벽 및 합벽 건축물의 벽체로 인정하는 구조는 경계벽, 기둥, 계단실의 세가지로 한정함
- 건축협정제도에서 "해당 대지를 하나의 대지로 보아(법 제77조의13 제5항)", "개별 건축물마다 적용하지 아니하고 건축협정구역의 전부 또는 일부를 대상으로(법 제77조의13 제3항)"가 의미하는 바는 건축협정을 체결하는 '구역' 단위가 건축기준을 통합적으로 적용할 수 있는 범위가 되는 것임
- 그러나, 건축협정을 체결하는 '구역'은 재산권 행사의 단위는 될 수 없음
- 즉, 건축협정구역 내 필지는 개별 필지로 존재하도록 필지경계선이 유지되고, 맞벽 또는 합벽 건축물의 벽체로 인정하는 구조는 반드시 필지경계선을 기준으로 50센티미터 이내 또는 필지 경계선에 위치되어야 함

⑥ 맞벽 및 합벽-3

Q : 지구단위계획에서 필지별 당해용도로 쓰이는 바닥면적의 합계를 3천㎡ 이하로 하는 경우, 두 개 필지에서 맞벽 또는 합벽 형태의 협정 건축물의 면적은 6천㎡로 보아 지구단위계획 시행지침을 위반한 것으로 보아야 하나요?
A : 건축협정제도는 건축법의 고유한 원칙인 '1필지 1건물'의 관계를 따름
- 이는 협정건축물이 맞벽 또는 합벽으로 조성되거나 건축협정 체결자 간 공동개발을 하여 외관 및 기능상 단일 건축물로 인식되더라도 각 필지별 독립적이고 배타적인 소유권을 유지하는 것을 의미함
- 이는 지구단위계획에서 정하는 획지에 의한 공동개발 시 건축물대장, 토지등기, 건물등기가 각 1개씩 생성되면서 홍길동 외 00인의 구분소유권으로 전환되는 것과 차별화됨
- 즉, 협정건축물은 필지단위로 건축물 관리대장, 토지등기, 건물등기를 독립적으로 생성하며, 이는 필지경계선에서 수직면을 세워 구분되는 건축물을 해당 필지의 건축물로 보는 것임
- 따라서, 공부상에 등재되는 협정건축물의 연면적 산정기준인 '필지'를 협정건축물의 면적 산정기준으로 봄

☞ 국토교통부 "자율주택정비사업 가이드라인" 참조 수록

⑦ 건축협정 인가심의

Q : 건축 인가가 완료된 후에도 건축협정을 체결할 수 있나요?
A : 건축법 제77조의4 제4항, 제77조의6, 제77조의7 적용
 - 건축협정을 체결할 수 있는 건축행위는 건축, 대수선 또는 리모델링으로 모든 건축행위로 볼 수 있음
 - 건축협정제도에 따라 건축기준을 정할 수 있는 대상은 건축물의 위치, 용도, 형태 및 부대시설에 관하여 대통령령으로 정하는 사항으로, 이에는 건축선, 건축물 및 건축설비의 위치, 건축물의 용도, 높이 및 층수, 지붕 및 외벽의 형태, 건폐율 및 용적률, 담장, 대문, 조경, 주차장 등 부대시설의 위치 및 형태, 차양시설, 차면시설 등 건축물의 부착하는 시설물의 형태, 맞벽건축의 구조 및 형태, 이외 건축조례로 정하는 건축물의 위치, 용도, 형태 또는 부대시설에 관한 사항이 모두 해당됨
 - 이와 같은 건축협정 체결의 대상 및 범위에 대해 건축법 제77조의13 등 건축기준 특례를 적용하려면 건축허가 전에 건축법 제77조의6 및 제77조의7에 따라 건축위원회의 건축협정 심의 절차를 거쳐야 함
 - 다시 말해, 건축협정 인가심의 절차는 건축 인가 절차에 선행하거나 동시에 진행되어야 함

⑧ 공부기재

Q : 건축협정에 따라 건축물을 신축한 후 건축물대장과 등기는 어떻게 기재하나요?
A : 건축법 제77조의4 제1항, 건축물대장의 기재 및 관리 등에 관한 규칙
 - 건축협정제도는 건축협정구역 내에서 대지의 분필 및 합필은 가능하지만 기존의 필지 소유권은 유지하여야 함
 - 따라서, 협정건축물은 1개의 필지에 대해 별도의 건축물대장, 토지등기, 건물등기를 생성함
 - 건축협정제도에 따라 공유하는 공간에 대해서 구분소유권 또는 지분을 설정하지 않고 필지 경계선을 기준으로 수직면을 세워 구분되는 공간을 해당 필지의 건축물대장에 기재하도록 함
 - 다세대주택 등 분양건축물은 분양 후 각 주택의 소유주가 건축협정구역 전체 필지에 대한 지분을 갖는 것이 아니라 주택이 위치하는 해당 필지에 대한 지분을 가짐

☞ 국토교통부 "자율주택정비사업 가이드라인" 참조 수록

<소규모주택정비사업 관련 법령>

관련법령	주요 내용
건축물 관리법	제42조 (빈 건축물 정비) 특별자치시장·특별자치도지사 또는 시장·군수·구청장은 사용 여부를 확인한 날부터 1년 이상 아무도 사용하지 아니하는 건축물(「농어촌정비법」 제2조제12호에 따른 빈집 및 「빈집 및 소규모주택 정비에 관한 특례법」 제2조제1항제1호에 따른 빈집은 제외하며, 이하 "빈 건축물"이라 한다)이 다음 각 호의 어느 하나에 해당하면 건축위원회의 심의를 거쳐 해당 건축물의 소유자에게 해체 등 필요한 조치를 명할 수 있다. 이 경우 해당 건축물의 소유자는 특별한 사유가 없으면 60일 이내에 조치를 이행하여야 한다. 1. 공익상 유해하거나 도시미관 또는 주거환경에 현저한 장애가 된다고 인정하는 경우 2. 주거환경이나 도시환경 개선을 위하여 「도시 및 주거환경정비법」 제2조제4호 및 제5호에 따른 정비기반시설 및 공동이용시설의 확충에 필요한 경우
도시 재생법	제26조의2 (도시재생 인정사업) ① 전략계획수립권자는 도시재생전략계획이 수립된 지역으로서 제4조제3항제6호에 따른 기초생활인프라의 국가적 최저기준에 미달하는 지역 또는 제13조제4항 각 호의 요건 중 2개 이상을 갖춘 지역에서 도시재생활성화지역과 연계하여 시행할 필요가 있는 다음 각 호의 어느 하나에 해당하는 사업을 도시재생사업으로 인정할 수 있다. <개정 2021. 7. 20.> 1. 「빈집 및 소규모주택 정비에 관한 특례법」에 따른 빈집정비사업 및 소규모주택정비사업
부동산 거래신고 등에 관한 법률	제3조 (부동산 거래의 신고) ① 거래당사자는 다음 각 호의 어느 하나에 해당하는 계약을 체결한 경우 그 실제 거래가격 등 대통령령으로 정하는 사항을 거래계약의 체결일부터 30일 이내에 그 권리의 대상인 부동산등(권리에 관한 계약의 경우에는 그 권리의 대상인 부동산을 말한다)의 소재지를 관할하는 시장(구가 설치되지 아니한 시의 시장 및 특별자치시장과 특별자치도 행정시의 시장을 말한다)·군수 또는 구청장(이하 "신고관청"이라 한다)에게 공동으로 신고하여야 한다. 다만, 거래당사자 중 일방이 국가, 지방자치단체, 대통령령으로 정하는 자의 경우(이하 "국가등"이라 한다)에는 국가등이 신고를 하여야 한다. <개정 2017. 2. 8., 2019. 8. 20.>

	1. 부동산의 매매계약
	2. 「택지개발촉진법」, 「주택법」 등 대통령령으로 정하는 법률에 따른 부동산에 대한 공급계약
	3. 다음 각 목의 어느 하나에 해당하는 지위의 매매계약
	    가. 제2호에 따른 계약을 통하여 부동산을 공급받는 자로 선정된 지위
	    나. 「도시 및 주거환경정비법」 제74조에 따른 관리처분계획의 인가 및 「빈집 및 소규모주택 정비에 관한 특례법」 제29조에 따른 사업시행계획인가로 취득한 입주자로 선정된 지위

재건축이익 환수법	제1조 (목적) 이 법은 「도시 및 주거환경정비법」에 의한 재건축사업 및 「빈집 및 소규모주택 정비에 관한 특례법」에 따른 소규모재건축사업에서 발생되는 초과이익을 환수함으로써 주택가격의 안정과 사회적 형평을 도모하여 국민경제의 건전한 발전과 사회통합에 이바지함을 목적으로 한다. <개정 2017. 2. 8., 2017. 3. 21., 2020. 6. 9.>

주택도시
기금법
	제9조 (기금의 용도) ② 기금의 도시계정은 다음 각 호의 용도에 사용한다. <개정 2017. 2. 8., 2018. 3. 13., 2019. 4. 23., 2019. 8. 20.>
	1. 다음 각 목에 대한 융자
	    가. 「도시 및 주거환경정비법」 제2조제2호가목부터 다목까지의 사업, 「빈집 및 소규모주택 정비에 관한 특례법」 제2조제1항제2호 및 제3호의 사업
	    나. 「도시재정비 촉진을 위한 특별법」 제2조제7호에 따른 기반시설 중 같은 법 제29조제2항에서 정하는 기반시설의 설치에 드는 비용

주택법	제68조 (증축형 리모델링의 안전진단) ③ 시장·군수·구청장이 제1항에 따른 안전진단으로 건축물 구조의 안전에 위험이 있다고 평가하여 「도시 및 주거환경정비법」 제2조제2호다목에 따른 재건축사업 및 「빈집 및 소규모주택 정비에 관한 특례법」 제2조제1항제3호다목에 따른 소규모재건축사업의 시행이 필요하다고 결정한 건축물은 증축형 리모델링을 하여서는 아니 된다. <개정 2017. 2. 8.>
	제3조 (학교용지의 조성·개발) ① 300세대(제5조제5항제3호에 해당하는 개발사업은 그 개발사업분을 뺀 세대 수를 대상으로 하고, 「도시 및 주거환경정비법」 제2조제2호다목의 재건축사업 및 「빈

학교용지법	집 및 소규모주택 정비에 관한 특례법」 제2조제1항제3호다목의 소규모재건축사업은 기존 세대를 뺀 세대 수를 대상으로 한다) 규모 이상의 개발사업을 시행하는 자(이하 "개발사업시행자"라 한다)는 개발사업을 시행하기 위하여 수립하는 계획에 학교용지의 조성·개발에 관한 사항을 포함시켜야 한다. 이 경우 학교용지의 위치와 규모 등은 「국토의 계획 및 이용에 관한 법률」 제43조에 따른 학교시설의 설치기준 등에 관한 규정을 준용한다. <개정 2020. 5. 19.> 제5조 (부담금의 부과·징수) ① 시·도지사는 개발사업지역에서 단독주택을 건축하기 위한 토지를 개발하여 분양하거나 공동주택을 분양하는 자(이하 이 조에서 "공동주택분양자등"이라 한다)에게 부담금을 부과·징수할 수 있다. 다만, 다음 각 호의 어느 하나에 해당하는 개발사업분의 경우에는 그러하지 아니하다. <개정 2020. 5. 19.> 1. 「공익사업을 위한 토지 등의 취득 및 보상에 관한 법률」에 따른 이주용(移住用) 택지나 이주용 주택을 분양하는 경우 5. 「도시 및 주거환경정비법」 제2조제2호나목부터 다목까지의 규정에 따른 정비사업 및 「빈집 및 소규모주택 정비에 관한 특례법」 제2조제1항제3호나목·다목에 따른 소규모주택정비사업 시행 결과 해당 정비구역 및 사업시행구역 내 세대 수가 증가하지 아니하는 경우

제3편 빈집 및 소규모주택 정비에 관한 특례법 삼단 대비표

빈집 및 소규모주택 정비에 관한 특례법 [시행 2024. 2. 15.] [법률 제19225호, 2023. 2. 14., 타법개정]	빈집 및 소규모주택 정비에 관한 특례법 시행령 [시행 2023. 11. 28.] [대통령령 제33895호, 2023. 11. 28., 일부개정]	빈집 및 소규모주택 정비에 관한 특례법 시행규칙 [시행 2023. 10. 19.] [국토교통부령 제1265호, 2023. 10. 19., 일부개정]
제1장 총 칙	**제1장 총 칙**	
제1조 (목적) 이 법은 방치되는 빈집을 효율적으로 정비하고 소규모주택 정비를 활성화하기 위하여 필요한 사항 및 특례를 규정함으로써 주거생활의 질을 높이는 데 이바지함을 목적으로 한다.	제1조 (목적) 이 영은 「빈집 및 소규모주택 정비에 관한 특례법」에서 위임된 사항과 그 시행에 필요한 사항을 규정함을 목적으로 한다.	제1조 (목적) 이 규칙은 「빈집 및 소규모주택 정비에 관한 특례법」 및 같은 법 시행령에서 위임된 사항과 그 시행에 필요한 사항을 규정함을 목적으로 한다.
제2조 (정의) ① 이 법에서 사용하는 용어의 뜻은 다음과 같다. <개정 2019. 4. 23., 2021. 7. 20., 2021. 10. 19.>
1. "빈집"이란 특별자치시장·특별자치도지사·시장·군수 또는 자치구의 구청장(이하 "시장·군수등"이라 한다)이 거주 또는 사용 여부를 확인한 날부터 1년 이상 아무도 거주 또는 사용하지 아니하는 주택을 말한다. 다만, 미분양주택 등 대통령령으로 정하는 주택은 제외한다.	제2조 (빈집에서 제외되는 주택) 「빈집 및 소규모주택 정비에 관한 특례법」 (이하 "법"이라 한다) 제2조제1항제1호 단서에서 "미분양주택 등 대통령령으로 정하는 주택"이란 다음 각 호의 주택을 말한다.
1. 「공공주택 특별법」 제2조제1호가목의 공공임대주택(이하 "공공임대주택"	

2. "빈집정비사업"이란 빈집을 개량 또는 철거하거나 효율적으로 관리 또는 활용하기 위한 사업을 말한다.

가. 「건축법」 제11조에 따른 건축허가 또는 「주택법」 제15조에 따른 사업계획승인을 받은 자가 건축하고 있는 미분양주택으로서 「건축법」 제22조제2항에 따른 사용승인 또는 「주택법」 제49조제1항에 따른 사용검사를 받은 후 5년이 경과하지 아니한 주택

나. 「건축법」 제22조제2항에 따른 사용승인 또는 「주택법」 제49조제1항에 따른 사용검사를 받지 아니한 주택

다. 「주택법 시행령」 제4조에 따른 준주택. 다만, 같은 조 제4호에 따른 오피스텔은 제외한다.

라. 별장 등 일시적 거주 또는 사용을 목적으로 하는 주택

3. "소규모주택정비사업"이란 이 법에서 정한 절차에 따라 노후·불량건축물의 밀집 등 대통령령으로 정하는 요건에 해당하는 지역 또는 가로구역(街路區域)에서 시행하는 다음 각 목의 사업을 말한다.

가. 자율주택정비사업: 단독주택, 다세대주택 및 연립주택을 스스로 개량 또는 건설하기 위한 사업

제3조 (소규모주택정비사업 대상 지역) ① 법 제2조제1항제3호 각 목 외의 부분에서 "노후·불량건축물의 밀집 등 대통령령으로 정하는 요건에 해당하는 지역 또는 가로구역(街路區域)"이란 다음 각 호의 구분에 따른 지역을 말한다. <개정 2023. 11. 28.>

1. 자율주택정비사업: 빈집밀집구역, 소규모주택정비 관리지역, 「지방자치분권

나. 가로주택정비사업: 가로구역에서 종전의 가로를 유지하면서 소규모로 주거환경을 개선하기 위한 사업

다. 소규모재건축사업: 정비기반시설이 양호한 지역에서 소규모로 공동주택을 재건축하기 위한 사업. 이 경우 도심 내 주택공급을 활성화하기 위하여 다음 요건을 모두 갖추어 시행하는 소규모재건축사업을 "공공참여 소규모재건축 활성화사업"(이하 "공공소규모재건축사업"이라 한다)이라 한다.

1) 제10조제1항제1호에 따른 토지주택공사등이 제17조제3항에 따른 공동시행자, 제18조제1항에 따른 공공시행자 또는 제56조제1항에 따른 사업대행자(이하 "공공시행자등"이라 한다)일 것

2) 건설・공급되는 주택이 종전 세대수의 대통령령으로 정하는 비율 이상일 것. 다만, 「국토의 계획 및 이용에 관한 법률」제18조에 따른 도시・군기본계획 또는 정비기반시설 등 토지이용 현황 등을 고려하여 대통령령으로 정하는 비율 이상 건축할 수 없는 불가피한 사정이 있다고 인정하는 경우에는 그러하지 아니하다.

및 지역균형발전에 관한 특별법」에 따른 도시활력증진지역 개발사업의 시행구역, 「국토의 계획 및 이용에 관한 법률」 제51조에 따른 지구단위계획구역, 「도시 및 주거환경정비법」 제20조・제21조에 따라 정비예정구역・정비구역이 해제된 지역 또는 같은 법 제23조제1항제1호에 따른 방법으로 시행하는 주거환경개선사업의 정비구역, 「도시재생 활성화 및 지원에 관한 특별법」 제2조제1항제5호의 도시재생활성화지역 또는 그 밖에 특별시・광역시・특별자치시・특별자치도 또는 「지방자치법」 제198조제1항에 따른 서울특별시・광역시 및 특별자치시를 제외한 인구 50만 이상 대도시의 조례(이하 "시・도조례"라 한다)로 정하는 지역으로서 다음 각 목의 요건을 모두 갖춘 지역

가. 노후・불량건축물의 수가 해당 사업시행구역의 전체 건축물 수의 3분의 2 이상일 것. 다만, 소규모주택정비 관리지역의 경우에는 100분의 15 범위에서 시・도조례로 정하는 비율로 증감할 수 있다.

나. 해당 사업시행구역 내 기존 주택

라. 소규모재개발사업: 역세권 또는 준공업지역에서 소규모로 주거환경 또는 도시환경을 개선하기 위한 사업

4. "사업시행구역"이란 빈집정비사업 또는 소규모주택정비사업을 시행하는 구역을 말한다.

5. "사업시행자"란 빈집정비사업 또는 소규모주택정비사업을 시행하는 자를 말한다.

6. "토지등소유자"란 다음 각 목에서 정하는 자를 말한다. 다만, 「자본시장과 금융투자업에 관한 법률」 제8조제7항에 따른 신탁업자(이하 "신탁업자"라 한다)가 사업시행자로 지정된 경우 토지등소유자가 소규모주택정비사업 목적으로 신탁업자에게 신탁한 토지 또는 건축물에 대하여는 위탁자를 토지등소유자로 본다.
   가. 자율주택정비사업, 가로주택정비사업 또는 소규모재개발사업은 사업시행구역에 위치한 토지 또는 건축물의 소유자, 해당 토지의 지상권자
   나. 소규모재건축사업은 사업시행구역에 위치한 건축물 및 그 부속토지의 소유자

7. "주민합의체"란 제22조에 따라 토지등소유자가 소규모주택정비사업을 시행하기 위하여 결성하는 협의체를 말한다.

(이하 "기존주택"이라 한다)의 호수(戶數) 또는 세대수가 다음의 구분에 따른 기준 미만일 것. 다만, 지역 여건 등을 고려하여 해당 기준의 1.8배 이하의 범위에서 시·도조례로 그 기준을 달리 정할 수 있다.

1) 기존주택이 모두 「주택법」 제2조제2호의 단독주택(이하 "단독주택"이라 한다)인 경우: 10호

2) 기존주택이 「건축법 시행령」 별표 1 제2호나목에 따른 연립주택(이하 "연립주택"이라 한다) 또는 같은 호 다목에 따른 다세대주택(이하 "다세대주택"이라 한다)으로 구성된 경우: 20세대(연립주택과 다세대주택의 세대수를 합한 수를 말한다)

3) 기존주택의 구성이 다음의 어느 하나에 해당하는 경우: 20채(단독주택의 호수와 연립주택·다세대주택의 세대수를 합한 수를 말한다)
   가) 단독주택과 연립주택으로 구성
   나) 단독주택과 다세대주택으로 구성
   다) 단독주택, 연립주택 및 다세대주택으로 구성

제2조 (가로구역의 범위 등) ① 「빈집 및 소규모주택 정비에 관한 특례법 시행령」(이하 "영"이라 한다) 제3조제1항제4호가목3)에서 "국토교통부령으로 정하는 도로"란 다음 각 호의 도로 및 예정도로를 말한다. 다만, 해당 사업시행구역에 이런한 도로 또는 예정도로가 둘 이상 접한 경우로 한정한다. <신설 2021. 9. 17.>

1. 「국토의 계획 및 이용에 관한 법률」

8. "빈집밀집구역"이란 빈집이 밀집한 지역을 관리하기 위하여 제4조제5항에 따라 지정·고시된 구역을 말한다.

9. "소규모주택 정비 관리지역"(이하 "관리지역"이라 한다)이란 노후·불량건축물에 해당하는 단독주택 및 공동주택과 신축 건축물이 혼재하여 광역적 개발이 곤란한 지역에서 정비기반시설과 공동이용시설의 확충을 통하여 소규모주택정비사업을 계획적·효율적으로 추진하기 위하여 제43조의20에 따라 소규모주택 정비 관리 계획이 승인·고시된 지역을 말한다.

② 이 법에서 따로 정의하지 아니한 용어는 「도시 및 주거환경정비법」에서 정하는 바에 따른다.

다. 해당 사업시행구역에 나대지(裸垈地)를 포함하려는 경우에는 다음의 어느 하나에 해당하는 나대지로서 그 면적은 사업시행구역 전체 토지 면적의 2분의 1 이내일 것
　1) 진입도로 등 정비기반시설의 설치에 필요한 나대지
　2) 노후·불량건축물의 철거로 발생한 나대지
　3) 법 제9조제3호에 따른 빈집의 철거로 발생한 나대지
　4) 그 밖에 지형여건·주변환경을 고려할 때 사업 시행상 불가피하게 포함되는 나대지로서 시·도조례로 정하는 기준을 충족하는 나대지

2. 가로주택정비사업: 가로구역의 전부 또는 일부로서 다음 각 목의 요건을 모두 갖춘 지역
　가. 해당 사업시행구역의 면적이 1만제곱미터 미만일 것. 다만, 사업시행구역이 소규모주택정비 관리지역인 경우 다음의 요건을 모두 갖추거나 다음의 요건을 모두 갖춘 경우에는 2만제곱미터 미만으로 할 수 있으며, 소규모주택정비 관리지역으로서 1) 및 2)의 요건을 모두 갖춘 경우에는 4만제곱미터 미만으로 할

제2조제7호에 따른 도시·군계획시설인 도로 및 같은 법 제32조제4항에 따라 신설·변경에 관한 지형도면의 고시가 된 도로

2. 「건축법」 제2조제1항제11호에 따른 도로

3. 다음 각 목의 지정을 받거나 신고·신청을 하기 위하여 「국토의 계획 및 이용에 관한 법률」, 「사도법」, 또는 그 밖의 관계 법령에 따라 도로를 신설·변경할 수 있는 계획을 제출한 경우 그 계획에 따른 예정도로
　가. 법 제18조 및 제19조에 따른 사업시행자 지정
　나. 법 제22조에 따른 주민합의체 구성
　다. 법 제23조에 따른 조합설립인가 신청

② 제1항에 따른 도로의 너비는 각각 4미터 이상이어야 하며, 둘 이상의 도로 중 하나는 6미터[지역 여건을 고려하여 40퍼센트의 범위에서 특별시·광역시·특별자치시·도·특별자치도 또는 「지방자치법」 제198조제1항에 따른 서울특별시·광역시 및 특별자치시를 제외한 인구 50만 이상 대도시의 조례(이하 "시·도조례"라 한다)

로 넓게 정하는 경우에는 그 너비로 한다.] 이상이어야 한다. <신설 2021. 9. 17., 2022. 8. 2.>

수 있다.
1) 특별자치시장·특별자치도지사·시장·군수 또는 자치구의 구청장(이하 "시장·군수등"이라 한다)도 는 법 제10조제1항제1호에 따른 토지주택공사등(이하 "토지주택공사등"이라 한다)이 법 제17조제3항 또는 제18조제1항에 따라 공동 또는 단독으로 사업을 시행할 것
2) 다음의 어느 하나에 해당하는 비율이 10퍼센트 이상일 것
  가) 가로주택정비사업으로 건설하는 건축물의 전체 연면적 대비 공공임대주택 연면적의 비율
  나) 가로주택정비사업으로 건설하는 주택의 전체 세대수 대비 공공임대주택 세대수의 비율
3) 사업시행자는 법 제30조에 따른 사업시행계획서(사업시행구역 면적을 1만제곱미터 미만에서 1만제곱미터 이상 2만제곱미터 미만으로 변경하는 경우로서 법 제29조제1항 본문에 따라 사업시행계획서를 변경하는 경우를 포함한다)를 작성하기 전에 다음의 요건을 모두 충족할 것. 이 경우 「국토의 계획 및

이용에 관한 법률」 제51조에 따라 지구단위계획구역을 지정할 수 있거나 지정해야 하는 경우 또는 지구단위계획구역 및 지구단위계획이 지정·수립되어 있는 경우로서 같은 법 제30조제5항 본문에 따라 이를 변경해야 하는 경우로 한정한다.

가. 「국토의 계획 및 이용에 관한 법률 시행령」 제19조의2제2항제2호에 따른 토지소유자의 동의를 받을 것

나) 가) 요건을 갖춘 후 「국토의 계획 및 이용에 관한 법률」 제113조제1항 및 제2항에 따라 특별자치시·특별자치도·시·군·구(자치구를 말한다)에 설치하는 도시계획위원회(이하 "지방도시계획위원회"라 한다)의 심의를 받을 것. 이 경우 지방도시계획위원회는 제2항제2호나목에 따른 사항을 함께 심의할 수 있다.

나. 노후·불량건축물의 수가 해당 사업시행구역 전체 건축물 수의 3분의 2 이상일 것. 다만, 소규모주택정비 관리지역의 경우에는 100분의 15 범위에서 시·도조례로 정하는 비율로

증감할 수 있다.
다. 기존주택의 호수 또는 세대수가 다음의 구분에 따른 기준 이상일 것
 1) 기존주택이 모두 단독주택인 경우: 10호
 2) 기존주택이 모두 「주택법」 제2조제3호의 공동주택(이하 "공동주택"이라 한다)인 경우: 20세대
 3) 기존주택이 단독주택과 공동주택으로 구성된 경우: 20채(단독주택의 호수와 공동주택의 세대수를 합한 수를 말한다. 이하 이 목에서 같다). 다만, 기존주택 중 단독주택이 10호 이상인 경우에는 기존주택의 총합이 20채 미만인 경우에도 20채로 본다.
3. 소규모재건축사업: 「도시 및 주거환경정비법」 제2조제7호의 주택단지(이하 "주택단지"라 한다)로서 하나의 주택단지 또는 둘 이상이 연접(주택단지 사이에 도로가 있는 경우에는 시·도조례로 정하는 바에 따라 해당 도로가 폐지되거나 노선이 변경되는 경우만 해당한다)한 주택단지 중 다음 각 목의 요건을 모두 충족한 지역
 가. 해당 사업시행구역의 면적이 1만제

곱미터 미만일 것

나. 노후·불량건축물의 수가 해당 사업시행구역 전체 건축물 수의 3분의 2 이상일 것

다. 기존주택의 세대수가 200세대 미만일 것

4. 소규모재개발사업: 다음 각 목의 지역

가. 소규모재개발사업을 시행하려는 지역의 면적 과반이 「철도의 건설 및 철도시설 유지관리에 관한 법률」, 「철도산업발전기본법」 또는 「도시철도법」에 따라 건설·운영되는 철도역(개통 예정인 역을 포함한다)의 승강장 경계로부터 반경 350미터 이내인 지역으로서 다음의 기준을 모두 충족하는 지역. 다만, 승강장 경계로부터의 반경은 지역 여건을 고려해 100분의 30 범위에서 시·도조례로 정하는 비율로 증감할 수 있다.

1) 해당 사업시행구역의 면적이 5천 제곱미터 미만일 것

2) 노후·불량건축물의 수가 해당 사업시행구역의 전체 건축물 수의 3분의 2 이상일 것. 다만, 지역 여건 등을 고려해 100분의 25 범위에서 시·도조례로 정하는 비율로

증감할 수 있다.

3) 해당 사업시행구역이 국토교통부령으로 정하는 도로에 접할 것

나. 「국토의 계획 및 이용에 관한 법률 시행령」 제30조제1항제3호다목의 준공업지역으로서 가목1)부터 3)까지에서 규정한 기준을 모두 충족하는 지역

② 제1항제2호 각 목 외의 부분에 따른 가로구역은 다음 각 호의 요건을 모두 갖추어야 한다. <신설 2023. 11. 28.>

1. 해당 가로구역은 국토교통부령으로 정하는 도로 및 시설로 둘러싸인 일단(一團)의 지역일 것. 다만, 소규모주택정비 관리지역인 경우는 제외한다.

2. 해당 가로구역의 면적은 1만제곱미터 미만일 것. 다만, 다음 각 목의 어느 하나에 해당하는 경우에는 다음 각 목의 구분에 따른 면적 미만으로 할 수 있다.

가. 지역여건 등을 고려하여 시·도조례로 기준 면적을 달리 정하는 경우: 1만3천제곱미터

나. 사업시행자가 법 제30조에 따른 사업시행계획서(법 제29조제1항 본문에 따라 사업시행계획서를 변경하는 경

③ 영 제3조제2항제1호 본문에서 "국토교통부령으로 정하는 도로 및 시설"이란 다음 각 호의 도로 및 시설을 말한다. <개정 2021. 9. 17.>

1. 다음 각 목의 도로 및 예정도로

가. 제1항제1호의 도로

나. 「건축법」 제2조제1항제11호에 따른 도로로서 너비 6미터 이상의 도로. 이 경우 「사도법」에 따라 개설되었거나 신설·변경에 관한 고시가 된 도로는 「국토의 계획 및 이용에 관한 법률」 제36조제1항제1호가목부터 다목까지의 규정에 따른 주거지역·상업지역 또는 공업지역에서의 도로로 한정한다.

다. 제1항제3호의 도로로서 너비 6미터 이상인 도로

2. 다음 각 목의 기반시설

우를 포함한다)를 작성하기 전에 사업시행에 따른 정비기반시설 및 공동이용시설의 적정성 여부에 대하여 지방도시계획위원회의 심의를 거친 경우: 2만제곱미터

다. 소규모주택정비 관리지역인 경우: 4만제곱미터

3. 「국토의 계획 및 이용에 관한 법률」에 따른 도시·군계획시설인 도로(같은 법 제32조제4항에 따라 신설·변경에 관한 지형도면의 고시가 된 도로를 포함한다)로서 폭이 4미터(제1항제2호가목1)부터 3)까지 외의 부분 단서에 해당하는 지역으로서 사업시행구역의 면적이 1만제곱미터 이상 4만제곱미터 미만인 지역의 경우에는 6미터)를 초과하는 도로가 해당 가로구역을 통과하지 않을 것

③ 법 제43조제2항·제3항에 따라 사업시행자가 새로 설치하는 정비기반시설이 그 시설을 관리할 국가 또는 지방자치단체에 귀속되는 경우에는 해당 시설의 면적을 다음 각 호의 면적에 산입하지 않는다. <신설 2023. 10. 18.>

1. 제1항제2호가목, 같은 항 제3호가목 및 같은 항 제4호가목1)에 따른 사업시

가. 공용주차장
나. 광장, 공원, 녹지, 공공공지
다. 하천
라. 철도
마. 학교

[전문개정 2019. 10. 24.]
[제목개정 2021. 9. 17.]

제3편 빈집 및 소규모주택 정비에 관한 특례법 삼단 대비표 77

78 소규모주택정비사업

행구역의 면적
2. 제2조제2호에 따른 가로구역의 면적

④ 법 제2조제1항제3호다목2) 본문 및 단서에서 "대통령령으로 정하는 비율"이란 각각 100분의 120을 말한다. <신설 2022. 1. 18., 2023. 10. 18.>

「소규모주택정비법」이 규정하고 있는 정비사업은 크게 "빈집정비사업"과 "소규모주택정비사업"으로 구별되며, 소규모주택정비사업은 다시 자율주택정비사업, 가로주택정비사업, 소규모재건축사업으로 구분된다.

소규모주택정비사업은 「소규모주택정비법」이 정하는 절차에 따라 일정한 요건을 충족하는 노후·불량건축물이 밀집된 지역 또는 가로구역(街路區域)에서 시행하는 정비사업을 말한다.

도정법 제2조제7호의 주택단지
- 면적 : 1만㎡ 미만
- 노후·불량건축물이 2/3 이상
- 기존주택수
- 기존주택 세대수 200세대 미만(정비기반시설 양호한 지역에서 소규모 공동주택을 재건축하는 사업)

핵심포인트
법 제2조

[법령해석 1] 민원인 - 토지 또는 건축물을 신탁한 위탁자가 가로주택정비사업 조합설립의 동의 대상인 '토지등소유자'에 해당하는지 여부(「빈집 및 소규모주택 정비에 관한 특례법」 제2조 등)

안건번호 23-0538   회신일자 2023-09-07

1. 질의요지

「빈집 및 소규모주택 정비에 관한 특례법」(이하 "소규모주택정비법"이라 함) 제2조제6호 본문 및 같은 호 가목에서는 가로주택정비사업의 토지등소유자는 사업시행구역(각주: 빈집정비사업 또는 소규모주택정비사업을 시행하는 구역을 말함(소규모주택정비법 제2조제4호 참조), 이하 같음.)에 위치한 토지 또는 건축물의 소유자, 해당 토지의 지상권자를 말한다고 규정하고 있고, 같은 법 제23조제1항에 따르면 가로주택정비사업의 토지등소유자는 조합을 설립하는 경우 토지등소유자의 10분의 8 이상 및 토지면적의 3분의 2 이상의 토지소유자 동의를 받아야 하는바,

소규모주택정비법 제23조에 따라 조합을 설립하여 가로주택정비사업을 시행하려는 경우로서 사업시행구역에 위치한 토지 또는 건축물을 「자본시장과 금융투자업에 관한 법률」 제8조제7항에 따라 신탁업자(이하 "신탁업자"라 함)에게 신탁한 자가 소규모주택정비법 제23조제1항에 따라 가로주택정비사업 조합설립 시 동의를 한 경우 전세의 경우한 경우 신탁계약상 위탁자와 수익자가 동일한 경우를 전제함, 이하 같음.)가 소규모주택정비법 제23조제1항에 따라 가로주택정비사업 조합설립 시 동의를 받아야 하는 대상인 토지등소유자에 해당하는지, 아니면 '신탁등소유자'가 토지등소유자에 해당하는지?

2. 회답

이 사안의 경우, 사업시행구역에 위치한 토지 또는 건축물을 신탁업자에게 신탁한 '위탁자'가 소규모주택정비법 제23조제1항에 따라 가로주택정비사업 조합설립 시 동의를 받아야 하는 '토지등소유자'에 해당합니다.

3. 이유

소규모주택정비법 제2조제6호 본문 및 같은 호 가목에서는 가로주택정비사업의 토지등소유자를 사업시행구역에 위치한 토지 또는 건축물의 소유자, 해당 토지의 지상권자를 말한다고 하면서, 같은 호 외의 부분 단서에서는 신탁업자가 사업시행자로 지정된 경우 토지등소유자가 소규모주택정비사업을 목적으로 신탁업자에게 신탁한 토지 또는 건축물에 대해서는 신탁업자에게 신탁한 경우에도 사업시행구역에 위치한 토지 또는 건축물의 토지등소유자로 본다고 규정하고 있으나, 사업시행자가 신탁업자가 아닌 경우에도 별도로 토지 또는 건축물을 신탁업자에게 신탁한 위탁자를 토지등소유자로 보아야 하는지에 대해서는 별도로 법률 관계를 구성하고 있지 않습니다.

그런데 「신탁법」에 따르면 신탁재산은 대내외적으로 소유권이 수탁자

에게 완전히 귀속되고, 위탁자와의 내부관계에서 그 소유권이 위탁자에게 유보되어 있는 것은 아니라고 할 것이나(주: 대법원 2013. 1. 24. 선고 2010두27998 판결례 참조), 수탁자는 누구의 명의(名義)로도 신탁재산을 고유재산으로 하거나 신탁재산에 관한 권리를 고유재산에 귀속시키지 못하고(제34조제1항제1호), 신탁재산을 수탁자의 고유재산과 구분하여 관리하고 신탁재산임을 표시(제37조제1항)하도록 하는 등 신탁재산에 관한 수탁자의 고유재산과의 구분과 관련한 의무·책임 규정을 두고 있어, 비록 신탁재산이 수탁자의 소유라 하더라도 그에 관한 권리관계를 그대로 수용할 수는 없다고 할 것이고,(주: 대법원 2015. 6. 11. 선고 2013두15262 판결례 및 법제처 2020. 5. 4. 회신 20-0008 해석례 등 참조) 소규모주택정비사업을 활성화하기 위해 필요한 사항 및 특례를 규정함으로써 주거생활의 질을 높이는 데 이바지함을 목적(제1조)으로 하는 법률로서, 소규모주택의 정비를 목적으로 하는 정비사업의 추진 근거, 내용, 절차 등에 관한 사항을 규율하고 있는바, 그 정비사업과 관련한 '토지등소유자'에 해당 여부 등 권리·의무 관계에 대하여「신탁법」등 일반적 사법에 따른 소유관계가 그대로 적용된다고 보아야 하는 것은 아닙니다(주: 대법원 2015. 6. 11. 선고 2013두15262 판결례 참조).

그리고 소규모주택정비법 제17조제3항에 따르면, 가로주택정비사업의 토지등소유자 또는 토지등소유자로 구성된 조합이 직접 시행하거나 토지등소유자 또는 조합이 같은 조 제1항 각 호의 어느 하나에 해당하는 자(주: 시장·군수등(제1호), 토지주택공사등(제2호), 건설업자(제3호), 등록사업자(제4호), 신탁업자(제5호), 부동산투자회사(제6호))와 공동으로 시행하는 방법으로 추진되는 것으로, 주민합의체를 구성(제22조)하거나 조합설립인가를 신청 및 사업시행계획인가를 신청(제29조)하는 경우 사업 추진 과정에서 일정 비율 이상 토지등소유자의 동의를 받도록 구성하고 있는바, 이는 '직접적이고 이해관계가 있는 자가 가로주택정비사업을 추진하도록 하고, 이해관계인의 의견을 사업에 반영하려는 취지'(주: 대법원 2015. 6. 23. 선고 2014두6784 판결례 참조)라고 할 것인바, 토지등소유자가 토지 또는 건축물을 신탁업자에게 신탁한 경우에도 가로주택정비사업의 조합 설립 시 동의를 받아야 하는 대상인 토지등소유자는 신탁업자와 관련없이 신탁한 건축물 또는 토지의 정비사업 추진에 따른 이익과 비용이 최종적으로 귀속되는 '위탁자'라고 보는 것이 소규모주택정비법의 입법취지 및 규정체계에 부합하는 해석(주: 대법원 2015. 6. 11. 선고 2013두15262 판결례 참조)이라고 할 것입니다.

아울러 소규모주택정비법 제25조제4항의 위임에 따라 토지등소유자의 동의자 수 산정 방법 및 절차에 관하여 정하고 있는 같은 법 시행령 제23조에 따라 준용되는 「도시 및 주거환경정비법 시행령」제33조제1항제1호단목 본문에서는 1인이 다수 필지의 토지 또는 다수의 건축물을 소유하고 있는 경우(주: 「도시정비법 시행령」 제33조제1항제1호단목 단서에 해당하지 않는 경우 를 전제함.)에는 다수의 건축물 또는 필지나 건축물의 수에 관계없이 토지등소유자를 1인으로 산정한다고 규정하고 있는바, 만약 사업시행구역 위치한 토지 또는 건축물을 신탁업자에게 신탁한 경우 그 "신탁업자"를 조합설립 시 동의를 받아야 하는 대상인 '토지등소유자'로 본다면, 다수의 토지등소유자인 신탁자를 동일한 신탁업자에게 신탁한 경우에는 그 수탁자인 신탁업자를 토지등소유자 1인으로 산정해야 하므로 동일한 신탁업자에게 신탁한 다수의 신탁자가 조합설립에 관한 동의 의사를 달리하는 경우, 1개의 동의권만 행사해야 하는 신탁자로서는 결국 어느 일방의 토지등소유자의 의사에 반하는 동의권을 행사할 수 밖에 없게 되는 부당한 결과가 초래될 수 있다는 점도 이 사안을 해석할 때 고려해야 합니다(각주: 서울행정법원 2012. 5. 18. 선고 2011구합37718 판결례 참조).

따라서 이 사안의 경우, 사업시행구역에 위치한 토지 또는 건축물을 신탁업자에게 신탁한 '위탁자'가 소규모주택정비법 제23조제1항에 따라 가로주택정비사업 조합설립 시 동의를 받아야 하는 대상인 '토지등소유자'에 해당합니다.

※ 법령정비 권고사항

소규모주택정비법 제2조제1항제6호 단서에 해당하는 경우 외에도 사업시행구역의 토지 또는 건축물을 신탁업자에게 신탁한 위탁자를 토지등소유자로 보도록 하는 토지등소유자가 토지 또는 건축물을 신탁한 경우 그 법률관계 등을 명확하게 규정할 필요가 있습니다.

＜관계 법령＞

○ 빈집 및 소규모주택 정비에 관한 특례법

제2조 (정의) ① 이 법에서 사용하는 용어의 뜻은 다음과 같다.

1. ~ 5. (생 략)

6. "토지등소유자"란 다음 각 목에서 정하는 자를 말한다. 다만, 「자본시장과 금융투자업에 관한 법률」 제8조제7항에 따른 신탁업자(이하 "신탁업자"라 한다)가 사업시행자로 지정된 경우 토지등소유자가 소규모주택정비사업을 목적으로 신탁업자에게 신탁한 토지 또는 건축물에 대하여는 위탁자를 토지등소유자로 본다.

가. 자율주택정비사업, 가로주택정비사업 또는 소규모재개발사업은 사업시행구역에 위치한 토지 또는 건축물의 소유자, 해당 토지의 지상권자

나. (생 략)

7. ~ 9. (생 략)

② (생 략)

제3편 빈집 및 소규모주택 정비에 관한 특례법 심단 대비표   81

제23조(조합설립인가 등) ① 가로주택정비사업의 토지등소유자는 조합을 설립하는 경우 토지등소유자의 10분의 8 이상 및 토지면적의 3분의 2 이상의 토지소유자 동의를 받은 후 조합설립을 위한 창립총회(이하 "창립총회"라 한다)를 개최하고 다음 각 호의 사항을 첨부하여 시장·군수등의 인가를 받아야 한다. <후단 생략>

1. ~ 3. (생 략)
② ~ ⑩ (생 략)

[법령해석 2] 민원인 - 가로(街路)주택정비사업 대상인 "「주택법」 제2조제3호의 공동주택"의 범위(「빈집 및 소규모주택 정비에 관한 특례법 시행령」 제3조 등 관련)

안건번호 18-0705   회신일자 2019-02-08

1. 질의요지

「빈집 및 소규모주택 정비에 관한 특례법 시행령」(이하 "소규모주택정비법 시행령"이라 함) 제3조제2호다목2)에서 규정하고 있는 "「주택법」 제2조제3호의 공동주택"에 「주택법」 제15조제1항에 따른 사업계획 승인을 받아 건축된 공동주택[주속: 「주택법」 제15조제1항의 임의에 따른 「주택법 시행령」 제27조제1항제2호에 따른 30세대(일정한 요건에 해당하는 경우는 50세대) 이상의 공동주택의 경우 사업계획 승인을 받도록 되어 있음]이 제외되는지?

2. 회답

이 사안의 경우 「주택법」 제15조제1항에 따른 사업계획 승인을 받아 건축된 공동주택이 제외되지 않습니다.

3. 이유

법의 해석에 있어서는 법령에 사용된 문언의 의미에 충실하게 해석하는 것을 원칙으로 하고 법령의 문언 자체가 비교적 명확한 개념으로 구성되어 있다면 다른 해석방법은 제한될 수밖에 없다고 할 것입니다.[주석: 대법원 2009. 4. 23. 선고 2006다81035 판결례 참조]

그런데 소규모주택정비법 시행령 제3조제2호다목2)에서는 가로주택정비사업의 요건 중 하나로 기존주택 모두 「주택법」 제2조제3호의 공동주택인 것을 규정하고 있을 뿐, 공동주택의 승인 여부에 따라 제한하는 규정이 없고, 「주택법」 제2조제3호 및 그 위임에 따른 같은 법 시행령 제3조제1항에서도 공동주택의 종류와 범위를 「건축법」 시행령 별표 1 제2호에 따른 아파트, 연립주택 및 다세대주택으로 규정하고 있을 뿐 그 외에 다른 제한 규정을 두고 있지 않습니다.

따라서 이 사안의 공동주택이 「주택법」 제2조제3호의 공동주택에 해당하기만 하면 사업계획 승인 여부와 관계없이 소규모주택정비법 시행령 제3조제2호다목2)의 "공동주택"에 포함되는 것이 문언상 명백합니다.

한편 소규모주택정비법령에 따른 소규모주택정비사업과 가로주택사업이 모두 가능한 공동주택의 경우 해당 공동주택의 소유자가 「재건축초과이익환수에 관한 법률」에 따른 재건축부담금 납부를 회피하기 위해 가로주택정비사업을 선택하게 될 수 있는 점을 고려할 때, 「주택법」 제2조제3호의 공동주택"의 범위는 가능한 좁게 해석해야 하므로 「주택법」 제15조제1항 및 같은 법 시행령 제27조제1항제2호에 따라 사업계획 승인을 받아 건축된 일정 세대 이상의 공동주택은 제외되어야 한다는 의견이 있습니다.

그러나 재건축부담금 납부 회피 가능성이 있다는 이유만으로 법령의 명문 규정 없이 가로주택정비사업의 범위를 제한할 수는 없다는 점에서 그러한 의견은 타당하지 않습니다.

〈관계 법령〉

○「빈집 및 소규모주택 정비에 관한 특례법」

제2조 (정의) ① 이 법에서 사용하는 용어의 뜻은 다음과 같다.

1. · 2. (생 략)

3. "소규모주택정비사업"이란 이 법에서 정한 절차에 따라 노후·불량건축물의 밀집 등 대통령령으로 정하는 요건에 해당하는 지역 또는 가로구역(街路區域)에서 시행하는 다음 각 목의 사업을 말한다.

가. 자율주택정비사업: 단독주택 및 다세대주택을 스스로 개량 또는 건설하기 위한 사업

나. 가로주택정비사업: 가로구역에서 종전의 가로를 유지하면서 소규모로 주거환경을 개선하기 위한 사업
다. 소규모재건축사업: 정비기반시설이 양호한 지역에서 소규모로 공동주택을 재건축하기 위한 사업
4. ~ 7. (생 략)
② (생 략)

○ 「빈집 및 소규모주택 정비에 관한 특례법 시행령」

제3조 (소규모주택정비사업 대상 지역) 법 제2조제1항제3호 각 목 외의 부분에서 "노후・불량건축물의 밀집 등 대통령령으로 정하는 요건에 해당하는 지역 또는 가로구역(街路區域)"이란 다음 각 호의 구분에 따른 지역을 말한다.
1. (생 략)
2. 가로주택정비사업: 국토교통부령으로 정하는 가로구역으로서 다음 각 목의 요건을 모두 충족한 지역
  가. 해당 사업시행구역의 면적이 1만제곱미터 미만일 것
  나. 노후・불량건축물의 수가 해당 사업시행구역 전체 건축물 수의 3분의 2 이상일 것
  다. 기존주택의 호수 또는 세대수가 다음의 구분에 따른 기준 이상일 것
    1) 기존주택이 모두 단독주택인 경우: 10호
    2) 기존주택이 모두 「주택법」 제2조제3호의 공동주택(이하 "공동주택"이라 한다)인 경우: 20세대
    3) 기존주택이 단독주택과 공동주택으로 구성된 경우: 20채(단독주택의 호수와 공동주택의 세대수를 합한 수를 말한다. 이하 이 목에서 같다). 다만, 기존주택 중 단독주택이 10호 이상인 경우에는 기존주택의 총합이 20채 미만인 경우에도 20채로 본다.
3. 소규모재건축사업: 「도시 및 주거환경정비법」 제2조제7호의 주택단지로서 다음 각 목의 요건을 모두 충족한 지역
  가. 해당 사업시행구역의 면적이 1만제곱미터 미만일 것
  나. 노후・불량건축물의 수가 해당 사업시행구역 전체 건축물 수의 3분의 2 이상일 것
  다. 기존주택의 세대수가 200세대 미만일 것

○ 「주택법」

제2조 (정의) 이 법에서 사용하는 용어의 뜻은 다음과 같다.
1. · 2. (생 략)
3. "공동주택"이란 건축물의 벽・복도・계단이나 그 밖의 설비 등의 전부 또는 일부를 공동으로 사용하는 각 세대가 하나의 건축물 안에

서 각각 독립된 주거생활을 할 수 있는 구조로 된 주택을 말하며, 그 종류와 범위는 대통령령으로 정한다.

4. ~ 29. (생 략)

제15조 (사업계획의 승인) ① 대통령령으로 정하는 호수 이상의 주택건설사업을 시행하려는 자 또는 대통령령으로 정하는 면적 이상의 대지 조성사업을 시행하려는 자는 다음 각 호의 사업계획승인권자(이하 "사업계획승인권자"라 한다. 국가 및 한국토지주택공사가 시행하는 경우와 대통령령으로 정하는 경우에는 국토교통부장관을 말하며, 이하 이 조, 제16조부터 제19조까지 및 제21조에서 같다)에게 사업계획승인을 받아야 한다. 다만, 주택 외의 시설과 주택을 동일 건축물로 건축하는 경우 등 대통령령으로 정하는 경우에는 그러하지 아니하다.

1.ㆍ2. (생 략)

②~⑥ (생 략)

○ 「주택법 시행령」

제3조 (공동주택의 종류와 범위) ① 법 제2조제3호에 따른 공동주택의 종류와 범위는 다음 각 호와 같다.

1. 「건축법 시행령」 별표 1 제2호가목에 따른 아파트(이하 "아파트"라 한다)
2. 「건축법 시행령」 별표 1 제2호나목에 따른 연립주택(이하 "연립주택"이라 한다)
3. 「건축법 시행령」 별표 1 제2호다목에 따른 다세대주택(이하 "다세대주택"이라 한다)

② (생 략)

<관계 법령>
- 빈집 및 소규모주택 정비에 관한 특례법 시행령 제3조 제2호다목 2)

[법령해석 3] 민원인 - 재정비촉진계획의 변경 없이 존치지역에서 가로주택정비사업을 시행할 수 있는지 여부(「도시재정비 촉진을 위한 특별법」제2조제6호 등 관련)

안건번호 23-0092 회신일자 2023-03-20

1. 질의요지

「도시재정비 촉진을 위한 특별법」(이하 "도시재정비법"이라 함) 제2조제6호에 따른 존치지역(이하 "존치지역"이라 함)이 있는 경우, 존치지역을 존치하도록 한 같은 조 제3호에 따른 재정비촉진계획(이하 "재정비촉진계획"이라 함)을 변경하지 않고도 그 존치지역에서 「빈집 및 소규모주택 정비에 관한 특례법」(이하 "소규모주택정비법"이라 함)에 따른 같은 법 제2조제3호나목에 따른 가로주택정비사업(이하 "가로주택정비사업"이라 함)을 시행할 수 있는지?

2. 회답

존치지역이 있는 경우, 존치지역을 존치하도록 한 재정비촉진계획을 변경하지 않고 그 존치지역에서 소규모주택정비법에 따라 가로주택정비사업을 시행할 수는 없습니다.

3. 이유

도시재정비법 제2조제2호에서는 "재정비촉진사업"을 재정비촉진지구에서 시행되는 가로주택정비사업 등으로 규정하고 있고, 같은 조 제3호에서는 "재정비촉진계획"을 재정비촉진지구의 재정비촉진사업을 계획적이고 체계적으로 추진하기 위한 계획으로 규정하고 있고, 같은 조 제4호에서는 "재정비촉진구역"을 재정비촉진사업별로 결정된 구역으로 규정하고 있으며, 같은 조 제6호에서는 "존치지역"을 재정비촉진지구에서 재정비촉진사업을 할 필요성이 적어 재정비촉진계획에 따라 존치하는 지역으로 규정하고 있으며, 같은 법 제9조제1항제8호에서는 재정비촉진계획에 재정비촉진구역과 관련하여 재정비촉진계획에 포함할 사항으로 재정비촉진구역의 경계, 개별법에 따라 시행할 수 있는 재정비촉진사업의 종류 및 존치지역에 관한 사항 등을 규정하고 있습니다.

이와 같은 규정들을 종합해 볼 때, 도시재정비법은 가로주택정비사업의 종류에 포함하며, 재정비촉진지구 내 재정비촉진계획에 따라 재정비촉진사업을 추진하는 재정비촉진구역과 존치지역으로 구분하는 규정체계를 가지고 있는데, 같은 법 제3조제1항에서 같은 법이 소규모주택정비법에 따른 재정비촉진사업이 다른 법률보다 우선하여 적용된다고 정하고 있고, 같은 조 제3항에서 소규모주택건축사업이 시행되는 재정비촉진구역에서 적용되지 않는 시재정비법의 규정(제19조 및 제20조)을 별도로 열거하고 있다는 점에 비추어 보면, 소규모주택정비법 제3조제1항에서도 같은 법의 우선 적용을 규정하고 있으나 존치지역에는 재정비촉진지구에 포함되는 도시재정비법이 우선 적용됨이 분명하고(각주: 법제처 2022. 9. 2. 회신 22-0310 고 보는 것이 타당할 것인바, 존치지역은 재정비촉진지구에 포함되는 지역임)

86 소규모주택정비사업

해석해 참조), 가로주택정비사업이 재정비촉진사업에 포함되는 것 역시 분명하므로, 결국 존치지역에서 재정비촉진계획을 변경하지 않고서 도시재정비법에 따른 가로주택정비사업을 근거하여 가로주택정비사업을 시행할 수는 없다고 할 것입니다.

한편 소규모주택정비법 제43조의2제1항에 위임에 따라 소규모주택정비법 시행령 제38조의2제3호나목에서는 도시재정비법에 따른 재정비촉진지구를 그 대상지역에서 제외하면서도 존치지역의 경우에는 대상지역에 포함될 수 있도록 예외를 규정하고 있으므로, 존치지역에 대해서도 소규모주택정비 관리계획을 수립할 수 있도록 하고 있으나, 존치지역에서 소규모주택정비사업을 시행할 수 있는 것으로 보아야 한다는 의견이 있을 수 있으나, 소규모주택정비 관리계획은 소규모주택정비사업의 추진 필요성을 기초로 주거 여건 및 소규모주택정비사업 시행의 규모 및 방향 등을 설정하는 개략적인 계획(단주: 소규모주택정비법 제43조의3 참조)으로서, 존치지역에 대해 소규모주택정비법에 따른 소규모주택정비 관리계획을 수립할 수 있도록 한 것만으로는 존치지역에서도 재정비촉진계획의 변경 없이도 그 존치지역에서 소규모주택정비사업이 가능하다고 단정할 수 없으므로 그러한 의견은 타당하다고 보기 어렵습니다.

따라서 존치지역이 있는 경우, 존치지역을 변경하지 아니한 재정비촉진계획을 한 재정비촉진계획을 변경하지 않고 그 존치지역에서 도시재정비법에 따라 가로주택정비사업을 시행할 수는 없습니다.

<관계 법령>

도시재정비법

제2조 (정의) 이 법에서 사용하는 용어의 뜻은 다음과 같다.

1. "재정비촉진지구"란 도시의 낙후된 지역에 대한 주거환경의 개선, 기반시설의 확충 및 도시기능의 회복을 광역적으로 계획하고 체계적으로 추진하기 위하여 제5조에 따라 지정하는 지구(地區)를 말한다. (후단 생략)

가. ~ 다. (생 략)

2. "재정비촉진사업"이란 재정비촉진지구에서 시행되는 다음 각 목의 사업을 말한다.

가. 「도시 및 주거환경정비법」 에 따른 주거환경개선사업, 재개발사업 및 재건축사업, 「빈집 및 소규모주택 정비에 관한 특례법」에 따른 가로주택정비사업 및 소규모재건축사업

나. ~ 라. (생 략)

3. "재정비촉진계획"이란 재정비촉진지구의 재정비촉진사업을 계획적이고 체계적으로 추진하기 위한 제9조에 따른 재정비촉진지구의 토지 이용, 기반시설의 설치 등에 관한 계획을 말한다.

제3편 빈집 및 소규모주택 정비에 관한 특례법 심단 대비표 87

4. "재정비촉진구역"이란 제2호 각 목의 해당 사업별로 결정된 구역을 말한다.
5. (생 략)
6. "존치지역"이란 재정비촉진지구에서 재정비촉진사업을 할 필요성이 적어 재정비촉진계획에 따라 존치하는 지역을 말한다.
7.·8. (생 략)

제3조 (다른 법률과의 관계 등) ① 이 법은 재정비촉진지구에서는 다른 법률보다 우선하여 적용한다.
② 재정비촉진사업의 시행에 관하여 이 법에서 규정하지 아니한 사항에 대하여는 해당 사업에 관한 특례법」에 따른다.
③ 「도시 및 주거환경정비법」에 따른 재건축사업 및 「빈집 및 소규모주택 정비에 관한 특례법」에 따른 소규모재건축사업이 시행되는 재정비촉진구역에 대하여는 제19조(제2항제3호는 제외한다) 및 제20조를 적용하지 아니한다.

제9조 (재정비촉진계획의 수립) ① 시장·군수·구청장은 다음 각 호의 사항을 포함한 재정비촉진계획을 수립하여 특별시장·광역시장 또는 도지사에게 결정을 신청하여야 한다. (후단 생략)
1. ~ 7. (생 략)
8. 재정비촉진구역 지정에 관한 다음 각 목의 사항
   가. 재정비촉진구역의 경계
   나. 개별법에 따라 시행할 수 있는 재정비촉진사업의 종류
   다. 존치지역에 관한 사항. 이 경우 아래의 유형으로 구분할 수 있다.
      1) 존치정비구역: 재정비촉진구역의 지정 요건에는 해당하지 아니하나 시간의 경과 등 여건의 변화에 따라 재정비촉진사업 요건에 해당할 수 있거나 재정비촉진사업의 필요성이 높아질 수 있는 구역
      2) 존치관리구역: 재정비촉진구역의 지정 요건에 해당하지 아니하거나 기존의 시가지로 유지·관리할 필요가 있는 구역
   라. 우선사업구역의 지정에 관한 사항(필요한 경우만 해당한다) 등
9. ~ 17. (생 략)
② ~ ⑥ (생 략)

제3조 (다른 법률과의 관계) ① 이 법은 빈집정비사업 및 소규모주택정비사업에 관하여 다른 법률에 우선하여 적용한다.
② 빈집정비사업과 자율주택정비사업에 관하여 「농어촌정비법」 제2조제1호 및 제2호

[법령해석 1] 민원인 - 가로주택정비사업의 요건 중 건축물의 수 산정방법(「빈집 및 소규모주택 정비에 관한 특례법 시행령」 제3조제1항제2호나목 등 관련)

안건번호 20-0275 회신일자 2020-07-13

1. 질의요지

「빈집 및 소규모주택 정비에 관한 특례법 시행령」(이하 "소규모주택정비법 시행령"이라 함) 제3조제1항제2호나목에서는 가로주택정비사업의 요건으로 노후·불량건축물의 수가 해당 사업시행구역 전체 건축물 수의 3분의 2 이상일 것을 규정하고 있는바, 해당 규정에 따른 "노후·불량건축물의 수" 및 "건축물의 수"는 「건축법」 제2조제1항제2호에 따른 건축물을 하나의 건축물로 산정해야 하는지, 아니면 공동주택의 경우 세대수가 가장 많은 층의 세대수를 건축물의 수로 산정해야 하는지?

※ 질의배경

민원인은 위 질의요지에 대해 공동주택의 경우에는 세대수가 가장 많은 층의 세대수를 건축물의 수로 산정해야 한다는 입장으로, 국토교통부 질의를 거쳐 법제처에 법령해석을 요청함.

2. 회답

이 사안에서 "노후·불량건축물의 수" 및 "건축물의 수"는 공동주택 또는 단독주택의 구분 없이 「건축법」 제2조제1항제2호에 따른 건축물을 하나의 건축물로 산정해야 합니다.

3. 이유

「빈집 및 소규모주택 정비에 관한 특례법」(이하 "소규모주택정비법"이라 함) 제2조제1항제3호에서는 노후·불량건축물의 밀집 등 대통령령으로 정하는 요건에 해당하는 지역 또는 가로구역(街路區域)에서 시행하는 가로주택정비사업 등 각 목의 사업을 소규모주택정비사업으로 정의하고 있고, 같은 법 시행령 제3조제1항제2호나목에서는 노후·불량건축물의 수가 해당 사업시행구역 전체 건축물 수의 3분의 2 이상일 것을 가로주택정비사업의 요건의 하나로 규정하고 있으나, "노후·불량건축물" 및 "건축물"의 의미에 대해서는 별도로 규정하고 있지 않습니다.

그런데 소규모주택정비법 제2조제2항에서는 "이 법에서 따로 정의하지 아니한 용어는 「도시 및 주거환경정비법」(이하 "도시정비법"이라 함)에서 정하는 바에 따른다"고 규정하고 있고, 도시정비법 제2조제3호라목에서는 도시미관을 저해하거나 노후화된 건축물로서 대통령령으로 정하는 바에 따라 시·도조례로 정하는 건축물을 "노후·불량건축물"이라고 정의하고 있으며, 같은 법 시행령 제2조제3항에서는 준공된 후 20년 이상 30년 이하의 범위에서 시·도조례로 정하는 기간이 지난 건축물(제1호) 또는 「국토의 계획 및 이용에 관한 법률」 제19조제1항제8호에 따른 도시·군기본계획의 경관에 관한 사항에 어긋나는 건축물(제2호)을 시·도조례로 정할 수 있는 건축물"이라고 규정하고 있는바, 도시정비법령에서도 건축물의 의미를 별도로 규정하고 있지 않습니다.

그렇다면 소규모주택정비법령에서 사용되는 "건축물"의 의미는 건축물에 관한 일반법으로서 2006. 6. 23. 회신 06-0065 해석례 참조), 에 따른 정의규정을 따라야 할 것인데, 「건축법」 제2조제1항제2호에서는 토지에 정착(定着)하는 공작물 중 지붕과 기둥 또는 벽이 있는 것과 이에 딸린 시설물 등을 건축물로 정의하고 있으므로, 소규모주택정비법 시행령 제3조제1항제2호나목에 따른 가로주택정비사업의 요건 중 "노후·불량건축물의 수" 및 "건축물의 수"는 「건축법」 제2조제1항제2호에 따른 건축물을 하나의 건축물로 산정하는 것이 문언상 명백합니다.

아울러 "세대"란 현실적으로 주거 및 생계를 같이하는 사람의 집단을 세는 단위(각주: 국립국어원 표준국어대사전 참조)를 말하는 것으로 건축물의 별개의 개념이고, 소규모주택정비법 시행령 제3조제1항제2호에서는 가로주택정비사업의 요건으로 노후

・불량건축물의 비율(나목) 외에 면적요건(가목)과 세대수 요건(나목)을 각각 구분하여 규정하고 있다는 점 고려하더라도, 건축물의 수를 산정할 때 "세대수"가 그 기준이 된다고 볼 수 없다는 점도 이 사안을 해석할 때 고려해야 합니다.

<관계 법령>

○ 빈집 및 소규모주택 정비에 관한 특례법

제2조 (정의) ① 이 법에서 사용하는 용어의 뜻은 다음과 같다.

1.・2. (생 략)

3. "소규모주택정비사업"이란 이 법에서 정한 절차에 따라 노후・불량건축물의 밀집 등 대통령령으로 정하는 요건에 해당하는 지역 또는 가로구역(街路區域)에서 시행하는 다음 각 목의 사업을 말한다.

가. (생 략)

나. 가로주택정비사업: 가로구역에서 종전의 가로를 유지하면서 소규모로 주거환경을 개선하기 위한 사업

다. (생 략)

4. ~ 8. (생 략)

② 이 법에서 따로 정의하지 아니한 용어는 「도시 및 주거환경정비법」에서 정하는 바에 따른다.

○ 빈집 및 소규모주택 정비에 관한 특례법 시행령

제3조 (소규모주택정비사업 대상 지역) ① 법 제2조제1항제3호 각 목 외의 부분에서 "노후・불량건축물의 밀집 등 대통령령으로 정하는 요건"이란 다음 각 호의 구분에 따른 요건에 해당하는 지역 또는 가로구역(街路區域)이란 다음 각 호의 구분에 따른 지역을 말한다.

1. (생 략)

2. 가로주택정비사업: 가로구역의 전부 또는 일부로서 다음 각 목의 요건을 모두 충족한 지역

가. 해당 사업시행구역의 면적이 1만제곱미터 미만일 것. 다만, 다음의 요건을 모두 충족하는 경우에는 2만제곱미터 미만으로 할 수 있다.

1) ~ 3) (생 략)

나. 노후・불량건축물의 수가 해당 사업시행구역 전체 건축물 수의 3분의 2 이상일 것

다. 기존주택의 호수 또는 세대수가 다음의 구분에 따른 기준 이상일 것

1) 기존주택이 모두 단독주택인 경우: 10호

제3편 빈집 및 소규모주택 정비에 관한 특례법 심단 대비표　91

2) 기존주택이 모두 「주택법」 제2조제3호의 공동주택(이하 "공동주택"이라 한다)인 경우: 20세대
3) 기존주택이 단독주택과 공동주택으로 구성된 경우: 20채(단독주택의 호수와 공동주택의 세대수를 합한 수를 말한다. 이하 이 목에서 같다). 다만, 기존주택 중 단독주택이 10호 이상인 경우에는 기존주택의 총합이 20채 미만인 경우에도 20채로 본다.가. (생 략)
3. (생 략)
② (생 략)

○ **도시 및 주거환경정비법**

제2조 (정의) 이 법에서 사용하는 용어의 뜻은 다음과 같다.
1. · 2. (생 략)
3. "노후·불량건축물"이란 다음 각 목의 어느 하나에 해당하는 건축물을 말한다.
  가. ~ 다. (생 략)
  라. 도시미관을 저해하거나 노후화된 건축물로서 대통령령으로 정하는 바에 따라 시·도조례로 정하는 건축물

○ **도시 및 주거환경정비법 시행령**

제2조 (노후·불량건축물의 범위) ① · ② (생 략)
③ 법 제2조제3호다목에 따라 시·도조례로 정할 수 있는 건축물은 다음 각 호의 어느 하나에 해당하는 건축물을 말한다.
1. 준공된 후 20년 이상 30년 이하의 범위에서 시·도조례로 정하는 기간이 지난 건축물
2. 「국토의 계획 및 이용에 관한 법률」 제19조제1항제8호에 따른 도시·군기본계획의 경관에 관한 사항에 어긋나는 건축물

○ **경기도 도시 및 주거환경정비 조례**

제2조 (정의) 이 조례에서 사용하는 용어의 뜻은 다음 각 호와 같다.
1. ~ 4. (생 략)
5. "호수밀도"란 정비구역 면적 1헥타르 당 건축되어 있는 건축물의 동수로서 다음 각 목의 기준에 따라 산정한 밀도를 말한다.
  가. 공동주택은 기존주택 소유총이 구분된 1가구를 1동으로 보며 기준증 이외의 가구는 계산하지 않는다.
  나. ~ 마. (생 략)
6. ~ 8. (생 략)

[법령해석 2] 민원인 - 가로(街路)주택정비사업 대상인 "「주택법」 제2조제3호의 공동주택"의 범위(「빈집 및 소규모주택 정비에 관한 특례법 시행령」 제3조 등 관련)

안건번호 18-0705 회신일자 2019-02-08

1. 질의요지

「빈집 및 소규모주택 정비에 관한 특례법 시행령」(이하 "소규모주택정비법 시행령"이라 함) 제3조제2호다목2)에서 규정하고 있는 "「주택법」 제2조제3호의 공동주택"에는 「주택법」 제15조제1항에 따른 사업계획 승인을 받아 건축된 공동주택(자주: 「주택법」 제15조제1항의 위임에 따른 「주택법 시행령」 제27조제1항·제2호에 따르면 30세대(일정한 요건에 해당하는 경우는 50세대) 이상의 공동주택의 경우 사업계획 승인을 받도록 되어 있음.)이 제외되는지?

※ 질의배경

민원인은 「주택법」 제15조제1항에 따른 사업계획 승인을 받아 건축된 공동주택이 제외되지 않는다는 국토교통부의 회신에 이의가 있어 법제처에 법령해석을 요청함.

2. 회답

이 사안의 경우 「주택법」 제15조제1항에 따른 사업계획 승인을 받아 건축된 공동주택이 제외되지 않습니다.

3. 이유

법의 해석에 있어서는 법령에 사용된 문언의 의미에 충실하게 해석하는 것을 원칙으로 하고 법령의 문언 자체가 비교적 명확한 개념으로 구성되어 있다면 다른 해석방법은 제한될 수밖에 없을 것입니다.(자주: 대법원 2009. 4. 23. 선고 2006다81035 판결)

제3편 빈집 및 소규모주택 정비에 관한 특례법 심단 대비표 93

(판례 참조)

그런데 소규모주택정비법 시행령 제3조제2호다목2)에서는 가로주택정비사업의 요건 중 하나로 기존주택이 모두 「주택법」 제2조제3호의 공동주택인 경우 20세대 이상일 것을 규정하고 있을 뿐, 공동주택의 대상을 사업계획 승인 여부에 따라 제한하는 규정이 없고, 「주택법」 제2조제3호 및 그 위임에 따른 같은 법 시행령 제3조제1항에서도 공동주택의 종류와 범위를 「건축법」 시행령」 별표 1 제2호에 따른 아파트, 연립주택 및 다세대주택으로 규정하고 있을 뿐 그 외에 다른 제한 규정을 두고 있지 않습니다.

따라서 이 사안의 공동주택이 「주택법」 제2조제3호의 공동주택에 해당하기만 하면 사업계획 승인 여부와 관계없이 소규모주택정비법 시행령 제3조제2호다목2)에 따른 "「주택법」 제2조제3호의 공동주택"에 포함되는 것이 문언상 명백합니다.

한편 소규모주택정비법령에 따른 소규모주택정비사업과 가로주택정비사업인 경우 가능한 공동주택의 소유자가 「재건축초과이익 환수에 관한 법률」에 따른 재건축부담금 납부를 회피하기 위해 가로주택정비사업을 선택하게 될 수 있는 점을 고려할 때, "「주택법」 제2조제3호의 공동주택"의 범위는 가능한 좁게 해석해야 하므로 「주택법」 제15조제1항 및 같은 법 시행령 제27조제1항제2호에 따라 사업계획 승인을 받은 건축된 일정 세대 이상의 공동주택은 제외하여야 한다는 의견이 있습니다.

그러나 재건축부담금 납부 회피 가능성이 있다는 이유만으로 법령의 명문 규정 없이 가로주택정비사업의 범위를 제한할 수는 없다는 점에서 그러한 의견은 타당하지 않습니다.

<관계 법령>

○ 「빈집 및 소규모주택 정비에 관한 특례법」

제2조 (정의) ① 이 법에서 사용하는 용어의 뜻은 다음과 같다.
1.・2. (생 략)
3. "소규모주택정비사업"이란 이 법에서 정한 절차에 따라 노후・불량건축물의 밀집 등 대통령령으로 정하는 요건에 해당하는 지역 또는 가로구역(街路區域)에서 시행하는 다음 각 목의 사업을 말한다.
가. 자율주택정비사업: 단독주택 및 다세대주택을 스스로 개량 또는 건설하기 위한 사업
나. 가로주택정비사업: 가로구역의 종전의 가로를 유지하면서 소규모로 주거환경을 개선하기 위한 사업

다. 소규모재건축사업: 정비기반시설이 양호한 지역에서 소규모로 공동주택을 재건축하기 위한 사업

4. ~ 7. (생 략)

② (생 략)

○ 「빈집 및 소규모주택 정비에 관한 특례법 시행령」

제3조 (소규모주택정비사업 대상 지역) 법 제2조제1항제3호 각 목 외의 부분에서 "노후·불량건축물의 밀집 등 대통령령으로 정하는 요건에 해당하는 지역 또는 가로구역(街路區域)"이란 다음 각 호의 구분에 따른 지역을 말한다.

1. (생 략)

2. 가로주택정비사업: 국토교통부령으로 정하는 가로구역으로서 다음 각 목의 요건을 모두 충족한 지역

  가. 해당 사업시행구역의 면적이 1만제곱미터 미만일 것
  나. 노후·불량건축물의 수가 해당 사업시행구역 전체 건축물 수의 3분의 2 이상일 것
  다. 기존주택의 호수 또는 세대수가 다음의 구분에 따른 기준 이상일 것
    1) 기존주택이 모두 단독주택인 경우: 10호
    2) 기존주택이 모두 「주택법」 제2조제3호의 공동주택(이하 "공동주택"이라 한다)인 경우: 20세대
    3) 기존주택이 단독주택과 공동주택으로 구성된 경우: 20채(단독주택의 호수와 공동주택의 세대수를 합한 수를 말한다. 이하 이 목에서 같다). 다만, 기존주택 중 단독주택이 10호 이상인 경우에는 기존주택단지에서 다음 각 목의 요건을 모두 충족한 지역서 각 각독 주거생활을 할 수 있는 구조로 된 주택을 말하며, 그 종류와 범위는 대통령령으로 정한다.

3. 소규모재건축사업: 「도시 및 주거환경정비법」 제2조제7호의 주택단지로서 다음 각 목의 요건을 모두 충족한 지역

  가. 해당 사업시행구역의 면적이 1만제곱미터 미만일 것
  나. 노후·불량건축물의 수가 해당 사업시행구역 전체 건축물 수의 3분의 2 이상일 것
  다. 기존주택의 세대수가 200세대 미만일 것

○ 「주택법」

제2조 (정의) 이 법에서 사용하는 용어의 뜻은 다음과 같다.

1. · 2. (생 략)

3. "공동주택"이란 건축물의 벽·복도·계단이나 그 밖의 설비 등의 전부 또는 일부를 공동으로 사용하는 각 세대가 하나의 건축물 안에서 각각 독립된 주거생활을 할 수 있는 구조로 된 주택을 말하며, 그 종류와 범위는 대통령령으로 정한다.

제3편 빈집 및 소규모주택 정비에 관한 특례법 삼단 대비표   95

4. ~ 29. (생 략)

제15조 (사업계획의 승인) ① 대통령령으로 정하는 호수 이상의 주택건설사업을 시행하려는 자 또는 대통령령으로 정하는 면적 이상의 대지조성사업을 시행하려는 자는 다음 각 호의 사업계획승인권자(이하 "사업계획승인권자"라 한다. 국가 및 한국토지주택공사가 시행하는 경우와 대통령령으로 정하는 경우에는 국토교통부장관을 말하며, 이하 이 조, 제16조부터 제19조까지 및 제21조에서 같다)에게 사업계획승인을 받아야 한다. 다만, 주택 외의 시설과 주택을 동일 건축물로 건축하는 경우 등 대통령령으로 정하는 경우에는 그러하지 아니하다.

1. · 2. (생 략)
② ~ ⑥ (생 략)

○ 「주택법 시행령」

제3조 (공동주택의 종류와 범위) ① 법 제2조제3호에 따른 공동주택의 종류와 범위는 다음 각 호와 같다.

1. 「건축법 시행령」 별표 1 제2호가목에 따른 아파트(이하 "아파트"라 한다)
2. 「건축법 시행령」 별표 1 제2호나목에 따른 연립주택(이하 "연립주택"이라 한다)
3. 「건축법 시행령」 별표 1 제2호다목에 따른 다세대주택(이하 "다세대주택"이라 한다)

② (생 략)

제2장 빈집정비사업

제1절 빈집정비계획의 수립 등

제4조 (빈집정비계획의 수립) ① 시장·군수등은 빈집을 효율적으로 정비 또는 활용하기 위하여 다음 각 호의 사항을 포함하는 빈집정비에 관한 계획(이하 "빈집정비계획"이라 한다)을 5년마다 수립·시행하여야 한다. 다만, 국토교통부장관이 요청하거나 시장·군

제2장 빈집정비사업

제1절 빈집정비계획의 수립 등

수등이 필요하다고 인정하는 때에는 빈집정비계획 수립 후 1년마다 해당 계획의 타당성을 재검토할 수 있다. <개정 2021. 4. 13.>

1. 빈집정비의 기본방향
2. 빈집정비사업의 추진계획 및 시행방법
3. 빈집정비사업에 필요한 재원조달계획
4. 빈집의 매입 및 활용에 관한 사항
5. 그 밖에 빈집정비를 위하여 필요한 사항으로서 대통령령으로 정하는 사항

제4조 (빈집정비계획의 수립 및 변경) ① 법 제4조제1항제5호에서 "대통령령으로 정하는 사항"이란 다음 각 호의 사항을 말한다. 다만, 제4호부터 제6호까지의 사항은 시장·군수등이 빈집정비사업을 시행하는 경우로 한정한다. <개정 2019. 10. 22., 2020. 3. 17., 2021. 10. 14.>

1. 법 제5조에 따른 빈집이나 빈집의 철거 추진되는 주택(이하 "빈집등"이라 한다) 등 필요한 조치에 관한 계획
2. 법 제11조제1항에 따른 빈집의 철거 등 필요한 조치에 관한 계획
3. 법 제44조에 따른 비용의 보조 또는 출자·융자 등 빈집정비사업의 지원 대상·기준 및 내용
4. 빈집정비사업의 사업시행구역, 예정시기, 시행방법 및 사업시행자
5. 임대주택 공급에 관한 계획

제3편 빈집 및 소규모주택 정비에 관한 특례법 삼단 대비표   97

6. 임시로 거주할 수 있는 시설의 공급에 관한 계획
7. 그 밖에 시장·군수등이 빈집정비사업 추진에 필요하다고 인정하는 사항

② 법 제4조제3항 단서에서 "대통령령으로 정하는 경미한 사항"이란 다음 각 호의 사항을 말한다.
1. 빈집정비사업의 추진계획 중 추진기간 단축에 관한 사항
2. 빈집정비사업에 필요한 재원조달계획의 변경에 관한 사항
3. 계산착오·오기·누락 또는 이에 준하는 명백한 오류의 수정에 관한 사항

제5조 (빈집정비계획의 수립절차 및 방법) ① 시장·군수등이 법 제4조제2항에 따라 빈집정비에 관한 계획(이하 "빈집정비계획"이라 한다)을 지역 주민에게 공람할 때에는 미리 공람의 주요 내용 및 장소를 해당 지방자치단체의 공보 및 인터넷 홈페이지(이하 "공보등"이라 한다)에 공고하고, 공람 장소에 관계 서류를 갖추어 두어야 한다.

② 제1항에 따라 공고된 내용에 대하여 의견이 있는 지역 주민은 법 제4조제2항에 따른 공람기간 이내에 시장·군수등에게 의견서(전자문서로 된 의견서를 포함한

지 아니한다.

④ 시장·군수등은 빈집정비계획을 수립하거나 변경한 경우에는 지체 없이 해당 지방자치단체의 공보에 고시하여야 하며, 시장·군수 및 자치구의 구청장은 특별시장·광역시장·특별자치시장·광역시장·도지사에게 보고하고, 특별자치시장·특별자치도지사·도지사(이하 "시·도지사"라 한다)는 국토교통부장관에게 보고하여야 한다. 이 경우 특별시장·광역시장·특별자치시장·도지사는 필요하다고 인정하는 때에는 관할 지방자치단체의 빈집정비계획에 대하여 수정 또는 보완을 요청할 수 있다. <개정 2022. 2. 3.>

⑤ 시장·군수등이 빈집정비계획을 수립 또는 변경하는 경우 다음 각 호의 요건을 모두 충족하는 지역을 빈집밀집구역으로 지정할 수 있다. <신설 2019. 4. 23.>

1. 빈집이 증가하고 있거나 빈집 비율이 높은 지역
2. 노후·불량건축물이 증가하고 있거나 정비기반시설이 부족하여 주거환경이 열악한 지역
3. 다른 법령에 따른 정비사업을 추진하고 있지 아니한 지역

⑥ 제5항에 따른 빈집밀집구역 지정 요건의 세부기준은 대통령령으로 정한다. <신설

다)를 제출할 수 있다.

③ 시장·군수등은 제2항에 따라 제출된 의견을 검토하여 빈집정비계획에 반영하거나 반영하지 아니할 수 있다. 다만, 의견을 반영하지 아니하는 경우에는 의견을 제출한 지역 주민에게 그 사유를 알려주어야 한다.

④ 법 제4조제5항에 따른 빈집밀집구역 지정의 세부기준은 다음 각 호와 같다. <신설 2019. 10. 22.>

1. 해당 구역의 면적이 1만제곱미터 미만으로서 다음 각 목의 어느 하나에 위치하지 않을 것
   가. 「농어촌정비법」 제2조제1호에 따른 농어촌 또는 같은 조 제2호에 따른 준농어촌
   나. 「도시 및 주거환경정비법」 제2조제1호에 따른 정비구역(같은 법 제23조제1항제1호의 방법으로 주거환경개선사업이 시행되는 정비구역은 제외한다)
   다. 「도시재정비 촉진을 위한 특별법」 제2조제1호에 따른 재정비촉진지구
2. 빈집의 수가 10호 이상이거나 빈집의 면적이 해당 구역 전체 토지 면적의 20

퍼센트 이상일 것
3. 노후·불량건축물의 수가 해당 구역 내 전체 건축물 수의 3분의 2 이상이거나 정비기반시설이 현저히 부족하여 재해발생 시 피난 및 구조 활동이 곤란한 지역일 것
⑤ 시장·군수등은 빈집정비계획의 수립을 위하여 필요한 경우 법 제15조제1항에 따라 구축된 빈집정보시스템(이하 "빈집정보시스템"이라 한다)으로 처리한 빈집정보를 활용할 수 있다. <신설 2021. 10. 14.>

2019. 4. 23.>
⑦ 관할 시·도경찰청장 및 시·도 소방본부장은 제5항에 따라 지정된 빈집밀집구역에서의 안전사고 및 범죄 등의 발생을 방지하기 위하여 노력하여야 한다. <신설 2019. 4. 23., 2020. 12. 22.>
⑧ 빈집정비계획의 수립 기준·절차 및 방법 등에 필요한 사항은 대통령령으로 정한다. <개정 2019. 4. 23.>

제5조 (빈집 등 실태조사) ① 시장·군수등은 빈집이나 빈집으로 추정되는 주택(이하 "빈집등"이라 한다)에 대하여 다음 각 호의 사항에 관한 조사(이하 "실태조사"라 한다)를 5년마다 실시하여야 한다. 다만, 국토교통부장관이 요청하거나 시장·군수등이 필요하다고 인정하는 경우에는 시장·군수등이 수시로 실태조사를 실시할 수 있다. <개정 2021. 4. 13.>
1. 빈집 여부의 확인
2. 빈집의 관리 현황 및 방치기간
3. 빈집 소유권 등의 권리관계 현황
4. 빈집 및 그 대지에 설치된 시설 또는 인공구조물 등의 현황

5. 그 밖에 빈집 발생 사유 등 대통령령으로 정하는 사항

제6조 (실태조사의 내용) 법 제5조제1항제5호에서 "빈집 발생 사유 등 대통령령으로 정하는 사항"이란 다음 각 호의 사항을 말한다. <개정 2022. 8. 2.>
1. 빈집 및 그 대지의 안전상태
2. 빈집의 대지에 인접한 도로 및 건축물 등의 현황
3. 빈집의 설계도서 현황
4. 빈집의 발생 사유
5. 법 제5조제1항제1호부터 제4호까지의 사항에 관한 빈집 소유자의 의견
6. 법 제9조에 따른 빈집정비사업의 시행방법에 대한 소유자의 의견
7. 그 밖에 시장·군수등이 빈집정비계획 수립에 필요하다고 인정하는 사항

제7조 (실태조사의 대행기관) 법 제5조제2항에서 "대통령령으로 정하는 전문기관"이란 다음 각 호의 기관을 말한다. <개정 2020. 12. 8.>
1. 「국가공간정보 기본법」에 따라 설립된 한국국토정보공사(이하 "한국국토정보공사"라 한다)
2. 「정부출연연구기관 등의 설립·운영 및 육성에 관한 법률」에 따라 설립된 국토연구원
3. 「지방공기업법」에 따라 설립된 지방

② 시장·군수등은 대통령령으로 정하는 전문기관을 지정하여 실태조사를 대행하게 할 수 있다.
③ 시장·군수등 또는 제2항에 따른 전문기관의 장은 실태조사를 위하여 빈집 소유자 및 이해관계자에게 필요한 자료의 제출을 요청할 수 있다.

공사」이하 "지방공사"라 한다)

4. 「지방자치단체출연 연구원의 설립 및 운영에 관한 법률」에 따라 설립된 지방연구원

5. 「한국부동산원법」에 따른 한국부동산원(이하 "한국부동산원"이라 한다)

6. 「한국토지주택공사법」에 따른 한국토지주택공사(이하 "한국토지주택공사"라 한다)

제8조 (실태조사의 방법 및 절차) ① 시장·군수등은 실태조사를 실시하기 위해서는 실태조사 실시 30일 전까지 다음 각 호의 사항을 포함한 조사계획을 수립하여야 한다.

1. 실태조사의 취지 및 법적 근거
2. 실태조사의 기간 및 대상
3. 실태조사의 내용
4. 실태조사를 대행하는 전문기관(법 제5조제2항에 따라 전문기관을 지정한 경우만 해당한다)
5. 그 밖에 시장·군수등이 실태조사의 실시에 필요하다고 인정하는 사항

② 시장·군수등은 제1항에 따른 조사계획 이 수립된 때에는 그 내용을 해당 지방자치단체의 공보등에 14일 이상 고시하여야 한다.

	③ 시장·군수등은 실태조사를 위하여 필요한 경우 빈집정보시스템으로 처리한 빈집 정보를 활용할 수 있다. <개정 2021. 10. 14.>
④ 시장·군수등은 제1항에 따라 실태조사를 실시하는 경우 빈집의 상태 및 위해성 등 대통령령으로 정하는 기준에 따라 빈집의 등급을 산정하여야 한다. <신설 2021. 4. 13.>	제8조의2 (빈집의 등급 산정기준) ① 법 제5조제4항에서 "대통령령으로 정하는 기준"이란 다음 각 호의 기준을 말한다. 1. 외벽·기둥·지붕 등 주요 구조부의 노후·불량 정도 2. 난방·급수·전기 설비 등 내부시설의 노후·불량 정도 3. 주변의 안전·통행·위생·경관 등에 미치는 영향의 정도 ② 법 제5조제4항에 따른 빈집의 등급은 노후·불량 정도 및 주변에 미치는 영향의 정도가 낮은 순서에 따라 제1등급부터 제3등급까지로 구분한다. <개정 2023. 10. 18.> ③ 제1항 및 제2항에서 규정한 사항 외에 빈집의 등급산정에 필요한 세부 기준은 국토교통부장관이 정하여 고시한다. [본조신설 2021. 10. 14.]
⑤ 실태조사의 방법·절차 등에 필요한 사항은 대통령령으로 정한다. <개정 2021. 4. 13.>	
제6조 (빈집등에의 출입) ① 시장·군수등 또는 제5조제2항에 따른 전문기관의 장은 실태	

제3조 (빈집등에의 출입) ① 「빈집 및 소규모주택 정비에 관한 특례법」(이하 "법"이라 한다) 제6조제2항 본문에 따른 통지는 별지 제1호서식에 따른다.

② 법 제6조제3항에 따른 증표는 별지 제2호서식에 따른다.

조사를 위하여 필요한 경우 빈집등 및 그 대지에 출입할 수 있다.

② 시장·군수등 또는 제5조제2항에 따른 전문기관의 장은 제1항에 따라 빈집등 및 그 대지에 출입하는 경우 출입하는 날 7일 전까지 국토교통부령으로 정하는 바에 따라 소유자·점유자 또는 관리인(이하 "소유자등"이라 한다)에게 그 일시와 장소를 알려야 한다. 다만, 소유자등의 부재나 주소불명 등으로 알릴 수 없는 경우에는 지방자치단체의 공보 및 홈페이지에 공고하여야 한다. <개정 2021. 4. 13.>

③ 제1항에 따라 빈집등 및 그 대지에 출입하는 자는 국토교통부령으로 정하는 바에 따라 그 권한을 표시하는 증표를 지니고 이를 관계인에게 내보여야 한다. <개정 2019. 8. 20.>

제7조 (빈집등에의 출입에 따른 손실보상) ① 시장·군수등은 제6조제1항에 따른 빈집등 및 그 대지에의 출입으로 손실을 입은 자가 있으면 그 손실을 보상하여야 한다.

② 시장·군수등은 제1항에 따른 손실을 입은 자와 협의하여 보상하여야 한다.

③ 시장·군수등 또는 제1항에 따른 손실을 입은 자는 제2항에 따른 협의가 성립되지

아니하거나 협의를 할 수 없는 경우에는 「공익사업을 위한 토지 등의 취득 및 보상에 관한 법률」 제49조에 따라 설치되는 관할 토지수용위원회에 재결을 신청할 수 있다. <개정 2019. 8. 20.>
④ 제3항에 따른 관할 토지수용위원회의 재결에 관하여는 「공익사업을 위한 토지 등의 취득 및 보상에 관한 법률」 제83조부터 제87조까지를 준용한다.

제8조 (빈집등에 관한 자료 또는 정보의 이용 및 요청) ① 시장·군수등 또는 제5조제2항에 따른 전문기관의 장은 실태조사를 위하여 필요하다고 인정하는 경우에는 다음 각 호의 자료 또는 정보를 수집·이용할 수 있다. <개정 2023. 4. 18.>
1. 주민등록 전산정보(주민등록번호·외국인등록번호 등 고유식별번호를 포함한다)
2. 국세·지방세, 수도·전기 요금 부과(고지) 내역
3. 토지 및 건축물대장
4. 그 밖에 등기사항증명서 등 대통령령이 정하는 자료 또는 정보 | **제8조의3 (빈집등에 관한 자료 또는 정보의 이용 및 요청)** 법 제8조제1항제4호에서 "등기사항증명서 등 대통령령으로 정하는 자료 또는 정보"란 다음 각 호의 자료 또는 정보를 말한다. |

제3편 빈집 및 소규모주택 정비에 관한 특례법 삼단 대비표

1. 등기사항증명서
2. 「전기사업법」 제19조제1항에 따른 전력량계의 철거에 관한 자료 또는 정보
3. 「신에너지 및 재생에너지 개발·이용·보급 촉진법」 제2조제2호가목에 따른 태양에너지를 이용하는 발전설비의 설치에 관한 자료 또는 정보
4. 「도시가스사업법」에 따른 도시가스 요금 부과(고지) 내역
5. 「수도법」에 따른 수도 사용량 및 단수(斷水) 정보
6. 폐공가(廢空家) 현황자료
[본조신설 2023. 10. 18.]

② 시장·군수등은 제1항의 목적을 달성하기 위하여 필요한 경우 관계 행정기관의 장 또는 공공기관의 장에게 자료 또는 정보의 제공을 요청할 수 있다. 이 경우 요청을 받은 기관의 장은 특별한 사유가 없으면 이에 따라야 한다.

③ 제1항 및 제2항에 따른 자료 또는 정보 중 개인정보의 보호에 관한 사항은 「개인정보 보호법」에 따른다. <개정 2023. 4. 18.>

④ 제1항 및 제2항에 따른 업무에 종사하거나 종사하였던 자는 정보를 수행하면서 취득한 자료 또는 정보를 이 법에서 정한 목

적 외의 다른 용도로 사용하거나 다른 사
람 또는 기관에 제공하거나 누설하여서는
아니 된다.

⑤ 국가나 지방자치단체는 제1항 및 제2항에
따라 발급하는 서류에 대해서는 수수료를
부과하지 아니한다. <신설 2023. 4. 18.>

제2절 빈집정비사업의 시행방법 등

제9조(빈집정비사업의 시행방법) 빈집정비사
업은 다음 각 호의 어느 하나에 해당하는 방
법으로 한다.

1. 빈집의 내부 공간을 간막이로 구획하거
나 벽지ㆍ천장재ㆍ바닥재 등을 설치하는
방법
2. 빈집을 철거하지 아니하고 개축ㆍ증축
ㆍ대수선하거나 용도변경하는 방법
3. 빈집을 철거하는 방법
4. 빈집을 철거한 후 주택 등 건축물을 건
축하거나 정비기반시설 및 공동이용시설
등을 설치하는 방법

제2절 빈집정비사업의 시행방법 등

핵심포인트

빈집정비사업은 (i) 빈집의 내부 공간을 간막이로 구획하거나 벽지ㆍ천장재ㆍ바닥재 등을 설치하는 방법, (ii) 빈집을 철거하지 아니하고 개축ㆍ증축ㆍ대수선하거나 용도변경하는 방법,

제3편 빈집 및 소규모주택 정비에 관한 특례법 심단 대비표   107

법 제9조

[법령해석 1] 민원인 국토교통부 - 가로주택정비사업 조합 설립을 위한 창립총회에 관하여 「도시 및 주거환경정비법」 규정을 준용해야 하는지 여부(「빈집 및 소규모주택 정비에 관한 특례법 시행규칙」 제9조제2항 등 관련)

안건번호 21-0182   회신일자 2021-05-12

1. 질의요지

「빈집 및 소규모주택 정비에 관한 특례법」(이하 "소규모주택정비법"이라 함) 제23조제1항제2호 및 같은 법 시행규칙 제9조제2항제4호에서는 가로주택정비사업의 토지등소유자(주주: 가로주택정비사업 시행구역에 위치한 토지 또는 건축물의 소유자, 해당 토지의 지상권자 등을 말하며(소규모주택정비법 제2조제1항제6호 참조), 이하 같음.)는 조합을 설립하는 경우 창립총회 회의 (창립총회 참석자 명부를 포함하며, 이하 같음)을 첨부하여 시장·군수등(주주: 특별자치시장·특별자치도지사·시장·군수 또는 구청장을 말한다고 규정하면서 조합을 설립하기 위해 개최하는 창립총회의 방법 및 절차에 관하여는 「도시 및 주거환경정비법」(이하 "도시정비법"이라 함) 제32조제3항 및 같은 법 시행령 제27조를 준용해야 하는지?(주주: 2017. 2. 8. 법률 제14569호로 제정된 소규모주택정비법의 시행일인 2018. 2. 9. 이후에 시행하는 가로주택정비사업을 전제함.)

※ 질의배경

민원인은 위 질의요지에 대해 국토교통부로부터 도시정비법에 따라야 한다는 회신을 받자 이에 이견이 있어 법제처에 법령해석을 요청하였고, 국토교통부에서도 해당 쟁점에 대해 분명히 하고자 법제처에 법령해석을 요청함.

2. 회답

가로주택정비사업의 조합설립을 위한 창립총회의 방법 및 절차에 관하여 도시정비법 제32조제3항 및 같은 법 시행령 제27조는 준용되지 않습니다.

3. 이유

소규모주택정비법은 도시정비법에서 규정하고 있던 가로주택정비사업 등의 내용을 이관하면서 사업절차를 간소화하고 특례규정을 신설하는 등 가로주택정비사업을 활성화하기 위한 목적으로 제정된 법률로서, 2017. 2. 8. 법률 제14569호로 제정되어 2018. 2. 9. 시행된 법률이고, 소규모주택정비법 제정이유 및 주요내용 참조) 소규모주택정비법은 입법목적과 입법대상을 달리하는 별개의 법률이고, 소규모주택정비법에 따른 가로주택정비사업과 도시정비법에 따른 정비사업(각주: 도시정비법 제2조제2호에 따른 "정비사업"을 말하며, 이하 같음.)은 사업의 목적, 내용, 규모 및 사업의 운영절차 등에 있어 구분되는 별개의 사업이므로 가로주택정비사업에 관하여 도시정비법을 준용하여서는 방문의 필요성이 없다고 할 것입니다.

이에 소규모주택정비법 제56조에서도 토지등소유자의 동의방법, 사업대행자 지정 및 조합의 법인격·정관·임원 등 도시정비법의 일부 준용이 필요한 사항과 사항별로 각각 별도로 준용하는 도시정비법 조문을 열거하여 규정하고 있는데, 조합의 총회 소집 절차 등에 관한 도시정비법 제44조는 준용하는 조문으로 포함되어 있는 반면, 조합설립을 위한 창립총회의 방법 및 절차에 관한 도시정비법 제32조제3항은 포함되어 있지 않은바, 이는 조합이 설립된 이후 조합이 소집하는 총회와 달리 조합이 설립되기 전 조합설립을 위해 개최하는 창립총회에 관하여서는 조합을 준용하지 않으려는 취지로 보아야 합니다.

또한 소규모주택정비법령을 제정하여 가로주택정비사업 등에 관한 내용을 이관하여 규정하면서, 종전 도시정비법에서 가로주택정비사업의 경우에도 적용하도록 규정했던 사항을 적용하도록 규정하는 내용은 포함하지 않고, 조합설립인가 신청 시 창립총회 회의록 대의원으로 선임된 자의 자격을 증명하는 서류를 첨부하도록 한 것과 도시등소유자의 조합설립에 관한 동의에 관한 내용(각주: 구 도시정비법 시행규칙 제4조·제7호 및 별지 제4호의3서식 참조.)만을 이관하여 규정(각주: 소규모주택정비법 시행규칙 제9조제2항제4호·제5호·제12호서식 제491호 국토교통부령 제4호·제12호서식 참조.)하였다는 점에 비추어 보면, 도시정비법령에 따른 장립총회에 관한 내용 중 일부만을 가로주택정비사업에 적용하여 사업절차를 간소화하려는 것으로도 볼 수 있습니다.

아울러 도시정비법에 따르면 창립총회를 개최하는 주체는 "조합설립추진위원회"인 반면, 소규모주택정비법에서는 가로주택정비사업의 조합설립을 위한 추진위원회 구성을 예정하고 있지 않은바, 운용상 준용의 근거와 추진위원회를 바꿔 읽도록 하는 규정 없이 가로주택정비사업의 조합설립을 위한 창립총회를 개최하는 방법 및 절차에 관하여 도시정비법령을 준용해야 한다고 볼 경우 집행상 혼단이 발생할 우려가 있다는 점도 이 사안을 해석할 때 고려해야 합니다.

따라서 소규모주택정비법 제23조제1항제2호 및 같은 법 시행규칙 제9조제2항제4호에서 가로주택정비사업의 토지등소유자가 조합설립인가 신청 시 첨부해야 하는 서류 중 하나로 창립총회 회의록을 규정한 것만으로 가로주택정비사업의 조합설립을 위한 창립총회의 방법 및 절차에 관하여 도시정비법 제32조제3항 및 같은 법 시행령 제27조를 준용해야 한다고 볼 수는 없습니다.

※ 법령정비 권고사항

가로주택정비사업의 조합설립을 위한 창립총회에 대해서도 도시정비법 제32조제3항 및 같은 법 시행령 제27조에서와 같이 창립총회를 개최하는 방법 및 절차를 규율할 정책적 필요성이 있는지를 검토하고, 그 결과에 따라 준용의 근거 등 관련 규정을 명확하게 정비할 필요가 있습니다.

<관계 법령>

○ 빈집 및 소규모주택 정비에 관한 특례법

제23조 (조합설립인가 등) ① 가로주택정비사업의 토지등소유자는 조합을 설립하는 경우 토지등소유자의 10분의 8 이상 및 토지면적의 3분의 2 이상의 토지소유자의 동의를 받아 다음 각 호의 사항을 첨부하여 시장·군수등의 인가를 받아야 한다. 이 경우 사업시행구역의 공동주택은 각 동(복리시설의 경우에는 주택단지의 복리시설 전체를 하나의 동으로 본다)별 구분소유자의 과반수 동의(공동주택의 각 동별 구분소유자가 5명 이하인 경우는 제외한다)를, 공동주택 외의 건축물은 해당 건축물이 소재하는 전체 토지면적의 2분의 1 이상의 토지소유자 동의를 받아야 한다.

1. (생 략)
2. 공사비 등 소규모주택정비사업에 드는 비용(이하 "정비사업비"라 한다)과 관련된 자료 등 국토교통부령으로 정하는 서류
3. (생 략)

② ~ ⑦ (생 략)

○ 빈집 및 소규모주택 정비에 관한 특례법 시행규칙

제9조 (조합설립인가 등) ① (생 략)

② 법 제23조제1항제2호에서 "국토교통부령으로 정하는 서류"란 다음 각 호의 서류를 말한다.

1. ~ 3. (생 략)

4. 창립총회 회의록(창립총회 참석자 명부를 포함한다)

5. ~ 8. (생 략)

③ (생 략)

○ 도시 및 주거환경정비법

제32조 (추진위원회의 기능) ①·② (생 략)

③ 추진위원회는 제35조제2항, 제3항 및 제5항에 따른 조합설립인가를 신청하기 전에 대통령령으로 정하는 방법 및 절차에 따라 조합설립을 위한 창립총회를 개최하여야 한다.

④ (생 략)

○ 도시 및 주거환경정비법 시행령

제27조 (창립총회의 방법 및 절차 등) ① 추진위원회(법 제31조제4항 전단에 따라 추진위원회를 구성하지 아니하는 경우에는 토지등소유자를 말한다)는 법 제35조제2항부터 제4항까지의 규정에 따른 동의를 받은 후 조합설립인가를 신청하기 전에 법 제32조제3항에 따라 창립총회를 개최하여야 한다.

② ~ ⑥ (생 략)

제10조 (빈집정비사업의 시행자) ① 빈집정비사업은 시장·군수등 또는 빈집 소유자가 직접 시행하거나 다음 각 호에 해당하는 자와 공동으로 시행할 수 있다. <개정 2019. 4. 30.>

1. 「한국토지주택공사법」에 따라 설립된 한국토지주택공사 또는 「지방공기업법」에 따라 주택사업을 시행하기 위하여 설립된 지방공사(이하 "토지주택공사

등"이라 한다)

2. 「건설산업기본법」 제9조에 따른 건설사업자(이하 "건설업자"라 한다)

3. 「주택법」 제7조제1항에 따라 건설업자로 보는 등록사업자(이하 "등록사업자"라 한다)

4. 「부동산투자회사법」 제2조제1호에 따른 부동산투자회사(이하 "부동산투자회사"라 한다)

5. 「사회적기업 육성법」 제2조제1호에 따른 사회적기업, 「협동조합 기본법」 제15조에 따라 설립신고된 협동조합, 「민법」 제32조에 따른 비영리법인 및 「공익법인의 설립·운영에 관한 법률」 제4조에 따라 설립허가된 공익법인

② 시장·군수등은 제1항에도 불구하고 제9조제1호, 제2호 또는 제4호의 방법으로 시행하는 빈집정비사업으로서 빈집 소유자가 요청하거나 빈집정비사업을 효율적으로 시행하기 위하여 필요한 경우에는 제1항 각 호의 어느 하나에 해당하는 자를 사업시행자로 지정하여 해당 빈집정비사업을 시행하게 할 수 있다.

③ 시장·군수등은 빈집정비사업(제11조제2항에 따라 직권으로 빈집을 철거하는 경우는 제외한다)을 시행하는 경우에는 국토교

제4조 (빈집 소유자의 동의방법) ① 법 제10조 제3항 본문에 따른 빈집 소유자의 동의(이하 이 조에서 "동의"라 한다)는 별지 제3호서식

통부령으로 정하는 바에 따라 해당 빈집 소유자의 동의를 받아야 한다. 다만, 해당 빈집 소유자의 소재를 알 수 없는 경우에는 제13조에 따른 사업시행계획서의 내용을 해당 지방자치단체의 공보 및 홈페이지에 공고하고, 공고한 날부터 30일이 지난 날까지 해당 빈집 소유자가 의견을 제출하지 아니하면 동의한 것으로 본다.

이 동의서(이하 "동의서"라 한다)에 빈집 소유자가 성명을 적고 지장(指章)을 날인하는 방법으로 하며, 주민등록증, 여권 등 신원을 확인할 수 있는 신분증명서의 사본을 첨부하여야 한다.

② 제1항에도 불구하고 빈집 소유자가 해외에 장기체류하거나 법인인 경우 등 불가피한 사유가 있다고 특별자치시장·특별자치도지사·시장·군수 또는 자치구의 구청장(이하 "시장·군수등"이라 한다)이 인정하는 경우 동의는 다음 각 호의 방법으로 할 수 있다. <개정 2021. 9. 17.>

1. 빈집 소유자(법인인 경우에는 법인의 대표자를 말한다)의 성명을 적고 인감도장을 날인한 동의서에 인감증명서를 첨부하는 방법
2. 빈집 소유자(법인인 경우에는 법인의 대표자를 말한다)가 서명한 동의서에 「본인서명사실 확인 등에 관한 법률」 제2조제3호에 따른 본인서명사실확인서 또는 같은 법 제7조제7항에 따른 전자본인서명확인서의 발급증을 첨부하는 방법

핵심포인트
법 제10조

빈집정비사업은 시장·군수등 또는 빈집소유자가 직접 시행하거나 토지주택공사, 건설업자(「건설산업기본법」), 등록사업자(「주택법」), 부동산투자회사(「부동산투자회사법」), 사회적기업(「사회적기업육성법」), 협동조합(「협동조합기본법」), 비영리법인(「민법」), 공익법인(「공익법인법」) 중의 하나에 해당하는 공동으로 시행할 수 있다.

제3편 빈집 및 소규모주택 정비에 관한 특례법 십단 상비표 113

핵심포인트	
법 제10조	■ 도정법에 따른 주거환경개선·재개발사업과 달리 임대주택 건설 공급의무는 없음 다만, 자율주택정비사업 시행으로 임대주택 공급하고자 할 경우 1인 토지등소유자가 사업 시행할 수 있고, 대통령령으로 정한 자율주택정비사업 대상 지역 외에서도 사업 시행 가능하며 전체 연면적 대비 공공·준공공임대주택 연면적의 비율이 대통령령으로 정한 비율 범위에서 시·도조례로 정한 비율 이상으로 건설하는 경우 국토계획법의 용적률 상한선까지 건축 가능(사업시행자 자신이 소유한 주택을 개량하여 임대주택으로 공급하기 위해 다세대주택 또는 다가구주택을 건설하는 경우 주차장 설치기준을 완화(세대당 0.6대 / 주거전용면적 30m² 미만의 경우 0.5대)하는 등의 특례가 있다.
법 제11조	제9조 (빈집의 철거 등 절차) ① 시장·군수등은 법 제11조제1항에 따라 빈집의 철거 등 필요한 조치를 명하는 경우 국토교통부령으로 정하는 바에 따라 조치명령의 내용 및 사유 등을 빈집의 소유자에게 알려야 한다. ② 제1항에 따른 조치명령 중 빈집의 철거는 법 제4조제4항 전단에 따라 빈집정비계획을 고시한 날(법 제11조제1항 각 호 외의 부분 단서에 따라 지방건축위원회의 심의를 거치는 경우에는 빈집 소유자에게 심의 결과가 통지된 날을 말한다)부터 6개월 이상의 범위에서 시·도조례로 정하는 기간이 지난 때에 명할 수 있다. <개정 2022. 8. 2.> ③ 제1항에 따른 조치명령을 받은 빈집 소유자는 천재지변이나 그 밖의 부득이한 사유로 제11조제1항 각 호 외의 부분	제5조 (빈집의 철거통지) ① 법 제11조제1항 본문에 따른 조치명령의 통지는 별지 제4호서식에 따른다. ② 영 제9조제4항에 따른 철거통지서는 별지 제5호서식과 같다.
	제11조 (빈집의 철거 등) ① 시장·군수등은 빈집이 다음 각 호의 어느 하나에 해당하면 빈집정비계획에서 정하는 바에 따라 해당 빈집 소유자에게 안전조치, 철거 등(이하 "철거 등"이라 한다) 필요한 조치를 명할 수 있다. 다만, 빈집정비계획이 수립되어 있지 아니한 경우에는 「건축법」 제4조에 따른 지방건축위원회(이하 "지방건축위원회"라 한다)의 심의를 거쳐 해당 빈집 소유자에게 철거 등 필요한 조치를 명할 수 있다. 이 경우 빈집 소유자는 특별한 사유가 없으면 60일 이내에 조치를 이행하여야 한다. <개정 2021. 4. 13.> 1. 붕괴·화재 등 안전사고나 범죄발생의 우려가 높은 경우 2. 위생상 유해 우려가 있는 경우 3. 관리가 적절히 되지 아니하여 현저히	

경관을 훼손하고 있는 경우
4. 주변 생활환경 보전을 위하여 방치하기에는 부적절한 경우

② 시장·군수등은 제1항에 따라 빈집의 철거 등 필요한 조치를 명한 경우 해당 빈집 소유자가 특별한 사유 없이 따르지 아니하면 대통령령으로 정하는 바에 따라 직권으로 빈집에 대하여 철거등 필요한 조치를 할 수 있다. <개정 2021. 4. 13.>

③ 시장·군수등은 제2항에 따라 철거할 빈집 소유자의 소재를 알 수 없는 경우 그 빈집에 대한 철거명령과 이를 이행하지 아니하면 직권으로 철거한다는 내용을 일간신문 및 홈페이지에 1회 이상 공고하고, 일간신문에 공고한 날부터 60일이 지난 날까지 빈집 소유자가 빈집을 철거하지 아니하면 직권으로 철거할 수 있다.

④ 시장·군수등은 제2항 또는 제3항에 따라 빈집을 철거하는 경우에는 대통령령으로 정하는 정당한 보상비를 빈집 소유자에게 지급하여야 한다. 이 경우 시장·군수등은 보상비에서 철거에 소요된 비용을 빼고 지급할 수 있다.

⑤ 시장·군수등은 다음 각 호의 어느 하나에 해당하는 경우에는 보상비를 공탁하여

후단에 따른 이행기간 내에 조치의 이행이 불가능한 경우 그 기간이 종료되기 7일 전까지 이행기간의 연장을 시장·군수등에게 신청할 수 있다.

④ 시장·군수등은 법 제11조제2항에 따라 빈집에 대한 직권 철거를 결정한 때에는 철거 사유 등을 빈집 소유자에게 통보하여야 하며, 철거 예정일이 결정된 때에는 철거 예정일 7일 전까지 빈집 소유자에게 철거 예정일을 국토교통부령으로 정하는 바에 따라 철거 통지서를 송달하여야 한다.

[제목개정 2021. 10. 14.]

제10조 (빈집의 철거보상비) ① 법 제11조제4항 전단에서 "대통령령으로 정하는 정당한 보상비"란 「감정평가 및 감정평가사에 관한 법률」에 따른 감정평가법인등(이하 "감정평가법인등"이라 한다) 2인 이상이 평가한 금액의 산술평균치를 말한다. <개정 2022. 1. 21.>

② 빈집 소유자는 제9조제4항에 따라 직권

야 한다.
1. 빈집 소유자가 보상비 수령을 거부하는 경우
2. 빈집 소유자의 소재불명(所在不明)으로 보상비를 지급할 수 없는 경우
3. 압류나 가압류에 의하여 보상비 지급이 금지된 경우

⑥ 시장·군수등은 제2항 또는 제3항에 따라 빈집을 철거한 경우에는 지체 없이 건축물대장을 정리하고, 관할 등기소에 해당 빈집이 이 법에 따라 철거되었다는 취지의 통지를 하고 말소등기를 촉탁하여야 한다. [제목개정 2021. 4. 13.]

철거 결정을 알게 된 날부터 14일 이내에 시장·군수등에게 감정평가법인등 1인을 추천하여야 하며, 시장·군수등은 빈집 소유자가 추천하는 감정평가법인등 1인을 포함하여 제1항에 따른 감정평가법인등을 선정하여야 한다. 다만, 빈집 소유자의 소재를 알 수 없거나 빈집 소유자가 본문에 따른 기간 내에 감정평가법인등을 추천하지 아니한 경우에는 그러하지 아니하다. <개정 2022. 1. 21.>

③ 제1등에 따른 보상비의 산정은 시장·군수등이 제9조제4항에 따라 빈집에 대한 직권 철거 결정을 한 소유자에게 통보한 시점을 기준으로 한다.

④ 제1항 및 제2항에서 규정한 사항 외에 감정평가법인등의 선정 절차 및 방법에 관하여 필요한 사항은 시·도조례로 정한다. <개정 2022. 1. 21.>

제10조의2 (빈집의 매입) ① 법 제11조의2제1항 및 제2항에 따른 빈집의 매입 가격은 감정평가법인등 2인 이상(빈집 소유자가 추천한 1인을 포함한다)이 평가한 금액의 산술평균치로 한다. <개정 2022. 1. 21.>

제11조의2 (빈집의 매입) ① 시·도지사나 시장·군수등 또는 토지주택공사등은 빈집정비계획에 따라 빈집을 매입하여 임대기반시설, 공동이용시설 또는 임대주택 등으로 활용할 수 있으며, 이 경우 빈집밀집구역에 있는 빈집을 우선하여 매입할 수 있다.

② 빈집 소유자는 관할 시·도지사나 시장·군수등 또는 토지주택공사등에게 빈집의 매수를 요청할 수 있으며, 이 경우 시·도지사나 시장·군수등 또는 토지주택공사등은 요청을 받은 날부터 30일 이내에 빈집 매입 여부를 빈집 소유자에게 통보하여야 한다.

③ 그 밖에 빈집의 매입 방법·절차 등에 관한 사항은 대통령령으로 정한다.
[본조신설 2019. 4. 23.]

② 빈집 소유자는 법 제11조의2제2항에 따라 빈집의 매수를 요청하려는 경우에는 국토교통부령으로 정하는 빈집매입청구서(전자문서로 된 청구서를 포함한다)에 대상 토지 및 건물에 대한 등기사항증명서를 첨부하여 관할 특별시장·광역시장·도지사, 시장·군수등에게 제출하거나 토지주택공사등에게 제출해야 한다. 다만, 해당 특별시장·광역시장·도지사 및 시장·군수등은 「전자정부법」 제36조제1항에 따른 행정정보의 공동이용을 통하여 대상 토지 및 건물에 대한 등기사항증명서를 확인할 수 있는 경우에는 그 확인으로 첨부서류의 제출을 갈음해야 한다. <개정 2020. 3. 17.>

③ 빈집의 매입 방법·절차 등에 관하여 이 영에 특별한 규정이 있는 경우를 제외하고는 「공익사업을 위한 토지 등의 취득 및 보상에 관한 법률」 제14조부터 제17조까지의 규정을 준용한다.
[본조신설 2019. 10. 22.]

제5조의2 (빈집의 매입) 영 제10조의2제2항에 따른 빈집매입청구서는 별지 제5호의2서식과 같다. [본조신설 2019. 10. 24.]

제11조의3 (빈집에 대한 신고 등) ① 누구든지 빈집을 제11조제1항제1호부터 제4호까지의 어느 하나에 해당되는 빈집임을 인식한 경우 이를 해당 빈집이 소재한 지역의 관할

시장·군수등에게 신고할 수 있다. 이 경우 신고의 절차나 방법 등은 「공익신고자 보호법」을 따른다.

② 시장·군수등이 제1항에 따른 빈집에 대한 신고를 접수한 때에는 대통령령으로 정하는 바에 따라 현장조사를 실시하여야 한다.

③ 시장·군수등은 제1항 및 제2항에 따른 빈집의 소유자등에 대하여 해당 빈집의 위해요소 제거, 정비, 벌목 등 주변 생활환경 보전에 필요한 조치를 대통령령으로 정하는 바에 따라 지도하여야 하며, 그 밖에 행정지도의 방법 등 필요한 사항은 「행정절차법」 제48조부터 제51조까지의 규정에 따른다.
[본조신설 2021. 4. 13.]

제10조의3 (빈집에 대한 현장조사) 시장·군수등은 법 제11조의3제2항에 따라 빈집에 대한 신고를 접수한 날부터 30일 이내에 다음 각 호의 방법으로 현장조사를 실시해야 한다.
1. 빈집 해당 여부 확인
2. 빈집의 노후·불량 정도 확인
3. 빈집의 소유자·점유자 또는 관리인(이하 "소유자등"이라 한다)과의 면담
4. 빈집 주변 거주자의 의견 청취
[본조신설 2021. 10. 14.]

제10조의4 (빈집의 소유자등에 대한 행정지도) 시장·군수등은 법 제11조의3제3항에 따라 행정지도를 하는 경우 다음 각 호의 사항을 빈집의 소유자등에게 알려야 한다.
1. 행정지도의 취지
2. 빈집의 안전확보를 위하여 필요한 조치의 내용
3. 주변 경관 개선, 생활환경 보전을 위하여 필요한 조치의 내용
4. 그 밖에 빈집의 개량이나 효율적인 관리·활용 등을 위하여 필요한 사항
[본조신설 2021. 10. 14.]

제11조의4 (빈집의 수용 또는 사용) ① 시장·군수등 또는 토지주택공사등은 공공의 필요에 따라 다음 각 호에 따른 빈집정비사업을 시행하는 경우 사업시행구역 내에 있는 빈집에 대하여 「공익사업을 위한 토지 등의 취득 및 보상에 관한 법률」제3조에 따른 토지·물건 및 권리를 수용 또는 사용할 수 있다.

1. 제9조제1호 및 제2호. 다만, 주택, 정비기반시설 및 공동이용시설 등으로 활용하는 경우로 한정한다.
2. 제9조제4호

② 제1항에 따른 빈집의 수용 또는 사용에 관하여는 이 법에서 특별한 규정이 있는 경우를 제외하고는 「공익사업을 위한 토지 등의 취득 및 보상에 관한 법률」을 준용한다. 다만, 사업의 시행에 따른 손실보상의 기준 및 절차는 대통령령으로 정할 수 있다.

③ 제1항에 따라 제13조제6호에 따른 수용 또는 사용의 대상이 되는 토지·물건 및 권리의 세목을 포함하는 사업시행계획인가 고시(시장·군수등이 직접 사업을 시행하는 경우에는 사업시행계획서의 고시를 말한다)가 있는 경우에는 「공익사업을 위한 토지 등의 취득 및 보상에 관한 법률」제20조제1항 및 제22조에 따른 사업인정 및

그 고시가 있는 것으로 본다. ④ 제1항에 따른 수용 또는 사용에 대한 재결의 신청은 「공익사업을 위한 토지 등의 취득 및 보상에 관한 법률」 제23조제1항 및 제28조제1항에도 불구하고 법 제29조제1항에 따른 사업시행계획인가(사업시행계획변경인가를 포함한다)를 할 때 정한 사업시행기간 이내에 하여야 한다. [본조신설 2021. 4. 13.]	제3절 사업시행계획인가 등	제3절 사업시행계획 신청 및 고시
제12조 (사업시행계획인가) ① 사업시행자(사업시행자가 시장·군수등인 경우는 제외한다. 이하 이 조에서 같다)는 제9조제2호 또는 제4호의 방법으로 빈집정비사업을 시행하는 경우 제13조에 따른 사업시행계획서를 작성하여 시장·군수등에게 제출하고 사업시행계획인가를 받아야 한다. 인가받은 사항을 변경하는 경우에도 또한 같다. 다만, 대통령령으로 정하는 경미한 사항을 변경하는 경우에는 시장·군수등에게 신고하여야 한다. ② 시장·군수등은 특별한 사유가 없으면 제1항에 따른 사업시행계획서(사업시행계획의 변경을 포함한다)가 제출된 날부터	제11조 (사업시행계획인가의 경미한 변경) 법 제12조제1항 단서에서 "대통령령으로 정하는 경미한 사항을 변경하는 경우"란 다음 각 호의 어느 하나에 해당하는 경우를 말한다. 1. 빈집정비사업의 소요비용을 20퍼센트의 범위에서 가감하는 경우. 다만, 「주택법」 제2조제5호에 따른 국민주택(이하 "국민주택"이라 한다)을 건설하는 사업의 경우에는 「주택도시기금법」에 따른 주택도시기금(이하 "주택도시기금"이라 한다)으로 지원받는 자금의 총액이 증가하지 아니하는 경우로 한정한다.	제6조 (사업시행계획인가의 신청 및 고시) ① 법 제12조제1항 본문에 따라 사업시행계획 인가를 신청하거나 인가받은 사항의 변경을 인가를 신청하는 경우 신청서는 별지 제6호서식에 따른다. ② 시장·군수등이 법 제12조제3항 본문에 따라 해당 지방자치단체의 공보에 고시하는 사업시행계획인가 또는 변경인가의 내용에는 다음 각 호의 구분에 따른 사항이 포함되어야 한다. 1. 사업시행계획인가의 고시 가. 사업의 종류 및 명칭 나. 사업시행구역의 위치 및 면적

60일 이내에 인가 여부를 결정하여 사업시행자에게 통보하여야 한다.

③ 시장·군수등은 제1항에 따른 사업시행계획인가(시장·군수등이 직접 사업시행계획서를 작성한 경우를 포함한다)를 하거나 사업시행계획인가(시장·군수등이 직접 작성한 사업시행계획을 변경한 경우를 포함한다)를 하는 경우에는 국토교통부령으로 정하는 방법 및 절차에 따라 그 내용을 해당 지방자치단체의 공보에 고시하여야 한다. 다만, 제1항 단서에 따라 경미한 사항을 변경하는 경우에는 그러하지 아니하다.

2. 대지면적을 20퍼센트 범위에서 가감하는 경우
3. 세대수와 세대별 주거전용면적(「주택법」 제2조제6호에 따른 주거전용면적을 말한다. 이하 같다)을 변경하지 아니하고 세대별 주거전용면적의 20퍼센트 범위에서 내부구조의 위치 또는 면적을 변경하는 경우
4. 건축물이 아닌 부대시설 또는 복리시설의 설치 규모를 확대하는 경우. 다만, 위치를 변경하는 경우는 제외한다.
5. 내장재료 또는 외장재료를 변경하는 경우
6. 사업시행계획인가 시 부과된 조건을 이행하기 위하여 변경하는 경우
7. 건축물의 용도별 위치 및 설계를 변경하지 아니하는 범위에서 건축물의 배치 및 주택단지 안의 도로선형을 변경하는 경우
8. 「건축법 시행령」 제12조제3항 각 호의 어느 하나에 해당하는 사항을 변경하는 경우
9. 사업시행자의 명칭 또는 사무소 소재지를 변경하는 경우
10. 빈집정비계획의 변경에 따라 사업시행계획서를 변경하는 경우

다. 사업시행자의 성명 및 주소(법인인 경우에는 법인의 명칭 및 주된 사무소의 소재지와 대표자의 성명 및 주소를 말한다. 이하 같다)
라. 사업의 시행기간
마. 사업시행계획인가일
바. 건축물의 대지면적·건폐율·용적률·높이·용도 등 건축계획에 관한 사항
사. 주택의 규모 등 주택건설계획
아. 정비기반시설의 귀속에 관한 사항
2. 변경인가의 고시
  가. 제1호가목부터 마목까지의 사항
  나. 변경의 사유 및 내용

③ 시장·군수등은 법 제12조제3항 본문에 따라 사업시행계획인가 또는 변경인가를 해당 지방자치단체의 공보에 고시하였을 때에는 제2항 각 호의 사항을 해당 지방자치단체의 인터넷 홈페이지에 실어야 한다.

핵심포인트 법 제12조	
	11. 그 밖에 시·도조례로 정하는 사항을 변경하는 경우
	사업시행자는 빈집을 철거하지 아니하고 개축·증축·대수선하거나 용도변경하는 방법 또는 빈집을 철거한 후 주택 등 건축물을 건축하거나 정비기반시설 및 공동이용시설 등을 설치하는 방법으로 빈집정비사업을 시행하는 경우 사업시행계획서를 작성하여 시장·군수등에게 제출하고 사업시행계획 인가를 받아야 한다.
제13조 (사업시행계획서의 작성) 사업시행자는 다음 각 호의 사항을 포함하는 사업시행계획서를 작성하여야 한다. 다만, 제3호 및 제4호는 제9조제4호의 방법으로 빈집정비사업을 시행하는 경우에 한정한다. <개정 2021. 1. 12., 2021. 4. 13.> 1. 사업시행구역 및 그 면적 2. 토지이용계획(건축물배치계획을 포함한다) 3. 정비기반시설 및 공동이용시설의 설치계획 4. 임대주택의 건설계획 5. 건축물의 높이 및 용적률 등에 관한 건축계획 6. 수용 또는 사용할 토지·물건 또는 권리의 세목과 그 소유자 및 권리자의 성명·주소 7. 그 밖에 빈집정비사업 시행을 위하여 필요한 사항으로서 대통령령으로 정하는 바에 따라 특별시·광역시·특별자치시	제12조 (사업시행계획서의 작성) 법 제13조제7호에 따라 시·도조례로 정하는 사항은 다음 각 호의 사항을 말한다. <개정 2021.

• 도·특별자치도 또는 「지방자치법」 제198조에 따른 서울특별시·광역시 및 특별자치시를 제외한 인구 50만 이상 대도시의 조례(이하 "시·도조례"라 로 정하는 사항	10. 14.〉 1. 사업의 명칭 및 시행기간 2. 사업시행자의 성명 및 주소(법인인 경우에는 법인의 명칭·주소 및 대표자의 성명·주소를 말한다. 이하 같다) 3. 사업의 자금확보계획 4. 해당 사업의 토지 및 건축물 등에 관한 권리의 명세와 권리자의 성명 및 주소 5. 법 제9조제4호의 방법으로 빈집정비사업을 시행하는 경우 기존주택의 철거계획서(기존주택이 속한 부분의 건축자재가 사용된 경우 그 현황과 해당 자재의 철거 및 처리계획을 포함한다) 6. 법 제13조제2호의 토지이용계획에 포함된 건축물의 설계도서
핵심포인트 법 제13조	사업시행계획서는 사업시행구역 및 그 면적, 토지이용계획(건축물배치계획 포함), 정비기반시설 및 공동이용시설의 설치계획, 임대주택의 건설계획, 건축물의 높이 및 용적률 등에 관한 건축계획, 그 밖에 빈집정비사업 시행을 위하여 필요한 사항을 포함한다.
제14조 (준공인가 및 공사완료 고시 등) ① 사업시행자(사업시행자가 시장·군수등인 경우는 제외한다)가 제9조제2호 또는 제4호의 방법으로 빈집정비사업의 공사를 완료한 때에는 대통령령으로 정하는 방법 및 절차에 따라 시장·군수등에게 준공인가를 받아야 한다.	제13조 (준공인가 및 공사완료 고시 등) ① 사업시행자가 아닌 사업시행자는 법 제14조제1항에 따른 빈집정비사업의 준공인가(이하 "준공인가"라 한다)를 받으려면 다음 각 호의 사항을 포함한 준공인가신청서에 국토교통부령으로 정하는 서류를 첨부하여	제7조 (준공인가) ① 영 제13조제1항 각 호외의 부분 본문(영 제36조에 따라 준용되는 경우를 포함한다)에 따른 준공인가신청서는 별지 제7호서식과 같다. ② 영 제13조제1항 각 호 외의 부분 본문 (영 제36조에 따라 준용되는 경우를 포함함

제3편 빈집 및 소규모주택 정비에 관한 특례법 삼단 대비표   123

시장·군수등에게 제출하여야 한다. 다만, 사업시행자가 한국토지주택공사인 경우로서 「한국토지주택공사법」 제19조제3항 및 같은 법 시행령 제41조제2항에 따라 준공인가 처리결과를 시장·군수등에게 통보한 경우에는 그러하지 아니하다.
1. 사업의 명칭
2. 사업시행자의 성명 및 주소
3. 사업의 목적 및 개요
4. 사업시행구역의 위치 및 면적
5. 사업시행기간

② 제1항에 따라 준공인가 신청을 받은 시장·군수등은 지체 없이 준공검사를 실시하여야 하며, 준공검사를 실시한 결과 빈집정비사업이 인가받은 사업시행계획대로 완료되었다고 인정되는 때에는 준공인가를 하고 공사의 완료를 해당 지방자치단체의 공보에 고시하여야 한다.

③ 시장·군수등은 제9조제2항 또는 제4호의 방법으로 직접 시행한 빈집정비사업의 공사를 완료한 때에는 그 완료를 해당 지방자치단체의 공보에 고시하여야 한다.

④ 제2항 및 제3항에 따라 공사완료를 고시하는 경우 시장·군수등이 제55조에 따라 의제되는 인가·허가·승인·신고·협의

한다)에서 "국토교통부령으로 정하는 서류"란 다음 각 호의 서류를 말한다.
1. 건축물, 정비기반시설 및 공동이용시설 등의 설치내역서
2. 건축물 및 시설의 사용가능 여부 및 안전성 등에 관한 공사감리자의 의견서 또는 공사감독자의 확인서

③ 영 제13조제2항 각 호 외의 부분(영 제36조에 따라 준용되는 경우를 포함한다)에서 "국토교통부령으로 정하는 다음 각 호의 사항이 포함된 준공인가증"이란 별지 제8호서식을 말한다.

② 시장·군수등은 법 제14조제2항에 따라 준공인가를 한 때에는 국토교통부령으로 정하는 다음 각 호의 사항이 포함된 인가증을 사업시행자에게 내주어야 한다.
1. 제1항제1호·제2호 및 제4호의 사항
2. 준공인가 연월일
3. 준공인가 내역

③ 시장·군수등은 법 제14조제3항 및 제4항에 따라 공사의 완료를 고시하는 경우 제2항 각 호의 사항을 포함하여야 한다.

④ 사업시행자는 제2항에 따라 준공인가증을 받은 때(사업시행자가 한국토지주택공사인 경우에는 「한국토지주택공사법」 제19조제3항 및 같은 법 시행령 제41조

	핵심포인트
또는 동의(이하 "인·허가등"이라 한다)에 따른 준공검사·준공인가·사용검사·사용승인 등(이하 "준공검사·인가등"이라 한다)에 관하여 행정기관의 장과 협의한 사항은 해당 준공검사·인가등을 받은 것으로 본다.	제2항에 따라 준공인가 처리결과를 시장·군수등에게 통보한 때를 말한다)에는 제2항에 따라 고시하는 사항을 분양대상자에게 지체 없이 통보하여야 한다.
	사업시행자가 빈집을 철거하지 아니하고 개축·증축·대수선하거나 용도변경하는 방법 또는 빈집을 철거한 후 주택, 그 밖의 정비기반시설 및 공동이용시설을 설치하는 방법으로 빈집정비사업의 공사를 완료한 때에는 시장·군수등에게 준공인가를 받아야 하고, 준공인가를 실시한 빈집정비사업의 인가받은 사업시행계획대로 완료되었다고 인정되는 때에는 준공인가를 하고 공사의 완료를 해당 지방자치단체의 공보에 고시하여야 한다.
핵심포인트	
법 제14조	
제15조 (빈집정보시스템의 구축) ① 시·도지사는 실태조사 결과를 토대로 빈집을 효율적으로 정비하기 위한 정보시스템(이하 "빈집정보시스템"이라 한다)을 구축할 수 있다. ② 빈집정보시스템은 「건축법」 제32조에 따른 전자정보처리 시스템과 연계할 수 있다. ③ 시·도지사는 빈집정보시스템의 구축을 위하여 필요한 경우 관계 행정기관의 장 또는 공공기관의 장에게 대통령령으로 정하는 자료 또는 정보의 제공을 요청할 수 있다. 이 경우 요청을 받은 기관의 장은 특별한 사유가 없으면 이에 따라야 한다.	제14조 (빈집정보시스템의 구축) ① 법 제15조제3항 전단에서 "대통령령으로 정하는 자료 또는 정보"란 다음 각 호의 자료 또는 정보를 말한다. <개정 2020. 10. 27., 2023. 10. 18.> 1. 법 제8조제1항 각 호의 자료 또는 정보 2. 「건축법」 제38조에 따른 건축물대장

3. 「공간정보의 구축 및 관리 등에 관한 법률」 제71조에 따른 토지대장 및 임야대장의 사본
4. 「녹색건축물 조성 지원법」 제10조제1항에 따른 건축물 에너지·온실가스 정보
5. 「부동산 가격공시에 관한 법률」 제15조제1항에 따른 부동산 가격정보 및 관련 통계
6. 「부동산 거래신고 등에 관한 법률 시행령」 별표 1 제1호마목의 실제 거래 가격

② 법 제15조제3항에 따른 자료 또는 정보에 포함된 개인정보의 처리는 「개인정보 보호법」에 따른다.

제15조 (빈집정보시스템의 구축·운영 전문기관) ① 법 제15조제4항에서 "대통령령으로 정하는 전문기관"이란 다음 각 호의 기관을 말한다. <개정 2020. 12. 8.>
1. 한국부동산원
2. 한국국토정보공사
3. 한국토지주택공사
4. 지방공사로서 특별시장·광역시장·특별자치시장·도지사·특별자치도지사(이하 "시·도지사"라 한다)가 빈집정보

④ 시·도지사는 빈집정보시스템을 대통령령으로 정하는 전문기관이 구축·운영하게 할 수 있다.

시스템의 구축 및 운영을 수행할 수 있는 인력·기술 및 시설 등을 갖추었다고 인정하는 기관

5. 그 밖에 국토교통부장관이 빈집정보시스템의 구축 및 운영을 수행할 수 있는 인력·기술 및 시설 등을 갖추었다고 인정하는 기관

② 시·도지사는 법 제15조제4항에 따라 제1항 각 호의 기관이 빈집정보시스템을 구축·운영하게 한 경우 그 업무의 수행을 위하여 필요한 비용을 예산의 범위에서 지원할 수 있다.

제15조의2 (빈집정보의 제공) 법 제15조제5항 후단에서 "대통령령으로 정하는 정보"란 다음 각 호의 정보를 말한다.

1. 법 제5조제1항제2호부터 제4호까지의 사항에 관한 조사 결과
2. 제6조제1항에 따른 사항에 관한 조사 결과

[본조신설 2019. 10. 22.]
[종전 제15조의2는 제15조의3으로 이동 <2019. 10. 22.>]

⑤ 시·도지사는 안전사고나 범죄발생 등을 예방하기 위하여 필요한 경우에는 빈집정보시스템으로 처리한 빈집정보를 관계 행정기관의 장 또는 공공기관의 장에게 제공할 수 있다. 이 경우 빈집밀집구역에 관련된 정보로서 대통령령으로 정하는 정보는 관할구역의 시·도경찰청장에게 지체 없이 제공하여야 한다. <개정 2019. 4. 23., 2020. 12. 22.>

⑥ 시·도지사는 빈집을 활용하기 위한 목적의 범위에서 빈집의 소유자가 동의한 경우에 한정하여 빈집정보시스템으로 처리한 빈집정보를 인터넷과 그 밖의 방법을 병행하여 공개할 수 있다.

제3장 소규모주택정비사업

제1절 소규모주택정비사업의 시행 방법 등

제16조 (소규모주택정비사업의 시행 방법) ① 자율주택정비사업은 제29조에 따른 사업시행계획인가를 받은 후에 사업시행자가 스스로 주택을 개량 또는 건설하는 방법으로 시행한다.

② 가로주택정비사업은 가로구역의 전부 또는 일부에서 제29조에 따라 인가받은 사업시행계획에 따라 주택 등을 건설하여 공급하거나 보전 또는 개량하는 방법으로 시행한다.

③ 소규모재건축사업은 제29조에 따라 인가받은 사업시행계획에 따라 주택, 부대시설·복리시설 및 오피스텔(「건축법」 제2조제2항에 따른 업무시설 중 오피스텔을 말한다)을 건설하여 공급하는 방법으로 시행한다. 다만, 주택단지에 위치하지 아니한 토지 또는 건축물이 다음 각 호의 어느 하나에 해당하는 경우로서 사업시행상 불가피한 경우에는 대통령령으로 정하는 편입 면적 내에서 해당 토지 또는 건축물을 포함하여 사업을 시행할 수 있다. <개정 2018. 3. 13., 2021. 10. 19.>

제3장 소규모주택정비사업

제1절 소규모주택정비사업의 시행 방법 등

제15조의3 (소규모주택정비사업의 편입 면적) 법 제16조제3항 각 호 외의 부분 단서에서 "대통령령으로 정하는 편입 면적 내"란 주택단지 면적의 100분의 20 미만을 말한다. [본조신설 2018. 6. 12.] [제15조의2에서 이동 <2019. 10. 22.>]

1. 진입도로 등 정비기반시설 및 공동이용시설의 설치에 필요한 토지 또는 건축물
2. 건축행위가 불가능한 토지 또는 건축물
3. 시·도지사가 제27조에 따른 통합심의를 거쳐 부지의 정형화 등을 위하여 필요하다고 인정하는 토지 또는 건축물
④ 소규모재개발사업은 제29조에 따라 인가받은 사업시행계획에 따라 주택 등 건축물을 건설하여 공급하는 방법으로 시행한다.
<신설 2021. 7. 20.>

핵심포인트
법 제16조

■ 인가받은 사업시행계획(관리처분계획을 포함함)에 따름 (주택 등을 공급·보전·개량)

[법령해석 1] 민원인 - 토지등소유자가 통합심의를 거치지 않은 주택단지 외 토지 등을 부지 정형화를 위해 소규모재건축사업의 사업시행구역에 포함할 수 있는지 여부(「빈집 및 소규모주택 정비에 관한 특례법」 제16조 등 관련)

안건번호 23-0933 회신일자 2023-12-15

1. 질의요지

「빈집 및 소규모주택 정비에 관한 특례법」(이하 "소규모주택정비법"이라 함) 제2조제1항제3호다목 및 같은 법 시행령 제3조제1항제3호에 따르면, 소규모재건축사업은 「도시 및 주거환경정비법」 제2조제7호의 주택단지를 말하며, 이하 같음.)로서 일정한 요건을 충족한 지역에서 시행할 수 있는데, 같은 법 제16조제3항 각 호 외의 부분 단서 및 같은 항 제3호에서는 주택단지에 위치하지 아니하는 토지 또는 건축물(이하 "주택단지외의 토지등"이라 함)이 시·도지사(각주: 특별시장·광역시장·특별자치시장·도지사·특별자치도지사를 말하며, 이하 같음.)가 같은 법 제27조에 따른 통합심의(이하 "통합심의"라고 함)를

제3편 빈집 및 소규모주택 정비에 관한 특례법 심단 대비표 129

거쳐 부지의 정형화 등을 위해 필요하다고 인정하는 토지 또는 건축물에 해당하는 경우로서 사업시행상 불가피한 경우에는 해당 토지 또는 건축물을 포함하여 소규모재건축사업을 시행할 수 있다고 규정하고 있는바, 소규모재건축사업의 토지등소유자(각주: 소규모주택정비법 제2조제1항제6호나목에 따른 토지등소유자를 말하며, 이하 같음.)는 부지의 정형화를 위해 사업시행구역에 포함시킬 필요가 있는 주택단지 외 토지등(각주: 주택단지와 토지등이 사업시행구역에 포함되지 않는 제2호에는 해당하지 않는 경우를 전제함.)을 통합심의를 거치고 소규모주택정비법 제23조에 따른 제16조제3항제1호 및 제2호에는 해당하지 않는 경우를 전제함.)을 통합심의를 거치고 소규모주택정비법 제23조에 따른 을 시행하는 구역을 말하며(소규모주택정비법 제2조제1항제4호 참조), 이하 같음.)에 포함하여 소규모주택정비법 제23조에 따른 조합설립인가를 받을 수 있는지?

2. 회답

소규모재건축사업의 토지등소유자는 부지의 정형화를 위해 사업시행구역에 포함시킬 필요가 있는 주택단지와 토지등을 통합 심의를 거치지 않고 사업시행구역에 포함하여 소규모주택정비법 제23조에 따른 조합설립인가를 받을 수는 없습니다.

3. 이유

법령의 문언 자체가 비교적 명확한 개념으로 구성되어 있다면 원칙적으로 더 이상 다른 해석방법은 활용할 필요가 없거나 제한될 수밖에 없고(각주: 대법원 2009. 4. 23. 선고 2006다81035 판결례 참조), 법령에서 일정한 원칙에 관한 규정을 둔 이러한 원칙에 대한 예외규정을 두는 경우 이러한 예외규정을 해석할 때에는 합리적인 이유 없이 문언의 의미를 확대하여 해석해서는 아니 되고 보다 엄격하게 해석할 필요가 있다고 할 것입니다.(각주: 대법원 2020. 5. 28. 선고 2017두73693 판결례 참조)
그런데 소규모주택정비법 제2조제1항제3호다목 및 같은 법 시행령 제3조제1항제3호에 따르면, 원칙적으로 소규모재건축사업의 사업시행구역에는 주택단지가 아닌 지역이 포함될 수 없으나, 같은 법 제16조제3항 각 호 외의 부분 단서 및 각 호에서는 사업시행상 불가피하고 예외적으로 주택단지와 토지등을 사업시행구역에 포함할 수 있는 경우를 열거하여 규정하면서, 같은 항 제3호에서는 '시 · 도지사가 통합심의를 거쳐 부지의 정형화 등을 위하여 필요하다고 인정하는 토지 또는 건축물'을 포함하여 소규모재건축사업을 시행할 수 있도록 규정하여 같은 호에 따른 주택단지의 토지등의 사업시행구역 포함 필요성은 '시·도지사'가 '통합심의'라는 절차를 거쳐 인정하도록 명시하고 있는바, '토지등소유자가 소규모재건축사업의 부지 정형화를 위해 주택단지의 토지등을 사업시행구역에 포함하여 조합설립인가를 신청하더라도, 시·도지사가 '통합심의'를 거쳐 그 필요성을 인정하지 않은 경우에는 주택단지의 토지등을 그 사업시행구역에 포함하여 조합설립인가를 받을 수 없다는 점은 문언상 분명하다고 할 것입니다.

그리고 소규모주택정비법 제16조제3항제3호는 2021년 10월 19일 법률 제18510호로 일부개정된 소규모주택정비법에서 신설된 규정으로 종전에는 같은 항에서 사업시행상 불가피하여 소규모재건축사업의 사업시행구역에 주택단지의 토지등을 포함할 수 있는 경우를 토지 또는 건축물의 정비기반시설 및 공동이용시설의 설치에 필요한 경우(제1호) 건축행위가 불가능한 경우(제2호)로 한정하고 있었으나, 그 경우 통합심의을 거쳐 시·도지사가 소규모재건축사업의 원활한 추진에 필요하다고 인정하는 경우 그 사업시행구역을 확대할 수 있도록 하되, 그 경우 통합심의을 거쳐 시·도지사가 소규모재건축사업의 원활한 추진에 필요하다고 인정하는 경우 그 사업시행구역을 확대할 수 있도록 한 것(각주: 2021. 1. 8. 의안번호 제2107247호로 발의된 빈집 및 소규모주택 정비에 관한 특례법 일부개정법률안에 대한 국토교통위원회 검토보고서 참조)인바, 시·도지사가 통합심의을 거쳐 주택단지의 토지등을 그 사업시행구역에 포함하는 것으로 상태에서 토지등소유자가 그 주택단지의 토지등을 사업시행구역에 포함하여 소규모주택정비법 제23조에 따른 조합설립인가를 받을 수 있다고 보는 것은 부지정형화 등을 위한 주택단지의 포함 여부와 관련한 인정 절차를 엄격히 규정한 해당 규정의 취지에도 부합하지 않는다고 할 것입니다.

따라서 소규모재건축사업의 토지등소유자는 부지의 정형화를 위해 사업시행구역에 포함시킬 필요가 있는 주택단지의 토지등을 통합심의을 거치지 않고 소규모재건축사업의 사업시행구역에 포함하여 소규모주택정비법 제23조에 따른 조합설립인가를 받을 수는 없습니다.

※ 법령정비 권고사항

소규모주택정비사업에 대해서는 도시정비법에 따른 정비계획 임안 및 정비구역 지정 절차가 생략된다는 점을 고려하여, 소규모주택정비법 제16조제3항에 따라 주택단지 외 토지등을 사업시행구역에 포함할 수 있는 시기 및 절차에 관해 구체적으로 규정할 필요가 있습니다.

○ 빈집 및 소규모주택 정비에 관한 특례법

제16조 (소규모주택정비사업의 시행방법) ① · ② (생 략)

132 소규모주택정비사업

③ 소규모재건축사업은 제29조에 따라 인가받은 사업시행계획에 따라 주택, 부대시설·복리시설 및 오피스텔(「건축법」 제2조제2항에 따른 업무시설 중 오피스텔을 말한다)을 건설하여 공급하는 방법으로 시행한다. 다만, 주택단지에 위치하지 아니한 토지 또는 건축물이 다음 각 호의 어느 하나에 해당하는 경우로서 사업시행상 불가피한 경우에는 대통령령으로 정하는 편입 면적 내에서 해당 토지 또는 건축물을 포함하여 사업을 시행할 수 있다.

1. 진입도로 등 정비기반시설 및 공동이용시설의 설치에 필요한 토지 또는 건축물
2. 건축행위가 불가능한 토지 또는 건축물
3. 시·도지사가 제27조에 따른 통합심의를 거쳐 부지의 정형화 등을 위하여 필요하다고 인정하는 토지 또는 건축물

④ (생 략)

○ 빈집 및 소규모주택 정비에 관한 특례법 시행령

제3조 (소규모주택정비사업 대상 지역) ① 법 제2조제1항제3호 각 목 외의 부분에서 "노후·불량건축물이 밀집 등 대통령령으로 정하는 요건에 해당하는 지역 또는 가로구역(街路區域)"이란 다음 각 호의 구분에 따른 지역을 말한다.

1.·2. (생 략)
3. 소규모재건축사업: 「도시 및 주거환경정비법」 제2조제7호의 주택단지로서 다음 각 목의 요건을 모두 충족한 지역
   가. 해당 사업시행구역의 면적이 1만제곱미터 미만일 것
   나. 노후·불량건축물의 수가 해당 사업시행구역 전체 건축물 수의 3분의 2 이상일 것
   다. 기존주택의 세대수가 200세대 미만일 것
4. (생 략)

③ (생 략)

[법령해석 2] 민원인 - 소규모재건축사업 시행상 불가피하여 주택단지에 편입되는 토지 또는 건축물의 면적이 해당 사업시행구역 면적에 포함되는지 여부(「빈집 및 소규모주택 정비에 관한 특례법」 제16조 등 관련)

안건번호 22-0350 회신일자 2022-11-25

1. 질의요지

「빈집 및 소규모주택 정비에 관한 특례법」(이하 "소규모주택정비법"이라 함) 제29조에 따라 인가받은 사업시행계획에 따라 주택, 부대시설·복리시설 및 오피스텔(준주택), 제2조제2항에 따른 임무시설 중 오피스텔을 말함), 그 밖의 시설의 방법으로 시행하되, 주택단지에 위치하지 않은 토지 또는 건축물이 다음 각 호의 어느 하나에 해당하는 경우로서 사업시행상 불가피한 경우에는 대통령령으로 정하는 토지 면적 내에 해당 토지 또는 건축물을 포함하여 사업을 시행할 수 있다(단서)고 규정하고 있고, 그 위임에 따라 마련된 법 시행령 제15조의3에서는 '대통령령으로 정하는 편입 면적 내란 주택단지 면적의 100분의 20 미만을 말한다'고 규정하고 있는바,

소규모주택정비법 제16조제3항에 따라 주택단지에 위치하지 않은 토지 또는 건축물을 포함하여 소규모재건축사업을 시행하려는 경우, 그 토지 또는 건축물의 면적을 합한 면적이 같은 법 시행령 제3조제1항제3호가목에 따른 사업시행구역 면적 기준인 1만 제곱미터 미만이어야 하는지, 아니면 주택단지에의 면적이만이 1만 제곱미터 미만이면 되는지?

2. 회답

이 사안의 경우, 주택단지에 위치하지 않은 토지 또는 건축물의 면적과 주택단지의 면적을 합한 면적이 소규모주택정비법 시행령 제3조제1항제3호가목에 따른 사업시행구역 면적 기준인 1만 제곱미터 미만이어야 합니다.

3. 이유

소규모주택정비법 제2조제1항제3호 각 목 외의 부분 및 같은 호 다목에 따르면, 소규모재건축사업이란 같은 법에서 정한 절차에 따라 노후·불량건축물의 밀집 등 대통령령으로 정하는 요건에 해당하는 지역으로서 정비기반시설이 양호한 지역에서 소규모로 공동주택을 재건축하기 위해 시행하는 사업을 말하는데, 그 위임에 따라 마련된 법 시행령 제3조에서는 소규모재건축사업의 경우 "노후·불량건축물의 밀집 등 대통령령으로 정하는 요건에 해당하는 지역"을 「도시 및 주거환경정비법」(이하 "도시정비법"이라 함) 제2조제7호의 주택단지로서 해당 사업시행구역의 면적이 1만제곱미터 미만일 것(가목) 등의 요건을 모두 충족한 지역으로 규정하여, 소규모재건축사업이 시행되는 지역의 요건을 구체적으로 정하고 있습니다.

소규모주택정비사업

그런데 소규모주택정비법 제16조제3항 단서에서는 같은 항 호의 어느 하나에 해당하는 경우로서 사업시행상 불가피한 경우에는 대통령령으로 정하는 편입 면적 내에서 해당 토지 또는 건축물을 포함하여 사업을 시행할 수 있다고 규정하고 있고, 그 위임에 따라 마련된 같은 법 시행령 제15조의3에서는 "대통령령으로 정하는 편입 면적"을 내는 "주택단지 면적의 100분의 20 미만으로 규정하고 있으나, 그 경우의 사업시행구역 면적에 편화여는 명화하게 규정하고 있지 아니한 경우 같은 법 시행령 제3조제1항제3호가목에 따른 '해당 사업시행구역 면적'의 의미는 소규모주택정비법 시행령과의 관계 등을 종합적으로 실펴 판단할 필요가 있습니다.

우선 소규모주택정비법 제2조제1항제4호에서는 "사업시행구역"이란 빈집정비사업 또는 소규모주택정비사업을 시행하는 구역을 말한다고 규정하고 있고, 같은 법 시행령 제3조제1항제3호가목에서는 소규모재건축사업이 하나인 소규모주택정비사업의 정우 사업시행구역의 면적이 1만 제곱미터 미만일 것을 면적 기준으로 분명하게 규정하고 있으며, 같은 법 제16조제3항에서는 주택단지에 위치하지 않는 토지 또는 건축물을 '포함하여 사업을 시행할 수 있다'고 규정하고 있는바, 같은 항 단서에 따라 소규모재건축사업을 시행하는 경우 또는 소규모재건축사업 같은 법 제2조제1항제4호에 따른 '사업시행구역'에 해당하는 소규모재건축사업 같은 법 제2조제1항제4호에 따른 '사업시행구역'에 해당하므로, 결국 소규모주택정비법 제16조제3항 단서에 따른 사업시행구역 면적이 같은 법 시행령 제3조제1항제3호가목의 1만 제곱미터 미만이어야 하는 소규모재건축사업의 기준을 충족한다고 보아야 합니다.

그리고 소규모주택정비법 제16조제3항 단서에서는 사업시행상 불가피한 경우에는 대통령령으로 정하는 '편입 면적' 내에서 일정 요건을 충족하는 주택단지 외의 토지 또는 건축물을 포함하여 소규모재건축사업을 시행할 수 있도록 예외적 시행방법을 예외적 규정하고 있는바, '편입'이라는 문언에 비추어 볼 때, 같은 항 단서는 예외적으로 사업에 포함되는 토지 또는 건축물이 있다도 소규모재건축사업 사업시행구역으로 인정될 수 있는 면적이 있는 것으로 보아야 하고, 이와 달리 같은 법 시행령 제3조제1항제3호 및 같은 법 시행령 제3조제1항제3호에 따라 1만 제곱미터 이상까지 확대될 수 있다는 예외를 달리 전체 소규모재건축사업 사업시행구역 면적이 1만 제곱미터 이상까지 확대될 수 있다는 예외를 규정한 것이라고 보기는 어렵습니다.

또한 구 도시정비법(2017년 2월 8일 법률 제14567호로 전부개정되기 전의 것을 말하며, 이하 같음)에서는 주택재건축사업을 부지면적이 1만 제곱미터 이상이고 정비계획이 수립된 "정비구역"에서 시행되는 사업으로 규정하면서, 예외적으로는 "정비구역"이 아닌 구역"에서 시행되는 사업도 포함되도록 규정하고 있었으나(각주: 구 도시정비법 제2조제2호, 제4조, 같은 법 시행령 제10조, 별표 1 제3호 및 법제처 2017. 12. 4. 회신 17-0580 해석례 참조), 2017년 2월 8일 법률 제14567호로 도시정비법 을 전부개정하면서 정비구역이 아닌 구역에서의 주택재건축사업 관련을 소규모주택정비법으로 이관하여 소규모재건축사업 으로 규정(각주: 2016. 8. 11. 이안번호 제2001546호로 발의된 빈집 및 소규모 주택정비 특례법안에 대한 국회 국토교통위원회 심사보고서 참조)하고, 그 사업시행구역 면적 기준을 1만 제곱미터 미만일 것 등으로 규정한 입법연혁과 규정체계에 비추어 볼 때, 도시정비법이 적용되는 주택재건축사업과 소규모주택정비법이 적용되는 소규모재건축사업은 사업시행구역 면적이 1만 제곱미터 미만일 것 등의 기준으로 구분되는바, 만약 주택단지 등 건축물을 포함하여 소규모재건축사업을 시행 하는 경우 그 사업시행구역의 면적이 1만 제곱미터 이상일 수 있다고 본다면, 도시정비법과 소규모주택정비법의 적용대상 구 분에 혼란이 발생할 수 있습니다.

아울러 소규모주택정비법에서는 대규모정비사업 위주로 규정하고 소규모정비사업에 대한 규정이 미흡했던 지역 구 도시정비 법의 문제점을 보완하고 소규모정비사업을 활성화하려는 취지에서 소규모정비사업과 관리처분계획과 절차를 간소화(제 29조 및 제34조)하고, 건축규제를 완화(제48조)하는 등 도시정비법의 예외에 해당하는 공공지원 규정을 마련한바(각주: 2017. 2. 8. 법률 제14569호로 제정된 소규모주택정비법 제정이유 및 주요내용 참조), 이러한 예외적인 공공지원의 대상이 되는 소규모재건축사업의 사업시행구역 면적 기준 역시 엄격하게 해석할 필요가 있다는 점도 이 사안을 해석할 때 고려할 필요가 있 습니다.

한편 소규모재건축사업에 포함되는 주택단지에 포함되는 주택단지에 포함되는 토지 또는 건축물의 면적이 사업시행구역의 면적에 포함된다고 본다면, 최초 소규모재건축사업에 대한 사업시행계획인가 이후 해당 토지 또는 건축물을 이후 해당 도시의 소규모 재건축사업의 그 사업시행구역으로 변경하여 시행해야 하는 의견이 발생되기 발생되므로, 주택을 포함하는 경우 해당 도시의 소규모재건축사업에 따른 사업시행구역의 면적은 사업시행구역에서 토지이용계획, 정비기반시설 및 공동이용시설 설치계획 등에 대한 검토가 이루어진 이후에 사업시행계획인가를 받아 시행되므로(각주: 소규모주택정비 제16조제3항 각 호의 어느 하나에 해당하는 사유 가 새로 발생하여 주택단지에 위치하지 않은 토지 또는 건축물을 포함할 가능성이 매우 낮고, 주택을 재건축하는 사업 을 사업시행구역에 따라 소규모주택정비법으로 그 적용 법률을 달리 하려는 임법취지에 따라 사업시행구역의 면적이 1만 제곱미터 이상이 되면 도시정비법의 적용을 받는다고 해석하는 것을 불합리하다고 하리

제3편 빈집 및 소규모주택 정비에 관한 특례법 실단 대비표

볼 수 없다는 점에서, 그러한 의견은 타당하다고 보기 어렵습니다.

따라서 소규모주택정비법 제16조제3항 단서에 따라 주택단지에 위치하지 않기 또는 건축사업을 시행하려는 경우, 해당 토지 또는 건축물이 주택단지에 위치하지 않은 토지 또는 소규모재건축사업을 시행하려는 경우, 해당 토지 또는 건축물의 면적과 주택단지의 면적을 포함하여 소규모재건축사업 시행령 제3조제1항제3호가목에 따른 사업시행구역의 면적 기준인 1만 제곱미터 미만이어야 합니다.

<관계 법령>

○ 빈집 및 소규모주택 정비에 관한 특례법

제16조 (소규모주택정비사업의 시행 방법) ① · ② (생 략)

③ 소규모재건축사업은 제29조에 따라 인가받은 사업시행계획에 따라 주택, 부대시설 · 복리시설 및 오피스텔(「건축법」 제2조제2항에 따른 업무시설 중 오피스텔을 말한다)을 건설하여 공급하는 방법으로 시행한다. 다만, 주택단지에 위치하지 아니한 건축물이 다음 각 호의 어느 하나에 해당하는 경우로서 사업시행상 불가피한 경우에는 대통령령으로 정하는 편입 면적 내에서 해당 건축물을 포함하여 사업을 시행할 수 있다.

1. 진입도로 등 정비기반시설 및 공동이용시설의 설치에 필요한 토지 또는 건축물
2. 건축행위가 불가능한 토지 또는 건축물
3. 시 · 도지사가 제27조에 따른 통합심의를 거쳐 부지의 정형화 등을 위하여 필요하다고 인정하는 토지 또는 건축물

④ (생 략)

○ 빈집 및 소규모주택 정비에 관한 특례법 시행령

제3조 (소규모주택정비사업 대상 지역) ① 법 제2조제1항제3호 각 목 외의 부분에서 "노후 · 불량건축물의 밀집 등 대통령령으로 정하는 요건에 해당하는 지역 또는 가로구역(街路區域)"이란 다음 각 호의 구분에 따른 지역을 말한다.

1. · 2. (생 략)
3. 소규모재건축사업: 「도시 및 주거환경정비법」 제2조제7호의 주택단지로서 다음 각 목의 요건을 모두 충족한 지역
   가. 해당 사업시행구역의 면적이 1만제곱미터 미만일 것
   나. 노후 · 불량건축물의 수가 해당 사업시행구역 전체 건축물 수의 3분의 2 이상일 것
   다. 기존주택의 세대수가 200세대 미만일 것

4. (생 략)

③ (생 략)

제15조의3 (소규모주택정비사업의 편입 면적) 법 제16조제3항 각 호 외의 부분 단서에서 "대통령령으로 정하는 편입 면적 내"란 주택단지 면적의 100분의 20 미만을 말한다.

제17조 (소규모주택정비사업의 시행자) ① 자율주택정비사업은 2명 이상의 토지등소유자가 직접 시행하거나 다음 각 호의 어느 하나에 해당하는 자와 공동으로 시행할 수 있다.
1. 시장·군수등
2. 토지주택공사등
3. 건설업자
4. 등록사업자
5. 신탁업자
6. 부동산투자회사

② 자율주택정비사업의 시행으로 「공공주택 특별법」 제2조제1호가목에 따른 공공임대주택(이하 "공공임대주택"이라 한다)의 비율(건축물의 전체 연면적 대비 공공임대주택의 연면적의 비율 또는 전체 세대수 대비 공공임대주택의 세대수의 비율을 말한다)이 50퍼센트 이상이 되도록 건설하는 경우에는 제1항에도 불구하고 토지등소유자 1명이 사업을 시행할 수 있으며, 제2조제1항제3호의 사업을 시행할 수 있으며, 제2조에서도 사업을 시행할 수 있다. <개정 2019. 8. 20., 2021. 7. 20.>

소규모주택정비사업

③ 가로주택정비사업, 소규모재건축사업 또는 소규모재개발사업은 다음 각 호의 어느 하나에 해당하는 방법으로 시행할 수 있다. <개정 2021. 7. 20.>
1. 토지등소유자가 20명 미만인 경우에는 토지등소유자가 직접 시행하거나 해당 토지등소유자가 제1항 각 호의 어느 하나에 해당하는 자와 공동으로 시행하는 방법
2. 제23조에 따른 조합이 직접 시행하거나 해당 조합이 조합원의 과반수 동의를 받아 제1항 각 호의 어느 하나에 해당하는 자와 공동으로 시행하는 방법

핵심포인트
법 제17조

「소규모주택정비법」상 가로주택정비사업은 토지등소유자가 설립한 조합에 의하거나 조합이 일정한 요건을 갖춘 자와 공동으로 사업을 시행할 수 있다.

20명 미만 토지등소유자/조합 시행

[법령해석 1] 국토교통부 - 민원인 - 토지등소유자가 20명 미만인 가로주택정비사업 등의 경우 조합을 설립하여 사업을 시행할 수 있는지 여부(「법령 및 소규모주택 정비에 관한 특례법」 제17조 등)

안건번호 23-0993   회신일자 2023-12-04

1. 질의요지

「빈집 및 소규모주택 정비에 관한 특례법」(이하 "소규모주택정비법"이라 함) 제17조제3항 각 호 외의 부분에서는 가로주택정비사업, 소규모재개발사업 또는 소규모재건축사업(이하 "가로주택정비사업등"이라 함)은 같은 항 각 호의 어느 하나에 해당하는 방법으로 시행할 수 있다고 규정하면서, 같은 항 제1호에서는 '토지등소유자가 20명 미만인 경우에는 토지등소유자가 직접

시행하거나 해당 토지등소유자가 같은 조 제1항 각 호의 어느 하나에 해당하는 자와 공동으로 시행하는 방법(이하 "토지등소유자 방식"이라 함)을, 같은 항 제2호에서는 '같은 법 제23조에 따른 조합이 직접 시행하거나 해당 조합원의 과반수 동의를 받아 같은 법 제17조제1항 각 호의 어느 하나에 해당하는 자와 공동으로 시행하는 방법(이하 "조합 방식"이라 함)'을 규정하고 있는바,

가로주택정비사업등의 토지등소유자가 20명 미만인 경우, 소규모주택정비법 제17조제3항제2호에 따른 조합 방식으로 사업을 시행할 수 있는지?

2. 회답

가로주택정비사업등의 토지등소유자가 20명 미만인 경우에도 소규모주택정비법 제17조제3항제2호에 따른 조합 방식으로 사업을 시행할 수 있습니다.

3. 이유

먼저 소규모주택정비법 제17조제3항 각 호 외의 부분에서는 가로주택정비사업등은 같은 항 '각 호의 어느 하나에 해당하는 방법으로 시행할 수 있다'고 규정하면서, 같은 항 제1호에서는 '토지등소유자가 20명 미만인 경우'로 해당 규정이 적용될 수 있는 요건을 한정하고 있는 한편, 같은 항 제2호에서는 조합 방식으로 사업을 시행할 수 있는 요건으로 토지등소유자의 수를 별도로 한정하고 있지 않은데, 만약 '토지등소유자가 20명 이상인 경우'에는 조합 방식만으로 '토지등소유자 방식'으로 사업을 시행하도록 하려는 문언이었다면 같은 항 각 호 외의 부분에서 '각 호의 어느 하나에 해당하는 방법'이라는 문언 대신 '각 호의 구분에 따른 방법'이라는 일반적으로만 사업을 시행할 수 있으나, 가로주택정비사업등의 토지등소유자가 20명 미만인 경우에는 같은 항 제1호에 따른 토지등소유자 방식뿐

만 아니라 같은 항 제2호에 따른 조합 방식으로도 사업을 시행할 수 있다고 보는 것이 해당 규정의 문언 및 체계에 부합하는 해석이라 할 것입니다.

그리고 소규모주택정비법 제17조제3항의 입법연혁을 살펴보면, 구 「도시재개발법」(2002. 12. 20. 법률 제6852호로 폐지되기 전의 것을 말함) 제8조제1항에서는 재개발사업은 '토지등소유자 또는 조합'이 시행할 수 있다고 규정하고 있었으나, 각 개별법에 규정되어 있던 재건축사업·재개발사업 및 주거환경개선사업에 관한 사항을 통합하여 체계적으로 규정하기 위해(각주: 2002. 12. 30. 법률 제6852호로 제정된 도시 및 주거환경정비법 제정이유 참조) 2002년 12월 30일 법률 제6852호로 제정된 「도시 및 주거환경정비법」(이하 "구 도시정비법"이라 함)에서 재개발사업을 '주택재개발사업'과 '도시환경정비사업'으로 구분하여 규정(제2조제2호)하면서, 일반적으로 다수의 토지등소유자가 존재하는 주택재개발사업에 대해서는 토지등소유자 조합 방식으로 사업을 시행할 수 있도록 하는 한편, 비교적 소규모로 시행되는 도시환경정비사업에 대해서는 토지등소유자 방식 및 조합 방식의 사업 시행이 모두 가능하게 규정하여 두 가지 방식 중 하나를 선택할 수 있도록 하였는데(제8조제1항 및 제3항)(각주: 헌법재판소 2011. 8. 30. 결정 2009헌바128 결정례 참조), 그 후 구 도시정비법에 따른 정비사업 중 소규모모주택정비사업에 관하여 가로주택정비사업을 2017년 2월 8일 법률 제14569호로 제정된 소규모주택정비법으로 이관하여 규정하게 되었습니다.

이러한 입법연혁에 비추어 보면, 정비사업의 '조합 방식'을 원칙으로 하되, 토지등소유자의 수가 적은 정비사업의 경우 조합을 결성할 필요성이 크지 않고 실질적으로 조합을 구성하여 사업을 시행하여 시행하는 것이 어렵거나 무의미할 수 있다는 점(각주: 헌법재판소 2011. 8. 30. 결정 2009헌바128 결정례 참조)을 고려하여, 토지등소유자가 20명 미만인 가로주택정비사업 등에 한정하여 조합 방식 이외에도 토지등소유자 방식으로써 그 사업을 시행하는 경우 조합설립추진위원회 승인 및 조합설립 인가 등 조합의 설립 및 운영에 관한 절차를 생략할 수 있도록 한 것으로 보이는바, 소규모주택정비법 제17조제3항은 가로주택정비사업등의 토지등소유자가 20명 미만인 경우에는 같은 항 제1호에 따른 토지등소유자 방식 또는 같은 항 제2호에 따른 조합 방식 중 하나의 방식을 선택하여 사업을 시행할 수 있도록 규정한 것으로 보는 것이 타당하다 할 것입니다.

따라서 가로주택정비사업등의 토지등소유자가 20명 미만인 경우에도 소규모주택정비법 제17조제3항제2호에 따라 조합 방식으로 사업을 시행할 수 있습니다.

<관계 법령>

○ 빈집 및 소규모주택 정비에 관한 특례법

제17조 (소규모주택정비사업의 시행자) ① · ② (생 략)

③ 가로주택정비사업, 소규모재건축사업 또는 소규모재개발사업은 다음 각 호의 어느 하나에 해당하는 방법으로 시행할 수 있다.

1. 토지등소유자가 20명 미만인 경우에는 토지등소유자가 직접 시행하거나 해당 토지등소유자가 제1항 각 호의 어느 하나에 해당하는 자와 공동으로 시행하는 방법

2. 제23조에 따른 조합이 직접 시행하거나 해당 조합이 조합원의 과반수 동의를 받아 제1항 각 호의 어느 하나에 해당하는 자와 공동으로 시행하는 방법

제22조 (주민합의체의 구성 등) ① 토지등소유자는 다음 각 호에 따라 소규모주택정비사업을 시행하는 경우 토지등소유자 전원의 합의로 주민합의체를 구성하여야 한다.

1. 제17조제1항에 따라 자율주택정비사업을 시행하는 경우로서 토지등소유자가 2명 이상인 경우
2. 제17조제3항제1호에 따라 가로주택정비사업 또는 소규모재건축사업을 시행하는 경우로서 토지등소유자가 20명 미만인 경우

② ~ ⑪ (생 략)

제23조 (조합설립인가 등) ① 가로주택정비사업의 토지등소유자는 조합을 설립하는 경우 토지등소유자의 10분의 8 이상 및 토지면적의 3분의 2 이상의 토지소유자의 동의를 받은 후 조합설립을 위한 창립총회(이하 "창립총회"라 한다)를 개최하고 다음 각 호의 사항을 첨부하여 시장·군수등의 인가를 받아야 한다. <후단 생략>

1. ~ 3. (생 략)

② ~ ⑩ (생 략)

[법령해석 2] 국토교통부 · 민원인 - 토지등소유자가 20명 미만인 가로주택정비사업 등의 경우 조합을 설립하여 사업을 시행할 수 있는지 여부(「빈집 및 소규모주택 정비에 관한 특례법」 제17조 등)

안건번호 23-0921 회신일자 2023-12-04

1. 질의요지

「빈집 및 소규모주택 정비에 관한 특례법」(이하 "소규모주택정비법"이라 함) 제17조제3항 각 호 외의 부분에서는 가로주택정비사업, 소규모재건축사업 또는 소규모재개발사업(이하 "가로주택정비사업등"이라 함)은 같은 항 각 호의 어느 하나에 해당하는 방법으로 시행할 수 있다고 규정하면서, 같은 항 제1호에서는 '토지등소유자가 20명 미만인 경우에는 토지등소유자가 직접 시행하거나 해당 토지등소유자의 과반수 동의를 받아 같은 법 제23조에 해당하는 자와 공동으로 시행하는 조합원의 방법'(이하 "토지등소유자 직접 시행 방식"이라 함)을, 같은 항 제2호에서는 ' 같은 법 제17조제1항 각 호의 어느 하나에 해당하는 자와 공동으로 시행하는 방법'(이하 "조합 방식"이라 함)을 규정하고 있는바, 가로주택정비사업등의 토지등소유자가 20명 미만인 경우, 소규모주택정비법 제17조제3항제2호에 따른 조합 방식으로 사업을 시행할 수 있는지?

2. 회답

가로주택정비사업등의 토지등소유자가 20명 미만인 경우에도 소규모주택정비법 제17조제3항제2호에 따른 조합 방식으로 사업을 시행할 수 있습니다.

3. 이유

먼저 소규모주택정비법 제17조제3항 각 호 외의 부분에서는 가로주택정비사업등은 같은 항 '각 호의 어느 하나에 해당하는 방법'으로 시행할 수 있다고 규정하면서, 같은 항 제1호에서는 '토지등소유자가 20명 미만인 경우'로 해당 규정이 적용될 수 있는 요건을 한정하고 있는 한편, 같은 항 제2호에서는 조합 방식으로 사업을 시행할 수 있는 '토지등소유자의 수를 별도로 한정하고 있지 않은데, 만약 가로주택정비사업등을 시행할 때 '토지등소유자' 20명 미만인 경우'에는 토지등소유자 방식으로 시행하도록 하려는 것이었다면 같은 항 각 호 외의 부분에서 '각 호의 어느 하나에 해당하는 방법'이라는 문언 대신 '각 호의 구분에 따른 방법'으로 한정하도록 문언을 사용하면서, 같은 항 제2호에서 '토지등소유자가 20명 이상인' 조합 방식으로 사업을 한정하는 입법방식을 취하였을 것이 일반적이라는 점에 비추어 볼 때, 가로주택정비사업의 토지등소유자가 20명 이상인 경우에는 같은 항 제2호에 따른 조합 방식으로만 사업을 시행할 수 있으나, 토지등소유자가 20명 미만인 경우에는 같은 항 제1호에 따른 토지등소유자 방식뿐만 아니라 같은 항 제2호에 따른 조합 방식으로도 사업을 시행할 수 있다고 보는 것이 해당 규정의 문언 및 체계에 부합하는 해석이라 할 것입니다.

그리고 소규모주택정비법 제17조제3항의 입법연혁을 살펴보면, 구 「도시재개발법」(2002. 12. 20. 법률 제6852호로 폐지되기 전의 것을 말함) 제8조제1항에서는 재개발사업의 '토지등소유자 또는 조합'이 시행할 수 있다고 규정하고 있으나, 각 개별법에 규정되어 재개발사업·재건축사업 및 주거환경개선사업에 관한 사항을 통합하여 체계적으로 규정하기 위하여(각주: 2002. 12. 30. 법률 제6852호로 제정된 도시 및 주거환경정비법 제정이유 참조) 2002년 12월 30일 법률 제6852호로 제정된 「도시 및 주거환경정비법」(이하 "구 도시정비법"이라 함) (제2조제2호)하면서, 일반적으로 다수의 토지등소유자가 존재하는 주택재개발사업과 '도시환경정비사업'으로 구분하여 규정(제2조제2호)하면서, 일반적으로 다수의 토지등소유자가 존재하는 주택재개발사업에 대해서는 토지등소유자 방식을 삭제하는 한편, 비교적 소규모로 시행되는 도시환경정비사업에 대해서는 토지등소유자 방식 및 조합 방식의 사업 시행에 관한 내용을 함께 규정하여 두 가지 방식 중 하나를 선택할 수 있도록 하였는데(제8조제1항 및 제3항)(각주: 헌법재판소 2011. 8. 30. 결정 2009헌바128 결정례 참조), 그 후 구 도시정비법에 따른 정비사업 중 소규모주택정비사업에 관한 사항을 2017년 2월 8일 법률 제14569호로 제정된 소규모주택정비법으로 이관하여 규정하게 되었습니다.

이러한 입법연혁에 비추어 보면, 정비사업을 '조합' 방식으로 구성할 원칙으로 하되, 토지등소유자의 수가 적은 정비사업의 경우 조합을 결성할 필요성이 크지 않고 실질적으로 조합을 구성하여 사업을 시행하는 것이 어렵거나 무의미할 수 있다는 점(각주: 헌법재판소 2011. 8. 30. 결정 2009헌바128 결정례 참조)을 고려하여, 토지등소유자가 20명 미만인 가로주택정비사업등에 한정하여 조합 방식 이외에도 토지등소유자 방식으로 함으로써 관련 토지등소유자 그 사업을 시행하는 경우 조합설립추진 위원회 승인 및 조합설립 인가 등 조합의 설립 및 운영에 관한 절차를 생략할 수 있도록 한 것으로 보이는바, 소규모주택정비법 제17조제3항은 가로주택정비사업등의 토지등소유자가 20명 미만인 경우에는 같은 항 제1호에 따른 토지등소유자 방식 또는 같은 항 제2호에 따른 조합 방식 중 하나의 방식을 선택하여 사업을 시행할 수 있도록 규정한 것으로 보는 것이 타당하다고 할 것입니다.

따라서 가로주택정비사업등의 토지등소유자가 20명 미만인 경우에도 소규모주택정비법 제17조제3항제2호에 따른 조합 방식으로 사업을 시행할 수 있습니다.

<관계 법령>

빈집 및 소규모주택 정비에 관한 특례법

제17조 (소규모주택정비사업의 시행자) ① · ② (생 략)
③ 가로주택정비사업, 소규모재건축사업 또는 소규모재개발사업은 다음 각 호의 어느 하나에 해당하는 방법으로 시행할 수 있다.
1. 토지등소유자가 20명 미만인 경우에는 토지등소유자가 직접 시행하거나 해당 토지등소유자가 제1항 각 호의 어느 하나에 해당하는 자와 공동으로 공동으로 시행하는 방법
2. 제23조에 따른 조합이 직접 시행하거나 해당 조합이 조합원의 과반수 동의를 받아 제1항 각 호의 어느 하나에 해당하는 자와 공동으로 시행하는 방법

제22조 (주민합의체의 구성 등) ① 토지등소유자는 다음 각 호에 따라 소규모주택정비사업을 시행하는 경우 토지등소유자 전원의 합의를 거쳐 주민합의체를 구성하여야 한다.
1. 제17조제1항에 따라 자율주택정비사업을 시행하는 경우로서 토지등소유자가 2명 이상인 경우
2. 제17조제3항제1호에 따라 가로주택정비사업 또는 소규모재건축사업을 시행하는 경우로서 토지등소유자가 20명 미만인 경우
② ~ ⑪ (생 략)

제23조 (조합설립인가 등) ① 가로주택정비사업의 토지등소유자가 조합을 설립하는 경우 토지등소유자의 10분의 8 이상 및 토지면적의 3분의 2 이상의 토지소유자 동의를 받아 조합설립을 위한 창립총회(이하 "창립총회"라 한다)를 개최하고 다음 각 호의 사항을 첨부하여 시장·군수등의 인가를 받아야 한다. <후단 생략>
1. ~ 3. (생 략)
② ~ ⑩ (생 략)

[법령해석 3] 민원인 - 「재건축초과이익 환수에 관한 법률」에 따른 재건축부담금의 부과대상 사업의 범위(「재건축초과이익 환수에 관한 법률」 제2조제1호 등 관련)

안건번호 22-0127 회신일자 2022-05-27

1. 질의요지

144 소규모주택정비사업

「빈집 및 소규모주택 정비에 관한 특례법」(이하 "소규모주택정비법"이라 함) 제2조제1항제3호다목에 따른 소규모재건축사업 및 소규모주택정비법 제17조제3항제1호에 따라 토지등소유자(각주: 소규모주택정비법 제2조제1항제3호다목에 따른 소규모재건축사업을 시행하는 구역에 위치한 건축물 및 그 부속토지의 소유자를 말하며, 이하 같음)가 직접 시행(각주: 이 경우 토지등소유자는 소규모재건축사업을 소규모주택정비법 제22조에 따라 주민합의체를 구성해야 함)하는 소규모재건축사업(각주: 소규모주택정비법 제2조제1항제3호다목 참조, 정비기반시설이 양호한 지역에서 소규모로 공동주택을 재건축하기 위한 사업을 말하며(소규모주택정비법 제2조제1항제3호다목 참조), 이하 같음)이 「재건축초과이익 환수에 관한 법률」(이하 "재건축이익환수법"이라 함)에 따른 재건축부담금 부과대상 사업인지?

※ 질의배경

민원인은 위 질의요지에 대한 국토교통부의 회신 내용에 이견이 있어 법제처에 법령해석을 요청함.

2. 회답

소규모주택정비법 제17조제3항제1호에 따라 토지등소유자가 직접 시행하는 소규모재건축사업은 재건축이익환수법에 따른 재건축부담금 부과대상 사업이 아닙니다.

3. 이유

재건축이익환수법 제2조제1호다목에 따른 재건축사업은 「도시 및 주거환경정비법」(이하 "도시정비법"이라 함) 제2조제2호다목에 따른 재건축사업 및 소규모주택정비법 제2조제1항제3호다목에 따른 소규모재건축사업(이하 "재건축사업"이라 함)에서 발생되는 '재건축초과이익'을 재건축부담금으로 징수해야 하고, 재건축이익환수법 제10조에 따라 산정된 금액을 말하며, 이하 같음)을 초과하여 도시정비법 제35조에 따라 설립된 재건축조합 및 소규모주택정비법 제23조에 따라 설립된 소규모주택정비조합(가목)에 귀속되거나 조합원(나목)에게 귀속되는 주택가액의 증가분이라고 규정하면서, 그 주택가액의 증가분이 공공시행자(각주: 도시정비법 제26조제1항에 따라 지정된 공공시행자를 말함), 토지등소유자(각주: 이하 같음), 토지등소유자로서 정비구역에 위치한 건축물 및 그 부속토지의 소유자를 말하며(소규모주택정비법 제2조제1항에 따라 토지등소유자가 소규모재건축사업을 시행하는 구역에 위치한 토지의 소유자를 말하며, 이하 같음)에 따라 제축물 및 그 부속토지의 소유자를 말함), 신탁업자(자주: 「자본시장과 금융투자업에 관한 법률」 제8조제7항에 따른 신탁업자로서 도시정비법 제27조제1항제3호에 따라 지정된 신탁업자를 말하며, 이하 같음) 및 위탁자만 규정하고 있을 뿐, 소규모주택정비법 제17조제3항제1호에 따라 소규모재건축사업을 직접 시행하는 토지등소유자는 그 귀속주체로 규정하여 포함하고 있지 않은바, 문언상 토지등소유자가 직접 시행하는 소규모재건축사업은 재건축부담금의 부과대상 사업이 아니라고 할 것입니다.

또한 재건축이익환수법에 따라 부과하는 재건축부담금은 재건축사업으로 발생하는 개발이익을 사회적으로 환수하고 이를 적정하게 배분하기 위하여 재건축사업을 시행하는 조합 등에 대해 특정한 반대급부 없이 일정한 금액을 강제적으로 부과하는 조세 외의 금전지급의무인 「부담금관리 기본법」 제2조, 제3조, 별표 제68호, 헌법재판소 2019. 12. 27. 선고 2014헌바381 결정례 및 2006. 5. 24. 법률 제7959호로 제정된 재건축부담금의 부담금관리 기본법(자주: 부담금(자주: 「부담금관리 기본법」 에 따른 부담금(자주: 「부담금관리 기본법」 제2조 참조) 납부기한까지 재건축부담금을 납부하지 않으면 체납처분의 예납처분에 따라 준용되는 「개발이익환수에 관한 법률」 제22조 참조)을 진행하는 등 재건축부담금을 엄격하게 해석·적용해야 하고 행정청차분의 상대방에게 불리한 방향으로 확장해석하거나 유추해석해서는 안 된다는 점(자주: 대법원 2013. 12. 12. 선고 2011두3388 판결례 참조), 부담금을 부과·징수하기 위해서는 「부담금관리 기본법」 제4조에 따라 그 근거 「별표」에 부담금 · 징수주체 및 부과요건 등이 구체적으로 명확하게 규정되어야 한다는 점 등에 비추어 볼 때, 재건축부담금의 부과·징수주체로 토지등소유자를 명시적으로 규정하고 있지 않음에도 불구하고 토지등소유자가 소규모재건축조합이익의 귀속주체로 재건축조과이익의 귀속주체로 재건축조과이익의 귀속주체로 재건축부담금까지 재건축부담금의 부과대상 사업에 포함된다고 확장해석할 수는 없을 것입니다.

그리고 재건축이익환수법 제2조제1호의 입법연혁을 살펴보면, 2006년 5월 24일 법률 제7959호로 같은 법률을 제정하여 재건축초과이익의 정의규정을 신설할 당시에는 재건축조합에 의한 주거환경정비법」 에 의한 주택재건축사업으로 인하여 정상주택가격상승분을 초과하여 재건축조합 또는 조합원에게 귀속되는 주택가격의 증가분"으로 규정했던 것을, 이후 소규모주택정비법 제정으로 도입된 소규모재건축사업도 재건축부담금 부과대상으로 포함하면서 재건축초과이익의 귀속주체에 '소규모재건축조합 및 조합원'을 추가(자주: 2017. 2. 8. 법률 제14569호로 제정되어 2018. 2. 9. 시행된 「빈집 및 소규모주택 정비에 관한 특례법」 에서 타법개정함)하고, 도시정비법 개정방식의 재건축방식의 신탁업 도입됨에 따라 소규모주택정비에 관한 특례법」 에서 타법개정됨)하고, 도시정비법 개정방식의 재건축방식의 신탁방식으로 도입된 신탁방식의 재건축사업으로 인하여 시행된 인한 초과이익을 환수할 필요가 있어 '신탁업자'와 '위탁자'를 추가(단주: 2017. 9. 22. 시행된「재건축초과이익환수에 관한 법률」 개정이유 및 주요내용 참조)하는 등으로 재건축초과이익의 귀속주체에 관한 규정을 개정해 왔다는 점(단주: 2016. 12. 29. 의안번호 제2004810호로 재안된 재건축초과이익환수에 관한 법률 일부개정법률안 국회 국토교통위원회 검토보고서 및 2020. 11. 24. 의안번호 제2105694호로 재안된 재건축초과이익환수에 관한 법률 일부개정법률안(대안반영폐기)) 국회 국토교통위원회 검토보고서 참조)에 비추어 보더라도, 소규모주택정비법 제17조제3항제1호에 따라 토지등소유자가 직접 소규모재건축사업을 시행하여 발생한 초과이익을 일률적으로 재건축초과이익환수법 제2조제1호에 따른 "재건축초과이익"의 귀속주체로 토지등소유자도 명시하여 규정하여야 할 것입니다.

따라서 소규모주택정비법 제17조제3항제1호에 따라 토지등소유자가 직접 시행하는 소규모재건축사업은 재건축초과이익환수법에 따른 재건축부담금 부과대상 사업이 아닙니다.

<관계 법령>

재건축초과이익 환수에 관한 법률

제2조 (정의) 이 법에서 사용하는 용어의 정의는 다음과 같다.
1. "재건축초과이익"이라 함은「도시 및 주거환경정비법」제2조제2호다목에 따른 재건축사업 및「빈집 및 소규모주택 정비에 관한 특례법」제2조제1항제3호다목에 따른 소규모재건축사업(이하 "재건축사업"이라 한다)으로 인하여 정상주택가격상승분을 초과하여 다음 각 목의 어느 하나에 귀속되는 주택가액의 증가분으로서 제7조에 따라 산정된 금액을 말한다.
가.「도시 및 주거환경정비법」제35조에 따라 설립된 재건축조합[같은 법 제26조제1항에 따라 지정된 공공시행자(같은 항 제1호에 따라 지정된 지정개발자를 포함한다) 및 같은 법 제27조제1항제3호에 따라 지정된 신탁업자를 포함한다] 및「빈집 및 소규모주택 정비에 관한 특례법」제23조에 따라 설립된 조합(이하 "조합"이라 한다)
나. 조합원[사업시행자가 공공시행자인 경우「도시 및 주거환경정비법」제2조제9호나목에 따른 토지등소유자를 말하며, 사업시행자가 신탁업자인 경우 위탁자를 말한다. 이하 같다]
2. "정상주택가격상승분"이라 함은 제10조에 따라 산정된 금액을 말한다.
3. "재건축부담금"이라 함은 재건축초과이익 중 이 법에 따라 국토교통부장관이 부과·징수하는 금액을 말한다.
4.·5. (생 략)

제3조 (재건축초과이익 환수) 국토교통부장관은 재건축사업에서 발생되는 재건축초과이익을 이 법에서 정하는 바에 의하여 재건축부담금은

제3편 빈집 및 소규모주택 정비에 관한 특례법 심단 대비표 147

소규모주택정비사업

로 징수하여야 한다.

제5조 (대상사업) 재건축부담금 부과대상 행위는 제2조제1호에 따른 재건축사업으로 한다.

빈집 및 소규모주택 정비에 관한 특례법

제17조 (소규모주택정비사업의 시행자) ① · ② (생 략)
③ 가로주택정비사업, 소규모재건축사업 또는 소규모재개발사업은 다음 각 호의 어느 하나에 해당하는 방법으로 시행할 수 있다.
1. 토지등소유자가 20명 미만인 경우에는 토지등소유자가 직접 시행하거나 해당 토지등소유자 제1항 각 호의 어느 하나에 해당하는 자와 공동으로 시행하는 방법
2. 제23조에 따른 조합이 직접 시행하거나 해당 조합이 조합원의 과반수 동의를 받아 제1항 각 호의 어느 하나에 해당하는 자와 공동으로 시행하는 방법

제22조 (주민합의체의 구성 등) ① 토지등소유자는 다음 각 호에 따라 소규모재건축사업을 시행하는 경우로서 토지등소유자 전원의 합의를 거쳐 주민합의체를 구성하여야 한다.
1. (생 략)
2. 제17조제3항제1호에 따라 가로주택정비사업 또는 소규모주택정비사업을 시행하는 경우로서 토지등소유자가 20명 미만인 경우
② ~ ⑨ (생 략)

제17조의2 삭제 <2023. 4. 18.>

제18조 (소규모주택정비사업의 공공시행자 지정) ① 시장·군수등은 가로주택정비사업, 소규모재건축사업 또는 소규모재개발사업이 다음 각 호의 어느 하나에 해당하는 경우에는 제17조제3항에도 불구하고 직접 해당 사업을 시행하거나 토지주택공사등(토지주택공사등이 건설업자 또는 등록사업자와 공동으로 시행하는 경우를 포함한다. 이하 이 조 및 제

20조에서 같다)을 사업시행자로 지정하여 해당 사업을 시행하게 할 수 있다. <개정 2021. 7. 20., 2022. 2. 3.>

1. 천재지변, 「재난 및 안전관리 기본법」 제27조 또는 「시설물의 안전 및 유지관리에 관한 특별법」 제23조에 따른 사용제한·사용금지, 그 밖의 불가피한 사유로 긴급하게 사업을 시행할 필요가 있는 경우
2. 토지등소유자가 제22조에 따른 주민합의체를 신고한 날 또는 조합이 제23조에 따른 조합설립인가를 받은 날부터 3년 이내에 제29조에 따른 사업시행계획인가를 신청하지 아니한 경우
3. 사업이 장기간 지연되거나 권리관계에 대한 분쟁 등으로 해당 조합 또는 토지등소유자가 시행하는 사업을 계속 추진하기 어려운 경우
4. 제54조제4항에 따라 사업시행계획인가가 취소된 경우
5. 사업시행구역의 국유지·공유지 면적 또는 국유지·공유지와 토지주택공사등이 소유한 토지를 합한 면적이 전체 토지면적의 2분의 1 이상으로서 토지등소유자 과반수가 시장·군수등 또는 토지주택공사등을 사업시행자로 지정하는 것

제3편 빈집 및 소규모주택 정비에 관한 특례법 삼단 대비표 149

150 소규모주택정비사업

에 동의하는 경우
6. 사업시행구역의 토지면적의 2분의 1 이상의 토지소유자와 토지등소유자의 3분의 2 이상에 해당하는 자가 시장·군수등 또는 토지주택공사등을 사업시행자로 지정할 것을 요청한 경우

② 시장·군수등은 제1항에 따라 직접 가로주택정비사업, 소규모재건축사업 또는 소규모재개발사업을 시행하거나 토지주택공사등을 사업시행자로 지정하는 때에는 14일 이상 주민 공람을 거쳐 의견을 수렴하고 사업시행구역 등 대통령령으로 정하는 사항을 해당 지방자치단체의 공보에 고시하여야 한다. 다만, 제1항제1호의 경우에는 토지등소유자에게 지체 없이 사업의 시행 사유·시기 및 방법 등을 통보하여야 한다. <개정 2021. 7. 20., 2022. 2. 3.>

③ 제2항에 따른 사업시행구역에 관한 지형도면 고시 등에 대하여는 「토지이용규제기본법」 제8조에 따른다. <신설 2023. 4. 18.>

④ 제2항에 따라 사업시행자의 지정·고시가 있은 때에는 그 고시일 다음 날에 주민합의체의 신고 또는 조합설립인가가 취소된 것으로 본다. <개정 2023. 4. 18.>

[제목개정 2021. 7. 20.]

제16조 (사업시행자 고시 및 통보) ① 법 제18조제2항 본문 및 제19조제2항 전단에서 "사업시행구역 등 대통령령으로 정하는 사항"이란 각각 다음 각 호의 사항을 말한다. <개정 2023. 10. 18.>
1. 사업의 종류 및 명칭
2. 사업시행자의 성명 및 주소
3. 사업시행구역의 위치 및 면적
4. 사업의 착수예정일 및 준공예정일

② 시장·군수등은 법 제18조제2항 본문 또는 제19조제2항에 따른 고시를 한 때에는 토지등소유자에게 제1항 각 호의 사항을 통보하여야 한다.

제19조 (소규모주택정비사업의 지정개발자 지정) ① 시장·군수등은 가로주택정비사업, 소규모재건축사업 또는 소규모재개발사업의 조합설립을 위하여 제23조에 따른 조합설립 동의요건 이상에 해당하는 자가 대통령령으로 정하는 요건을 갖춘 신탁업자(이하 "지정개발자"라 한다)를 사업시행자로 지정하는 것에 동의하는 때에는 지정개발자를 사업시행자로 지정하여 해당 사업을 시행하게 할 수 있다. <개정 2021. 7. 20.> ② 시장·군수등은 제1항에 따라 지정개발자를 사업시행자로 지정하는 때에는 14일 이상 주민의 공람을 거쳐 의견을 수렴하고 사업시행구역 등 대통령령으로 정하는 사항을 해당 지방자치단체의 공보에 고시하여야 한다. 이 경우 사업시행구역에 관한 지형도면 고시 등에 대하여는 「토지이용규제 기본법」 제8조에 따른다. <개정 2022. 2. 3., 2023. 4. 18.> ③ 지정개발자는 제1항에 따른 사업시행자 지정에 필요한 동의를 받기 전에 다음 각 호에 관한 사항을 토지등소유자에게 제공하여야 한다. 1. 토지등소유자별 분담금 추산액 및 산출근거	제17조 (지정개발자의 요건) 법 제19조제1항에서 "대통령령으로 정하는 요건을 갖춘 신탁업자"란 사업시행구역 면적의 3분의 1 이상의 토지를 신탁받은 신탁업자를 말한다.

소규모주택정비사업

2. 그 밖에 추정분담금의 산출 등과 관련하여 시·도조례로 정하는 사항

④ 제2항에 따른 사업시행자의 지정·고시가 있을 때에는 그 고시일 다음 날에 종전의 의제에의 신고 또는 조합설립인가가 취소된 것으로 본다.
[제목개정 2021. 7. 20.]

■ 20명 미만 토지등소유자 또는 조합 단독 시행
  조합(토지등소유자)와 공동시행
  - 20명 미만 토지등소유자+㉠
  - 조합+㉠ ➡ 조합원의 과반수 동의

■ 공동시행자》
  - 시장·군수등
  - 시장·군수등이 지정한 LH(LH등이 건설업자, 등록사업자와 공동시행 포함)

■ 공동시행 법적요건》 ▶빈집 특례법 제18조제1항

1. 천재지변, 사용제한·사용금지 등의 불가피한 사유로 긴급히 사업 시행할 필요가 있는 경우
2. 토지등소유자가 주민합의체 신고한 날 또는 조합이 조합설립인가를 받은 날부터 3년 이내에 사업시행계획인가를 미신청한 경우
3. 사업이 장기간 지연되거나 권리관계에 대한 분쟁 등으로 해당 조합 또는 토지등소유자가 사업을 계속 추진하기 어려운 경우
4. 빈집 특례법 제54조제4항에 따라 사업시행계획인가가 취소된 경우
5. 사업시행구역의 국·공유지 면적 또는 국공유지와 LH등이 소유한 토지를 합한 면적이 전체 토지면적의 2분의 1 이상으로서 토지등소유자의 과반수가 시장·군수등 또는 LH등을 사업시행자로 지정하는 것에 동의하는 경우
6. 사업시행구역의 토지면적 1/2 이상의 토지소유자와 토지등 소유자의 2/3 이상이 시장·군수등 또는 LH등을 사업시행자로 지정할 것을 요청하는 경우

핵심포인트
법 제17조 ~ 제19조

■ 공공시행자 지정 고시 및 효력
- 시장·군수등은 영 제16조제1항 각 호의 사항을 지자체 공보에 고시, 토지등소유자에게 통보
- 고시 : 고시일 다음 날 주민합의체 신고, 조합설립인가 취소된 것으로 봄
  통보(단, 천재지변 등에 의한 경우에는 시행사유·시기 및 방법까지 통보)
■ 지정개발자
- 시장·군수등이 지정한 다음의 자
- 신탁업자(사업시행구역 면적의 1/3 이상의 토지를 신탁받은 자
- 지정개발자 시행 법적요건 (빈집 특례법 제19조제1항)
- 조합설립을 위한 동의요건 이상에 해당하는 자가 신탁업자 사업시행자로 지정하는 것에 동의하는 때

※ 토지등소유자 전체회의 구성 심의

■ 사업시행자 지정 고시 및 효력 ☞ 【공공시행자】 와 동일
■ 조합과 공동시행
■ 조합 + (시장·군수등, 나등, 건설업자, 등록사업자, 신탁업자, 부동산투자회사)
↑ 조합원의 과반수 동의

■ 공공시행자 지정
- 토지등소유자가 시장·군수등 또는 나등을사업시행자로 지정 요청할 경우
  ① 사업시행구역의 국·공유지 면적 또는 국·공유지와 나등이 소유한 토지를 합한 면적이 전체 토지면적의 2분의 10상으로서 토지등소유자의 과반수가 사업시행자 지정에 동의
  ② 사업시행구역의 토지면적 1/2 이상의 토지소유자와 토지등 소유자의 2/3 이상이 사업시행자로 지정을 요청
■ 지정개발자 지정
- 지정개발자 자격요건
- 사업시행구역 면적의 1/3 이상의 토지를 신탁받은 신탁업자
  ① 조합설립을 위한 동의요건 이상에 해당하는 자가 신탁업자 사업시행자로 지정하는 것에 동의

핵심포인트
법 제17조 ~ 제19조

핵심포인트
법 제17조 ~ 제19조

■ 주민합의체 구성
 - 토지등소유자의 전원 합의
 ※ 추진위원회 구성 없음

제20조 (시공자의 선정 등) ① 토지등소유자가 소규모주택정비사업을 시행하는 경우 제22조에 따라 주민합의체를 신고한 후 주민합의에서 정하는 바에 따라 건설업자 또는 등록사업자를 시공자로 선정하여야 한다.
② 조합은 소규모주택정비사업을 시행하는 경우 조합설립인가를 받은 후 조합총회(시장·군수등 또는 토지주택공사등과 공동으로 사업을 시행하는 경우에는 조합원의 과반수 동의로 조합 총회 의결을 갈음할 수 있다)에서 국토교통부장관이 정하여 고시하는 경쟁입찰 또는 수의계약(2회 이상 경쟁입찰이 유찰된 경우로 한정한다)의 방법으로 건설업자 또는 등록사업자를 시공자로 선정하여야 한다. 다만, 대통령령으로 정하는 규모 이하의 소규모주택정비사업은 조합 총회에서 정관으로 정하는 바에 따라 선정할 수 있다. <개정 2020. 8. 18., 2022. 2. 3.>
③ 사업시행자는 시장·군수등이 제18조제1항에 따라 직접 사업을 시행하거나 토지주택공사등을 사업시행자로 지정하는 경우

제18조 (시공자의 선정) ① 법 제20조제2항 단서 및 같은 조 제4항 단서에서 "대통령령으로 정하는 규모 이하의 소규모주택정비사업"이란 각각 토지등소유자 또는 조합원이 30인 이하인 소규모주택정비사업을 말한다. <개정 2022. 1. 18.>
② 법 제20조제4항 본문에서 "대통령령으로 정하는 경쟁입찰"이란 다음 각 호의 요건을 모두 갖춘 입찰방법을 말한다.
1. 일반경쟁입찰·제한경쟁입찰 또는 지명경쟁입찰 중 하나일 것
2. 해당 지역에서 발간되는 일간신문에 1회 이상, 제1호의 입찰을 위한 공고를 하고, 입찰 참가자를 대상으로 현장설명회를 개최할 것
3. 해당 지역 주민을 대상으로 합동홍보설명회를 개최할 것

또는 제19조제1항에 따라 지정개발자를 사업시행자로 지정하여 사업을 시행하게 하는 경우 제18조제2항 및 제19조제2항에 따른 고시가 있은 후 건설업자 또는 등록사업자를 시공자로 선정하여야 한다.

④ 제25조제2항 또는 제3항에 따른 주민대표회의 또는 토지등소유자 전체회의는 제3항에 따라 시공자를 선정하는 경우 대통령령으로 정하는 경쟁입찰 또는 수의계약(2회 이상 경쟁입찰이 유찰된 경우로 한정한다)의 방법으로 시공자를 추천할 수 있다. 다만, 대통령령으로 정하는 규모 이하의 소규모주택정비사업은 주민대표회의 또는 토지등소유자 전체회의에서 별도로 정하는 바에 따라 선정할 수 있다.

⑤ 사업시행자는 제4항에 따라 주민대표회의 또는 토지등소유자 전체회의가 시공자를 추천한 경우 추천받은 자를 시공자로 선정하여야 한다.

⑥ 다음 각 호의 어느 하나에 해당하는 경우 시공자와의 계약에 관하여는 「지방자치단체를 당사자로 하는 계약에 관한 법률」제9조 및 「공공기관의 운영에 관한 법률」제39조를 적용하지 아니한다.

1. 제17조제1항 및 제3항에 따라 시장·군수등 또는 토지주택공사등이 소규모주택

4. 토지등소유자를 대상으로 제출된 입찰서에 대한 투표를 실시하고 그 결과를 반영할 것

정비사업을 공동으로 시행하는 경우

2. 제5항에 따라 주민대표회의 또는 토지등소유자 전체회의가 추천한 시공자를 선정하는 경우

⑦ 사업시행자는 제1항부터 제6항까지에 따라 선정된 시공자와 공사에 관한 계약을 체결하는 때에는 기존 건축물의 철거 공사(「석면안전관리법」에 따른 석면 조사·해체·제거를 포함한다)에 관한 사항을 포함하여야 한다.

⑧ 조합 또는 토지등소유자가 소규모주택정비사업의 시행을 위하여 시장·군수등 또는 토지주택공사등이 아닌 자를 시공자로 선정(제17조제1항 및 제3항에 따른 공동 사업시행자가 시공하는 경우를 포함한다)한 경우 그 시공자는 공사의 시공보증(시공자가 공사의 시공·완성을 보증하기 위하여 시공보증서를 조합 또는 토지등소유자에게 제출하는 것을 말한다)을 위하여 국토교통부령으로 정하는 기관의 시공보증서를 조합 또는 토지등소유자에게 제출하여야 한다. <개정 2020. 6. 9.>

핵심포인트
법 제20조

■ 선정시기
- 주민합의체 구성시 ⇒ 주민합의체 신고 후
- 조합 시행 ⇒ 조합설립인가 후
- 공공시행자, 지정개발자 시행 ⇒ 사업시행자 지정·고시 후

■ 선정방법
- 주민합의체 – 주민합의서에서 정하는 바에 따라 시공자 선정
- 조합 시행 – 국토부장관이 정하는 경쟁입찰 또는 수의계약

핵심포인트	
법 제20조	(2회 유찰시) 방법으로 선정 ※ 국토부 고시-소규모주택정비사업의 시공자 및 정비사업전문관리업자 선정기준 [참조] 토지등소유자 또는 조합원 100인 이하인 소규모주택정비사업은 토지등소유자 전체회의 또는 조합 총회에서 정관으로 정하는 바에 따라 시공자 선정 • 공공시행자·지정개발자 시행 - 주민대표회의 또는 토지등소유자 전체회의에서 영 제18조제2항에 따른 경쟁입찰 또는 수의계약(2회 유찰시) 방법으로 시공자 추천 → 사업시행자는 추천자를 시공자로 선정
	제21조 (정비사업전문관리업자의 등록 및 선정 등) ① 다음 각 호의 사항을 소규모주택정비사업을 시행하려는 자 또는 사업시행자로부터 위탁받거나 이와 관련한 자문을 하려는 자는 「도시 및 주거환경정비법」 제102조제1항에 따라 정비사업전문관리업자(이하 "정비사업전문관리업자"라 한다)로 등록하여야 한다. 다만, 같은 법 제102조제1항 각 호 외의 부분 단서에 따라 정하는 기관의 경우에는 그러하지 아니하다. <신설 2023. 4. 18.> 1. 주민합의체 구성의 동의, 조합설립의 동의 및 소규모주택정비사업의 동의에 관한 업무의 대행 2. 주민합의체 구성의 신고 및 조합설립인가의 신청에 관한 업무의 대행 3. 사업성 검토 및 소규모주택정비사업 시행계획서의 작성 4. 설계자 및 시공자 선정에 관한 업무의

지원
5. 사업시행계획인가의 선정에 관한 업무의 대행
6. 관리처분계획의 수립에 관한 업무의 대행

② 주민합의체는 정비사업전문관리업자를 선정하는 경우 주민합의서로 정하는 바에 따라 선정하여야 한다. <개정 2023. 4. 18.>

③ 조합은 정비사업전문관리업자를 선정하는 경우 조합 총회(시장·군수등 또는 토지주택공사등과 공동으로 사업을 시행하는 경우에는 조합원의 과반수 동의로 조합 총회 의결을 갈음할 수 있다)에서 국토교통부장관이 정하여 고시하는 경쟁입찰 또는 수의계약(2회 이상 경쟁입찰이 유찰된 경우로 한정한다)의 방법으로 선정하여야 한다. <개정 2020. 8. 18., 2022. 2. 3., 2023. 4. 18.>

④ 조합은 설계자 또는 「감정평가 및 감정평가사에 관한 법률」에 따른 감정평가법인등(시장·군수등이 선정·계약하는 감정평가법인등은 제외한다)을 선정 및 변경하는 경우 조합 총회(시장·군수등 또는 토지주택공사등과 공동으로 사업을 시행하는 경우에는 조합원의 과반수 동의로 조합 총회 의결을 갈음할 수 있다)의 의결을 거쳐야 한다. <신설 2023. 4. 18.>

[제목개정 2020. 8. 18., 2023. 4. 18.]

제2절 주민합의체의 구성 및 조합의 설립

제2절 주민합의체의 구성 및 조합의 설립

제22조 (주민합의체의 구성 등) ① 토지등소유자는 다음 각 호에 따라 소규모주택정비사업을 시행하는 경우 토지등소유자 전원의 합의를 거쳐 주민합의체를 구성하여야 한다.

1. 제17조제1항에 따라 자율주택정비사업을 시행하는 경우로서 토지등소유자가 2명 이상인 경우

2. 제17조제3항제1호에 따라 가로주택정비사업 또는 소규모재건축사업을 시행하는 경우로서 토지등소유자가 20명 미만인 경우

② 제17조제3항제1호에 따라 소규모재개발사업을 시행하는 경우에는 토지등소유자의 10분의 8 이상 및 토지면적의 3분의 2 이상의 토지소유자 동의(국유지·공유지가 포함된 경우에는 해당 토지의 관리청이 해당 토지를 사업시행자에게 매각하거나 양여할 것을 확인한 서류를 시장·군수등에게 제출하는 경우에는 동의한 것으로 본다. 이하 제3항에서 같다)를 받아 주민합의체를 구성하여야 한다. 이 경우 주민합의체를 구성하여야 한다.

의체의 구성에 동의하지 아니한 토지등소유자도 주민합의체 구성원으로 포함하여야 한다. <신설 2021. 7. 20.>

③ 제1항제1호에도 불구하고 관리지역에서 시행하는 자율주택정비사업의 경우에는 토지등소유자의 10분의 8 이상 및 토지면적의 3분의 2 이상의 토지소유자 동의를 받아 주민합의체를 구성할 수 있다. 이 경우 주민합의체의 구성에 동의하지 아니한 토지등소유자도 주민합의체 구성원으로 포함하여야 한다. <신설 2021. 7. 20.>

④ 사업시행구역의 공동주택은 각 동(복리시설의 경우에는 주택단지의 복리시설 전체를 하나의 동으로 본다)별 구분소유자의 과반수 동의(공동주택의 각 동별 구분소유자가 5명 이하인 경우는 제외한다)를, 그 외의 토지 또는 건축물은 해당 토지 또는 건축물이 소재하는 전체 토지면적의 2분의 1 이상의 토지소유자 동의를 받아야 한다. <신설 2021. 7. 20.>

⑤ 토지등소유자는 주민합의체를 구성하는 경우 토지등소유자 전원의 합의(제2항 및 제3항에 따라 주민합의체를 구성하는 경우에는 토지등소유자의 10분의 8 이상 및 토지면적의 3분의 2 이상의 토지소유자 동의를 말한다)로 주민합의체 대표자를 선임하

제8조(주민합의체 신고 등) ① 법 제22조제5항에 따른 주민합의서는 별지 제9호서식에 따른다. <개정 2021. 9. 17.>

고 국토교통부령으로 정하는 바에 따라 주민협의서를 작성하여 시장·군수등에게 신고하여야 한다. <개정 2021. 7. 20.>

⑥ 제5항에 따른 주민협의서에는 다음 각 호의 사항을 포함하여야 한다. <개정 2021. 7. 20.>

1. 주민합의체의 명칭
2. 사업시행구역의 위치 및 범위
3. 주민합의체의 목적 및 사업 내용
4. 주민합의체를 구성하는 자의 성명, 주소 및 생년월일(법인, 법인 아닌 사단이나 재단 및 외국인의 경우에는 「부동산 등기법」 제49조에 따라 부여된 등록번호를 말한다. 이하 같다.)
5. 주민합의체 대표자의 성명, 주소 및 생년월일
6. 시공자 또는 정비사업전문관리업자의 선정 및 변경 방법
7. 주민합의체의 구성 및 운영에 필요한 의결사항 및 의결방법
8. 그 밖에 주민합의체의 구성 및 운영에 필요한 사항으로서 시·도조례로 정하는 사항

⑦ 주민합의체 대표자는 제5항에 따라 신고한 사항을 변경하는 경우에는 국토교통부령으로 정하는 바에 따라 변경신고를 하여야 한다. 다만, 대통령령으로 정하는 경미

제19조 (주민합의서의 경미한 변경) 법 제22조제7항 단서에서 "대통령령으로 정하는 경미한 사항"이란 같은 조 제6항제8호에 따라 시·도조례로 정하는 사항을 말한다. <개정

② 법 제22조제7항 본문 및 같은 조 제8항에 따른 변경신고는 별지 제9호서식의 신고서를 작성하여 시장·군수등에게 제출하는 방법으로 한다. <개정 2021. 9. 17.,

한 사항을 변경하는 경우에는 그러하지 아니하다. <개정 2021. 7. 20.>

⑧ 제1항부터 제3항까지에 따라 구성된 주민합의체는 다음 각 호의 요건을 모두 갖춘 때에는 국토교통부령으로 정하는 바에 따라 시장·군수등에게 변경신고를 거쳐 이 법에 따른 소규모주택정비사업으로 전환하여 시행할 수 있다. <신설 2023. 4. 18.>

1. 제29조에 따른 사업시행계획인가를 신청하기 전일 것

2. 시행 중인 사업이 전환하려는 사업에 관하여 제2조제1항제3호에서 정하는 요건을 모두 충족할 것

3. 전환하려는 사업에 관하여 제1항부터 제3항까지에서 정하고 있는 주민합의체 구성을 위한 동의 요건을 충족할 것

⑨ 주민합의체 대표자는 주민합의체 해산하는 경우에는 주민합의체를 구성하는 자 과반수 동의를 받아 국토교통부령으로 정하는 바에 따라 해산신고를 시장·군수등에게 하여야 한다. <개정 2021. 7. 20., 2023. 4. 18.>

⑩ 시장·군수등은 제5항에 따른 주민합의체 구성의 신고(제7항 또는 제8항에 따라 신고한 사항을 변경하는 경우를 포함한다)가 있거나 제9항에 따라 해산신고가 있는 때에는 14일 이상 주민 공람을 거쳐 의견을 수렴하고 해당 지방자치단체의 공보에 해

162 소규모주택정비사업

2021. 9. 17.>

2023. 10. 19.>

③ 법 제22조제9항에 따른 해산신고는 별지 제10호서식의 신고서를 작성하여 시장·군수등에게 제출하는 방법으로 한다. <개정 2021. 9. 17., 2023. 10. 19.>

당 내용을 고시하여야 한다. 이 경우 사업시행구역에 관한 지형도면 고시 등에 대하여는 「토지이용규제 기본법」 제8조에 따른다. <신설 2022. 2. 3., 2023. 4. 18.>
⑪ 토지등소유자의 자격 등에 관하여는 제24조를 준용한다. 이 경우 "조합설립인가"는 "주민합의체 구성의 신고"로 본다. <신설 2021. 7. 20., 2022. 2. 3., 2023. 4. 18.>

	주민대표회의 구성(공공시행자 지정하는 경우)

핵심포인트
법 제22조

[법령해석 1] 민원인 - 투기과열지구에서의 소규모재건축사업 조합원 자격 취득 제한의 범위(「빈집 및 소규모주택 정비에 관한 특례법 시행령」 제22조제1호 관련)

안건번호 21-0708 회신일자 2022-03-18

1. 질의요지

「빈집 및 소규모주택 정비에 관한 특례법」(이하 "소규모주택정비법"이라 함) 제24조제2항에서는 투기과열지구(「주택법」 제63조제1항에 따른 투기과열지구를 말하며, 이하 같음)로 지정된 지역에서 소규모재건축사업을 시행하는 경우 조합설립인가 후 해당 사업의 건축물 또는 토지를 양수(자주: 매매·증여 그 밖의 권리의 변동을 수반하는 모든 행위를 포함하되, 상속·이혼으로 인한 양수는 제외하며, 이하 같음)한 자는 조합원이 될 수 없다고 규정하면서(본문) 양도인이 불가피한 사정으로 양도하는 경우에서 대통령령으로 정하는 경우에는 그 건축물 또는 토지를 양수한 자도 조합원이 될 수 있다고 규정하고 있고(단서 및 제4호), 그 위임에 따라 같은 법 시행령 제22조제1호에서는 조합설립인가일부터 2년 이내에 사업시행계획인가(자

제3편 빈집 및 소규모주택 정비에 관한 특례법 삼단 대비표   163

주: 소규모주택정비법 제29조에 따른 사업시행계획인가를 말함이며, 이하 같음) 신청이 없는 경우로서 해당 사업의 건축물을 2년 이상 계속하여 소유하고 있는 경우를 규정하고 있는바,

조합설립인가일부터 2년 이내에는 사업시행계획인가 신청이 없었으나, 해당 사업의 양도인이 양도 시점에는 사업시행계획인가 신청이 있는 경우로서 양도인이 그 건축물을 2년 이상 계속하여 해당 양도인으로부터 건축물을 양수한 자는 해당 사업의 조합원 자격이 있는지?

※ 질의배경

민원인은 위 질의요지와 관련하여 국토교통부와 이견이 있어 법제처에 법령해석을 요청함.

2. 회답

이 사안의 경우 해당 사업의 건축물을 양수한 자는 조합원 자격이 없습니다.

3. 이유

소규모주택정비법 제24조제2항 단서 및 제4호와 그 위임에 따른 같은 법 시행령 제22조제1호에서는 투기과열지구에서 소규모재건축사업의 조합설립인가 후 건축물 또는 토지를 양수한 자에 대해 조합원 자격을 취득할 수 없도록 하는 원칙에 대한 예외로, "조합설립인가일부터 2년 이내에 사업시행계획인가 신청이 없는 경우"로서 해당 사업의 건축물을 2년 이상 계속 하여 소유하고 있는 경우에는 그 양수인이 조합원 자격을 취득할 수 있도록 규정하는 "사업시행계획인가" 상태가 해당 사업의 양도인이 양도일까지 유지되어야 하는지에 대해서는 명확히 규정하고 있지 않은바, 이 사안의 경우 해당 사업의 건축물을 양수한 자가 조합원 자격 취득 제한 제도를 규정한 문언, 조합설립인가 후 조합원 자격 취득 등을 제한한 취지 등을 종합적으로 고려하여 해석할 필요가 있습니다.

먼저 소규모주택정비법 시행령 제22조제1호에서는 사업시행계획인가 신청 관련 요건을 모두 건축과 소유기간 소유기간 요건을 맞추도록 하면 서 각각 사업시행계획인가 신청이 없는 경우"와 해당 사업의 건축물을 "소유하고 있는 경우"로 규정함에 현재 시점을 기준으

로 한 표현으로 대구를 이루고 있는데, 이는 양도인이 해당 사업의 건축물 양도를 완제 조합원 지위를 양도하기 위해 갖추어야 하는 요건을 규정한 것으로 보아야 할 것인바, 해당 규정 중 "조합설립인가일부터 2년 이내에 사업시행계획인가 신청이 없는 경우"는 "조합설립인가일부터 2년 이내"에 "사업시행계획인가 그 신청이 없는 뿐만 아니라 "양도일" 현재에도 그 신청이 없는 경우를 동시에 규정한 것으로 보아야 합니다.

또한 소규모주택정비법 시행령 제22조제1호의 입법연혁을 살펴보면, 같은 호는 종전에 「도시 및 주거환경정비법」 및 같은 법 시행령에서 규율하던 소규모재건축사업 관련 내용을 2018년 2월 8일 법률 제14569호로 제정된 「도시 및 소규모주택정비법」 및 같은 법 시행령으로 각각 이관하면서 옮겨온 규정인데, 구 주거환경정비법(2003. 12. 31. 법률 제7056호로 일부개정되어 같은 날 시행된 것을 말하며, 이하 같음)에서 투기과열지구에서 조합원 자격의 취득을 제한하는 제도를 도입한 취지가 재건축정비사업 조합설립인가 후에 「도시 및 주거환경정비법」 개정이유 참고)와 구 「도시 및 주거환경정비법」 일부개정되어 2005. 5. 19. 시행된 것을 말하며, 이하 같음)에서 조합원 자격 취득 제한의 예외사유로 조합설립인가일부터 3년 이내에 사업시행계획인가 신청이 없는 경우 구 「도시 및 주거환경정비법 시행령」(2005. 5. 18. 대통령령 제18830호로 일부개정되어 2005. 5. 19. 시행된 것을 말함)(각주: 구 「도시 및 주거환경정비법 시행령」 제7조에서 취득 제한의 예외를 인정하기 위함이라는 점「도시 및 주거환경정비법 시행령」 일부개정령 입법예고문 참고)을 종합적으로 고려할 때, 조합원 자격 취득 제한의 예외로 인정되는 경우는 양도·양수일 당시에도 사업시행계획인가의 신청이 없어 사업지연의 상태가 계속되고 있는 경우로서 해당 재건축주택에 대한 양도·양수가 이루어진 경우까지 조합원 자격 취득 제한의 예외를 인정한다고 보아야 한다. 만약 양도일 현재 사업시행계획인가 신청이 차단이라는 당초의 제도 도입 목적을 달성하지 못하는 결과가 초래될 것입니다.

한편 소규모주택정비법 시행령 제22조제1호와 유사하게 조합원 자격 취득 제한에 대한 예외사유를 정한 「도시 및 주거환경정비법 시행령」 제37조제3항제1호에서는 조합설립인가일부터 3년 이상 사업시행계획인가 신청이 없는 재건축사업의 건축물을 3년 이상 계속하여 소유하고 있는 자가 "사업시행인가 신청 전에 양도하는 경우"로 규정하고 있는바, 이와 달리 양도일 당시에 사업시행계획인가 신청이 없어야 함을 명시하지 않고 있는 소규모주택정비법 시행령 제22조제1호는 양도일에는 사업시행계획인가 신청이 있다더라도 양도일부터 2년 이내에 사업시행계획인가 신청이 없다면 그 요건을 충족하는 것으로 해석해야 한다는 의견이 있습니다.

그러나 「도시 및 주거환경정비법 시행령」 제37조제3항제1호는 종전에 "조합설립인가일부터 2년 이내에 사업시행인가 신청

제3편 민집 및 소규모주택 정비에 관한 특례법 심단 대비표 165

소규모주택정비사업

이 없는 주택재건축사업의 건축물을 2년 이상 계속하여 소유하여 있는 경우"로 규정하고 있는 조문(각주: 2017. 9. 29. 대통령령 제28351호로 일부개정되기 전의 「도시 및 주거환경정비법 시행령」 제30조제3항제1호를 말함)을 개정한 것으로, 사업연기간 과 소유기간을 각각 2년에서 3년으로 확대하고 "사업시행인가 신청 전에 양도"라는 문언을 추가하면서도, 개정 부칙(각주: 2017. 9. 29. 대통령령 제28351호 도시 및 주거환경정비법 시행령 일부개정령 부칙 제3조를 참조)에서는 기간 요건을 강화한 부분에 대해서만 경과규정을 두었다는 점에 비추어 볼 때, "사업시행인가 신청 전 양도"라는 문언을 추가하여 구정한 부분에 대해서는 별도로 경과규정을 두지 않았다는 점은 양도인가 신청 전에 양도한 경우"를 규정한 것은 종전의 규정을 명확하게 하기 위한 차원의 개정으로 보는 것이 타당하다고 할 것이므로, 양도일 당시의 사업시행계획인가가 신청이 없었어야 한다는 여부에 대해 소규모주택정비법 시행령 제22조제1호와 「도시 및 주거환경정비법 시행령」 제37조제3항제1호를 달리 보아야 한다는 의 견은 타당하지 않습니다.

따라서 이 사안의 경우 해당 사업의 건축물을 양수한 자는 조합원 자격이 없습니다.

※ 법령정비 권고사항

소규모주택정비법 제24조제2항 단서 및 제4호, 같은 법 시행령 제22조제1호에 따라 양수인이 조합원이 될 수 있는 경우는 양도인이 사업 시행계획인가 신청 전에 건축물 또는 토지를 양도하는 경우로 한정된다는 점을 명확히 할 필요성이 있습니다.

<관계 법령>

○ 빈집 및 소규모주택 정비에 관한 특례법

제24조 (조합원의 자격 등) ① 조합원은 토지등소유자(소규모재건축사업의 경우에는 소규모재건축사업에 동의한 자만 해당한다)로 하되, 다음 각 호의 어느 하나에 해당하는 때에는 그 여러 명을 대표하는 1명을 조합원으로 본다.
1. ~ 3. (생 략)

② 「주택법」 제63조제1항에 따른 투기과열지구(이하 "투기과열지구"라 한다)로 지정된 지역에서 소규모재건축사업을 시행하는 경우 조합 설립인가 후 해당 사업의 건축물 또는 토지를 양수(매매·증여, 그 밖의 권리의 변동을 수반하는 모든 행위를 포함하되, 상속·이혼으로 인한 양도·양수의 경우는 제외한다. 이하 이 조에서 같다)한 자는 제1항에도 불구하고 조합원이 될 수 없다. 다만, 양도인이 다음 각 호 의 어느 하나에 해당하는 경우 그 양도인으로부터 건축물 또는 토지를 양수한 자는 그러하지 아니하다.
1. ~ 3. (생 략)

빈집 및 소규모주택 정비에 관한 특례법	빈집 및 소규모주택 정비에 관한 특례법 시행령
4. 그 밖에 불가피한 사정으로 양도하는 경우로서 대통령령으로 정하는 경우	제22조 (조합원의 자격 등) 법 제24조제2항제4호에서 "대통령령으로 정하는 경우"란 제29조에 따른 사업시행계획인가(이하 "사업시행계획인가"라 한다) 신청이 없는 경우로서 해당 사업의 건축물을 2년 이상 계속하여 소유하고 있는 경우 2. ~ 4. (생 략)
제23조 (조합설립인가 등) ① 가로주택정비사업의 토지등소유자는 조합을 설립하는 경우 토지등소유자의 10분의 8 이상 및 토지면적의 3분의 2 이상의 토지소유자 동의를 받아 조합설립을 위한 창립총회(이하 "창립총회"라 한다)를 개최하고 다음 각 호의 사항을 첨부하여 시장·군수등의 인가를 받아야 한다. 이 경우 사업시행구역의 공동주택의 각 동(복리시설의 경우에는 주택단지의 복리시설 전체를 하나의 동으로 본다)별 구분소유자의 과반수 동의(공동주택의 각 동별 구분소유자가 5명 이하인 경우는 제외한다)를, 그 외의 토지 또는 건축물의 경우에는 해당 토지 또는 건축물이 소재하는 전체 토지면적 2분의 1 이상의 토지소유자 동의를 받아야 한다. <개정 2022. 2. 3.> 1. 정관 2. 공사비 등 소규모주택정비사업에 드는	제20조 (조합설립인가의 절차 등) ① 법 제23조제1항부터 제4항까지의 규정에 따라 조합의 설립에 관하여 토지등소유자의 동의를 받아야 하는 사항은 다음 각 호와 같다. <개정 2021. 9. 17.> 1. 건축되는 건축물의 설계 개요 2. 법 제23조제1항제2호에 따른 정비사업비(이하 "정비사업비"라 한다) 3. 정비사업비의 분담기준 4. 사업 완료 후 소유권의 귀속에 관한 사항 5. 정관 ② 제1항에 따른 토지등소유자의 동의는 국토교통부령으로 정하는 방법으로 받아야 한다. <개정 2023. 10. 18.> 이 경우 동의를 받기 전에 다음 각 호의 사항을 토지등소유자에게 서면으로 제공해야 한다. <개정 2023. 10. 18.>	제9조 (조합설립인가) ① 법 제23조제1항 각 호 외의 부분 전단 및 같은 조 제2항·제4항에 따른 조합설립인가와 같은 조 제5항 본문 및 같은 조 제6항에 따른 조합설립 변경인가를 신청하는 경우 그 신청서는 별지 제11호서식에 따른다. <개정 2021. 9. 17., 2023. 10. 19.> ② 법 제23조제1항제2호에서 "국토교통부령으로 정하는 서류"란 다음 각 호의 서류를 말한다. <개정 2019. 1. 7., 2021. 9. 17., 2022. 8. 2., 2023. 10. 19.> 1. 조합원 명부(조합원 자격을 증명하는 서류를 포함한다) 2. 공사비 등 소규모주택정비사업에 드는 비용이 기재된 토지등소유자의 조합설립 동의서 및 동의사항을 증명하는 서류 3. 토지·건축물 또는 지상권이 수인의 공

제3편 빈집 및 소규모주택 정비에 관한 특례법 삼단 대비표 167

168 소규모주택정비사업

비용(이하 "정비사업비"라 한다)과 관련된 자료 등 국토교통부령으로 정하는 서류
3. 그 밖에 시·도조례로 정하는 서류

1. 제1항 각 호의 사항
2. 토지등소유자별 분담금 추산액 및 산출근거

③ 조합은 법 제23조제1항 각 호 외의 부분 전단 및 같은 조 제2항·제4항에 따라 조합설립인가를 받은 때에는 정관으로 정하는 바에 따라 토지등소유자에게 그 내용을 통지하고, 이해관계인이 열람할 수 있도록 해야 한다. <개정 2021. 9. 17.>

④ 법 제23조에 따른 조합설립인가 절차에 소요되는 비용에 관한 사항은 정관으로 정한다. <신설 2023. 10. 18.>

유에 속하는 경우에는 그 대표자의 선임 동의서
4. 창립총회 회의록(창립총회 참석자 명부를 포함한다)
5. 창립총회에서 선임된 임원 및 대의원의 자격을 증명하는 서류
6. 주택건설예정세대수, 사업시행구역의 지번 및 등기명의자, 도시·군관리계획상의 용도지역, 대지(가로주택정비사업의 경우 해당 가로구역의 범위를 포함한다) 및 주변현황을 기재한 사업계획서
7. 인가받은 사항 중 변경내용 및 그 증명서류(법 제23조제5항 본문 및 같은 조 제6항에 따른 변경인가로 한정한다)
8. 도로예정지를 입증하는 서류로서 다음 각 목의 어느 하나에 해당하는 서류(가로주택정비사업이 시행되는 가로구역의 일부나 소규모재개발사업 부지의 일부가 도로예정지에 접한 경우로 한정한다)
 가. 너비 6미터 이상의 도시계획도로의 설치에 관한 도시·군관리계획의 입안을 제안하기 위한 「국토의 계획 및 이용에 관한 법률」 제26조제1항 각 호 외의 부분 후단에 따른 도시·군관리계획도서와 계획설명서

나. 너비 6미터 이상의 「사도법」 제2조에 따른 사도의 개설허가 신청에 필요한 같은 법 시행규칙 제2조 각 호(제5호 및 제8호는 제외한다)의 서류 다. 그 밖의 관계 법령에 따라 너비 6미터 이상의 도로를 신설·변경하려는 경우 해당 법령에서 정한 계획도서와 계획설명서 ③ 영 제20조제2항 각 호 외의 부분 전단에서 "국토교통부령으로 정하는 동의서"란 별지 제12호서식을 말한다. <개정 2023. 10. 19.>	② 소규모재건축사업의 토지등소유자는 조합을 설립하는 경우 주택단지의 공동주택의 각 동(복리시설의 경우에는 주택단지의 복리시설 전체를 하나의 동으로 본다)별 구분소유자의 과반수 동의(공동주택의 각 동별 구분소유자가 5명 이하인 경우는 제외한다)와 주택단지의 전체 구분소유자의 4분의 3 이상 및 토지면적의 3분의 2 이상의 토지소유자의 동의를 받은 후 창립총회를 개최하고 제1항 각 호의 사항을 첨부하여 시장·군수등의 인가를 받아야 한다. <개정 2022. 2. 3.> ③ 토지등소유자는 제2항에도 불구하고 주택단지가 아닌 지역이 사업시행구역에 포함
	제20조의2 (창립총회의 소집절차 등) ① 토지등소유자는 법 제23조제1항·제2항 및 제4항에 따른 창립총회(이하 "창립총회"라 한다)를 개최하려는 경우 토지등소유자 과반수의 동의로 대표자를 선임해야 한다. ② 창립총회는 대표자의 직권 또는 토지등소유자 5분의 1 이상의 요구로 대표자가 소집한다. 다만, 토지등소유자 5분의 1 이상의 소집요구에도 불구하고 대표자가 2주 이상 소집을 요구한 자의 대표자가 소집할 수 있다. ③ 대표자는 창립총회 개최일의 14일 전까지 창립총회의 목적, 일시, 장소, 선정 안

제3편 빈집 및 소규모주택 정비에 관한 특례법 삼단 대비표

된 경우 주택단지가 아닌 지역의 토지 또는 건축물 소유자의 4분의 3 이상 및 토지면적의 3분의 2 이상의 토지소유자의 동의를 받아야 한다.

④ 소규모재개발사업의 토지등소유자는 조합을 설립하는 경우 토지등소유자의 10분의 8 이상 및 토지면적의 3분의 2 이상의 토지소유자 동의를 받은 후 창립총회를 개최하고 제1항 각 호의 사항을 첨부하여 시장·군수등의 인가를 받아야 한다. <신설 2021. 7. 20., 2022. 2. 3.>

건, 참석자격 및 참석자 구비사항 등을 인터넷 홈페이지 등 「정보통신망 이용촉진 및 정보보호 등에 관한 법률」에 따른 정보통신망을 통해 공개하고, 토지등소유자에게 등기우편으로 통지해야 한다. <개정 2023. 10. 18.>
[본조신설 2022. 8. 2.]

■ 조합설립인가

① 주택단지의 공동주택의 각 동(복리시설은 전체를 1동으로 봄)별 구분소유자의 과반수 동의(각 동별 구분소유자가 5 이하는 제외)+주택단지의 전체 구분소유자의 3/4 이상 및 토지면적 3/4 이상의 토지소유자의 동의

② 주택단지가 아닌 구역이 정비구역에 포함된 경우, 주택단지가 아닌 지역의 토지 또는 건축물 소유자의 3/4 이상 및 토지면적의 2/3 이상의 토지소유자의 동의 필요

■ 주민대표회의 구성 (공공시행자 지정하는 경우)

토지등소유자의 과반수 동의(공공시행자 지정고시 후 구성)

■ 총회의결 : 조합설립한 경우(건축심의 및 사업시행계획인가 신청 전)

■ 조합원의 과반수 찬성

① 정비사업비가 10%(생산자물가상승률분 및 손실보상금액 제외) 증가한 경우 조합원 2/3 이상 찬성

② 사업시행계획의 경미한 변경, 천재지변 등의 공공시행자 긴급 시행사업(이하 "취약주택 정비사업") → 총회 의결 불요

■ 토지등소유자의 동의(건축심의 및 사업시행계획인가 신청 전)

핵심포인트
법 제23조

- 토지등소유자의 사업시행 ← 주민합의서에서 정하는 토지등소유자의 동의
■ 지정개발자의 사업시행
  ← 토지등소유자의 과반수 동의 + 토지면적 1/2 이상의 토지소유자의 동의
  ※ 사업시행계획의 경미한 변경, 취약정비사업의 경우
  ← 동의 불요
■ 토지등소유자 전체회의 의결 : 지정개발자의 사업시행계획서 작성
- 토지등소유자의 과반수 찬성 의결 (소규모재건축사업 – 토지등 소유자는 신탁업자의 사
  업시행자 지정에 동의한 자임)
  ※ 토지등소유자의 20% 이상 출석, 요함
  [참조] 정비사업비가 10%(생산자물가상승분, 단 손실보상액은 제외) 이상 증가하는 경
  우 토지등소유자 2/3 이상 찬성 의결

<관리처분계획 수립>
■ 토지등소유자 전체회의 의결 : 지정개발자의 관리처분계획 수립
- 토지등소유자의 과반수 찬성 의결 (재건축사업의 경우 토지등 소유자는 신탁업자의 사업
  시행자 지정에 동의한 자임)
  ※ 토지등소유자의 20% 이상 출석 요함
  [참조] 정비사업비가 10%(생산자물가상승분, 단 손실보상액은 제외) 이상 증가하는 경우
  토지등소유자 2/3 이상
- 찬성 의결
  ※ 관리처분계획은 사업시행계획서에 포함되는 (재건축사업의 경우) 사항으로 시장·군수등의 사업시행계획인
  가시 그 내용이 확정되며 관리처분계획인가 처분절차는 없음

■ 조합설립 동의한 토지등소유자
- 다음은 그 여러 명을 대표하는 1인이 조합원
- 수인이 토지 또는 건축물의 소유권과 지상권을 공유한 경우
- 수인이 토지등소유자가 1세대에 속하는 때
■ 1세대란
- 동일세대별 주민등록표에 등재되지 않은 배우자·미혼19세 미만 직계비속

핵심포인트
법 제23조

핵심포인트
법 제23조

- 조합설립인가후 1세대로 구성된 수인의 토지등소유자가 세대분리한 경우도 1세대임
  ※ 이혼, 19세 이상 자녀 분가에 의한 세대분리의 경우 1세대로 보지 않음
- 조합설립인가 후 1인의 토지등소유자에게서 건축물 또는 소유권이나 지상권을 양수하여 수인이 소유하게 된 때
- 투기과열지구에서 소규모재건축사업 조합원의 자격 제한(조합원 자격 無)
- 조합설립인가 후, 해당 사업의 건축물 또는 토지를 양수(매매·증여 등 포함, 상속·이혼에 의한 양수는 제외)한 자 ⇒ 손실보상

■ (예외) 다음의 양도인으로부터 그 건축물 또는 토지를 양수한 자
- 세대주를 포함하여 세대원의 근무·생업상의 사정, 질병치료(1년 이상)·취학·결혼으로 세대원 모두 해당 사업구역 외의 특별(자치)시·도, 광역시, 시 또는 군으로 이전한 자
- 상속취득한 주택으로 세대원 모두 이전한 자
- 세대원 모두 해외 이주 또는 2년 이상 해외 체류하려는 자
- 기타 불가피한 사정으로 양도하는 경우로서 영 제22조에서 정한 경우

[법령해석 1] 민원인 - 가로주택정비사업의 조합설립을 위한 창립총회를 개최하려는 경우에 선임해야 하는 대표자의 자격 요건 등 (「빈집 및 소규모주택 정비에 관한 특별법 시행령」 제20조의2 등)

안건번호 23-0909   회신일자 2023-12-29

1. 질의요지

「빈집 및 소규모주택 정비에 관한 특례법」(이하 "소규모주택정비법"이라 함) 제23조제1항에서는 가로주택정비사업(각주: 소규모주택정비법 제2조제1항제3호나목에 따른 가로주택정비사업을 말하며, 이하 같음.)의 토지등소유자는 조합을 설립하는 경우 일정 비율 이상의 토지등소유자 동의를 받은 후 조합설립을 위한 창립총회를 개최하여야 한다고 규정하고 있고, 같은 법 시행령 제20조의2제1항에서는 토지등소유자 또는 자치구의 구청장을 말하며, 이하 같음.)의 인가를 받아야 한다고 규정하고 있는 한편, 소규모주택정비법 제56조제1항 개정하려는 경우 토지등소유자 과반수의 동의로 대표자를 선임해야 한다고 규정하고 있는 한편, 소규모주택정비법 제56조제1항 전단에서는

조합의 법인격·정관·임원 등에 관하여는 「도시 및 주거환경정비법」(이하 "도시정비법"이라 함) 제38조 및 제40조부터 제46조까지를 준용한다고 규정하고 있는바,

가. 토지등소유자가 창립총회를 개최하기 위해 선임해야 하는 대표자는 도시정비법 제38조부터 제46조까지 중 어느 규정에 의해 선임해야 하는 토지등소유자여야 하는지?

나. 소규모주택정비법 제56조제1항 전단에 따라 조합의 임원에 관하여 준용되는 도시정비법 제42조제4항이 토지등소유자가 창립총회를 개최하기 위해 선임한 대표자에 대해서도 준용되는지?

2. 회답

가. 질의 가에 대해

토지등소유자가 창립총회를 개최하기 위해 선임해야 하는 대표자는 도시정비법 제42조제4항이 준용되는 토지등소유자여야 합니다.

나. 질의 나에 대해

소규모주택정비법 제56조제1항 전단에 따라 조합의 임원에 관하여 준용되는 도시정비법 제42조제4항은 토지등소유자가 창립총회를 개최하기 위해 선임한 대표자에 대해서는 준용되지 않습니다.

3. 이유

가. 질의 가에 대해

법 해석의 목표는 어디까지나 법적 안정성을 저해하지 않는 범위에서 구체적 타당성을 찾는 데 두어야 하고, 그러기 위해서는 법률에 사용된 문언의 통상적인 의미에 충실하게 해석하면서도 그 입법 취지와 연혁 및 다른 법령과의 관계 등을 고려한 체계적·논리적 해석방법을 추가적으로 동원하여야 하는데(각주: 대법원 2013. 1. 17. 선고 2011다83431 판결례 참조), 소규모주택정비법 시행령 제20조의2제1항에서는 창립총회를 개최하려는 경우 토지등소유자의 동의로 대표자를 선임해야 한다고 규정하여 대표자로 선임되기 위한 토지등소유자의 동의 요건에 관해서만 규정하고 있을 뿐 그 자격요건에 관해서는 별도로 규정하고 있지 않은바, 토지등소유자가 창립총회를 개최하기 위해 선임해야 하는 대표자는 해당 사업 시행구역의 토지등소유자로 한정되는지 여부를 판단하기 위해서는 그 입법 취지와 연혁 및 관련 조문과의 관계 등을 종합

제3편 빈집 및 소규모주택 정비에 관한 특례법 심단 대비표 173

적으로 실패보아야 합니다.

먼저 조합설립인가의 사전절차로서 창립총회에 관해 규정하고 있는 소규모주택정비법 제23조제1항에서는 가로주택정비사업의 '토지등소유자'는 조합을 설립하는 경우 일정 비율 이상의 토지등소유자의 동의를 받은 후 조합설립인가를 위한 창립총회를 개최하고 같은 항 각 호의 사항을 첨부하여 시장·군수등의 인가를 받아야 한다고 규정하고 있는바, 조합설립인가의 신청과 창립총회의 개최는 모두 '토지등소유자'가 하여야 하는데, 같은 법 시행령 제20조의2제1항에 따라 제23조제10항의 위임에 따라 '창립총회를 정한 절차로서 창립총회를 정한 조 제1항에 따라 토지등소유자 중 대표자를 선임하기 위한 동의 요건에 관하여 규정한 것이라 할 것인바, 같은 법 시행령 제20조의2제1항에 따라 선임되는 대표자는 창립총회를 개최하는 토지등소유자 중에서 선임된 대표자를 의미한다고 보아야 합니다.

그리고 소규모주택정비법 시행령 제20조의2는 2022년 2월 3일 법률 제18831호로 일부개정된 소규모주택정비법 제23조에서 가로주택정비사업의 조합설립인가를 신청하기 전에 토지등소유자의 '창립총회' 개최를 의무화함에 따라 창립총회의 방법 및 절차 등을 구체적으로 규정한 것(각주: 2021. 3. 8. 의안번호 제2108637호로 발의된 법 개정 및 소규모주택 정비에 관한 특례법 일부개정법률안(대안 반영 폐기) 국토교통위원회 심사보고서 참조)으로, 같은 법 시행령 개정 당시의 입법자료에서 그 입법취지를 '토지등소유자 대표자' 선출방법 등을 정하기 위한 것으로 설명하고 있다는 점(각주: 2022. 8. 2. 대통령령 제32849호로 일부개정된 빈집 및 소규모주택정비법 시행령 제·개정이유서 참조)에 비추어 볼 때, 창립총회를 소집할 '소집권자'를 선임하기 위한 요건을 정한 것으로서, 같은 조 제1항 및 제2항 본문에 따라 해당 회의 구성원인 토지등소유자 중에서 선임해야 한다고 보는 것이 그 입법취지에도 부합하는 해석입니다.

더욱이 소규모주택정비법 시행령 제20조의2제2항 본문에서는 창립총회를 대표하는 대표자는 토지등소유자 5분의 1 이상의 요구로 대표자가 소집한다고 규정하고 있고, 같은 조 제3항에서는 창립총회 대표자는 창립총회 개최일 14일 전까지 창립총회의 안건 등을 공개·통지하도록 규정하고 있어, 대표자는 창립총회의 소집 및 안건 상정 여부에 관한 결정 권한을 가진 자라고 할 것인데, 만약 가로주택정비사업의 토지등소유자가 아닌 자도 같은 조 제1항에 따라 대표자로 선임될 수 있다고 본다면, 같은 영 제20조의3에 따른 창립총회 의사진행 및 의결권의 행사할 수 없는 자(각주: 소규모주택정비법 시행령 제20조의3제2항 참조)가 창립총회의 소집 및 안건 상정 여부를 결정하게 되는 불합리한 결과가 초래될 수 있는바, 그러한 의견은 타당하다고 보기 어렵습니다.

아울러 소규모주택정비법은 소규모주택정비사업을 활성화하기 위해 구 「도시 및 주거환경정비법」(2017. 2. 8. 법률 제14567호로 전부개정되기 전의 것을 말함)에서 규정하고 있던 가로주택정비사업 등에 관한 사항을 이관하여 제정한 법률(각주: 2017. 2. 8. 법률 제14569호로 제정된 소규모주택정비법 제정이유)로, 소규모주택정비법 당시 가로주택정비사업 추진 절차의 간소화를 위해 소규모주택정비사업의 조합 설립에 대해서는 도시정비법 제31조에서 규정하고 있는 정비사업에 대한 조합설립 추진위원회(이하 "주진위원회"라 함)의 구성 및 승인 절차를 가지지 않도록 하면서도, 조합설립 인가의 사전 절차로서 창립총회를 개최하도록 하는 것(각주: 도시정비법 제35조와 동일하게 규정하였는데, 같은 법 시행령 제27조제3항 본문에 따라 창립총회의 소집 권한은 주진위원회가 아닌 정비사업의 주진위원장에 위치한 건축물 또는 토지를 소유한 자여야 한다는 점 고려할 필요가 있습니다.

따라서 토지등소유자가 창립총회를 개최하기 위해 선임해야 하는 대표자는 토지등소유자여야 합니다.

나. 질의 나에 대해

우선 소규모주택정비법 제56조제1항 전단에서는 도시정비법이 준용되는 대상을 "조합의 법인격·정관·임원 등"으로 명시하고 있는데, 이 때 "등"에는 열거된 예시사항과 그 성질이 동일하거나 규범적 성질을 가지는 사항이 포함된다고 할 것이나(각주: 법제처 2014. 10. 10. 회신 14-0498 해석례 참조), 이 경우에도 조합의 "법인격·정관·임원"과 같이 조합에 관한 사항과 규범적 가치가 동일하거나 이에 준하는 성질을 가지는 사항만이 "등"에 포함된다고 보아야 할 것이므로, 같은 법 제23조제1항에 따라 "조합"이 설립되기 전에 같은 법 조의 전단에 따른 "조합의 법인격·정관·임원 등"에 해당한다고 보기는 어렵습니다.

그리고 준용이란 특정 조문을 그와 유사한 다른 규정에 적용하는 것을 의미하는 데(각주: 법제처 2023. 7. 25. 회신 23-0473 해석례 참조), 소규모주택정비법 제56조제1항 전단에서 조합의 법인격·정관·임원 등에 관하여 도시정비법을 준용하도록 한 것은 소규모주택정비법 제23조제8항 및 도시정비법 제38조(주: 소규모주택정비법 제23조제8항 및 도시정비법 제38조 참조)이라는 점을 고려하여 도시정비법에 관한 규정을 준용하도록 한 것인 바, 가로주택정비사업의 조합이 설립되기 전에 창립총회를 개최하기 위하여 정립총회의 직권 소집 등의 권한을 가질 분, 조합임원의 지위까지 갖는 것이 아니라는 점을 고려할 때, 그 대표자에 대해 도시정비법상의 조합임원에 관한 규정(제38조 및 제40조부터 제46조까지지)이 준용된다고 보기는 어렵습니다.

더욱이 소규모주택정비법 제56조제1항 전단에 따라 준용되는 도시정비법 제40조제1항제6호에서는 조합임원의 권리·의무·보수 등에 관하여 조합의 정관에 정하도록 규정하고 있고, 같은 법 제42조제1항부터 제3항까지에서는 조합임원의 직무에 관해 규정하고 있는 점에 비추어 보면, 조합임원은 조합이라는 법인의 집행기관에 대한 겸직금지 의무를 명시한 것이라고 할 것(각주: 대법원 2020. 11. 5. 선고 2020다210679 판결례 참조)이고, 같은 조 제4항은 그 집행기관에 대해 선임하기 위해 토지등소유자 등의 직권 소집 등의 권한을 가질 뿐, 조합과 같은 특정한 법인의 집행기관으로서의 지위를 가지거나 그 법인을 위한 직무 수행의 대가로 보수를 받는 자로 볼 수는 없는바, 조합의 집행기관인 조합임원에 대해 준용되는 도시정비법 제42조제4항이 창립총회에서 선임한 대표자에 대해서도 준용된다고 보는 것은 타당하지 않습니다.

따라서 소규모주택정비법 제56조제1항 전단에 따라 조합의 임원에 관하여 준용되는 도시정비법 제42조제4항은 토지등소유자가 창립총회를 개최하기 위해 선임한 대표자에 대해서는 준용되지 않습니다.

<관계 법령>

법집 및 소규모주택 정비에 관한 특례법

제23조 (조합설립인가 등) ① 가로주택정비사업의 토지등소유자는 조합을 설립을 설립하는 경우 토지등소유자의 10분의 8 이상 및 토지면적의 3분의 2 이상의 토지소유자 동의를 받은 후 조합설립을 위한 창립총회(이하 "창립총회"라 한다)를 개최하고 다음 각 호의 사항을 첨부하여 시장·군수등의 인가를 받아야 한다. <후단 생략>

1. ~ 3. (생 략)

② ~ ⑩ (생 략)

제56조 (「도시 및 주거환경정비법」의 준용) ① 토지등소유자의 동의방법 등에 관하여는 「도시 및 주거환경정비법」 제27조, 제36조 및 제37조를, 가로주택정비사업, 소규모재건축사업 및 소규모재개발사업의 사업대행자 지정에 관하여는 같은 법 제28조를, 조합의 법인격·정관 등에 관하여는 같은 법 제38조 및 제40조부터 제46조까지를, 주민대표회의 및 토지등소유자 전체회의 등에 관하여는 같은 법 제47조 및 제48조를, 정비시설기반시설 기부채납 기준 등에 관하여는 같은 법 제51조를, 용적률 상한에 관하여는 같은 법 제54조를, 시장·군수등의 사업시행계획인가 및 사업시행계획서 작성 등에 관하여는 같은 법 제56조 및 제58조, 시공보증에 관하여는 같은 법 제82조를, 준공인가 및 공사완료에 따른 관련 인·허가 등의 의제 등에 관하여는 같은 법 제83조 및 제85조를, 소유권을 이전한 경우의 대지 및 건축물에 대한 권리 확정 등에

관하여는 같은 법 제87조를, 청산금의 징수방법 등에 관하여는 같은 법 제90조를, 부과금 및 연체료의 부과·징수 등에 관하여는 같은 법 제93조를, 정비기반시설 관리자의 비용부담 및 귀속 등에 관하여는 같은 법 제94조 및 제97조를, 정비사업전문관리업자에 관하여는 같은 법 제102조부터 제110조까지를, 소규모주택정비사업의 감독 등에 관하여는 같은 법 제111조부터 제113조까지, 제124조 및 제125조를, 조합임원 등에 대한 교육, 토지등소유자의 설명의무 등에 관하여는 같은 법 제115조, 제120조부터 제122조까지를 준용한다. 이 경우 "재개발사업"은 "자율주택정비사업, 가로주택정비사업 또는 소규모재개발사업"으로, "재건축사업"은 "소규모재건축사업"으로 본다.

② · ③ (생 략)

빈집 및 소규모주택 정비에 관한 특례법 시행령

제20조의2 (창립총회의 소집절차 등) ① 토지등소유자는 법 제23조제1항·제2항 및 제4항에 따른 창립총회(이하 "창립총회"라 한다)를 개최하려는 경우 토지등소유자 과반수의 동의로 대표자를 선임해야 한다.

② · ③ (생 략)

도시 및 주거환경정비법

제42조 (조합임원의 직무 등) ① ~ ③ (생 략)

④ 조합임원은 같은 목적의 정비사업을 하는 다른 조합의 임원 또는 직원을 겸할 수 없다.

[법령해석 2] 민원인 - 가로주택정비사업의 조합설립을 위한 창립총회를 개최하려는 경우에 선임해야 하는 대표자의 자격 요건 등(「빈집 및 소규모주택 정비에 관한 특례법 시행령」 제20조의2 등)

안건번호 23-1089   회신일자 2023-12-29

1. 질의요지

「빈집 및 소규모주택 정비에 관한 특례법」(이하 "소규모주택정비법"이라 함) 제23조제1항에서는 가로주택정비사업(각주: 소규모주택정비법 제2조제1항제3호나목에 따른 가로주택정비사업을 말하며, 이하 같음.)의 토지등소유자는 조합을 설립하는 경우 일정 비율 이상의 토지등소유자 동의를 받은 후 조합설립을 위한 창립총회를 개최하고 시장·군수등(각주: 특별자치시장·특별자치

제3편 빈집 및 소규모주택 정비에 관한 특례법 심단 대비표   177

도지사·시장·군수 또는 자치구의 구청장을 말하며, 이하 같음.)의 인가를 받아야 한다고 규정하고 있고, 같은 법 시행령 제20조의2제1항에서는 토지등소유자는 같은 법 제23조제1항·제2항 및 제4항에 따라 창립총회(이하 "창립총회"라 함)를 개최하려는 경우 토지등소유자 과반수의 동의로 대표자를 선임해야 한다고 규정하고 있는 한편, 소규모주택정비법 제56조제1항 전단에서는 조합의 법인격·정관·임원 등에 관하여는 「도시 및 주거환경정비법」(이하 "도시정비법"이라 함) 제38조 및 제40조부터 제46조까지를 준용한다고 규정하고 있는바,

가. 토지등소유자가 창립총회를 개최하기 위해 선임해야 하는 대표자는 토지등소유자여야 하는지?

나. 소규모주택정비법 제56조제1항 전단에 따라 조합의 임원에 관하여 준용되는 도시정비법 제42조제4항이 창립총회를 개최하기 위해 선임한 대표자에 대해서도 준용되는지?

2. 회답

가. 질의 가에 대해

토지등소유자가 창립총회를 개최하기 위해 선임해야 하는 대표자는 토지등소유자여야 합니다.

나. 질의 나에 대해

소규모주택정비법 제56조제1항 전단에 따라 조합의 임원에 관하여 준용되는 도시정비법 제42조제4항은 토지등소유자가 창립총회를 개최하기 위해 선임한 대표자에 대해서는 준용되지 않습니다.

3. 이유

가. 질의 가에 대해

법 해석의 목표는 어디까지나 법적 안정성을 저해하지 않는 범위에서 구체적 타당성을 찾는 데 두어야 하고, 그러기 위해서는 법률에 사용된 문언의 통상적인 의미에 충실하게 해석하면서도 그 입법 취지와 연혁 및 다른 법령과의 관계 등을 고려한 체계적·논리적 해석방법을 추가적으로 동원해야 하는데(각주: 대법원 2013. 1. 17. 선고 2011다83431 판결례 참조), 소규모

주택정비법 시행령 제20조의2제1항에서는 토지등소유자는 창립총회를 개최하려는 경우 토지등소유자 과반수의 동의로 대표자를 선임해야 한다고 규정하여 대표자로 선임되기 위한 토지등소유자의 동의요건에 관해서만 규정하고 있을 뿐 그 자격요건에 관해서는 별도로 규정하고 있지 않은바, 토지등소유자가 창립총회를 개최하기 위해 선임해야 하는 대표자는 해당 사업시행구역의 토지등소유자로 한정되는지 임법 취지와 해당 조문과의 연혁 및 관련 조문과의 관계 등으로 살펴보아야 합니다.

먼저 조합설립인가의 사전절차로서 창립총회에 관해 규정하고 있는 소규모주택정비법 제23조에서는 가로주택정비사업의 '토지등소유자'는 조합을 설립하는 경우 일정 비율 이상의 토지등소유자의 동의를 받은 후 조합설립을 위한 창립총회를 개최하고 같은 항 각 호의 사항을 첨부하여 시장·군수등의 인가를 받아야 한다고 규정하고 있는데, 조합설립인가의 신청과 창립총회의 개최는 모두 '토지등소유자'가 하도록 하는바, 같은 법 시행령 제20조의2제1항은 같은 법 제23조의2제10항의 위임에 따라 창립총회의 방법 및 절차를 정한 것으로서 같은 조 제1항에 따라 창립총회를 개최해야 하는 토지등소유자 중 대표자를 선임하기 위한 동의 요건에 관하여 정한 규정이라 할 것인바, 같은 법 시행령 제20조의2제1항에 따라 선임되는 대표자는 창립총회를 개최하는 토지등소유자 중에서 선임된 대표자를 의미한다고 보아야 합니다.

그리고 소규모주택정비법 시행령 제20조의2는 2022년 2월 3일 법률 제18831호로 일부개정된 소규모주택정비법 제23조에서 가로주택정비사업등의 조합설립인가를 신청하기 전에 토지등소유자의 '창립총회' 개최를 의무화함에 따라 방법 및 절차 등을 구체적으로 규정한 것(각주: 2021. 3. 8. 의안번호 제2108637호로 발의된 빈집 및 소규모주택 정비에 관한 특례법 일부개정법률안(대안 반영 폐기) 국토교통위원회 심사보고서 참조)으로, 같은 법 시행령 개정 당시의 입법자료에서 그 입법취지를 '토지등소유자의 대표자' 선출방법 및 소규모주택 창립총회 등을 정한 것으로서 소규모주택 창립총회의 개최를 위해 토지등소유자 중에서 창립총회를 소집할 '소집권자'를 선임하기 위한 요건을 정한 것으로 보는 것이 같은 조 제1항 및 제2항의 본문에 따른 대표자는 해당 회의의 구성원인 토지등소유자 중에서 선임해야 한다고 보는 것이 그 입법취지에도 부합하는 해석입니다.

더욱이 소규모주택정비법 시행령 제20조의2제2항 본문에서는 창립총회의 대표자의 직권 또는 토지등소유자 5분의 1 이상의 요구로 대표자가 소집한다고 규정하고 있고, 같은 조 제3항에서는 대표자는 창립총회 개최일의 14일 전까지 창립총회의 안건 등을 공개·통지하여야 한다고 규정하고 있어, 대표자는 창립총회의 소집 및 개정 상정 여부에 관한 안전 및 결정 권한을 가진 자라

할 것인데, 만약 가로주택정비사업의 토지등소유자가 아닌 자도 같은 조 제1항에 따라 대표자로 선임될 수 있다고 본다면, 같은 영 제20조의3제1항에 따른 창립총회의 의사권 행사할 수 없는 자(각주: 소규모주택정비법 시행령 제20조의3제2항 참조)가 창립총회의 소집 및 안건 상정 여부를 결정하게 되는 불합리한 결과가 초래될 수 있는바, 그러한 이전은 타당하다고 보기 어렵습니다.

이울러 소규모주택정비법은 소규모주택정비사업을 활성화하기 위해 구 「도시 및 주거환경정비법」(2017. 2. 8. 법률 제14567호로 전부개정되기 전의 것을 말함)에서 규정하고 있던 가로주택정비사업 등에 관한 사항을 이관하여 제정한 법률(각주: 2017. 2. 8. 법률 제14569호로 제정된 소규모주택정비법 제정이유)로, 소규모주택정비법 제정 당시 소규모주택정비사업의 추진 절차의 간소화를 위해 소규모주택정비사업의 조합 설립에 대해서는 도시정비법 제31조에서 규정하고 있는 정비사업에 대한 조합설립 추진위원회(이하 "추진위원회"라 함)의 구성 및 승인 절차를 거치지 않도록 하면서도, 조합설립 인가가 사전 절차로서 창립총회 개최하는 것을 주민위원회가 도시정비법 제35조와 동일하게 규정하였는바, 같은 법 시행령 제27조제3항 본문에 따라 창립총회의 소집 권한을 갖는 주민위원회가 위치한 건축물 또는 정비구역의 정비구역에 위치한 건축물 또는 토지를 소유한 자여야 한다는 점은 고려할 필요가 있습니다.(각주: 도시정비법 제33조제5항, 제43조제3항, 제41조제1항 각 호 외의 부분 전단 참조)도 이 사안을 해석할 때 함께 고려할 필요가 있습니다.

따라서 토지등소유자가 창립총회를 개최하기 위해 선임해야 하는 대표자는 토지등소유자여야 합니다.

나. 질의 나에 대해

우선 소규모주택정비법 제56조제1항 전단에서는 도시정비법이 준용되는 대상을 '조합의 법인격·정관·임원 등'으로 명시하고 있는데, 이 때 "등"에는 열거된 예시사항과 그에 준하는 규범적 가치를 가지는 사항을 포함된다고 할 것이나(각주: 법제처 2014. 10. 10. 회신 14-0498 해석례 참조), 이 경우에도 조합의 '법인격·정관·임원'과 같이 조합에 관한 사항과 규범적 가치가 동일하거나 이에 준하는 성질을 가지는 사항만이 "등"에 포함된다고 보아야 할 것이므로, 같은 법 제23조제1항에 따라 같은 법 제56조제1항 전단에 따른 '조합'이 설립되기 전에 창립총회를 개최하는 시점에서 같은 법 시행령 제20조의2제1항에 따라 선임되는 대표자가 같은 법 제56조제1항 전단에 따른 '조합의 법인격·정관·임원 등'에 해당한다고 보기는 어렵습니다.

그리고 준용이란 특정 조문을 그와 성질이 유사한 규율 대상에 대해 다소 수정해 적용하는 것을 의미하는데(각주: 법제처 2023. 7. 25. 회신 23-0473 해석례 참조), 소규모주택정비법 제56조제1항 전단에서 조합에 관해 도시정비법과 소규모주택정비법을 준용하도록 한 것은 소규모주택정비법과 도시정비법에서 판해서 소규모주택정비법에 따른 '조합'은 구성원, 권한 및 의무 등이 유사한 법인(각주: 소규모주택정비법 제23조제8항 및 도시정비법 제38조제1항 참조)이라는 점을 고려하여 소규모주택정비 범위에 따른 '조합'의 구체적 사항을 조합하여 도시정비법의 관련 규정을 준용하도록 한 것인바, 가로주택정비사업의 조합이 설립되기 전에 조합설립을 위하여 개최되는 창립총회의 직권 소집 등의 권한을 가질 뿐, 조합임원의 지위까지 갖는 것이 아니라는 점을 고려할 때, 그 대표자에 대해 도시정비법상의 조합임원에 관한 규정(제38조 및 제40조부터 제46조까지)이 준용된다고 보기는 어렵습니다.

 더욱이 소규모주택정비법 제56조제1항 전단에 따라 준용되는 도시정비법 제40조제1항제6호에서는 조합임원의 권리·의무·보수 등에 관하여 조합의 정관에 포함하도록 규정하고 있고, 같은 법 제42조제1항부터 제3항까지에서는 조합임원의 직무에 관해 규정하고 있는 점에 비추어 보면, 조합임원은 조합이라는 법인이 집행기관이라고 할 것(각주: 대법원 2020. 11. 5. 선고 2020다210679 판결례 참조)이고, 같은 조 제4항은 그 집행금지에 대한 것이라고 할 것인데, 소규모주택정비법령에 따라 토지등소유자가 창립총회를 개최하기 위해 선임하는 대표자는 창립총회의 직권 소집 등의 권한을 가질 뿐, 조합과 같은 특정한 법인의 집행기관으로서의 지위를 가지거나 그 법인을 위한 직무 수행의 대가로 보수를 받는 자로도 볼 수도 없는바, 조합의 집행기관인 조합임원에 대해 준용되는 도시정비법 제42조제4항이 창립총회를 개최하기 위해 선임한 대표자에 대해서도 준용된다고 보는 것은 타당하지 않습니다.

 따라서 소규모주택정비법 제56조제1항 전단에 따라 조합의 임원에 관하여 준용되는 도시정비법 제42조제4항은 토지등소유자가 창립총회를 개최하기 위해 선임한 대표자에 대해서는 준용되지 않습니다.

<관계 법령>

빈집 및 소규모주택 정비에 관한 특례법

제23조 (조합설립인가 등) ① 가로주택정비사업의 토지등소유자는 조합을 설립하는 경우 토지등소유자의 10분의 8 이상 및 토지면적의 3분의 2 이상의 토지소유자 동의를 받은 후 조합설립을 위한 창립총회(이하 "창립총회"라 한다)를 개최하고 다음 각 호의 사항을 첨부하여 시장·군수등의 인가를 받아야 한다. <후단 생략>

1. ~ 3. (생 략)
② ~ ⑩ (생 략)

제56조 (「도시 및 주거환경정비법」의 준용) ① 토지등소유자의 동의방법 등에 관하여는 「도시 및 주거환경정비법」 제27조, 제36조 및 제

37조를, 가로주택정비사업, 소규모재건축사업 및 소규모재개발사업의 사업대행자 지정에 관하여는 법 제28조를, 조합의 법인격·정관·임원 등에 관하여는 같은 법 제38조 및 제40조부터 제46조까지를, 주민대표회의 및 토지등소유자 전체회의 등에 관하여는 같은 법 제47조 및 제48조를, 정비기반시설 기부채납 기준 등에 관하여는 같은 법 제51조를, 용적률 상한 및 토지등소유자의 부담완화 등에 관하여는 같은 법 제54조를, 시장·군수등의 사업시행계획인가 및 사업시행계획서의 작성 등에 관하여는 같은 법 제56조 및 제58조를, 시공보증에 관하여는 같은 법 제82조를, 준공인가 및 공사완료에 절차 및 방법 등에 관하여는 같은 법 제83조 및 제85조를, 소유권 이전한 경우의 대지 및 건축물에 대한 권리 확정 등에 관하여는 같은 법 제87조를, 청산금의 징수방법 등에 관하여는 같은 법 제90조를, 소유권 이전한 경우의 부과금 및 연체료의 부과·징수 등에 관하여는 같은 법 제93조를, 정비기반시설 관리자의 비용부담 및 귀속 등에 관하여는 같은 법 제94조 및 제97조를, 정비사업전문관리업자에 관하여는 같은 법 제102조부터 제110조까지를, 토지등소유자의 설명의무 또는 소규모주택정비사업의 감독 등에 관하여는 같은 법 제111조부터 제113조까지, 제124조 및 제125조를, 조합임원 등에 대한 교육, 토지등소유자의 설명의무 또는 소규모주택정비사업, 가로주택정비사업 또는 소규모재건축사업에 관하여는 같은 법 제115조, 제120조부터 제122조까지를 준용한다. 이 경우 "재개발사업"은 "자율주택정비사업, 가로주택정비사업 또는 소규모재건축사업"으로, "재건축사업"은 "소규모재건축사업"으로 본다.

② · ③ (생 략)

빈집 및 소규모주택 정비에 관한 특례법 시행령

제20조의2 (창립총회의 소집절차 등) ① 토지등소유자는 법 제23조제1항·제2항 및 제4항에 따른 창립총회(이하 "창립총회"라 한다)를 개최하려는 경우 토지등소유자 과반수의 동의로 대표자를 선임해야 한다.

② · ③ (생 략)

도시 및 주거환경정비법

제42조 (조합임원의 직무 등) ① ~ ③ (생 략)

④ 조합임원은 같은 목적의 정비사업을 하는 다른 조합의 임원 또는 직원을 겸할 수 없다.

[법령해석 3] 민원인 국토교통부 - 가로주택정비사업 조합 설립을 위한 창립총회에 관하여「도시 및 주거환경정비법」규정을 준용해야 하는지 여부(「빈집 및 소규모주택 정비에 관한 특례법 시행규칙」제9조제2항 등 관련)

안건번호 21-0073   회신일자 2021-05-12

1. 질의요지

「빈집 및 소규모주택 정비에 관한 특례법」(이하 "소규모주택 정비법"이라 함) 제23조제1항제2호 및 같은 법 시행규칙 제9조제2항제4호에서는 가로주택정비사업의 토지등소유자(주: 가로주택정비사업 시행구역에 위치한 토지 또는 건축물의 소유자, 해당 토지의 지상권자 참석자 명부를 첨부하여 시장·특별자치시장·특별자치도지사·시장·군수 또는 자치구의 구청장의 인가를 받아야 한다고 규정하면서 조합등소유자의 토지등소유자의 조합을 설립하기 위해 개최하는 창립총회의 방법 및 절차에 관하여 「도시 및 주거환경정비법」(이하 "도시정비법"이라 함) 제32조제3항 및 같은 법 시행령 제27조를 준용해야 하는지?(각주: 2017. 2. 8. 법률 제14569호로 제정된 소규모주택정비법의 시행일인 2018. 2. 9. 이후에 시행하는 가로주택정비사업을 전제함.)

※ 질의배경

민원인은 위 질의요지에 대해 국토교통부로부터 도시정비법에 따라야 한다는 회신을 받자 이에 이견이 있어 법제처에 법령해석을 요청하였고, 국토교통부에서도 해당 쟁점에 대해 분명히 하고자 법제처에 법령해석을 요청함.

2. 회답

가로주택정비사업의 조합설립을 위한 창립총회의 방법 및 절차에 관하여 도시정비법 제32조제3항 및 같은 법 시행령 제27조는 준용되지 않습니다.

3. 이유

소규모주택정비법은 도시정비법에서 규정하고 있던 가로주택정비사업 등의 내용을 이관하면서 사업절차를 간소화하고 특례규정을 신설하는 등 가로주택정비사업을 활성화하기 위한 목적으로 제정된 법률로서,(각주: 2017. 2. 8. 법률 제14569호로 제정되어 2018. 2. 9. 시행된 소규모주택정비법 제정이유 및 주요내용 참조) 소규모주택정비법은 입법목적과 규율대상을 달리하는 별개의 법률로, 소규모주택정비사업 등 소규모주택 정비사업과 도시정비사업에 따른 정비사업(각

제3편 빈집 및 소규모주택 정비에 관한 특례법 상담 대비표 183

소규모주택정비사업

주: 도시정비법 제2조제2호에 따른 "정비사업"을 말하며, 이하 같음.)은 사업의 목적, 내용, 규모 및 사업의 운영절차 등에 있어 구분되는 별개의 사업이므로 가로주택정비사업에 관하여 도시정비법을 준용하기 위해서는 명문의 규정이 필요합니다.

이에 소규모주택정비법 제56조에서도 토지등소유자의 동의방법, 사업대행자 지정 및 조합원·정관·임원 등 도시정비법의 주요한 사항과 각 사항별로 준용하는 도시정비법 조문을 열거하여 규정하고 있는데, 조합의 총회 소집 절차 등에 관한 도시정비법 제44조는 준용하는 조문으로 포함되어 있는 반면, 조합설립을 위한 창립총회의 방법 및 절차에 관한 도시정비법 제32조제3항은 포함되어 있지 않은바, 이는 조합이 설립된 이후 소집하는 총회와 달리 조합이 설립되기 전 조합설립을 위해 개최하는 창립총회에 관하여는 도시정비법 조문을 준용하지 않는다는 취지로 보아야 합니다.

또한, 소규모주택정비법령을 제정하여 가로주택정비사업 등에 관한 사항을 적용하도록 한 것은 가로주택정비사업 등의 내용을 이관하여 규정하면서, 종전 도시정비법에서 가로주택정비사업의 경우에도 적용을 규정했던 내용을 포함하지 않고, 조합설립인가 신청 시 창립총회 회의록과 창립총회 참석자 연명부 등이 선임된 자의 자격을 증명하는 서류를 첨부하도록 한 것과 토지등소유자의 조합설립에 관한 동의의 철회에 관한 내용(각주: 구 도시정비법 시행규칙 제491호 로 전부개정되어 같은 날 시행되기 전의 것을 말함) 제7조제1항제4호·제7호 및 별지 제4호의3서식 참조.)만을 이관하여 규정(각주: 소규모주택정비법 시행규칙 제9조제2항제4호·제5호 및 별지 제12호서식 제1호·제2호 및 제1호·제2호 및 제12호서식 제1호·제2호 및 별지 제12호서식 참조.)하였다는 점에 비추어 보면, 도시정비법령에 따른 창립총회의 일부인 내용 중 일부만을 가로주택정비사업에 적용하여 사업절차를 간소화하려는 것으로도 볼 수 있습니다.

아울러 도시정비법령에 따르면 창립총회의 주체는 "조합설립추진위원회"인 반면, 소규모주택정비법에서는 가로주택정비사업의 조합설립을 위한 추진위원회 구성을 예정하고 있지 않은바, 소규모주택정비법에서는 바로 시 주진위원회를 경유하는 근거와 절차에 관한 방법 및 절차에 관한 창립총회를 개최하는 조합설립을 위한 창립총회 개최 시 도시정비법령을 준용해야 한다고 볼 경우 집행상 혼란이 발생할 우려가 있다는 점도 이 사안을 해석할 때 고려해야 합니다.

따라서 소규모주택정비법 제23조제1항제1호 및 제2호 및 같은 법 시행령 제9조제2항제4호에서 가로주택정비사업의 토지등소유자가 조합설립인가 신청 시 첨부해야 하는 서류 중 하나로 창립총회 회의록을 규정한 것만으로 가로주택정비사업의 조합설립을 위한 창립총회의 방법 및 절차에 관하여 도시정비법 제32조제3항 및 같은 법 시행령 제27조를 준용해야 한다고 볼 수는 없습니다.

※ 법령정비 권고사항

가로주택정비사업의 조합설립을 위한 창립총회에 대해서도 도시정비법 제32조제3항 및 같은 법 시행령 제27조에서와 같이 창립총회를 개최하는 방법 및 절차를 규율할 정책적 필요성이 있는지를 검토하고, 그 결과에 따라 준용의 근거 등 관련 규정을 명확하게 정비할 필요가 있습니다.

<관계 법령>

빈집 및 소규모주택 정비에 관한 특례법

제23조 (조합설립인가 등) ① 가로주택정비사업의 토지등소유자는 조합을 설립하는 경우 토지등소유자의 10분의 8 이상 및 토지면적의 3분의 2 이상의 토지소유자 동의를 받아 다음 각 호의 사항을 첨부하여 시장·군수등의 인가를 받아야 한다. 이 경우 사업시행구역의 공동주택은 각 동(복리시설의 경우에는 주택단지의 복리시설 전체를 하나의 동으로 본다)별 구분소유자의 과반수 동의(공동주택의 각 동별 구분소유자가 5명 이하인 경우는 제외한다)를, 공동주택 외의 건축물은 해당 건축물이 소재하는 전체 토지면적의 2분의 1 이상의 토지소유자 동의를 받아야 한다.

1. (생 략)
2. 공사비 등 소규모주택정비사업에 드는 비용(이하 "정비사업비"라 한다)과 관련된 자료 등 국토교통부령으로 정하는 서류
3. (생 략)

② ~ ⑦ (생 략)

빈집 및 소규모주택 정비에 관한 특례법 시행규칙

제9조 (조합설립인가 등) ① (생 략)

② 법 제23조제1항제2호에서 "국토교통부령으로 정하는 서류"란 다음 각 호의 서류를 말한다.

1. ~ 3. (생 략)
4. 창립총회 회의록(창립총회 참석자 명부를 포함한다)
5. ~ 8. (생 략)

③ (생 략)

도시 및 주거환경정비법

제32조 (추진위원회의 기능) ① · ② (생 략)

③ 추진위원회는 제35조제2항, 제3항 및 제5항에 따른 조합설립인가를 신청하기 전에 대통령령으로 정하는 방법 및 절차에 따라 조합설립을 위한 창립총회를 개최하여야 한다.

④ (생 략)

도시 및 주거환경정비법 시행령

제27조 (창립총회의 방법 및 절차 등) ① 추진위원회(법 제31조제4항 전단에 따라 추진위원회를 구성하지 아니하는 경우에는 토지등소유자를 말한다)는 법 제35조제2항부터 제4항까지의 규정에 따른 동의를 받은 후 조합설립인가를 신청하기 전에 법 제32조제3항에 따라 창립총회를 개최하여야 한다.

② ~ ⑥ (생 략)

제20조의3 (창립총회 결의사항 등) ① 창립총회에서는 다음 각 호의 사항을 의결한다.

1. 정관의 확정
2. 임원의 선임
3. 대의원의 선임
4. 그 밖에 제20조의2제3항에 따라 통지한 사항으로서 창립총회에서 의결하기로 한 사항

② 창립총회의 의사결정은 토지등소유자(소규모재건축사업의 경우에는 조합 설립에 동의한 자로 한정한다) 과반수의 출석과 출석한 토지등소유자 과반수의 찬성으로 의결한다. 다만, 제1항제2호 및 제3호의 사항에 관한 의결방법을 정관으로 달리 정한 경우에는 그에 따른다.
[본조신설 2022. 8. 2.]

제21조 (조합설립인가사항의 경미한 변경) 법 제23조제5항 단서에서 "대통령령으로 정하

⑤ 제1항·제2항 또는 제4항에 따라 설립된 조합은 인가받은 사항을 변경하는 경우 조

한 총회에서 조합원의 3분의 2 이상의 찬성으로 의결한 후 제1항 각 호의 사항을 첨부하여 시장·군수등의 인가를 받아야 한다. 다만, 대통령령으로 정하는 경미한 사항을 변경하는 경우에는 총회의 의결 없이 시장·군수등에게 신고한 후 변경할 수 있다. <개정 2021. 7. 20.>

⑥ 제1항 및 제2항 및 제4항에 따라 설립된 조합은 다음 각 호의 요건을 모두 갖춘 때에는 제5항에 따라 조합 총회의 의결을 거쳐 시장·군수등의 변경인가를 받아 이 법에 따른 소규모주택정비사업(자율주택정비사업은 제외한다)으로 전환하여 시행할 수 있다. <신설 2023. 4. 18.>

1. 제29조에 따른 사업시행계획인가를 신청하기 전일 것
2. 시행 중인 사업이 전환하려는 사업에 관하여 제2조제1항제3호에서 정하는 요건을 모두 충족할 것

⑦ 조합이 가로주택정비사업, 소규모재건축사업 또는 소규모재개발사업을 시행하는 경우 「주택법」 제54조를 적용할 때에는 해당 조합을 같은 법 제2조제10호에 따른 사업주체로 보며, 조합설립인가를 받은 날을 같은 법 제4조에 따른 주택건설사업 등의 등록을 한 것으로 본다. <개정 2021.

는 경미한 사항"이란 다음 각 호의 사항을 말한다. <개정 2021. 9. 17., 2023. 10. 18.>

1. 착오·오기 또는 누락임이 명백한 사항
2. 조합의 명칭 및 주된 사무소의 소재지와 조합장의 성명 및 주소(조합장의 변경이 없는 경우로 한정한다)
3. 토지 또는 건축물의 매매 등으로 조합원의 권리가 이전된 경우의 조합원의 교체 또는 신규가입
4. 조합임원 또는 대의원의 변경(법 제56조에 따라 준용되는 「도시 및 주거환경정비법」 제45조에 따른 총회의 의결 또는 같은 법 제46조에 따른 대의원회의 의결을 거친 경우로 한정한다)
5. 건설되는 건축물의 설계 개요의 변경
6. 정비사업비의 변경
7. 현금 청산으로 인하여 정관에서 정하는 바에 따라 조합원이 변경되는 경우
7의2. 사업시행구역 면적의 10퍼센트 범위의 가감
8. 그 밖에 시·도조례로 정하는 사항

⑧ 조합은 법인으로 하며, 조합에는 조합원으로 구성되는 총회를 두고 총회의 소집절차·시기 등은 정관으로 정한다. 조합에 관하여는 이 법에 규정된 것을 제외하고는 「민법」중 사단법인에 관한 규정을 준용한다. <개정 2021. 7. 20., 2023. 4. 18.>

⑨ 시장·군수등은 제1항, 제2항 또는 제4항에 따라 조합설립인가(제5항 또는 제6항에 따라 인가받은 사항을 변경하는 경우를 포함한다)를 하는 때에는 14일 이상 주민 공람을 거쳐 의견을 수렴하고 사업시행구역 등 대통령령으로 정하는 사항을 해당 지방자치단체의 공보에 고시하여야 한다. 이 경우 사업시행구역에 지형도면 고시 등에 대하여는 「토지이용규제 기본법」제8조에 따른다. <신설 2022. 2. 3., 2023. 4. 18.>

⑩ 제1항부터 제6항까지에 따른 토지등소유자에 대한 동의의 대상 및 절차, 창립총회의 방법 및 절차, 조합설립인가 및 그 변경 등에 필요한 사항은 대통령령으로 정한다. <개정 2021. 7. 20., 2022. 2. 3., 2023. 4. 18.>

제21조의2 (조합설립인가 등의 고시) 법 제23조제9항에서 "사업시행구역 등 대통령령으로 정하는 사항"이란 다음 각 호의 사항을 말한다. <개정 2023. 10. 18.>
1. 사업의 종류 및 명칭
2. 사업시행구역의 위치 및 면적
3. 사업의 착수 예정일 및 준공 예정일
4. 조합의 명칭 및 사무소 소재지
[본조신설 2022. 8. 2.]

[법령해석 4] 민원인 - 국토교통부 - 사업시행구역의 면적 증가에 따른 조합설립변경인가를 받으려는 경우 토지등소유자의 동의율 판단 기준 및 기존 토지등소유자 동의서의 재작성 여부(「빈집 및 소규모주택 정비에 관한 특례법」 제23조 등)

안건번호 23-0898   회신일자 2023-11-03

1. 질의요지

「빈집 및 소규모주택 정비에 관한 특례법」(이하 "소규모주택정비법"이라 함) 제23조제1항 각 호 외의 부분 전단에서는 가로주택정비사업의 토지등소유자(각주: 소규모주택정비법 제2조제1항제6호가목에 따른 토지등소유자를 말하며, 이하 같음)는 조합을 설립하는 경우 토지등소유자의 10분의 8 이상 및 토지면적의 3분의 2 이상의 토지소유자의 동의를 받은 후 조합설립을 위한 창립총회를 개최하고 공사비 등 소규모주택정비사업에 드는 비용 등이 기재된 토지등소유자의 조합설립 동의서(같은 항 제2호 및 같은 법 시행규칙 제9조제2항제2호) 등 같은 항 각 호의 사항을 첨부하여 특별자치시장·특별자치도지사·시장·군수 또는 자치구의 구청장을 말하며, 이하 같음)의 인가를 받아야 한다고 규정하고 있는 한편, 소규모주택정비법 제23조제5항 본문에서는 같은 조 제1항에 따라 설립된 조합은 인가받은 사항을 변경하는 경우 조합 총회에서 조합원의 3분의 2 이상의 찬성으로 의결한 후 같은 항 각 호의 사항을 첨부하여 시장·군수등의 인가를 받아야 한다고 규정하고 있는바,

소규모주택정비법 제23조제1항에 따라 설립된 가로주택정비사업 조합이 사업시행구역의 면적을 증가시키는 내용으로 같은 조 제5항 본문에 따른 변경인가(이하 "조합설립변경인가"라 함)를 받으려는 경우(각주: 변경사항이 소규모주택정비법 제23조제5항 단서에 따른 '경미한 사항'에 해당하지 않는 경우를 전제함),

가. 소규모주택정비법 제23조제1항에 따른 토지등소유자의 동의율(각주: 토지등소유자의 10분의 8 이상 및 토지면적의 3분의 2 이상의 토지소유자의 동의율과 같은 조 제5항에 따른 조합설립변경인가 기준의 충족 여부의 판단은 전체 사업시행구역(각주: 소규모주택정비법 제23조제1항에 따라 조합설립인가된 기존의 사업시행구역과 제5항에 따라 변경인가로 증가되는 부분의 사업시행구역을 합한 사업시행구역을 말하며, 이하 같음.)을 기준으로 해야 하는지, 아니면 증가되는 부분의 사업시행구역을 기준으로 해야 하는지?

제3편 빈집 및 소규모주택 정비에 관한 특례법 심단 대비표   189

나. 기존 토지등소유자(각주: 소규모주택정비법 제23조제1항에 따라 조합설립인가 받은 사업시행구역의 토지등소유자를 말하며, 이하 같음.)에 대하여 다시 소규모주택정비법 제23조제1항제2호 및 같은 법 시행규칙 제9조제2항제2호에 따른 조합설립동의서(이하 "조합설립동의서"라 함)를 받아야 하는지?

2. 회답

가. 질의 가에 대해

이 사안의 경우, 소규모주택정비법 제23조제1항에 따른 토지등소유자의 동의율 충족 여부는 전체 사업시행구역을 기준으로 판단해야 합니다.

나. 질의 나에 대해

이 사안의 경우, 기존 토지등소유자에 대하여 다시 조합설립동의서를 받지 않아도 됩니다.

3. 이유

가. 질의 가에 대해

소규모주택정비법 제23조제1항에서는 가로주택정비사업의 토지등소유자는 조합을 설립하는 경우 일정 비율 이상 토지등소유자의 동의를 받도록 규정하고 있는 한편, 같은 조 제5항 본문에서는 같은 조 제1항에 따라 설립된 조합이 인가받은 사항을 변경하는 경우 '조합 총회에서의 조합원의 3분의 2 이상의 찬성 의결'을 그 요건으로 규정하고 있을 뿐, 같은 조 제1항에 따른 토지등소유자의 조합설립 동의율을 충족해야 하는지에 대해서는 명확하게 규정하고 있지 않으나, 같은 법 시행규칙 제11조의 위임에 따라 조합설립인가 및 조합설립변경인가 신청서 서식을 규정하고 있는 같은 법 시행규칙 제9조 및 별지 제11호서식에 따르면, 조합설립변경인가를 받으려는 경우에도 그 동의율을 산정함에 있어 '토지등소유자 수 및 사업시행구역의 기존 사업시행구역 외에 증가된 부분을 명확히 하고, 이 사안의 경우와 같이 사업시행구역의 면적이 증가되어 그 증가된 사업시행구역에 추가된 경우 새로운 토지등소유자가 증가하게 되는 조합설립변경인가 전에는 '조합원'이 아니어서 조합설립변경인가를 받기 위한 요건인 '조합 총회에서의 조합원의 3분의 2 이상의 찬성 의결'에 참여하여 동의 여부에 관한 의사를 반영할 수도 없으므로, 조합설립변경인가 시에도 같은 법 제23조제1항에 따른 토지등소유자의 조합설립 동의를 충족해야 한다고 보아야 합니다.

그런데 이 사안과 같이 소규모주택정비법 제23조제1항에 따라 설립된 가로주택정비사업 조합이 설립된 가로주택정비사업 조합의 사업시행구역 면적을 증가시키려는 경우에는 일반적으로 해당 사업시행구역의 토지등소유자의 수도 증가하게 될 것인데, 이 경우 같은 항에 따른 '토지등소유자의 동의율'은 증가하는 사업시행구역의 토지등소유자의 수를 기준으로 할 것인지, 아니면 인가받은 기존의 사업시행구역과 증가되는 사업시행구역의 면적을 합한 사업시행구역 면적을 기준으로 판단해야 하는지에 관해서는 명확히 규정하고 있지 않은바, 이에 관해서는 조합설립변경인가의 성격, 관련 규정의 취지와 체계 등을 종합적으로 고려하여 해석해야 합니다.

먼저 조합설립변경인가는 기존에 인가받은 소규모주택정비법 제23조제1항에 따라 조합설립인가를 받은 사항의 일부를 변경 또는 취소·철회하거나 새로운 사항을 추가하는 것인데(주: 대법원 2014. 5. 29. 선고 2011다46128·2013다69057 판결례 참조), 이 사안과 같이 기존에 조합설립인가를 받은 설립된 가로주택정비사업 조합이 사업시행구역의 면적을 증가하는 사업시행구역의 조합설립변경인가를 받으려는 경우, 같은 항에 따라 사업시행인가에 의해서 '증가되는 사업시행구역'의 사업시행구역을 '전체 사업시행구역 면적'을 기준으로 판단해야 합니다.

그리고 소규모주택정비법 시행규칙 '토지등소유자 수 동의율' 중 별지 제9호 및 별지 제11호서식에서도 토지등소유자의 동의율을 기재하도록 규정하고 있는데, 이는 같은 법 제23조제1항에 따라 조합설립인가를 받은 이후 사업시행인가의 토지등소유자의 수가 변경되는 경우에는 토지등소유자의 면적 변경을 동의율에 기준의 기준에 받은 경우에는 사업시행자의 조합설립에 대한 동의율이 변경될 수 있다는 점에 대해서도 보여주고 있는 것으로 볼 것인바, 만약 증가되는 사업시행구역만 조합의 '사업시행자로서의 지위'을 취소하지 않고 전체 사업시행구역에 대하여 그 지위을 유지(주: 대법원 2010. 1. 28. 선고 2009두4845 판결례 참조)할 수 있는지 여부를 판단하기 위한 것으로도 보이는 것일 것인바, 되면 증가되는 사업시행구역과 증가되는 사업을 기준으로 같은 항에 따른 조합설립에 관한 토지등소유자의 동의율을 판단하게 되면 기존의 사업시행자로서의 지위를 받은 조합설립변경인가는 전체 사업시행구역 각각에 대한 사업시행구역에 대해서 별개로 조합설립 요건을 적용하게 되어 기존의 조합이 증가되는 사업시행구역과 증가되는 사업시행구역 각각에 대해서 유지하는 것이 아니라, 하나의 조합이 증가되는 사업시행구역과 증가되는 사업시행구역 각각에 대한 사업시행자로서의 지위를 갖게 되는 것으로 해석될 여지가 있어 하나의 사업시행구역에 하나의 조합만을 인가하고 있는

제3편 빈집 및 소규모주택 정비에 관한 특례법 심단 대비표 191

소규모주택정비법령 체계에도 부합하지 않습니다.

아울러 소규모주택정비법 제23조제1항에 따라 설립된 가로주택정비사업 조합이 사업시행구역 면적을 증가하는 내용으로 조합설립변경인가를 받으려는 경우 증가하는 사업시행구역만을 기준으로 같은 항에 따른 토지등소유자의 동의율 충족 여부를 판단해야 한다고 본다면, 최초 조합설립인가 당시부터 사업시행구역이었는지, 아니면 변경인가를 거쳐 하나의 사업시행구역이 되었는지에 따라 '동일한 면적의 사업시행구역'에 대한 토지등소유자의 조합설립 동의율 충족 여부가 달라질 수 있고, 나아가 조합설립변경인가의 횟수에 따라서도 '동일한 위치와 면적의 사업시행구역'에 대한 토지등소유자의 조합설립 동의율 충족 여부가 달라지게 하며, 조합리하며, 조합설립 인가 요건의 충족 여부의 판단과 관련하여 집행상 상당한 혼란이 초래될 수 있다는 점도 이 사안을 해석할 때 고려해야 합니다.

따라서 이 사안의 경우, 소규모주택정비법 제23조제1항에 따른 토지등소유자의 동의율 충족 여부는 전체 사업시행구역을 기준으로 판단해야 합니다.

나. 질의 나에 대해

소규모주택정비법 제23조제1항 각 호 외의 부분에서는 가로주택정비사업 조합설립인가의 주체를 '토지등소유자'로, 그 인가의 요건을 '토지등소유자'의 10분의 8 이상 및 토지면적의 3분의 2 이상의 토지소유자의 동의' 등으로 규정하고 있는 한편, 같은 조 제5항 본문에서는 조합설립변경인가의 주체를 '조합'으로, 그 변경인가의 요건을 '조합 설립된 조합'에 따라 설립된 조합의 총회에서 조합원 3분의 2 이상의 찬성 의결을 받은 법 시행구역 변경에 대한 의결을 한 후 토지등소유자 제9조제2항제2호에서 조합설립 변경인가를 받기 전에 존재하지 않으므로 조합설립에 대한 동의 여부에 대해는 '토지등소유자'는 같은 법 제24조제1항에 따라 조합원이 되고, 그 의사결정은 조합원들로 구성된 조합의 최고 의사결정기관인 '조합 총회'(각주: 대법원 2020. 11. 5. 선고 2020다210679 판결례 참조)에서 이루어져야 하므로 변경인가 사항에 대한 동의 여부의 의결도 조합 총회의 의결로 확인하도록 한 것이라 할 것입니다.

그렇다면 소규모주택정비법 제23조제5항 본문에 따라 마련된 법 시행령 같은 법 제9조제2항제2호에서 조합설립 변경인가를 받으려는 경우 조합 총회에서는 조합원 3분의 2 이상의 찬성으로서 조합원의 의결로 새로운 토지등소유자에 대한 동의 의사를 표시하도록 한 것은 기존 토지등소유자가 조합설립변경인가 전에 조합설립에 동의하였으므로 사업시행구역의 면적이 증가되는 부분의 새로운 토지등소유자는 사업시행구역의 유지 및 조합설립변경인가 여부를 '조합원'이 아니므로, 새로운 토지등소유자가 기존 조합의 조합설동의서의 제출이라는 방식을 통해서 확인하도록 한 것으로 보이는바, 조합설립변경인가를 받으려는 경우에 같은 법 제23조제5항 본문 및 같은 법 시행규칙 제9조제2항제2호에 따라 첨부해야 하는 '조합설립동의서'는 기존 토지등소유자 외에 새롭게 조합원이 되는 토지등소유자의 조합설립동의서를 의미한다고 보는 것이 타당합니다.

그리고 소규모주택정비법 제23조제5항 본문은 가로주택정비사업에 관한 사항이 2017년 2월 8일 법률 제14569호로 제정된 소규모주택정비법(이하 "소규모주택정비법"이라 함)으로 이관되기 전에 구 「도시 및 주거환경정비법」(2017. 2. 8. 법률 제14567호로 전부개정되기 전의 것을 말하며, 해당 규정은 가로주택정비사업에 관한 사항이 소규모주택정비법으로 이관되기 전에 구 「도시정비법」(이하 "구 도시정비법"이라 함) 제16조제1항 본문에 규정되어 있던 것으로, 구 도시정비법에서는 조합설립인가의 요건 및 절차를 동일하게 규정하고 있으나, 제정 소규모주택정비법에서는 조합설립인가의 요건 및 절차를 조합설립변경인가의 요건 및 절차보다 완화한 것을 구분하여 '총회에서의 일정 비율 이상 조합원 찬성 의결' 등으로 규정한바, 이는 소규모주택정비사업의 효율적 추진을 위해 조합설립변경인가의 요건 및 절차를 중전보다 완화한 것으로 보아야 할 것입니다.

그런데 만약 소규모주택정비법 제23조제1항에 따라 설립된 가로주택정비사업 조합이 사업시행구역의 면적을 증가하는 내용으로 조합설립변경인가를 받으려는 경우에도 기존 토지등소유자에 대해서 조합설립동의서를 받아야 한다고 본다면, 조합설립변경인가를 받기 위해서는 총회에서의 조합원 찬성 의결 외에도 '기존 토지등소유자' 및 '새롭게 주거로 된 토지등소유자'에 대한 조합설립동의서를 모두 가져야 하므로, 조합설립변경인가를 받으려는 경우 구 도시정비법에 비해 더욱 엄격한 요건 및 절차를 충족해야 한다는 결론에 이르게 되는바, 이러한 해석은 소규모주택정비법 제23조제5항 본문의 입법연혁 및 취지를 고려할 때 타당하다고 보기 어렵습니다.

따라서 이 사안의 경우, 기존 토지등소유자에 대하여 다시 조합설립동의서를 받지 않아도 됩니다.

※ 법령정비 권고사항

소규모주택정비법 제23조 및 그 위임에 따라 마련된 같은 법 시행규칙 제9조제1항에 같은 법 제23조제1항에 따른 조합설립인가와 조합설립변경인가를 받으려는 경우에 첨부해야 하는 서류를 구분하여 명확하게 규정할 필요가 있습니다.

〈관계 법령〉

○ 빈집 및 소규모주택 정비에 관한 특례법

제3편 빈집 및 소규모주택 정비에 관한 특례법 상단 대비표 193

제23조 (조합설립인가 등) ① 가로주택정비사업의 토지등소유자는 조합을 설립하는 경우 토지등소유자의 10분의 8 이상 및 토지면적의 3분의 2 이상의 토지소유자 동의를 받은 후 조합설립을 위한 창립총회(이하 "창립총회"라 한다)를 개최하고 다음 각 호의 사항을 첨부하여 시장·군수등의 인가를 받아야 한다. <후단 생략>

1. 정관
2. 공사비 등 소규모주택정비사업에 드는 비용(이하 "정비사업비"라 한다)과 관련된 자료 등 국토교통부령으로 정하는 서류
3. 그 밖에 시·도조례로 정하는 서류

② ~ ④ (생 략)

⑤ 제1항·제2항 또는 제4항에 따라 설립된 조합은 인가받은 사항을 변경하는 경우 총회에서 조합원의 3분의 2 이상의 찬성으로 의결한 후 제1항 각 호의 사항을 첨부하여 시장·군수·군수등의 인가를 받아야 한다. <단서 생략>

⑥ ~ ⑩ (생 략)

○ 빈집 및 소규모주택 정비에 관한 특례법 시행규칙

제9조 (조합설립인가 등) ① (생 략)

② 법 제23조제1항제2호에서 "국토교통부령으로 정하는 서류"란 다음 각 호의 서류를 말한다.

1. 조합원 명부(조합원 자격을 증명하는 서류를 포함한다)
2. 공사비 등 소규모주택정비사업에 드는 비용 등이 기재된 토지등소유자의 조합설립 동의서 및 동의사항을 증명하는 서류
3. (생 략)
4. 창립총회 회의록(창립총회 참석자 명부를 포함한다)
5. 창립총회에서 선임된 임원 및 대의원의 자격을 증명하는 서류
6. (생 략)
7. 인가받은 사항 중 변경내용 및 그 증명서류(법 제23조제5항 본문에 따른 변경인가로 한정한다)
8. (생 략)

③ (생 략)

[별지해석 5] 민원인 - 가로주택정비사업 조합 설립을 위한 동의 비율의 산정 기준인 공동주택 외의 건축물이 소재하는 전체 토지면적의 의미(「빈집 및 소규모주택 정비에 관한 특례법」 제23조제1항 관련)

안건번호 21-0736 회신일자 2022-03-03

1. 질의요지

「빈집 및 소규모주택 정비에 관한 특례법」(이하 "소규모주택정비법"이라 함) 제23조제1항 전단에서는 가로주택정비사업의 토지등소유자는 조합을 설립하는 경우 토지등소유자의 10분의 8 이상 및 토지면적의 3분의 2 이상의 토지소유자 동의를 받아야 한다고 규정하면서, 같은 항 후단에서는 이 경우 사업시행구역의 공동주택의 각 동별 구분소유자의 과반수 동의(각주: 공동주택의 각 동별 구분소유자가 5명 이하인 경우는 제외함)를, 공동주택 외의 건축물은 해당 건축물 소재지의 전체 토지면적의 2분의 1 이상의 토지소유자 동의를 받아야 한다고 규정하고 있는바,

소규모주택정비법 제23조제1항 후단에 따라 공동주택 외의 건축물에 대한 토지소유자 동의 비율을 산정할 때의 기준이 되는 "전체 토지면적"은 각 건축물이 소재하는 토지의 면적을 의미하는지, 아니면 각 건축물이 소재하는 토지를 모두 합한 토지의 면적을 의미하는지?

※ 질의배경

민원인은 위 질의요지와 관련하여 국토교통부와 이견이 있어 법제처에 법령해석을 요청함.

2. 회답

이 사안의 경우 "전체 토지면적"은 사업시행구역의 공동주택 외의 각 건축물이 소재하는 토지를 모두 합한 토지의 면적을 의미합니다.

3. 이유

소규모주택정비법 제23조제1항 후단에서는 공동주택은 각 동별 구분소유자의 과반수 동의를, 공동주택 외의 건축물은 해당

건축물이 소재하는 전체 토지면적의 2분의 1 이상의 토지소유자 동의를 받아야 한다고 규정하고 있는데, 동의의 대상을 "각 동별 구분소유자"로 규정하고 있는 공동주택의 경우와 달리, 공동주택 외의 건축물의 경우에는 해당 건축물이 소재하는 "전체 토지면적"의 2분의 1 이상의 토지소유자로 규정하여 "전체"라는 표현을 사용하고 있는 점에 비추어 볼 때, 토지소유자 동의 비율을 산정할 때 기준이 되는 "전체 토지면적"은 사업시행구역 내에 공동주택 외의 각 건축물이 소재하는 토지를 모두 합한 토지 면적을 의미한다고 할 것입니다.

또한 소규모주택정비법 제23조제1항 전단에서 가로주택정비사업의 사업시행구역 전체를 기준으로 조합설립에 대한 동의 요건을 규정하면서, 같은 항 후단에서 공동주택의 경우와 공동주택 외의 건축물의 경우에 대해 동의요건을 달리 규정한 취지는 전축물의 유형별 특성을 고려하여 세부적인 동의율을 반영되도록 함으로써 주민분쟁의 소지를 최소화하고 사업의 원활한 추진을 도모하기 위한 것인바, 이 중 단독주택, 상가 등 공동주택 외의 건축물의 경우에는 토지면적 대비 공동주택과 다를 수 있어 공동주택을 대상으로 하는 가로주택정비사업을 별개로 보아야 하므로, 공동주택 외의 토지소유자의 동의율은 개개의 건축물이 아닌 공동주택 외의 건축물이 소재하는 토지를 합한 전체를 기준으로 산정해야 한다고 보는 것이 규정 취지에 부합한다고 할 것입니다.

한편 소규모주택정비법 제23조제1항 후단에 따른 공동주택 외의 건축물에 대한 동의요건을 공동주택 외의 개별 토지에 소재하는 건축물에 소재하는 개별 토지의 소유자들 간에 이해 관계를 조율하기 위해 둔 것이므로 개별 토지를 기준으로 해야 한다는 의견이 있으나, 같은 법 제25조제1항제3호, 같은 조 제4항 및 같은 법 시행령 「도시 및 주거환경정비법 시행령」 제33조 중 주거환경개선사업의 조합 설립에 대한 토지등소유자의 동의자수 산정방법을 준용하도록 하고 있고, 주거환경개선사업의 토지등소유자의 동의자 수 산정방법에 관한 조 제1항제1호에서는 하나의 건축물에 소재하는 토지에 대해 동의서를 표시할 수 있는 토지소유자가 동일한 경우에는 그 공유자가 여섯 이상이어서 공유할 때에는 그 여섯을 대표하는 1인(가목)을, 1인이 토지를 소유한 경우에는 그 공유자가 동일한 경우에는 그 건축물에 대해서는 토지를 소유한 1인(라목)을 토지등소유자로 산정하도록 규정하고 있는 점에 비추어 볼 때, 공동주택 외의 개별 건축물이 소재하는 토지를 기준으로 소재하는 공유자가 크지 않으며, 개별 건축물이 소재하는 토지로 그 임법목적에도 부합하지 않는다는 점도 이 사안을 해석할 때 고려할 필요가 있습니다.

2분의 1 이상의 토지소유자의 동의를 받도록 할 경우 소규모주택 정비를 활성화하려는 소규모주택정비법의 임법목적에도 부합하지 않는다는 점도 이 사안을 해석할 때 고려할 필요가 있습니다.

따라서 이 사안의 경우 소규모주택정비법 제23조제1항 후단에 따른 "전체 토지면적"은 사업시행구역의 공동주택 외의 각 건축물이 소재하는 토지를 모두 합한 토지의 면적을 의미합니다.

<관계 법령>

○ 빈집 및 소규모주택 정비에 관한 특례법

제23조(조합설립인가 등) ① 가로주택정비사업의 토지등소유자는 조합을 설립하는 경우 토지등소유자 10분의 8 이상 및 토지면적 3분의 2 이상의 토지소유자 동의를 받아 다음 각 호의 사항을 첨부하여 시장·군수등의 인가를 받아야 한다. 이 경우 사업시행구역의 공동주택은 각 동(복리시설의 경우에는 주택단지의 복리시설 전체를 하나의 동으로 본다)별 구분소유자의 동의(공동주택의 각 동별 구분소유자 2분의 1 이상의 토지소유자 동의를 받아야 하고, 전체 구분소유자의 과반수가 해당 토지면적의 2분의 1 이상의 토지면적을 소재하는 건축물은 해당 공동주택 외의 건축물로 제외한다)를, 공동주택 외의 건축물이 5명 이하인 경우는 제외한다)를 받아야 한다.

1. ~ 3. (생 략)
② ~ ⑧ (생 략)

[법령해석 6] 민원인 - 가로주택정비구역에서 공동주택 외의 건물이 소재한 전체 토지의 소유자가 1명인 경우에도 토지면적의 토지소유자 동의 요건이 적용되는지(「빈집 및 소규모주택 정비에 관한 특례법」 제23조 등)

안건번호 22-0829   회신일자 2022-12-19

1. 질의요지

「빈집 및 소규모주택 정비에 관한 특례법」(이하 "소규모주택정비법"이라 함) 제23조제1항 각 호 외의 부분 전단에서는 가로주택정비사업(자주: 소규모주택정비법 제2조제1항제3호나목에 따른 '가로구역에서 소규모로 주거환경을 개선하기 위한 사업'을 말하며, 이하 같음.)의 토지등소유자(자주: 소규모주택정비법 제2조제1항제6호가목에 따른 '사업시행구역에 위치한 토지 또는 건축물의 소유자, 해당 토지의 지상권자'를 말하며, 이하 같음.)는 조합을 설립하는 경우 토지등소유자의 10분의 8 이상 및 토지면적의 3분의 2 이상의 토지소유자 동의를 받아야 한다고 규정하면서, 같은 항 각 호 외의 부분 후단에서는 이 경우 사업시행구역의 공동주택(공동주택의 각 동별의 구분소유자가 과반수 동의(공동주택의 각 동별 구분소유자가 5명 이하인

제3편 빈집 및 소규모주택 정비에 관한 특례법 삼단 대비표   197

경우는 제외함)를, 그 외의 토지 또는 건축물은 해당 토지 또는 건축물이 소재하는 전체 토지면적의 2분의 1 이상의 토지소유자 동의를 받아야 한다고 규정하고 있는바, 가로주택정비사업의 토지등소유자가 조합을 설립하려는 경우, 가로주택정비사업 시행구역에서 공동주택 외의 건축물이 소재하는 전체 토지를 1명이 소유하더라도 소규모주택정비법 제23조제1항 각 호 외의 부분 후단이 적용되어 공동주택 외의 건축물이 소재하는 전체 토지를 소유한 토지소유자 1명의 동의를 받아야 하는지?(각주: 사업시행구역에 나대지는 없는 경우를 전제함.)

2. 회답

이 사안의 경우, 가로주택정비사업 시행구역에서 공동주택 외의 건축물이 소재하는 전체 토지를 1명이 소유하더라도 소규모주택정비법 제23조제1항 각 호 외의 부분 후단이 적용되므로 공동주택 외의 건축물이 소재하는 전체 토지를 소유한 토지소유자 1명의 동의를 받아야 합니다.

3. 이유

법령의 문언 자체가 비교적 명확한 개념으로 구성되어 있다면 원칙적으로 더 이상 다른 해석방법은 활용할 필요가 없거나 제한될 수밖에 없는데(각주: 대법원 2009. 4. 23. 선고 2006다81035 판결례 참조), 가로주택정비사업 조합의 설립을 위한 토지등소유자의 동의 요건 등을 정하고 있는 소규모주택정비법 제23조제1항 각 호 외의 부분 주단에서는 공동주택 구분소유자의 동의 요건과 판련하여 '공동주택'의 동별 구분소유자가 5명 이하인 경우는 제외한다고 규정하여 해당 요건이 적용되는 경우를 명확하게 규정하고 있는 반면, 공동주택 외의 토지 또는 건축물이 소재하는 전체 토지면적의 2분의 1 이상의 토지소유자 동의를 받아야 한다고 규정하고 있을 뿐, 그 토지소유자 동의 요건의 적용 배제에 관해 별도로 규정하고 있지 않습니다.

그리고 소규모주택정비법 제23조제1항에서 '토지등소유자' 및 '구분소유자'의 동의 외에 토지면적을 기준으로 한 '토지소유자'의 동의 요건을 별도로 규정한 것은 공동주택 외의 토지 또는 건축물에 대해 그 토지면적 대비 토지소유자의 수가 적어 토지등소유자의 동의 비율만을 조합설립인가 요건으로는 작은 토지면적을 소유한 다수자의 의해 많은 토지면적을 소유한 소수자의 권리를 침해하는 결과를 초래할 수 있다는 점(각주: 소규모주택정비법 제23조제1항 각 호 의 부분 전단은 구 「도시 및 주거환경정비법」(2017. 2. 8. 법률 제14567호로 전부개정되기 전의 것을 말하며, 이하 같음) 제16 조제1항에서 이루어진 것으로서, 같은 항에 관련 법제처 2011. 12. 8. 회신 11-0666 해석례 참조)을 고려하여 가로주택정비사업 조 합설립 요건의 요소와 함께 재산적 반영될 수 있도록 '토지면적의 토지소유자'라는 개념을 설정한 것인바(각주: 각 주 5)와 같은 이유로 구 「도시 및 주거환경정비법」 제16조제1항에 관한 대법원 2013. 11. 14. 선고 2011두5759 판결례 참조), 가로주택정비사업시행구역에 공동주택 외의 토지 또는 건축물이 소재하는 토지가 있다면 그 전체 토지를 몇 명이 소유하고 있 는지와 관계없이 같은 항 각 호 외의 부분 후단에 따라 '토지면적의 2분의 1 이상의 토지소유자 동의' 요건이 적용된다고 보는 것이 해당 조문의 입법취지에 부합합니다.

아울러 상대방에게 의무를 부과하거나 국민의 권리를 제한하는 규정의 해석은 엄격하여야 할 것인데(각주: 대법원 2006. 6. 2. 선고 2006도2665 판결례 참조), 사업시행구역의 토지등소유자는 조합이 설립되어 가로주택정비사업이 추진되는 경우 소규모주택 정비법 제23조의3제1항제3호에 따라 시장·군수등의 허가를 받아야 하고, 이를 위반한 경우 같은 조 제 4항에 따른 원상회복 명령 및 행정대집행 및 사업시행자로부터 토지 또는 건축물에 대한 매도청구까지 받을 수 있는 등 재산권의 행사에 상당한 제한을 받게 된다는 점도 이 사안을 해석할 때 함께 고려할 필요가 있습니다.

따라서 이 사안의 경우, 가로주택정비사업 시행구역에서 공동주택 외의 건축물이 소재하는 전체 토지를 1명이 소유하더라도 소규모주택정비법 제23조제1항 각 호 외의 부분 후단이 적용되므로 공동주택 외의 건축물이 소재하는 전체 토지를 소유한 토지 소유자 1명의 동의를 받아야 합니다.

〈관계 법령〉

빈집 및 소규모주택 정비에 관한 특례법

제23조 (조합설립인가 등) ① 가로주택정비사업의 토지등소유자는 조합을 설립하는 경우 토지등소유자의 10분의 8 이상 및 토지면적의 3분의 2 이상의 토지소유자 동의를 받은 후 조합설립을 위한 창립총회(이하 "창립총회"라 한다)를 개최하고 다음 각 호의 사항을 첨부하여 시장·군수등의 인가를 받아야 한다. 이 경우 사업시행구역의 공동주택의 각 동(복리시설의 경우에는 주택단지의 복리시설 전체를 하나의 동으로 본다)별 구분소유자의 과반수 동의(공동주택의 각 동별 구분소유자가 5명 이하인 경우는 제외한다)를, 그 외의 토지 또는 건축물을 해당 토

제3편 빈집 및 소규모주택 정비에 관한 특례법 삼단 대비표   199

지 또는 건축물이 소재하는 전체 토지면적의 2분의 1 이상의 토지소유자 동의를 받아야 한다.

1. ~ 3. (생 략)
② ~ ⑨ (생 략)

[법령해석 7] 민원인 - 지역주택조합원 모집 신고가 수리된 지역에서 가로주택정비사업 조합 설립에 대한 동의서의 겸임을 할 수 있는지 여부(「빈집 및 소규모주택 정비에 관한 특례법」 제23조제1항 등 관련)

안건번호 21-0349 회신일자 2021-08-02

1. 질의요지

「빈집 및 소규모주택 정비에 관한 특례법」(이하 "소규모주택정비법"이라 함) 제23조제1항과 같은 법 제56조에서 준용하는 「도시 및 주거환경정비법」(이하 "도시정비법"이라 함) 제36조 및 같은 법 시행령 제34조에 따르면 가로주택정비사업의 토지등소유자(각주: 소규모주택정비법 제2조제1항제6호 참조)가 조합을 설립하기 위해 토지등소유자의 동의를 받으려는 경우 시장·군수등(각주: 특별자치시장·특별자치도지사·시장·군수 또는 자치구의 구청장을 말하며, 이하 같음)이 연번(連番)을 부여한 후 검인한 서면동의서를 사용해야 하는바, 이미 「주택법」 제11조의3에 따라 지역주택조합의 설립인가를 받기 위한 조합원 모집 신고가 수리된 지역에서 소규모주택정비법 제23조제1항에 따라 가로주택정비사업의 토지등소유자가 조합을 설립하기 위해 필요한 서면동의서의 검인 신청을 하는 경우, 시장·군수등은 그 서면동의서에 연번 부여 및 검인을 할 수 있는지?

※ 질의배경

민원인의 위 질의요지에 대한 국토교통부의 회신 내용에 이견이 있어 법제처에 법령해석을 요청함.

2. 회답

이 사안의 경우 시장·군수등은 서면동의서에 연번 부여 및 검인을 할 수 있습니다.

3. 이유

「주택법」 제11조의3제1항에서는 지역주택조합의 설립인가를 받기 위하여 조합원을 모집하려는 자는 해당 주택건설대지의 50퍼센트 이상에 해당하는 토지의 사용권원을 확보하여 시장·군수·구청장에게 신고하도록 규정하면서 같은 조 제5항에서 시장·군수·구청장이 조합원 모집 신고를 수리할 수 없는 경우를 규정하고 있고, 소규모주택정비법 제23조제1항 및 같은 법 제56조에서는 가로주택정비사업의 토지등소유자가 조합을 설립하는 경우 토지등소유자의 10분의 8 이상 및 토지면적의 3분의 2 이상의 토지소유자의 동의를 얻어 인가를 받아 시장·군수·구청장의 인가를 받아야 한다고 규정하고 있을 뿐, 두 법률에서는 도시정비법 제19조제8항에서 정비구역 또는 정비구역이 예정구역에서의 「주택법」에 따른 지역주택조합의 조합원을 모집하여서는 아니 된다고 규정한 것과 같이 각 법률에 따른 조합 설립과 정비구역 모집원 간의 관계에 관한 명시적인 금지규정을 두고 있지 않습니다.

이러한 법령의 규정체계에 비추어 볼 때, 소규모주택정비법에 따른 조합설립인가를 위한 토지등소유자 동의 절차와 「주택법」에 따른 지역주택조합의 조합원 모집 신고는 서로 별개의 법령에 따라 이루어지는 조합설립의 사전 절차이므로, 주택법 제11조의3에 따른 지역주택조합의 조합원 모집 신고로 인하여 소규모주택정비법 제23조에 따른 가로주택정비사업의 토지등소유자의 동의가 제한된다고 볼 수는 없을 것인바, 「주택법」에 따른 지역주택조합의 조합원 모집 신고가 수리된 지역에서도 토지등소유자의 조합설립 동의 절차 진행이 가능하다고 보아야 합니다.

또한 소규모주택정비법 제56조에서는 토지등소유자의 동의방법 등에 관하여는 도시정비법 제36조를 준용하도록 규정하고 있는데, 같은 조 제3항 및 같은 법 시행령 제34조에서는 자기가 동의한 토지등소유자의 동의를 받으려는 경우 시장·군수등이 검인한 서면동의서를 사용해야 하고, 동의서에는 법 시행령 제33조제1항에서 정한 조합의 정관 개요 및 "정비사업비" 등의 사항이 기재되어 있는지 여부를 확인하여, 형식적인 사항이 누락되어 있거나 잘못 기재되어 있지 않은 이상 동의서에 연번을 부여하고, 그 동의에 의해 설립되는 조합이 "건축물의 설치에 있어 법 제11조의3에 따른 지역주택조합의 조합원 모집 신고가 수리된 지역에서 가로주택정비사업을 시행하려 한다는 이유로 연번 부여 및 검인을 거부할 수는 없습니다. (각주: 법제처 2020. 1. 31. 회신 19-0606 해석례 참조)

한편 「주택법」 제11조의3제5항제1호에서는 이미 신고된 사업대지와 전부 또는 일부가 중복되는 경우에는 시장·군수·구청장이 조합원 모집 신고를 수리할 수 없다고 규정하고 있는 점에 비추어 볼 때, 지역주택조합에 의한 주택 건설과 가로주택정비사업이 같은 장소에서 동시에 진행될 수는 없으므로 모집 신고가 수리된 지역주택조합과 지역주택 가로주택정비사업 조합 설립을 위한 절차가 진행되도록 해서는 안 된다는 의견이 있으나, 같은 조에 따른 지역주택조합의 모집 신고 신고 단계에서는 아직

제3편 빈집 및 소규모주택 정비에 관한 특례법 실단 대비표 201

주택조합설립인가의 요건이 갖추어진 것은 아니라고 할 것이고, 같은 지역에서 지역주택조합 조합원 모집과 가로주택정비사업 조합 설립을 위한 동의 절차가 별도로 진행되는 경우 토지등소유자는 사업계획 등을 검토하여 어떤 조합에 가입할 것인지 선택할 수 있다고 보아야 하는바, 그러한 의견은 타당하지 않습니다.

따라서 이 사안의 경우 시장·군수등은 서면동의서에 연번 부여 및 검인을 할 수 있습니다.

<관계 법령>

주택법

제11조의3 (조합원 모집 신고 및 공개 모집) ① 제11조제1항에 따라 지역주택조합 또는 직장주택조합의 설립인가를 받기 위하여 조합원을 모집하려는 자는 해당 주택건설대지의 50퍼센트 이상에 해당하는 토지의 사용권원을 확보하여 관할 시장·군수·구청장에게 신고하고, 공개모집의 방법으로 조합원을 모집하여야 한다. 조합 설립인가를 받기 전에 신고한 내용을 변경하는 경우에도 또한 같다.

② ~ ④ (생 략)

⑤ 시장·군수·구청장은 다음 각 호의 어느 하나에 해당하는 경우에는 조합원 모집 신고를 수리할 수 없다.
1. 이미 신고된 사업대지와 전부 또는 일부가 중복되는 경우
2. 이미 수립되었거나 수립 예정인 도시·군계획, 이미 수립된 토지이용계획 또는 이 법이나 관계 법령에 따른 건축기준 및 건축제한 등에 따라 해당 주택건설대지에 조합주택을 건설할 수 없는 경우
3. 제11조의2제1항에 따라 조합업무를 대행할 수 있는 자가 아닌 자와 업무대행계약을 체결한 경우 등 신고내용이 법령에 위반되는 경우
4. 신고한 내용이 사실과 다른 경우

⑥ ~ ⑧ (생 략)

빈집 및 소규모주택 정비에 관한 특례법

제23조 (조합설립인가 등) ① 가로주택정비사업의 토지등소유자는 조합을 설립하는 경우 토지등소유자의 10분의 8 이상 및 토지면적의 3분의 2 이상의 토지소유자의 동의를 받아 다음 각 호의 사항을 첨부하여 시장·군수등의 인가를 받아야 한다. (후단 생략)
1. ~ 3. (생 략)

② ~ ⑦ (생 략)

제56조 (「도시 및 주거환경정비법」의 준용) ① 토지등소유자의 동의방법 등에 관하여는 「도시 및 주거환경정비법」 제27조 및 제36조를,

(중략) 준용한다. 이 경우 "재개발사업"은 "자율주택정비사업 또는 가로주택정비사업"으로, "재건축사업"은 "소규모재건축사업"으로 본다.

② (생 략)

도시 및 주거환경정비법 시행령

제34조(동의서의 검인방법 등) ① 법 제36조제3항에 따라 동의서에 검인(檢印)을 받으려는 자는 제25조제1항 또는 제30조제2항에 따라 동의서에 기재할 사항을 기재한 후 관련 서류를 첨부하여 시장·군수등에게 검인을 신청하여야 한다.

② 제1항에 따른 신청을 받은 시장·군수등은 동의서 기재사항의 기재 여부 등 형식적인 사항을 확인하고 해당 동의서에 연번(連番)을 부여한 후 검인을 하여야 한다.

③ 시장·군수등은 제1항에 따른 신청을 받은 날부터 20일 이내에 신청인에게 검인한 동의서를 내주어야 한다.

[법령해석 8] 민원인 - 국토교통부 - 사업시행구역의 면적 증가에 따른 조합설립변경인가를 받으려는 경우 토지등소유자의 동의율 판단 기준 및 기존 토지등소유자 동의서의 재징구 여부(「빈집 및 소규모주택 정비에 관한 특례법」 제23조 등)

안건번호 23-0769   회신일자 2023-11-03

1. 질의요지

「빈집 및 소규모주택 정비에 관한 특례법」(이하 "소규모주택정비법"이라 함) 제23조제1항 각 호 외의 부분 전단에서는 가로주택정비사업의 토지등소유자(각주: 소규모주택정비법 제2조제1항제6호가목에 따른 토지등소유자를 말하며, 이하 같음)는 조합을 설립하는 경우 토지등소유자의 10분의 8 이상 및 토지면적의 3분의 2 이상의 토지등소유자의 동의를 받은 후 조합설립을 위한 창립총회를 개최하고 공사비 등 제9조제2항제2호) 등 같은 항 각 호의 사항을 첨부하여 시장·군수등(주: 특별자치시장·특별자치도지사·시장·군수 또는 자치구의 구청장을 말하며, 이하 같음)의 인가를 받아야 한다고 규정하고 있는 한편, 소규모주택정비법 제23조제5항 본문에서는 같은 조 제1항에 따라 설립된 조합이 같은 항 각 호의 사항을 변경하는 경우 조합 총회에서 조합원의 3분의 2 이상의 찬성으로 의결한 후 같은 조 제1항 각 호의 사항을 첨부하여 시장·군수등의 인가를 받아야 한다고 규정하고 있는바, 소규모주택정비법 제23조제1항에 따라 설립된 가로주택정비사업 조합이 사업시행구역의 면적을 증가시키는 내용으로 같은 조

제3편 빈집 및 소규모주택 정비에 관한 특례법 심단 대비표 203

제5항 본문에 따른 변경인가(이하 "조합설립변경인가"라 함)를 받으려는 경우(각주: 변경사항이 소규모주택정비법 제23조제5항 단서에 따른 '경미한 사항'에 해당하지 않는 경우를 전제함.),

가. 소규모주택정비법 제23조제1항에 따른 토지등소유자의 동의율(각주: 토지등소유자의 10분의 8 이상 및 토지면적의 3분의 2 이상의 토지소유자의 동의를 말하며, 이하 같음.) 요건 충족 여부는 조합설립인가(각주: 소규모주택정비법 제23조제1항에 따라 조합설립인가된 기존의 사업시행구역과 같은 조 제5항에 따라 변경인가로 증가되는 부분의 사업시행구역을 합한 사업시행구역을 말하며, 이하 같음.)을 기준으로 해야 하는지, 아니면 증가되는 부분의 사업시행구역을 기준으로 해야 하는지?

나. 기존 토지등소유자(각주: 소규모주택정비법 제23조제1항에 따라 조합설립인가를 받은 사업시행구역의 토지등소유자를 말하며, 이하 같음.)에 대하여 다시 소규모주택정비법 제23조제1항제2호 및 같은 법 시행규칙 제9조제2항제2호에 따른 조합설립 동의서(이하 "조합설립동의서"라 함)를 받아야 하는지?

2. 회답

가. 질의 가에 대해

이 사안의 경우, 소규모주택정비법 제23조제1항에 따른 토지등소유자의 동의율 충족 여부는 전체 사업시행구역 기준으로 판단해야 합니다.

나. 질의 나에 대해

이 사안의 경우, 기존 토지등소유자에 대하여 다시 조합설립동의서를 받지 않아도 됩니다.

3. 이유

가. 질의 가에 대해

소규모주택정비법 제23조제1항에서는 가로주택정비사업의 토지등소유자는 조합을 설립하는 경우 일정 비율 이상 토지등소유자의 동의를 받도록 규정하고 있는 한편, 같은 조 제5항 본문에서는 같은 조 제1항에 따라 설립된 조합이 인가받은 사항을 변경하는 경우 '조합 총회에서의 조합원의 3분의 2 이상의 찬성 의결'을 그 요건으로 규정하고 있을 뿐, 같은 조 제1항에 따른 토지등소유자의 조합설립 동의율을 충족해야 하는지에 대해서는 명확하게 규정하고 있지 않으나, 같은 조 제1항 제2호의 위임에 따라 조합설립인가 및 조합설립변경인가 신청서에 서식을 규정하고 있는 같은 법 시행규칙 제9조 및 제11호서식에 따르면, 조합설립변경인가를 받으려는 경우에도 '토지등소유자 수 및 동의율'을 기재해야 한다는 점이 명확하고, 이 사안의 경우와 같이 사업시행구역의 면적이 증가되어 새로이 사업시행구역에 편입된 부분의 토지등소유자가 증가한 경우 새로운 토지등소유자가 조합설립변경인가 전에는 '조합원'이 아니어서 조합설립변경인가를 받기 위한 요건인 '조합 총회에서의 조합원의 3분의 2 이상의 찬성 의결'에 참여하여 동의 여부에 관한 의사를 반영할 수도 없으므로, 조합설립변경인가 시에도 같은 법 제23조제1항에 따른 토지등소유자의 조합설립 동의율을 충족해야 한다고 보아야 합니다.

그런데 이 사안과 같이 소규모주택정비법 제23조제1항에 따라 설립된 가로주택정비사업 조합이 인가받은 사항 중 사업시행 구역 면적을 증가시키려는 경우에는 일반적으로 해당 사업시행구역에 위치한 토지등소유자의 수도 증가하게 될 것인데, 이 경우 같은 항에 따른 '토지등소유자의 동의율' 요건 충족 여부를 해당 사업시행구역의 면적과 조합설립변경인가로 인해서 증가되는 사업시행구역의 면적만을 기준으로 판단해야 하는지, 아니면 인가받은 기존 사업시행구역의 면적을 포함한 전체 사업시행구역의 면적을 기준으로 판단해야 하는지에 관해서는 명확히 규정하고 있지 않은바, 이에 관해서는 조합설립인가의 성격, 관련 규정의 취지와 체계 등을 종합적으로 고려하여 해석해야 합니다.

먼저 조합설립변경인가는 기존에 조합설립인가를 받은 사항의 일부를 변경 또는 추가·철회하거나 새로운 사항을 추가하는 것인데(각주: 대법원 2014. 5. 29. 선고 2011다46128·2013다69057 판결례 참조), 이 사안과 같이 기존에 조합설립인가를 받아 설립된 가로주택정비사업 조합이 사업시행구역 면적을 증가하는 내용으로 조합설립 변경인가를 받으려는 경우, 같은 항에 따라 사업시행구역이 증가되는 조합설립변경인가에 의해서 '증가되는 사업시행구역'으로 변경되는 것이 아니라, 기존의 사업시행구역과 '증가되는 사업시행구역'을 합한 '전체 사업시행구역'으로 변경되는 것이므로, 조합설립변경인가의 '토지등소유자 수 및 동의율' 충족 여부는 전체 사업시행구역의 토지등소유자를 기준으로 변경하도록 규정하고 있는데, 이는 소규모주택정비법 시행규칙 제11호서식 별지 제9조 및 조합설립인가를 받은 이후 사업시행구역의 면적 변경으로 토지등소유자의 수가 변경되는 경우에는 토지등소유자의 조합설립에 대한 동의율을 기재하여 변경된 동의율을 기준으로 판단할 수 있다는 점을 고려하여, 이러한 설립인가 기준에 따라 받은 경우에는 토지등소유자의 조합설립인가가 설립인가 기준에

제3편 빈집 및 소규모주택 정비에 관한 특례법 심단 대비표 205

조합의 '사업시행자로서의 지위'를 취소하지 않고 전체 사업시행구역에 대해서도 그 지위를 유지(각주: 대법원 2010. 1. 28. 선고 2009두4845 판결례 참조)할 수 있는지 여부를 판단하기 위한 것으로 보아야 할 것인바, 만약 증가되는 사업시행구역만을 기준으로 같은 항에 따른 조합설립 변경인가 요건의 충족 여부를 판단하게 되면 기존의 사업시행구역과 증가되는 사업시행구역 각각에 대해서는 별개로 조합설립 요건을 적용하게 되어 기존 사업자로서의 지위를 유지하는 것이 아니라, 하나의 조합이 기존의 사업시행구역과 증가되는 사업시행구역 각각에 대한 사업시행자로서의 지위를 갖게 되지는 것으로 해석될 여지가 있어 하나의 조합에 하나의 사업만을 인가하고 있는 소규모주택정비법령 체계에도 부합하지 않습니다.

아울러 소규모주택정비법 제23조제1항에 따라 설립된 가로주택정비사업 조합이 사업시행구역 면적을 증가하는 내용으로 조합설립변경인가를 받으려는 경우 증가되는 사업시행구역만을 기준으로 같은 항에 따른 토지등소유자의 동의율 충족 여부를 판단해야 한다고 본다면, 최초 조합설립인가 당시부터 하나의 사업시행구역이었는지, 아니면 변경인가를 거쳐 하나의 사업시행구역이 되었는지에 따라 '동일한 면적의 사업시행구역'에 대한 토지등소유자의 조합설립 동의율 충족 여부가 달라질 수 있고, 나아가 조합설립변경인가의 횟수에 따라서도 '동일한 위치와 면적의 사업시행구역'에 대한 토지등소유자의 조합설립 동의율 충족 여부가 달라지게 되며, 조합설립 인가 요건의 충족 여부의 판단과 관련하여 집행상 상당한 혼란이 초래될 수 있다는 점도 이 사안을 해석할 때 고려해야 합니다.

따라서 이 사안의 경우, 소규모주택정비법 제23조제1항에 따른 토지등소유자의 동의율 충족 여부는 전체 사업시행구역을 기준으로 판단해야 합니다.

나. 질의 나에 대해

소규모주택정비법 제23조제1항 각 호 외의 부분에서는 가로주택정비사업 조합설립인가의 주체를 '토지등소유자'로, 그 인가의 요건을 '토지등소유자의 10분의 8 이상 및 토지면적의 3분의 2 이상의 토지소유자의 동의' 등으로 규정하고 있는 한편, 같은 조 제5항 본문에서는 조합설립변경인가의 주체를 '같은 조 제1항에 따라 설립된 조합'으로, 그 변경인가의 요건을 '조합 총회에서 조합원 3분의 2 이상의 찬성 의결' 등으로 규정하고 있는데, 이는 가로주택정비사업 조합설립인가를 받기 전에는 조합이 존재하지 않으므로 '토지등소유자'의 동의 여부를 확인하여 가로주택정비사업 조합설립인가를 하여야 하나, 가로주택정비사업 조합설립인가를 받은 후에는 '토지등소유자'가 조합원 각자를 기준으로 조합원이 되고, 그 의사결정은 조합원들로 구성된 최고 의사결정기관인 '조합 총회'(각주: 대법원 2020. 11. 5. 선고 2020다210679 판결례 참조)에서 이루어지계 되므로 변경인가 사항에 대한 동의 여부의 의사를 '조합원 총회에서의 조합원 의결'로 확인하도록 한 것이라 할 것입니다.

그렇다면 법 시행령 제정비법 제23조제5항 본문 및 그 위임에 따라 마련된 법 시행규칙 제9조제2항제2호에서 조합설립변경인가를 받으려는 경우에는 조합의 총회에서 조합원의 3분의 2 이상의 찬성 의결을 한 후 토지등소유자의 조합설립동의서를 첨부하도록 한 것은 기존 토지등소유자로서 조합의 총회에서의 의결을 부분에 대한 동의 의사를 표시하도록 하는 한편, 사업시행구역의 면적이 증가되는 부분 안의 새로운 토지등소유자에 대한 동의를 얻어 조합설립변경인가 전에는 '조합원'이 아니므로, 새로운 토지등소유자가 기존 조합원으로 보이는바, 조합설립변경인가 사항에 동의하는지 여부를 '조합설립동의서'의 제출을 통해서 확인하도록 방식을 통해서 새로운 토지등소유자가 기존 조합원의 의견을 존중하여 조합설립동의서를 받으려는 기존 토지등소유자 외에 새롭게 조합원이 되는 토지등소유자의 조합설립동의서를 의미한다고 보는 것이 타당합니다.

그리고 소규모주택정비법 제23조제5항 본문의 입법연혁을 살펴보면, 해당 규정은 가로주택정비사업에 관한 사항이 2017년 2월 8일 법률 제14567호로 제정된 소규모주택정비법(이하 "소규모주택정비법"이라 이관되기 전에 「도시 및 주거환경정비법」(2017. 2. 8. 법률 제14569호로 제15전부개정되기 전의 것을 말하며, "구 도시정비법"이라 함) 제16조제1항 본문에 규정되어 있던 것으로, 구 도시정비법에서는 조합설립인가와 조합설립변경인가의 요건 및 절차를 동일하게 규정하고 있으나, 제정 소규모주택정비법에서는 조합설립변경인가의 요건 및 절차를 구분하여 '총회에서의 일정 비율 이상 조합원 찬성 의결' 등으로 규정한 것는바, 이는 소규모주택정비사업의 효율적 추진을 위해 조합설립변경인가의 요건 및 절차를 완화한 것으로 보아야 할 것입니다.

그런데 만약 소규모주택정비법 제23조제1항에 따라 설립된 가로주택정비사업 조합이 사업시행구역의 면적을 증가하는 내용으로 조합설립변경인가를 받으려는 경우에도 기존 토지등소유자의 찬성 의결 외에도 새로이 조합설립동의서를 받아야 한다고 본다면, 조합설립변경인가를 받기 위해서는 '기존 토지등소유자' 및 '새롭게 추가된 토지등소유자에 대한 조합설립동의서' 징구 절차를 모두 거쳐야 하므로, 제 구 도시정비법에 비해 더 엄격한 요건 및 절차를 중족해야 한다는 결론에 이르게 되는바, 이러한 해석은 소규모주택정비법 제23조제5항 본문의 입법연혁 취지를 고려할 때 타당하다고 보기 어렵습니다.

따라서 이 사안의 경우, 기존 토지등소유자에 대하여 다시 조합설립동의서를 받지 않아도 됩니다.

※ 법령정비 권고사항

소규모주택정비법 제23조 및 그 위임에 따라 마련된 같은 법 시행규칙 같은 법 제9조제2항에서 제3항제2항에 따른 조합설립인가와 2 이상의 토지등소유자의 동의를 받으려는 경우에는 조합설립인가를 받으려는 경우에 첨부하여야 하는 서류를 구분하여 명확하게 규정할 필요가 있습니다.
조합설립변경인가를 받으려는 경우에 첨부하여야 하는 서류를 구분하여 명확하게 규정할 필요가 있습니다.

<관계 법령>

빈집 및 소규모주택 정비에 관한 특례법

제23조 (조합설립인가 등) ① 가로주택정비사업의 토지등소유자는 조합을 설립하는 경우 토지면적의 3분의 2 이상의 토지소유자의 동의를 받은 후 조합설립을 위한 창립총회(이하 "창립총회"라 한다)를 개최하고 다음 각 호의 사항을 첨부하여 시장·군수등의 인가를 받아야 한다. <후단 생략>

1. 정관
2. 공사비 등 소규모주택정비사업에 드는 비용(이하 "정비사업비"라 한다)과 관련된 자료 등 국토교통부령으로 정하는 서류
3. 그 밖에 시·도조례로 정하는 서류

② ~ ④ (생 략)

⑤ 제1항·제2항 또는 제4항에 따라 설립된 조합은 인가받은 사항을 변경하는 경우 조합원의 3분의 2 이상의 찬성으로 의결한 후 제1항 각 호의 사항을 첨부하여 시장·군수등의 인가를 받아야 한다. <단서 생략>

⑥ ~ ⑩ (생 략)

빈집 및 소규모주택 정비에 관한 특례법 시행규칙

제9조 (조합설립인가 등) ① (생 략)

② 법 제23조제1항제2호에서 "국토교통부령으로 정하는 서류"란 다음 각 호의 서류를 말한다.

1. 조합원 명부(조합원 자격을 증명하는 서류를 포함한다)
2. 공사비 등 소규모주택정비사업에 드는 비용 등이 기재된 토지등소유자의 조합설립 동의서 및 동의사항을 증명하는 서류
3. (생 략)
4. 창립총회 회의록(창립총회 참석자 명부를 포함한다)
5. 창립총회에서 선임된 임원 및 대의원의 자격을 증명하는 서류
6. (생 략)
7. 인가받은 사항 중 변경내용 및 그 증명서류(법 제23조제5항 본문에 따른 변경인가로 한정한다)

8. (생 략)
③ (생 략)

[법령해석 9] 민원인 - 토지면적을 기준으로 한 조합설립인가 동의요건 산정시, 소재불명자가 단독 소유한 토지면적의 제외 여부(「빈집 및 소규모주택 정비에 관한 특례법」 제23조 등 관련)

안건번호 23-1010 회신일자 2022-12-28

1. 질의요지

「빈집 및 소규모주택 정비에 관한 특례법」(이하 "소규모주택정비법"이라 함) 제23조제1항 각 호 외의 부분 본문에 따르면, 가로주택정비사업의 토지등소유자는 조합을 설립하는 경우 '토지등소유자'(각주: 소규모주택정비법 제2조제6호에 따른 토지등소유자를 말하며, 이하 같음.)의 10분의 8 이상 및 토지면적의 3분의 2 이상의 토지소유자 동의'를 받아야 하는데, 같은 법 제25조제4항 및 그 위임에 따라 마련된 같은 법 시행령 제23조 본문에서는 같은 법 제23조제1항부터 제5항까지에 따라 조합을 설립하는 경우에는 토지등소유자의 수를 산정하는 동의자의 수 산정방법에 관한 「도시 및 주거환경정비법 시행령」(이하 "도시정비법 시행령"이라 함) 제33조를 준용한다고 규정하고 있는 한편, 도시정비법 시행령 제33조제1항제4호에서는 토지등소유자가 동의자 수 산정방법 중 하나로 '토지등기부등본·건물등기부등본·토지대장 및 건축물관리대장에 소유자로 등재될 당시 주민등록번호의 기록이 없고 기록된 주소가 현재 주소와 다른 경우로서 소재가 확인되지 아니한 자'(이하 "소재불명자"라 함)는 토지등소유자 수 또는 공유자 수에서 제외할 것'을 규정하고 있는바, 소규모주택정비법 제23조제1항 각 호 외의 부분 본문의 '토지면적의 3분의 2 이상의 토지소유자 동의'를 산정하는 경우, 그 토지면적에서 소재불명자가 단독으로 소유한 토지면적을 제외하고 산정해야 하는지?

2. 회답

소규모주택정비법 제23조제1항 각 호 외의 부분 본문의 '토지면적의 3분의 2 이상의 토지소유자 동의' 요건을 산정하는 경우,

그 토지면적에서 소재불명자가 단독으로 소유한 토지면적을 제외하고 산정해야 합니다.

3. 이유

먼저 법령의 문언이 비교적 명확한 개념으로 구성되어 원칙적으로 더 이상 다른 해석방법을 활용할 필요가 없거나 제한될 수밖에 없다고 할 것(각주: 대법원 2009. 4. 23. 선고 2006다81035 판결 참조)인데, 소규모주택정비법 제25조제4항 및 같은 법 시행령 제23조 본문에서는 같은 법 제23조제1항부터 제5항까지에 따라 소규모주택정비법 제25조제4항 및 같은 법 시행령 제23조 본문에서는 토지등소유자의 동의자 수 산정방법에 관하여는 도시정비법 시행령 제33조를 준용한다고 규정하고 있고, 같은 조 제1항 조 제1호 본문에서는 토지면적에 관한 동의자 수를 산정하는 경우에는 '토지등소유자'를 '토지소유자'로 규정하고 있으며, 같은 항 제4호에서는 소재불명자는 '토지등소유자'의 수 또는 공유자 수에서 제외한다고 규정하고 있는바, 소재불명자는 소규모주택정비법 제23조제1항 각 호 외의 부분 본문에 따른 '토지면적의 3분의 2 이상의 토지소유자 동의' 요건을 산정하는 경우 그 동의대상이 되는 '토지소유자'에 제외되어 분명함은 문언상 분명하므로, 사업시행구역에서 소재불명자인 토지소유자가 단독으로 소유한 토지면적을 제외한 나머지 토지면적을 기준으로 그 동의 대상이 되는 전체 토지소유자의 수를 산정해야 합니다.

그리고 도시정비법 시행령 제33조제1항제4호는 조합설립인가 등 정비사업의 추진 과정에서 그 동의 여부 의사 확인이 어려운 토지 또는 건축물 소유자를 배제하여 사업을 원활하게 추진하려는데 그 취지(각주: 대법원 2014. 5. 29. 선고 2012두11041 판결 참조)가 있다는 점을 고려하면, 소규모주택정비법 제23조제1항 각 호 외의 부분 본문에서 규정하고 있는 토지등소유자 수를 기준으로 한 동의 요건 뿐만 아니라, 토지면적을 기준으로 한 동의 요건을 산정하는 경우에도 소재불명자가 소유한 토지로 조합설립을 위한 판단을 위한 판단을 중속 여부 확인이 불가한 전체 토지면적 산정에서 소재불명자가 소유함으로써 소재불명자 소유의 토지의 면적을 조합설립을 위한 동의 요건 의사 확인이 불가한 과정에서 배제하는 것이 해당 조문의 취지에도 부합하는 해석이라 할 것입니다.

만약 이와 달리 소재불명자가 단독으로 소유한 토지면적이 소규모주택정비법 제23조제1항 각 호 외의 부분에 따른 '토지면적의 3분의 2 이상의 토지소유자 동의' 요건 산정 시 소재불명자 단독으로 소유한 토지면적을 제외하지 않는다면, 같은 법 제25조제1항 전단에 따른 서면동의의 서를 청구할 수 없는 토지소유자의 경우 조합설립 여부에 대한 동의 의사를 확인할 수 없음에도 따라 서면동의자의 서면동의의 미제출에 따라 조합설립에 미제출 따라 조합설립에 동의하지 않은 것으로 보게되어 '토지면적의 3분의 2 이상의 토지소유자 동의' 요건이 사실상 강화되게 되는바, 그러한 이견은 타당하다고 보기 어렵습니다.

따라서 소규모주택정비법 제23조제1항 각 호 외의 부분 본문의 '토지면적의 3분의 2 이상의 토지소유자 동의' 요건을 산정하는 경우, 그 토지면적에서 소재불명자가 단독으로 소유한 토지면적을 제외하고 산정해야 합니다.

<관계 법령>

빈집 및 소규모주택 정비에 관한 특례법

제23조(조합설립인가 등) ① 가로주택정비사업의 토지등소유자는 조합을 설립하는 경우 토지등소유자의 10분의 8 이상 및 토지면적의 3분의 2 이상의 토지등소유자의 동의를 받은 후 조합설립을 위한 창립총회(이하 "창립총회"라 한다)를 개최하고 다음 각 호의 사항을 첨부하여 시장・군수등의 인가를 받아야 한다. (단서 생략)

1. ~ 3. (생 략)

② ~ ⑩ (생 략)

제25조(토지등소유자의 동의방법 등) ① ~ ③ (생 략)

④ 제1항에 따른 토지등소유자의 동의자 수 산정 방법 및 절차에 관한 사항은 대통령령으로 정한다.

빈집 및 소규모주택 정비에 관한 특례법 시행령

제23조(토지등소유자의 동의자 수 산정방법 등) 법 제25조제1항에 따른 토지등소유자(토지면적에 관한 동의자의 수를 산정하는 경우에는 토지소유자를 말한다)의 동의자 수 산정방법에 관하여는 「도시 및 주거환경정비법 시행령」 제33조를 준용한다. (후단 생략)

도시 및 주거환경정비법 시행령

제33조(토지등소유자의 동의자 수 산정 방법 등) ① 법 제12조제2항, 제28조제1항, 제36조제1항, 이 영 제12조, 제14조제2항 및 제27조에 따른 토지등소유자(토지면적에 관한 동의자의 수를 산정하는 경우에는 토지소유자를 말한다. 이하 이 조에서 같다)의 동의는 다음 각 호의 기준에 따라 산정한다.

1. ~ 3. (생 략)

4. 토지등기부등본・건물등기부등본・토지대장 및 건축물관리대장에 소유자로 등재될 당시 주민등록번호의 기록이 없고 기록된 주소가 현재

주소와 다른 경우로서 소재가 확인되지 아니한 자는 토지등소유자의 수 또는 공유자 수에서 제외할 것

5. (생 략)

② ~ ④ (생 략)

제23조의2 (조합설립인가의 취소 등) ① 조합이 설립된 사업시행구역에서 조합원 과반수 동의로 조합의 해산을 요청하는 경우(사업시행계획인가를 신청하지 아니한 경우로 한정한다) 시장·군수등은 조합설립인가를 취소하여야 한다.

제21조의3 (조합해산의 요청 방법 등) ① 조합은 법 제23조의2제1항에 따라 조합의 해산을 요청하려는 경우에는 국토교통부령으로 정하는 요청서에 조합 해산을 결의한 총회 의사록 사본을 첨부하여 시장·군수등에게 제출해야 한다.

② 시장·군수등은 법 제23조의2제2항에 따라 조합에 업무의 시정 등이 조치를 명하는 경우에는 다음 각 호의 사항을 명시하여 국토교통부령으로 정하는 조치명령서를 발급해야 한다.

1. 조치명령의 내용
2. 조치명령의 사유
3. 조치명령의 이행기한
4. 제3호에 따른 기한까지 조치명령을 이행하지 않으면 조합설립인가가 취소될 수 있다는 뜻

③ 제2항의 명령을 받은 조합은 천재지변이나 그 밖의 부득이한 사유로 이행기한까지 조치사항의 이행이 불가능한 경우에는 이행기한의 7일 전까지 시장·군수등에게 이행기한의 연기를 신청할 수 있다.

제9조의2 (조합설립인가 취소요청서 등) ① 영 제21조의3제1항에서 "국토교통부령으로 정하는 요청서"란 별지 제12호의2서식의 조합설립인가 취소요청서를 말한다.

② 영 제21조의3제2항 각 호 외의 부분에서 "국토교통부령으로 정하는 조치명령서"란 별지 제12호의3서식의 조치명령서를 말한다.

③ 영 제21조의4제2항에서 "국토교통부령으로 정하는 취소통지서"란 별지 제12호의4서식의 조합설립인가 취소통지서를 말한다.

[본조신설 2022. 8. 2.]

④ 조합은 제2항에 따른 조치명령을 이행한 때에는 그 이행결과를 15일 이내에 시장·군수등에게 제출해야 한다.
[본조신설 2022. 8. 2.]

제21조의4 (조합설립인가 취소절차) ① 시장·군수등은 법 제23조의2제2항에 따라 조합설립인가를 취소하려는 경우에는 14일 이상 주민에게 공람하여 의견을 들어야 한다.

② 시장·군수등은 법 제23조의2제2항에 따라 조합설립인가를 취소하는 경우에는 취소 예정일의 7일 전까지 조합에 국토교통부령으로 정하는 취소통지서를 보내야 한다.
[본조신설 2022. 8. 2.]

② 시장·군수등은 다음 각 호의 어느 하나에 해당하는 경우 업무의 시정, 조합의 해산 등 필요한 조치를 명하거나 조합설립인가를 취소할 수 있다.

1. 제23조에 따른 조합설립인가를 받은 날부터 2년 이내에 제26조에 따른 건축심의 또는 제27조에 따른 통합심의를 신청하지 아니한 경우

2. 제23조에 따른 조합설립인가를 받은 날부터 3년 이내에 제29조에 따른 사업시행계획인가를 신청하지 아니한 경우

3. 제40조제2항에 따른 이전고시가 있은 날부터 1년이 되는 날까지 제41조에 따른 청산 절차를 이행하지 아니하는 경우

③ 시장·군수등은 제1항 또는 제2항에 따라 조합설립인가를 취소하는 경우에는 그 내용을 해당 지방자치단체의 공보에 고시하여야 한다.

④ 제1항 또는 제2항에 따른 조합설립인가 취소의 절차, 방법 등에 필요한 사항은 대통령령으로 정한다.

[본조신설 2022. 2. 3.]

제23조의3 (행위제한 등) ① 소규모주택정비사업의 사업시행구역에서 다음 각 호의 어느 하나에 해당하는 행위를 하려는 자는 시장·군수등의 허가를 받아야 하고, 허가받은 사항을 변경하려는 경우에도 또한 같다. 다만, 제18조 또는 제19조에 따른 공공시행자 모는 지정개발자의 지정이 취소되거나 제22조제9항에 따라 주민합의체가 해산되는 경우 또는 제23조의20에 따라 조합설립인가가 취소되는 경우에는 그러하지 아니하다. <개정 2023. 4. 18.>

1. 제18조제2항 및 제19조제2항에 따른 공공시행자 및 지정개발자의 지정 고시가 있은 날
2. 제22조제10항에 따른 주민합의체 구성 고시가 있은 날
3. 제23조제9항에 따른 조합설립인가 고시가 있은 날

② 다음 각 호의 어느 하나에 해당하는 행위는 제1항에도 불구하고 허가를 받지 아니하고 할 수 있다.

제21조의5 (행위허가의 대상 등) ① 법 제23조의3제1항 각 호 외의 부분 본문에서 "물건을 쌓아놓는 행위 등 그 밖에 대통령령으로 정하는 행위"란 다음 각 호의 행위를 말한다.

1. 가설건축물의 건축
2. 건축물의 용도변경
3. 이동이 어려운 물건을 1개월 이상 쌓아놓는 행위
4. 죽목(竹木)을 베거나 심는 행위

1. 재해복구 또는 재난수습에 필요한 응급조치를 위한 행위
2. 기존 건축물의 붕괴 등 안전사고의 우려가 있는 경우 해당 건축물에 대한 안전조치를 위한 행위
3. 그 밖에 대통령령으로 정하는 행위

② 법 제23조의3제2항제3호에서 "대통령령으로 정하는 행위"란 다음 각 호의 행위를 말한다.
1. 농림수산물의 생산에 직접 이용되는 국토교통부령으로 정하는 간이공작물의 설치
2. 경작을 위한 토지의 형질변경
3. 다음 각 목의 요건을 모두 갖춘 토석(土石)의 채취
   가. 사업시행구역의 개발에 지장이 없을 것
   나. 자연경관을 손상하지 않을 것
4. 사업시행구역에 존치하기로 결정된 대지에 물건을 쌓아놓는 행위
5. 관상용 죽목을 임시로 심는 행위(경작지에 임시로 심는 경우는 제외한다)

③ 법 제23조의3제3항에 따른 신고를 하려

제9조의3 (간이공작물 등) ① 영 제21조의5제2항제1호에서 "국토교통부령으로 정하는 간이공작물"이란 다음 각 호의 공작물을 말한다.
1. 비닐하우스
2. 양잠장
3. 고추·잎담배 및 김 등 농림수산물의 건조장
4. 버섯 재배사(栽培舍)
5. 종묘배양장
6. 퇴비장
7. 탈곡장
8. 그 밖에 제1호부터 제7호까지의 공작물과 비슷한 공작물로서 국토교통부장관이 정하여 관보에 고시하는 공작물

② 영 제21조의5제3항에서 "국토교통부령으로 정하는 신고서"란 별지 제12호의5서식의 공사·사업 계속신고서를 말한다.
[본조신설 2022. 8. 2.]

③ 제1항에 따라 허가를 받아야 하는 행위로

서 제1항 각 호에 따른 고시 당시 이미 관계 법령에 따라 행위허가를 받았거나 허가를 받을 필요가 없는 행위에 관하여 그 공사 또는 사업에 착수한 자는 대통령령으로 정하는 바에 따라 시장·군수등에게 신고한 후 이를 계속 시행할 수 있다.

④ 시장·군수등은 제1항을 위반한 자에게 원상회복을 명할 수 있다. 이 경우 명령을 받은 자가 그 의무를 이행하지 아니하는 때에는 시장·군수등은 「행정대집행법」에 따라 대집행할 수 있다.

⑤ 제1항에 따른 허가에 관하여 이 법에 규정된 사항을 제외하고는 「국토의 계획 및 이용에 관한 법률」 제57조부터 제60조까지 및 제62조를 준용한다.

⑥ 제1항에 따른 허가를 받은 경우에는 「국토의 계획 및 이용에 관한 법률」 제56조에 따른 허가를 받은 것으로 본다.
[본조신설 2022. 2. 3.]

제24조 (조합원의 자격 등) ① 조합원(사업시행자가 신탁업자인 경우에는 위탁자를 말한다. 이하 이 조에서 같다)은 토지등소유자(소규모재건축사업의 경우에는 소규모재건축사업에 동의한 자만 해당한다)로 하되, 다음 각 호의 어느 하나에 해당하는 때에는 그 여러 명을

는 자는 같은 조 제1항 각 호 중 해당하는 호에서 정한 날부터 30일 이내에 국토교통부령으로 정하는 신고서에 진행 중인 공사 또는 사업의 진행상황과 시행계획을 첨부하여 시장·군수등에게 신고해야 한다.
[본조신설 2022. 8. 2.]

대표하는 1명을 조합원으로 본다. <개정 2022. 2. 3.>

1. 토지 또는 건축물의 소유권과 지상권이 여러 명의 공유에 속하는 때
2. 여러 명의 토지등소유자가 1세대에 속하는 때. 이 경우 동일한 세대별 주민등록표상에 등재되어 있지 아니한 배우자 및 미혼인 19세 미만의 직계비속은 1세대로 보며, 1세대로 구성된 여러 명의 토지등소유자가 조합설립인가 후 세대를 분리하여 동일한 세대에 속하지 아니하는 때에도 이혼 및 19세 이상 자녀의 분가(세대별 주민등록을 달리하며 실거주지를 분가한 경우로 한정한다)를 제외하고는 1세대로 본다.
3. 조합설립인가(조합설립인가 전에 제19조제1항에 따라 신탁업자를 사업시행자로 지정한 경우에는 사업시행자의 지정을 말한다. 이하 이 조에서 같다) 후 1명의 토지등소유자로부터 토지 또는 건축물의 소유권이나 지상권을 양수하여 여러 명이 소유하게 된 때

② 「주택법」 제63조제1항에 따른 투기과열지구(이하 "투기과열지구"라 한다)로 지정된 지역에서 가로주택정비사업, 소규모재건축사업 또는 소규모재개발사업을 시행하

는 경우 조합설립인가 후 해당 사업의 건축물 또는 토지를 양수(매매·증여 그 밖의 권리의 변동을 수반하는 모든 행위를 포함하되, 상속·이혼으로 인한 양도·양수의 경우는 제외한다. 이하 이 조에서 같다)한 자는 제1항에도 불구하고 조합원이 될 수 없다. 다만, 양도인이 다음 각 호의 어느 하나에 해당하는 경우 그 양도인으로부터 그 건축물 또는 토지를 양수한 자는 그러하지 아니하다. <개정 2020. 6. 9., 2021. 7. 20., 2022. 2. 3., 2023. 4. 18.>

1. 세대원(세대주가 포함된 세대의 구성원을 말한다. 이하 이 조에서 같다)의 근무상 또는 생업상의 사정이나 질병치료(「의료법」 제3조에 따른 의료기관의 장이 1년 이상의 치료나 요양이 필요하다고 인정하는 경우로 한정한다)·취학·결혼으로 세대원 모두 해당 사업시행구역이 위치하지 아니한 특별시·광역시·특별자치시·특별자치도·시 또는 군으로 이전하는 경우

2. 상속으로 취득한 주택으로 세대원 모두 이전하는 경우

3. 세대원 모두 해외로 이주하거나 세대원 모두 2년 이상 해외에 체류하는 경우

제22조 (조합원의 자격 등) ① 법 제24조제2항제4호에서 "대통령령으로 정하는 기간"이란 다음 각 호의 구분에 따른 기간을 말한다. <신설 2022. 8. 2.>
1. 소유기간: 5년
2. 거주기간: 3년
② 제1항제2호의 거주기간은 「주민등록법」 제7조제1항에 따른 주민등록표를 기준으로 산정한다. <신설 2022. 8. 2.>
③ 법 제24조제2항제5호에서 "대통령령으로 정하는 경우"란 다음 각 호의 경우를 말한다. <개정 2022. 8. 2.>
1. 조합설립인가일부터 양도일까지 법 제29조에 따른 사업시행계획인가(이하 "사업시행계획인가"라 한다) 신청이 없는 경우로서 그 기간이 2년 이상이고, 해당 사업의 건축물 또는 토지를 2년 이상 계속하여 소유하고 있는 경우
2. 사업시행계획인가일부터 양도일까지 착공신고(「건축법」제21조에 따른 착공신고를 말한다. 이하 이 항에서 같다)를 하지 않은 경우로서 그 기간이 2년 이상이고, 해당 사업의 건축물 또는 토지를 2년 이상 계속하여 소유하고 있는 경우
3. 착공신고를 한 날부터 양도일까지 준

4. 1세대(제1항제2호에 따라 1세대에 속하는 때를 말한다) 1주택자로서 양도하는 주택에 대한 소유기간 및 거주기간(「주민등록법」 제7조에 따른 주민등록표를 기준으로 하며, 소유자가 거주하지 아니하고 소유자의 배우자나 직계존비속이 해당 주택에 거주한 경우에는 그 기간을 합산한다)이 대통령령으로 정하는 기간 이상인 경우(소유자가 피상속인으로부터 주택을 상속받아 소유권을 취득한 경우에는 피상속인의 주택의 소유기간 및 거주기간을 합산한다)
5. 그 밖에 불가피한 사정으로 양도하는 경우로서 대통령령으로 정하는 경우
③ 사업시행자는 제2항 각 호 외의 부분 본문에 따라 조합원의 자격을 취득할 수 없는 경우 토지, 건축물 또는 그 밖의 권리를 취득한 자에게 제36조를 준용하여 손실보상을 하여야 한다.

220 소규모주택정비사업

공인가를 받지 않은 경우로서 그 기간이 3년 이상이고, 해당 사업의 토지를 3년 이상 계속하여 소유하고 있는 경우
4. 국가·지방자치단체 및 금융기관(「주택법 시행령」 제71조제1호 각 목의 금융기관을 말한다)에 대한 채무를 이행하지 못하여 해당 사업의 건축물 또는 토지가 경매되거나 공매되는 경우
5. 「주택법」 제63조제1항에 따른 투기과열지구로 지정되기 전에 건축물 또는 토지의 거래계약을 체결하고 투기과열지구로 지정된 후 「부동산 거래신고 등에 관한 법률」 제3조에 따라 부동산 거래신고를 한 경우

[법령해석 1] 민원인 - 소규모재건축사업 조합설립인가 후 투기과열지구 지정 시 해당 사업의 건축물 또는 토지를 양수한 자의 조합원 자격 여부(「빈집 및 소규모주택 정비에 관한 특례법」 제24조제2항 등 관련)

안건번호 20-0365 회신일자 2020-09-08

1. 질의요지

소규모재건축사업의 조합설립인가 후 해당 사업 지역이 투기과열지구(자주: 「주택법」 제63조제1항에 따른 투기과열지구를 말하며, 이하 같음.)로 지정된 경우 투기과열지구 지정 후 해당 사업의 건축물 또는 토지(이하 "건축물등"이라 함)를 양수(자주: 매매·증여 그 밖의 권리의 변동을 수반하는 모든 행위를 포함하되 상속·이혼으로 인한 양도·양수의 경우는 제외하며, 이하 같음.)한 자는 「빈집 및 소규모주택 정비에 관한 특례법」(이하 "소규모주택정비법"이라 함) 제24조제2항 각 호 외의 부분 본

문에 따라 해당 조합의 조합원이 될 수 없는지?(각주: 소규모주택정비법 제24조제2항 각 호에 해당하지 않는 경우를 전제함.)

※ 질의배경

민원인은 위 질의요지에 대해 국토교통부에 문의하였고 소규모주택정비법 제24조제2항 각 호 외의 부분 본문에 따라 해당 소규모재건축사업 조합의 조합원이 될 수 없다는 회신을 받자 이에 이견이 있어 법령해석을 요청함.

2. 회답

이 사안의 경우 소규모재건축사업의 건축물등을 양수한 자는 소규모주택정비법 제24조제2항 각 호 외의 부분 본문에 따라 해당 소규모재건축사업 조합의 조합원이 될 수 없습니다.

3. 이유

소규모주택정비법 제24조제2항 각 호 외의 부분 본문에서는 투기과열지구로 지정된 지역에서 소규모재건축사업을 시행하는 경우 조합설립인가 후 해당 사업의 건축물등을 양수한 자는 조합원이 될 수 없다고 규정하여, 투기과열지구로 지정된 지역일 경우 조합설립인가 후 건축물등을 양수한 자일 것을 각각 자격 취득의 제한 요건으로 정하고 있을 뿐 투기과열지구 지정과 조합설립인가의 선후관계에 대해서는 별도로 정하고 있지 않습니다.

그리고 「주택법」에 따르면 투기과열지구는 주택에 대한 투기가 성행하고 있거나 성행할 우려가 있는 지역을 대상으로 지정되고, 투기과열지구에서는 「도시 및 주거환경정비법」에 따른 재개발·재건축사업 조합원 지위의 양도가 제한(제39조)되며 「주택법」에 따른 주택의 전매행위가 제한(제64조)되는 등 각종 제한을 받는바, 소규모주택정비법에서 투기과열지구로 지정된 지역에서 소규모재건축사업의 자격 취득을 안정시키고 주택가격을 억제하기 위하여 조합원 자격 제한 여부를 달리 보는 것은 타당하지 않습니다.

따라서 이 사안과 같이 소규모재건축사업 조합설립인가가 먼저 있은 후 해당 사업지역이 투기과열지구로 지정된 경우에도 소규모주택정비법 제24조제2항이 적용되고, 소규모재건축사업의 건축물등을 양수한 후에 조합설립인가 후에 양수한 자는 해당 조합원이 될 수 없습니다.

이 될 수 없습니다.

<관계 법령>

○ 빈집 및 소규모주택 정비에 관한 특별법

제24조 (조합원의 자격 등) ① (생 략)

② 「주택법」 제63조제1항에 따른 투기과열지구(이하 "투기과열지구"라 한다)로 지정된 지역에서 소규모재건축사업을 시행하는 경우 조합설립인가 후 해당 사업의 건축물 또는 토지를 양수(매매·증여, 그 밖의 권리의 변동을 수반하는 모든 행위를 포함하되, 상속·이혼으로 인한 양도·양수의 경우는 제외한다. 이하 이 조에서 같다)한 자는 제1항에도 불구하고 조합원이 될 수 없다. 다만, 양도인이 다음 각 호의 어느 하나에 해당하는 경우 그 양도인으로부터 그 건축물 또는 토지를 양수한 자는 그러하지 아니하다.

1. 세대원(세대주가 포함된 세대의 구성원을 말한다. 이하 이 조에서 같다)의 근무상 또는 생업상의 사정이나 질병치료·취학·결혼으로 세대원 모두 해당 사업시행구역이 위치하지 아니한 특별시·광역시·특별자치시·특별자치도·시 또는 군으로 이전하는 경우
2. 상속으로 취득한 주택으로 세대원 모두 이전하는 경우
3. 세대원 모두 해외로 이주하거나 세대원 모두 2년 이상 해외에 체류하는 경우
4. 그 밖에 불가피한 사정으로 양도하는 경우로서 대통령령으로 정하는 경우

③ 사업시행자는 제2항 각 호 외의 부분 본문에 따라 조합원의 자격을 취득할 수 없는 경우 토지, 건축물 또는 그 부의 권리를 취득한 자에게 제36조를 준용하여 손실보상을 하여야 한다.

제25조 (토지등소유자의 동의방법 등) ① 다음 각 호의 어느 하나에 대한 동의(동의한 사항의 철회를 포함한다)는 서면동의서에 토지등소유자가 성명을 적고 지장(指章)을 날인하는 방법으로 하며, 주민등록증, 여권 등 신원을 확인할 수 있는 신분증명서의 사본을 첨부하여야 한다. 이 경우 제3호에 해당하는 때에는 시장·군수등이 대통령령으로 정하는 방법에 따라 검인(檢印)한 서면동의서를 사용하

제22조의2 (토지등소유자 동의서의 검인 방법) ① 법 제25조제1항 후단에 따른 서면동의서에 검인(檢印)을 받으려는 자는 조 제20조제2항에 따른 동의서에 같은 조 제1항 각 호의 사항이 기재된 서류를 첨부하여 시장·군수등에게 검인을 신청해야 한다.

② 제1항에 따른 신청을 받은 시장·군수등은 서면동의서에 제20조제1항 각 호의 사항이 포함되어 있는지를 확인한 후 일련번

여야 하며, 검인을 받지 아니한 서면동의서는 그 효력이 발생하지 아니한다. <개정 2021. 7. 20., 2022. 2. 3., 2023. 4. 18.>

1. 제17조제1항 및 제3항 각 호에 따라 토지등소유자가 소규모주택정비사업을 시행하는 경우

1의2. 삭제 <2023. 4. 18.>

2. 제18조 및 제19조에 따라 가로주택정비사업·소규모재건축사업·소규모재개발사업의 공공시행자 및 지정개발자를 정하는 경우

2의2. 제22조제2항부터 제5항까지에 따라 주민합의체를 구성하는 경우

3. 제23조제1항부터 제5항까지에 따라 조합을 설립하는 경우

4. 제2항에 따라 주민대표회의를 구성하는 경우

5. 제29조제3항에 따라 사업시행계획인가를 신청하는 경우

② 가로주택정비사업, 소규모재건축사업 또는 소규모재개발사업의 토지등소유자 또는 소규모주택공사등을 사업시행자로 지정하는 경우 주민대표기구(이하 "주민대표회의"라 한다)를 구성하여야 한다. <개정 2021. 7. 20.>

③ 소규모주택정비사업의 토지등소유자는 제호를 부여하는 방법으로 검인해야 한다.

③ 시장·군수등은 제1항의 신청을 받은 날부터 20일 이내에 신청인에게 검인한 동의서를 내주어야 한다.
[본조신설 2022. 8. 2.]

제23조 (토지등소유자의 동의자 수 산정방법 등) 법 제25조제1항에 따른 토지등소유자(토지면적에 관한 동의자의 수를 산정하는 경우에는 토지소유자를 말한다)의 동의자 수 산정방법에 관하여는 「도시 및 주거환경정비법 시행령」 제33조를 준용한다. 이 경우 "주거환경개선사업"은 "자율주택정비사업, 가로주택정비사업 또는 소규모재개발사업"으로, "재건축사업"은 "소규모재건축사업"으로 본다. <개정 2021. 9. 17.>

19조에 따른 지정개발자가 사업을 시행하는 경우 토지등소유자 전원으로 구성되는 회의(이하 "토지등소유자 전체회의"라 한다)를 구성하여야 한다. 이 경우 지정개발자는 「도시 및 주거환경정비법」 제48조제1항 및 각 호의 사항에 관하여 토지등소유자 전체회의의 의결을 거쳐야 한다.

④ 제1항에 따른 토지등소유자 동의자 수 산정 방법 및 절차에 관한 사항은 대통령령으로 정한다. <신설 2019. 8. 20.>

핵심포인트
법 제25조

	토지등소유자의 과반수 동의
	※ 공공시행자 지정고시 후 구성

[법령해석 1] 민원인 - 국토교통부 - 「주택법」 제11조의3제5항제1호에 따른 "이미 신고된 사업대지와 전부 또는 일부가 중복되는 경우"의 의미(「주택법」 제11조의3 등)

안건번호 22-1012 회신일자 2022-12-30

1. 질의요지

「빈집 및 소규모주택 정비에 관한 특례법」(이하 "소규모주택정비법"이라 함) 제25조제1항제3호에서는 가로주택정비사업(각주: 소규모주택정비법 제2조제1항제3호가목에 따른 가로주택정비사업을 말하며, 이하 같음.)의 조합설립을 위해 토지등소유자(각주: 소규모주택정비법 제2조제1항제6호가목에 따른 '사업시행구역에 위치한 토지 또는 건축물의 소유자, 해당 토지의 지상권자'를 말하며, 이하 같음.)의 동의를 받는 경우 시장·군수등(각주: 특별자치시장·특별자치도지사·시장·군수 또는 자치구의 구청장을 말하며, 이하 같음.)이 검인(檢印)한 서면동의서(이하 "가로주택정비사업 조합설립 서면동의서"라 함)를 사용해야 한다고 규정하고 있는 한편, 「주택법」 제11조의3제1항 전단에서는 지역주택조합(각주: 「주택법」 제2조제11호가목에 따른 지역주택조합을 말하며, 이하 같음.) 또는 직장주택조합(각주: 「주택법」 제2조제11호나목에 따른 직장의 근로자가 주택을 마련하기 위해 설립한 조합으로서, 같은 법 제11조제5항에 신고가 필요한 직장주택조합을 제외한 것을 말하며, 이하 같음.)의 설립인가를 받기 위해 조합원을 모집하려는 해당 주택건설대지가 되는 토지의 사용권원을 확보하여 관할 시장·군수·구청장(각주: 주택건설대지의 소재지를 관할하는 특별자치도지사, 시장, 군수 또는 구청장(구청장은 자치구의 구청장을 말함.)을 말하며, 이하 같음.)에게 신고해야 한다고 규정하면서, 같은 조 제5항제1호에서는 "이미 신고된 사업대지와 전부 또는 일부가 중복되는 경우"에는 조합원 모집 신고를 수리할 수 없도록 규정하고 있는바, 가로주택정비사업 조합설립 서면동의서에 포함된 주택건설대지에 대한 시장·군수등의 접인이 먼저 있은 후, 해당 가로주택정비사업을 추진하려는 구역(이하 "추진예정구역"이라 함)이 「주택법」 제11조의3제1항에 따라 지역주택조합원 또는 직장주택조합원 모집 신고가 접수된 경우가 같은 조 제5항제1호에 따른 "이미 신고된 사업대지와 전부 또는 일부가 중복되는 경우"에 해당하는지?

2. 회답

이 사안의 경우, 「주택법」 제11조의3제1항에 따른 "이미 신고된 사업대지와 전부 또는 일부가 중복되는 경우"에 해당하지 않습니다.

3. 이유

「주택법」 제11조의3제1항에서는 '지역주택조합원 또는 직장주택조합원 모집 신고'에 대하여 규정하고 있고, 같은 조 제5항 각 호 외의 부분에서는 "다음 각 호의 어느 하나에 해당하는 경우에는 조합원 모집 신고를 수리할 수 없다"고 규정하면서, 같은 항 제1호에서 조합원 모집 신고를 수리할 수 없는 경우 중 하나로 "이미 신고된 사업대지와 전부 또는 일부가 중복되는 경우"를 규정하고 있는데, '지역주택조합 또는 직장주택조합 또는 조합원 모집 신고'로 '신고' 및 '신고'로 그 표현이 완전히 동일하지는 않으나, 같은 조 제5항은 같은 조 제1항에 동의하지는 않으나, 같은 조 제5항은 같은 조 제1항에 따라 '지역주택조합 또는 지장주택조합의 조합원 모집 신고'를 수리할 수 없는 경우에 대한 규정인 점, 같은 조 제5항제1호는 같은 항 각 호 외의 부분에 따른 조합원 모집 신고 불수리 사유를 구체적으로 규정한 것으로서, 같은 조 중에서 "신고"는 같은 항 각 호 외의 부분이 "조합원 모집 신고"를 지칭하는 것임은 물론 중복해서 보면, 같은 조 중에서 "신고"는 "지역주택조합 또는 지장주택조합의 조합원 모집 신고"를 의미하는 것으로 보아야 합니다.

그리고 「주택법」제11조의3은 2016년 12월 2일 법률 제14344호로 「주택법」을 일부개정하면서 신설된 규정으로서, 같은 조 제5항이 '이미 지역주택조합 또는 지장주택조합의 조합원 모집 신고가 된 사업대지'와 중복되는 부분이 있는 사업대지를 대상으로 하여 조합원 모집 신고를 그 신고를 수리하지 않도록 하려는 취지에서 마련된 규정이라는 점(각주: 2016. 12. 2. 법률 제14344호 주택법 일부개정법률 모집 신고")를 는 "지역주택조합 또는 지장주택조합의 조합원 모집 신고"를 의미함이 분명합니다.

그런데 소규모주택정비법 제25조제1항 후단에 따른 가로주택정비사업 조합설립 서면동의서에 대한 검인은 위조·변조 등에 따른 분쟁을 예방하려는 목적(각주: 2015. 10. 19. 의안번호 제191726호로 발의된 도시 및 주거환경정비법 일부개정법률안 국회 국토교통위원회 심사보고서 참조)에서 그 서식을 확인하는 것에 지나지 않는 점, 「주택법」제11조의3제1항에서 조합원 모집 신고 시에는 일정 비율 이상 토지의 사용권원을 확보하여 그 신고서에 건설예정지와 면적을 기재하고, 그 예정지의 지목 및 군관리계획상의 용도 등에 관한 서류를 첨부(각주: 「주택법 시행규칙」제7조 및 제11조의2서식 참조)하도록 규정하고 있는 것과 달리, 소규모주택정비법 제25조제1항제3호 및 시행령 제22조의2제1항에서는 가로주택정비사업 조합설립 서면동의서에 면동의서에 검인을 신청하는 경우 토지 사용권원 등을 확보하도록 규정하고 있지 않고, 가로주택정비사업 조합설립 서면동의서에 예 추진계획구역의 위치 및 면적을 기재하거나, 그 구역의 지목 및 도시·군관리계획에 관한 서류를 첨부하도록 규정하고 있지도 않은 점 등에 비추어 보면, 가로주택정비사업 조합설립 서면동의서에 대한 시장·군수등의 검인이 있는 것을 「주택법」제11조의3제5항제1호에 따른 '이미 지역주택조합 또는 지장주택조합의 조합원 모집 신고가 된 것'에 해당한다고 볼 수는 없습니다.

더욱이 「주택법」제11조의3제5항 각 호에서 지역주택조합 또는 지장주택조합의 조합원 모집 신고 불수리 사유를 규정한 것은, 이미 조합설립인가를 받은 사업대지에 대해 조합원 모집을 하는 경우 등의 문제가 발생함에 따라 구역 조합에 대한 공적 관리·감독을 강화하되(각주: 2016. 8. 12. 의안번호 제2001578호로 발의된 주택법 일부개정법률안에 대한 구역 국토교통위원회 검토보고서 참조), 조합원 모집 신고제도의 실효성을 높이기 위하여 신고 불수리 사유를 구체적으로 열거한 것으로 보이는 점,

226 소규모주택정비사업

바, 명시적인 규정(각주: 「도시 및 주거환경정비법」 제19조제8항 참조)도 없이 가로주택정비사업 조합설립 서면동의서에 대한 시장·군수등의 접인이 있는 것을 「주택법」 제11조의3제5항제1호에 따른 '이미 지역주택조합 또는 직장주택조합의 조합원 모집 신고가 된 것'으로 해석하는 것은 타당하지 않습니다.

아울러 지역주택조합의 조합원 모집 신고가 수리를 할 수 있는데(각주: 법제처 2021. 8. 2. 회신 21-0349 해석례 참조), 지역주택조합 서면동의서에 대한 접인이 있는 경우 시장·군수등의 조합원등의 접인을 할 수 있다는 이유로 그 모집 신고를 수리할 수 없다고 보아 신청이 있는 가로주택정비사업 조합설립 서면동의서에 대한 접인 후에 지역주택조합의 조합원 모집을 진행할 수 없도록 하는 것은 청원에 맞지 않는다는 점, 만약 가로주택정비사업의 조합설립 서면동의서에 지역주택정비사업의 조합원 모집을 진행한 경우 그 추진에정구역을 포함한 주택건설대지에 대해서는 지역주택정비사업 조합설립 서면동의서에 대한 시장·군수등의 조합설립 또는 직장주택조합의 조합원 모집 신고를 수리할 수 없다고 본다면, 토지등소유자 일부가 가로주택정비사업 조합설립 서면동의서에 대한 시장·군수등의 조합설립 또는 직장주택조합의 조합원 모집 신고가 수리될 수 없도록 지역주택조합 또는 직장주택조합의 모집 신고가 수리되지 못하도록 매수하도록 하는 소위 "알박기 행위" 등의 부작용이 발생할 우려가 있다는 점도 이 사안을 해석할 때 고려할 필요가 있습니다.

따라서 이 사안의 경우, 「주택법」 제11조의3제5항제1호에 따른 "이미 신고된 사업대지와 전부 또는 일부가 중복되는 경우"에 해당하지 않습니다.

<관계 법령>

주택법

제11조의3 (조합원 모집 신고 및 공개모집) ① 제11조제1항에 따라 지역주택조합 또는 직장주택조합의 설립인가를 받기 위하여 조합원을 모집하려는 자는 해당 주택건설대지의 50퍼센트 이상에 해당하는 토지의 사용권원을 확보하여 관할 시장·군수·구청장에게 신고하고, 공개모집의 방법으로 조합원을 모집하여야 한다. 조합 설립인가를 받기 전에 조합원을 충원하거나 재모집하는 경우에도 또한 같다.

② ~ ④ (생 략)

⑤ 시장·군수·구청장은 다음 각 호의 어느 하나에 해당하는 경우에는 조합원 모집 신고를 수리할 수 없다.

1. 이미 신고된 사업대지와 전부 또는 일부가 중복되는 경우

2. ~ 4. (생 략)

⑥ ~ ⑧ (생 략)

인집 및 소규모주택 정비에 관한 특례법

제25조 (토지등소유자의 동의방법 등) ① 다음 각 호의 어느 하나에 대한 동의(동의한 사항의 철회를 포함한다)는 서면동의서에 토지등소유자가 성명을 적고 지장(指章)을 날인하는 방법으로 하며, 주민등록증, 여권 등 신원을 확인할 수 있는 신분증명서의 사본을 첨부하여야 한다. 이 경우 시장·군수등이 대통령령으로 정하는 방법에 따라 검인(檢印)한 서면동의서를 사용하여야 하며, 검인을 받지 아니한 서면동의서는 그 효력이 발생하지 아니한다.

1. ~ 2의2. (생 략)
3. 제23조제1항부터 제5항까지에 따라 조합을 설립하는 경우

4.·5. (생 략)

② ~ ④ (생 략)

제3절 사업시행계획 등

제26조 (건축심의) ① 가로주택정비사업, 소규모재건축사업 또는 소규모재개발사업의 사업시행자(사업시행자가 시장·군수등인 경우는 제외한다)는 제30조에 따른 사업시행계획서를 작성하기 전에 사업시행에 따른 건축물의 높이·층수·용적률 등 대통령령으로 정하는 사항에 대하여 지방건축위원회의 심의를 거쳐야 한다. <개정 2021. 7. 20.>

② 제1항에 따른 사업시행자(시장·군수등 또는 토지주택공사등은 제외한다)는 지방건축위원회의 심의를 신청하기 전에 다음

제3절 사업시행계획 등

제24조 (건축심의 등) ① 법 제26조제1항에서 "건축물의 높이·층수·용적률 등 대통령령으로 정하는 사항"이란 다음 각 호의 사항을 말한다. 다만, 사업시행구역이 「국토의 계획 및 이용에 관한 법률」 제51조에 따라 지정된 지구단위계획구역인 경우로서 법 제30조제3항에 따라 중앙도시계획위원회 또는 시·도도시계획위원회의 심의(건축위원회와 도시계획위원회가 공동으로 하는 심의를 포함한다)를 거친 사항은 제외한다. <개정 2021. 9. 17.>

각 호의 어느 하나에 해당하는 동의 또는 의결을 거쳐야 한다. <개정 2020. 8. 18.>
1. 사업시행자가 토지등소유자인 경우에는 주민합의서에서 정하는 토지등소유자의 동의
2. 사업시행자가 조합인 경우에는 조합 총회(시장·군수등 또는 토지주택공사등과 공동으로 사업을 시행하는 경우에는 조합원의 과반수 동의로 조합 총회 의결을 갈음할 수 있다)에서 조합원 과반수의 찬성으로 의결. 다만, 정비사업비가 100분의 10(생산자물가상승률분 및 제36조에 따른 손실보상 금액은 제외한다) 이상 늘어나는 경우에는 조합원 3분의 2 이상의 찬성으로 의결
3. 사업시행자가 지정개발자인 경우에는 토지등소유자의 과반수 동의 및 토지면적 2분의 1 이상의 토지소유자의 동의

1. 사업시행구역이 가로주택정비사업을 시행하는 가로구역일 경우 제3조제1항 제2호의 요건을 충족하는지 여부에 관한 사항
2. 건축물의 주용도·건폐율·용적률 및 높이에 관한 계획(「건축법」 제77조의40에 따라 건축협정을 체결한 경우 건축협정의 내용을 포함한다)
3. 건축물의 건축선에 관한 계획
3의2. 「건축법」 제69조에 따른 특별건축구역과 같은 법 제77조의20에 따른 특별가로구역의 지정에 관한 사항
4. 정비기반시설의 설치계획
5. 공동이용시설의 설치계획
6. 환경보전 및 재난방지에 관한 계획
7. 그 밖에 시·도조례로 정하는 사항
② 토지등소유자는 시장·군수등에게 제22조제5항에 따라 주민합의서를 신고하거나 법 제23조제1항 및 제2항에 따라 조합설립인가를 신청하기 전에 다음 각 호의 구분에 따른 사항에 관한 사전결정을 신청할 수 있다. 이 경우 신청 절차, 신청 서류, 통지 등에 관하여는 「건축법」 제10조제5항을 준용한다. <개정 2019. 10. 22., 2021. 9. 17.>
1. 제3조제1항제1호나목1)부터 3)까지 외

의 부분 단서에 따라 같은 목 1)부터 3)까지의 규정에서 정한 기준을 초과하는 자율주택정비사업을 시행하려는 경우: 사업시행구역 내 기존주택의 호수·세대수의 적정성 여부

2. 제3조제2항제2호가목 및 나목에 따라 같은 호 각 목 외의 부분에서 정한 기준을 초과하는 가로구역에서 가로주택정비사업을 시행하려는 경우: 사업시행구역의 규모와 정비기반시설 및 공동이용시설의 적정성 여부
[제목개정 2019. 10. 22.]

제27조 (통합심의) ① 시장·군수등은 소규모주택정비사업과 관련된 다음 각 호 중 둘 이상의 심의가 필요한 경우에는 이를 통합하여 심의(이하 "통합심의"라 한다)하여야 한다. 다만, 제2호에 따른 도시·군관리계획 중 용도지역·용도지구를 지정 또는 변경하는 경우 또는 제49조제1항 및 제49조의2제1항·제3항에 따라 법적상한용적률까지 건축하거나 제49조의2제4항에 따라 법적상한용적률을 초과하여 건축하는 경우에는 시·도지사에게 통합심의를 요청하여야 하며, 시·도지사의 통합심의를 거친 경우에는 시장·군수등의 통합심의를 거친 것으로 본다. <개정

2021. 10. 19., 2023. 4. 18.>

1. 「건축법」에 따른 건축심의(제26조 및 제48조제1항에 따른 심의를 포함한다)
2. 「국토의 계획 및 이용에 관한 법률」에 따른 도시·군관리계획 및 개발행위 관련 사항
3. 그 밖에 시장·군수등이 필요하다고 인정하여 통합심의에 부치는 사항

② 사업시행자는 시장·군수등이 통합심의를 하는 경우 제1항 각 호와 관련된 서류를 제출하여야 한다. 이 경우 시장·군수등은 통합심의를 효율적으로 처리하기 위하여 제출기한 등을 정할 수 있다.

③ 시장·군수등은 통합심의를 하는 경우 다음 각 호의 어느 하나에 해당하는 위원회의 위원이 포함된 공동위원회를 구성하여야 한다.
 1. 지방건축위원회
 2. 지방도시계획위원회
 3. 제1항제3호에 대하여 심의 권한을 가진 관련 위원회

④ 통합심의를 거친 경우에는 제1항 각 호에 대한 검토·심의·조사·협의·조정 또는 재정을 거친 것으로 본다.

⑤ 통합심의의 신청·방법 및 절차에 관하여는 「주택법」 제18조제3항을 준용한다.

[별령예식 1] 국토교통부 - 임대주택 건설로 시·도조례에 따른 용적률 특례를 적용받는 경우의 통합심의권자(「빈집 및 소규모주택 정비에 관한 특례법」 제27조 등)

안건번호 23-0603 회신일자 2023-09-22

1. 질의요지

「빈집 및 소규모주택 정비에 관한 특례법」(이하 "소규모주택정비법"이라 함) 제27조제1항 각 호 외의 부분에서는 시장·군수등(각주: 특별자치시장·특별자치도지사·시장·군수 또는 소규모주택정비사업과 관련된 같음.)은 소규모주택정비구의 구정장을 말하며, 이하 같음.)은 소규모주택정비사업과 관련된 같은 항 각 호(각주: 「건축법」에 따른 건축심의(소규모주택정비법 제26조 및 제48조제1항에 따라 제1호), 「국토의 계획 및 이용에 관한 법률」에 따른 도시·군관리계획 및 개발행위 관련 사항(제2호), 그 밖에 시장·군수등이 필요하다고 인정하여 통합심의에 부치는 사항(제3호)) 중 둘 이상의 심의가 필요한 경우 이를 통합하여 심의(이하 "통합심의"라 함)하도록 하며(본문), 같은 항 제2호에 따른 도시·군관리계획 등 용도지역·용도지구를 지정 또는 변경하는 경우 또는 같은 법 제49조제1항·제7항 및 제49조의2에 따라 벌적상한용적률까지 건축하는 경우에는 시·도지사(각주: 특별시장·광역시장·특별자치시장·특별자치도지사를 말하며, 이하 같음.)에게 통합심의를 요청해야 한다고 규정하고 있는 한편,

소규모주택정비법 제49조제1항에서는 소규모주택정비사업의 시행으로 임대주택을 건설하는 경우 「국토의 계획 및 이용에 관한 법률」(이하 "국토계획법"이라 함) 제78조에 따라 시·도조례로 정한 용적률(각주: 「건축법」 제56조에 따른 대지면적에 대한 연면적의 둘 이상 있는 경우에는 이들 연면적의 합계로 함)을 말하며, 이하 같음.)에도 불구하고, ① 공공임대주택(각주: 「공공주택 특별법」 제2조제1호가목에 따른 공공임대주택을 말하며, 이하 같음.) 또는 공공지원민간임대주택을 전체 세대수의 비율로 임대주택의 비율(각주: 건축물의 전체 연면적 대비 임대주택 연면적의 비율 또는 전체 세대수 대비 임대주택 세대수의 비율을 말하며, 이하 같음.)이 20퍼센트 이상의 범위에서 시·도조례로 정한 비율 이상로 건설하는 경우에는 국토계획법 제78조 및 관계 법령에 따른 용적률의 상한(이하 "법적상한용적률"이라 함)(제1호), ② 공공임대주택을 임대주택의 비율이 10퍼센트 이상 20퍼센트 미만으로 건설하는 경우에는 임대주택의 비율에 비례하여 시·도조례로 정하는 방법에 따라 산정된 용적률의 상한까지(제2호) 각각 건축할 수 있도록 규정하고 있는바,

소규모주택정비법 제49조제1항제2호에 따라 '임대주택 비율에 비례하여 시·도조례로 정하는 방법에 따라 산정된 용적률이 상한까지 건축하는 경우'에도 같은 법 제27조제1항 각 호 외의 부분 단서에 따라 시·도지사에게 통합심의를 요청해야 하는지?

2. 회답

소규모주택정비법 제49조제1항제2호에 따라 '임대주택 비율에 비례하여 시·도조례로 정하는 방법에 따라 산정된 용적률이 상한까지 건축하는 경우'는 같은 법 제27조제1항 각 호 외의 부분 단서에 따라 시·도지사에게 통합심의를 요청해야 하는 경우에 해당하지 않습니다.

3. 이유

먼저 소규모주택정비법 제27조제1항 각 호 외의 부분 본문에서는 시장·군수등은 소규모주택정비사업과 관련된 같은 항 각 호 등 둘 이상의 심의가 필요한 경우 통합심의를 하도록 하면서, 같은 항 각 호 외의 부분 단서에서는 같은 법 제49조제1항·제7항 및 제49조의2에 따라 도시·군관리계획 중 용도지역·용도지구를 지정 또는 변경하는 경우 또는 '같은 법 제49조제8항에 따라 범적상한용적률까지 건축하는 경우에는 시·도지사에게 상 통합심의를 요청해야 한다고 규정하고 있는데, 같은 조 제1항제1호에서 '국토계획법 제78조 및 관계 법령에 따른 용적률의 상한'을 "범적상한용적률"이라는 용어로 약정하고 있는바, 소규모주택정비사업에 적용되는 경우로서 소규모주 택정비법 제49조제1항제1호와 같이 '국토계획법 제78조 및 관계 법령 제78조에 따른 용적률의 상한', 즉 범적상한용적률에 따른 도시·군관리계획 제49조제1항 각 호 외의 부분 단서에 해당 경우에는 소규모주택정비법 제27조제1항제2호와 같이 '임대주택 비율에 비례하여 시·도조례로 정하는 방법에 따라 산정된 용적률의 상한까지 건축하는 경우'에는 '범적상한용적률'에 건축하는 경우에 해당하지 않는다는 점은 그 문언상 분명합니다.

그리고 소규모주택정비법 제49조제7항에서는 같은 조 제1항에도 불구하고 소규모재건축사업을 시행하는 사업시행자는 국토계 획법 제78조에 따라 시·도조례로 정한 용적률에도 불구하고 소규모주택정비법 제27조에 따른 통합심의를 거쳐 '범적상한용적룰'까지 건축할 수 있다고 규정하면서(전단), 이 경우 사업시행자가 공급해야 하는 국민주택규모 주택의 면적을 '연면적합계의 면적'에서 도조례로 정한 용적률을 뺀 용적률의 100분의 20 이상 100분의 50이하로서 시·도조례로 정하는 비율에 해당하는 면적'으로 규정(후단)하고 있다는 점에 비추어 보면, 같은 법 제49조에서는 '연면적합계·용적률'과 시·도조례로 규정하는 용적률을 명확히 구분하여 규정하고 있다고 할 것인바, 같은 법 제49조제1항제2호에 따른 '임대주택 비율에 비례하여 시·도조례로 정하는 방법에 따라 산정된 용적률의 상한'은 같은 법 제27조제1항 각 호 외의 부분 단서에 따른 '연면적·용적률'에 해당하지 않는다고 보아야 합니다.

아울러 소규모주택정비법 제27조제1항 각 호 외의 부분 단서는 국토계획법령에 따른 용적률에도 불구하고 소규모주택정비사업의 용적률이 시·도조례로 정하는 범위를 벗어나 범죄상한용적률까지 또는 범죄상한용적률을 초과하여 결정되는 경우에는 공기반시설 부족 및 무분별한 개발이 초래될 수 있는 점을 고려하여, 소규모주택정비사업에 적용되는 범죄상한용적률을 공기반시설 부족 및 무분별한 개발이 초래될 수 있는 점을 고려하여, 시장·군수등에는 시·도지사에게 통합심의를 요청하도록 한 것(주1. 2016. 8. 11. 의안번호 제2001546호로 발의된 소규모주택정비법 일부개정법률안에 대한 국회 국토교통위원회 검토보고서 참조)이므로, 소규모주택정비법 제49조제1항제2호에 따라 '임대주택 비율에 비례하여 시·도조례로 정하는 방법에 따라 산정된 용적률의 상한'까지 용적률을 완화하는 경우 시·도지사가 통합심의 권한자가 된다고 보게되면 같은 법 제27조제1항 각 호 외의 부분 단서의 임법취지에서 벗어나 시장·군수등의 통합심의 권한을 과도하게 축소하는 결과를 초래할 수 있다는 점도 이 사안을 해석할 때 함께 고려할 필요가 있습니다.

따라서 소규모주택정비법 제49조제1항제2호에 따라 '임대주택 비율에 비례하여 시·도조례로 정하는 방법에 따라 산정된 용적률의 상한'까지 건축하는 경우는 같은 법 제27조제1항 각 호 외의 부분 단서에 따라 시·도조례로 시·도지사에게 통합심의를 요청해야 하는 경우에 해당하지 않습니다.

〈관계 법령〉

○ 빈집 및 소규모주택 정비에 관한 특례법

제27조 (통합심의) ① 시장·군수등은 소규모주택정비사업과 관련된 다음 각 호 중 둘 이상이 심의가 필요한 경우에는 이를 통합하여 심의(이하 "통합심의"라 한다)하여야 한다. 다만, 제2호에 따른 도시·군관리계획 중 용도지역·용도지구를 지정 또는 변경하는 경우 또는 제49조 제1항·제7항 및 제49조의20에 따라 제49조제8항에 따라 범죄상한용적률을 초과하여 건축하거나 범죄상한용적률을 초과하여 시

・도지사에게 통합심의를 요청하여야 하며, 시·도지사의 통합심의를 거친 경우에는 시장·군수등의 통합심의를 거친 것으로 본다.
1. 「건축법」에 따른 건축심의(제26조 및 제48조제1항에 따른 심의를 포함한다)
2. 「국토의 계획 및 이용에 관한 법률」에 따른 도시·군관리계획 및 개발행위 관련 사항
3. 그 밖에 시장·군수등이 필요하다고 인정하여 통합심의에 부치는 사항
② ~ ⑤ (생 략)

제49조 (임대주택 건설에 따른 특례) ① 사업시행자는 빈집정비사업 또는 소규모주택정비사업의 시행으로 다음 각 호와 같이 임대주택을 건설하는 경우 「국토의 계획 및 이용에 관한 법률」 제78조에 따라 시·도조례로 정한 용적률에도 불구하고 다음 각 호에 따른 용적률이 상한까지 건축할 수 있다.
1. 공공임대주택 또는 공공지원민간임대주택을 임대주택 비율(건축물의 전체 연면적 대비 임대주택 연면적의 비율 또는 전체 세대수 대비 임대주택 세대수의 비율을 말한다. 이하 이 조에서 같다)이 20퍼센트 이상의 범위에서 시·도조례로 정하는 비율 이상이 되도록 건설하는 경우: 「국토의 계획 및 이용에 관한 법률」 제78조 및 관계 법령에 따른 용적률의 상한(이하 "법적상한용적률"이라 한다)
2. 공공임대주택을 임대주택 비율이 10퍼센트 이상 20퍼센트 미만이 되도록 건설하는 경우: 임대주택 비율에 비례하여 시·도조례로 정하는 방법에 따라 산정된 용적률
② ~ ⑩ (생 략)

제28조 (분양공고 및 분양신청) ① 가로주택정비사업, 소규모재건축사업 또는 소규모재개발사업의 사업시행자는 제26조에 따른 심의 결과를 통지받은 날부터 90일 이내에 다음 각 호의 사항을 토지등소유자에게 통지하고, 분양의 대상이 되는 대지 또는 건축물의 내역 등 대통령령으로 정하는 사항을 해당 지역에서 발간되는 일간신문에 한 차례 이상 공고하여야 한다. <개정 2021. 7. 20.>
1. 분양대상자별 종전의 토지 또는 건축물의 명세 및 제26조에 따른 심의 결과를

제25조 (분양공고 및 분양신청) ① 법 제28조제1항 각 호 외의 부분에서 "분양의 대상이 되는 대지 또는 건축물의 내역 등 대통령령으로 정하는 사항"이란 다음 각 호의 사항을 말한다. <개정 2018. 12. 31.>
1. 사업의 종류·명칭 및 사업시행구역의 위치·면적
2. 제24조제1항제2호부터 제5호까지의 사항
3. 분양대상 대지 또는 건축물의 내역
4. 분양신청 자격 및 방법

통지받은 날을 기준으로 한 가격(제26조에 따른 심의 전에 제37조제3항에 따라 철거된 건축물은 시장·군수등에게 허가를 받은 날을 기준으로 한 가격)
2. 분양대상자별 분담금의 추산액
3. 분양신청기간
4. 그 밖에 대통령령으로 정하는 사항
② 제1항제3호에 따른 분양신청기간은 제1항에 따라 토지등소유자에게 통지한 날부터 30일 이상 60일 이내로 하여야 한다. 다만, 사업시행자는 제33조제1항에 따른 관리처분계획의 수립에 지장이 없다고 판단하는 경우에는 분양신청기간을 20일 범위에서 한 차례만 연장할 수 있다.
③ 대지 또는 건축물에 대한 분양을 받으려는 토지등소유자는 제2항에 따른 분양신청기간에 대통령령으로 정하는 방법 및 절차에 따라 분양신청을 하여야 한다.

5. 분양신청 기간 및 장소
6. 토지등소유자 외 권리자의 권리신고방법
7. 분양신청을 하지 아니한 자에 대한 조치
8. 그 밖에 시·도조례로 정하는 사항
② 제1항제4호에서 "대통령령으로 정하는 사항"이란 다음 각 호의 사항을 말한다.
1. 제1항제1호부터 제7호까지의 사항
2. 분양신청서
3. 그 밖에 시·도조례로 정하는 사항
③ 법 제28조제3항에 따라 분양신청을 하려는 자는 제2항제2호에 따른 분양신청서에 소유권의 내역을 적어 사업시행자에게 제출하여야 한다. 이 경우 우편에 의한 분양신청은 제1항제5호에 따른 분양신청기간 내에 발송된 것임을 증명할 수 있는 우편으로 하여야 한다.
④ 제3항에 따라 분양신청서를 받은 사업시행자는 「전자정부법」 제36조제1항에 따른 행정정보의 공동이용을 통하여 신청서에 기재된 소유권에 관한 토지등기사항증명서 및 건물등기사항증명서를 확인하여야 한다. 다만, 사업시행자가 같은 법 제37조에 따른 행정정보 공동이용센터의

이용기관이 아닌 경우에는 그 증명서를 첨부하도록 하여야 한다.

④ 사업시행자는 제2항에 따른 분양신청기간 종료 후 제29조제1항에 따른 사업시행계획 인가(대통령령으로 정하는 경미한 사항의 변경은 제외한다)으로 세대수 또는 주택규모가 달라지는 경우 제1항부터 제3항까지에 따라 분양공고 등의 절차를 다시 거칠 수 있다.

⑤ 사업시행자는 정관등(「도시 및 주거환경 정비법」 제2조제11호에 따른 정관등을 말한다. 이하 같다)에서 정하고 있거나 총회의 의결을 거친 경우 제4항에 따라 제36조제1항제1호 및 제2호에 해당하는 토지등소유자에게 분양신청을 다시 하게 할 수 있다

제26조 (사업시행계획 인가사항의 경미한 변경) 법 제28조제4항 및 제29조제1항 단서에서 "대통령령으로 정하는 경미한 사항"이란 각각 다음 각 호의 어느 하나에 해당하는 사항을 말한다. <개정 2020. 3. 17., 2021. 9. 17., 2021. 10. 14.>

1. 정비사업비의 20퍼센트 범위에서의 가감. 다만, 국민주택을 건설하는 사업의 경우에는 주택도시기금으로 지원받는 금액의 총액이 증가하지 아니하는 경우로 한정한다.

2. 사업시행구역 면적의 20퍼센트 범위의 가감. 다만, 가로주택정비사업인 경우에는 다음 각 목의 어느 하나에 해당하는 경우로 한정한다.

가. 변경 후 사업시행구역 면적이 1만 제곱미터 미만인 경우

나. 사업시행구역을 1만제곱미터 이상 2만제곱미터 미만의 범위에서 변경하는 경우로서 다음의 구분에 따른 요건에 해당하는 경우

1) 「국토의 계획 및 이용에 관한 법률」에 따른 지구단위계획구역 및

지구단위계획이 지정·수립되어 있는 경우: 같은 법 제30조제5항 단서에 따른 경미한 사항에 해당할 것

2) 그 밖의 경우: 「국토의 계획 및 이용에 관한 법률」 제51조에 따라 지구단위계획구역을 지정할 수 있거나 지정해야 하는 경우가 아닐 것

3. 건축물이 아닌 부대시설 및 복리시설의 설치 규모 축소. 다만, 그 위치를 변경하는 경우는 제외한다.

4. 세대수와 세대별 주거전용면적의 변경 없이 세대별 주거전용면적의 20퍼센트 범위에서의 내부구조의 위치 또는 면적의 변경

5. 내장재료 또는 외장재료의 변경

6. 사업시행계획인가 시 부과된 조건을 이행하기 위한 인가사항의 변경

7. 건축물의 용도별 위치 및 설계를 변경하지 아니하는 범위에서의 건축물 배치 및 주택단지 안의 도로선형 변경

8. 「건축법 시행령」 제12조제3항 각 호의 어느 하나에 해당하는 사항의 변경

9. 사업시행자의 명칭 또는 사무소 소재지의 변경

10. 법 제23조제5항 본문에 따른 조합설립인가 변경에 따른 사업시행계획서의

변경

11. 법 제28조제5항에 따른 정관등(이하 "정관등"이라 한다)의 변경에 따라 관리처분계획을 변경하는 경우

12. 법 제35조에 따른 매도청구에 관한 확정판결에 따라 관리처분계획을 변경하는 경우

13. 별표 1 제1호나목에 따른 임대주택 공급조건을 갖춘 사람에 대한 임대주택 공급을 위하여 관리처분계획을 변경하는 경우

14. 「민간임대주택에 관한 특별법」 제2조제7호에 따른 임대사업자의 주소와 성명(법인인 경우에는 법인의 소재지와 대표자로 한다)을 변경하는 경우

15. 계산착오·오기·누락 또는 이에 준하는 명백한 오류의 수정에 관한 사항(수정에 따른 불이익을 받는 자가 없는 경우로 한정한다)

16. 그 밖에 시·도조례로 정하는 사항의 변경

제28조의2 (소규모재개발사업의 분양받을 권리의 산정 기준일) ① 소규모재개발사업을 통하여 분양받을 건축물이 다음 각 호의 어느 하나에 해당하는 경우에는 제18조제2항, 제

19조제2항, 제22조제10항 또는 제23조제9항에 따른 고시가 있은 날 또는 시장·군수등이 투기를 억제하기 위하여 사업시행자의 지정, 주민합의체의 구성 또는 조합설립인가 고시 전에 따로 정하는 날(이하 이 조에서 "기준일"이라 한다)의 다음 날을 기준으로 건축물을 분양받을 권리를 산정한다. <개정 2023. 4. 18.>

1. 1필지의 토지가 여러 개의 필지로 분할되는 경우
2. 단독주택 또는 다가구주택이 다세대주택으로 전환되는 경우
3. 하나의 대지 범위에 속하는 동일인 소유의 토지 및 주택 등 건축물을 토지 및 주택 등 건축물로 각각 분리하여 소유하는 경우
4. 나대지에 건축물을 새로 건축하거나 기존 건축물을 철거하고 다세대주택, 그 밖의 공동주택을 건축하여 토지등소유자의 수가 증가하는 경우

② 시장·군수등은 제1항에 따라 기준일을 따로 정하는 경우에는 기준일, 지정사유, 건축물을 분양받을 권리의 산정기준 등을 해당 지방자치단체의 공보에 고시하여야 한다.

[본조신설 2021. 7. 20.]

제29조 (사업시행계획인가) ① 사업시행자(사업시행자가 시장·군수등인 경우는 제외한다)는 소규모주택정비사업을 시행하는 경우에는 제30조에 따른 사업시행계획서(이하 "사업시행계획서"라 한다)에 정관등과 그 밖에 국토교통부령으로 정하는 서류를 첨부하여 시장·군수등에게 제출하고 사업시행계획인가를 받아야 하며, 인가받은 사항을 변경하거나 사업을 중지 또는 폐지하는 경우에도 또한 같다. 다만, 대통령령으로 정하는 경미한 사항을 변경하는 경우에는 시장·군수등에게 신고하여야 한다. ② 시장·군수등은 특별한 사유가 없으면 제1항에 따른 사업시행계획서(사업시행계획서의 변경을 포함한다)가 제출된 날부터 60일 이내에 인가 여부를 결정하여 사업시행자에게 통보하여야 한다. ③ 사업시행자(시장·군수등 또는 토지주택공사등은 제외한다)는 사업시행계획인가를 신청하기 전에 미리 제26조제2항 각 호의 어느 하나에 해당하는 동의 요건을 갖추어야 하며, 인가받은 사항을 변경하거나 사업을 중지 또는 폐지하는 경우에도 또한 같다. 다만, 제1항 단서에 따른 경미한 사항의 변경은 그러하지 아니하다. ④ 제18조제1항제1호에 따른 사업(이하 "주	제10조 (사업시행계획인가) ① 법 제29조제1항 본문에서 "국토교통부령으로 정하는 서류"란 조합의 총회의결서 사본을 말한다. 다만, 법 제17조제1항 및 같은 조 제3항제1호에 따라 사업을 토지등소유자가 시행하는 경우 또는 법 제19조제1항에 따른 지정개발자가 사업시행자인 경우에는 토지등소유자의 동의서 및 토지등소유자의 명부를 말한다.

약주택정비사업"이라 한다)의 사업시행자는 제3항 본문에도 불구하고 토지등소유자의 동의를 받지 아니할 수 있다.

⑤ 시장·군수등은 제1항에 따른 사업시행계획인가(시장·군수등이 사업시행계획서를 작성한 경우를 포함한다)를 하거나 사업을 변경·중지 또는 폐지하는 경우에는 국토교통부령으로 정하는 방법 및 절차에 따라 그 내용을 해당 지방자치단체의 공보에 고시하여야 한다. 다만, 제1항 단서에 따른 경미한 사항을 변경하는 경우에는 그러하지 아니하다.

⑥ 시장·군수등이 사업시행계획인가를 하거나 사업시행계획서를 작성한 경우에는 관계 서류의 사본을 14일 이상 일반인이 공람할 수 있게 하여야 한다. <개정 2019. 8. 20.>

⑦ 토지등소유자, 이해관계인 등은 제6항의 공람 기간 이내에 시장·군수등에게 서면으로 의견을 제출할 수 있다. <신설 2019. 8. 20.>

② 시장·군수등이 법 제29조제5항 본문에 따라 해당 지방자치단체의 공보에 고시하는 사업시행계획인가 또는 사업의 변경·중지 또는 폐지의 내용에는 다음 각 호의 구분에 따른 사항이 포함되어야 한다. <개정 2021. 9. 17.>

1. 사업시행계획인가의 고시
  가. 사업의 종류 및 명칭
  나. 사업시행구역의 위치 및 면적
  다. 사업시행자의 성명 및 주소
  라. 사업의 시행기간
  마. 사업시행계획인가일
  바. 수용·사용할 토지 또는 건축물의 명세 및 소유권 외의 권리의 명세(법 제35조의2제1항에 따라 시행하는 소규모재개발사업 또는 가로주택정비사업으로 한정한다)
  사. 건축물의 대지면적·건폐율·용적률·높이 등 건축계획에 관한 사항
  아. 주택의 규모 등 주택건설계획
  자. 분양 또는 보류지의 규모 등 분양계획
  차. 정비기반시설의 귀속에 관한 사항
2. 사업의 변경·중지 또는 폐지의 고시

가. 제1호가목부터 마목까지의 사항
나. 변경·중지 또는 폐지의 사유 및 내용
③ 시장·군수등은 법 제29조제5항 본문에 따라 사업시행계획인가 또는 사업의 변경·중지 또는 폐지를 해당 지방자치단체의 공보에 고시하였을 때에는 제2항 각 호의 사항을 해당 지방자치단체의 인터넷 홈페이지에 실어야 한다.

[법령해석 1] 국토교통부 - 민원인 - 분양신청기간에 분양신청을 하지 않은 토지등소유자 등이 가로주택정비사업의 사업시행계획인가 신청을 위한 조합 총회의 의결정족수 산정을 위한 조합원에 포함되는지 여부(「빈집 및 소규모주택 정비에 관한 특례법」제29조 등)

안건번호 23-0963 회신일자 2023-11-30

1. 질의요지

「빈집 및 소규모주택 정비에 관한 특례법」(이하 "소규모주택정비법"이라 함) 제29조제1항 본문에서는 소규모주택정비사업을 시행하는 경우에는 같은 법 제30조에 따라 사업시행계획서에 정관 등과 그 밖에 국토교통부령으로 정하는 서류를 첨부하여 시장·군수등(주: 특별자치시장·특별자치도지사·시장·군수 또는 자치구의 구청장을 말하며, 이하 같음.)에게 제출하고 사업시행계획인가를 받아야 한다고 규정하고 있고, 같은 조 제3항 본문에서는 사업시행자는 사업시행계획인가를 신청하기 전에 미리 같은 법 제26조제2항 각 호의 어느 하나에 해당하는 동의 또는 의결을 거쳐야 한다고 규정하고 있는데, 같은 항 제2호 본문에서는 사업시행자가 '조합'인 경우에는 조합 총회에서 조합원 과반수의 찬성으로 의결한다고 규정하고 있는 한편,

소규모주택정비법 제28조제3항에서는 대지 또는 건축물에 대한 분양을 받으려는 토지등소유자는 같은 조 제2항에 따른 분양

신청기간(이하 "분양신청기간"이라 함)에 대통령령으로 정하는 방법 및 절차에 따라 분양신청을 해야 한다고 규정하고 있는바, 가로주택정비사업(주: 소규모주택정비법 제2조제1항제3호나목에 따른 가로주택정비사업을 말하며, 이하 같음.)을 같은 법 제23조에 따라 시행하는 경우, 같은 법 제29조제3항에 따른 사업시행계획인가를 신청하기 전에 따른 조합이 의결정족수 산정을 위한 조합원의 수를 산정할 때 분양신청기간 전에 조합의 의결정족수 산정을 위한 조합원의 수를 산정할 때 분양신청기간 이전에 다시 분양신청을 하지 않은 토지등소유자 및 분양신청기간 종료 이전에 분양신청을 철회한 토지등소유자(이하 "분양미신청 토지등소유자"라 함)가 조합원에 포함되는지(각주: 소규모주택정비법 제23조제1항제1호에 따른 정관에서 분양미신청 토지등소유자의 조합원 지위에 관하여 별도로 정하지 않은 경우를 전제함.).

2. 회답

이 사안의 경우, 조합 총회의 의결정족수 산정을 위한 조합원 수 산정시 분양미신청 토지등소유자는 조합원에 포함되지 않습니다.

3. 이유

먼저 소규모주택정비법 제29조제1항 본문에 따라 사업시행자가 사업시행계획인가를 신청할 때 제출해야 하는 사업시행계획서 에는 같은 법 제30조제1항제10호에 따른 '분양설계 등 관리처분계획'(이하 "관리처분계획"이라 함)이 포함되어야 하는데, 관리처분계획은 사업시행인가 조합원의 분양신청 현황을 기초로 하여 분양설계, 분양대상자별 분양예정인 대지 또는 건축물의 추산액, 정비사업비의 추산액 및 그에 따른 조합원 분담규모 및 분담시기 등을 포함하여 수립하는 소규모주택정비법 제33조 참조)으로서, 가로주택정비사업의 시행 결과 조성되는 건축물 등의 권리귀속에 관한 사항과 조합원의 비용 분담에 관한 사항을 정함으로써 조합원의 재산상의 권리·의무 등에 직접적인 영향을 미치는 계획(주: 대법원 2022. 7. 14. 선고 2022다206391 판결례 및 법제처 2014. 9. 19. 회신 14-0496 해석례 참조)이라는 점을 고려하면, 관리처분계획을 포함한 사업시행계인가를 신청하기 위해 조합 총회에서 찬반 의결을 할 수 있는 조합원은 조합원의 지위를 유지하고 있는 토지등소유자를 의미한다고 보아야 합니다.

그런데 가로주택정비사업은 가로구역의 전부 또는 일부에서 주거환경을 개선하기 위해 인가받은 사업시행계획에 따라 주택 등을 건설하여 공급하거나 보전 또는 개량하는 사업(각주: 소규모주택정비법 제2조제1항제3호나목 같은 법 제16조제2항 참조)으로서 해당 공급을 통해 공급되는 주택 등에 대한 분양신청권이 소규모주택정비사업의 시행을 위해 설립된 조합의 조합원이 가지는 가장 주된 권리라고 볼 수 있는데(각주: 대법원 2011. 7. 28. 선고 2008다91364판결 참조), 소규모주택정비법 제28조제3항에서는 대지 또는 건축물에 대한 분양을 받으려는 토지등소유자는 분양신청기간에 대통령령으로 정하는 방법 및 절차에 따라 분양신청을 해야 한다고 규정하고 있고, 같은 법 제33조제1항에서는 가로주택정비사업의 사업시행자는 분양신청기간이 종료된 때에는 분양신청의 현황을 기초로 관리처분계획을 수립해야 한다고 하면서, 같은 조 제3항제5호에서는 관리처분계획에 관한 체획은 분양설계에 관한 사항이나로 '분양설계'는 분양신청기간이 만료되는 날을 기준으로 하여 수립한다고 규정하고 있으므로, 분양대상 현황이 확정되는 분양신청기간 종료일을 주로 분양권 등이 변동하지 못하게 되고 그에 대응하여 조합원으로서의 지위 또한 분양신청기간 종료일을 기준으로 조합원의 가장 주된 권리인 분양청구권이 상실되었음을 전제로 이후 분양대상자인 조합원 중심으로 정비사업을 신속하게 추진할 수 있도록 함(각주: 대법원 2010. 8. 19. 선고 2009다81203 판결 참조)을 고려하면, 소규모주택정비법령에 명시적인 규정이 없더라도 분양미신청 토지등소유자는 분양신청기간의 다음 날에는 조합원으로서의 지위를 상실한다고 보는 것이 가로주택정비사업 조합의 성격 및 관련 규정의 체계에 부합하는 해석이라 할 것입니다(각주: 대법원 2011. 12. 8. 선고 2008두18342 판결례 및 대법원 2002. 1. 22. 선고 2000두604 판결례 참조).

그리고 소규모주택정비법 제36조제1항에서는 가로주택정비사업 시행자는 관리처분계획이 인가·고시된 날부터 90일 이내에 분양신청을 하지 않은 자 등과 토지소유권(각주: 토지, 건축물 또는 그 밖의 권리를 말하며, 이하 같음.)의 손실보상에 관한 협의를 해야 한다고 하면서(본문), 사업시행자가 분양신청기간 종료일의 다음 날부터 협의를 시작할 수 있다고 규정(단서)하고 있는데, 이는 분양미신청 조합원을 정비사업 행사에도 불구하여 분양미신청 토지등소유자와의 조합과의 법률관계를 매듭짓겠다는 것으로서(각주: 법제처 2016. 3. 7. 회신 15-0669 해석례 참조)과 동시에, 더 이상 분양청구권을 행사할 수 없게 된 토지등소유자에게 조합원으로서의 권리·의무를 갖게 하는 것은 해당 토지등소유자의 의사에도 부합하지 않음을 고려하여 분양미신청 토지등소유자와 법률관계를 매듭시키려는 취지(각주: 대법원 2010. 8. 19. 선고 2009다81203 판결 참조)라고 할 것인바, 분양미신청 토지등소유자를 유지하고 있는 토지등소유자를 의미한

제3편 빈집 및 소규모주택 정비에 관한 특례법 심단 대비표

등소유자는 특별한 사정이 없는 한 분양청구권을 분양청구기간 내에 행사하지 않거나 철회함으로써 그 분양신청기간 종료일 후 조합원의 자격을 상실(각주: 대법원 2002. 1. 22. 선고 2000두604 판결례 참조)하는 것으로 보는 것이 법 제36조제1항의 규정 취지에도 부합한다고 할 것입니다.

더욱이 소규모주택정비법 제33조제1항에서는 관리처분계획에 포함해야 하는 사항으로 분양설계(제1호), 분양대상자별 분양예정인 대지 또는 건축물의 추산액(제3호) 및 정비사업비의 추산액에서 제외되어야 할 정비사업비의 부담규모 및 부담시기(제6호) 등을 규정하고 있는바, 분양미신청 토지등소유자는 분양대상자에서 제외되어야 하고 관편하여 조합원 시행과 그에 따른 분담규모 및 부담시기 등의 부담하게 되는 관리처분계획에 포함된 분양시행계획에 따른 권리·의무의 귀속 및 비용 분담에 이해관계를 가지지 않게 되므로, 분양미신청 토지등소유자를 관리처분계획을 포함한 사업시행계획의 인가를 위한 조합 총회의 의결 정족수 산정시 '조합원'에 포함하는 것은 타당하다고 볼 수 없습니다.

따라서 이 사안의 경우, 조합 총회의 의결정족수 신정을 위한 조합원 신청시 분양미신청 토지등소유자는 조합원에 포함되지 않습니다.

<관계 법령>

○ 빈집 및 소규모주택 정비에 관한 특례법

제26조 (건축심의) ① (생 략)

② 제1항에 따른 사업시행자(시장·군수등 또는 토지주택공사등을 제외한다)는 지방건축위원회의 심의를 신청하기 전에 다음 각 호의 어느 하나에 해당하는 동의 또는 의결을 거쳐야 한다.

1. (생 략)

2. 사업시행자가 조합인 경우에는 조합 총회(시장·군수등 또는 토지주택공사등과 공동으로 사업을 시행하는 경우에는 조합원의 과반수 동의로 조합 총회 의결을 갈음할 수 있다)에서 조합원 과반수의 찬성으로 의결. <단서 생략>

3. (생 략)

제28조 (분양공고 및 분양신청) ① (생 략)

② 제1항제3호에 따른 분양신청기간은 제1항에 따라 토지등소유자에게 통지한 날부터 30일 이상 60일 이내로 하여야 한다. 다만, 사업시행자는 제33조제1항에 따른 관리처분계획의 수립에 지장이 없다고 판단하는 경우에는 분양신청기간을 20일 범위에서 한 차례만 연장할 수 있다.

③ 대지 또는 건축물에 대한 분양을 받으려는 토지등소유자는 제2항에 따른 분양신청기간에 대통령령으로 정하는 방법 및 절차에 따라 분양신청을 하여야 한다.

④·⑤ (생 략)

제29조 (사업시행계획 인가) ①·② (생 략)

③ 사업시행자(시장·군수등 또는 토지주택공사등은 제외한다)는 사업시행계획인가를 신청하기 전에 미리 제26조제2항 각 호의 어느 하나에 해당하는 동의 또는 의결을 거쳐야 하며, 인가받은 사항을 변경하거나 사업을 중지 또는 폐지하는 경우에도 또한 같다. <단서 생략>

④ ~ ⑦ (생 략)

제30조 (사업시행계획서의 작성) ① 사업시행자는 다음 각 호의 사항을 포함하는 사업시행계획서를 작성하여야 한다. <단서 생략>

1. ~ 9. (생 략)
10. 분양설계 등 관리처분계획
10의2. (생 략)
11. (생 략)

② (생 략)

[법령해석 2] 국토교통부 - 민원인 - 분양신청기간에 분양신청을 하지 않은 토지등소유자 등이 가로주택정비사업의 사업시행계획인가 신청을 위한 총회의 의결정족수 산정을 위한 조합원에 포함되는지 여부(「빈집 및 소규모주택 정비에 관한 특례법」 제29조 등)

안건번호 23-0618 회신일자 2023-11-30

1. 질의요지

「빈집 및 소규모주택 정비에 관한 특례법」(이하 "소규모주택정비법"이라 함) 제29조제1항 본문에서는 사업시행자는 소규모주택정비사업을 시행하는 경우에는 같은 법 제30조에 따른 사업시행계획서에 정관 등과 그 밖에 국토교통부령으로 정하는 서류를 첨부하여 시장·군수등(주: 특별자치시장·특별자치도지사·시장·군수 또는 구청장을 말하며, 이하 같음.)에게 제출하고 사업시행계획인가를 받아야 한다고 규정하고 있고, 같은 조 제3항 본문에서는 사업시행자는 사업시행계획인가를 신청하기 전에 미리 같은 법 제26조제2항 각 호의 어느 하나에 해당하는 동의 또는 의결을 거쳐야 한다고 규정하고 있는데, 같은 항 제2호 본문에서는 사업시행자가 '조합'인 경우에는 조합 총회에서 '조합원 과반수의 찬성으로 의결'한다고 규정하고 있는 한편, 소규모주택정비법 제28조제3항에서는 대지 또는 건축물에 대한 분양을 받으려는 토지등소유자는 같은 조 제2항에 따른 분양신청기간(이하 "분양신청기간"이다)에 대통령령으로 정하는 방법 및 절차에 따라 분양신청을 해야 한다고 규정하고 있는바,

가로주택정비사업(주: 소규모주택정비법 제2조제1항제3호나목에 따른 가로주택정비사업을 말하며, 이하 같음.)을 같은 법 제23조에 따른 조합이 직접 시행하는 경우로서, 같은 법 제29조제3항에 따라 사업시행계획인가를 신청하기 전에 조합의 의결정족수 산정을 위한 조합원의 수를 산정할 때 분양신청기간에 분양신청을 하지 않은 토지등소유자 및 분양신청기간 이전에 토지등소유자(이하 "분양미신청 토지등소유자"라 함)가 조합원에 포함되는지(주: 소규모주택정비법 제23조제1항제1호에 따른 정관에서 분양미신청 토지등소유자의 조합원 지위에 관하여 별도로 정하지 않은 경우를 전제함.)

2. 회답

이 사안의 경우, 조합 총회의 의결정족수 산정을 위한 조합원 수 산정시 분양미신청 토지등소유자는 조합원에 포함되지 않습니다.

3. 이유

먼저 소규모주택정비법 제29조제1항 본문에 따라 사업시행자가 사업시행계획인가를 신청할 때 제출해야 하는 사업시행계획서에는 같은 법 제30조제1항제10호에 따른 '분양설계' 등 관리처분계획(이하 "관리처분계획"이다)이 포함되어야 하는데, 관리처분계획은 사업시행자가 조합원의 분양신청 현황을 기초로 하여 분양예정인 대지 또는 건축물의 추산액,

정비사업의 주신에 및 그에 따른 조합원 분담분모 및 분담시기 등을 포함하여 수립하는 계획(각주: 소규모주택정비법 제33조 참조), 가로주택정비사업의 시행 결과 조성되는 건축물 등의 권리귀속에 관한 사항과 조합원의 비용 분담에 관한 사항을 정함으로써 조합원의 재산상 권리 및 의무 등에 직접적으로 영향을 미치는 계획(각주: 대법원 2022. 7. 14. 선고 2022다206391 판결례 및 법제처 2014. 9. 19. 회신 14-0496 해석례 참조)이라는 점을 고려하면, 관리처분계획, 사업시행계획 인가를 신청하기 위해 조합 총회에서 일반에서 찬반 의결을 할 수 있는 조합원의 지위를 유지하고 있는 토지등소유자를 의미한다고 보아야 합니다.

그런데 가로주택정비사업은 가로구역의 전부 또는 일부에서 주거환경을 개선하기 위해 인가받은 사업시행계획에 따라 주택 등을 건설하여 공급하거나 보전 또는 개량하는 사업(각주: 소규모주택정비법 제2조제1항제3호 및 같은 법 제16조제2항 참조)으로서 해당 사업을 통해 공급되는 주택 등에 대한 분양신청권은 가로주택정비사업의 시행을 위해 설립된 조합의 조합원이 가지는 가장 주된 권리라고 볼 수 있는데(각주: 대법원 2011. 7. 28. 선고 2008다91364판결례 참조), 소규모주택정비법 제28조제3항에서는 대지 또는 건축물에 대한 분양을 받으려는 토지등소유자는 분양신청기간에 대통령령으로 정하는 방법 및 절차에 따라 분양신청을 해야 한다고 규정하고 있고, 같은 법 제33조제1항에서는 가로주택정비사업의 관리처분계획은 분양신청의 현황을 기초로 분양설계(제1호) 등을 포함하여 수립한 계획을 분양신청기간이 만료되는 날을 기준으로 하여 수립한다고 규정하고 있으므로, 분양대상·분양설계 등을 확정하고 그에 대응하여 조합원이 분양미신청 종료일 이후에는 명시적인 규정이 없더라도 분양미신청 토지등소유자는 분양신청기간 종료일의 다음 날에는 조합원으로서의 지위를 상실한다고 보려합니다(각주: 대법원 2011. 12. 8. 선고 2008두18342 판결례 성격 및 관련 규범 체계에 부합하는 해석이라 할 것입니다. 그리고 소규모주택정비법 제36조제1항에서는 가로주택정비사업의 등과 사업시행자는 같은 법 제29조에 따라 사업시행계획인가를 고시된 날부터 90일 이내에 분양신청을 하지 않은 자 등의 토지등소유권(각주: 토지, 건축물 또는 그 부의 권리를 말하며, 이하 같음.)의 손실보상에 관한 협의를 해야 한다고 하면서(본문), 사업시행자는 '분양신청자'가 분양신청기간 종료일의 다음 날부터 협의를 시작할 수 있다고 규정(단서)하고 있는데, 이는 분양미신청 토지등소유자가 분양신청기간 종료일의 다음 날부터는 조합원으로서의

제3편 빈집 및 소규모주택 정비에 관한 특례법 심단 대비표 249

지위가 상실되었음을 전제로 이후 분양대상자인 조합원을 중심으로 정비사업을 신속하게 추진할 수 있도록 함(각주: 법제처 2016. 3. 7. 회신 15-0669 해석례 참조)과 동시에, 더 이상 분양청구권을 행사할 수 없게 된 토지등소유자에게 조합원으로서의 권리·의무를 갖게 하는 것은 해당 토지등소유자의 의사에도 부합하지 않음을 고려하여 분양미신청 토지등소유자와 조합과의 법률관계를 종료시키려는 취지인바(각주: 대법원 2010. 8. 19. 선고 2009다81203 판결례 참조)라고 할 것인바, 분양미신청 토지등소유자는 특별한 사정이 없는 한 분양청구권을 분양청구기간 내에 행사하거나 청회함으로써 그 분양신청기간 종료일 후 조합원 자격을 상실(각주: 대법원 2002. 1. 22. 선고 2000두604 판결례 참조)하는 것이 같은 법 제36조제1항의 규정 취지에도 부합한다고 할 것입니다.

더욱이 소규모주택정비법 제33조제1항에서는 관리처분계획에는 분양설계(제1호), 분양대상자별 분양예정인 대지 또는 건축물의 추산액(제3호) 및 정비사업비의 추산액과 그에 따른 조합원 분담규모 및 분담시기(제6호) 등을 규정하고 있는바, 분양미신청 토지등소유자는 분양대상자에서 제외되어 사업 시행에 따른 권리·의무의 귀속 분담에 관련된 직접적 이해관계를 가지지 않게 되므로, 분양미신청 토지등소유자를 관리처분계획 인가를 위한 조합 총회의 의결 정족수 산정시 '조합원'에 포함하는 것은 타당하다고 볼 수 없습니다.

따라서 이 사안의 경우, 조합 총회의 의결정족수 산정을 위한 조합원 산정시 분양미신청 토지등소유자는 조합원에 포함되지 않습니다.

<관계 법령>

빈집 및 소규모주택 정비에 관한 특례법
제26조 (건축심의) ① (생 략)

② 제1항에 따른 사업시행자(시장·군수등 또는 토지주택공사등은 제외한다)는 지방건축위원회의 심의를 신청하기 전에 다음 각 호의 어느 하나에 해당하는 동의 또는 의결을 거쳐야 한다.

1. (생 략)

2. 사업시행자가 조합인 경우에는 조합 총회(시장·군수등 또는 토지주택공사등과 공동으로 사업을 시행하는 경우에는 조합원의 과반수 동의로 조합 의결을 갈음할 수 있다)에서 조합원 과반수의 찬성으로 의결. <단서 생략>

3. (생 략)

제28조 (분양공고 및 분양신청) ① (생 략)

② 제1항제3호에 따른 분양신청기간은 제1항에 따라 토지등소유자에게 통지한 날부터 30일 이상 60일 이내로 하여야 한다. 다만, 사업시행자는 제33조제1항에 따른 관리처분계획의 수립에 지장이 없다고 판단하는 경우에는 분양신청기간을 20일 범위에서 한 차례만 연장할 수 있다.

③ 대지 또는 건축물에 대한 분양을 받으려는 토지등소유자는 제2항에 따른 분양신청기간에 대통령령으로 정하는 방법 및 절차에 따라 분양신청을 하여야 한다.

④·⑤ (생 략)

제29조 (사업시행계획인가) ①·② (생 략)

③ 사업시행자(시장·군수등 또는 토지주택공사등은 제외한다)는 사업시행계획인가를 신청하기 전에 미리 제26조제2항 각 호의 어느 하나에 해당하는 동의 또는 의결을 거쳐야 하며, 인가받은 사항을 변경하거나 사업을 중지 또는 폐지하는 경우에도 또한 같다. <단서 생략>

④ ~ ⑦ (생 략)

제30조 (사업시행계획서의 작성) ① 사업시행자는 다음 각 호의 사항을 포함하는 사업시행계획서를 작성하여야 한다. <단서 생략>

1. ~ 9. (생 략)
10. 분양설계 등 관리처분계획
10의2. (생 략)
11. (생 략)

② (생 략)

제27조 (사업시행계획서의 작성) ① 사업시행자는 다음 각 호의 사항을 포함하는 사업시행계획서를 작성하여야 한다. 다만, 자율주택정비사업의 경우에는 제1호·제2호·제3호·제6호 및 제7호의 사항으로 한정한다. <개정 2021. 7. 20.>

1. 사업시행구역 및 그 면적

제30조 (사업시행계획서의 작성) ① 법 제30조제1항제11호에서 "대통령령으로 정하는 사항"이란 법에 따라 시·도조례로 정하는 사항 외에 다음 각 호의 사항 중 시·도조례로 정하는 사항을 말한다. <개정 2020. 3. 17., 2021. 9. 17.>

1. 사업의 종류·명칭 및 시행기간

제3편 빈집 및 소규모주택 정비에 관한 특례법 삼단 대비표   251

2. 토지이용계획(건축물배치계획을 포함한다)
3. 정비기반시설 및 공동이용시설의 설치계획
4. 임시거주시설을 포함한 주민이주대책
5. 사업시행기간 동안 사업시행구역 내 가로등 설치, 폐쇄회로 텔레비전 설치 등 범죄예방대책
6. 임대주택의 건설계획
7. 건축물의 높이 및 용적률 등에 관한 건축계획(「건축법」 제77조의 4에 따라 건축협정을 체결한 경우 건축협정의 내용을 포함한다)
8. 사업시행과정에서 발생하는 폐기물의 처리계획
9. 정비사업비
10. 분양설계 등 관리처분계획
10의2. 제35조의2에 따라 수용 또는 사용하여 사업을 시행하는 경우 수용 또는 사용할 토지・물건 또는 권리의 세목과 그 소유자 및 권리자의 성명・주소
11. 그 밖에 사업시행을 위한 사항으로서 대통령령으로 정하는 바에 따라 시・도 조례로 정하는 사항
② 사업시행자가 제1항에 따른 사업시행계획서에 「공공주택 특별법」 제2조제1호에

2. 사업시행자의 성명 및 주소
3. 사업의 자금조달계획
4. 해당 사업의 토지 또는 건축물 등에 관한 명세와 권리자의 성명 및 주소
5. 사업의 시행에 지장이 있다고 인정되는 사업시행구역 내 건축물 또는 공작물 등의 명세
6. 기존 건축물의 철거계획서(석면이 함유된 건축자재가 사용된 경우 그 현황과 해당 자재의 철거 및 처리계획을 포함한다)
7. 철거할 필요는 없으나 보수할 필요가 있다고 인정되는 기존 건축물의 명세 및 보수계획
8. 법 제30조제1항제2호의 토지이용계획에 포함된 건축물의 설계도서
9. 법 제43조제2항에 따라 새로 설치되는 정비기반시설 및 종전의 정비기반시설의 조서 및 도면
9의2. 제3조제1항제2호가목3)에 관한 사항
10. 사업시행자에게 무상으로 양여되는 국유지・공유지의 조서
11. 「국토의 계획 및 이용에 관한 법률」 제2조제9호의 공동구 설치
12. 「물의 재이용 촉진 및 지원에 관한

따른 공공주택(이하 "공공주택"이라 한다) 건설계획을 포함하는 경우에는 공공주택의 구조·기능 및 설비에 관한 기준과 부대시설·복리시설의 범위, 설치기준 등에 필요한 사항은 「공공주택 특별법」 제37조에 따른다.	별표」 제8조에 따른 빗물이용시설의 설치·운영 등 상가세입자에 대한 우선 분양 등에 관한 사항 13. 사업의 완료 후 상가세입자에 대한 우선 분양 등에 관한 사항 ② 사업시행자(사업시행자가 시장·군수등 인 경우는 제외한다)는 사업시행계획서의 내용에 국유재산이나 공유재산의 처분 등 에 관한 내용을 포함하려는 경우에는 미리 시장·군수등에게 국유재산 또는 공유재산의 처분 방법 등에 관한 협의를 요청할 수 있다. 이 경우 시장·군수등은 특별한 사유가 없으면 요청에 따라야 한다. <신설 2021. 9. 17.>

핵심포인트
법 제30조

소규모주택정비사업에서 사업구역 내 '거주자의 이주'는 사업시행계획인가 후 직접적으로 건축물의 철거 및 착공을 위한 전제가 된다.
그에 따라 「소규모주택정비법」 아래와 같이 주민 및 세입자에 대한 이주대책을 마련하여 사 업시행계획서를 작성하도록 강제하고 있다.

핵심포인트
시행령 제27조

「공공주택특별법」 시행규칙
제17조 (행복주택의 입주자 선정 등) ① 공공주택사업자는 영 제2조제1항제3호에 따른 행복 주택(이하 "행복주택"이라 한다)을 공급하는 경우에는 별표 5 제1호 및 제2호에 따라 입주 자를 선정하여야 한다.
② 행복주택의 임대차계약은 2년마다 갱신하며, 입주자의 최대 거주기간은 별표 5 제3호 및 제4호에 따른다.

③ 공공주택사업자는 제1항에 따라 입주자를 선정하고 남은 주택이 있는 경우에는 제1항에도 불구하고 입주자 자격을 일부 완화하거나 선착순의 방법으로 입주자를 선정할 수 있다. <신설 2018. 3. 14., 2020. 12. 23.>

제20조 (기존주택등매입임대주택의 입주자 선정 등) ① 공공주택사업자, 시장·군수 또는 구청장은 영 제2조제1항제6호에 따른 기존주택등매입임대주택(이하 "기존주택등매입임대주택"이라 한다)을 공급하는 경우에는 다음 각 호에 해당하는 사람을 입주자로 선정해야 한다. <개정 2019. 12. 26., 2020. 10. 19., 2021. 2. 2., 2022. 2. 28.>

1. 무주택세대구성원(「주택공급에 관한 규칙」 제2조제4호에 따른 무주택세대구성원을 말한다. 이하 같다)으로서 다음 각 목의 어느 하나에 해당하는 사람

  가. 「국민기초생활 보장법」 제7조제1항제1호에 따른 생계급여 수급자 또는 같은 항 제3호에 따른 의료급여 수급자

  나. 「한부모가족지원법 시행규칙」 제3조에 따라 여성가족부장관이 정하는 기준에 해당하는 지원대상 한부모가족

  다. 해당 세대의 월평균소득이 전년도 도시근로자 가구원(태아를 포함한다) 수별 가구당 월평균소득(이하 "전년도 도시근로자 가구원수별 가구당 월평균소득"이라 한다) 대비 다음의 구분에 따른 비율 이하인 사람. 다만, 국토교통부장관이 필요하다고 인정하는 경우에는 전년도 도시근로자 가구원수별 가구당 월평균소득 이하의 범위에서 소득기준을 달리 정할 수 있다.

    1) 가구원 수가 1명인 경우: 70퍼센트
    2) 가구원 수가 2명인 경우: 60퍼센트
    3) 그 밖의 경우: 50퍼센트

2. 「긴급복지 지원법」에 따라 긴급지원대상자로 선정된 사람, 「국가유공자 등 예우 및 지원에 관한 법률」에 따른 국가유공자 등 국토교통부장관이 정하는 사람

3. 그 밖에 국토교통부장관이 정하는 사람

② 제1항에 따른 입주자 선정의 구체적인 기준 및 절차 등은 국토교통부장관이 정한다.

[제목개정 2020. 10. 19.]

핵심포인트
시행령 제27조

제31조 (시행규정의 작성) 시장·군수등, 토지주택공사등 또는 지정개발자가 단독으로 소규모주택정비사업을 시행하는 경우 다음 각 호의 사항을 포함하는 시행규정을 작성하여야 한다.

1. 소규모주택정비사업의 종류 및 명칭
2. 소규모주택정비사업의 시행연도 및 시행방법
3. 비용부담 및 회계
4. 토지등소유자의 권리·의무
5. 정비기반시설 및 공동이용시설의 부담
6. 공고·공람 및 통지의 방법
7. 토지 및 건축물에 관한 권리의 평가방법
8. 관리처분계획 및 청산(분할징수 또는 납입에 관한 사항을 포함한다). 다만, 수용의 방법으로 시행하는 경우에는 제외한다.
9. 시행규정의 변경
10. 사업시행계획서의 변경
11. 대통령령으로 정하는 기준에 따라 사업관리에 필요한 비용의 책정(사업시행자가 시장·군수등 및 토지주택공사등인 경우로 한정한다)
12. 토지등소유자 전체회의(지정개발자가

제28조 (시행규정의 사업관리비용 책정) 법 제31조제11호에서 "대통령령으로 정하는 기준"이란 정비사업비 총액의 100분의 7 이하를 말한다.

제3편 빈집 및 소규모주택 정비에 관한 특례법 심단 대비표 255

사업시행자인 경우로 한정한다)

제32조 (주택의 규모 및 건설비율 등) ① 가로주택정비사업의 사업시행자는 사업시행구역에 있는 기존 단독주택의 호수(戶數)와 공동주택의 세대수를 합한 수 이상의 주택을 공급하여야 한다. 이 경우 건설하는 건축물의 층수 등은 대통령령으로 정한다. ② 국토교통부장관은 주택수급의 안정과 저소득 주민의 입주기회 확대를 위하여 소규모재건축사업으로 건설하는 주택에 대하여 전체 세대수의 100분의 90 이하로서 대통령령으로 정하는 범위에서 「주택법」 제2조제6호에 따른 국민주택규모의 주택 건설 비율을 정하여 고시할 수 있다.	제29조 (주택의 규모 및 건설비율 등) ① 법 제32조제1항에 따라 가로주택정비사업으로 건설하는 건축물의 층수는 「국토의 계획 및 이용에 관한 법률」 제76조 및 같은 법 시행령 제71조에 따른다. 다만, 「국토의 계획 및 이용에 관한 법률」에 따른 용도지역 중 제2종일반주거지역인 경우 가로구역의 규모와 도로 너비 등을 고려하여 시·도조례로 층수제한을 따로 정하여 적용할 수 있다. <개정 2022. 8. 2.> ② 법 제32조제2항에서 "대통령령으로 정하는 범위"란 100분의 60 이하를 말한다. 다만, 「수도권정비계획법」 제6조제1항제1호에 따른 과밀억제권역에서 시행하는 소규모재건축사업이 다음 각 호의 요건을 모두 충족한 경우에는 「주택법」 제2조제6호에 따른 국민주택규모의 주택 건설 비율을 적용하지 아니한다. 1. 조합원에게 분양하는 주택은 기존주택의 주거전용면적을 축소하거나 30퍼센트의 범위에서 그 규모를 확대할 것 2. 조합원 외의 자에게 분양하는 모든 주택의 주거전용면적이 85제곱미터 이하로 건설될 것

핵심포인트	법 제32조
	■ 국민주택규모 건설비율 - 전체 세대수의 60% 이하 범위에서 국토교통부 장관이 건설비율을 고시할 수 있음 ※ 현재까지 해당 건설비율의 하한선 등의 기준에 대한 고시 없으므로 건설비율의 규제는 없는 상태임.

제33조 (관리처분계획의 내용 및 수립기준) ① 가로주택정비사업, 소규모재건축사업 또는 소규모재개발사업의 사업시행자는 제28조에 따른 분양신청기간이 종료된 때에는 분양신청의 현황을 기초로 다음 각 호의 사항을 포함하여 제30조제1항제10호에 따른 관리처분계획을 수립하여야 한다. <개정 2021. 7. 20.>

1. 분양설계
2. 분양대상자의 주소 및 성명
3. 분양대상자별 분양예정인 대지 또는 건축물의 추산액(임대관리 위탁주택에 관한 내용을 포함한다)
4. 다음 각 목에 해당하는 보류지 등의 세외 추산액 및 처분방법
   가. 일반 분양분
   나. 임대주택
   다. 그 밖에 부대시설·복리시설 등
5. 분양대상자별 종전의 토지 또는 건축물 명세 및 제26조에 따른 심의 결과를 받

은 날을 기준으로 한 가격(제26조에 따른 심의 전에 제37조제3항에 따라 철거된 건축물은 시장·군수등에게 허가를 받은 날을 기준으로 한 가격)

6. 정비사업비의 추산액(소규모재건축사업의 경우에는 「재건축초과이익 환수에 관한 법률」에 따른 재건축부담금에 관한 사항을 포함한다) 및 그에 따른 조합원 분담규모 및 분담시기

7. 분양대상자의 종전 토지 또는 건축물에 관한 소유권 외의 권리명세

8. 세입자별 손실보상을 위한 권리명세 및 그 평가액(㈜약주택정비사업의 경우우로 한정한다)

9. 그 밖에 소규모주택정비사업과 관련한 권리 등에 관하여 대통령령으로 정하는 사항

② 조합은 제29조제3항 본문에 따른 의결이 필요한 경우 총회 개최일부터 30일 전에 제1항제3호부터 제6호까지에 해당하는 사항을 조합원에게 문서로 통지하여야 한다.

③ 제1항에 따른 관리처분계획의 내용은 다음 각 호의 기준에 따른다. <개정 2018. 3. 20., 2019. 8. 20., 2020. 6. 9., 2023. 6. 9.>

제30조 (관리처분계획의 내용 등) 법 제33조제1항제9호에서 "대통령령으로 정하는 사항"이란 다음 각 호의 사항을 말한다. <개정 2021. 10. 14.>

1. 법 제34조제4항 전단에 따른 보류지 등의 명세와 추산액 및 처분방법
2. 법 제36조에 따라 손실보상에 관한 협의를 하여야 하는 토지등소유자별 기존 토지·건축물 또는 그 밖의 권리의 명세와 처분방법
3. 제31조제1항제4호에 따른 비용의 부담내역에 의한 대지 및 건축물의 분양

상황, 환경, 그 밖의 사항을 종합적으로 고려하여 대지 또는 건축물이 균형 있게 분양신청자에게 배분되고 합리적으로 이용되도록 한다.

2. 지나치게 좁거나 넓은 토지 또는 건축물은 넓히거나 좁혀 대지 또는 건축물이 적정 규모가 되도록 한다.

3. 너무 좁은 토지 또는 건축물이나 다음 각 목에 따라 사업시행구역이 확정된 후 분할된 토지를 취득한 자에게는 현금으로 청산할 수 있다.
   가. 제18조에 따른 공공시행자 또는 제19조에 따른 지정개발자의 지정·고시
   나. 제22조에 따른 주민합의체 구성의 신고
   다. 제23조에 따른 조합설립인가

4. 재해상 또는 위생상의 위해를 방지하기 위하여 토지의 규모를 조정할 특별한 필요가 있는 때에는 너무 좁은 토지를 넓혀 토지를 갈음하여 보상을 하거나 건축물의 일부와 그 건축물이 있는 대지의 공유지분을 교부할 수 있다.

5. 분양설계에 관한 계획은 제28조에 따른 분양신청기간이 만료하는 날을 기준으로 하여 수립한다.

6. 1세대 또는 1명이 하나 이상의 주택 또

계획과 그 비용부담의 한도·방법 및 시기. 이 경우 비용부담에 의하여 분양받을 수 있는 한도는 정관등에서 따로 정하는 경우를 제외하고는 기존 토지 또는 건축물의 가격의 비율에 따라 부담할 수 있는 비용의 50퍼센트를 기준으로 정한다.

4. 사업의 시행으로 인하여 용도가 폐지되는 정비기반시설 및 새로 설치되는 정비기반시설의 명세

5. 기존 건축물의 철거 예정시기

6. 그 밖에 시·도조례로 정하는 사항

제31조 (관리처분의 방법) ① 법 제33조에 따른 가로주택정비사업 및 소규모재개발사업 관리처분의 방법은 다음 각 호와 같다. <개정 2021. 9. 17., 2022. 1. 18.>

1. 시·도조례로 분양주택의 주거전용면적을 제한하는 경우 그 면적 이하의 주택을 공급할 것

2. 하나의 건축물의 대지는 하나의 필지가 되도록 할 것. 다만, 주택단지의 경우에는 그러하지 아니하다.

3. 토지등소유자(지상권자를 제외한다. 이하 이 조에서 같다)에게 분양할 것. 다만, 공동주택을 분양하는 경우 시·

도조례로 정하는 금액·규모·취득시기 또는 유형에 관한 기준에 부합하지 아니하는 토지등소유자는 시·도조례로 정하는 바에 따라 분양대상에서 제외할 수 있다.

4. 하나의 필지로 된 대지 및 그 대지에 건축된 건축물(법 제34조제4항 전단에 따라 진예분을 보류지로 정하거나 조합원 또는 토지등소유자 외의 자에게 분양하는 부분은 제외한다)을 2인 이상에게 분양하는 경우 기존 토지 및 건축물의 가격과 제30조제3호에 따라 토지등소유자가 부담하는 비용의 비율에 따라 분양할 것

5. 분양대상자가 공동으로 취득하게 되는 건축물의 공용부분은 각 권리자의 공유로 하되, 해당 공용부분에 대한 각 권리자의 지분비율은 그가 취득하게 되는 전용부분의 위치 및 바닥면적 등의 사항을 고려하여 정할 것

6. 하나의 필지로 된 대지에 2인 이상에게 분양될 건축물이 설치된 경우 건축물의 분양면적 비율에 따라 그 대지의 소유권이 주어지도록 하되, 토지의 소유권이 주어지는 공유로 할 것. 다만, 대지에 부속되는 건축물이 주택과 그 부의 용도

는 토지를 소유한 경우 1주택을 공급하고, 같은 세대에 속하지 아니하는 2명 이상이 1주택 또는 1토지를 공유한 경우에는 1주택만 공급한다.

7. 제6호에도 불구하고 다음 각 목의 경우에는 각 목의 방법에 따라 주택을 공급할 수 있다.

가. 2명 이상이 1토지를 공유한 경우로서 시·도조례로 주택공급을 따로 정하고 있는 경우에는 시·도조례로 정하는 바에 따라 주택을 공급할 수 있다.

나. 다음 어느 하나에 해당하는 토지등소유자에게는 소유한 주택 수만큼 공급할 수 있다.

1) 「수도권정비계획법」 제6조제1항 제1호에 따른 과밀억제권역에 위치하지 아니한 소규모재건축사업의 토지등소유자

2) 근로자(공무원인 근로자를 포함한다) 숙소, 기숙사 용도로 주택을 소유하고 있는 토지등소유자

3) 국가, 지방자치단체 및 토지주택공사등

4) 「지방자치분권 및 지역균형발전에 관한 특별법」 제25조에 따른 공공기관지방이전 및 혁신도시 활성화를

다. 제1항제5호에 따른 가격의 범위는 종전 주택의 주거전용면적의 범위에서 2주택을 공급할 수 있고, 이 중 1주택은 주거전용면적을 60제곱미터 이하로 한다. 다만, 60제곱미터 이하로 공급받은 1주택은 제40조제2항에 따른 이전고시일 다음 날부터 3년이 지나기 전에는 주택을 전매(매매·증여나 그 밖에 권리의 변동을 수반하는 모든 행위를 포함하되 상속의 경우는 제외한다)하거나 전매를 알선할 수 없다.

라. 가로주택정비사업의 경우에는 3주택 이하로 한정하되, 다가구주택을 소유한 자에 대하여는 제1항제5호에 따른 가격을 분양주택 중 최소분양단위규모의 주택 가액으로 나눈 값(소수점 이하는 버린다)만큼 공급할 수 있다.

마. 「수도권정비계획법」 제6조제1항제1호에 따른 과밀억제권역에서 투기과열지구에 위치하지 아니한 소규모재건축사업의 경우에는 토지등소유자가 소유한 주택수의 범위에서 3주택 이하로 한정하여 공급할 수 있다.

7. 주택 및 부대시설·복리시설의 공급순위는 기존 토지 또는 건축물의 가격을 고려하여 정할 것. 이 경우 공급순위 선정의 구체적 기준은 시·도조례로 정한다.

② 법 제33조에 따른 소규모재건축사업 관리처분의 방법은 다음 각 호와 같다. 다만, 조합이 조합원 전원의 동의를 받아 그 기준을 따로 정하는 경우에는 그에 따른다.

1. 제1항제5호부터 제7호까지의 방법에 따를 것

2. 기존 부대시설 또는 복리시설(부속토지를 포함한다. 이하 이 호에서 같다)의 소유자에게는 새로 건설되는 부대시설 또는 복리시설을 공급할 것. 다만, 다음 각 목의 어느 하나에 해당하는 경우에는 하나의 주택을 공급할 수 있다.

가. 새로운 부대시설 또는 복리시설을 건설하지 아니하는 경우로서 기존 부대시설 또는 복리시설의 가액이 분양주택 중 최소분양단위 규모의 분양주택 가액 이하 또는 기존 부대시설 또는 복리시설의 가액에 정관등으로 정하는 비율(정관등이

④ 제1항부터 제3항까지에 따른 관리처분계획

획의 내용 및 수립기준, 관리처분의 방법 등에 필요한 사항은 대통령령으로 정한다.

⑤ 제1항부터 제4항까지는 시장·군수등이 직접 수립하는 관리처분계획에 준용한다.

로 정하는 비율이 없는 경우에는 1을 말한다. 이하 이 조에서 같다)을 곱한 가액보다 큰 경우

나. 기존 부대시설 또는 복리시설의 가액에서 새로 공급받는 부대시설 또는 복리시설의 추산액을 뺀 금액이 분양주택 중 최소분양단위규모의 추산액에 정관등으로 정하는 비율을 곱한 가액등으로 정하는 경우

다. 새로 건설한 부대시설 또는 복리시설 중 최소분양단위규모의 추산액이 분양주택 중 최소분양단위규모의 추산액보다 큰 경우

③ 법 제33조제1항제3호·제5호 및 제8호에 따른 재산 또는 권리의 평가에 관하여는 「도시 및 주거환경정비법」 제56조에 따라 제74조제4항을 준용하는 경우 같은 항 제1호나목의 "재건축사업"은 "가로주택정비사업, 소규모재건축사업 또는 소규모재개발사업"으로, "조합총회"는 "조합총회, 주민합의체 회의, 법 제25조제2항에 따른 주민대표회의 또는 같은 조 제3항 전단에 따른 토지등소유자 전체회의"로 본다. <신설 2018. 6. 12., 2022. 1. 18.>

- 주택공급기준 [관리처분계획]
  - "1주택만 공급(원칙)
    1) 1세대 또는 1명, 이 10이상의 주택 또는 토지를 소유한 경우 1주택 공급
    2) 다른 세대의 2명 이상이 1주택 또는 1토지를 공유한 경우 1주택 공급
- 소유한 주택 수만큼 공급
    1) 과밀억제권역주2)에 위치하지 아니한 소규모재건축사업의 토지등소유자
    2) 근로자(공무원 포함) 숙소, 기숙사 용도로 주택을 소유하고 있는 토지등소유자
    3) 국가, 지자체 및 LH등
    4) 공공기관의 방침시책 등에 따라 이전하는 공공기관이 소유한 주택을 양수한 자
- 3주택까지 공급
    1) 과밀억제권역주2)에서 투기과열지구가 아닌 소규모재건축사업의 경우 토지등소유자 소유주택수 범위에서 3주택 이하 공급가능
- 주택분양대상자
    1) 분양신청기간까지 토지등 소유자 또는 조합원의 자격을 갖춘(취득·회복)한 자로서 분양시 신청청구권을 가진 자
    2) 기존 부대시설 또는 복리시설(부속토지 포함) 소유자의 경우에는 1주택을 공급받을 수 있음
       ㉠ 새로운 부대시설·복리시설을 건설하지 아니하는 경우로서 기존 부대시설·복리시설의 가액이 분양주택 중 최소분양단위 규모의 추산액에 정관등으로 정하는 비율(정관등으로 정하지 아니하는 경우에는 1로 한다. 이하 ㉡에서 같다)을 곱한 가액보다 큰 경우
       ㉡ 기존 부대시설·복리시설의 가액에서 새로 공급받는 부대시설·복리시설의 추산액을 뺀 금액이 분양주택 중 최소분양단위규모의 추산액에 정관등으로 정하는 비율을 곱한 가액보다 큰 경우
       ㉢ 새로 건설한 부대시설·복리시설 중 최소분양단위 규모의 추산액이 분양주택 중 최소분양단위 규모의 추산액보다 큰 경우

핵심포인트
법 제33조

■ 주택 및 부대·복리시설 공급순위

- 착수의 도정법에 따른 재건축사업에서의 주택 및 부대·복리시설의 공급순위관련 기준과 동일

주 1) "권리가액"이란 분양신청기간 종료일 현재 법 제33조 및 영 제30조에 따라 산정된 종전 토지 등의 총 가액

주 2) "권리산정기준일"

- 토지등소유자가 사업시행자가 되는 경우에는 주민합의체 구성을 신고한 날
- 조합이 사업시행자가 되는 경우에는 조합설립인가일
- 구청장 또는 토지주택공사등이 사업시행자로 지정되는 경우에는 사업시행자 지정 고시일
- 지정개발자가 사업시행자로 지정되는 경우에는 사업시행자 지정 고시일

핵심포인트
법 제33조

제34조 (사업시행계획인가에 따른 처분 등) ① 가로주택정비사업, 소규모재건축사업 또는 소규모재개발사업, 소규모재건축사업의 사업시행자는 사업시행계획 인가의 고시가 있은 때에는 지체 없이 대지 및 건축물을 사업시행계획인가에 따라 처분하여야 한다. <개정 2021. 7. 20.>

② 가로주택정비사업, 소규모재건축사업 또는 소규모재개발사업의 사업시행자는 사업의 시행으로 건설된 건축물을 제29조에 따라 인가된 관리처분계획에 따라 토지등소유자에게 공급하여야 한다. <개정 2021. 7. 20.>

③ 사업시행자는 사업시행구역에 주택을 건설하는 경우 입주자 모집 조건·방법·절차, 입주금(계약금·중도금 및 잔금을 말한

다)의 납부 방법・시기・절차, 주택공급 방법・절차 등에 관하여 「주택법」 제54조에도 불구하고 대통령령으로 정하는 범위에서 시장・군수등의 승인을 받아 따로 정할 수 있다.

④ 사업시행자는 제28조에 따른 분양신청을 받은 후 잔여분이 있는 경우에는 정관등이 정하는 목적을 위하여 그 잔여분을 보류지(건축물을 포함한다)로 정하거나 조합원 또는 토지등소유자 이외의 자에게 분양할 수 있다. 이 경우 분양공고와 분양신청절차 등에 필요한 사항은 대통령령으로 정한다.

⑤ 주택공사등은 「민간임대주택에 관한 특별법」 제2조제4호에 따른 공공지원민간임대주택(이하 "공공지원민간임대주택"이라 한다)이 제39조에 따른 준공인가 및 공사완료의 고시가 있을 날까지 공급대상자에게 공급이 되지 아니한 때에는 해당 임대주택을 인수할 수 있다. 이 경우 임대주택의 인수 절차 및 방법, 인수가격 등에 필요한 사항은 대통령령으로 정한다. <개정 2018. 1. 16., 2022. 2. 3.>

제32조 (일반분양 신청절차 등) 법 제34조제4항 후단에 따른 분양공고 및 분양신청절차 등에 관하여는 「주택법」 제54조를 준용한다. 이 경우 "사업주체"는 "사업시행자"(도시주택공사등이 공동사업시행자인 경우에는 토지주택공사등을 말한다)로 본다. <개정 2019. 10. 22.>

제33조 (공공지원민간임대주택의 인수절차 및 가격 등) ① 법 제34조제5항 전단에 따른 공공지원민간임대주택(이하 "공공지원민간임대주택"이라 한다)의 인수가격은 해당 임대주택의 건축비와 부속토지의 가격을 합한 금액으로 하며, 건축비와 부속토지의 가격은 법 제26조에 따른 결과를 통지 받은 날(자율주택정비사업의 경우에는 제39조에 따른 준공인가 및 공사완료를 고시한 날을 말한다)을 기준으로 감정평가법인등 2인 이상(조합 또는 토지등소유자가 추천한 1인을 포함한다)이 평가한 금액의 산술평균치로 한다. <개정 2019. 10. 22., 2022. 1. 21.>

② 공공지원민간임대주택의 인수계약 체결을 위한 사전협의, 인수계약의 체결, 인수대금의 지급방법 등 필요한 사항은 인수자(법 제34조제5항에 따른 국토교통부장관, 시장·군수등 또는 토지주택공사등을 말한다)가 따로 정하는 바에 따른다.
<개정 2018. 7. 16.>
[제목개정 2018. 7. 16.]

제34조 (임대주택의 공급) ① 법 제34조제6항에서 "대통령령으로 정하는 범위"란 별표 1을 말한다.

② 시장·군수등은 사업시행자가 요청하거나 법 제34조제6항에 따른 임대주택의 임차인 자격 확인 등을 위하여 필요한 경우 국토교통부장관에게 「정보통신망 이용촉진 및 정보보호 등에 관한 법률」에 따라 구성된 주택전산망을 이용한 전산검색을 요청할 수 있다.

⑥ 사업시행자는 소규모주택정비사업의 시행으로 임대주택을 건설하는 경우 임차인의 자격·선정방법, 임대보증금, 임대료 등 임대조건에 관한 기준 및 무주택 세대주에게 우선 매각하도록 하는 기준 등에 관하여 「민간임대주택에 관한 특별법」 제42조 및 제44조, 「공공주택 특별법」 제48조, 제49조 및 제50조의3에도 불구하고 대통령령으로 정하는 범위에서 시장·군수등의 승인을 받아 따로 정할 수 있다.

⑦ 사업시행자는 제2항부터 제6항까지에 따른 공급대상자에게 주택을 공급하고 남은 주택을 제2항부터 제6항까지에 따른 공급대상자 외의 자에게 공급할 수 있다.

⑧ 제7항에 따른 주택의 공급 방법·절차 등은 「주택법」 제54조를 준용한다. 다만,

	가로주택정비사업 또는 소규모재건축사업의 사업시행자는 사업의 시행으로 조성된 대지 및 건축물을 사업시행계획인가에 따라 처분 또는 관리하는 것이 원칙이다(소규모주택정비법 제34조 제1항)
	
	사업시행자가 분양신청을 받은 후 잔여분이 있는 경우에는 정관등으로 정하거나 사업시행계획으로 정하는 목적을 위하여 그 잔여분을 보류지(건축물을 포함한다)로 정하거나 조합원 또는 토지등소유자 외의 자에게 분양할 수 있는데, 후자의 경우가 바로 '일반분양'이다(제34조 제4항).
	■ 분양신청 완료 후 잔여분 처분
	  - 보류지 지정 및 처분
	  ⇒ 인가받은 사업시행계획(관리처분계획)에서 정한 처분방법에 의함
	  - 일반분양 ⇒ 주택법 제54조 준용		

	핵심포인트 **법 제34조**		
사업시행자가 제35조에 따른 매도청구소송을 통하여 법원의 승소판결을 받은 후 일 주예정자에게 피해가 없도록 손실보상금을 공탁하고 분양예정인 건축물을 담보한 경우에는 법원의 승소판결이 확정되기 전이라도 「주택법」 제54조에도 불구하고 입주자를 모집할 수 있으나, 제39조에 따른 준공인가 신청 전까지 해당 주택건설 대지의 소유권을 확보하여야 한다.	제4절 사업 시행을 위한 조치 등		
	제35조 (매도청구) ① 가로주택정비사업(제35조의2에 따라 토지·물건 및 권리를 수용 또는 사용할 수 있는 경우는 제외한다) 또는	제4절 사업 시행을 위한 조치 등	

제3편 빈집 및 소규모주택 정비에 관한 특례법 심단 대비표   267

소규모재건축사업의 사업시행자(토지등소유자가 시행하는 경우는 제외한다)는 제26조에 따른 심의 결과를 받은 날부터 30일 이내에 다음 각 호의 자에게 조합설립 또는 사업시행자의 지정에 동의할 것인지 여부를 회답할 것을 서면으로 촉구하여야 한다. <개정 2021. 7. 20.>

1. 제23조제1항·제2항·제4항 및 제5항에 따른 조합설립에 동의하지 아니한 자
2. 제18조제1항 및 제19조제1항에 따라 시장·군수등, 토지주택공사등 또는 지정개발자 지정에 동의하지 아니한 자

② 제22조제3항에 따라 관리지역에서 시행하는 자율주택정비사업의 사업시행자는 주민합의체 구성에 동의하지 아니한 자에 대하여 주민합의체 구성에 동의할 것인지 여부를 회답할 것을 서면으로 촉구하여야 한다. <신설 2021. 7. 20.>

③ 제1항 또는 제2항의 촉구를 받은 토지등소유자는 촉구를 받은 날부터 60일 이내에 회답하여야 한다. <개정 2021. 7. 20.>

④ 제3항의 기간 내에 회답하지 아니한 토지등소유자는 주민합의체 구성, 조합설립 또는 사업시행자의 지정에 동의하지 아니하겠다는 뜻을 회답한 것으로 본다. <개정

2021. 7. 20.>
⑤ 사업시행자는 제3항에 따른 기간이 만료된 때부터 60일 이내에 주민합의체 구성, 조합설립 또는 사업시행자 지정에 동의하지 아니하겠다는 뜻을 회답한 토지등소유자와 건축물 또는 토지만 소유한 자에게 건축물 또는 토지의 소유권과 그 밖의 권리를 매도할 것을 청구할 수 있다. <개정 2021. 7. 20.>

핵심포인트
법 제35조

■ 매도청구 (사업시행자가 토지등소유자인 경우 제외)
- 건축심의 결과를 받은 날부터 30일 이내 조합설립 동의 여부 또는 시장·군수등, 지정개발자의 사업시행자 지정 동의여부에 대해 최고(催告)→회답기간(2月)→회답기간 만료일로부터 2月 이내에 미동의자 및 소규모재건축사업의 토지 또는 건축물만 소유한 자에게 매도청구소송 제기
- 관리처분계획인가 후 분양신청을 하지 아니한 자등과 손실보상 협의 미성립 시 매도청구 소송 제기에 대하여 상대방, 손실보상 협의시기 등 제반사항은 착촉과 동일, 이 경우 상대방에 좌측의 (3)은 제외하며, '수용재결'은 '매도청구소송'으로 본다

※ 빈집 특례법 제36조에 분양신청을 하지 아니한 자 등에 대한 조치에서 수용재결 신청 토록 하고 있으나 「토지보상법」이 그 밖에 별표에 규정된 별률에 따라 토지등을 수 용할 수 있는 공익사업에는 「빈집 및 소규모주택 정비에 관한 특례법」에 따른 소규 모주택정비사업이 아직 미반영되어 있음. 빈집 특례법 분양신청이 안전성 및 환경성을 위해 토 지보상법의 별표 개정과 빈집 특례법을 준용하지 아니한 자에 대한 토지등 수용 에 대해 토지보상법 준용토록 하는 조문 신설이 필요요.

■ 토지등소유자
■ 잔여분 : 일반분양, 보류지

[법령해석 1] 민원인 - 가로주택정비사업의 사업시행자가 「빈집 및 소규모주택 정비에 관한 특례법」 제35조제5항에 따른 매도청구권을 행사하지 않은 경우, 같은 법 제36조제2항에 따른 매도청구소송 제기를 할 수 없는지 여부 등(「빈집 및 소규모주택 정비에 관한 특례법」 제35조 등)

안건번호 23-0162 회신일자 2023-03-20

1. 질의요지

「빈집 및 소규모주택 정비에 관한 특례법」(이하 "소규모주택정비법"이라 함) 제35조제5항에서는 소규모주택정비법 제2조제1항제3호나목에 따른 가로주택정비사업(각주: 소규모주택정비법 제2조제1항제3호다목에 따른 소규모재건축사업(각주: 소규모주택정비법 제2조제6호에 따른 소규모재건축사업을 말하며, 이하 같음.) 또는 소규모재건축사업을 말하며, 이하 같음.)의 사업시행자(소규모주택정비법 제35조제1항 참조)는 같은 법 제35조제3항에 따른 토지등소유자의 구성, 조합설립 또는 사업시행자 지정에 대한 동의 여부 회답 기간이 만료된 때부터 60일 이내에 동의하지 않겠다는 뜻을 회답한 토지등소유자(각주: 소규모주택정비법 제2조제6호에 따른 토지등소유자를 말하며, 이하 같음.)와 건축물 또는 토지만 소유한 자에게 건축물 또는 토지의 소유권과 그 밖의 권리를 매도할 것을 청구할 수 있다고 규정하고 있으며, 소규모주택정비법 제36조제2항에서는 사업시행자는 분양신청을 하지 않은 자 등 같은 조 제1항 각 호에서 정하는 자와 같은 항에 따른 손실보상 협의가 성립되지 않은 경우에는 그 기간의 만료일 다음 날부터 60일 이내에 수용재결을 신청하거나 같은 법 제35조에 따른 매도청구소송을 제기하여야 한다고 규정하고 있는바,

가. 소규모주택정비법 제35조제5항에 따른 매도청구권 행사가 매도청구권 행사가 사업시행자의 매도청구는 같은 항에 따른 기간 내에 이루어져야 하는지?

나. 가로주택정비사업의 경우, 소규모주택정비법 제35조제5항에 따른 사업시행자의 매도청구가 있었던 경우에만 같은 법 제36조제2항에 따른 매도청구소송 제기가 가능한지?(각주: 소규모주택정비법 제35조제5항에 따른 매도청구의 상대방이 될 수 있는 자와 같은 법 제36조제2항에 따른 매도청구소송의 상대방이 자가 동일인으로서, 그가 같은 법 제35조제1항 각 호의 어느 하나에 해당하면서 제36조제1항 각 호의 어느 하나에도 해당하는 경우를 전제함.)

2. 회답

가. 질의 가에 대해

소규모주택정비법 제35조제5항에 따른 매도청구는 같은 항에 따른 기간 내에 이루어져야 합니다.

나. 질의 나에 대해

가로주택정비사업의 경우, 소규모주택정비법 제35조제5항에 따른 사업시행자의 매도청구가 있었는지와 관계없이 같은 법 제36조제2항에 따른 사업시행자의 매도청구소송 제기가 가능합니다.

3. 이유

가. 질의 가에 대해

법령의 문언 자체가 비교적 명확한 개념으로 구성되어 원칙적으로 더 이상 다른 해석방법은 활용할 필요가 없거나 제한될 수밖에 없다고 할 것인데(각주: 대법원 2009. 4. 23. 선고 2006다81035 판결례 참조), 소규모주택정비법 제35조제5항에서는 사업시행자는 같은 조 제3항에 따른 기간이 만료된 때부터 60일 이내에 주민합의체 구성, 조합설립 또는 사업시행자 지정에 동의하지 않겠다는 뜻을 회답한 토지등소유자와 건축물 또는 토지만 소유한 자(이하 "사업미동의자등"이라 함)에게 건축물 또는 토지의 소유권과 그 밖의 권리(이하 "토지등소유권"이라 함)를 매도할 것을 청구할 수 있다고 규정하고 있는바, 같은 조 제5항에 따른 사업시행자의 매도청구가 가능한 기간은 같은 조 제3항에 따른 기간이 만료된 때부터 60일'임이 문언상 분명합니다.

그리고 소규모주택정비법 제35조제5항에서 매도청구 기간을 명시적으로 제한하여 규정한 취지는 같은 항에 따른 매도청구권의 경우 그 비록 "청구"라는 문언을 사용하고 있으나 그 실질은 형성권에 해당하여(각주: 대법원 2008. 2. 29. 선고 2006다 56572 판결례 및 대법원 2016. 12. 29. 선고 2015다202162 판결례 참조) 그 행사만으로서 매매계약의 성립을 강제하게 되므로, 매도청구의 상대방이 될 수 있는 사업미동의자등에게 사업시행자가 언제까지 매도청구를 할 수 있는지를 일절 예측가능성을 부여하고, 그 기간이 만료된 이후에는 사업시행자가 매도청구권을 행사할 수 없도록 하여 사업미동의자등의 재산권 등 정당한 법적 이익을 보호하기 위한 것으로 보아야 하는바, 이러한 규정취지에 비추어 보더라도 소규모주택정비법 제35조제5항에 따른 사업시행인가 등에 대한 사업시행자의 매도청구는 같은 항에 따른 기간 이내에 이루어져야 한다고 보는 것이 타당합니다.

아울러 소규모주택정비법 제35조의 입법연혁을 살펴보면, 구 「도시 및 주거환경정비법」(2017년 2월 8일 법률 제14567호로 전부개정되기 전의 것을 말하며, 이하 "구 도시정비법"이라 함) 제39조에서 주택재건축사업 또는 가로주택정비사업의 시행자가 조합 설립에 동의하지 않은 자 등에 대하여 「집합건물의 소유 및 관리에 관한 법률」(이하 "집합건물법"이라 함) 제48조를 준용하여 매도청구를 할 수 있도록 규정하고 있었는데, 그 중 가로주택정비사업 및 소규모재건축사업에 관한 부분을 2017년 2월 8일 법률 제14569호로 제정된 소규모주택정비법 제35조 및 도시정비법 제64조로 이관하면서 제정된 소규모주택정비법 제35조 및 도시정비법에서 각자 소규모주택정비법 개정이유 및 주요내용 참조), 2017. 2. 8. 법률 제14567호로 전부개정된 도시정비법 제39조는 구 도시정비법과 달리 매도청구권과 집합건물법 제48조에 따른 매도청구권의 그 법적 성격과 행사 절차가 매우 유사하므로, 같은 조 제5항에 따라 집합건물법 제48조에 따른 매도청구권의 경우 같은 조 제4항에 따라 행사해야 하고, 그 기간 내에 행사하지 않는 경우 매도청구권이 상실된다는 점(각주: 대법원 2008. 2. 29. 선고 2006다56572 판결례 및 대법원 2016. 12. 29. 선고 2015다202162 판결례 준조)도 이 사안을 해석할 때 고려할 필요가 있습니다.

따라서 소규모주택정비법 제35조제5항에 따른 사업시행자의 매도청구는 같은 항에 따른 기간 내에 이루어져야 합니다.

나. 질의 나에 대해

소규모주택정비법 제35조제5항에서는 사업시행자는 사업시행인가의 고시가 있은 날부터 90일 이내에 분양신청을 하지 아니한 자 등 같은 법 제36조제1항 본문에서는 사업시행자는 사업시행계획의 인가·고시된 날부터 90일 이내에 분양신청을 하지 아니한 자 등 같은 조 제1항 각 호에서 정하는 자(이하 "현금청산대상자"라 함)와 토지, 건축물 또는 그 밖의 권리의 손실보상에 관한 협의를 하도록 규정하면서, 같은 조 제2항에서는 그 협의가 성립되지 않은 경우에는 그 기간의 만료일 다음 날부터 60일 이내에 수용재결을 신청하거나 같은 법 제35조에 따른 매도청구소송을 제기해야 한다고 규정하고 있습니다.

그런데 소규모주택정비법 제24조제1항에서는 소규모재건축사업의 경우 그 사업에 동의하는 토지등소유자만 조합원이 되도록 규정하고 있어 토지등소유자가 사업미동의자인 경우 조합원이 되지 않으므로 현금청산대상자의 지위를 함께 가질 여지가 없으나, 가로주택정비사업의 경우 그 사업에 대한 동의 여부와 무관하게 모든 토지등소유자가 조합원이 되도록 규정하고 있어, 이후 현금청산대상자가 조합원이 되고, 이후 현금청산대상자에 해당하더라도 조합원에 해당할 수 있는바, 이와 같이 사업미동의자등이면서 현금청산대상자에도 해당하는 중첩적인 지위를 가지는 토지등소유자에 대하여 같은 법 제35조제5항에 따른 사업시행자의 매도청구가 이루어지지 않은 경우에도 "제35조에 따른 매도청구소송"이라고 규정한 같은 법 제36조제2항의 문언에 비추어 볼 때, 사업시행자가 소규모주택정비법 제36조제2항에서는 사업시행자는 같은 조 제1항에 따른 매도청구소송을 제기할 수 없게 되는지 여부가 문제됩니다.

먼저 소규모주택정비법 제36조제2항에서는 사업시행자가 같은 조 제1항에 따른 매도청구소송을 제기할 경우에는 그 기간의 만료일 다음 날부터 60일 이내에 수용재결을 신청하거나 같은 법 제35조에 따른 매도청구소송을 제기하여야 한다고 규정하여 ① 순실보상 협의가 성립되지 않았을 것 ② 순실보상 협의 기간의 만료일 다음 날부터 60일 이내에 제기할 것을 같은 법 제36조제2항에 따른 매도청구소송 제기의 요건으로 규정하고 있을 뿐, '사업시행자가 같은 법 제35조제5항에 따라 토지등소유자에 대한 매도청구를 하였을 것'을 그 요건으로 규정하고 있지 않고, '사업시행자가 같은 항에 따른 매도청구를 하지 않은 것'을 매도청구소송의 제한사유로 규정하고 있지도 않습니다.

또한 소규모주택정비법 제35조제5항에 따른 매도청구는 ① 원활한 사업 추진을 위한 토지등소유권의 조기 확보를 목적으로 ② 사업미동의자의 사업 주진에 대한 미동의 의사가 확인된 후 본바로 ③ 사업미동의자등을 대상으로 권리의 매도를 청구할 수 있도록 한 것(각주: 헌법재판소 2022. 5. 26. 선고 2020헌바544 결정례 참조)인 반면, 같은 법 제36조제2항에 따른 매도청구소송은 ① 분양 미신청 등으로 분양청구권 행사가 불가능한 조합원과 조합의 법률관계를 조속히 종료시키려는 취지(각주: 대법원 2010. 8. 19. 선고 2009다81203 판결례 및 법제처 2016. 3. 7. 회신 15-0669 해석례 참조)에서 ② 사업시행계획 확정 인가·고시 이후 ③ 조합원 중, 사업에 참여하는 자 중에서 분양신청을 하지 아니하는 등의 사유로 조합탈퇴자에 준하는 신분을 갖게 된 자(각주: 대법원 2010. 12. 23. 선고 2010다73215 판결례 참조)를 대상으로 매도청구소송을 그 목적과 시기, 대상이 상이해 볼 때, 같은 법 제35조제5항에 따른 매도청구와 사업시행자가 같은 법 제36조제2항에 따른 매도청구는 별개의 제도인 점에 비추어 보더라도, 사업시행자가 같은 항에 따라 매도청구를 하지 않았다는 이유로 같은 법 제36조제2항에 따른 매도청구소송을 제기할 수 없게 된다고 볼 수 없습니다.

그리고 제35조제5항에 의한 매도청구권은 매도청구의 의사표시가 도달함과 동시에 그 대상 토지등소유권에 관한 매매계약의 성립권으로써 형성권으로서 발생한다고 보는데, 사업시행자가 같은 항에 따라 매도청구를 하면 그 대상 토지등소유권에 관한 매매계약이 성립이 강제되는 법률효과가 발생한다고 본다면, 같은 항을 이미 매매계약이 성립이 강제된 토지등소유권에 대해서 다시 그에 따른 매도청구소송 제기를 목적으로 하는 매도청구소송을 제기해야 한다는 의미, 즉 매도청구권 자체가 이미 실질적인 토지등소유권의 이전을 목적으로 소송을 제기하도록 규정한 것으로도 타당하다고 볼 수 없이 상태임에도 실익이 없는 소송을 의무적으로 제기하도록 규정한 것으로 보기도 타당하다고 볼 수 없습니다.

제3편 빈집 및 소규모주택 정비에 관한 특례법 심단 대비표

아울러 소규모주택정비법 제35조 및 제36조는 구 도시정비법 제39조 및 제47조에서 각각 규정하고 있던 내용을 2017년 2월 8일 법률 제14569호로 제정된 소규모주택정비법에서 소규모주택정비사업 관련 내용을 분리하여 승계·규정한 것인데, 구 도시정비법에 제19조제1항에서는 가로주택정비사업의 경우에도 주택재건축사업과 동일하게 토지등소유자만 조합원이 되도록 규정하여 같은 법 제39조에 따른 매도청구의 대상이 아닌 자로, 같은 법 제47조에 따른 매도청구소송의 상대방이 될 현금청산대상자로 각각의 매도청구의 대상이 명확하게 구분되어 있었으나, 소규모주택정비법에서 가로주택정비사업의 경우 현금 동의 여부와 무관하게 토지등소유자가 조합원이 되도록 매도청구소송의 상대방 및 종전의 임의가입제를 강제가입제로 변경함에도 불구하고, 구 도시정비법에서 매도청구의 상대방이었던 사안에 관한 소규모주택정비법 제35조제5항에 따른 매도청구의 상대방이 반영하지 못하여 소규모주택정비법 제35조제5항에 따른 매도청구소송의 상대방의 지위를 중첩하여 갖게 될 여지가 발생한 것이라는 점도 이 사안을 해석할 때 고려할 필요가 있습니다.

따라서 가로주택정비사업의 경우, 소규모주택정비법 제35조제5항에 따른 사업시행자의 매도청구가 있었는지와 관계없이 같은 법 제36조제2항에 따른 매도청구소송 제기가 가능합니다.

※ 법령정비 권고사항

소규모주택정비법 제35조제5항에 따른 매도청구와 같은 법 제36조제2항에 따른 매도청구소송의 관계에 관해 해석상 혼란이 발생하지 않도록 관련 규정을 정비할 필요가 있습니다.

<관계 법령>

○ 빈집 및 소규모주택 정비에 관한 특례법

제35조 (매도청구) ① 가로주택정비사업(제35조의2에 따라 토지·물건 및 권리를 수용 또는 사용할 수 있는 경우는 제외한다) 또는 소규모재건축사업의 사업시행자(토지등소유자가 시행하는 경우는 제외한다)는 제26조에 따른 심의 결과를 받은 날부터 30일 이내에 다음 각 호의 자에게 조합설립 또는 사업시행자의 지정에 동의할 것인지 여부를 회답할 것을 서면으로 촉구하여야 한다.

1. 제23조제1항·제2항·제4항 및 제5항에 따른 조합설립에 동의하지 아니한 자
2. 제18조제1항 및 제19조제1항에 따라 시장·군수등, 토지주택공사등 또는 지정개발자 지정에 동의하지 아니한 자

② (생 략)

③ 제1항 또는 제2항의 촉구를 받은 토지등소유자는 촉구를 받은 날부터 60일 이내에 회답하여야 한다.

④ (생 략)

⑤ 사업시행자는 제3항에 따른 기간이 만료된 때부터 60일 이내에 주민합의체 구성, 조합설립 또는 사업시행자 지정에 동의하지 아니하겠다는 뜻을 회답한 토지등소유자와 건축물 또는 토지만 소유한 자에게 건축물 또는 토지의 소유권과 그 밖의 권리를 매도할 것을 청구할 수 있다.

제36조 (분양신청을 하지 아니한 자 등에 대한 조치) ① 가로주택정비사업 또는 소규모재건축사업의 사업시행자는 제29조에 따른 사업시행계획 인가·고시된 날부터 90일 이내에 다음 각 호에서 정하는 자와 토지, 건축물 또는 그 밖의 권리의 손실보상에 관한 협의를 하여야 한다. 다만, 사업시행자는 분양신청기간 종료일의 다음 날부터 협의를 시작할 수 있다.

1. 분양신청을 하지 아니한 자
2. 분양신청기간 종료 이전에 분양신청을 철회한 자
3. 제29조에 따라 인가된 관리처분계획에 따라 분양대상에서 제외된 자

② 사업시행자는 제1항에 따른 협의가 성립되지 않은 경우에는 그 기간의 만료일 다음 날부터 60일 이내에 수용재결을 신청하거나 제35조에 따른 매도청구소송을 제기하여야 한다.

③ (생 략)

제35조의2 (토지 등의 수용 또는 사용) ① 사업시행자는 소규모재개발사업 또는 가로주택정비사업(시장·군수등 또는 제18조제1항에 따라 공공시행자로 지정된 주택공사등이 관리지역에서 시행하는 경우로 한정한다)을 시행하기 위하여 필요한 경우에는 「공익사업을 위한 토지 등의 취득 및 보상에 관한 법률」 제3조에 따른 토지·물건 및 권리를 수용 또는 사용할 수 있다.

② 제1항에 따른 토지·물건 및 권리에 관하여는 이 법에 수용 및 손실보상에 관한 규정이 있는 경우를 제외하고는 특별한 규정이 있는 경우를 제외하고는

제34조의2 (이주대책의 수립 등 손실보상) ① 법 제43조의2제4항에 따른 소규모주택정비 관리계획(이하 "소규모주택정비 관리계획"이

「공익사업을 위한 토지 등의 취득 및 보상에 관한 법률」을 적용한다. 다만, 사업의 시행에 따른 이주대책 수립 등 손실보상의 기준 및 절차는 대통령령으로 정할 수 있다.

③ 제30조제1항제10호의2에 따른 수용 또는 사용의 대상이 되는 토지·물건 및 권리의 세목을 포함하는 「공익사업을 위한 토지 등의 취득 및 보상에 관한 법률」 제20조제1항에 따른 사업인정 및 같은 법 제22조에 따른 사업인정의 고시가 있는 것으로 본다.

④ 제1항에 따른 수용 또는 사용에 대한 재결의 신청은 「공익사업을 위한 토지 등의 취득 및 보상에 관한 법률」 제23조제1항 및 제28조제1항에도 불구하고 사업시행계획인가(사업시행계획변경인가를 포함한다)를 할 때 정한 사업시행기간 이내에 하여야 한다.

[본조신설 2021. 7. 20.]

라 한다) 승인고시일부터 계약체결일 또는 수용재결일까지 계속하여 거주하고 있지 않은 건축물의 소유자는 법 제35조의2제2항 단서 및 「공익사업을 위한 토지 등의 취득 및 보상에 관한 법률 시행령」 제40조제5항제2호에 따라 이주대책대상자에서 제외한다. 다만, 같은 호 각 목(같은 호 마목은 제외한다)에 해당하는 경우에는 그렇지 않다. <개정 2023. 10. 18., 2023. 11. 28.>

② 법 제35조의2제2항 단서에 따라 소규모재개발사업 또는 가로주택정비사업으로 시행하는 소규모주택정비사업의 관리지역에서 시행하는 가로주택정비사업으로 인한 영업의 폐지 또는 휴업에 대한 손실을 평가하는 경우 영업의 휴업기간은 4개월 이내로 한다. 다만, 다음 각 호의 어느 하나에 해당하는 경우에는 실제 휴업기간으로 하며, 그 휴업기간은 2년을 초과할 수 없다.

1. 해당 정비사업을 위한 영업의 금지 또는 제한으로 4개월 이상의 기간 동안 영업을 할 수 없는 경우
2. 영업시설의 규모가 크거나 이전에 고도의 정밀성을 요구하는 등 해당 영업의 고유한 특수성으로 4개월 이내에 다른 장소로 이전하는 것이 어렵다고 인정되는 경우

③ 제2항에 따라 영업손실을 보상하는 경우 보상대상자의 인정시점은 지정고시일등으로 한다. ④ 주거이전비를 보상하는 경우 보상대상자의 인정시점은 지정고시일등으로 한다. [본조신설 2021. 9. 17.]	
제36조 (분양신청을 하지 아니한 자 등에 대한 조치) ① 가로주택정비사업, 소규모재건축사업 또는 소규모재개발사업의 사업시행자는 제29조에 따라 사업시행계획의 인가·고시된 날부터 90일 이내에 다음 각 호에서 정하는 자와 토지, 건축물 또는 그 밖의 권리의 손실보상에 관한 협의를 하여야 한다. 다만, 사업시행자는 분양신청기간 종료일의 다음 날부터 협의를 시작할 수 있다. <개정 2022. 2. 3., 2023. 4. 18.> 1. 분양신청을 하지 아니한 자 2. 분양신청기간 종료 이전에 분양신청을 철회한 자 3. 제29조에 따라 인가된 관리처분계획에 따라 분양대상에서 제외된 자 ② 사업시행자는 제1항에 따른 협의가 성립되지 않은 경우에는 그 기간의 만료일 다음 날부터 60일 이내에 수용재결을 신청하거나 제35조에 따른 매도청구소송을 제기하여야 한다.	

③ 사업시행자는 제2항에 따른 기간을 넘겨서 수용재결을 신청하거나 매도청구소송을 제기한 경우 대통령령으로 정하는 바에 따라 해당 토지등소유자에게 지연일수(遲延日數)에 따른 이자를 지급하여야 한다.

제35조 (지연일수에 따른 이자 산정) 법 제36조제3항에 따른 지연일수에 따른 이자 산정을 위한 이율은 다음 각 호의 구분에 따른다.
1. 지연일수가 6개월 이내인 경우: 100분의 5
2. 지연일수가 6개월 초과 12개월 이내인 경우: 100분의 10
3. 지연일수가 12개월을 초과한 경우: 100분의 15

제37조 (건축물 등의 사용·수익의 중지 및 철거 등) ① 종전의 토지 또는 건축물의 소유자·지상권자·전세권자·임차권자 등 권리자는 사업시행계획이 인가된 때에는 제40조에 따른 이전고시가 있는 날까지 종전의 토지 또는 건축물을 사용하거나 수익할 수 없다. 다만, 다음 각 호의 어느 하나에 해당하는 경우에는 그러하지 아니하다.
1. 사업시행자의 동의를 받은 경우
2. 「공익사업을 위한 토지 등의 취득 및 보상에 관한 법률」에 따른 손실보상이 완료되지 않은 경우

② 사업시행자는 제29조에 따른 사업시행계획인가를 받은 후 기존의 건축물을 철거하여야 한다.

③ 사업시행자는 다음 각 호의 어느 하나에 해당하는 경우에는 제2항에도 불구하고 기존 건축물 소유자의 동의 및 시장·군수등의 허가를 받아 해당 건축물을 철거할 수 있다. 이 경우 건축물의 철거는 토지등소유자로서의 권리·의무에 영향을 주지 아니한다.
 1. 「재난 및 안전관리 기본법」, 「주택법」, 「건축법」 등 관계 법령에서 정하는 기존 건축물의 붕괴 등 안전사고의 우려가 있는 경우
 2. 폐공가(廢空家)의 밀집으로 범죄발생의 우려가 있는 경우

④ 시장·군수등은 사업시행자가 제2항에 따라 기존의 건축물을 철거하는 경우 다음 각 호의 어느 하나에 해당하는 시기에는 건축물의 철거를 제한할 수 있다. <개정 2023. 2. 14.>
 1. 일출 전과 일몰 후
 2. 호우, 대설, 폭풍해일, 지진해일, 태풍, 강풍, 풍랑, 한파 등으로 해당 지역에 중대한 재해발생이 예상되어 기상청장이 「기상법」 제13조의2에 따라 특보를 발표한 때
 3. 「재난 및 안전관리 기본법」 제3조에 따른 재난이 발생한 때

4. 제1호부터 제3호까지에 준하는 시기로 시장·군수등이 인정하는 시기

제38조 (지상권 등 계약의 해지) ① 소규모주택정비사업의 시행으로 지상권·전세권 또는 임차권의 설정 목적을 달성할 수 없는 때에는 그 권리자는 계약을 해지할 수 있다.

② 제1항에 따라 계약을 해지할 수 있는 자가 가지는 전세금·보증금, 그 밖의 계약상의 금전의 반환청구권은 사업시행자에게 행사할 수 있다.

③ 제2항에 따른 금전의 반환청구권의 행사로 해당 금전을 지급한 사업시행자는 해당 토지등소유자에게 구상할 수 있다.

④ 사업시행자는 제3항에 따른 구상이 되지 아니한 경우에는 해당 토지등소유자에게 귀속될 대지 또는 건축물을 압류할 수 있다. 이 경우 압류한 권리는 저당권과 동일한 효력을 가진다.

⑤ 제29조에 따라 사업시행계획인가를 받은 경우 지상권·전세권 설정계약 또는 임대차 계약의 계약기간은 「민법」제280조·제281조 및 제312조제2항, 「주택임대차보호법」제4조제1항, 「상가건물 임대차보호법」제9조제1항을 적용하지 아니한다.

제38조의2 (소유자의 확인이 곤란한 건축물 등에 대한 처분) ① 사업시행자는 다음 각 호에서 정하는 날 현재 토지 또는 건축물의 소유자의 소재 확인이 현저히 곤란한 때에는 전국적으로 배포되는 둘 이상의 일간신문에 2회 이상 공고하고, 공고한 날부터 30일 이상이 지난 때에는 그 소유자의 해당 토지 또는 건축물이 감정평가액에 해당하는 금액을 법원에 공탁하고 사업을 시행할 수 있다.

1. 제18조제1항에 따라 시장·군수등 또는 토지주택공사등이 사업을 시행하는 경우에는 같은 조 제2항에 따른 고시일
2. 제19조제1항에 따라 지정개발자를 사업시행자로 지정하는 경우에는 같은 조 제2항에 따른 고시일
3. 제22조제2항 또는 제3항에 따라 시행하는 소규모재개발사업 또는 자율주택정비사업의 경우에는 같은 조 제5항에 따른 주민합의체 구성의 신고일
4. 제23조제1항·제2항 또는 제4항에 따라 조합이 사업시행자가 되는 경우에는 조합설립인가일

② 조합이 가로주택정비사업, 소규모재건축사업 또는 소규모재개발사업을 시행하는 경우 조합설립인가일 현재 조합원 전체의

	공동소유인 토지 또는 건축물은 조합 소유의 토지 또는 건축물로 본다. ③ 제2항에 따라 조합 소유로 되는 토지 또는 건축물의 처분에 관한 사항은 제33조제1항에 따른 관리처분계획에 명시하여야 한다. ④ 제1항에 따른 토지 또는 건축물의 감정평가는 제56조제2항제1호를 준용한다. [본조신설 2021. 7. 20.]	
제5절 공사완료에 따른 조치 등	제5절 공사완료에 따른 조치 등	
제39조 (준공인가 및 공사완료 고시) ① 시장·군수등이 아닌 사업시행자가 소규모주택정비사업 공사를 완료한 때에는 시장·군수등의 준공인가를 받아야 한다. ② 제1항에 따라 준공인가신청을 받은 시장·군수등은 지체 없이 준공검사를 실시하여야 한다. 이 경우 시장·군수등은 효율적인 준공검사를 위하여 필요한 때에는 관계 행정기관·공공기관·연구기관, 그 밖의 전문기관 또는 단체에게 준공검사의 실시를 의뢰할 수 있다. ③ 시장·군수등은 제2항에 따른 준공검사를 실시한 결과 소규모주택정비사업이 인가받은 사업시행계획대로 완료되었다고 인정되는 때에는 준공인가를 하고 그 사실을 해당	제36조 (준공인가 및 공사완료 고시 등) ① 법 제39조에 따른 준공인가·공사완료의 고시 방법·절차 및 준공인가·공사완료의 고시 등에 관하여는 제13조를 준용한다. 이 경우 "빈집정비사업"은 "소규모주택정비사업"으로, "법 제14조제1항"은 "법 제39조제1항"으로, "법 제14조제2항"은 "법 제39조제2항"으로, "법 제14조제3항 및 제4항"은 "법 제39조제3항 및 제4항"으로 본다. ② 법 제39조제5항 본문에서 "완공된 건축물이 사용에 지장이 없는 등 대통령령으로 정하는 기준에 적합한 경우"란 다음 각 호의 기준을 모두 충족한 경우를 말한다. 1. 완공된 건축물에 전기·수도·난방 및 상하수도 시설 등이 갖추어져 있어 건	

지방자치단체의 공보에 고시하여야 한다.

④ 시장·군수등은 직접 시행하는 소규모주택정비사업에 관한 공사가 완료된 때에는 그 사실을 해당 지방자치단체의 공보에 고시하여야 한다.

⑤ 시장·군수등은 제1항에 따른 준공인가를 하기 전이라도 완공된 건축물이 사용에 지장이 없는 등 대통령령으로 정하는 기준에 적합한 경우에는 입주예정자가 완공된 건축물을 사용할 수 있도록 사업시행자에게 허가할 수 있다. 다만, 시장·군수등이 사업시행자인 경우에는 허가를 받지 아니하고 입주예정자가 완공된 건축물을 사용하게 할 수 있다.

⑥ 제3항 및 제4항에 따라 공사완료를 고시하는 경우 시장·군수등이 제55조에 따라 의제되는 인·허가등에 따른 준공검사·인가등에 관하여 행정기관의 장과 협의한 사항은 해당 준공검사·인가등을 받은 것으로 본다.

제40조 (이전고시 및 권리변동의 제한 등) ① 사업시행자는 제39조제3항 및 제4항에 따른 고시가 있은 때에는 지체 없이 대지확정측량을 하고 토지의 분할절차를 거쳐 관리처분계획에서 정한 사항을 분양받을 자에게 이전하여야 한다. 다만, 제2조제1항제3호에 따른 소규모주택정비사업 중 공급세대 30호 미만의 사업은 제외한다.

축물의 사용에 지장이 없을 것

2. 완공된 건축물이 법 제29조에 따라 인가받은 사업시행계획에 적합할 것

3. 공사에 따른 차량통행·소음·분진 등의 위해로부터 입주자의 안전이 확보될 것

다)을 하고 토지의 분할절차를 거쳐 사업시행계획에서 정한 사항을 분양받을 자에게 통지하고 대지 또는 건축물의 소유권을 이전하여야 한다. 다만, 소규모주택정비사업의 효율적인 추진을 위하여 필요한 경우에는 해당 소규모주택정비사업에 관한 공사가 전부 완료되기 전이라도 준공된 부분은 준공인가를 받아 대지 또는 건축물별로 분양받을 자에게 그 소유권을 이전할 수 있다. <개정 2023. 4. 18.>

② 사업시행자는 제1항에 따라 대지 및 건축물의 소유권을 이전하는 때에는 그 내용을 해당 지방자치단체의 공보에 고시한 후 시장·군수등에게 보고하여야 한다. 이 경우 대지 또는 건축물을 분양받을 자는 고시가 있은 날의 다음 날에 그 대지 또는 건축물의 소유권을 취득한다.

③ 사업시행자는 제2항에 따른 이전고시가 있은 때에는 지체 없이 대지 및 건축물에 관한 등기를 지방법원 또는 등기소에 촉탁 또는 신청하여야 한다. 이 경우 등기에 관한 사항은 대법원규칙으로 정한다.

④ 소규모주택정비사업에 관하여 제2항에 따른 이전고시가 있은 날부터 제3항에 따른 등기가 있을 때까지는 저당권 등의 다른 등기를 하지 못한다.

⑤ 소규모주택정비사업의 시행으로 제2항에 따라 취득하는 대지 또는 건축물 중 토지등소유자에게 분양하는 대지 또는 건축물은 「도시개발법」 제40조에 따라 행하여진 환지로 본다. <신설 2023. 4. 18.>

제41조 (청산금 등) ① 사업시행자는 대지 또는 건축물을 분양받은 자가 종전에 소유하고 있던 토지 또는 건축물의 가격과 분양받은 대지 또는 건축물의 가격 사이에 차이가 있는 경우 제40조제2항에 따른 이전고시가 있은 후에 그 차액에 상당하는 금액(이하 "청산금"이라 한다)을 분양받은 자로부터 징수하거나 분양받은 자에게 지급하여야 한다.

② 사업시행자는 제1항에도 불구하고 정관등에서 분할징수 및 분할지급을 정하고 있거나 총회의 의결을 거쳐 따로 정한 경우에는 사업시행계획인가 후부터 제40조제2항에 따른 이전고시가 있은 날까지 일정기간별로 분할징수하거나 분할지급할 수 있다.

③ 사업시행자는 제1항 및 제2항을 적용하기 위하여 종전에 소유하고 있던 토지 또는 건축물의 가격과 분양받은 대지 또는 건축물의 가격을 평가하는 경우 그 토지 또는 건축물의 규모, 위치, 용도, 이용 상황 및 정비사업비 등을 참작하여 평가하여야 한다. <신설 2022. 2. 3.>

④ 사업시행구역에 있는 토지 또는 건축물에 저당권을 설정한 권리자는 사업시행자가 저당권이 설정된 토지 또는 건축물의 소유자에게 청산금을 지급하기 전에 압류절차를 거쳐 저당권을 행사할 수 있다. <개정 2022. 2. 3.>

⑤ 제3항에 따른 가격평가의 방법은 제56조제2항제1호를 준용한다. <신설 2022. 2. 3.>

제6절 비용의 부담 등

제42조 (비용부담의 원칙 및 비용의 조달) ① 정비사업비는 이 법 또는 다른 법령에 특별한 규정이 있는 경우를 제외하고는 사업시행자가 부담한다.

② 시장·군수등은 시장·군수등이 아닌 사업시행자가 시행하는 소규모주택정비사업의 시행으로 설치되는 다음 각 호의 시설에 대하여는 그 건설에 드는 비용의 전부 또는 일부를 부담할 수 있다. <개정 2021. 7. 20.>

1. 도시·군계획시설 중 대통령령으로 정하는 주요 정비기반시설 및 공동이용시설
2. 제43조제4항에 따른 임시거주시설

③ 사업시행자는 토지등소유자로부터 제1항에 따른 비용과 소규모주택정비사업의 시

제6절 비용의 부담 등

제37조 (주요 정비기반시설 및 공동이용시설) 법 제42조제2항제1호에서 "대통령령으로 정하는 주요 정비기반시설 및 공동이용시설"이란 다음 각 호의 시설을 말한다.

1. 도로, 공용주차장
2. 광장, 공원, 녹지, 공공공지
3. 상하수도, 공동구
4. 하천
5. 그 밖에 시·도조례로 정하는 공동이용시설

행과정에서 발생한 수입의 차액을 부과금으로 부과·징수할 수 있다.

④ 토지등소유자가 제3항에 따른 부과금의 납부를 게을리한 경우 사업시행자는 연체료를 부과·징수할 수 있다. <개정 2019. 8. 20., 2020. 6. 9.>

제43조 (정비기반시설의 설치 및 토지 등의 귀속 등) ① 시장·군수등은 소규모주택정비사업의 시행으로 정비기반시설 또는 공동이용시설이 필요하다고 인정하는 경우 직접 설치하거나 사업시행자에게 설치하도록 할 수 있다.

② 시장·군수등 또는 토지주택공사등이 소규모주택정비사업의 시행으로 새로이 정비기반시설을 설치하거나 기존의 정비기반시설에 대체하는 정비기반시설을 설치한 경우에는 「국유재산법」 및 「공유재산 및 물품 관리법」에도 불구하고 종래의 정비기반시설은 사업시행자에게 무상으로 귀속되고, 새로이 설치된 정비기반시설은 그 시설을 관리할 국가 또는 지방자치단체에 무상으로 귀속된다. <개정 2021. 7. 20.>

③ 시장·군수등 또는 토지주택공사등이 아닌 사업시행자가 소규모주택정비사업의 시행으로 새로 설치한 정비기반시설은 그 시

④ 시장·군수등 또는 토지주택공사등은 소규모주택정비사업을 시행하는 경우에 사업시행으로 철거되는 주택의 소유자 또는 세입자(사업시행구역에서 실제 거주하는 자로 한정한다)가 임시로 거주할 수 있도록 「주택법」 제54조에도 불구하고 대통령령으로 정하는 방법 및 절차에 따라 자신이 보유한 공공임대주택을 임시거주시설로 사용하도록 우선적으로 공급할 수 있다. <개정 2021. 7. 20.>

[제목개정 2021. 7. 20.]

제38조 (임시거주시설의 공급) ① 시장·군수등 또는 토지주택공사등은 해당 사업시행구역 인근의 공공임대주택을 법 제43조제4항에 따른 임시거주시설(이하 "임시거주시설"이라 한다)로 공급할 수 있다. 이 경우 임시거주시설의 공급은 법 제29조제1항 본문에 따른 사업시행계획인가를 신청한 후(시장·군수등의 경우 법 제30조에 따라 사업시행계획서를 작성한 후를 말한다)할 수 있다. <개정 2021. 9. 17.>

② 임시거주시설을 우선 공급받을 수 있는 자는 다음 각 호의 요건을 모두 갖추어야 한다. <개정 2021. 9. 17., 2021. 10.

설을 관리할 국가 또는 지방자치단체에 무상으로 귀속되고, 소규모주택정비사업의 시행으로 용도가 폐지되는 국가 또는 지방자치단체가 소유의 정비기반시설은 사업시행자가 새로 설치한 정비기반시설의 설치 비용에 상당하는 범위에서 그에게 무상으로 양도된다. 이 경우 사업시행자는 용도가 폐지되는 정비기반시설의 가액과 새로이 설치한 정비기반시설의 설치에 종래의 정비기반시설의 설치에 드는 비용 사이에 차이가 있는 때에는 국가 또는 지방자치단체에 금액에 대하여 국가 또는 지방자치단체와 정산하여야 한다. <신설 2021. 7. 20.>

14.> 1. 법 제43조제4항에 따른 소유자 또는 세입자일 세대주일 것 2. 해당 세대의 월평균소득이 전년도 도시근로자 가구당 월평균소득의 100퍼센트 이하일 것 ③ 임시거주시설은 다음 각 호의 순위에 따라 공급한다. 이 경우 같은 순위에 해당하는 자가 둘 이상인 경우에는 그 자가 속한 세대의 월평균소득이 낮은 순서대로 우선 공급한다. <개정 2021. 10. 14.> 1. 제1순위: 사업시행으로 철거되는 주택의 세입자로서 주택을 소유하지 아니한 자 2. 제2순위: 사업시행으로 철거되는 주택의 소유자로서 해당 주택 외의 주택을 소유하지 아니한 자 ④ 제2항 및 제3항에서 규정한 사항 외에 공급계약의 체결 및 주택의 반환 등에 필요한 사항은 시장·군수등 또는 토지주택공사등이 정하는 바에 따른다.	제7절 소규모주택정비 관리계획 <신설 2021. 9. 17.>
제7절 소규모주택정비 관리계획 <신설 2021. 7. 20.>	

제43조의2 (소규모주택정비 관리계획의 수립) ① 시장·군수등은 다음 각 호의 어느 하나에 해당하는 경우로서 대통령령으로 정하는 요건을 갖춘 지역에 대하여 소규모주택정비 관리계획(이하 "관리계획"이라 한다)을 포함하여 수립(변경수립을 포함한다. 이하 이 조, 제43조의4까지 및 제50조제2항에서 같다)하여 시·도지사에게 승인을 신청할 수 있다. 이 경우 주민(이해관계자를 포함한다) 또는 토지주택공사등은 국토교통부령으로 정하는 바에 따라 시장·군수등에게 관리계획의 수립을 제안할 수 있다. <개정 2023. 4. 18.>
1. 노후·불량건축물에 해당하는 단독주택 및 공동주택과 신축 건축물이 혼재하여 광역적 개발이 곤란한 지역에서 노후·불량건축물을 대상으로 소규모주택정비사업이 필요한 경우
2. 반집밀집구역으로서 안전사고나 범죄발생의 우려가 높아 신속히 소규모주택정비사업을 추진할 필요가 있는 경우
3. 재해 등이 발생할 경우 피해의 우려가 있어 신속히 소규모주택정비사업을 추진할 필요가 있는 경우

제38조의2 (소규모주택정비관리계획 수립대상 지역) 법 제43조의2제1항 각 호 외의 부분 전단에서 "대통령령으로 정하는 요건을 갖춘 지역"이란 다음 각 호의 요건을 모두 갖춘 지역을 말한다. <개정 2023. 10. 18.>
1. 대상 지역의 면적이 10만제곱미터 미만일 것
2. 다음 각 목의 어느 하나에 해당할 것
 가. 노후·불량건축물 수가 해당 지역의 전체 건축물 수의 2분의 1 이상일 것
 나. 「건축법」에 따른 지하층의 전부 또는 일부를 주거용도로 사용하는 건축물의 수가 해당 지역의 전체 건축물 수의 2분의 1 이상일 것
 다. 「국토의 계획 및 이용에 관한 법률」 제37조제1항제4호에 따른 방재지구가 해당 지역의 전체 면적의 2분의 1 이상일 것
 라. 상습적으로 침수되거나 침수가 우려되는 지역으로서 시장·군수등이 해당 지역의 재해 예방이 필요하다고 인정하는 경우일 것
3. 다음 각 목에 해당하지 않을 것
 가. 「도시 및 주거환경정비법」 제2조

제10조의2 (소규모주택정비 관리계획의 수립 제안) ① 법 제43조의2제1항 각 호 외의 부분 후단에 따라 소규모주택정비 관리계획(이하 "관리계획"이라 한다)의 수립을 제안하는 경우에는 다음 각 호의 사항을 포함해야 한다.
1. 관리계획의 수립 필요성
2. 소규모주택정비 관리지역의 규모와 정비방향
3. 법 제43조의2제1항 각 호의 어느 하나에 해당하는 경우로서 영 제38조의2 각 호의 요건을 모두 갖추었음을 증명하는 내용
4. 소규모주택정비사업에 대한 추진계획
5. 그 밖에 시·도조례로 정하는 사항
② 법 제43조의2제1항 각 호 외의 부분 후단에 따른 관리계획 수립의 제안 절차 및 방법에 관하여 필요한 사항은 시·도조례로 정한다.
[본조신설 2023. 10. 19.]

제1호의 정비구역과 같은 법 제5조제 9호의 정비구역으로 지정할 예정인 구역. 다만, 같은 법 제23조제1항제1호에 해당하는 방법으로 시행하는 주거환경개선사업의 정비구역과 정비구역으로 지정할 예정인 구역은 제외한다.

나. 「도시재정비 촉진을 위한 특별법」 제2조제1호의 재정비촉진지구. 다만, 같은 법 제2조제6호의 존치지역은 제외한다.

다. 「도시개발법」 제2조제1항제1호의 도시개발구역

라. 그 밖에 광역적 개발이 필요요한 구역·지구로서 시·도조례로 정하는 구역·지구

[본조신설 2021. 9. 17.]

② 시장·군수등은 제1항에 따라 관리계획을 수립하려는 경우에는 14일 이상 주민에게 공람하여 의견을 들어야 하며, 제시된 의견이 타당하다고 인정되면 이를 관리계획에 반영하여야 한다. 다만, 대통령령으로 정하는 경미한 사항을 변경하는 경우에는 주민 공람을 거치지 아니할 수 있다. <신설 2023. 4. 18.>

③ 시·도지사가 제1항에 따른 관리계획을

제38조의3 (소규모주택정비관리계획의 경미한 변경) 법 제43조의2제2항 단서 및 제3항 단서에서 "대통령령으로 정하는 경미한 사항을 변경하는 경우"란 다음 각 호의 어느 하나에 해당하는 경우를 말한다. <개정 2023. 10. 18.>

1. 소규모주택정비 관리지역의 면적을 100분의 5 범위에서 증감하는 경우
2. 사업시행기간을 계획된 기간의 3년 이내에서 연장하거나 단축하는 경우

3. 소규모주택정비관리계획을 법 제43조의3제5호 및 제7호의 사항을 완화하지 않는 범위에서 변경하는 경우
4. 정비기반시설·공동이용시설의 규모를 확대하거나 그 면적을 100분의 10 범위에서 축소하는 경우
5. 계선착오·오기·누락이나 이에 준하는 명백한 오류를 수정하는 경우
6. 그 밖에 제1호부터 제5호까지의 규정에 준하는 경우로서 시·도조례로 정하는 사항을 변경하는 경우
[본조신설 2021. 9. 17.]

승인하려면 지방도시계획위원회의 심의 또는 「도시재생 활성화 및 지원에 관한 특별법」 제8조에 따른 지방도시재생위원회의 심의(제27조제3항 각 호 중 둘 이상의 심의를 거쳐야 하는 경우에는 통합심의를 말한다)를 거쳐야 한다. 다만, 대통령령으로 정하는 경미한 사항을 변경하는 경우에는 제27조제3항 각 호의 심의를 거치지 아니할 수 있다. <개정 2023. 4. 18.>
④ 시·도지사는 관리계획을 승인한 경우에는 지체 없이 해당 지방자치단체의 공보에 고시하여야 하며, 이를 국토교통부장관에게 보고하여야 한다. 이 경우 관리지역에 관한 지형도면 고시 등에 대하여는 「토지이용규제 기본법」 제8조에 따른다. <개정 2023. 4. 18.>
⑤ 관리계획의 수립과 승인에 필요한 기준·절차 및 방법은 국토교통부장관이 정하여 고시한다. <개정 2023. 4. 18.>
[본조신설 2021. 7. 20.]

제43조의3 (소규모주택정비 관리계획의 내용) 관리계획에는 다음 각 호의 사항이 포함되어야 한다. 다만, 제6호부터 제9호까지의 사항은 필요한 경우로 한정한다. <개정 2023. 4. 18.>

1. 관리지역의 규모와 정비방향
2. 토지이용계획, 정비기반시설·공동이용시설 설치계획 및 교통계획
3. 소규모주택정비사업에 대한 추진계획
4. 삭제 <2023. 4. 18.>
5. 건폐율·용적률 등 건축물의 밀도계획
6. 제43조의5 또는 제49조에 따른 임대주택의 공급 및 인수 계획
7. 용도지구·용도지역의 지정 및 변경에 관한 계획
8. 「건축법」 제69조에 따른 특별건축구역 및 같은 법 제77조의2에 따른 특별가로구역에 관한 계획
9. 그 밖에 대통령령으로 정하는 사항
[본조신설 2021. 7. 20.]

제38조의4 (소규모주택정비관리계획의 내용) 법 제43조의3제9호에서 "대통령령으로 정하는 사항"이란 다음 각 호의 사항을 말한다.
1. 시장·군수등이나 토지주택공사등이 시행하는 다음 각 목의 사업계획
 가. 「공공주택 특별법」 제2조제3호의 공공주택사업 시행계획
 나. 「도시재생 활성화 및 지원에 관한 특별법」 제2조제1항제7호의 도시재생사업 시행계획
2. 정비기반시설·공동이용시설의 설치를 위한 재원조달에 관한 사항
3. 그 밖에 소규모주택정비사업 시행에

제43조의4 (소규모주택정비 관리지역에 대한 특례) ① 제43조의2제4항에 따라 관리계획의 수립에 대한 승인・고시가 있은 경우 해당 관리지역 및 관리계획 중 「국토의 계획 및 이용에 관한 법률」 제52조제1항 각 호의 어느 하나에 해당하는 사항은 같은 법 제50조에 따라 지구단위계획구역 및 지구단위계획으로 결정・고시된 것으로 본다. <개정 2023. 4. 18.>

② 관리계획에 제43조의3제7호의 사항이 포함된 경우 관리지역은 관리계획이 고시된 날부터 「국토의 계획 및 이용에 관한 법률」 제36조제1항제1호가목 및 같은 조 제2항에 따라 주거지역을 세분하여 정하는 지역 중 대통령령으로 정하는 지역으로 결정・고시된 것으로 본다.

③ 관리지역에서 소규모주택정비사업의 시행으로 건축물 또는 대지의 일부에 공동이용시설을 설치하는 경우 제48조제2항에도 불구하고 「국토의 계획 및 이용에 관한 법률」 제78조에 따라 해당 지역에 적용되는 용적률에 공동이용시설의 용적률을 더한

필요한 사항으로서 시・도조례로 정하는 사항
[본조신설 2021. 9. 17.]

제38조의5 (소규모주택정비 관리지역에 대한 특례) 법 제43조의4제2항에서 "대통령령으로 정하는 지역"이란 다음 각 호의 구분에 따라 각 호에서 정하는 지역을 말한다.
1. 종전 용도지역이 「국토의 계획 및 이용에 관한 법률 시행령」 제30조제1항제1호나목(1)의 제1종일반주거지역인 경우: 같은 목 (2)의 제2종일반주거지역
2. 종전 용도지역이 「국토의 계획 및 이용에 관한 법률 시행령」 제30조제1항제1호나목(2)의 제2종일반주거지역인 경우: 같은 목 (3)의 제3종일반주거지역
[본조신설 2021. 9. 17.]

범위에서 용적률을 정할 수 있다.

④ 관리지역에서 소규모주택정비사업의 시행으로 건축물을 분양받을 권리에 관하여는 제28조의2를 준용한다. 이 경우 "제18조제2항, 제19조제2항, 제22조제10항 또는 제23조제9항에 따른 고시"는 "제43조의2제4항에 따른 관리계획의 고시", "시장·군수등"은 "시·도지사", "사업시행자의 지정, 주민합의체 구성 또는 조합설립인가 고시"는 "관리계획 승인·고시"로 각각 본다. <개정 2023. 4. 18.>

[본조신설 2021. 7. 20.]

제43조의5 (관리지역에서의 임대주택의 공급 및 인수) ① 사업시행자는 관리지역으로 소규모주택정비사업의 시행에 따라 용도지역이 변경된 경우 제43조의4제2항에 따라 용도지역이 변경된 경우 변경된 용도지역에서의 용적률에서 종전의 용도지역에서의 특별시·광역시·특별자치시·도 또는 군의 조례(이하 "시·군조례"라 한다)로 정한 용적률을 뺀 용적률의 100분의 50 이하로서 시·도조례로 정하는 비율에 해당하는 면적에 임대주택을 건설하여 시·도지사, 시장·군수등 또는 토지주택공사등에 공급하여야 한다. 이 경우 사업시행자는 건축물이 확정되기 전에 미리 주택에

제43조의6 (소규모주택정비 관리지역에서의 임대주택의 인수) ① 법 제43조의5제1항 전단에 따른 임대주택은 시·도지사, 시장·군수등, 토지주택공사등의 순서로 인수할 수 있다.

② 제1항에 따른 임대주택의 인수 절차와 방법 등에 관하여는 제33조제2항 및 제41조제3항·제4항을 준용한다. <개정 2023. 10. 18.>

③ 법 제43조의5제4항 전단에서 "대통령령으로 정하는 임대주택"이란 「공공주택 특별법 시행령」 제2조제1항제2호·제3호·제3호의2 및 제3호의2 및 제4호의 국민임대주택

관한 사항을 시·도지사, 시장·군수등 또는 토지주택공사등과 협의한 후 이를 사업시행계획서에 반영하여야 한다. <개정 2023. 4. 18.>

② 시장·군수등 또는 토지주택공사등이 관리지역에서 제17조제3항 또는 제18조제1항에 따라 공동 또는 단독으로 소규모주택정비사업을 시행하는 경우 사업시행구역에서 제1항에도 불구하고 변경된 용도지역에서의 용적률에서 종전의 용도지역의 용적률을 뺀 용적률의 100분의 15 이상 100분의 30 이하의 범위에서 시·도조례로 정하는 비율 이상이 되도록 임대주택을 건설하여야 한다. <개정 2023. 4. 18.>

③ 제1항에 따른 임대주택의 공급가격은 「공공주택 특별법」 제50조의4에 따라 국토교통부장관이 고시하는 공공건설임대주택의 표준건축비로 하며, 부속토지는 시·도지사, 시장·군수등 또는 토지주택공사등에게 기부채납한 것으로 본다.

④ 제1항부터 제3항까지의 규정에 따라 인수된 주택은 대통령령으로 정하는 임대주택으로 활용하여야 한다. 이 경우 주택의 인수를 위한 절차와 방법 등에 필요한 사항은 대통령령으로 정한다.

[본조신설 2021. 7. 20.]

·행복주택·통합공공임대주택 및 장기전세주택을 말한다.
[본조신설 2021. 9. 17.]

제43조의6 (소규모주택정비 관리지역의 해제 등) ① 시·도지사는 다음 각 호의 어느 하나에 해당하는 경우에는 제43조의2제3항에 따른 심의를 거쳐 관리지역을 해제할 수 있다.
1. 소규모주택정비사업의 추진상황으로 보아 관리계획의 수립 목적을 달성하였다고 인정하는 경우
2. 제43조의2제4항에 따라 관리계획을 고시한 날부터 3년 이내에 제18조 또는 제19조에 따른 사업시행자의 지정, 제22조에 따른 주민합의체 구성의 신고 또는 제23조에 따른 조합설립인가의 신청이 없는 경우 등 관리계획의 수립 목적을 달성할 수 없다고 인정하는 경우
3. 시장·군수등이 제2항에 따라 관리지역의 해제를 요청한 경우
② 시장·군수등은 제1항제1호 또는 제2호에 해당하는 경우에는 시·도지사에게 관리지역의 해제를 요청할 수 있다.
③ 제1항에 따라 관리지역을 해제하려는 시·도지사는 제43조의2제3항에 따른 심의 전에 14일 이상 지역 주민에게 공람하여 의견을 수렴하여야 한다.
④ 제1항부터 제3항까지에 따라 관리지역의 해제된 경우 관리계획 결정의 효력은 상실

⑤ 제1항부터 제3항까지에 따라 관리지역을 해제하는 경우 주민합의체 구성, 조합의 설립 또는 사업시행자 지정에 동의한 토지등소유자가 과반수가 해당 소규모주택정비사업을 계속 시행하기를 원하는 사업시행구역에서는 이 법 또는 관계 법률에 따른 종전의 지정·인가·허가·승인·신고·등록·협의·동의·심사 등(이하 이 조에서 "인가등"이라 한다)이 유효한 것으로 본다. 이 경우 시장·군수등 또는 사업시행자는 종전의 인가등을 변경하여야 한다.

⑥ 시·도지사는 제1항부터 제3항까지에 따라 관리지역을 해제한 경우에는 지체 없이 해당 지방자치단체의 공보에 고시하여야 하며, 이를 국토교통부장관에게 보고하여야 한다. [본조신설 2023. 4. 18.]

제4장 사업 활성화를 위한 지원

제4장 사업 활성화를 위한 지원

빈집 및 소규모주택정비사업의 활성화를 위한 지원을 규정하고 있는 지원으로는 다음과 같다. ① 보조 및 융자(제44조), ② 공동이용시설 사용료 등의 감면(제45조), ③ 빈집정비사업에 대한 「건축법」 및 「민법」 상의 특례(제46조), ④ 정비구역의 행위제한 완화 등에 관한 특례(제47조), ⑤ 건축규제의 완화 등에 관한 특례(제48조), ⑥ 임대주택 건설에 따른 특례(제49조), ⑦ 임대관리업무 등의 지원(제51조) 등이 있다.

소규모주택정비사업의 활성화를 위한 지원으로서 「소규모주택정비법」 이 명문으로

핵심포인트

제44조 (보조 및 융자) ① 국가 또는 시·도지사는 제43조의2제4항에 따라 승인·고시된 관리계획에 따라 시장, 군수, 자치구의 구청장 또는 토지주택공사등이 설치하는 정비기반시설 또는 공동이용시설 설치 비용의 전부 또는 일부를 보조하거나 융자할 수 있다. <개정 2023. 4. 18.>

② 시·도지사, 시장·군수 또는 자치구의 구청장은 시장·군수등이 아닌 사업시행자가 시행하는 빈집정비사업 또는 소규모주택정비사업에 드는 비용의 일부를 보조 또는 융자하거나 융자를 알선할 수 있다.

③ 시·도지사는 시장, 군수, 자치구의 구청장 또는 토지주택공사등이 시행하는 다음 각 호의 어느 하나에 해당하는 비용의 전부 또는 일부를 보조하거나 융자할 수 있다.

1. 제4조에 따른 빈집정비계획 수립 비용
2. 제5조에 따른 실태조사 비용
3. 제9조에 따른 빈집정비사업 비용
4. 제43조에 따른 정비기반시설 또는 공동이용시설의 설치 비용

[전문개정 2021. 7. 20.]

핵심포인트
법 제44조

시장·군수 등이 아닌 사업시행자가 시행하는 빈집정비사업 또는 소규모주택정비사업에 드는 비용의 일부를 보조 또는 융자하거나 융자 알선

핵심포인트
법 제45조

법	
제45조 (공동이용시설 사용료 등의 감면) ① 지방자치단체의 장은 마을공동체 활성화 등 공익 목적을 위하여 「공유재산 및 물품 관리법」 제20조 및 제28조에 따라 사업시행구역 내 공동이용시설에 대한 사용 허가 또는 대부를 하는 경우 같은 법 제22조 및 제32조에도 불구하고 사용료 또는 대부료를 감면할 수 있다. ② 제1항에 따른 공익 목적의 기준, 사용료·대부료 감면 대상 및 그 밖에 필요한 사항은 시·도조례로 정한다.	사업시행구역 내 공동이용시설에 대한 사용 허가 또는 대부를 하는 경우 사용료 또는 대부료 감면

법	영
제46조 (빈집정비사업에 대한 특례) ① 빈집정비사업의 사업시행자가 빈집밀집구역 내 빈집을 개축 또는 용도변경하는 경우 해당 빈집이 법령의 제정·개정이나 그 밖에 대통령령으로 정하는 사유로 대지나 건축물이 법령에 맞지 아니하더라도 다음 각 호의 기준에 대하여 빈집의 범위에서 지방건축위원회의 심의를 거쳐 그 기준을 완화받을 수 있다. <개정 2019. 4. 23.> 1. 「건축법」 제42조에 따른 대지의 조경	제11조 (빈집정비사업에 대한 특례) 영 제39조제1항제5호에서 "국토교통부령으로 정하는 사유"란 다음 각 호의 어느 하나에 해당하는 경우를 말한다. 1. 법률 제3259호 「준공미필건축물 정리에 관한 특별조치법」, 법률 제3533호 「특정건축물 정리에 관한 특별조치법」, 법률 제6253호 「특정건축물 정리에 관한 특별조치법」, 법률 제7698호 「특정건축물 정리에 관한 특별조치
제39조 (빈집정비사업에 대한 특례) ① 법 제46조 각 호 외의 부분에서 "대통령령으로 정하는 사유"란 다음 각 호의 경우를 말한다. <개정 2019. 10. 22.> 1. 행정구역의 변경 2. 「국토의 계획 및 이용에 관한 법률」 제2조제4호의 도시·군관리계획의 결정·변경 또는 같은 조 제7호의 도시·군계획시설(이하 "도시·군계획시설"이라 한다)의 설치	

기준 2. 「건축법」 제46조에 따른 건축선의 지정 3. 「건축법」 제55조에 따른 건폐율의 산정기준 4. 「건축법」 제56조에 따른 용적률의 산정기준 5. 「건축법」 제58조에 따른 대지 안의 공지기준 6. 「건축법」 제60조 및 제61조에 따른 건축물의 높이 제한 7. 「민법」 제242조에 따른 건축물과 경계선 간의 거리	3. 「도로법」에 따른 도로(이하 이 조에서 "도로"라 한다)의 설치 4. 「도시개발법」 제2조제1항제2호의 도시개발사업의 시행 5. 그 밖에 제1호부터 제4호까지의 규정에 준하는 경우로서 국토교통부령으로 정하는 사유 ② 삭제 <2019. 10. 22.> 법」 및 법률 제11930호 「특정건축물 정리에 관한 특별조치법」에 따라 준공 검사필증 또는 사용승인서를 교부받은 사실이 건축물대장에 기재된 경우 2. 「공유토지분할에 관한 특례법」에 따라 공유토지가 분할된 경우 3. 대지의 일부 토지소유권에 대하여 「민법」 제245조에 따라 소유권이전등기가 완료된 경우 4. 「지적재조사에 관한 특별법」에 따른 지적재조사사업으로 새로운 지적공부가 작성된 경우

핵심포인트
법 제46조

빈집밀집구역 내 빈집을 개축 또는 용도변경하는 경우 건축법상 조경기준, 건축선의 지정, 건폐율·용적률의 산정기준, 대지 안의 공지기준, 건축물의 높이제한, 민법상 건축물과 경계선 간의 거리에 대하여 기준 완화

제47조 (정비구역의 행위제한에 관한 특례) 사업시행자는 「도시 및 주거환경정비법」 제19조에도 불구하고 같은 법 제23조제1항제1호의 방법으로 주거환경개선사업을 시행하는 정비구역에서 빈집정비사업 또는 소규모주택 정비사업을 시행할 수 있다.

핵심포인트
법 제47조

도시정비법 상 주거환경개선사업을 시행하는 정비구역에서 빈집정비사업 또는 소규모주택정비사업 시행

제3편 빈집 및 소규모주택 정비에 관한 특례법 심단 대비표   301

| 제48조 (건축규제의 완화 등에 관한 특례) ① 사업시행자는 자율주택정비사업(「도시재생 활성화 및 지원에 관한 특별법」 제2조제1항제6호나목에 따른 근린재생형 활성화계획에 따라 시행하거나 빈집밀집구역, 관리지역에서 시행하는 경우 또는 시·도조례로 정하는 경우로 한정한다), 가로주택정비사업, 소규모재건축사업, 소규모재개발사업 또는 지역주택정비사업의 시행으로 건설하는 건축물에 대하여 다음 각 호의 어느 하나에 해당하는 사항은 대통령령으로 정하는 범위에서 지방건축위원회의 심의를 거쳐 그 기준을 완화받을 수 있다. <개정 2019. 4. 23., 2021. 7. 20., 2021. 10. 19.>

1. 「건축법」 제42조에 따른 대지의 조경 기준
2. 「건축법」 제55조에 따른 건폐율의 산정기준(경사지역에 위치한 가로구역으로 한정한다)
3. 「건축법」 제58조에 따른 대지 안의 공지기준
4. 「건축법」 제60조 및 제61조에 따른 건축물의 높이 제한
5. 「주택법」 제35조제1항제3호 및 제4호에 따른 부대시설 및 복리시설의 설치기준 | 제40조 (건축규제의 완화 등에) ① 법 제48조제1항 각 호 외의 부분에서 "대통령령으로 정하는 범위"란 다음 각 호의 구분에 따른 범위를 말한다. <개정 2018. 6. 12., 2021. 9. 17., 2022. 1. 18.>

1. 「건축법」 제42조에 따른 대지의 조경기준: 2분의 1 범위
2. 「건축법」 제55조에 따른 건폐율의 산정기준: 건축면적에서 주차장 면적을 제외
3. 「건축법」 제58조에 따른 대지 안의 공지기준: 2분의 1 범위
4. 「건축법」 제60조에 따른 건축물의 높이 제한 기준: 2분의 1 범위
5. 「건축법」 제61조제2항제1호에 따른 건축물(7층 이하의 건축물과 소규모주택정비 관리지역에 위치하는 것으로 한정한다)의 높이 제한기준: 같은 법 시행령 제86조제3항제2호가목 및 나목에도 불구하고 같은 목에 따라 건축조례로 적용되는 같은 목의 높이에 따른 거리의 기준 |

6. 제1호부터 제5호까지에서 규정한 사항 외에 사업의 원활한 시행을 위하여 대통령령으로 정하는 사항

② 사업시행자는 소규모주택정비사업 시행구역 내 건축물 또는 대지의 일부에 해당하는 시설을 설치하는 경우에는 「국토의 계획 및 이용에 관한 법률」 제78조에 따라 해당 지역에 적용되는 용적률에 그 시설에 해당하는 용적률을 더한 범위에서 시·도조례로 정하는 용적률을 적용받을 수 있다. 이 경우 용적률을 산정방법 등에 관한 사항은 대통령령으로 정한다. <개정 2019. 4. 23.>

1. 정비기반시설
2. 공동이용시설
3. 「주택법」 제2조제14호에 따른 복리시설로서 대통령령으로 정하는 공동시설

③ 시장·군수등은 사업시행자가 빈집정비사업 또는 소규모주택정비사업의 시행으로 건설하는 건축물에 대하여 대통령령으로 정하는 범위에서 「주차장법」 제2조제1호에 따른 주차장을 사용할 수 있는 권리(이하 "주차장 사용권"이라 한다)를 확보하는 경우 그에 상응하는 범위에서 건축법 시행령 별표 1 제3호에 따른 제1종 근린생활시설과 복합건축물로 건설할 수 있다. <개정 2022. 2. 3.>

④ 제3항에 따른 주차장 사용권의 확보를 위한 방법 및 절차, 비용의 산정기준 및 감

6. 「주택법」 제35조제1항제3호 및 제4호에 따른 부대시설 및 복리시설의 설치기준

가. 「주택법」 제2조제14호가목에 따른 주택건설기준: 「주택건설기준 등에 관한 규정」 제55조의2제7항제2호다목의 적용배제

나. 「주택법」 제2조제14호의 복리시설의 설치기준: 같은 법 제35조제1항제4호 및 「주택건설기준 등에 관한 규정」에 따른 주택 복리시설별 설치기준에도 불구하고 설치대상 복리시설(어린이놀이터는 제외한다)의 면적의 합계 범위에서 필요한 복리시설을 설치할 수 있다.

② 법 제48조제1항제6호에서 "대통령령으로 정하는 사항"이란 「주택건설기준 등에 관한 규정」 제6조제2항제2호에 따른 단지안의 시설 설치기준을 말한다. 이 경우 「주택건설기준 등에 관한 규정」 제6조제2항제2호에 따른 단지안의 시설 설치기준에도 불구하고 단지 안의 각 동 6미터 이상인 일반도로에 연접하여 주택을 건설하는 경우에도 「건축법」 제44조에 따른 대지와 도로의 관계에 관한 규정을 적용하지 아니할 수 있다.

③ 법 제48조제2항제3호에서 "대통령령으로 정하는 공동시설"이란 「주택건설기준

등에 관한 규정」 제2조제3호의 주민공동시설을 말한다. <개정 2019. 10. 22.>

④ 법 제48조제2항 후단에 따른 용적률의 산정방법은 다음 각 호와 같다. <신설 2019. 10. 22.>

1. 법 제48조제2항제1호에 따른 시설을 설치하는 경우: 해당 지역에 적용되는 용적률의 200퍼센트 이하의 범위에서 해당 시설의 면적이 해당 사업시행구역의 전체 면적에서 차지하는 비율을 기준으로 시·도조례가 정하는 바에 따라 산정

2. 법 제48조제2항제2호 및 제3호에 따른 시설을 설치하는 경우: 해당 지역에 적용되는 용적률에 해당 시설의 용적률을 더한 범위에서 해당 시설의 연면적이 해당 사업시행구역의 전체 건축 연면적에서 차지하는 비율을 기준으로 시·도조례가 정하는 바에 따라 산정

⑤ 시장·군수등은 법 제48조제3항에 따라 빈집정비사업 또는 소규모주택정비사업의 시행으로 건설하는 건축물에 대하여 다음 각 호의 어느 하나에 해당하는 주차장을 사용할 수 있는 권리를 다음 각 호의 구분에 따른 비율을 미만으로 확보하는 경우 그에 상응하는 범위에서 주차장 설치기준(「주차장법」에 따라 해당 건축물에 설치해야 하는 부설주차장의 주차단위구획

충수를 말한다. 이하 이 조에서 같다)을 완화할 수 있다. 이 경우 주차장을 사용할 수 있는 권리를 확보하는 주차단위구획의 충수는 주차장 설치기준의 100분의 50 미만이어야 한다. <개정 2020. 9. 22.>

1. 특별시장, 광역시장, 시장·군수등 또는 토지주택공사등이 직접 또는 위탁하여 관리·운영하는 주차장으로서 그 위치가 사업시행구역 안인 경우(「도시재생활성화 및 지원에 관한 특별법」 제2조제1항제5호에 따른 도시재생활성화지역에서 시행하는 빈집정비사업 또는 소규모주택정비사업인 경우에는 같은 항 제6호에 따른 도시재생활성화계획에 따라 설치되어 주차장의 위치가 사업시행구역 밖인 경우를 포함한다): 주차장 설치기준의 100분의 50

2. 주차장의 위치가 「주차장법 시행령」 제7조제2항 각 호의 어느 하나에 해당하는 경우: 주차장 설치기준의 100분의 30

제40조의2 (소규모주택정비 관리지역에서의 소규모주택정비사업 통합 시행) ① 사업시행자는 법 제48조제5항에 따라 소규모주택정비 관리지역에서 서로 연접한 사업시행구역

⑤ 사업시행자는 관리지역에서 소규모주택정비사업을 시행하는 경우 대통령령으로 정하는 바에 따라 서로 연접한 사업시행구역을 하나의 사업시행구역으로 통합하여 시

행할 수 있다. 이 경우 공공임대주택 또는 공공지원민간임대주택을 임대주택 비율(건축물 전체 연면적 대비 임대주택 연면적의 비율 또는 전체 세대수 대비 임대주택 세대수의 비율을 의미한다. 이하 제49조에서 같다)이 100분의 20 미만의 범위에서 시·도조례로 정하는 비율 이상이 되도록 공급하여야 한다. <신설 2021. 7. 20., 2023. 4. 18.>

⑥ 제5항에 따라 서로 연접한 사업시행구역을 하나의 사업시행구역으로 통합하여 시행하는 경우에는 제49조제1항에 따른 공공임대주택의 임대주택 비율을 해당 사업시행구역마다 적용하지 아니하고 전체 사업시행구역의 전부 또는 일부를 대상으로 통합하여 적용할 수 있다. <신설 2021. 7. 20.>

역을 하나의 사업시행구역으로 통합하여 소규모주택정비사업을 시행하려는 경우에는 다음 각 호의 요건을 모두 갖추어야 한다.

1. 연접한 사업시행구역 각각에 대하여 법 제29조에 따른 사업시행계획인가를 신청하기 전일 것
2. 통합하여 시행하려는 하나의 사업시행구역의 제3조제1항 각 호의 구분에 따른 요건을 모두 갖출 것

② 제1항에 따라 통합하여 소규모주택정비사업을 시행하는 경우 서로 연접하는 사업시행구역의 토지등소유자는 주민합의체, 법 제23조에 따른 조합, 법 제25조제2항에 따른 주민대표회의 또는 같은 조 제3항에 따른 토지등소유자 전체회의(이하 "주민합의체 등"이라 한다)를 통합하여 구성하거나 설립해야 한다. 이 경우 종전의 주민합의체의 대표자 또는 조합은 시장·군수등에게 법 제22조제9항에 따른 해산신고 또는 법 제23조의2제1항에 따른 조합의 해산 요청을 해야 하며, 종전의 주민대표회의 및 토지등소유자 전체회의는 해산해야 한다.

③ 제2항에 따라 토지등소유자 전체회의(법 제25조제3항에 따른 토지등소유자 전체회의에 한한다)를 통합하여 구성하거나 설립하기

	위해 토지등소유자의 동의를 받으려는 경우에는 미리 다음 각 호의 사항을 토지등소유자에게 설명·고지해야 한다. 1. 통합 시행의 필요성 2. 통합 시행 사업의 개요 3. 통합 시행 전까지 소요된 비용 4. 그 밖에 시·도조례로 정하는 사항 ④ 제1항부터 제3항까지에서 규정한 사항 외에 서로 연접한 사업시행구역을 하나의 사업시행구역으로 통합하여 시행하는 방법과 절차 등에 관한 세부사항은 시·도조례로 정한다. [전문개정 2023. 10. 18.]
핵심포인트 **법 제48조**	① 자율주택정비사업, 가로주택정비사업 또는 취약주택정비사업을 시행하는 경우 대지의 조경기준, 건폐율의 산정기준(경사지에 위치한 가로구역에 한정), 대지안의 공지기준, 건축물의 높이 제한, 부대시설 및 복리시설의 설치기준 완화 ② 소규모주택정비사업 시행구역 내 정비기반시설, 공동이용시설, 주택법상 공동시설 설치하는 경우 용적률 완화

[법령해석 1] 경기도·인천광역시 서구 - 소규모주택정비 관리지역에서 서로 연접한 가로사업의 사업시행구역을 하나의 사업시행구역으로 통합하려는 경우 통합 사업시행구역의 면적기준(「빈집 및 소규모주택 정비에 관한 특례법」 제48조제5항 등 관련)

안건번호 23-0347 회신일자 2023-07-02

1. 질의요지

「빈집 및 소규모주택 정비에 관한 특례법」(이하 "소규모주택정비법"이라 함) 제48조제5항에서는 시장·군수등(자주: 특별자지사장·특별자치도지사·시장·군수 또는 자치구의 구청장을 말하며(소규모주택정비법 제2조제1항제1호 참조, 이하 같음.) 모는 토지주택공사등(주주: 「한국토지주택공사법」에 따라 설립된 한국토지주택공사 또는 「지방공기업법」에 따라 주택사업을 시행하기 위하여 설립된 지방공사를 말하며(소규모주택정비법 제10조제1항제1호 참조, 이하 같음.)은 관리지역(주주: 시장·군수등 또는 토지주택정비법 제2조제1항제9호에 따른 소규모주택정비 관리지역을 말하며, 이하 같음.)에서 거점사업(주주: 시장·군수등 또는 토지주택공사등이 소규모주택정비법 제17조제3항 또는 제18조제1항에 따라 공동 또는 단독으로 시행하는 소규모주택정비사업을 말하며(같은 법 제43조의3제3호 참조), 이하 같음.)을 시행하는 경우 대통령령으로 정하는 바에 따라 서로 연접한 사업시행구역을 하나의 사업시행구역으로 통합하여 시행할 수 있다고 규정하고 있고, 그 위임에 따라 마련된 같은 법 시행령 제40조의2제1항에서는 같은 법 제48조제5항에 따라 관리지역에서 서로 연접한 사업시행구역을 하나의 사업시행구역으로 통합하여 가로주택정비사업(주주: 소규모주택정비법 제2조제1항제3호나목에 따른 가로주택정비사업을 말하며, 이하 같음.)을 실시할 수 있다고 규정하고 있는 한편,

소규모주택정비법 제2조제1항제3호 각 목 외의 부분 위임에 따라 가로주택정비사업의 사업시행구역 면적기준을 규정하고 있는 같은 법 시행령 제3조제1항제2호가목 단서에서는 관리지역에서 시행하는 가로주택정비사업의 사업시행구역의 사업구역 면적기준을 2만 제곱미터 미만으로 규정하고 있는바,

관리지역에서 서로 연접한 거점사업의 사업시행구역을 하나의 사업시행구역으로 하여 가로주택정비사업을 통합하여 시행하려는 경우, 그 통합 가로주택정비사업(이하 "통합 가로주택정비사업"이라 함)의 사업시행구역 면적도 소규모주택정비법 시행령 제3조제1항제2호가목 단서에 따라 2만 제곱미터 미만으로 제한되는지?

2. 회답

이 사안의 경우, 통합 가로주택정비사업의 사업시행구역 면적도 소규모주택정비법 시행령 제3조제1항제2호가목 단서에 따라 2만 제곱미터 미만으로 제한됩니다.

3. 이유

소규모주택정비법 제48조제5항에서는 관리지역에서 가로주택정비사업을 시행하는 경우 서로 연접한 사업시행구역을 '하나의 사업시행구역'으로 통합하여 시행할 수 있다고 규정하고 있고, 그 위임에 따른 구 법 시행령 제40조의2제1항에서는 관리지역에 서의 가로주택 사업시행구역을 하나의 사업시행구역으로 통합하여 "가로주택정비사업"을 실시할 수 있다고 규정하고 있는바, 이를 종합하면 같은 법 제48조제5항에 따른 거점사업을 시행함에 있어서 하나의 사업시행구역 자체를 '하나의 사업시행구역'으 로 통합하여 통합된 구역에서 하나의 '가로주택정비사업'을 실시하는 것이어서, 통합 가로주택정비사업의 개별 사업시행구역 역시 하 나로 통합된 사업시행구역이라 할 것이므로, 통합 가로주택정비사업의 사업시행구역의 면적기준에 대한 별도의 규정이 존재하는 등의 특별한 사정이 없는 이상, 통합 가로주택정비사업의 사업시행구역에 대해서도 같은 법 시행령 제3조제1항제2호 가목 단서에 따른 면적기준이 적용된다고 보아야 합니다.

그리고 소규모주택정비법은 '소규모주택의 정비를 활성화하기 위해 필요한 사항 및 특례를 규정하기 위한 목적의 법률(제1 조)로서, 구 「도시 및 주거환경정비법」(2017년 2월 8일 법률 제14567호로 전부개정되기 전의 것을 말하며, 이하 "구 도시정비 법"이라 함)에서 규정하고 있던 정비사업 중 부지면적이 1만 제곱미터 미만인 지역에서 시행되는 주택재건축사업 등을 2017년 2월 8일 법률 제14569호로 제정된 구 소규모주택정비법으로 이관한 입법연혁(각주: 2016. 8. 11. 의안번호 제2001546호로 발의된 빈집 및 소규모주택정비 특례법안에 대한 국회 국토교통위원회 심사보고서 참조), 소규모주택정비법 제2조제3호 및 같은 법 시 행령 제3조에서 사업시행구역의 면적기준을 충족하는 지역 등에 한정하여 소규모주택정비법에 따른 정비사업을 시행할 수 있도록 규정하고 있는 정비사업체계, 구 「도시 및 주거환경정비법」(이하 "도시정비법"이라 함)과 소규모주택정비법의 적 용대상은 정비사업의 면적 등을 기준으로 구분된다고 보아야 할 것(각주: 법제처 2022. 11. 25. 회신 22-0350 해석례 참조) 인바, 통합 가로주택정비사업도 소규모주택정비법에 따른 소규모주택정비사업의 일종이라는 점에서 같은 법 시행령 제3조제1항에 따른 기준을 충족해야 한다는 것이 소규모주택정비법과 도시정비법의 관계를 고려한 타당한 해석입니다.

또한 대규모정비사업을 위주로 규정하는 구 도시정비법에 대한 지원 규정이 미흡했던 구 도시정비법과의 관계 문제점을 보완하고 소 규모정비사업을 활성화하기 취지에서 소규모주택정비법에서는 여러 특별 규정을 두고 있는데(각주: 2017. 2. 8. 법률 제14569호로 제정된 소규모주택정비법 제정이유 및 주요내용 참조), 통합 가로주택정비사업의 면적이 소규모주택정비사업의 사업시행구역의 수를 제한하고 있지 소화(제29조 및 제34조)하고, 건축규제를 완화(제48조) 않아도 된다고 해석하면, 통합 가로주택정비사업의 사업시행구역의 면적에 대한 같은 법 시행령 제3조제1 항제2호가목 단서에 따른 면적기준을 충족하지 않은 통합 가로주택정비사업의 경우 관리지역의 면적 상한인 10만 제곱미터(각주: 소규모주택정비법 시행령 제38조의2제1항 전단 및 같은 법 시행령 제43조의2제1항 전단 및 같은 법 시행령 제38조의2제1호 참조)까지 그 사업시행구역 면적으로 할 수 있게 되어 통합을 하지 않는 경우의 사업시행구역 면적 최대한도인 2만 제곱미터의 다섯 배에 이르는 대규모의 정비사업까지도 소규모주택정비법이 적용된다는 결론에 이르게 되는바, 이는 소규모주택정비법에 따른 소규모주택정비사업의 활성화를 위하여 특례 규정을 마련한 같은 법의 입법취지에 어긋납니다.

아울러 도시정비법에 따른 정비사업의 적용대상이 되는 하나의 지역을 소규모주택정비사업 면적기준을 충족하는 수개의 사업시행구역으로 자의적으로 분할한 후, 주로 하나의 가로주택정비사업으로 통합하여 사업을 시행하는 등의 방법으로 도시정비법에 따른 규율을 회피하고, 소규모주택정비법에 따른 지원 및 건축 특례(각주: 소규모주택정비법 제44조, 제48조, 제49조의2 등 참조)를 부당하게 적용받는 폐해를 방지할 필요가 있다는 점도 이 사안을 해석할 때 고려할 필요가 있습니다.

따라서 이 사안의 경우, 통합 가로주택정비사업의 사업시행구역의 면적도 소규모주택정비법 시행령 제3조제1항제2호가목 단서에 따라 2만 제곱미터 미만으로 제한됩니다.

※ 법령정비 권고사항

소규모주택정비법 제48조제5항에 따라 사업시행구역을 통합하는 경우, 그 사업시행구역 면적기준 등에 의해 오해 소지가 없도록 관련 규정을 명확하게 규정할 필요가 있습니다.

〈관계 법령〉

○ 빈집 및 소규모주택 정비에 관한 특례법

제48조 (건축규제의 완화 등에 관한 특례) ① ~ ④ (생 략)

⑤ 시장·군수등 또는 토지주택공사등은 관리지역에서 거점사업을 시행하는 경우 대통령령으로 정하는 바에 따라 서로 연접한 사업시행구역 하나의 사업시행구역으로 통합하여 시행할 수 있다.

⑥ 제5항에 따라 서로 연접한 사업시행구역 하나의 사업시행구역으로 통합하여 시행하는 경우에는 제49조제1항에 따른 공공임대주택의 임대주택 비율을 해당 사업시행구역마다 적용하지 아니하고 전체 사업시행구역의 전부 또는 일부를 대상으로 통합하여 적용할 수 있다.

○ 빈집 및 소규모주택 정비에 관한 특례법 시행령

제3조 (소규모주택정비사업 대상 지역) ① 법 제2조제1항제3호 각 목 외의 부분에서 "노후·불량건축물의 밀집 등 대통령령으로 정하는 요건에 해당하는 지역 또는 가로구역(街路區域)"이란 다음 각 호의 구분에 따른 지역을 말한다.
  1. (생 략)
  2. 가로주택정비사업: 가로구역의 전부 또는 일부로서 다음 각 목의 요건을 모두 갖춘 지역
    가. 해당 사업시행구역의 면적이 1만제곱미터 미만일 것. 다만, 사업시행구역이 법 제43조의2에 따라 소규모주택정비 관리계획(이하 "소규모주택정비 관리계획"이라 한다)이 승인·고시된 지역이거나 다음의 요건을 모두 갖춘 경우에는 2만제곱미터 미만으로 할 수 있다.
      1) ~ 3) (생 략)
    나.·다. (생 략)
  3.·4. (생 략)

제40조의2 (소규모주택정비 관리지역에서의 거점사업 통합 시행) ① 시장·군수등 또는 토지주택공사등은 법 제48조제5항에 따라 소규모주택정비 관리지역에서 서로 연접한 사업시행구역을 하나의 사업시행구역으로 통합하여 가로주택정비사업을 실시할 수 있다.
  ② ~ ④ (생 략)

제49조 (임대주택 건설에 따른 특례) ① 사업시행자는 빈집정비사업 또는 소규모주택정비사업의 시행으로 다음 각 호와 같이 임대주택을 건설하는 경우 「국토의 계획 및 이용에 관한 법률」 제78조에 따라 시·군조례로 정한 용적률에도 불구하고 다음 각 호에 따른 용적률의 상한까지 건축할 수 있다. <개정 2023. 4. 18.>
  1. 공공임대주택 또는 공공지원민간임대주택을 임대주택 비율이 100분의 20 이상의 범위에서 시·도조례로 정하는 비율

이상이 되도록 건설하는 경우: 「국토의 계획 및 이용에 관한 법률」 제78조 및 관계 법령에 따른 용적률의 상한(이하 "법적상한용적률"이라 한다)

2. 공공임대주택을 임대주택 비율이 100분의 10 이상 100분의 20 미만에 되도록 건설하는 경우: 임대주택 비율에 비례하여 시·도조례로 정하는 방법에 따라 산정된 용적률의 상한

② 사업시행자가 공공임대주택을 임대주택 비율이 100분의 10 이상이 되도록 건설하고 제1항에 따라 용적률을 완화받은 경우 그 공공임대주택을 국토교통부장관, 시·도지사, 시장·군수등, 토지주택공사등 또는 주택도시기금이 출자한 100분의 50을 초과하여 출자한 「부동산투자회사법」에 따른 부동산투자회사(이하 이 조에서 "인수자"라 한다)에 공급하여야 한다. <신설 2019. 4. 23., 2020. 8. 18., 2022. 2. 3., 2023. 4. 18.>

③ 사업시행자는 다음 각 호의 어느 하나에 해당하는 경우 건축설계가 확정되기 전에 미리 세대면적, 세대수 등 임대주택에 관한 사항을 인수자와 협의한 후 이를 사업시행계획서에 반영하여야 한다. <신설 2019. 4. 23., 2022. 2. 3.>

제41조 (임대주택 건설에 따른 특례) ① 법 제49조제2항에 따른 공공임대주택의 공급에 대한 우선 순위는 다음 각 호의 순서에 따른다. <개정 2022. 8. 2.>

1. 시·도지사
2. 시장·군수 또는 자치구의 구청장
3. 토지주택공사등
4. 주택도시기금이 총지분의 100분의 50을 초과하여 출자한 「부동산투자회사법」에 따른 부동산투자회사

② 토지주택공사등은 법 제17조제3항 또는 제18조제1항에 따라 소규모주택정비사업을 시행하는 경우에는 제1항 각 호의 순위에도 불구하고 해당 사업에 따라 공급되는 공공임대주택을 우선하여 인수할 수 있다. <신설 2023. 10. 18.>

③ 시·도지사는 사업시행자가 법 제30조에

1. 공공임대주택을 건설하는 경우 2. 제2항에 따라 공공임대주택을 공급하는 경우	따른 사업시행계획서를 작성하기 전까지 법 제49조제2항에 따른 인수자(이하 이 조에서 "인수자"라 한다)가 정해지지 않은 경우에는 국토교통부장관에게 인수자 지정을 요청해야 한다. <신설 2019. 10. 22., 2023. 10. 18.> ④ 국토교통부장관은 제3항에 따라 시·도지사로부터 인수자 지정 요청을 받은 경우에는 30일 이내에 인수자를 지정하여 시·도지사에게 통보해야 하며, 시·도지사는 지체 없이 이를 시장·군수등에게 알려 그 인수자와 공공임대주택의 공급에 관하여 협의하게 해야 한다. <신설 2023. 10. 18.> ⑤ 법 제49조제4항에 따른 공공임대주택의 인수가격 산정을 위한 건축비의 산정 및 부속토지의 가격 등에 관하여는 제33조를 준용한다. 이 경우 반정정비사업으로 건설된 공공임대주택의 경우에는 제33조제1항 중 "법 제26조에 따른 심의 결과를 통지 받은 날"은 "법 제49조제2항에 따른 심의 결과를 통지 받은 날"로 본다. <신설 2023. 10. 18.>
	④ 제2항에 따른 공공임대주택의 인수가격은 건축비와 부속토지의 가격을 합한 금액을 기초로 산정하되, 사업여건 등을 고려하여 사업시행자와 인수자 간 협의로써 조정할 수 있다. <신설 2019. 4. 23., 2020. 6. 9., 2022. 2. 3.> ⑤ 제2항에 따른 공공임대주택의 공급 방법·절차, 제4항에 따른 공공임대주택의 건축비의 산정 및 부속토지의 가격 등에 관한 사항은 대통령령으로 정한다. <신설 2019. 4. 23., 2022. 2. 3.>	

⑥ 시장·군수등은 사업시행자가 제51조제1항에 따른 임대주택을 건설하는 경우 다세대주택이나 다가구주택으로 건설하는 경우 주차장 설치기준에 관하여 「주택법」 제35조에도 불구하고 대통령령으로 정하는 기준을 적용할 수 있다. <개정 2019. 4. 23., 2022. 2. 3.>

⑦ 삭제 <2023. 4. 18.>
⑧ 삭제 <2023. 4. 18.>
⑨ 삭제 <2023. 4. 18.>
⑩ 삭제 <2023. 4. 18.>

⑥ 법 제49조제6항에서 "대통령령으로 정하는 기준"이란 세대당 주차대수 0.6대(세대당 주거전용면적이 30제곱미터 미만인 경우에는 0.5대) 이상을 말한다. <개정 2019. 10. 22., 2023. 10. 18.>

사업시행자가 전체 세대수의 10퍼센트 이상을 건설하고 제1항에 따라 용적률을 완화 받은 경우 그 임대주택을 국토교통부장관, 시·도지사, 시장·군수등, 토지주택공사등 또는 주택도시기금이 출자지분이 100분의 50을 초과하여 「부동산투자회사법」에 따른 부동산투자회사에 공급하여야 한다(제49조 제2항)

사업시행자는 공공임대주택을 건설하거나 부동산투자회사에 임대주택을 공급하는 경우 건축설계가 확정되기 전에 미리 세대면적, 세대수 등 임대주택에 관한 사항을 인수자와 협의한 후 이를 사업시행계획서에 반영하여야 한다(제49조 제3항)

빈집정비사업 또는 소규모주택정비사업의 시행으로 임대주택을 건설하는 경우 법적상한 상한까지 건축 가능

핵심포인트
법 제49조

제49조의2 (소규모개발사업 및 소규모재건축사업의 용적률 등에 관한 특례) ① 제2조제1항제3호라목에 따른 역세권에서 시행하는 소규모재개발사업의 시행구역은 제29조에 따른 사업시행계획인가가 있는 날부터 「국

제41조의2 (소규모재개발사업의 용적률 등에 관한 특례) ① 법 제49조의2제1항 본문에서 "대통령령으로 정하는 지역"이란 다음 각 호의 구분에 따라 각 호에서 정하는 지역을 말한다.

1. 종전 용도지역이 「국토의 계획 및 이용에 관한 법률 시행령」 제30조제1호가목(1)의 제1종일반주거지역인 경우: 같은 목 (2) 또는 제2종일반주거지역 또는 제3종일반주거지역 중 시·도조례로 정하는 용도지역

2. 종전 용도지역이 「국토의 계획 및 이용에 관한 법률 시행령」 제30조제1호가목(2)의 제2종일반주거지역인 경우: 같은 목 (3)의 제3종일반주거지역 또는 같은 호 다목의 준주거지역 중 시·도조례로 정하는 용도지역

3. 종전 용도지역이 「국토의 계획 및 이용에 관한 법률 시행령」 제30조제1호가목(3)의 제3종일반주거지역인 경우: 같은 호 다목의 준주거지역

② 제1항에 따라 용도지역을 변경하려는 사업시행자는 「국토의 계획 및 이용에 관한 법률」 제78조에 따라 시·군조례로 정한 종전 용도지역(용도지역이 변경된 경우 종전의 용도지역을 말한다)을 초과한 경우 그 초과한 용도지역의 용적률에 따른 주거지역 및 같은 조 제2항에 따라 주거지역을 세분하여 정하는 지역 중 대통령령으로 정하는 지역으로 결정·고시된 것으로 보며, 이 경우 법 제27조에 따른 통합심의를 거쳐야 한다. 다만, 시장·군수등이 지역여건 등을 고려하여 시·도조례에서 정하는 바에 따라 해당 사업시행구역의 일부를 종전 용도지역으로 그대로 유지하는 내용으로 사업시행자의 지정, 주민합의체 구성 또는 조합설립인가 고시를 한 경우에는 그러하지 아니하다. <개정 2021. 10. 19., 2023. 4. 18.>

② 제1항은 각 호의 용도지역 결정에 필요한 사항은 시·도조례로 정할 수 있다.
[본조신설 2021. 9. 17.]

제41조의3 (소규모재개발사업으로 건설하는 주택 등의 인수 절차 등) ① 법 제49조의2 제2항 전단에서 "대통령령으로 정하는 주택 등 건축물"이란 다음 각 호의 주택이나 건축물을 말한다.

1. 「공공주택 특별법 시행령」 제2조제1

제3편 빈집 및 소규모주택 정비에 관한 특례법 삼단 대비표 315

항 제2호·제3호·제3호의2 및 제4호의 국민임대주택·행복주택·통합공공임대주택 및 장기전세주택
2. 공동이용시설
3. 그 밖에 지역의 주거환경을 고려해 시·도조례로 정하는 건축물

② 법 제49조의2제8항 전단에서 "대통령령으로 정하는 임대주택"이란 제1항제1호의 주택을 말한다. <개정 2023. 10. 18.>

③ 제49조제1항에도 불구하고 소규모재건축사업을 시행하는 사업시행자는 「국토의 계획 및 이용에 관한 법률」 제78조에 따라 시·도조례로 정한 용적률에도 불구하고 제27조에 따른 통합심의를 거쳐 법적상한용적률까지 건축할 수 있다. 이 경우 사업시행자(제1항제1호에 따라 소규모재건축사업을 시행하는 경우의 사업시행자는 제외한다)는 시·도조례로 정한 용적률을 초과하는 용적률의 100분의 20 이상 100분의 50 이하로서 시·도조례로 정하는 비율에 해당하는 면적에 대행 주택을 건설하여 국토교통부장관, 시·도지사, 시장·군수등 또는 토지주택공사등에 공급하여야 한다. <신설 2023. 4. 18.>

④ 공공소규모재건축사업을 시행 또는 대행하는 공공시행자등은 법적상한용적률에도 불구하고 제27조에 따른 통합심의를 거쳐 법적상한용적률의 100분의 120까지 건축할 수 있다. <신설 2023. 4. 18.>

⑤ 공공시행자등은 제4항에 따라 법적상한용

적률을 초과하여 건축하는 경우 그 초과한 용적률의 100분의 20 이상 100분의 50 이하로서 시·도조례로 정하는 비율에 해당하는 면적에 국민주택규모 주택을 건설하여 국토교통부장관, 시·도지사, 시장·군수등 또는 토지주택공사등에 공급하여야 한다. 다만, 제18조제1항제1호에 따라 공공소규모재건축사업을 시행하는 경우에는 그러하지 아니하다. <신설 2023. 4. 18.>

⑥ 사업시행자는 제2항부터 제5항까지에 따라 「국토의 계획 및 이용에 관한 법률」 제78조에 따른 시·도조례로 정한 용적률을 초과하여 건축하려는 경우에는 건축물을 제가 확정되기 전에 미리 주택 등 건축물에 관한 사항을 시·도지사, 시장·군수등 또는 토지주택공사등과 협의한 후 이를 시·도 행정계획서에 반영하여야 한다. <신설 2023. 4. 18.>

⑦ 제2항, 제3항 또는 제5항에 따른 주택 등의 공급가격은 「공공주택 특별법」 제50조의4에 따라 국토교통부장관이 고시하는 공공건설임대주택의 표준건축비로 하며, 부속토지는 시·도지사, 시장·군수등 또는 토지주택공사등에게 기부채납한 것으로 본다. <개정 2023. 4. 18.>

⑧ 제2항, 제3항, 제5항 및 제7항에 따라 인수된 주택 등은 대통령령으로 정하는 임대주택 등으로 활용하여야 한다. 이 경우 주택 등의 인수를 위한 절차와 방법 등에 필요한 사항은 대통령령으로 정한다. <개정 2023. 4. 18.>
[본조신설 2021. 7. 20.]
[제목개정 2023. 4. 18.]

제50조 (정비지원기구) ① 국토교통부장관은 빈집정비사업 및 소규모주택정비사업의 활성화를 위하여 다음 각 호에 해당하는 기관을 정비지원기구로 지정할 수 있다. <개정 2022. 2. 3.>
1. 「한국토지주택공사법」에 따라 설립된 한국토지주택공사(이하 "한국토지주택공사"라 한다)
2. 「정부출연연구기관 등의 설립·운영 및 육성에 관한 법률」에 따라 설립된 국토연구원
3. 그 밖에 대통령령으로 정하는 공공기관

③ 법 제49조의2제8항 후단에 따른 주택 등의 인수 절차와 방법에 관하여는 제33조제2항, 제38조의6제1항 및 제41조제3항·제4항을 준용한다. <개정 2023. 10. 18.>
[본조신설 2021. 9. 17.]

제42조 (정비지원기구) ① 법 제50조제1항제3호에서 "대통령령으로 정하는 공공기관"이란 다음 각 호의 기관을 말한다. <개정 2020. 12. 8.>
1. 한국부동산원
2. 한국국토정보공사
3. 「주택도시기금법」에 따라 설립된 주택도시보증공사
4. 해당 지방자치단체의 장이 법 제50조제2항에 따른 업무를 수행할 수 있는 인력·기술 및 시설 등을 갖추었다고 인정하여 추천하는 지방공사
5. 그 밖에 국토교통부장관이 법 제50조제2항에 따른 업무를 수행할 수 있는 인력·기술 및 시설 등을 갖추었다고 인정하는 기관

② 국토교통부장관은 법 제50조제1항에 따

② 정비지원기구는 다음 각 호의 업무를 대행할 수 있다. <개정 2021. 7. 20.>
1. 빈집정비사업 및 소규모주택정비사업의 정책 지원
2. 빈집정비사업 및 소규모주택정비사업의 상담 및 교육 지원
3. 빈집정비사업 및 소규모주택정비사업의 사업시행계획 및 관리처분계획의 수립 지원
3의2. 관리계획의 수립 지원 및 소규모주택정비사업의 관리 지원
4. 그 밖에 국토교통부령으로 정하는 업무
③ 정비지원기구의 구성 및 운영 등에 관한 사항은 대통령령으로 정한다.

라. 정비지원기구를 지정한 경우 지정기관의 명칭 및 수행하는 업무의 내용 등을 고시하여야 한다.
③ 법 제50조제1항에 따라 정비지원기구로 지정된 기관의 장은 도 제2항 각 호의 사항에 관한 전년도 업무수행 결과와 해당 연도의 업무계획을 매년 2월 말일까지 국토교통부장관에게 제출하여야 한다.
④ 제2항 및 제3항에서 규정한 사항 외에 정비지원기구의 구성 및 운영 등에 필요한 사항은 국토교통부장관이 정한다.

제12조 (정비지원기구의 업무) 법 제50조제2항제4호에서 "국토교통부령으로 정하는 업무"란 다음 각 호의 업무를 말한다.
1. 빈집정비사업 및 소규모주택정비사업의 제도에 관한 조사·연구
2. 법 제4조에 따른 빈집정비계획의 수립 지원
3. 빈집정비사업의 시행을 위한 빈집의 현황 관리
4. 소규모주택정비사업의 주민합의체 구성 및 조합 설립의 지원
5. 주택(「공동주택관리법」 제2조제1항제2호에 따른 의무관리대상 공동주택은 제외한다)의 설계·시공 및 유지관리에 대한 지원
6. 빈집정비사업 및 소규모주택정비사업의 타당성 평가
7. 「주택도시기금법」 등 법령에 따른 빈

제3편 빈집 및 소규모주택 정비에 관한 특례법 심단 대비표   319

소규모주택정비사업	정비사업 및 소규모주택정비사업에 대한 융자 등의 지원
제51조 (임대관리업무 등의 지원) ① 국토교통부장관 또는 지방자치단체의 장은 빈집정비사업 또는 소규모주택정비사업의 사업시행자가 자신이 소유한 주택을 개량한 후 의무임대기간, 최초 임대료 및 연간인상률 등 대통령령으로 정하는 조건을 갖춘 임대주택을 공급하는 경우 다음 각 호의 업무(임대주택에 부속된 「건축법」 제2조에 따른 근린생활시설에 대한 임대업무를 포함한다. 이하 "임대관리업무"라 한다)를 지원할 수 있다. 1. 임대사업을 하려는 자의 모집 및 선정 2. 임대주택의 건설 및 매입 3. 임차인의 모집·입주 및 명도·퇴거 4. 임대료의 부과·징수 등의 업무 ② 국토교통부장관 또는 지방자치단체의 장은 임대관리업무를 한국토지주택공사에 위탁할 수 있다. 이 경우 위탁을 받은 한국토지주택공사는 「민간임대주택에 관한 특별법」 제7조에 따른 주택임대관리업을 하는 자에게 위탁할 수 있다. ③ 국토교통부장관 또는 지방자치단체의 장은 (제2항에 따라 임대관리업무를 위탁·수행하는 한국토지주택공사의 장을 포함한다.	제43조 (임대관리업무 등의 지원) ① 법 제51조제1항 각 호 외의 부분에서 "의무임대기간, 최초 임대료 및 연간인상률 등 대통령령으로 정하는 조건을 갖춘 임대주택"이란 다음 각 호의 요건을 모두 갖춘 임대주택을 말한다. 1. 임대의무기간이 8년 이상일 것 2. 주거전용면적이 85제곱미터 이하일 것 3. 최초 임대보증금 및 임대료는 해당 임대주택과 그 규모, 생활여건 등이 비슷한 주변 지역 주택의 임대보증금 및 임대료 이하일 것 4. 임대료 인상률이 연 5퍼센트 이하일 것 ② 법 제51조제5항에 따라 한국토지주택공사가 지원하는 임대사업자가 다음 각 호의 어느 하나에 해당하는 경우에는 임대보증금에 대한 보증에 가입하지 아니할 수 있다. 1. 한국토지주택공사가 「민간임대주택에 관한 특별법」 제2조제10호가목의 자기관리형 주택임대관리업의 방식으로 지원하는 경우 임대사업자가 임대보

이하 이 조에서 같다)은 임대관리업무를 수행하기 위하여 입주자 자격의 확인 등이 필요한 경우 「주택법」 제55조에 따른 자료 또는 정보의 제공을 관계 행정기관의 장에게 요청할 수 있다. 이 경우 관계 기관의 장은 특별한 사유가 없으면 이에 따라야 한다.

④ 국토교통부장관 또는 지방자치단체의 장은 임대관리업무를 효율적으로 지원하기 위하여 「민간임대주택에 관한 특별법」 제60조에 따른 임대주택정보체계와 연계하거나 활용할 수 있다.

⑤ 제1항 및 제2항에 따라 한국토지주택공사가 지원하는 임대사업자는 「민간임대주택에 관한 특별법」 제49조제1항에도 불구하고 대통령령으로 정하는 바에 따라 임대보증금에 대한 보증에 가입하지 아니할 수 있다.

⑥ 국토교통부장관은 제1항에 따른 임대주택을 공급하는 자가 한국토지주택공사 외의 자에게 임대관리업무를 맡기려는 경우에는 해당 업무를 맡기려는 자에게 임대인 및 임차인의 권리보호를 위하여 보증상품에 가입할 것을 요구할 수 있다.

⑦ 제1항에 따른 임대관리업무의 지원에 필요한 기준·방법 및 절차 등에 관한 사항은 대통령령으로 정한다.

종금에 대하여 전세권을 설정하는 경우
2. 임대사업자가 임대보증금을 수령하지 아니하는 경우

③ 제1항 및 제2항에서 규정한 사항 외에 법 제51조제1항에 따른 임대관리업무의 지원에 필요한 기준·방법 및 절차에 관한 사항은 국토교통부장관이 정한다.

핵심포인트		
법 제51조		자기소유 주택을 개량한 후 의무임대기간, 최초 임대료 및 연간인상률 등 조건을 갖춘 임대주택으로 공급하는 경우 임대관리업무 지원
제5장 보 칙	제5장 보 칙	
제52조 (빈집정비사업의 지침고시 등) ① 국토교통부장관은 시장·군수등이 빈집정비사업을 효율적이고 체계적으로 추진할 수 있도록 다음 각 호의 어느 하나에 해당하는 사항에 대하여 지침을 정하여 고시할 수 있다. 1. 빈집정비계획의 수립 2. 빈집실태조사의 방법 및 기준 3. 빈집의 절거 및 관리 4. 그 밖에 대통령령으로 정하는 사항 ② 국토교통부장관은 제1항에 따른 내용의 이행 여부를 점검하기 위하여 시장·군수등에게 자료 또는 정보의 제공을 요청하거나 보고를 하게 할 수 있다. 이 경우 시장·군수등은 특별한 사유가 없으면 이에 따라야 한다. ③ 국토교통부장관은 빈집의 정비 및 활용에 관한 정책의 수립 등을 위하여 필요한 경우 관계 중앙행정기관의 장, 지방자치단체의 장 또는 공공기관의 장에게 빈집정보와		제44조 (빈집정비사업의 지침) 법 제52조제1항제4호에서 "대통령령으로 정하는 사항"이란 다음 각 호의 사항을 말한다. 1. 빈집의 판단기준 및 유형 2. 빈집정보시스템의 구축 및 운영 3. 빈집정비사업의 시행방법 4. 빈집정비사업의 지원 대상 및 범위 5. 그 밖에 빈집정비사업의 추진에 필요한 사항

관련한 자료의 제출을 요청할 수 있다. 이 경우 요청을 받은 기관의 장은 특별한 사유가 없으면 이에 따라야 한다.

제53조 (기술지원 및 정보제공) ① 시장·군수등은 빈집정비사업 및 소규모주택정비사업의 활성화를 위하여 사업시행자 등에게 다음 각 호에 해당하는 기술지원 및 정보제공을 할 수 있다.
1. 주택의 설계·시공·유지관리(「공동주택관리법」 제2조제1항제2호에 따른 의무관리대상 공동주택은 제외한다)
2. 주민합의체의 구성 및 조합의 설립
3. 사업시행계획 및 관리처분계획의 수립
4. 그 밖에 시·도조례로 정하는 사항

② 시장·군수등은 제1항에 따른 기술지원 및 정보제공을 효율적으로 수행하기 위하여 다음 각 호의 어느 하나에 해당하는 센터를 활용할 수 있다.
1. 「도시재생 활성화 및 지원에 관한 특별법」 제11조에 따라 설치된 도시재생지원센터
2. 「주거기본법」 제22조에 따라 설치된 주거복지센터
3. 「건축법」 제35조의2에 따라 설치된 주택관리지원센터

4. 「장애인・고령자 등 주거약자 지원에 관한 법률」 제17조에 따라 설치된 주거지원센터
5. 그 밖에 지방자치단체의 조례에 따라 제1호부터 제4호까지와 유사한 목적으로 설치된 센터

제54조 (감독 등) ① 시・도지사는 소규모주택정비사업의 추진실적을 분기별로 국토교통부장관에게, 시장・군수 및 자치구의 구청장은 특별시장・광역시장 또는 도지사에게 보고하여야 한다.

② 국토교통부장관, 시・도지사, 시장・군수 및 자치구의 구청장은 정비사업의 원활한 시행을 위하여 감독이 필요한 때에는 사업시행자・정비사업전문관리업자・철거업자・설계자 및 시공자 등 이 법에 따른 업무를 하는 자에게 국토교통부령으로 정하는 내용에 따라 보고 또는 자료의 제출을 명할 수 있으며 소속 공무원에게 그 업무에 관한 사항을 조사하게 할 수 있다. <개정 2020. 6. 9.>

③ 시장・군수등 또는 토지주택공사등이 아닌 사업시행자는 「주식회사의 외부감사에 관한 법률」 제3조에 따른 감사인의 회계감사를 받아야 한다.

제13조 (감독 등) ① 법 제54조제2항에 따라 보고 또는 자료의 제출을 요구받은 자는 요구받은 날부터 15일 이내에 보고 또는 자료의 제출을 하여야 한다.

② 국토교통부장관, 시・도지사, 시장・군수 및 자치구의 구청장이 법 제54조제2항에 따라 업무에 관한 사항을 조사하게 하려는 경우 그 조사를 받을 자에게 조사 3일 전까지 조사일시 및 목적 등을 통지하여야 한다.

③ 법 제54조제2항에 따라 업무에 관한 사항을 조사하는 공무원은 별지 제13호서식의 증표를 조사받을 자에게 보여주어야 한다.

④ 국토교통부장관, 시·도지사, 시장·군수 및 자치구의 구청장은 이 법 또는 이 법에 따른 명령·처분이나 사업시행계획서에 위반되었다고 인정되는 때에는 소규모주택정비사업의 적정한 시행을 위하여 필요한 범위에서 사업시행계획인가 취소 등의 조치를 취할 수 있다. 이 경우 국토교통부장관, 시·도지사, 시장·군수 및 자치구의 구청장은 관계 공무원 및 전문가로 구성된 점검반을 구성하여 소규모주택정비사업 현장조사를 통하여 분쟁의 조정, 위법사항의 시정요구 등 필요한 조치를 할 수 있다.

⑤ 사업시행자(조합의 경우 청산인을 포함한다. 조합임원, 토지등소유자의 경우 주민입학제 대표자를 말한다. 이하 이 조에서 같다)는 소규모주택정비사업의 시행에 관한 서류 및 관련 자료가 작성되거나 변경된 후 15일 이내에 이를 조합원, 토지등소유자 또는 세입자가 알 수 있도록 인터넷과 그 밖의 방법을 병행하여 공개하여야 한다. 이 경우 사업시행자는 조합원, 토지등소유자가 서류 및 관련 자료에 대하여 열람·복사 요청을 한 경우 15일 이내에 그 요청에 따라야 한다. <개정 2022. 2. 3.>

⑥ 사업시행자 또는 정비사업전문관리업자는 제5항에 따른 서류 및 관련 자료와 총회 제44조의2 (속기록 등의 보관) 법 제54조제6항에 의해서 "대통령령으로 정하는 회의"란 다음

각 호의 사항을 논의하거나 결의하는 조합 총회·대의원회 및 이사회를 말한다.
1. 용역 계약(변경계약을 포함한다) 및 업체의 선정
2. 주민합의체 대표자의 선임 및 해임
3. 조합 임원 및 대의원의 선임·해임 및 징계
4. 토지등소유자 및 조합원의 자격
[본조신설 2022. 8. 2.]

또는 중요한 회의(조합원 또는 토지등소유자의 비용부담을 수반하거나 권리·의무의 변동을 발생시키는 경우로서 대통령령으로 정하는 회의를 말한다)가 있을 때에는 속기록·녹음 또는 영상자료를 만들어 청산 시까지 보관하여야 한다. <개정 2022. 2. 3.>
⑦ 시장·군수등 또는 토지주택공사등이 아닌 사업시행자는 소규모주택정비사업을 완료하거나 폐지한 때에는 시·도조례로 정하는 바에 따라 관계 서류를 시장·군수등에게 인계하여야 한다. <신설 2022. 2. 3.>
⑧ 누구든지 주민합의체 대표자, 조합임원의 선임 또는 시공자, 설계자, 정비사업전문관리업자의 선정과 관련하여 다음 각 호의 행위를 하여서는 아니 된다. <개정 2019. 8. 20., 2022. 2. 3.>
1. 금품, 향응 또는 그 밖의 재산상 이익을 제공하거나 제공의사를 표시하거나 제공을 약속하는 행위
2. 금품, 향응 또는 그 밖의 재산상 이익을 제공받거나 제공의사 표시를 승낙하는 행위
3. 제3자를 통하여 제1호 또는 제2호에 해당하는 행위를 하는 행위

제55조 (다른 법률의 인·허가등의 의제 등) ① 사업시행자가 제12조 및 제29조에 따라 사업시행계획인가를 받은 때(시장·군수등이 직접 빈집정비사업 또는 소규모주택정비사업을 시행하는 경우에는 사업시행계획서를 작성한 때를 말한다. 이하 이 조에서 같다)에는 다음 각 호의 인·허가등이 있은 것으로 보며, 제12조제3항 및 제29조제5항에 따른 사업시행계획인가의 고시가 있은 때에는 다음 각 호의 관계 법률에 따른 인·허가등의 고시·공고 등이 있은 것으로 본다. <개정 2023. 4. 18.>

1. 「주택법」 제15조에 따른 사업계획의 승인

2. 「공공주택 특별법」 제35조에 따른 주택건설사업계획의 승인

3. 「건축법」 제11조에 따른 건축허가, 같은 법 제20조에 따른 가설건축물의 건축허가 또는 축조신고, 같은 법 제29조에 따른 건축협의 및 같은 법 제77조의6에 따른 건축협정 인가

4. 「도로법」 제36조에 따른 도로관리청이 아닌 자에 대한 도로공사 시행의 허가 및 같은 법 제61조에 따른 도로의 점용 허가

5. 「수도법」 제17조에 따른 일반수도사업의 인가 및 같은 법 제52조 또는 제54조에 따른 전용상수도 또는 전용공업용수도 설치의 인가

6. 「하수도법」 제16조에 따른 공공하수도 사업의 허가 및 같은 법 제34조제2항에 따른 개인하수처리시설의 설치신고

7. 「국유재산법」 제30조에 따른 사용허가

8. 「공유재산 및 물품 관리법」 제20조에 따른 사용·수익허가

9. 「공간정보의 구축 및 관리 등에 관한 법률」 제86조제1항에 따른 사업의 착수·변경 신고

10. 「국토의 계획 및 이용에 관한 법률」 제30조에 따른 도시·군관리계획(같은 법 제2조제4호가목·다목 및 마목의 계획 중 같은 법 제51조제1항에 따른 지구단위계획구역 및 지구단위계획만 해당한다)의 결정, 같은 법 제56조에 따른 개발행위의 허가, 같은 법 제86조에 따른 도시·군계획시설사업 시행자의 지정 및 같은 법 제88조에 따른 실시계획의 인가

11. 「전기안전관리법」 제8조에 따른 자가용전기설비공사계획의 인가 및 신고

12. 「소방시설 설치 및 관리에 관한 법률」 제6조제1항에 따른 건축허가등의

동의, 「위험물안전관리법」 제6조제1항에 따른 제조소등의 설치의 허가(제조소등은 공장건축물 또는 그 부속시설과 관계있는 것으로 한정한다)

13. 「사도법」 제4조에 따른 사도의 개설 등의 허가

② 사업시행자가 관리지역에서 소규모주택정비사업의 사업시행계획인가를 받은 때에는 제1항에 따른 인·허가등 외에 다음 각 호의 인·허가등이 있은 것으로 보며, 제29조제5항에 따라 사업시행계획인가를 한 때에는 다음 각 호의 관계 법률에 따른 인·허가등의 고시·공고 등이 있은 것으로 본다. <신설 2021. 7. 20.>

1. 「도시 및 주거환경정비법」 제9조에 따른 정비계획의 수립 및 변경

2. 「도시재생 활성화 및 지원에 관한 특별법」 제20조에 따른 도시재생활성화계획의 수립 및 변경

③ 사업시행자가 공장이 포함된 구역에 대하여 소규모재개발사업의 사업시행계획인가를 받은 때에는 제1항에 따른 인·허가등 외에 다음 각 호의 인·허가등이 있은 것으로 보며, 제29조제5항에 따라 사업시행계획인가를 고시한 때에는 다음 각 호의 관계 법률에 따른 인·허가등의 고시·공고

고 등이 있은 것으로 본다. <신설 2021. 7. 20.>
1. 「산업집적활성화 및 공장설립에 관한 법률」 제13조에 따른 공장설립등의 승인 및 같은 법 제15조에 따른 공장설립 등의 완료신고
2. 「폐기물관리법」 제29조제2항에 따른 폐기물처리시설의 설치승인 또는 설치신고(변경승인 또는 변경신고를 포함한다)
3. 「대기환경보전법」 제23조, 「물환경보전법」 제33조 및 「소음·진동관리법」 제8조에 따른 배출시설 설치의 허가 및 신고

④ 사업시행자는 제1항부터 제3항까지에 따른 인·허가등의 의제를 받으려는 경우에는 사업시행계획인가를 신청하는 때에 해당 법률에서 정하는 관계 서류를 함께 제출하여야 한다. 다만, 사업시행계획인가를 신청한 때에 시공자가 선정되어 있지 아니하여 관계 서류를 제출할 수 없거나 제6항에 따라 사업시행계획인가를 하는 경우에는 시장·군수등이 정하는 기한까지 제출할 수 있다. <개정 2020. 6. 9., 2021. 7. 20.>

⑤ 시장·군수등은 사업시행계획인가를 하거나 사업시행계획서를 작성하는 경우 제1항

부터 제3항까지에 따라 의제되는 인·허가 등에 해당하는 사항이 있는 때에는 미리 관계 행정기관의 장과 협의하여야 하며, 협의를 요청받은 관계 행정기관의 장은 요청받은 날(제4항 단서의 경우에는 서류가 관계 행정기관의 장에게 도달된 날을 말한다)부터 20일 이내에 의견을 제출하여야 한다. 관계 행정기관의 장이 20일 이내에 의견을 제출하지 아니한 경우에는 협의된 것으로 본다. <개정 2021. 7. 20.>

⑥ 시장·군수등은 제5항에도 불구하고 전재지변이나 그 밖의 불가피한 사유로 긴급히 사업을 시행할 필요가 있다고 인정하는 경우에는 관계 행정기관의 장과 협의를 마치기 전에 사업시행계획인가를 할 수 있다. 이 경우 협의를 마칠 때까지는 제1항부터 제3항까지의 규정에 따른 인·허가등을 받은 것으로 보지 아니한다. <개정 2021. 7. 20.>

⑦ 제1항부터 제3항까지의 규정에 따라 사업에 대하여 다른 법률에 따른 인·허가등을 받은 것으로 보는 경우에는 관계 법률 또는 시·도조례에 따라 해당 인·허가등에 대가로 부과되는 수수료와 해당 국유지·공유지의 사용 또는 점용에 따른 사용료 또는 점용료를 면제한다. <개정 2021. 7. 20.>

제56조(「도시 및 주거환경정비법」의 준용)

① 토지등소유자의 동의방법 등에 관하여는 「도시 및 주거환경정비법」 제27조, 제36조 및 제37조를, 가로주택정비사업, 소규모재건축사업 및 소규모재개발사업의 사업대행자 지정에 관하여는 같은 법 제28조를, 조합의 법인격·정관·임원 등에 관하여는 같은 법 제38조 및 제40조부터 제46조까지를, 주민대표회의 및 토지등소유자 전체회의 등에 관하여는 같은 법 제47조 및 제48조를, 정비기반시설 기부채납 기준 등에 관하여는 같은 법 제51조를, 용적률 상한 등에 관하여는 같은 법 제54조를, 시장·군수등의 사업시행계획인가 및 사업시행계획서 작성 등에 관하여는 같은 법 제56조 및 제58조를, 시공보증에 관하여는 같은 법 제82조, 준공인가 및 공사완료의 절차 및 방법 등에 관하여는 같은 법 제83조 및 제85조를, 소유권을 이전한 경우의 대지 및 건축물에 대한 권리 확정 등에 관하여는 같은 법 제87조를, 청산금의 징수방법 등에 관하여는 같은 법 제90조를, 부과금 및 연체료의 부과·징수 등에 관하여는 같은 법 제93조를, 정비기반시설 관리자의 비용부담 및 귀속 등에 관하여는 같은 법 제94조 및 제97조를, 정비사업전문관리업자에

관하여는 같은 법 제102조부터 제110조까지를, 소규모주택정비사업의 감독 등에 관하여는 같은 법 제111조부터 제113조까지, 제124조 및 제125조를, 조합임원 등에 대한 교육, 토지등소유자의 설명의무 등에 관하여는 같은 법 제115조, 제120조부터 제122조까지를 준용한다. 이 경우 "재개발사업"은 "자율주택정비사업, 가로주택정비사업 또는 소규모재건축사업"으로, "재건축사업"은 "소규모재건축사업"으로 본다. <개정 2022. 2. 3.>

② 다음 각 호의 경우에는 「도시 및 주거환경정비법」을 준용하되, 소규모주택정비사업의 특성 및 특별히 규모 등을 고려하여 특별히 규정하여야 할 사항은 대통령령으로 다르게 정할 수 있다. <개정 2021. 7. 20.>

1. 재산 또는 권리 평가 등에 관하여는 같은 법 제74조를 준용한다. 이 경우 "재건축사업"은 "소규모주택정비사업"으로, "조합총회"는 "조합총회, 주민합의체 회의, 주민대표회의 또는 토지등소유자 전체회의"로 본다.

2. 국유·공유재산의 처분 등에 관하여는 같은 법 제98조를 준용한다. 이 경우 "제50조 및 제52조에 따라 인가하려는 사업시행계획 또는 직접 작성하는 사업시행계획서"는 "제29조 및 제30조에 따

라 인가하려는 사업시행계획서 또는 직접 작성하는 사업시행계획서"로, "정비구역"은 "사업시행구역"으로 본다.
③ 소규모주택정비사업에서의 지분형주택 등의 공급에 관하여는 「도시 및 주거환경정비법」 제80조를 준용한다. <신설 2021. 10. 19.>

[법령해석 1] 국토교통부 - 조합 임원의 결격사유 등에 관해 준용되는 「도시 및 주거환경정비법」 제43조제1항제5호의 범위(「빈집 및 소규모주택 정비에 관한 특례법」 제56조 등 관련)

안건번호 23-0473   회신일자 2023-07-25

1. 질의요지

「빈집 및 소규모주택 정비에 관한 특례법」(이하 "소규모주택정비법"이라 함) 제23조에 따른 조합을 말하며, 이하 "소규모주택정비조합"이라 함)의 법인격·정관·임원 등에 관하여는 「도시 및 주거환경정비법」(이하 "도시정비법"이라 함) 제38조 및 제40조부터 제46조까지를 준용한다고 규정하고 있고, 도시정비법 제43조제1항제5호에서는 조합임원(같은 법 제41조에 따른 조합의 임원을 말하며, 이하 "도시정비조합임원"이라 함) 또는 전문조합관리인이 될 수 없는 자의 하나로 "이 법을 위반하여 벌금 100만원 이상의 형을 선고받고 10년이 지나지 아니한 자"를 규정하고 있는바, 소규모주택정비법 제56조제1항에 따라 소규모주택정비조합 임원의 결격사유에 관하여 도시정비법 제43조제1항제5호를 준용하는 경우에 "이 법"은 소규모주택정비법만을 의미하는지, 아니면 소규모주택정비법과 도시정비법을 모두 의미하는지?(각주: 소규모주택정비법 시행(2018. 2. 9.) 이후 도시정비법을 위반한 경우를 전제함.)

2. 회답

소규모주택정비법 제56조제1항에 따라 소규모주택정비조합 임원의 결격사유에 관하여 도시정비법 제43조제1항제5호를 준용하는 경우에 "이 법"은 소규모주택정비법만을 의미함니다.

3. 이유

"준용"이란 어떤 사항을 규율하기 위하여 만들어진 법규를 그것과 유사하나 성질이 다른 사항에 대하여 필요한 약간의 수정을 가하여 적용하는 것을 의미하므로(주: 법제처 2019. 10. 25. 회신 19-0335 해석례 참조), 소규모주택정비법 제56조제1항 전단에서 소규모주택정비조합의 법인격・정관・임원 등에 관하여 도시정비법 제35조에 따른 조합(이하 "도시정비조합"이라 함)의 법인격・정관・임원 등에 관한 규정(주: 도시정비법 제38조 및 제40조부터 제46조까지를 준용하도록 한 것은 소규모주택정비조합과 유사한 도시정비법의 규정을 소규모주택정비조합의 성질에 맞게 적용하여 적용하도록 한 규정으로서, 도시정비법 제43조제1항제5호에서 도시정비조합의 결격사유 중 하나로 '이 법을 위반하여 벌금 100만원 이상의 형을 선고받고 10년이 지나지 아니한 자'에서의 "이 법"은 도시정비조합의 임원에 관한 것입니다. 해당 규정이 소규모주택정비조합의 임원에 관해 준용될 때의 "이 법"은 소규모주택정비법에 관하여 규율하는 "소규모주택정비법"을 지칭하는 것으로 해석해야 할 것입니다.

그리고 소규모주택정비법은 구 도시정비법(주: 2017. 2. 8. 법률 제14567호로 전부개정되어 2018. 2. 9. 시행되기 전의 것을 말함.)에서 규정하고 있던 정비사업 중 가로주택 정비사업 등 소규모주택 정비사업을 이관받아 사업절차를 간소화하고 특례규정을 신설하는 등 소규모주택 정비를 활성화하기 위해 제정된 법률(주: 2017. 2. 8. 법률 제14569호로 제정되어 2018. 2. 9. 시행된 것을 말함.)인 반면, 도시정비법은 소규모주택 이외의 정비사업에 관해 필요한 사항을 규정하기 위한 법률로서 그 입법목적과 규율대상을 달리하는 점, 소규모주택정비법에 따른 소규모주택정비사업과 도시정비법에 따른 정비사업은 사업의 목적, 내용 및 절차 등이 다를 뿐더러 그 성격을 달리하는 것으로 보아야 할 것이라는 점을 고려할 때, 소규모주택정비법 제56조제1항 전단에서 소규모주택정비조합 임원의 결격사유에 관하여 도시정비법 제43조제1항제5호를 준용하는 것은 소규모주택정비법을 위반하여 벌금 100만원 이상의 형을 선고받고 10년이 지나지 아니한 경우를 결격사유로 하려는 취지이지, 소규모주택정비사업이 아닌 정비사업에 관해 「도시정비법」을 위반한 경우까지도 소규모주택정비조합 임원의 결격사유로 하려는 취지라고는 볼 수 없는바, 준용되는 "이 법"을 확대해석하여 도시정비법을 위반하여 벌금 100만원 이상의 형을 선고받은 경우까지를 소규모주택조합 임원의 결격사유로 볼 수는 없다고 할 것입니다.

아울러 결격사유는 특정 법률관계의 당사자의 자격을 취득할 수 없거나 직업을 영위할 수 없게 하여 일정한 분야의 특정 활동을 하는 사람의 자유 등 사회생활활동의 자유나 경제생활의 자유 등 사회생활활동의 자유 등 사회생활상의 자유를 보장하는 기본권인 직업선택의 자유 등 사회생활활동의 자유를 본질적으로 제한하는 데에 해당하게 되므로(주: 법제처 2013. 9. 17. 회신 13-0411 해석례 참조) 결격사유 규정은 문언에 따라 엄격하게 해석하여 합리적 이유 없이 확장해석해서는 안 된다는 점(주: 법제처 2021. 7. 20. 회신 21-0420 해석례 참조)도 이 사안을 해석할 때 고려해야 합니다.

따라서 소규모주택정비법 제56조제1항에 따라 소규모주택정비조합 임원의 결격사유에 관하여 도시정비법 제43조제1항제5호를 준용하는 경우에 있어서 "이 법"은 소규모주택정비법만을 의미합니다.

<관계 법령>

○ 빈집 및 소규모주택 정비에 관한 특례법

제56조 (「도시 및 주거환경정비법」의 준용) ① 토지등소유자의 동의방법 등에 관하여는 「도시 및 주거환경정비법」 제27조, 제36조 및 제37조를, 가로주택정비사업, 소규모재건축사업 및 소규모재개발사업의 사업대행자 지정에 관하여는 같은 법 제28조를, 조합의 법인격·정관·임원 등에 관하여는 같은 법 제38조 및 제40조부터 제46조까지를, 토지등소유자 전체회의 등에 관하여는 같은 법 제47조 및 제48조를, (중간 생략) 조합임원 등에 대한 교육, 토지등소유자의 설명의무 등에 관하여는 같은 법 제115조, 제120조부터 제122조까지를 준용한다. 이 경우 "재개발사업"은 "자율주택정비사업, 가로주택정비사업 또는 소규모재개발사업"으로, "재건축사업"은 "소규모재건축사업"으로 본다.

② · ③ (생 략)

○ 도시 및 주거환경정비법

제43조 (조합임원 등의 결격사유 및 해임) ① 다음 각 호의 어느 하나에 해당하는 자는 조합임원 또는 전문조합관리인이 될 수 없다.

1. ~ 4. (생 략)

5. 이 법을 위반하여 벌금 100만원 이상의 형을 선고받고 10년이 지나지 아니한 자

② ~ ⑤ (생 략)

[법령해석 2] 민원인 - 소규모재건축사업을 위한 조합 설립 시 시장·군수등이 검인한 서면동의서를 사용해야 하는지 여부(「빈집 및 소규모주택 정비에 관한 특례법」 제56조 관련)

안건번호 18-0368   회신일자 2018-10-02

1. 질의요지

「빈집 및 소규모주택 정비에 관한 특례법」 제23조제2항에 따라 소규모재건축사업을 하려는 토지등소유자[주석: 「빈집 및 소규모주택 정비에 관한 특례법」 제2조제6호나목에 따른 소규모재건축사업의 사업시행구역에 위치한 건축물 및 그 부속토지의 소유자를 말하며, 이하 같음]가 조합을 설립하기 위해 필요한 동의를 서면동의서에 받으려는 경우 같은 법 제36조 제3항에 따라 특별자치시장·특별자치도지사·시장·군수 또는 자치구의 구청장(이하 "시장·군수등"이라 함)이 검인(檢印)한 서면동의서를 사용해야 하는지?

2. 회답

이 사안의 경우 시장·군수등이 검인한 서면동의서를 사용해야 합니다.

3. 이유

「빈집 및 소규모주택 정비에 관한 특례법」(이하 "소규모주택정비법"이라 함) 제25조제1항 및 같은 법 시행령 제20조에서는 제3편 빈집 및 소규모주택 정비에 관한 특례법 심단 대비표   337

소규모주택정비사업

조합의 설립에 관해 토지등소유자의 동의를 받는 방법에 관한 규정하면서도 같은 법 제56조에서는 토지등소유자의 동의방법 등에 관하여는 「도시 및 주거환경정비법」(이하 "도시정비법"이라 함) 제36조를 준용한다고 규정하고 있는바, 준용이란 특정한 부문을 그와 유사한 규율 대상에 대해 그 성질이 허용하는 한도에서 다소 수정해 적용하는 것을 의미하므로 소규모주택정비법에서 토지등소유자의 동의방법에 관해 규정하고 있지 않은 사항에 대해서는 도시정비법 제36조에서 정하고 있는 내용이 적용됩니다.

그런데 도시정비법 제36조제3항에서는 재건축사업의 추진을 위해 조합을 설립하는 경우에는 시장·군수등의 검인을 받은 동의서를 사용해야 하고 검인을 받지 않은 서면동의서는 그 효력이 발생하지 않는다고 규정하고 있으며, 그 위임을 받은 법 시행령 제34조제2항에서는 동의서 검인 신청을 받은 시장·군수등은 해당 동의서에 연번을 부여한 후 검인을 해야 한다고 규정하면서 법 시행규칙 제6호서식에서는 동의서 양식에 "행정기관이 부여한 일련번호" 및 "일련변호"를 기재란을 두고 있습니다.

그리고 소규모주택정비법 제25조제1항 및 같은 법 시행령 제20조에서는 조합의 설립에 관하여 토지등소유자의 동의를 받는 방법에 관하여 규정하면서 앞서 살펴본 도시정비법령과 달리 시장·군수등이 동의서에 연번을 부여한 후 검인을 하도록 명시적으로 규정하고 있지는 않으나, 같은 법 시행령 제20조제2항이 임의 따른 법 시행규칙 별지 제12호서식에서는 조합 설립 동의서 양식에 "도시 및 주거환경정비법 시행규칙」 별지 제6호서식의 같이 "행정기관이 부여한 일련번호" 및 "일련변호" 기재란을 두고 있는바, 이러한 소규모주택정비법 및 소규모주택정비법령은 도시정비법 제36조제3항을 준용하는 것을 전제로 해당 서식에 "행정기관이 부여한 일련번호" 및 "일련변호" 기재란을 둔 것으로 보아야 할 것입니다.

또한 도시정비법 제36조제3항에 따른 시장·군수등의 검인을 받은 동의서의 사용 의무는 정비사업을 추진하는 과정에서 배치 동의서의 사용, 동의서의 위조·변조 등과 관련한 분쟁을 예방하려는 구회 국토교통위원회 신설된 것인바,[주석: 2015. 10. 19. 의안번호 제1917261호로 발의된 도시 및 주거환경정비법 일부개정법률안 국회 국토교통위원회 심사보고서 참조] 소규모주택정비법에 따른 소규모재건축사업도 도시정비법에 따른 정비사업과 그 성질이 같은 것으로[주석: 소규모주택정비법은 빈집의 체계적 정비를 위한 제도적 근거를 마련하기 위해 도시정비법에서 규정하고 있던 가로주택정비사업 등을 이관하여 제정한 것임. 법률 제14569호 소규모주택정비법 제정이유서 참조] 소규모재건축사업을 추진하는 경우에도 이러한 배치동의서의 사용 등과 관련한 분쟁이 발생할 수 있다는 점을 고려하면 소규모주택정비법 제36조에서 정한 사항은 도시정비법 제36조에서 정한 사항이 준용된다고 보는 것이 소규모주택정비법 제56

조의 입법 취지에도 부합합니다.

< **관계법령** >

○ 「빈집 및 소규모주택 정비에 관한 특례법」

제23조 (조합설립인가 등) ① (생 략)

② 소규모재건축사업의 토지등소유자는 조합을 설립하는 경우 주택단지의 공동주택의 각 동(복리시설의 경우에는 주택단지의 복리시설 전체를 하나의 동으로 본다)별 구분소유자의 과반수 동의(공동주택의 각 동별 구분소유자가 5명 이하인 경우는 제외한다)와 주택단지의 전체 구분소유자의 4분의 3 이상 및 토지면적의 3분의 2 이상의 토지소유자 동의를 받아 제1항 각 호의 사항을 첨부하여 시장·군수등의 인가를 받아야 한다.

제56조 (「도시 및 주거환경정비법」의 준용) 토지등소유자의 동의방법 등에 관하여는 「도시 및 주거환경정비법」 제27조 및 제36조를, 조합의 법인격·정관·임원 등에 관하여는 같은 법 제38조 및 제40조부터 제46조까지를, 주민대표회의 및 토지등소유자 전체회의 등에 관하여는 같은 법 제47조 및 제48조를, 정비기반시설 기부채납 기준 등에 관하여는 같은 법 제51조를, 용적률 상한 등에 관하여는 같은 법 제54조를, 시장·군수등의 사업시행계획인가 및 사업시행계획서 작성 등에 관하여는 같은 법 제56조 및 제58조를, 소유권 확인이 곤란한 건축물 등에 대한 처분 등에 관하여는 같은 법 제71조를, 재신 또는 권리 평가 등에 관하여는 같은 법 제74조를, 시공보증에 관하여는 같은 법 제82조를, 준공인가 및 공사완료의 절차 및 방법 등에 관하여는 같은 법 제83조 및 제85조를, 소유권을 이전한 경우의 대지 및 건축물에 대한 권리 확정 등에 관하여는 같은 법 제87조를, 청산금의 가격평가 방법 및 절차 등에 관하여는 같은 법 제89조 및 제90조를, 부과금 및 연체료의 부과·징수 등에 관하여는 같은 법 제93조를, 정비사업전문관리업자에 관하여는 같은 법 제95조 및 제97조를, 국유·공유 재산의 처분 등에 관하여는 같은 법 제98조를, 정비기반시설 관리자의 비용부담 등에 관하여는 같은 법 제102조부터 제110조까지를, 소규모주택정비사업의 감독 등에 관하여는 같은 법 제111조부터 제113조까지, 제124조 및 제125조를, 조합임원 등에 대한 교육, 토지등소유자의 설명의무 등에 관하여는 같은 법 제115조부터 제122조까지를 준용한다.

○ 「도시 및 주거환경정비법」

제36조 (토지등소유자의 동의방법 등) ① 다음 각 호에 대한 동의(동의한 사항의 철회 또는 제26조제1항제8호 단서, 제31조제2항 단서 및 제47조제4항 단서에 따른 반대의 의사표시를 포함한다)는 서면동의서에 토지등소유자가 성명을 적고 지장(指章)을 날인하는 방법으로 하며, 주민등록증, 여권 등 신원을 확인할 수 있는 신분증명서의 사본을 첨부하여야 한다.

1. ~ 7. (생 략)

8. 제35조제2항부터 제5항까지의 규정에 따라 조합을 설립하는 경우
9. ~ 11. (생 략)

② 제1항에도 불구하고 토지등소유자가 해외에 장기체류하거나 법인인 경우 등 불가피한 사유가 있다고 시장·군수등이 인정하는 경우에는 토지등소유자의 인감도장을 찍은 서면동의서에 해당 인감증명서를 첨부하는 방법으로 할 수 있다.

③ 제1항 및 제2항에 따라 서면동의서를 작성하는 경우 제31조제1항 및 제35조제2항부터 제4항까지의 규정에 해당하는 때에는 시장·군수등이 대통령령으로 정하는 방법에 따라 검인(檢印)한 서면동의서를 사용하여야 하며, 검인을 받지 아니한 서면동의서는 그 효력이 발생하지 아니한다.

④ 제1항, 제2항 및 제12조에 따른 토지등소유자의 동의자 수 산정 방법 및 절차 등에 필요한 사항은 대통령령으로 정한다.

관계법령
- 빈집 및 소규모주택 정비에 관한 특례법 제25조, 제56조

제57조 (사업시행자 등의 권리·의무의 승계) 사업시행자와 소규모주택정비사업과 관련하여 권리를 갖는 자(이하 "권리자"라 한다)의 변동이 있은 때에는 종전의 사업시행자와 권리자의 권리·의무는 새로이 사업시행자와 권리자로 된 자가 승계한다.

제58조 (벌칙 적용에서 공무원 의제) 「형법」 제129조부터 제132조까지를 적용하는 경우 주민합의체 대표자·조합임원·청산인·전문조합관리인 및 정비사업전문관리업자의 대표자(법인인 경우에는 임원을 말한다)·직원은 공무원으로 본다. <개정 2019. 8. 20.>

제6장 벌 칙	제6장 벌 칙
제59조 (벌칙) 다음 각 호의 어느 하나에 해당하는 자는 5년 이하의 징역 또는 5천만원 이하의 벌금에 처한다. <개정 2022. 2. 3.> 1. 제25조제1항에 따른 토지등소유자의 서면동의서를 위조한 자 2. 제54조제8항 각 호의 어느 하나를 위반하여 금품이나 그 밖의 재산상 이익을 제공하거나 제공의사를 표시하거나 제공을 약속하는 행위를 하거나, 제공받거나 제공의사 표시를 승낙한 자	제60조 (벌칙) 다음 각 호의 어느 하나에 해당하는 자는 3년 이하의 징역 또는 3천만원 이하의 벌금에 처한다. <개정 2019. 8. 20., 2023. 4. 18.> 1. 제8조제4항을 위반하여 자료 또는 정보를 사용·제공 또는 누설한 자 2. 제20조를 위반하여 시공자를 선정한 자 및 시공자로 선정된 자 2의2. 제21조제3항에 따른 계약의 방법을 위반하여 정비사업전문관리업자를 선정한 조합임원(전문조합관리인을 포함한다)

3. 거짓 또는 부정한 방법으로 제24조제2항을 위반하여 조합원 자격을 취득한 자와 조합원 자격을 취득하게 하여준 토지등소유자 및 조합의 임직원(전문조합관리인을 포함한다)
4. 제24조제2항을 회피하여 제28조에 따른 분양주택을 이전 또는 공급받을 목적으로 건축물 또는 토지의 양도·양수 사실을 은폐한 자
5. 제25조제1항에 따른 토지등소유자의 서면의서를 매도하거나 매수한 자
6. 제33조제3항제7호다목 단서를 위반하여 주택을 전매하거나 이의 전매를 알선한 자

제61조 (벌칙) 다음 각 호의 어느 하나에 해당하는 자는 2년 이하의 징역 또는 2천만원 이하의 벌금에 처한다. <개정 2021. 7. 20., 2022. 2. 3., 2023. 4. 18.>
 1. 제21조제1항을 위반하여 등록을 하지 아니하고 이 법에 따른 정비사업을 위탁받은 자
 1의2. 제23조제8항에 따른 총회의 의결을 거치지 아니하고 사업을 임의로 추진한 조합임원
 2. 제23조의3제1항을 위반하여 허가 또는 변경허가를 받지 아니하거나 거짓, 그

밖의 부정한 방법으로 허가 또는 변경허가를 받아 행위를 한 자

3. 제25조제2항에 따른 주민대표회의의 승인을 받지 아니하고 주민대표회의를 구성·운영한 자

4. 제25조제2항에 따라 승인받은 주민대표회의가 구성되어 있음에도 불구하고 임의로 주민대표회의를 구성하여 사업을 추진한 자

5. 제29조에 따른 사업시행계획인가를 받지 아니하고 사업을 시행한 자와 사업시행계획서를 위반하여 건축물을 건축한 자

6. 제29조에 따른 사업시행계획인가를 받지 아니하고 제40조에 따라 소유권을 이전한 자

7. 제54조제4항에 따른 처분의 취소·변경 또는 정지, 그 공사의 중지 및 변경에 관한 명령을 받고도 이에 따르지 아니한 사업시행자, 주민대표회의 및 정비사업전문관리업자

8. 제54조제5항에 따른 서류 및 관련 자료를 거짓으로 공개한 조합임원(토지등소유자가 시행하는 사업의 경우 그 대표자를 말한다)

9. 제54조제5항 후단에 따른 서류 및 관련 자료의 열람·복사 요청에 허위의 사실이

이 포함된 자료를 열람·복사해 준 조합임원(토지등소유자가 시행하는 사업의 경우 그 대표자를 말한다)

제62조 (벌칙) 다음 각 호의 어느 하나에 해당하는 자는 1년 이하의 징역 또는 1천만원 이하의 벌금에 처한다. <개정 2023. 4. 18.>

1. 제21조제1항 각 호에 따른 업무를 다른 용역업체 및 그 직원에게 수행하도록 한 정비사업전문관리업자
1의2. 제39조제1항에 따른 준공인가를 받지 아니하고 건축물 등을 사용한 자와 같은 조 제5항에 따라 시장·군수등의 사용허가를 받지 아니하고 건축물을 사용하는 자
2. 제54조제3항에 따른 회계감사를 받지 아니한 자
3. 제54조제5항을 위반하여 사업시행과 관련한 서류 및 자료를 인터넷과 그 밖의 방법을 병행하여 공개하지 아니하거나 조합원 또는 토지등소유자의 열람·복사 요청에 따르지 아니하는 조합임원(조합의 청산인 및 토지등소유자가 시행하는 사업의 경우에는 그 대표자, 제19조에 따른 지정개발자가 사업시행자인 경우 그 대표자를 말한다)

4. 제54조제6항을 위반하여 숙기록 등을 만들지 아니하거나 관련 자료를 청산 시까지 보관하지 아니한 조합임원(조합의 청산인 및 토지등소유자가 시행하는 사업의 경우에는 그 대표자, 제19조에 따른 지정개발자가 사업시행자인 경우 그 대표자를 말한다)

제63조 (양벌규정) 법인의 대표자나 법인 또는 개인의 대리인, 사용인, 그 밖의 종업원이 그 법인 또는 개인의 업무에 관하여 제59조, 제60조, 제61조, 제62조의 어느 하나에 해당하는 위반행위를 하면 그 행위자를 벌하는 외에 그 법인 또는 개인에게도 해당 조문의 벌금형을 과(科)한다. 다만, 법인 또는 개인이 그 위반행위를 방지하기 위하여 해당 업무에 관하여 상당한 주의와 감독을 게을리하지 아니한 경우에는 그러하지 아니하다.

제64조 (과태료) ① 제54조제4항에 따라 점검 반의 현장조사를 거부·기피 또는 방해한 자에게는 1천만원의 과태료를 부과한다.
② 다음 각 호의 어느 하나에 해당하는 자에게는 500만원 이하의 과태료를 부과한다. <개정 2020. 6. 9., 2022. 2. 3.>
1. 제40조제1항에 따른 통지를 게을리한

제45조 (과태료의 부과) 법 제64조제1항 및 제2항에 따른 과태료의 부과기준은 별표 2와 같다

2. 제54조제2항에 따른 보고 또는 자료의 제출을 게을리한 자
3. 제54조제7항에 따른 관계 서류의 인계를 게을리한 자
③ 제1항 및 제2항에 따른 과태료는 대통령령으로 정하는 방법 및 절차에 따라 국토교통부장관, 시·도지사, 시장·군수 및 자치구의 구청장이 부과·징수한다.

제65조 (이행강제금) ① 시장·군수등은 제11조제1항에 따라 조치명령을 받은 후 그 정한 기간 내에 그 조치명령을 이행하지 아니한 소유자에 대하여 「지방세법」에 따라 해당 건축물에 적용되는 1제곱미터의 시가표준액의 100분의 500에 해당하는 금액에 연면적을 곱한 금액 이하의 범위에서 대통령령으로 정하는 비율에 따라 대통령령으로 정하는 금액의 이행강제금을 부과한다.
② 시장·군수등은 제1항에 따른 이행강제금을 부과하기 전에 제1항에 상당한 기간을 정하여 그 기간 내에 조치명령을 이행하지 아니할 때에는 이행강제금을 부과·징수한다는 뜻을 미리 문서로써 계고하여야 한다.
③ 시장·군수등은 제1항에 따른 이행강제금

제46조 (이행강제금의 부과 기준) 법 제65조 제1항에서 "대통령령으로 정하는 비율"이란 다음 각 호의 구분에 따른 비율을 말한다. 다만, 각 호의 구분에 따른 비율이 100분의 50 범위에서 시·도조례로 낮추어 정하는 경우에는 그 비율을 말한다.
1. 철거명령을 이행하지 않은 경우: 100분의 80
2. 그 밖의 조치명령을 이행하지 않은 경우: 100분의 40
[본조신설 2021. 10. 14.]

을 부과하는 때에는 이행강제금의 금액·부과사유·납부기한·수납기관·불복방법 등을 적은 문서로 하여야 한다.

④ 시장·군수등은 최초의 조치명령이 있었던 날을 기준으로 하여 1년에 2회 이내의 범위에서 그 조치명령이 이행될 때까지 반복하여 제1항에 따른 이행강제금을 부과·징수할 수 있다.

⑤ 시장·군수등은 제11조제1항에 따른 조치명령을 받은 자가 그 명령을 이행하는 경우에는 새로운 이행강제금의 부과를 중지하되, 이미 부과된 이행강제금은 징수하여야 한다.

⑥ 제3항에 따라 이행강제금 부과처분을 받은 자가 이행강제금을 납부기한까지 내지 아니하면 「지방행정제재·부과금의 징수 등에 관한 법률」에 따라 징수한다.

[본조신설 2021. 4. 13.]

시행령 별표

[별표 1] 소규모주택정비사업의 시행으로 건설된 임대주택의 공급조건 등
　　　　　(제34조 제1항 관련)

**소규모주택정비사업의 시행으로 건설된 임대주택의
공급조건 등 (제34조제1항 관련)**

1. 임대주택은 다음 각 목의 어느 하나에 해당하는 사람으로서 해당 주택의 입주를 희망하는 사람에게 공급한다.
   가. 기준일(법 제22조제2항에 따른 주민합의서 신고일 또는 조합설립인가일을 말한다. 다만, 시·도조례로 그 기준일을 따로 정하는 경우에는 그에 따른다. 이하 같다) 3개월 전부터 법 제26조에 따른 건축심의 결과를 통지받은 날까지 계속하여 해당 사업시행구역에 거주하는 세입자
   나. 기준일 현재 해당 사업시행구역에 주택이 건설될 토지 또는 철거예정인 건축물을 소유한 사람으로서 주택분양에 관한 권리를 포기한 사람
   다. 「국토의 계획 및 이용에 관한 법률」 제2조제11호에 따른 도시·군계획사업으로 주거지를 상실하여 이주하게 되는 사람으로서 시장·군수등이 인정하는 사람
   라. 그 밖에 시·도조례로 정하는 사람
2. 주택의 규모별 입주자 선정방법 및 공급절차 등에 관하여는 시·도조례로 정하는 바에 따른다.
3. 그 밖에 입주자 모집공고의 내용 및 절차, 공급신청·계약조건·임대보증금 및 임대료 등 주택공급에 관하여는 「민간임대주택에 관한 특별법」 및 「공공주택 특별법」의 관련 규정에 따른다.

[별표 2] 과태료의 부과기준(제45조 관련) <개정 2022. 8. 2.>

과태료의 부과기준(제45조 관련)

1. 일반기준

   가. 부과권자는 다음의 어느 하나에 해당하는 경우에는 제2호의 개별기준에 따른 과태료 금액의 2분의 1 범위에서 그 금액을 줄일 수 있다. 다만, 과태료를 체납하고 있는 위반행위자의 경우에는 그렇지 않다.
   1) 위반행위자가 「질서위반행위규제법 시행령」 제2조의2제1항 각 호의 어느 하나에 해당하는 경우
   2) 위반행위가 사소한 부주의나 오류로 인한 것으로 인정되는 경우
   3) 위반행위자가 법 위반상태를 시정하거나 해소하기 위하여 노력한 사실이 인정되는 경우
   4) 그 밖에 위반행위의 정도·동기 및 그 결과 등을 고려하여 과태료를 감경할 필요가 있다고 인정되는 경우

   나. 부과권자는 다음의 어느 하나에 해당하는 경우에는 제2호의 개별기준에 따른 과태료 금액의 2분의 1 범위에서 그 금액을 가중할 수 있다. 다만, 법 제64조제1항 및 제2항에서 규정한 과태료의 상한을 넘을 수 없다.
   1) 위반의 내용·정도가 중대하여 공중(公衆)에게 미치는 피해가 크다고 인정되는 경우
   2) 법 위반상태의 기간이 6개월 이상인 경우
   3) 그 밖에 위반행위의 정도·동기 및 그 결과 등을 고려하여 과태료를 가중할 필요가 있다고 인정되는 경우

   다. 다음의 사유가 있는 기간은 제2호가목 및 나목의 개별기준에 따른 지연기간에 산입하지 아니할 수 있다.
   1) 천재지변 등 불가항력적인 경우
   2) 소송이 진행 중인 경우 등 의무를 이행하지 못한 상당한 이유가 있다고 인정되는 경우

2. 개별기준

(단위: 만원)

위반행위	근거 법조문	과태료 금액
가. 법 제40조제1항을 위반하여 사업시행계획의 인가 내용 통지를 게을리 한 경우	법 제64조 제2항 제1호	
1) 사업시행계획을 인가한 날부터 1개월 이상 2개월 미만 지연한 경우		50
2) 사업시행계획을 인가한 날부터 2개월 이상 3개월 미만 지연한 경우		100
3) 사업시행계획을 인가한 날부터 3개월 이상 4개월 미만 지연한 경우		150

4) 사업시행계획을 인가한 날부터 4개월 이상 지연하거나 통지를 하지 않은 경우		200
나. 법 제54조제2항을 위반하여 보고 또는 자료의 제출을 게을리한 경우	법 제64조 제2항 제2호	
1) 보고 또는 자료제출 기한을 경과한 날부터 1개월 이상 2개월 미만 지연한 경우		100
2) 보고 또는 자료 제출 기한을 경과한 날부터 2개월 이상 3개월 미만 지연한 경우		200
3) 보고 또는 자료의 제출 기일을 경과한 날부터 3개월 이상 4개월 미만 지연한 경우		300
4) 보고 또는 자료의 제출 기일을 경과한 날부터 4개월 이상 지연하거나 보고 또는 자료 제출을 하지 않은 경우		400
다. 법 제54조제4항을 위반하여 점검반의 현장조사를 거부·기피 또는 방해한 경우	법 제64조 제1항	1,000
라. 법 제54조제7항에 따른 관계 서류의 인계를 게을리한 경우	법 제64조 제2항 제3호	
1) 관계 서류의 인계를 1개월 이상 2개월 미만 지연한 경우		100
2) 관계 서류의 인계를 2개월 이상 3개월 미만 지연한 경우		200
3) 관계 서류의 인계를 3개월 이상 4개월 미만 지연한 경우		300
4) 관계 서류의 인계를 4개월 이상 지연하거나 인계하지 않은 경우		400

시행규칙 서식

[별지 제1호서식] 출입통지서 <개정 2022. 8. 2.>

제   호

출입통지서

○ 출입목적 :
○ 출입장소 :
○ 출입자 소속기관 :
○ 출입기간 :   . . . 부터   . . . 까지

「빈집 및 소규모주택 정비에 관한 특례법」 제6조에 따라 위와 같이 빈집실태조사를 위하여 빈집이나 빈집으로 추정되는 주택 및 그 대지에 출입할 계획임을 통지합니다.

년   월   일

특별자치시장・특별자치도지사
시장・군수・구청장   [직인]

210mm×297mm[백상지(80g/㎡) 또는 중질지(80g/㎡)]

[별지 제2호서식] 출입허가증 <개정 2022. 8. 2.>

(앞쪽)

제 호

출입허가증

사 진

3cm × 4cm

(모자 벗은 상반신을
뒤 그림 없이 6개월
이내에 촬영한 것)

성 명

특별자치시 · 특별자치도
시 · 군 · 구

60mm × 90mm [백상지(150g/㎡)]

(색상: 연하늘색)

(뒤쪽)

출입허가증

소 속:
직 급:
성 명:
출입기간: .   .   .부터   .   .   .까지

위 사람은 「빈집 및 소규모주택 정비에 관한 특례법」 제6조에 따라 실태조사를 위하여 빈집이나 빈집으로 추정되는 주택 및 대지에 출입할 수 있는 사람임을 증명합니다.

년 월 일

특별자치시장 · 특별자치도지사
시장 · 군수 · 구청장   직인

1. 이 증은 다른 사람에게 대여하거나 양도할 수 없습니다.
2. 이 증을 주운 경우에는 가까운 우체통에 넣어 주십시오.

[별지 제3호서식] 빈집정비사업 동의서 <개정 2023. 10. 19.>

빈집정비사업 동의서

※ 색상이 어두운 난은 동의자가 적지 않습니다. (앞쪽)

행정기관에서 부여한 일련번호 범위		일련번호	/

Ⅰ. 소유자 인적사항

인적 사항	성 명		생년월일	
	주민등록상 주 소		전화번호	

		※ 공동주택의 경우			
	소유권 위치(주소)				
	등기상 건축물지분(면적)	m²	등기상 대지지분(면적)		m²
		※ 단독주택의 경우			
소유권 현 황	권리 명세	토지	소재지 (공유 여부)		면적(m²)
			(계 필지)		
			( )		
			( )		
		건축물	소재지 (허가 유무)		동 수
			( )		
			( )		
		지상권 (건축물 외 수목 또는 공작물의 소유목적)	설정 토지		지상권의 내용

Ⅱ. 동의사항

1. 빈집정비사업 내용	(1) 빈집정비사업의 시행방법 (2) 빈집정비사업의 사업시행자 (3) 빈집정비사업의 사업시행계획서 작성 (4) 빈집정비사업의 시행

210mm×297mm[백상지(80g/m²) 또는 중질지(80g/m²)]

(뒤쪽)

2. 사업계획	※ 별첨

III. 동의내용

가. 본인은 동의서에 자필서명 및 지장 날인을 하기 전에 동의서를 받으려는 사람으로부터 이 동의서의 제출 시 「빈집 및 소규모주택 정비에 관한 특례법」 제10조제3항에 따라 빈집정비사업의 시행에 동의한 것으로 의제된다는 사항을 사전에 충분히 설명·고지 받았습니다.

나. 본인은 II. 동의 사항(빈집정비사업 내용 및 사업계획)이 빠짐없이 기재되어 있음을 확인하고 충분히 숙지하였으며, 기재된 바와 같이 시장·군수등이 사업시행자로 빈집정비사업을 시행하는 데 동의합니다.

년   월   일

위 동의자 :　　　　　　　　(날인)

특별자치시장·특별자치도지사
시장·군수·구청장　　　귀하

신청인 제출서류	1. 빈집 소유자 신분증명서 사본 1부. 다만, 빈집 소유자가 해외에 장기 체류하고 있거나 법인인 경우 등 불가피한 사유가 있다고 시장·군수등이 인정하는 경우 인감증명서 또는 「본인서명사실 확인 등에 관한 법률」에 따른 본인서명사실확인서 1부.	수수료 없음

[별지 제4호서식] 조치명령서

조치명령서

소유자	성명(법인인 경우에는 법인의 명칭 및 대표자의 성명)
대상 건축물	[ ] 허가 번호, [ ] 신고 번호
	건축물의 위치
조치명령 내용	철거 등 조치명령의 이행기간
	철거 등 조치명령의 내용
	철거 등 조치명령의 사유
	그 밖에 필요한 내용

「빈집 및 소규모주택 정비에 관한 특례법」 제11조제1항 및 같은 법 시행규칙 제5조제1항에 따라 위와 같이 해당 건축물의 철거 등 조치를 명합니다.

년   월   일

특별자치시장·특별자치도지사   [직인]
시장·군수·구청장

유의사항

1. 빈집의 철거 등 조치명령에 대하여 이의가 있는 경우에는 조치명령서를 받은 날부터 30일 이내에 시장·군수등에게 「행정절차법」 제27조에 따른 의견제출을 할 수 있습니다.
2. 철거 등 조치명령의 이행기간 내에 철거 등 조치명령을 이행할 수 없는 소유자는 그 이행기간을 연장하려면 이행기간 종료 7일 전까지 시장·군수등에게 이행기간의 연장을 신청하여야 합니다.

210mm×297mm[백상지(80g/㎡) 또는 중질지(80g/㎡)]

[별지 제5호서식] 철거통지서

철거통지서

소유자	성명(법인인 경우에는 법인의 명칭 및 대표자의 성명)	
대상 건축물	[ ] 허가 번호, [ ] 신고 번호	
	건축물의 위치	
철거 내용	철거의 이행기관	
	철거의 예정일	
	철거의 사유	
	그 밖에 필요한 내용	

「빈집 및 소규모주택 정비에 관한 특례법」 제11조제2항 및 같은 법 시행규칙 제5조제2항에 따라 위와 같이 해당 건축물을 철거합니다.

년   월   일

특별자치시장·특별자치도지사
시장·군수·구청장   직인

210mm×297mm[백상지(80g/㎡) 또는 중질지(80g/㎡)]

[별지 제5호의2서식] 빈집매입청구서 <신설 2019. 10. 24.>

빈집매입청구서

※ 뒤 쪽에 신청안내을 참고하식 바라며 색상이 어두운 란은 신청인이 적지 않습니다.　　　　(앞 쪽)

접수번호	접수일	처리기간 6개월

빈집 소유자	①성명(법인인 경우 그 명칭 및 대표자 성명)		②생년월일(법인인 경우 법인 등록번호)		
	③주소　　　(전화번호:　　　　　　　　　)				

토지에 관한 사항	④위치		⑤면적(㎡)		⑥지번	

토지에 있는 건축물 등에 관한 사항	⑦종류 (용도)	⑧구조	⑨연면적 (㎡)	⑩층수	⑪사용 연수

매입청구에 관계되는 권리	⑫권리종류	지상권·전세권 또는 임차권의 경우				
		⑬설정기간	⑭잔존기간	⑮담보 (한도)	⑯지대 (연액:원)	⑰특기사항

비고	매입청구대상은 빈집인 토지와 해당 토지에 있는 건축물 및 정착물로 한정합니다.

「빈집 및 소규모주택 정비에 관한 특례법」 제11조의2, 같은 법 시행령 제10조의2 및 같은 법 시행규칙 제5조의2에 따라 위와 같이 빈집의 매입을 청구합니다.

년　　월　　일

매입청구인　　　　　　　　　(서명 또는 인)
(빈집 소유자와의 관계:　　　　　　　　　)

특별자치시장·특별자치도지사
시장·군수·구청장, 공사사장 귀하

담당자 확인사항	대상토지 및 건물에 대한 등기사항증명서	수수료 없음

210mm×297mm[백상지 80g/㎡(재활용품)]

(뒤 쪽)

작성 방법

<작성 방법>
1. 접수(※)란은 청구인이 적지 않습니다.
2. ⑦~⑪란에는 「건축법」에 따른 건축물대장에 기록된 사항을 번호에 따라 적어야 합니다.
3. ⑫~⑰란에는 「민법」에 따른 권리관계를 번호에 따라 구체적으로 적어야 합니다.

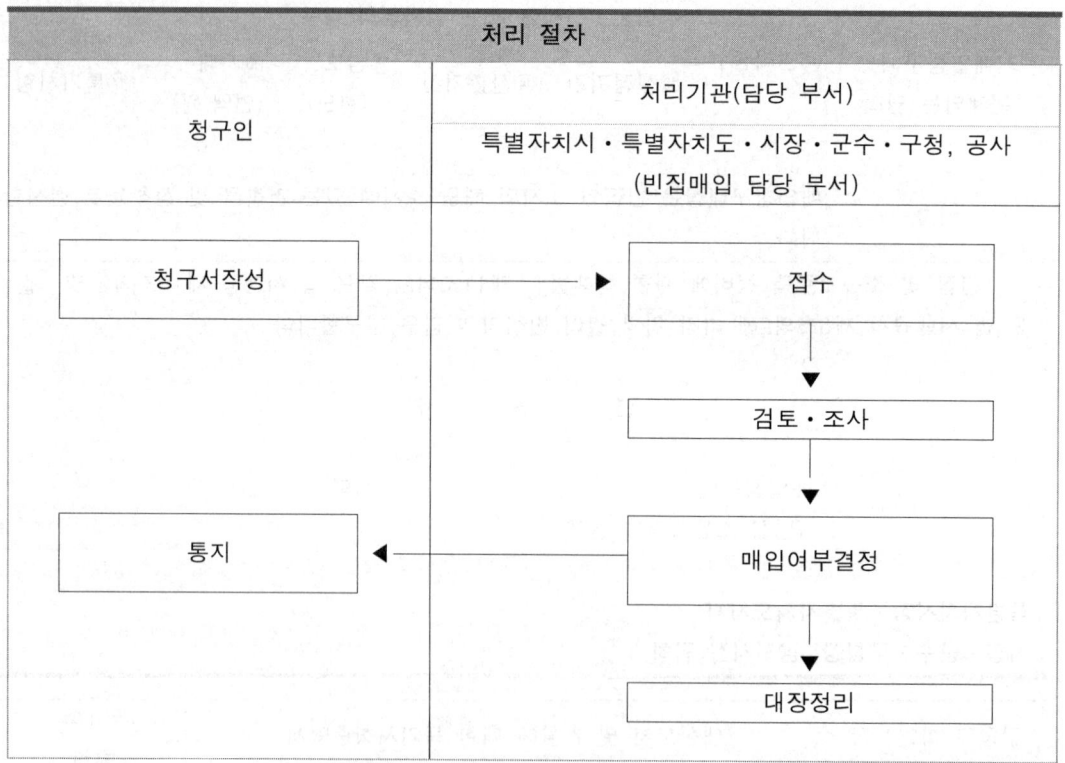

[별지 제6호서식] 사업시행계획 (인가, 변경인가) 신청서 <개정 2021. 9. 17.>

사업시행계획 [ ]인가   신청서
[ ]변경인가

※ 색상이 어두운 난은 신청인이 작성하지 않고, [ ]에는 해당되는 곳에 √표를 합니다. (총6쪽 중 제1쪽)
※ 작성 시 유의사항: 이 서식은 사업 유형별 여건에 따라 일부 항목을 추가하거나 삭제하여 작성할 수 있습니다.

접수번호			접수일시			처리기간	60일	
사업구분			[ ] 빈집정비사업 [ ] 자율주택정비사업 [ ] 소규모재개발사업 [ ] 가로주택정비사업 [ ] 소규모재건축사업					
신청인	사업시행자 명칭					사업시행자 지정 근거 및 날짜		
	대표자	성명				생년월일		
		주소				(전화)	-	
	주된 사무소의 소재지					(전화)		
사업 시행 구역	구역명칭					시행면적	(㎡)	
	위치					건축물	동 (무허가 동)	
	거주가구 및 인구		가구(명)			도시계획	지역 지구	
	지목별	지목			국공유지 관리청별	관리청		
		면적(㎡) (필지 수)				면적(㎡) (필지 수)		
동의 내역	토지면적		토지소유자 수			건축물소유자수		
	대상면적	㎡	대상소유자 수	인		대상소유자 수	인	
	동의면적 (동의율)	㎡ (%)	동의자 수 (동의율)	인 (%)		동의자 수 (동의율)	인 (%)	
정비사업전문 관리업자	명칭					대표자		
	주된 사무소의 소재지					(전화)	-	

210mm×297mm[백상지(80g/㎡) 또는 중질지(80g/㎡)]

		시행기간		사업시행계획인가일 ~ 일		사업비			원
사 업 시 행 계 획	건 축 시 설	토지 명칭		대지면적 (㎡)			주용도		
		건축면적 (㎡)		건축연면적 (㎡)			지하면적 (㎡)		
		건폐율(%)		용적률 (%)			최고높이		
		층수 (지상·지하)		주차장 (대, ㎡)					
	주 택	공급 구분	주택 형태	동수	세대수	주택규모별 세대수(전용면적기준)			
		계							
		분양							
		임대							
	정 비 기 반 시 설	용도폐지 정비기반시설		새로 설치할 정비기반시설					
		종류	규모	종류	규모	시행자	비용부담자 및 부담내용		
	철거 또는 이전요구 대상	건축물 (동)	철거	이전	공작물 (개소)		철거	이전	
	개수대상 건축물			동	임시수용계획				
	수용 또는 사용대상	토지	필지 수	면적 (㎡)	권리자 수	건축물	동수	연면적 (㎡)	권리자 수
	세입자 대책	대상 세대수	임대주택 공급세대		주거대책비 지급세대		비대책 세대		

(총6쪽 중 제3쪽)

건축물 및 건축시설	시행 전 건축물	허가 건축물			동	무허가 건축물	동(새로 발생 동)		
	시행 후 건축물		용도	대지면적	동수	층수	세대수	건축 연면적	비고
		주택	소계						
			분양						
			임대						
		상가							
	공급 계획	공급대상		주택규모별(전용면적기준) 공급세대 수				상가 면적 (㎡)	그 밖의 건축 시설면적(㎡)
				계	㎡	㎡	㎡	㎡	
		계							
		토지등소유자							
		보류시설							
		일반분양							
		임대							

분양 신청 및 권리 신고	구분	분양신청				수인이 1인의 분양 대상자로 신청	권리신고(권리종류별)
		소계	토지 및 건축물 소유자	토지 소유자	건축물 소유자		소계
	신청인 수					건 (인)	

권리 자별 관리 처분 (단위: 인)	권리자별	대상	분양				청산	수용	협의 매수	그 밖 의처분
			소계	주택	상가	그 밖 의용도				
	계									
	토지 및 건축물소유자									
	토지 소유자									
	건축물 소유자									

소유권외의 권리	대상		건	이전설정		건	해지 또는 소멸		건

토지 소유권 변환	총면적 (필지)	시행 전	사유토지		국공유지			그 밖의 토지	
			시행자 보유					시행자 보유 토지 배분 면적	그밖의 토지
		시행 후	청산	수용	협의매수	국공유지 매각	국유지·공유지 무상양수		

토지 용도 변환	용도	택지				공공시설		그 밖의 용도	
		소계	공동주택	단독주택	그 밖의 건축시설	소계		소계	
	시행 전 (㎡)								
	시행 후 (㎡)								

공공시설	신 설					용 도 폐 지				
	종류	명칭	규모	설치비용	관리청	종류	명칭	규모	국공유지 (㎡)	무상양여 (㎡)

평가액 또는 추산액	시행 전			시행 후		
	계	토 지	건 축 물	계	토 지	건 축 물

자금운용	총 사업비		수입 추산액	

(총6쪽 중 제5쪽)

일괄처리사항	주택건설사업계획승인 ( )	건축허가 ( )	가설건축물 건축허가 ( )
	가설건축물 축조신고 ( )	건축협의 ( )	도로공사 시행허가 ( )
	도로점용허가 ( )	일반수도사업인가 ( )	전용상수도·전용공업 수도설치인가 ( )
	공공하수도 사업허가 ( )	개인하수처리시설 설치신고 ( )	국유지 사용수익허가 ( )
	공유지 대부·사용허가 ( )	사업착수·변경 또는 완료 신고 ( )	자가용전기설비공사계획의 인가·신고 ( )
	도시·군계획시설 사업 시행자 지정 ( )	도시·군계획시설사업 실시계획인가 ( )	소방동의·제조소등의 설치허가 ( )
	특별건축구역 및 특별가로구역 지정 ( )	정비계획 수립·변경 승인( )	도시재생활성화계획 수립·변경 승인( )
	공장설립 승인·신고 ( )	폐기물처리시설 설치(변경) 승인·신고( )	대기·수질·소음 진동배출 시설 허가·신고( )

　이 신청서 및 첨부서류에 기재한 내용과 같이「빈집 및 소규모주택 정비에 관한 특례법」제12조제1항, 제29조제1항 및 같은 법 시행규칙 제6조, 제10조에 따른 사업시행계획 [ ]인가 [ ] 변경을 신청합니다.

년　　　　월　　　　일

신청인대표　　　　　(서명 또는 인)

특별자치시장·특별자치도지사
시장·군수·구청장　　　귀하

| 첨부서류 | 1. 빈집정비사업 시행계획인가 또는 변경인가의 경우
　가. 법 제13조에 따른 사업시행계획서
　나. 법 제55조제2항에 따라 제출하여야 하는 서류
　다. 변경 사유 및 내용을 설명하는 서류(변경인가의 경우에만 제출합니다)
2. 소규모주택정비사업 시행계획인가의 경우
　가. 법 제29조제1항에 따른 정관등
　나. 총회의결서 사본. 다만, 법 제17조제1항 및 같은 조 제3항제1호에 따라 사업을 토지등소유자가 시행하는 경우 또는 법 제19조제1항에 따른 지정개발자가 사업시행자인 경우에는 토지등소유자의 동의서 및 토지등소유자의 명부를 첨부한다.
　다. 법 제30조에 따른 사업시행계획서
　라. 법 제55조제2항에 따라 제출하여야하는 서류
　마. 변경 사유 및 내용을 설명하는 서류(변경인가의 경우에만 제출합니다) | 수수료 없음 |

(총6쪽 중 제6쪽)

처 리 절 차

이 신청서는 다음과 같이 처리됩니다.

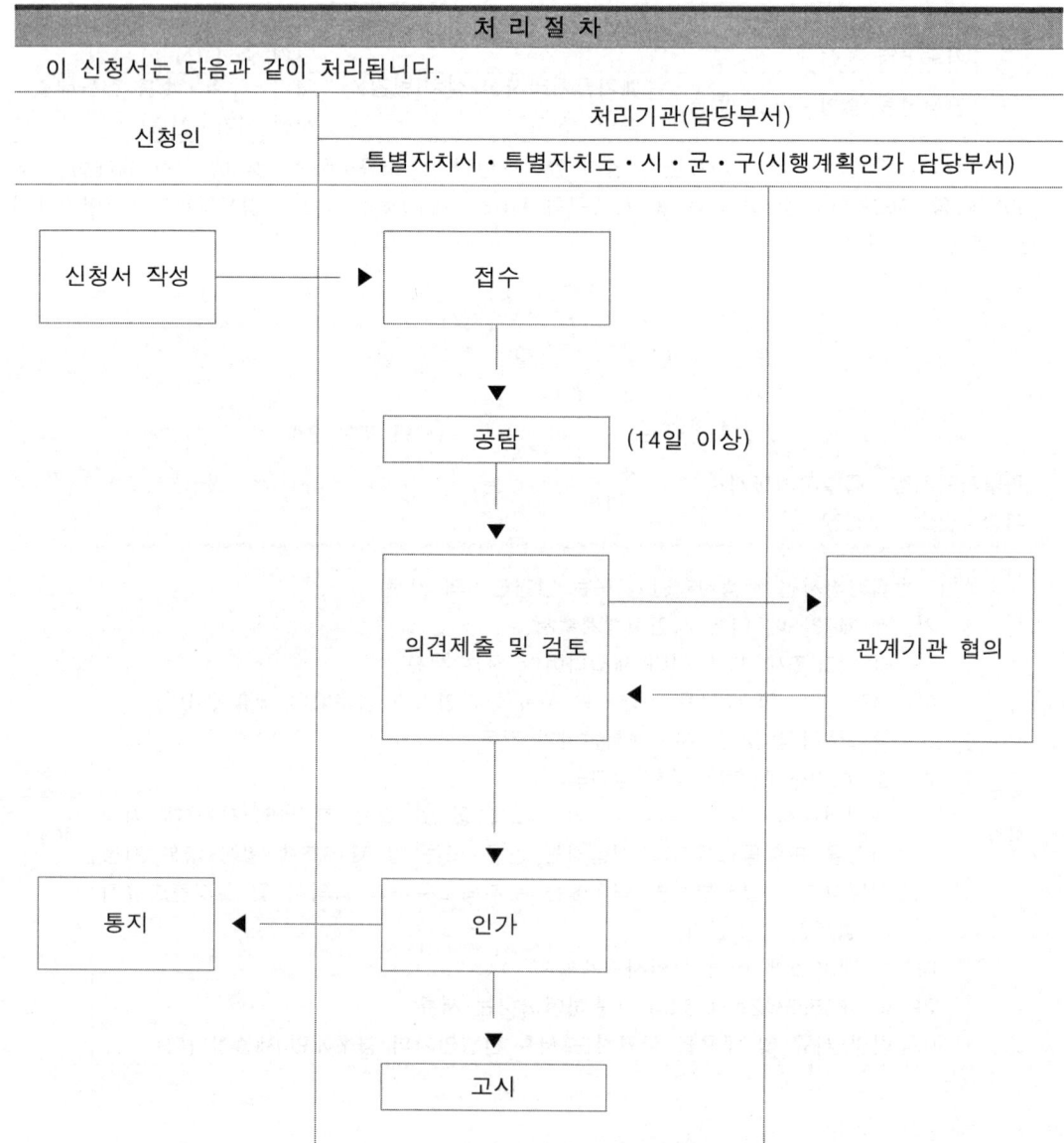

[별지 제7호서식] 준공인가신청서 <개정 2022. 8. 2.>

준공인가신청서

※ 색상이 어두운 란은 신청인이 작성하지 않고, [ ]에는 해당되는 곳에 √표를 합니다. (앞쪽)

접수번호		접수일시		처리기간	15일
사업구분	[ ] 빈집정비사업　　　　[ ] 자율주택정비사업 [ ] 가로주택정비사업　　[ ] 소규모재건축사업 [ ] 소규모재개발사업			인가번호(년-월-일)	

사업시행자	명칭		등록번호	
	대표자		주소	
설계자	명칭		등록번호	
	대표자		주소	
공사감리자	명칭		등록번호	
	대표자		주소	
	상주감리자		보유자격	
시공자	명칭		등록번호	
	대표자		주소	

사업위치					
공사착공일	년　　월　　일		공사완료일	년　　월　　일	
건축물 개요	주용도		주요구조		
	세대수		층수	지상( )층/지하( )층	

「빈집 및 소규모주택 정비에 관한 특례법」 제14조제1항, 제39조제1항 및 같은 법 시행규칙 제7조제1항에 따라 위와 같이 준공인가를 신청합니다.

년　　월　　일

신청인　　　　　　　(서명 또는 인)

특별자치시장·특별자치도지사
시장·군수·구청장　　　　귀하

첨부서류	1. 건축물, 정비기반시설 및 공동이용시설 등의 설치내역서 2. 건축물 및 시설의 사용가능여부 및 안정성 등에 관한 공사감리자의 의견서 또는 공사감독자의 확인서	수수료 없음

210mm×297mm[백상지(80g/㎡) 또는 중질지(80g/㎡)]

(뒤쪽)

처 리 절 차

이 신청서는 다음과 같이 처리됩니다.

신청인	처리기관(담당부서)
	특별자치시·특별자치도·시·군·구(준공인가 담당부서)

신청서 작성 ▶ 접수 → 현지조사 및 검토 ⇄ 관계기관 협의

통지 ◀ 준공인가 → 고시

[별지 제8호서식] 준공인가증 <개정 2022. 8. 2.>

제 호	준공인가증			
사업구분	[ ] 빈집정비사업 [ ] 자율주택정비사업 [ ] 가로주택정비사업 [ ] 소규모재건축사업 [ ] 소규모재개발사업			
사업시행자	명칭		등록번호	
	대표자		주소	
사업위치				
공사착공일	년 월 일		공사완료일	년 월 일
건축물 개요	주용도		주요구조	
	세대수		층수	지상( )층/지하( )층

「빈집 및 소규모주택 정비에 관한 특례법」 제14조제1항, 제39조제1항 및 같은 법 시행규칙 제7조제2항에 따라 위와 같이 준공인가를 마쳤음을 증명합니다.

년 월 일

특별자치시장·특별자치도지사
시장·군수·구청장   직인

210mm×297mm[백상지(80g/㎡)]

[별지 제8호의2서식] 삭제 <2023. 10. 19.>
[별지 제8호의3서식] 삭제 <2023. 10. 19.>

[별지 제9호서식] 주민합의체(구성, 변경) 신고서 <개정 2023. 10. 19.>

주민합의체 [ ] 구성 신고서
[ ] 변경

※ 색상이 어두운 난은 신청인이 작성하지 않고, [ ]에는 해당되는 곳에 √표를 합니다.

(총 5쪽 중 제1쪽)

접수번호	접수일시	처리일	처리기간

Ⅰ. 주민합의체 개요

명 칭	
목 적	
사업시행구역 위치 및 범위	
주민합의체 대표자	성 명 / 생년월일(외국인의 경우 등록번호) / 주 소
유 효 기 간	
시공자 또는 정비사업전문관리업자 선정방법	
의결사항 및 의결방법	
사업을 전환하여 시행하는 경우 그 전환하려는 사업 내용	
기타	

「빈집 및 소규모주택 정비에 관한 특례법」 제22조제5항, 제7항 본문 및 제8항과 같은 법 시행규칙 제8조제1항 및 제2항에 따라 위와 같이 주민합의체의 [ ]구성 [ ]변경을 신고합니다.

신청인 (서명 또는 인)

특별자치시장·특별자치도지사
시장·군수·구청장 귀하

210㎜×297㎜[백상지(80g/㎡) 또는 중질지(80g/㎡)]

(총 5쪽 중 제2쪽)

II. 사업시행구역 내용

☐ 건축물의 위치·규모·용도·형태 등에 관한 사항

위치 (도로명 주소)	대지 면적 (㎡)	건축선	건축물· 설비의 위치	건축물의 용도	건축물의 높이(m)	건축물의 층수	지붕 형태	외벽 형태

☐ 건폐율, 용적률, 조경, 주차장, 부대시설 등에 관한 사항

위치 (도로명 주소)	대지 면적 (㎡)	건폐율 (%)	용적률 (%)	조경면적 (㎡)	주차 대수	부대 시설	기타	비고

(총 5쪽 중 제3쪽)

III. 사업시행구역 현황도

명칭	특이사항

도면의 종류	축 척 1 :	작성자 (서명 또는 인)

작성방법 및 유의사항

1. 배치도[대지의 경계, 대지의 조경면적, 「건축법」 제43조에 따른 공개 공지 또는 공개 공간, 건축선[(「건축법」 제46조제1항 단서에 따라 건축선이 정해지는 경우에는 건축선 후퇴면적 및 건축선 후퇴거리를 포함합니다), 건축물의 배치현황, 대지 안 옥외주차 현황, 대지에 직접 접한 도로를 포함한 도면을 말합니다]
2. 공개 공지 또는 공개 공간의 면적, 조경면적, 건축선 후퇴면적의 외곽선은 굵은 점선으로 표시하고, 지시선을 이용하여 면적(건축선 후퇴면적의 경우에는 건축선 후퇴거리를 포함합니다)과 시설물을 글자로 표시해야 합니다.

(총 5쪽 중 제4쪽)

IV. 주민합의서 내용

1. 정비사업 내용

가. 신축건축물의 설계 개요	대지 면적 (공부상 면적)	건축 연면적	규 모	비 고
	m²	m²		
나. 공사비 등 정비사업에 드는 비용	철거비	신축비	그 밖의 비용	합 계
다. 나목에 따른 비용의 분담	1) 주민합의체 규약에 따라 경비를 부과·징수하고, 사업시행인가 이후 임시청산하며, 합의체 청산·해산 시 청산금을 최종 확정한다. 2) 구성원 소유 자산의 가치를 주민합의체 규약에서 정하는 바에 따라 산정하여 그 비율에 따라 비용을 부담한다.			
라. 신축건축물 구분소유권의 귀속에 관한 사항	※ 주민합의체 규약에 근거하여 개별정비사업의 특성에 맞게 정합니다.			

2. 주민합의체 대표자 선정 합의

주민합의체의 대표자는 합의체 총회에서 선출된 자로 한다.

3. 주민합의체 규약 승인

「빈집 및 소규모주택 정비에 관한 특례법」 제22조에 따라 주민합의체를 구성할 때 그 규약을 신의성실의 원칙에 따라 준수하며, 주민합의체 규약에서 정하는 바에 따라 규약이 변경되는 경우 이의 없이 따른다.

※ 이 규약은 사업시행구역의 토지등소유자 전원의 합의에 의해 승인한다.

(총 5쪽 중 제5쪽)

Ⅴ. 주민합의체 체결자

　위와 같이 본인은 (　　　　　　　　　　) 사업시행구역의 토지등소유자로서 위의 내용을 숙지하고 합의하며, 「빈집 및 소규모주택 정비에 관한 특례법」 제22조에 따른 주민합의체 구성에 합의합니다. 또한, 위의 주민합의체 구성 및 사업 내용은 사업시행계획인가 내용, 시공자 등과의 계약 내용 및 제반 사업비의 지출 내용에 따라 변경될 수 있으며, 그 내용이 변경됨에 따라 구성원 청산금 등의 조정이 필요할 경우 「빈집 및 소규모주택 정비에 관한 특례법」 및 같은 법 시행령에서 정하는 변경절차를 거쳐 사업을 계속 추진하는 것에 합의합니다.

년　　　　월　　　　일

위 체결자 : ※ 서명란에 자필로 이름을 써넣은 후 지장 날인

위치(지번)	면적(㎡)	성명	주소	생년월일 (법인, 외국인 등의 경우 등록번호)	서명	관계 (소유자와 의 관계)

첨부서류	1. 토지등소유자 신분증명서 사본 각 1부.	수수료 없음

[별지 제10호서식] 주민합의체 해산 신고서 <개정 2023. 10. 19.>

주민합의체 해산 신고서

※ 색상이 어두운 난은 신청인이 적지 않습니다. (앞쪽)

접수번호	접수일시	처리기간

Ⅰ. 주민합의체 해산 개요

주민합의체 개요	명칭	(인가번호)
	위치 및 범위	
주민합의체 대표자	성명	생년월일
	주소	
해산사유		

「빈집 및 소규모주택 정비에 관한 특례법」 제22조제9항과 같은 법 시행규칙 제8조제3항에 따라 주민합의체의 해산을 신고합니다.

년   월   일

신청인   (서명 또는 인)

특별자치시장·특별자치도지사
시장·군수·구청장 귀하

210㎜×297㎜[백상지(80g/㎡) 또는 중질지(80g/㎡)]

(뒤쪽)

II. 주민합의체 해산 동의자

위치(지번)	면적(㎡)	성명	주소	생년월일 (법인, 외국인 등의 경우 등록번호)	동의 여부	서명 또는 인

[별지 제11호서식] 조합설립(변경)인가 신청서 (가로주택정비사업, 소규모재건축사업)
<개정 2023. 10. 19.>

조합설립(변경)인가 신청서

[[ ]가로주택정비사업, [ ]소규모재건축사업, [ ]소규모재개발사업]

※ 색상이 어두운 난은 신청인이 작성하지 않고, [ ]에는 해당되는 곳에 √표를 합니다.　　(앞쪽)

접수번호		접수일시		처리기간	30일

신청인	조합 명칭				
	대표자	성명		생년월일	
		주소		전화번호	

조합 설립 내용	주된 사무소 소재지			전화번호	
	사업 시행 예정 구역	구역 명칭		구역면적	㎡
		위치			
	조합원 수		명	사업시행인가 신청예정시기	구역지정 고시일(년 월 일) 부터 ( ) 이내

동의 사항	토지등 소유자 수	명			
		(토지소유자: 　　　　　　　　　　　명)		동의율	% (동의자 수 / 토지등소유자 수)
		(건축물소유자: 　　　　　　　　　　명)			
		(지상권자: 　　　　　　　　　　　　명)			
		(주택 및 토지소유자: 　　　　　　　명)			
		(부대시설·복리시설 및 토지소유자: 　명)			

정비사업 전문관리업자	명 칭		대표자	
	주된 사무소 소재지		전화번호	

「빈집 및 소규모주택 정비에 관한 특례법」 제23조와 같은 법 시행규칙 제9조에 따라 위와 같이 조합설립(변경)인가를 신청합니다.

년　　월　　일

신청인 대표　　　　　　　　(서명 또는 인)

특별자치시장·특별자치도지사
　　시장·군수·구청장　　귀하

210㎜×297㎜[백상지(80g/㎡) 또는 중질지(80g/㎡)]

(뒤쪽)

| 첨부서류 | 1. 설립인가의 경우
　가. 조합 정관
　나. 조합원 명부(조합원자격을 증명하는 서류를 포함합니다)
　다. 토지등소유자의 조합설립 동의서 및 동의사항을 증명하는 서류
　라. 토지·건축물 또는 지상권이 수인의 공유에 속하는 경우에는 그 대표자 선임동의서
　마. 창립총회 회의록(창립총회 참석자 명부를 포함합니다)
　바. 창립총회에서 대의원을 선임한 경우에는 선임된 자의 자격을 증명하는 서류
　사. 주택건설 예정세대수(호수), 사업시행구역의 지번·지목 및 등기명의자, 도시·군관리계획상의 용도지역, 대지(가로주택정비사업의 경우 가로구역의 범위를 포함합니다) 및 주변현황을 기재한 사업계획서
2. 변경인가의 경우
　가. 제1호가목부터 사목까지의 서류
　나. 변경내용(사업을 전환하여 시행하는 경우 그 전환하려는 사업 내용을 포함한다) 및 그 증명서류 | 수수료
없음 |

처리절차

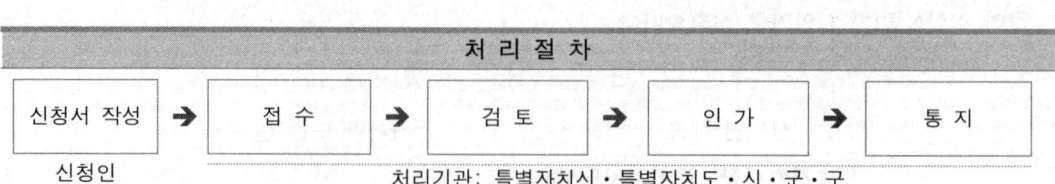

신청인　　　　　　　　처리기관: 특별자치시·특별자치도·시·군·구

[별지 제12호서식] 조합설립 동의서 (가로주택정비사업, 소규모재건축사업)
<개정 2021. 9. 17.>

조합설립 동의서

[[ ]가로주택정비사업, [ ]소규모재건축사업, [ ]소규모재개발사업]

※ 색상이 어두운 난은 동의자가 작성하지 않고, [ ]에는 해당되는 곳에 √ 표를 합니다.

(총3쪽 중 제1쪽)

행정기관에서 부여한 일련번호 범위		일련번호	/

Ⅰ. 동의자 현황

인적 사항	성 명		생년월일	
	주민등록상 주 소		전화번호	

소유권 현 황 ※ 가로주택정비사 업·소규모재개 발사업인 경우	토 지 (총 필지)	소 재 지 (공유 여부)		면적(㎡)
		( )		
		( )		
		( )		
	건 축 물	소 재 지 (허가 유무)		동 수
		( )		
		( )		
		( )		
	지 상 권 (건축물 외의 수 목 또는 공작물 의 소유 목적으 로 설정한 권리 를 말합니다)	설 정 토 지		지상권의 내용

소유권 현 황 ※ 소규모재건축사 업인 경우	소유권 위치 (주소)	(단독주택)		
		(아파트·연립주택)		
		(상가)		
	등기상 건축물지분 (면적, ㎡)		등기상 대지지분 (면적, ㎡)	

210㎜×297㎜[백상지(80g/㎡) 또는 중질지(80g/㎡)]

II. 동의 내용

1. 조합설립 및 정비사업 내용

가. 신축건축물의 설계 개요	대지 면적 (공부상 면적)	건축 연면적	규 모	비 고
	m²	m²		

나. 공사비 등 정비사업에 드는 비용	철거비	신축비	그 밖의 비용	합 계

다. 나목에 따른 비용의 분담

1) 조합정관에 따라 경비를 부과·징수하고, 관리처분 시 임시청산하며, 조합청산 시 청산금을 최종 확정한다.
2) 조합원 소유 자산의 가치를 조합 정관에서 정하는 바에 따라 산정하여 그 비율에 따라 비용을 부담한다.
3) 분양대상자별 분담금 추산방법(예시)

   분양대상자별 분담금 추산액 = 분양예정인 대지 및 건축물의 추산액 - (분양대상자별 종전의 토지 및 건축물의 가격 × 비례율*)

* 비례율 = (사업완료 후의 대지 및 건축물의 총수입 - 총사업비) / 종전의 토지 및 건축물의 총가액

라. 신축건축물 구분소유권의 귀속에 관한 사항

※ 개별 정비사업의 특성에 맞게 정합니다. 다만, 신축 건축물의 배정은 토지소유자의 의사가 최대한 반영되도록 하되, 같은 면적의 주택 분양에 경합이 있는 경우에는 종전 토지 및 건축물의 가격 등을 고려하여 우선순위를 정하거나 추첨에 따르는 등 구체적인 배정방법을 정하여 향후 관리처분계획을 수립할 때 분양면적별 배분의 기준이 되도록 합니다.

(예시)
1) 사업시행 후 분양받을 주택 등의 면적은 분양면적(전용면적+공용면적)을 기준으로 하고, 대지는 분양받은 주택 등의 면적에 비례하여 공유지분으로 분양한다.
2) 조합 정관에서 정하는 관리처분계획에 관한 기준에 따라 주택을 소유한 조합원의 신축 건축물에 대한 분양면적 결정은 조합원의 신청규모를 우선적으로 고려하되, 같은 규모에서 경합이 있는 경우에는 종전 토지 및 건축물의 가격이 높은 순서에 따르고, 동·호수는 전산추첨으로 결정한다.
3) 조합원에게 우선분양하고 남는 주택 및 상가 등 복리시설은 관계 법령과 조합정관에서 정하는 바에 따라 일반분양한다.
4) 토지는 사업완료 후 지분등기하며 건축물은 입주조합원 각자 보존등기한다.

2. 조합장 선정 동의

조합의 대표자(조합장)는 조합원총회에서 조합 정관에 따라 선출된 자로 한다.

3. 조합 정관 승인

「빈집 및 소규모주택 정비에 관한 특례법」 제23조에 따라 조합을 설립할 때 그 조합정관을 신의성실의 원칙에 따라 준수하며, 조합 정관에서 정하는 바에 따라 조합 정관이 변경되는 경우 이의 없이 따른다.

* 조합 정관 간인은 임원 및 감사 날인으로 대체합니다.

4. 사업시행계획서

「빈집 및 소규모주택 정비에 관한 특례법」 제23조에 따라 조합을 설립할 때 작성한 사업시행계획서와 같이 가로주택정비사업·소규모재건축사업·소규모재개발사업을 한다.

※ 이 동의서를 제출한 경우에도 조합 설립에 반대하고자 할 경우 「빈집 및 소규모주택 정비에 관한 특례법 시행령」 제23조에 따라 조합설립인가를 신청하기 전까지 동의를 철회할 수 있습니다. 다만, 동의 후 「빈집 및 소규모주택 정비에 관한 특례법 시행령」 제20조제1항 각 호의 사항이 변경되지 않은 경우에는 최초로 동의한 날부터 30일까지만 철회할 수 있으며, 30일이 지나지 않은 경우에도 조합설립을 위한 창립총회 후에는 철회할 수 없습니다.

위와 같이 본인은 ( ) 가로주택정비사업·소규모재건축사업·소규모재개발사업 시행구역의 토지등소유자로서 위의 동의 내용을 숙지하고 동의하며, 「빈집 및 소규모주택 정비에 관한 특례법」 제23조에 따른 조합의 설립에 동의합니다. 또한, 위의 조합 설립 및 사업 내용은 사업시행계획인가 내용, 시공자 등과의 계약 내용 및 제반 사업비의 지출 내용에 따라 변경될 수 있으며, 그 내용이 변경됨에 따라 조합원 청산금 등의 조정이 필요할 경우 「빈집 및 소규모주택 정비에 관한 특례법」 및 같은 법 시행령에서 정하는 변경절차를 거쳐 사업을 계속 추진하는 것에 동의합니다.

년   월   일

위 동의자 : (자필로 이름을 써넣음) 지장 날인

  ( ) 가로주택정비사업
  ( ) 소규모재건축사업   조합설립추진대표자 귀중
  ( ) 소규모재개발사업

첨부서류	주민등록증, 여권 등 신원을 확인할 수 있는 신분증명서의 사본	수수료 없음

[별지 제12호의2 서식] 조합설립인가 취소요청서 <신설 2022. 8. 2.>

조합설립인가 취소요청서

[[ ]가로주택정비사업, [ ]소규모재건축사업, [ ]소규모재개발사업]

※ 색상이 어두운 칸은 신청인이 작성하지 않으며, [ ]에는 해당되는 곳에 √표를 합니다.

(앞쪽)

접수번호			접수일자		처리기간	30일
신청인	조합 명칭					
	대표자	성명		생년월일		
		주소		전화번호		
조합 개요	주된 사무소 소재지			전화번호		
	사업 시행 구역	명칭		면적		m²
		위치				
	조합원 수		명			
조합 해산 동의 사항	토지등 소유자 수	명 (토지소유자: 명) (건축물소유자: 명) (지상권자: 명)		동의율	% (동의자 수 / 토지등소유자 수)	
	해산사유					

「빈집 및 소규모주택 정비에 관한 특례법」 제23조의2제1항 및 같은 법 시행령 제21조의3제1항에 따라 위와 같이 조합설립인가 취소를 요청합니다.

년   월   일

신청인(대표자)   (서명 또는 인)

특별자치시장·특별자치도지사
시장·군수·구청장   귀하

210mm×297mm[백상지(80g/m²) 또는 중질지(80g/m²)]

(뒤쪽)

첨부서류	조합해산을 결의한 총회 의사록 사본	수수료 없음

처리절차

신청서 작성 (신청인) → 접 수 → 확 인 → 조합설립인가 취소 통지

처리기관: 특별자치시 · 특별자치도 · 시 · 군 · 구

[별지 제12호의3 서식] 조치명령서 <신설 2022. 8. 2.>

조치명령서

대상 조합 개요	조합 명칭
	대표자
	사업시행구역의 위치
조치 명령 사항	조치명령의 내용
	조치명령의 사유
	조치명령의 이행기한
	그 밖의 사항

「빈집 및 소규모주택 정비에 관한 특례법」 제23조의2제2항 및 같은 법 시행령 제21조의3제2항에 따라 위와 같이 명령합니다.

년   월   일

특별자치시장·특별자치도지사
시장·군수·구청장   직인

유의사항

1. 위 조치명령의 이행기한까지 조치명령사항을 이행하지 않으면 조합설립인가가 취소될 수 있습니다.
2. 천재지변이나 그 밖의 부득이한 사유로 위 조치명령의 이행기한까지 조치명령을 이행이 불가능한 경우에는 이행기한의 7일 전까지 시장·군수등에게 이행기한의 연기를 신청할 수 있습니다.

210㎜×297㎜[백상지(80g/㎡) 또는 중질지(80g/㎡)]

[별지 제12호의4 서식] 조합설립인가 취소통지서 <신설 2022. 8. 2.>

조합설립인가 취소통지서

대상 조합	조합 명칭	
	대표자	
	사업시행구역의 위치	
조합 설립 인가 취소 내용	조합설립인가 취소 예정일	
	조합설립인가 취소사유	
	그 밖의 사항	

「빈집 및 소규모주택 정비에 관한 특례법」 제23조의2제2항 및 같은 법 시행령 제21조의4제2항에 따라 위와 같이 조합설립인가를 취소합니다.

년   월   일

특별자치시장·특별자치도지사
시장·군수·구청장   [직인]

210mm×297mm[백상지(80g/㎡) 또는 중질지(80g/㎡)]

[별지 제12호의5서식] 공사·사업 계속신고서 <신설 2022. 8. 2.>

공사·사업 계속신고서

※ 색상이 어두운 칸은 신청인이 작성하지 않으며, [ ]에는 해당되는 곳에 √표를 합니다.

접수번호		접수일시		처리기간	15일
신고인	성명		생년월일		
	주소	(전화번호:　　　　　　　　)			
사업구분	[ ] 자율주택정비사업　　　[ ] 가로주택정비사업　　　[ ] 소규모재건축사업 [ ] 소규모재개발사업				
사업명칭					

공사 또는 사업 현황	[ ] 건축물의 건축　　　　　　　[ ] 가설건축물의 건축 [ ] 공작물의 설치　　　　　　　[ ] 건축물의 용도변경 [ ] 토지의 형질변경　　　　　　[ ] 이동이 어려운 물건을 1개월 이상 쌓아 놓는 행위 [ ] 토석의 채취 [ ] 토지의 분할·합병　　　　　[ ] 죽목(竹木)을 베거나 심는 행위				
	공사 또는 사업의 면적	㎡	허가(신고)번호		
	공사 또는 사업의 목적		공사기간 또는 사업기간		
	공사 또는 사업의 구체적인 내용		진행상황		
	공사 또는 사업 시행 위치				

「빈집 및 소규모주택 정비에 관한 특례법」 제23조의3제3항 및 같은 법 시행령 제21조의5 제3항에 따라 위와 같이 공사 또는 사업의 계속 시행을 신고합니다.

년　　　월　　　일

신청인　　　　　　　　　(서명 또는 인)

특별자치시장·특별자치도지사　　귀하
시장·군수·구청장

첨부서류	1. 진행 중인 공사 또는 사업의 진행상황 2. 진행 중인 공사 또는 사업의 시행계획	수수료 없음

210mm×297mm[백상지(80g/㎡) 또는 중질지(80g/㎡)]

[별지 제13호서식] 조사공무원 증표 <개정 2022. 8. 2.>

(앞쪽)

제 호

조사공무원 증표

사 진
3cm×4cm
(모자 벗은 상반신을 뒤 그림 없이 6개월 이내에 촬영한 것)

성 명

국토교통부, 시·도
시·군·구

60mm×90mm[백상지(150g/㎡)]

(색상: 연하늘색)

(뒤쪽)

조사공무원 증표

소 속:
직 급:
성 명:
유효기간: . . .부터 . . .까지

위 사람은 「빈집 및 소규모주택 정비에 관한 특례법」 제54조제2항에 따라 조사를 할 수 있는 사람임을 증명합니다.

년 월 일

국토교통부장관, 시·도지사
시장·군수·구청장   직인

1. 이 증표는 다른 사람에게 대여하거나 양도할 수 없습니다.
2. 이 증표를 주운 경우에는 가까운 우체통에 넣어 주십시오.

제4편 관련 지침 및 고시

소형주택의 활용기준 산정방법

[시행 2021. 1. 1.] [국토교통부고시 제2020-1182호, 2020. 12. 30., 일부개정]

1. 목적 및 적용대상

1-1. 이 기준은 「도시 및 주거환경정비법」 제55조제4항 및 같은 법 시행령 제48조제5항에 따라 재개발사업 및 재건축사업으로 건설하는 소형주택의 임대주택 활용 용도를 결정하기 위한 기준의 산정방법 등을 정하는 데 그 목적이 있다.

2. 항목별 산정방법

2-1. 「도시 및 주거환경정비법 시행령」(이하 "시행령"이라 한다) 제48조제5항제1호가목 중 "정비사업 후 대지 및 건축물의 총 가액"은 「도시 및 주거환경정비법」(이하 "법"이라 한다) 제50조제7항에 따른 사업시행계획인가 고시일을 기준으로 하여 정비사업이 위치한 지역의 시세에 따라 산정하되 구체적인 산정방법은 다음 각 호 중 어느 하나에 따른다.
   가. 해당 특별자치시장·특별자치도지사·시장·군수 또는 자치구의 구청장(이하 "시장·군수등"이라 한다)이 「한국부동산원법」에 따른 한국부동산원에 시세 조사를 의뢰하여 받은 자료를 토대로 시장·군수등이 정한다.
   나. 시장·군수등이 지정한 2 이상의 감정평가업자(「감정평가 및 감정평가사에 관한 법률」에 따른 감정평가업자를 말한다)가 평가한 금액의 산술평균치를 기준으로 한다.

2-2. 시행령 제48조제5항제1호가목 중 "총사업비"는 법 제52조제1항제12호에 따른 "정비사업비"를 적용한다. 다만, 사업시행계획이 변경된 경우에는 변경된 사업시행계획서의 "정비사업비"를 적용한다.

2-3. 시행령 제48조제5항제1호나목의 "정비사업 전 토지 및 건축물의 총 가액"은 법 제74조제1항제5호에 따른 "분양대상자별 종전의 토지 또는 건축물의 사업시행계획인가의 고시가 있은 날을 기준으로 한 가격의 총 합"을 적용한다.

3. 적용대상

3-1. 이 기준은 법 제55조제4항에 따라 소형주택을 장기공공임대주택이 아닌 임대주택으로 공급할지 여부를 결정하는 용도에 한정하여 적용한다.

4. 행정사항

4-1. 국토교통부장관은 「훈령·예규 등의 발령 및 관리에 관한 규정」(대통령 훈령 제334호)에 따라 이 고시에 대하여 2018년 7월 1일 기준으로 매 3년이 되는 시점(매 3년째의 6월 30일까지를 말한다)마다 그 타당성을 검토하여 개선 등의 조치를 하여야 한다.

부   칙 <제2016-834호, 2016. 12. 6.>

이 고시는 발령한 날부터 시행한다.

부   칙<제2018-102호,2018. 2. 9.> (정비사업의 임대주택 및 주택규모별 건설비율 등 4개 국토교통부 고시 일괄개정)

이 고시는 발령한 날부터 시행한다.

부   칙 <제2020-1182호,2020.12.30.>

이 고시는 2021년 1월 1일부터 시행한다.

정비사업의 임대주택 및 주택규모별 건설비율

[시행 2024. 1. 19.] [국토교통부고시 제2024-26호, 2024. 1. 19., 일부개정]

제1조 (목적) 이 기준은 「도시 및 주거환경정비법」 제10조 및 같은법 시행령 제1조의2에 따라 국토교통부장관이 고시하도록 한 정비사업의 임대주택 및 주택규모별 건설비율 등을 정함을 목적으로 한다.

제2조 (용어의 정의) 이 기준에서 사용하는 용어의 정의는 다음과 같다.
1. 이 기준에서 사용하는 주택의 면적은 주거전용면적을 말하며, 그 면적은 「건축물대장의 기재 및 관리 등에 관한 규칙」 제4조에 따른 일반건축물대장 또는 집합건축물대장을 기준으로 산정하되, 주거전용면적을 정확히 산정하기 곤란한 경우에는 실측하여 산정한다.
2. "시·도"란 특별시·광역시·특별자치시·도·특별자치도 또는 「지방자치법」 제175조에 따른 서울특별시·광역시 및 특별자치시를 제외한 인구 50만 이상 대도시(이하 "대도시"라 한다)를 말한다.
3. "시·도지사"란 특별시장·광역시장·특별자치시장·도지사·특별자치도지사 또는 대도시 시장을 말한다.

제3조 (주거환경개선사업의 임대주택 및 주택규모별 건설비율) ① 주거환경개선사업의 경우 건설하는 주택 전체 세대수(임대주택을 포함한다)의 90퍼센트 이상을 85제곱미터 이하 규모의 주택으로 건설하여야 한다.
② 주거환경개선사업의 경우 임대주택은 시·도지사가 전체 세대수의 30퍼센트 이하에서 정하여 고시하는 기준에 따라 건설하여야 한다.
③ 제2항에도 불구하고 특별시장·광역시장·특별자치시장·특별자치도지사·시장 또는 군수(광역시의 군수는 제외한다)는 정비계획을 수립할 때 해당 정비구역 내 주민(세입자 포함한다)을 대상으로 임대주택 수요를 조사하고 그 결과에 따라 임대주택 건설비율을 별도로 정할 수 있다.
④ 주거환경개선사업의 경우 시·도지사가 전체 임대주택 세대수의 50퍼센트 이하에서 정하여 공보에 고시하는 기준에 따라 40제곱미터 이하 규모의 임대주택을 건설하여야 한다.
⑤ 시·도지사는 제2항 및 제4항의 기준을 고시함에 있어 다른 주거환경개선구역(주거환경개선사업을 시행하는 정비구역을 말한다. 이하 같다)과 연계하여 전체 구역에 대한 공급비율을 기준으로 사업구역 별 차등 적용할 수 있으며, 주택건설을 위한 대지면적이 10,000제곱미터 이하인 경우 임대주택을 건설하지 않도록 할 수 있다.

제4조 (재개발사업의 임대주택 및 주택규모별 건설비율) ① 재개발사업의 사업시행자는 건설하는 주택 전체 세대수의 80퍼센트 이상을 85제곱미터 이하 규모의 주택으로 건설하여야 한다. 다만, 주택단지 전체를 평균 5층 이하로 건설하는 경우에는 그러하지 아니하다.

② 제1항에도 불구하고 시·도지사는 필요한 경우 제1항에 따른 주택규모별 건설비율 이하의 건설비율을 별도로 정하여 공보에 고시할 수 있다.

③ 재개발사업의 사업시행자는 건설하는 주택 전체 세대수 또는 전체 연면적의 20퍼센트를 임대주택으로 건설하여야 하며, 전체 임대주택 세대수의 30퍼센트 이상 또는 건설하는 주택 전체 세대수의 5퍼센트 이상을 주거전용면적 40제곱미터 이하 규모의 임대주택으로 건설하여야 한다.

④ 제3항에도 불구하고 다음 각 호의 어느 하나에 해당하는 경우 재개발사업의 사업시행자는 임대주택을 건설하지 아니할 수 있다.
1. 건설하는 주택 전체 세대수가 200세대 미만인 경우
2. 도시·군관리계획 상 자연경관지구 및 최고고도지구 내에서 7층 이하의 층수제한을 받게 되는 경우
3. 일반주거지역 안에서 자연경관·역사문화경관 보호 및 한옥 보존 등을 위하여 7층 이하로 개발계획을 수립한 경우
4. 「항공법」 및 「군사기지 및 군사시설 보호법」의 고도제한에 따라 7층 이하의 층수제한을 받게 되는 경우
5. 제1종 일반주거지역에서 용도지역을 변경하지 않고 개발계획을 수립하는 경우

⑤ 제3항에도 불구하고 정비구역에서 학교용지를 확보하여야 하는 경우에는 시·도지사가 정하는 바에 따라 임대주택 세대수를 50퍼센트 범위 내에서 차감하여 조정할 수 있다.

⑥ 제3항에도 불구하고 시·도지사가 임대주택 건설비율을 다음 각 호의 범위에서 공보에 고시한 경우에는 고시된 기준에 따른다. 다만, 「국토의 계획 및 이용에 관한 법률 시행령」 제30조제1항제2호에 따른 상업지역에서의 임대주택 건설비율에 대해서는 시·도지사가 지역의 세입자 수와 주택 수급 여건 등을 고려하여 제1호의 지역은 5퍼센트까지, 제2호의 지역은 2.5퍼센트까지, 제3호의 지역에 대해서는 0퍼센트까지 완화하여 정할 수 있다.
1. 「수도권정비계획법」 제2조제1호에 따른 수도권 중 서울특별시: 건설하는 주택 전체 세대수 또는 전체 연면적의 10퍼센트 이상 20퍼센트 이하
2. 「수도권정비계획법」 제2조제1호에 따른 수도권 중 인천광역시 및 경기도: 건설하는 주택 전체 세대수 또는 전체 연면적의 5퍼센트 이상 20퍼센트 이하
3. 제1호 및 제2호 외의 지역: 건설하는 주택 전체 세대수 또는 전체 연면적의 5퍼센트 이상 12퍼센트 이하

⑦ 시장·군수가 정비계획을 수립할 때 관할 구역에서 시행된 재개발사업으로 건설하는 주택 전체 세대수에서 「도시 및 주거환경정비법 시행령」(이하 "영"이라 한다) 별표 3 제2호가목(1)에 해당하는 세입자가 입주하는 임대주택 세대수가 차지하는 비율이 시·도지사가 정하여 고시한 임대주택 비율보다 높은 경우 또는 관할 구역의 특성상 주택수급안정이 필요한 경우에는 다음 산식에 따라 산정한 임대주택 비율 이하의 범위에서 임대주택 비율을 높일 수 있다.

$$\text{해당 시·도지사가 고시한 임대주택} + \left(\text{건설하는 주택 전체 세대수} \times \frac{10}{100}\right)$$

⑧ 제3항 및 제5항부터 제7항까지에서 주택 전체 세대수·연면적, 전체 임대주택 세대수 및 임대주택 비율을 산정할 때에는 「도시 및 주거환경정비법」(이하 "법"이라 한다) 제54조제1항, 법 제66조제3항 또는 법 제101조의5제1항에 따라 정비계획으로 정한 용적률을 초과하여 건축함으로써 증가된 세대수, 연면적 및 임대주택은 제외한다.

제5조 (재건축사업의 임대주택 및 주택규모별 건설비율) ① 「수도권정비계획법」 제6조제1항제1호에 따른 과밀억제권역에서 시행하는 재건축사업의 사업시행자는 건설하는 주택 전체 세대수의 60퍼센트 이상을 85제곱미터 이하 규모의 주택으로 건설하여야 한다.
② 제1항에도 불구하고 다음 각 호를 충족하는 경우에는 제1항을 적용하지 아니한다.
  1. 조합원에게 분양하는 주택의 주거전용면적의 합이 종전 주택(재건축하기 전의 주택을 말한다)의 주거전용면적의 합보다 작거나 30퍼센트의 범위에서 클 것
  2. 조합원 이외의 자에게 분양하는 주택을 모두 85제곱미터 이하 규모로 건설할 것

제6조 (공공재개발사업에서의 공공임대주택 건설비율) ① 영 제1조의2제1항에서 "국토교통부장관"이 고시한 비율은 다음 각 호를 의미한다. 다만, 시·도지사는 「국토의 계획 및 이용에 관한 법률 시행령」 제30조제1항제2호부터 제4호까지의 지역에서는 시·도지사가 공보에 고시한 바에 따라 임대주택 세대 수를 50퍼센트 범위 내에서 차감하여 조정할 수 있다.
  1. 「수도권정비계획법」 제2조제1호에 따른 수도권 중 서울특별시 : 전체 세대 수의 20퍼센트
  2. 「수도권정비계획법」 제2조제1호에 따른 수도권 중 서울특별시 외의 지역 : 전체 세대 수의 10퍼센트
  3. 제1호 및 제2호 외의 지역 : 전체 세대 수의 10퍼센트
② 법 제101조의5제4항에 따라 공공재개발사업 시행자로부터 공급받은 주택을 「공공주택 특별법」 제2조에 따른 공공분양주택으로 분양하는 경우에는 제1항에 따른 비율을 산정할 때 공공임대주택의 수에 공공분양주택의 수를 합산한다.

③ 고도제한 등으로 법 제101조의5제1항에 따른 용적률 완화를 적용받지 못하여 법 제101조의5제2항에 따른 국민주택규모 주택을 공급하지 아니하는 경우에는 제4조에 따른 비율을 적용한다.

제7조 (재검토기한) 국토교통부장관은 이 고시에 대하여 「훈령·예규 등의 발령 및 관리에 관한 규정」(대통령 훈령 제334호)에 따라 2021년 7월 1일 기준으로 매 3년이 되는 시점(매 3년째의 6월 30일까지를 말한다)마다 그 타당성을 검토하여 개선 등의 조치를 하여야 한다.

부　　칙 <제2018-102호,2018. 2. 9.> (정비사업의 임대주택 및 주택규모별 건설비율 등 4개 국토교통부 고시 일괄개정)

이 고시는 발령한 날부터 시행한다.

부　　칙 <제2020-528호,2020.7.22.>

제1조 (시행일) 이 고시는 9월 24일부터 시행한다.
제2조 (재개발사업의 임대주택 건설비율의 적용대상 및 상한 등에 관한 경과조치) 이 고시 시행 전에 법 제50조제1항 본문에 따라 사업시행계획인가를 받았거나 신청한 재개발사업의 경우에는 제4조제3항, 제6항 및 제7항의 개정규정에도 불구하고 종전의 규정에 따른다.

부　　칙 <제2021-952호, 2021.07.14.>

이 고시는 발령한 날부터 시행한다.

부　　칙 <제2022-720호, 2022.12.11.>

이 고시는 발령한 날부터 시행한다.

부　　칙 <제2024-26호, 2024.01.19.>

이 고시는 발령한 날부터 시행한다.

공공건설임대주택 표준건축비

[시행 2023. 2. 1.] [국토교통부고시 제2023-64호, 2023. 2. 1., 전부개정]

1. 공공건설임대주택 표준건축비

(단위 : 천원/㎡)

구분 (주거전용면적기준)		건축비 상한가격 (주택공급면적에 적용)
5층 이하	40㎡ 이하	1,126.7
	40㎡ 초과 ~ 50㎡ 이하	1,145.2
	50㎡ 초과 ~ 60㎡ 이하	1,109.5
	60㎡ 초과	1,120.8
6~10층 이하	40㎡ 이하	1,209.8
	40㎡ 초과 ~ 50㎡ 이하	1,226.1
	50㎡ 초과 ~ 60㎡ 이하	1,188.5
	60㎡ 초과	1,192.3
11~20층 이하	40㎡ 이하	1,143.0
	40㎡ 초과 ~ 50㎡ 이하	1,154.1
	50㎡ 초과 ~ 60㎡ 이하	1,119.3
	60㎡ 초과	1,118.8
21층 이상	40㎡ 이하	1,162.6
	40㎡ 초과 ~ 50㎡ 이하	1,173.8
	50㎡ 초과 ~ 60㎡ 이하	1,139.2
	60㎡ 초과	1,138.4

* 주택공급면적이라 함은 「주택공급에 관한 규칙」 제21조제5항에 따른 공급면적 중 그 밖의 공용면적을 제외한 면적을 말하며 표준건축비에는 부가가치세가 포함되었음

2. 개정된 표준건축비 적용시점

2023년 개정안 고시 이후 최초로 입주자모집공고의 승인을 신청하는 분(국가·지방자치단체·한국토지주택공사 또는 지방공사인 경우에는 입주자모집공고를 말함) 또는 분양전환에 관한 승인을 신청하는 분(공공건설임대주택의 분양전환가격을 산정하는 경우를 말함)부터 적용한다.

3. 재검토기한

국토교통부장관은 「행정규제기본법」 제8조 및 「훈령·예규 등의 발령 및 관리에 관한 규정」에 따라 이 고시에 대하여 2023년 7월 1일을 기준으로 3년이 되는 시점(매 3년째의 6월 30일까지를 말한다)마다 그 타당성을 검토하여 개선 등의 조치를 하여야 한다.

부　　칙 <제2016-339호, 2016. 6. 8.>

이 고시는 발령한 날부터 시행한다.

부　　칙 <제2023-64호, 2023.02.01.>

이 고시는 발령한 날부터 시행한다.

소규모주택정비사업의 시공자 및 정비사업전문관리업자 선정기준

[시행 2022. 6. 28.] [국토교통부고시 제2022-387호, 2022. 6. 28., 일부개정]

제1조 (목적) 이 기준은 「빈집 및 소규모주택 정비에 관한 특례법」 제20조제2항 및 제21조제2항에 따라 소규모주택정비사업조합(조합이 소규모주택정비사업을 시행하는 모든 경우를 포함한다)의 시공자 및 정비사업전문관리업자 선정에 관하여 필요한 사항을 규정함을 목적으로 한다.

제2조 (시공자의 선정 등) ① 「빈집 및 소규모주택 정비에 관한 특례법」(이하 "소규모주택정비법"이라 한다) 제20조제2항에 따라 조합은 시공자 선정 시 건설업자 또는 등록사업자에게 다음 각 호의 사항을 포함한 제안서를 제출받아 검토하여야 한다.
   1. 건설업자의 시공능력평가 순위 또는 등록사업자의 주택건설 실적
   2. 건설업자 또는 등록사업자의 신용평가등급
   3. 건설업자 또는 등록사업자의 정비사업 준공실적
   4. 기타 시·도조례로 정하는 사항
② 소규모주택정비법 제20조제2항 및 제21조제2항에 따라 조합이 소규모주택정비사업의 시공자 또는 정비사업전문관리업자 선정 시 「도시 및 주거환경정비법」(이하 "도시정비법"이라 한다) 제29조제3항에 따른 「정비사업 계약업무 처리기준」 제2조부터 제39조까지를 준용한다.
③ 제2항에 따라 「정비사업 계약업무 처리기준」을 준용함에 있어 "정비사업"은 "소규모주택정비사업"으로, "도시정비법 제25조에 따른 조합"은 "소규모주택정비법 제17조에 따른 조합"으로, "도시정비법 제27조에 따른 신탁업자"는 "소규모주택정비법 제19조에 따른 신탁업자"로, "도시정비법 제29조"는 "법 제20조" 또는 "법 제21조"로, "재건축사업"은 "소규모재건축사업"으로 한다.

제3조 (시공자 선정 시 예외사항) 제2조에도 불구하고 조합이 소규모주택정비사업의 시공자를 선정하는 경우 다음 각 호의 방법에 따라야 한다.
   1. 사업시행자가 시공자를 내역입찰로 선정하는 경우 입찰서 제출마감일 35일 이전에 현장설명회를 개최하여야 한다.
   2. 대의원회가 총회에 상정할 건설업자를 선정하는 경우 3인 이상을 선정하여야 한다. 다만, 입찰에 참가한 건설업자등이 2인인 경우에는 모두 총회에 상정하여야 한다.
   3. 사업시행자는 시공자 선정 총회를 개최하기에 앞서 합동홍보설명회를 1회 이상 개최하여야 한다.

제4조 (정비사업전문관리업자 선정 시 예외사항) 제2조에도 불구하고 조합이 소규모주택정비사업의 정비사업전문관리업자를 지명경쟁입찰을 통해 선정하는 경우 3인 이상의 입찰대상자를 지명하여야 하며, 2인 이상의 입찰참가 신청이 있어야 한다.

제5조 (적용 제외) ① 토지등소유자 또는 조합원이 30인 이하인 소규모주택정비사업은 조합 총회에서 정관으로 정하는 바에 따라 시공자를 선정할 수 있다.
② 토지등소유자 또는 조합원 전원의 동의를 얻어 별도의 선정기준을 마련한 경우 그 기준에 따라 시공자 및 정비사업전문관리업자를 선정할 수 있다.
③ 제1항 및 제2항의 경우에도 제2조제1항을 적용하여야 한다.

제6조 (재검토기한) 국토교통부장관은 이 고시에 대하여 「훈령·예규 등의 발령 및 관리에 관한 규정」에 따라 2022년 7월1일 기준으로 매3년이 되는 시점(매 3년째의 6월30일까지를 말한다)마다 그 타당성을 검토하여 개선 등의 조치를 하여야 한다.

부   칙 <제2018-128호, 2018. 2. 23.>

제1조 (시행일) 이 기준은 고시된 날부터 시행한다.
제2조 (적용례) 이 기준은 시행 후 최초로 입찰을 공고하는 경우부터 적용한다.
제3조 (조합설립추진위원회에 대한 경과조치) 이 기준 시행 전에 종전의 「도시 및 주거환경정비법」에 따라 주택재건축사업의 시행을 목적으로 승인받은 조합설립추진위원회는 제21조에도 불구하고 이 기준에 따른 소규모재건축사업을 시행하기 위하여 정비사업전문관리업자의 선정 및 변경 등 「도시 및 주거환경정비법」 제32조의 업무를 수행할 수 있다.

부   칙 <제2022-387호, 2022.06.28.>

제1조 (시행일) 이 기준은 고시된 날부터 시행한다.
제2조 (시공자 선정 등에 관한 경과조치) 이 고시 시행 전에 조합설립인가를 신청한 경우 제5조의 개정규정에도 불구하고 종전의 규정에 따른다.

빈집정비사업에 관한 업무지침

[시행 2022. 2. 17.] [국토교통부고시 제2022-92호, 2022. 2. 17., 일부개정]

제1장 총 칙

제1조 (목적) 이 지침은 「빈집 및 소규모주택 정비에 관한 특례법」 제52조 및 같은 법 시행령 제44조에 따라 빈집정비사업에 필요한 사항을 세부적으로 정함을 목적으로 한다.

제2조 (정의) 이 지침에서 사용하는 용어의 뜻은 다음과 같다.
1. "빈집"이란 「빈집 및 소규모주택 정비에 관한 특례법」 (이하 "법"이라 한다) 제2조에 따라 시장·군수등이 확인한 날(법 제8조제1항 및 제2항에 따른 자료 또는 정보를 통해 아무도 거주 또는 사용하지 않은 것으로 확인한 기간의 최초 일자를 말한다)부터 1년 이상 아무도 거주 또는 사용하지 아니하는 주택(단독주택, 공동주택, 준주택으로서 오피스텔을 말한다)으로서 공공임대주택, 5년이 경과하지 아니한 미분양주택, 별장 등 일시적 거주·사용을 목적으로 하는 주택은 제외한다.
2. "빈집정비계획"이란 법 제4조 및 같은 법 시행령(이하 "영"이라 한다) 제4조·제5조에 따라 시장·군수등이 빈집을 효율적으로 정비 또는 활용하기 위한 계획을 말한다.
3. "실태조사"란 법 제5조 및 영 제6조·제8조에 따라 시장·군수등이 빈집이나 빈집으로 추정되는 주택(이하 "빈집등"이라 한다)의 관리현황 및 안전상태 등을 파악하기 위한 조사를 말한다.
4. "빈집정보시스템"이란 법 제15조 및 영 제14조에 따라 실태조사를 토대로 빈집을 효율적으로 정비하기 위한 정보시스템을 말한다.
5. "빈집정비사업"이란 법 제2조제1항제2호 및 제9조에 따라 빈집을 개량 또는 철거하거나 효율적으로 관리 또는 활용하기 위한 사업을 말한다.
6. "실태조사 대행전문기관"이란 법 제5조 및 영 제7조에 따라 시장·군수등의 빈집등 실태조사 업무를 대행하는 기관을 말한다.
7. "빈집정보시스템 대행전문기관"이란 법 제15조 및 영 제15조에 따라 시·도지사의 빈집정보시스템 구축·운영 업무를 대행하는 기관을 말한다.

제2조의1 (적용범위) 이 지침은 농어촌, 준농어촌을 제외한 도시지역에서 적용한다.

제2조의2 (다른규정과의 관계) 이 지침은 빈집정비사업에 관하여 다른 규정에 우선하여

적용한다.

제2장 빈집등 실태조사의 방법

제1절 실태조사의 방법 등

제3조 (실태조사의 유형) 실태조사는 빈집등에 대하여 법 제5조제1항 각 호의 사항에 관한 조사의 목적과 방법에 따라 다음 각 호로 구분할 수 있다.
1. "사전조사"란 자료 또는 정보를 통해 빈집 등 여부를 확인하고, 현장조사 대상을 선별하기 위한 조사를 말한다.
2. "현장조사"란 빈집등에 대하여 현장 관찰 및 면담 등을 통해 빈집 여부를 확인하는 조사를 말한다.
3. "등급산정조사"란 확인된 빈집의 상태 및 위해수준 등을 조사하여 빈집의 등급을 산정하는 조사를 말한다.

제4조 (실태조사의 대상구역) ① 실태조사는 시·군·구 관할구역 전체를 대상으로 할 수 한다(다만 농어촌, 준농어촌지역은 제외한다.).
② 실태조사는 다음 각 호에 해당하는 지역 또는 구역에서 별도로 우선하여 실시할 수 있다.
1. 「도시 및 주거환경정비법」 제2조제1호에 따른 정비구역, 같은 법 제20조·제21조에 따라 정비예정구역·정비구역이 해제된 지역
2. 「도시재정비 촉진을 위한 특별법」 제2조제4호에 따른 재정비촉진구역, 같은 법 제7조에 따라 재정비촉진구역이 해제된 지역
3. 「도시재생 활성화 및 지원에 관한 특별법」 제2조제1항제5호에 따른 도시재생활성화지역
4. 「국가균형발전 특별법」에 따른 도시활력증진지역 개발사업의 시행구역
5. 법 제2조제1항제9호에 따른 소규모주택정비 관리지역
6. 그 밖에 시장·군수등이 필요하다고 인정하는 지역 또는 구역

제5조 (실태조사의 절차) 시장·군수등은 법제5조 및 영제8조에 따라 빈집실태조사를 실시하는 경우 절차는 별표 1과 같다.

제6조 (실태조사의 업무대행) 시장·군수등은 법 제5조제2항 및 영 제7조에 따라 실태조사 대행전문기관의 장과 지방자치단체에서 정하는 바에 따라 계약을 체결하고 실태조사를 실시할 수 있다.

제7조 (조사자의 교육) 시장·군수등 또는 실태조사 대행전문기관의 장은 실태조사를 실시하기 전에 해당 업무를 수행하는 조사자(이하 "조사자"라 한다)에 대하여 실태조사의 방법 및 절차, 개인정보의 수집 및 이용, 빈집출입에 따른 안전사고 예방 등을 교육할 수 있다.

제2절 사전조사

제8조 (사전조사의 준비) ① 시장·군수등은 실태조사의 대상구역과 실시주기를 확인하고, 제4조제2항 각 호에 해당하는 지역 또는 구역에 대하여 우선 실시 여부를 결정할 수 있다.
② 사전조사 대상은 직전에 실시한 실태조사에서 확인된 빈집과 실태조사 이후 새로 발생한 빈집으로 하되, 법 제4조에 의한 정비계획에 따라 매년 정비되는 빈집을 제외하여 산정한다.
③ 시장·군수등은 영 제2조 제1호 및 2호에 해당되는 주택을 제외하기 위해 다음의 각 호의 기관에 관련 자료를 요청 및 활용할 수 있다.
  1. 「한국토지주택공사법」에 따라 설립된 한국토지주택공사 또는 「지방공기업법」에 따라 주택사업을 시행하기 위하여 설립된 지방공사(이하 "토지주택공사등"이라 한다) : 영 제2조제1호의 주택
  2. 「주택도시기금법」에 따라 설립된 주택도시보증공사 : 영 제2조제2호의 주택

제9조 (빈집등의 추정) ① 조사자는 법 제8조제1항 및 제2항에 따라 다음 각 호의 자료 또는 정보를 취합·분석하여 아무도 거주 또는 사용하지 않은 것으로 확인한 기간의 최초 일부터 1년 이상이 경과한 주택을 빈집등으로 추정한다.
  1. 전기 사용량
  2. 상수도 사용량
  3. 기타 에너지사용량
  4. 공·폐가현황자료
② 조사자는 제1항 각 호의 자료 또는 정보에 관하여 별표 2를 참고하여 별지 제1호서식에 따라 관계기관에 요청할 수 있고, 그 결과를 취합·분석하여 별지 제2호서식의 사전조사 보고서에 기재하여야 한다.

제9조의1 (빈집등의 추정 절차) 조사자는 제9조에 따라 별표 3의 빈집 추정 절차를 따를 수 있다.

제3절 현장조사

제10조 (현장조사의 준비) ① 조사자는 제9조에 따라 추정한 빈집등의 위치와 현황 등에 대하여 별지 제2호서식의 사전조사 보고서와 건축물대장 등을 통해 확인할 수 있다.
② 조사자는 제1항에 따라 확인한 빈집등의 기본정보를 별지 제3호서식의 현장조사서를 활용하여 기재할 수 있다.

제11조 (소유자 등의 확인) 조사자는 법 제6조제2항에 따라 빈집등 소유자, 점유자 또는 관리인(이하 "소유자등"이라 한다)에게 조사목적 및 일시 등을 알리기 위하여 다음 각 호의 자료 또는 정보를 통해 소유자등의 소재를 확인할 수 있다.
 1. 국세·지방세 부과(고지)내역
 2. 토지 및 건축물대장
 3. 그 밖에 지역 주민과의 면담 등의 정보

제12조 (빈집의 판정) ① 조사자는 전기계량기가 작동하지 않거나 철거된 경우 등 별지 제3호서식의 현장조사서에 따른 판별기준 항목을 바탕으로 빈집을 판정할 수 있다. 이 경우 빈집의 주택유형별로 단독주택 현장조사서와 공동주택 현장조사서를 구분하여 사용한다.
② 조사자는 제1항에 따라 판정한 빈집에 대하여 판별기준 항목별로 사진을 첨부할 수 있고, 필요한 경우 지역 주민과의 면담 등을 통해 조사자의 소견을 기재할 수 있다.

제13조 (빈집의 확인) ① 조사자는 제12조에 따라 판정한 빈집에 대하여 소유자에게 빈집의 해당 여부를 확인할 수 있다. 다만, 빈집 소유자의 부재나 주소불명 등으로 빈집의 해당 여부를 확인하기 어려운 경우에는 그러하지 아니하다.
② 조사자는 제1항에 따라 빈집 소유자에게 빈집의 해당 여부를 확인한 후 빈집의 방치기간, 발생원인 등을 조사하고 별지 제3호서식의 현장조사서를 활용하여 기재할 수 있다.

제4절 등급산정조사

제14조 (등급산정조사의 준비) ① 조사자는 제13조에 따라 확인한 빈집의 상태 및 위해수준 등을 산정하기 위하여 빈집의 소유자등에게 조사 목적과 일시 등을 알려주어 조사에 동반할 수 있다. 다만, 소유자등의 부재나 주소불명 등으로 소재를 알 수 없는 경우에는 그러하지 아니하다.
② 조사자는 빈집의 등급산정에 필요한 기본정보를 건축물대장 등을 통해 확인하고 별

지 제4호서식의 등급산정조사서를 활용하여 기재할 수 있다.

제15조 (빈집 출입에 따른 안전사고 예방 등) ① 시장·군수등 또는 실태조사 대행전문기관의 장은 빈집의 출입에 따른 안전사고로부터 조사자를 보호하기 위한 적절한 조치를 취할 수 있다.
② 조사자는 안전사고나 법 제7조에 따른 손실보상 등에 대비하여 필요한 경우 조사과정을 촬영하고 그 영상을 보관할 수 있다.

제16조 (빈집의 등급산정) ① 조사자는 별지 제4호서식의 등급산정조사서를 참고하여 빈집의 기본현황, 주요 구조부 상태와 위해성 등에 따라 등급을 산정할 수 있다.
② 조사자는 제1항에 따라 등급을 산정하는 경우 건축물의 붕괴에 직접적인 영향을 미치는 외벽과 기둥 등 주요 구조부 상태를 우선하여 고려할 수 있다.
③ 조사자는 단독주택과 공동주택으로 구분하여 별지 제4호서식의 단독주택 등급산정조사서와 공동주택 등급산정조사서에 따라 등급을 산정한다.

제16조의1 (빈집등급의 유형) 법제5조제4항에 의한 빈집의 등급은 빈집의 노후·불량 정도 및 주변에 미치는 영향의 정도를 종합적으로 고려하여 별지 제4호서식에 따라 다음 각 호로 구분한다.
1. 1등급(활용대상 빈집) : 개보수 없이 즉시 거주 또는 활용이 가능한 빈집
2. 2등급(관리대상 빈집) : 개보수 후 거주 또는 활용이 가능한 빈집
3. 3등급(집중관리대상 빈집) : 안전조치 또는 이에 준하는 정비가 필요한 빈집
4. 4등급(우선 정비대상 빈집) : 철거 또는 이에 준하는 정비가 필요한 빈집

제16조의2 (검수 절차) ① 시장·군수등 또는 실태조사 대행전문기관의 장은 3등급, 4등급에 해당하는 빈집에 대해 건축사 또는 건축, 시공, 구조 기술사 등 전문가의 검수를 거칠 수 있다.
1. 주요구조부 상태, 위해성 평가 등 등급산정조사 결과와 근거자료의 정합성
2. 평가결과에 따른 등급의 적합성
② 시장·군수등 또는 실태조사 대행전문기관의 장은 심층판단이 필요한 경우 현장을 방문하여 검수할 수 있다.

제17조 (실태조사 결과의 관리·활용) ① 조사자는 제16조에 따라 등급을 산정한 빈집의 상태 및 위해수준 등에 대하여 별지 제5호서식의 실태조사 결과보고서를 활용하여 기재할 수 있다.
② 제1항에 따른 실태조사 결과보고서는 빈집정보시스템에 등록·관리할 수 있다.

제5절 확인점검

제18조 (확인점검의 방법) ① 시장·군수등 또는 실태조사 대행전문기관의 장은 필요한 경우 제16조에 따라 등급을 산정한 빈집에 대하여 변동 상황을 점검(이하 '확인점검'이라 한다)할 수 있다.
② 조사자는 확인점검을 위하여 현장 관찰 및 면담 등을 통해 별지 제5호서식의 실태조사 결과보고서를 활용하여 주요 항목과 등급에 관한 변동 상황을 점검할 수 있고, 그 결과를 별지 제6호서식의 확인점검서에 기재할 수 있다.
③ 조사자는 확인점검을 위하여 필요한 경우 빈집의 소유자등에게 확인점검에 관한 사항을 확인할 수 있다.

제18조의1 (빈집신고에 대한 현장조사 등) ① 시장·군수등은 빈집 신고에 대한 현장조사 시 별지 제5호, 제6호의 서식을 활용할 수 있으며 다음 각 호를 따른다.
1. 건축물대장, 토지대장, 등기부등본 등을 확인하여 건축물의 현황 및 권리 관계를 확인한다.
2. 소유자 정보를 확인한 후 출입 통지를 한다.
3. 출입통지 후 소유자 면담조사를 진행하여 빈집여부 및 방치이유 등을 조사한다. (다만, 소유자 소재불명, 연락두절인 경우 그 사유를 소유자의견조사서에 기재한다.)
4. 현장관찰시 신고인에게 입회 요청할 수 있다.
5. 소유자 의견청취 또는 빈집 확인이 어려운 경우 지역주민을 대상으로 탐문조사할 수 있다.
② 시장·군수등은 현장관찰이 종료되면 그 결과에 따라 필요한 조치를 하고, 별지 제9호서식에 따라 신고인에게 결과를 통지한다.

제19조 (확인점검 결과의 반영) ① 조사자는 확인점검 결과 제16조에 따라 산정한 빈집의 등급이 변동이 있는 경우 빈집 소유자에게 그 결과를 통지하여야 한다. 다만, 빈집 소유자의 부재나 주소불명 등으로 소재를 알 수 없는 경우에는 그러하지 아니하다.
② 조사자는 확인점검 결과에 대하여 별지 제5호서식의 실태조사 결과보고서에 기재하고 그 이력을 관리하여야 한다.

제3장 빈집정보시스템의 구축 및 운영

제1절 빈집정보시스템의 구축 및 운영 등

제20조 (빈집정보시스템의 구축・운영) ① 시・도지사는 법 제15조 및 영 제14조에 따라 실태조사 결과를 토대로 빈집정보시스템을 직접 구축・운영하거나 빈집정보시스템 대행전문기관에 위탁할 수 있다.
② 빈집정보시스템은 보안・백업・정보보호・장애복구 등의 성능 확보를 위하여 별표 4의 기준을 참고하여 구축・운영할 수 있다.

제21조 (빈집정보시스템 구축・운영의 업무대행) 시・도지사는 법 제15조제4항 및 영 제15조에 따른 빈집정보시스템 대행전문기관의 장에게 업무를 대행시키는 경우 지방자치단체의 장이 정하는 바에 따라 계약을 체결하고 빈집정보시스템을 구축・운영할 수 있다.

제22조 (빈집정보시스템의 주요기능) ① 빈집정보시스템은 다음 각 호의 기능을 구축할 수 있다.
1. 지도기반의 정보 구축 기능
2. 「국가공간정보 기본법」 제2조제1호에 따른 공간정보의 연계 기능
3. 법 제8조제1항 및 영 제14조제1항 각 호의 자료 또는 정보를 분석하여 빈집을 추정하는 기능
4. 실태조사 결과에 따른 빈집의 통계 등 빈집의 정보(이하 "빈집정보"라 한다)의 입・출력 기능
5. 실태조사 지원 기능
6. 빈집정보의 제공 및 공개 기능
7. 그 밖에 빈집정보 활용을 위하여 필요한 사항
② 시・도지사 또는 빈집정보시스템 대행전문기관의 장은 구축한 빈집정보시스템의 운영 현황을 정기적으로 점검하여 시스템의 기능을 개선할 수 있다.

제23조 (관련 자료・정보의 요청) ① 시・도지사는 법 제15조제3항 및 영 제14조제1항에 따라 빈집정보시스템의 구축을 위하여 필요한 자료 또는 정보를 관계 행정기관 또는 공공기관의 장에게 요청하는 경우 「공공기관의 정보공개에 관한 법률」 제10조제1항 및 같은 법 시행령 제6조제1항에 따라야 한다.

제24조 (사용 권한 관리) ① 시・도지사 또는 빈집정보시스템 대행전문기관의 장은 빈집정보시스템을 이용하고자 하는 직원(이하 "사용자"라 한다)에게 빈집정보시스템 사용권한을 부여할 수 있으며, 빈집정보시스템 사용권한 부여・변경 및 폐지하는 업무를 수행하는 자(이하 "권한관리자"라 한다)를 지정할 수 있다.
② 제1항의 규정에 의하여 빈집정보시스템 사용권한이 부여된 자만 빈집정보시스템의 입력・수정・출력 등의 작업을 하여야 한다. 다만, 운영기관의 장 또는 운영부서의

장의 지시에 의한 경우에는 그러하지 아니하다.
③ 권한관리자는 사용자의 업무분장에 따라 사용자가 열람 또는 처리할 수 있는 전산자료의 범위를 정하여 빈집정보시스템 사용 권한을 부여함으로써 사용자가 빈집정보시스템 사용 권한의 범위 안에서만 전산자료를 열람 또는 처리하도록 하여야 한다.
④ 권한관리자는 사용자의 업무 변경, 인사이동, 퇴직 등으로 업무분장에 변동이 있을 경우 즉시 빈집정보시스템 사용 권한을 변경하거나 폐지하여야 한다.
⑤ 권한관리자는 사용자가 사고·출장 등으로 인하여 빈집정보시스템 사용 권한에 따른 업무를 처리하기 곤란한 경우에는 사용자의 소속 부서장의 승인을 받아 그 업무를 다른 사용자가 처리할 수 있도록 빈집정보시스템 사용 권한을 변경할 수 있다.
⑥ 권한관리자는 빈집정보시스템 사용 권한 부여·변경 및 폐지에 대한 기록을 유지하여야 한다.

제25조 (빈집정보시스템의 운영중단) ① 시·도지사 또는 빈집정보시스템 대행전문기관의 장은 다음 각 호의 어느 하나에 해당하는 경우 빈집정보시스템의 전부 또는 일부를 중단할 수 있다.
 1. 빈집정보시스템 기능 개선을 위하여 점검이 필요한 경우
 2. 장애복구 등을 위하여 빈집정보시스템을 중단할 필요가 있는 경우
 3. 천재지변 등으로 빈집정보시스템을 중단할 필요가 있는 경우
 4. 기타 전산자료 등을 보호하기 위해 불가피하게 빈집정보시스템을 중단할 필요가 있는 경우
② 시·도지사 또는 빈집정보시스템 대행전문기관의 장은 제1항제1호에 따라 빈집정보시스템을 중단하는 경우 최대한 업무에 지장이 없는 시기에 하여야 하며, 빈집정보시스템의 중단사유 및 기간 등을 사전에 업무 담당자 및 사용자에게 공지하여야 한다.

제2절 빈집정보의 관리 및 공개 등

제26조 (빈집정보의 관리) 시·도지사는 실태조사 결과를 토대로 빈집정보를 빈집정보시스템에 다음 각 호의 원칙에 따라 입력하고 관리할 수 있다.
 1. 빈집정보는 즉시 데이터베이스(DB)에 저장하고 데이터 무결성 규칙에 어긋나지 아니할 것
 2. 빈집정보시스템에 포함된 개인정보는 「개인정보 보호법」에 따라 암호화할 것

제27조 (빈집정보의 제공) ① 시·도지사는 법 제15조제5항에 따라 안전사고나 범죄발생 등을 예방하기 위하여 빈집정보를 제공하는 경우 사전에 빈집정보를 제공하는 관계 행정기관 또는 공공기관의 장과 정보의 제공 범위 및 방법 등을 협의하여 정할 수 있다.

② 시·도지사는 제1항에 따라 빈집정보시스템으로 처리한 빈집정보를 제공하는 경우 「공공기관의 정보공개에 관한 법률」 제10조제1항 및 같은 법 시행령 제6조제1항에 따라야 한다.

제28조 (빈집정보의 공개) ① 시·도지사는 법 제15조제6항에 따라 빈집 소유자가 동의하는 경우 빈집정보시스템으로 처리한 빈집정보를 인터넷 등으로 공개할 수 있다.
② 제1항에 따른 빈집정보는 다음 각 호의 사항을 포함할 수 있다.
　1. 빈집의 위치 및 주소
　2. 제17조에 따른 빈집의 등급
　3. 실태조사의 기간
　4. 영 제6조제2호부터 제5호까지에 따른 사항
　5. 그 밖에 빈집정보 활용에 필요한 사항

제29조 (빈집정보시스템의 운영현황 보고) ① 시·도지사는 국토교통부장관이 요청하는 경우 빈집정보시스템의 운영현황을 제출할 수 있다.
② 제1항에 따른 운영현황은 다음 각 호의 사항을 포함할 수 있다.
　1. 빈집정보시스템 사용자 현황
　2. 빈집의 통계 등 빈집정보
　3. 빈집정보의 제공 및 공개 현황
　4. 그 밖에 빈집정보시스템의 운영에 관한 사항으로서 시·도지사가 필요하다고 인정하는 사항

제4장　빈집정비계획의 수립

제1절　계획수립의 일반원칙

제30조 (빈집정비계획의 기본방향) ① 시장·군수등은 실태조사 결과를 토대로 수립하며, 빈집 소유자, 이해관계자 등의 상호협력을 바탕으로 빈집정비계획을 수립하여야 한다.
② 시장·군수등이 빈집정비계획을 수립하는 경우 도시·군기본계획, 지구단위계획 등 상위 계획과의 연계를 고려하여야 한다.
③ 시장·군수등은 빈집정비사업의 시행방법, 사업시행 예정자 및 사업시행 예정시기 등을 구체화하는 내용을 중심으로 빈집정비계획을 수립할 수 있다.

제31조 (빈집정비계획의 대상구역) ① 시장·군수등은 시·군·구 관할구역 단위로 빈집정비계획을 수립할 수 있으며, 빈집이 밀집되어 계획적인 정비가 필요한 경우에는 별도

의 대상구역을 설정할 수 있다.
② 시장·군수등은 빈집정비계획을 수립하는 경우 다음 각 호에 해당하는 지역 또는 구역에 대하여 해당 법령에 따른 각종 계획과 사업의 추진 상황을 반영할 수 있다.
1. 「도시 및 주거환경정비법」 제2조제1호에 따른 정비구역, 같은 법 제20조·제21조에 따라 정비예정구역·정비구역이 해제된 지역
2. 「도시재정비 촉진을 위한 특별법」 제2조제4호에 따른 재정비촉진구역, 같은 법 제7조에 따라 재정비촉진구역이 해제된 지역
3. 「도시재생 활성화 및 지원에 관한 특별법」 제2조제1항제5호에 따른 도시재생활성화지역
4. 「국가균형발전 특별법」에 따른 도시활력증진지역 개발사업의 시행구역
5. 그 밖에 시장·군수등이 필요하다고 인정하는 지역 또는 구역

제32조 (빈집정비계획의 수립주기 등) ① 시장·군수등은 실태조사 주기를 고려하여 5년의 범위 내에서 빈집정비계획의 수립주기를 정할 수 있다.
② 시장·군수등은 필요한 경우 실태조사 및 확인점검의 결과, 빈집정비사업의 추진 상황 등을 검토하여 빈집정비계획의 내용을 수정할 수 있다.

제33조 (빈집정비계획의 수립절차) 시장·군수등은 법 제4조제2항 및 영 제5조제2항에 따라 빈집정비계획을 수립하는 경우 절차는 별표 5와 같다.

제34조 (빈집정비계획의 수립지원 등) ① 시장·군수등은 빈집정비계획을 수립하는 경우 실태조사 결과의 분석, 빈집정비사업의 지원 등을 위하여 빈집정보시스템으로 처리한 빈집정보를 활용할 수 있다.
② 시장·군수등은 필요한 경우 법 제50조제2항 및 규칙 제14조제1호에 따라 정비지원기구에 빈집정비계획의 수립에 관하여 지원을 요청할 수 있다.

제2절 계획수립의 내용 및 기준

제35조 (빈집정비계획의 수립내용) ① 빈집정비계획은 법 제4조제1항 및 영 제4조제1항에 따른 사항을 포함하며 빈집정비계획서, 관련 도면 및 부속서류 등으로 구성할 수 있다.
② 제1항에 따른 빈집정비계획서에는 다음 각 호의 사항과 별표 6의 기준을 참고하여 작성할 수 있다. 이 경우 별도의 대상구역을 설정하고 대상구역별로 계획을 작성할 수 있다.
1. 계획의 개요
2. 현황 분석

3. 계획의 기본구상
4. 빈집정비사업의 시행계획
5. 재원조달계획
6. 그 밖에 지원대상 등 계획수립에 필요한 사항

③ 제1항에 따른 빈집정비계획의 관련 도면에는 다음 각 호의 사항과 별표 7의 기준을 참고하여 작성할 수 있다.
 1. 대상구역의 위치도
 2. 대상구역의 현황도
 3. 빈집정비계획의 기본구상도
 4. 빈집정비계획의 결정(변경)도

④ 제1항에 따른 빈집정비계획 부속서류는 제2항 및 제3항에 따른 빈집정비계획서 및 관련 도서에 포함되지 아니한 기타 도면과 빈집정비계획의 내용에 대한 근거나 이를 설명하는 자료 및 기초조사 결과를 포함할 수 있다.

제36조 (빈집정비계획의 수립기준 등) 시장·군수등은 빈집정비계획을 수립하는 경우 다음 각 호의 사항을 고려하여야 한다.
 1. 빈집정비의 시급성, 주변지역에 미치는 파급효과 등
 2. 빈집정비계획의 목표와 빈집정비사업의 개수 및 규모, 우선순위 등
 3. 해당 도시지역(「국토의 계획 및 이용에 관한 법률」 제6조제1호에 따른 도시지역을 말한다)의 정비역량 및 재정여건 등
 4. 해당 지역 내의 각종 계획, 사업, 프로그램, 유형·무형의 지역자산과의 상호연계 방안
 5. 해당 지역의 물리적·사회적·경제적·문화적 현황 자료의 수집·분석을 통한 지역의 잠재력과 개발 수요 등
 6. 소유자, 사업자 등에 대한 빈집정비사업 지원 방안
 7. 빈집 발생 억제 방안

제37조 (빈집밀집구역의 고려 등) ① 시장·군수등은 빈집정비계획을 수립하는 경우 빈집이 밀집한 지역으로서 정비기반시설이 현저히 부족하여 안전사고나 범죄발생의 우려가 높은 지역(이하 "빈집밀집구역"이라 한다)에 대하여 빈집정비사업을 우선적으로 시행하도록 계획할 수 있다.

② 시장·군수등은 빈집밀집구역에서 필요한 경우 빈집 소유자, 사업시행 예정자, 지역주민, 사회적 기업 등의 의견을 수렴하여 법 제2조제3호에 따른 소규모주택정비사업의 시행을 제안할 수 있다.

제3절 빈집정비사업의 시행계획

제38조 (사업시행계획 등) ① 빈집정비사업의 명칭은 해당 사업시행구역이 위치한 시·군·구 단위 이하의 행정구명을 중심으로 대상구역을 구분할 수 있도록 숫자나 문자의 형태로 정할 수 있다.
② 빈집정비사업의 시행방법은 제16조제1항에 따른 빈집의 등급을 고려하여 다음 각 호의 방법을 기준으로 빈집 소유자, 사업시행 예정자 및 지역 주민의 의견 등을 종합적으로 고려하여 정할 수 있다.
  1. 양호한 상태의 빈집은 법 제9조제1항 및 제2항에 따라 빈집 철거 외의 방법을 우선 검토할 것
  2. 불량한 상태의 빈집은 법 제9조제3항 및 제4항에 따라 빈집을 철거하거나 철거한 후 활용하는 방법을 우선 검토할 것
③ 빈집정비사업의 사업시행 예정시기는 법 제12조제3항에 따른 사업시행계획인가 고시일로 한다.
④ 빈집정비사업은 법 제3조제2항에 따라 「농어촌 정비법」 제2조제1호 및 제2호에 따른 농어촌 및 준농어촌은 제외한다.

제39조 (빈집의 철거계획) ① 빈집의 철거계획은 법 제11조제1항부터 제3항까지에 따라 다음 각 호에 해당하는 경우로서 제16조제1항에 따라 불량한 상태의 빈집을 대상으로 수립할 수 있다.
  1. 붕괴·화재 등 안전사고나 범죄발생의 우려가 높은 경우
  2. 공익상 유해하거나 도시미관 또는 주거환경에 현저한 장해가 되는 경우
② 시장·군수등이 제1항에 따라 빈집의 철거를 빈집 소유자가에게 명하는 시기는 영 제9조제2항에 따라 빈집정비계획을 고시한 날부터 6개월 이상의 범위에서 지방자치단체의 조례로 정하는 기간이 지난 때로 한다.
③ 시장·군수등은 제2항에 따라 빈집의 철거를 빈집 소유자에게 명하기 위하여 제11조 각 호의 자료 또는 정보를 통해 빈집 소유자의 소재를 확인할 수 있다.
④ 시장·군수등 또는 빈집 소유자가 빈집을 철거하는 경우 철거된 빈집의 토지에 대하여 활용 및 관리 방안을 고려하여야 한다.

제40조 (빈집의 안전조치 및 관리계획) 빈집의 안전조치계획은 법 제11조제1항에 따라 시장·군수등이 빈집으로 인한 안전사고나 범죄발생을 예방하기 위하여 다음 각 호에 해당하는 방법으로 수립할 수 있다.
  1. 빈집 소유자에게 전기·수도·도시가스 등의 공급설비에 대한 사용중지 또는 폐쇄조치하고 각종 출입구에 대한 폐쇄조치 등을 명하는 방법

    2. 사업시행자에게 공공용 폐쇄회로 텔레비전(이하 "CCTV"라 한다) 또는 견고한 가설 울타리 등의 설치를 명하는 방법. 다만, CCTV 설치에 필요한 사항은 「개인정보 보호법」을 따른다.
    3. 관할 소방서장 및 경찰서장과 협의하여 화재 및 범죄 예방대책을 수립하고 방범순찰을 강화하는 등 중점 관리하는 방법
    4. 그 밖에 붕괴·화재 등 안전사고나 범죄발생을 예방하기 위한 조치 및 관리하는 방법

제41조 (빈집의 매입계획) ① 시장·군수등은 법 제9조에 따른 빈집정비사업의 시행으로 정비기반시설 또는 공동이용시설을 설치하거나 임대주택을 건설 및 공급하기 위하여 필요한 경우 예산의 범위에서 빈집의 매입계획을 수립할 수 있다.
    ② 시장·군수등은 매입한 빈집을 직접 활용하거나 비축할 수 있으며, 빈집정보시스템에 등록하여 외부에 공개할 수 있다.

제42조 (정비기반시설 등의 설치계획) ① 시장·군수등은 법 제9조제2호 및 제4호에 따른 빈집정비사업을 통해 정비기반시설 등을 설치하는 경우 빈집이 위치한 인근지역의 정비기반시설 또는 공동이용시설의 설치 현황과 지역 주민들의 의견을 고려하여 정비기반시설 등의 설치계획을 수립할 수 있다.
    ② 시장·군수등은 제1항에서 수립한 설치계획에 따라 정비기반시설 또는 공동이용시설을 직접 설치하거나 빈집 소유자 또는 사업시행 예정자에게 해당 시설의 설치를 권고할 수 있다.
    ③ 시장·군수등은 제37조에 따른 빈집밀집구역에서 정비기반시설의 확충이 필요하다고 인정하는 때에는 우선적으로 정비기반시설의 설치를 계획할 수 있다.

제43조 (임대주택의 건설 및 공급계획) ① 시장·군수등은 법 제9조에 따른 빈집정비사업을 통해 임대주택을 공급하는 경우 고령자, 장애인, 한부모가족, 대학생, 사회초년생 및 신혼부부 등 다양한 임대수요를 고려하여 임대주택 공급계획을 수립할 수 있다.
    ② 시장·군수등은 제1항에서 수립한 공급계획에 따라 법 제49조제1항에 따른 임대주택을 직접 건설하는 것을 계획하거나 빈집 소유자 또는 사업시행 예정자에게 건설을 제안할 수 있다.
    ③ 제1항 및 제2항에 따른 임대주택의 임대보증금 및 임대료에 관하여는 임대주택 법령의 관련규정에 따른다.

제44조 (재원조달계획) ① 시장·군수등은 빈집정비사업 시행의 시급성, 주변지역에 미치는 파급효과 등을 고려하여 재원조달 계획과 연차별 집행계획을 작성할 수 있다.

② 제1항에 따른 빈집정비사업의 재원조달계획은 다음 각 호의 사항을 포함할 수 있다.
1. 빈집정비사업의 소요사업비(시장·군수등 또는 토지주택공사등이 시행하는 경우로 한정한다)
2. 빈집정비사업의 지원 비용

제45조 (지원대상 등) ① 시장·군수등은 법 제44조에 따라 다음 각 호의 사항에 필요한 비용의 전부 또는 일부를 예산의 범위에서 지원계획을 수립할 수 있다.
1. 법 제10조제1항제5호에 따른 「사회적기업 육성법」 제2조제1호에 따른 사회적기업, 「협동조합 기본법」 제15조에 따라 설립신고된 협동조합, 「민법」 제32조에 따른 비영리법인 및 「공익법인의 설립·운영에 관한 법률」 제4조에 따라 설립허가된 공익법인이 시행하는 빈집정비사업에 소요되는 비용
2. 제40조에 따른 빈집의 안전조치 및 관리에 소요되는 비용
3. 제42조에 따른 정비기반시설 또는 공동이용시설의 설치에 소요되는 비용
4. 제43조에 따른 임대주택의 건설 또는 공급에 소요되는 비용
5. 그 밖에 빈집정비사업의 지원을 위하여 시장·군수등이 필요하다고 인정하는 비용
② 시장·군수등은 빈집정비사업의 활성화를 위하여 제29조에 따라 빈집정보시스템으로 처리한 빈집정보를 빈집정비사업의 사업시행 예정자에게 제공할 수 있으며, 빈집정보를 활용하여 빈집 소유자 또는 사업시행 예정자의 신청을 받을 수 있다.
③ 시장·군수등은 법 제53조에 따라 빈집 소유자 또는 사업시행자에게 빈집의 관리와 빈집정비사업에 필요한 기술지원 및 정보제공을 할 수 있다.

제5장 행정사항

제46조 (재검토기한) 국토교통부장관은 「훈령·예규 등의 발령 및 관리에 관한 규정」에 따라 이 고시에 대하여 2018년 1월 1일 기준으로 매 3년이 되는 시점(매 3년째의 12월 31일까지를 말한다)마다 그 타당성을 검토하여 개선 등의 조치를 하여야 한다.

부   칙 <제2018-103호, 2018. 2. 9.>

이 고시는 2018년 2월 9일부터 시행한다.

부   칙 <제2022-92호, 2022.02.17.>

제1조 (시행일) 이 고시는 발령한 날부터 시행한다.
제2조 (적용례) 이 고시는 시행 후 최초로 영 제8조에 따른 조사계획을 고시하는 경우부터 적용한다.

정비사업 계약업무 처리기준

[시행 2023. 6. 16.] [국토교통부고시 제2023-302호, 2023. 6. 16., 일부개정]

제1장 총 칙

제1조 (목적) 이 기준은 「도시 및 주거환경정비법」 제29조에 따라 추진위원회 또는 사업시행자 등이 계약을 체결하는 경우 계약의 방법 및 절차 등에 필요한 사항을 정함으로써 정비사업의 투명성을 개선하고자 하는데 목적이 있다.

제2조 (용어의 정의) 이 기준에서 정하는 용어의 정의는 다음과 같다.
 1. "사업시행자등"이란 추진위원장 또는 사업시행자(청산인을 포함한다)를 말한다.
 2. "건설업자등"이란 「건설산업기본법」 제9조에 따른 건설업자 또는 「주택법」 제7조제1항에 따라 건설업자로 보는 등록사업자를 말한다.
 3. "전자조달시스템"이란 「전자조달의 이용 및 촉진에 관한 법률」 제2조제4호에 따른 국가종합전자조달시스템 중 "누리장터"를 말한다.

제3조 (다른 법률과의 관계) ① 사업시행자등이 계약을 체결하는 경우 관계 법령, 「도시 및 주거환경정비법」(이하 "법"이라 한다) 제118조제6항에 따른 시·도조례로 정한 기준 등에 별도 정하여진 경우를 제외하고는 이 기준이 정하는 바에 따른다.
② 관계 법령 등과 이 기준에서 정하지 않은 사항은 정관등(추진위원회의 운영규정을 포함한다. 이하 같다)이 정하는 바에 따르며, 정관등으로 정하지 않은 구체적인 방법 및 절차는 대의원회(법 제46조에 따른 대의원회, 법 제48조에 따른 토지등소유자 전체회의, 「정비사업 조합설립추진위원회 운영규정」 제2조제2항에 따른 추진위원회 및 사업시행자인 토지등소유자가 자치적으로 정한 규약에 따른 대의원회 등의 조직을 말한다. 이하 같다)가 정하는 바에 따른다.

제4조 (공정성 유지 의무 등) ① 사업시행자등 및 입찰에 관계된 자는 입찰에 관한 업무가 자신의 재산상 이해와 관련되어 공정성을 잃지 않도록 이해 충돌의 방지에 노력하여야 한다.
② 임원 및 대의원 등 입찰에 관한 업무를 수행하는 자는 직무의 적정성을 확보하여 조합원 또는 토지등소유자의 이익을 우선으로 성실히 직무를 수행하여야 한다.
③ 누구든지 계약 체결과 관련하여 다음 각 호의 행위를 하여서는 아니 된다.
 1. 금품, 향응 또는 그 밖의 재산상 이익을 제공하거나 제공의사를 표시하거나 제공

을 약속하는 행위
2. 금품, 향응 또는 그 밖의 재산상 이익을 제공받거나 제공의사 표시를 승낙하는 행위
3. 제3자를 통하여 제1호 또는 제2호에 해당하는 행위를 하는 행위
④ 사업시행자등은 업무추진의 효율성을 제고하기 위해 분리발주를 최소화하여야 한다.

제2장 일반 계약 처리기준

제5조 (적용범위) 이 장은 사업시행자등이 정비사업을 추진하기 위하여 체결하는 공사, 용역, 물품구매 및 제조 등 계약(이하 "계약"이라 한다)에 대하여 적용한다.

제6조 (입찰의 방법) ① 사업시행자등이 정비사업 과정에서 계약을 체결하는 경우 일반경쟁입찰에 부쳐야 한다. 다만, 「도시 및 주거환경정비법 시행령」(이하 "영"이라 한다) 제24조제1항에 해당하는 경우에는 지명경쟁이나 수의계약으로 할 수 있다.
② 제1항에 따라 일반경쟁입찰 또는 지명경쟁입찰(이하 "경쟁입찰"이라 한다)을 하는 경우 2인 이상의 유효한 입찰참가 신청이 있어야 한다.

제7조 (지명경쟁에 의한 입찰) ① 사업시행자등이 제6조제1항에 따라 지명경쟁에 의한 입찰을 하고자 할 때에는 같은 조 제2항에도 불구하고 4인 이상의 입찰대상자를 지명하여야 하고, 3인 이상의 입찰참가 신청이 있어야 한다.
② 사업시행자등은 제1항에 따라 입찰대상자를 지명하고자 하는 경우에는 대의원회의 의결을 거쳐야 한다.

제8조 (수의계약에 의한 입찰) 제6조제1항에 따라 수의계약을 하는 경우 보증금과 기한을 제외하고는 최초 입찰에 부칠 때에 정한 가격 및 기타 조건을 변경할 수 없다.

제9조 (입찰 공고 등) ① 사업시행자등이 계약을 위하여 입찰을 하고자 하는 경우에는 입찰서 제출마감일 7일 전까지 전자조달시스템 또는 1회 이상 일간신문(전국 또는 해당 지방을 주된 보급지역으로 하는 일간신문을 말한다. 이하 같다)에 입찰을 공고하여야 한다. 다만, 지명경쟁에 의한 입찰의 경우에는 입찰서 제출마감일 7일 전까지 내용증명우편으로 입찰대상자에게 통지(도달을 말한다. 이하 같다)하여야 한다.
② 제1항에도 불구하고 입찰서 제출 전에 현장설명회를 개최하는 경우에는 현장설명회 개최일 7일 전까지 전자조달시스템 또는 1회 이상 일간신문에 입찰을 공고하여야 한다. 다만, 지명경쟁에 의한 입찰의 경우에는 현장설명회 개최일 7일 전까지 내용증명우편으로 입찰대상자에게 통지하여야 한다.
③ 제1항 및 제2항에도 불구하고 「건설산업기본법」에 따른 건설공사 및 전문공사 입

찰의 경우로서 현장설명회를 실시하지 아니하는 경우에는 입찰서 제출마감일로부터 다음 각 호에서 정한 기간 전까지 공고하여야 한다.
1. 추정가격이 10억원 이상 50억원 미만인 경우 : 15일
2. 추정가격이 50억원 이상인 경우 : 40일

④ 제1항부터 제3항까지의 규정에도 불구하고 재입찰을 하거나 긴급한 재해예방·복구 등을 위하여 필요한 경우에는 입찰서 제출마감일 5일 전까지 공고할 수 있다.

제10조 (입찰 공고 등의 내용) 제9조에 따른 공고 등에는 다음 각 호의 사항을 포함하여야 한다.
1. 사업계획의 개요(공사규모, 면적 등)
2. 입찰의 일시 및 장소
3. 입찰의 방법(경쟁입찰 방법, 공동참여 여부 등)
4. 현장설명회 일시 및 장소(현장설명회를 개최하는 경우에 한한다)
5. 부정당업자의 입찰 참가자격 제한에 관한 사항
6. 입찰참가에 따른 준수사항 및 위반시 자격 박탈에 관한 사항
7. 그 밖에 사업시행자등이 정하는 사항

제10조의2 (입찰보증금) ① 사업시행자등은 입찰에 참가하려는 자에게 입찰보증금을 내도록 할 수 있다.
② 입찰보증금은 현금(체신관서 또는 「은행법」의 적용을 받는 은행이 발행한 자기앞수표를 포함한다. 이하 같다) 또는 「국가를 당사자로 하는 계약에 관한 법률」 또는 「지방자치단체를 당사자로 하는 계약에 관한 법률」에서 정하는 보증서로 납부하게 할 수 있다.
③ 사업시행자등이 입찰에 참가하려는 자에게 입찰보증금을 납부하도록 하는 경우에는 입찰 마감일부터 5일 이전까지 입찰보증금을 납부하도록 요구하여서는 아니 된다.

제11조 (현장설명회) 사업시행자등이 현장설명회를 개최할 경우 현장설명에는 다음 각 호의 사항이 포함되어야 한다.
1. 정비구역 현황
2. 입찰서 작성방법·제출서류·접수방법 및 입찰유의사항
3. 계약대상자 선정 방법
4. 계약에 관한 사항
5. 그 밖에 입찰에 관하여 필요한 사항

제12조 (부정당업자의 입찰 참가자격 제한) 사업시행자등은 입찰시 대의원회의 의결을

거쳐 다음 각 호의 어느 하나에 해당하는 자에 대하여 입찰참가자격을 제한할 수 있다.
1. 금품, 향응 또는 그 밖의 재산상 이익을 제공하거나 제공의사를 표시하거나 제공을 약속하여 처벌을 받았거나, 입찰 또는 선정이 무효 또는 취소된 자(소속 임직원을 포함한다)
2. 입찰신청서류가 거짓 또는 부정한 방법으로 작성되어 선정 또는 계약이 취소된 자

제13조 (입찰서의 접수 및 개봉) ① 사업시행자등은 밀봉된 상태로 입찰서(사업 참여제안서를 포함한다)를 접수하여야 한다.
② 사업시행자등이 제1항에 따라 접수한 입찰서를 개봉하고자 할 때에는 입찰서를 제출한 입찰참여자의 대표(대리인을 지정한 경우에는 그 대리인을 말한다)와 사업시행자등의 임원 등 관련자, 그 밖에 이해관계자 각 1인이 참여한 공개된 장소에서 개봉하여야 한다.
③ 사업시행자등은 제2항에 따른 입찰서 개봉 시에는 일시와 장소를 입찰참여자에게 통지하여야 한다.

제14조 (입찰참여자의 홍보 등) ① 사업시행자등은 입찰에 참여한 설계업자, 정비사업전문관리업자 등을 선정하고자 할 때에는 이를 토지등소유자(조합이 설립된 경우에는 조합원을 말한다. 이하 같다)가 쉽게 접할 수 있는 일정한 장소의 게시판에 7일 이상 공고하고 인터넷 등에 병행하여 공개하여야 한다.
② 사업시행자등은 필요한 경우 설계업자, 정비사업전문관리업자 등의 합동홍보설명회를 개최할 수 있다.
③ 사업시행자등은 제2항에 따라 합동홍보설명회를 개최하는 경우에는 개최 7일 전까지 일시 및 장소를 정하여 토지등소유자에게 이를 통지하여야 한다.
④ 입찰에 참여한 자는 토지등소유자 등을 상대로 개별적인 홍보(홍보관·쉼터 설치, 홍보책자 배부, 세대별 방문, 개인에 대한 정보통신망을 통한 부호·문언·음향·영상 송신행위 등을 포함한다. 이하 이 항 및 제34조제3항에서 같다)를 할 수 없으며, 홍보를 목적으로 토지등소유자 등에게 사은품 등 물품·금품·재산상의 이익을 제공하거나 제공을 약속하여서는 아니 된다.

제15조 (계약 체결 대상의 선정) ① 사업시행자등은 법 제45조제1항제4호부터 제6호까지의 규정에 해당하는 계약은 총회(법 제45조에 따른 총회, 법 제48조에 따른 토지등소유자 전체회의, 「정비사업 조합설립추진위원회 운영규정」에 따른 주민총회 및 사업시행자인 토지등소유자가 자치적으로 정한 규약에 따른 총회 조직을 말한다. 이하 같다)의 의결을 거쳐야 하며, 그 외의 계약은 대의원회의 의결을 거쳐야 한다.
② 사업시행자등은 제1항에 따라 총회의 의결을 거쳐야 하는 경우 대의원회에서 총회에

상정할 4인 이상의 입찰대상자를 선정하여야 한다. 다만, 입찰에 참가한 입찰대상자가 4인 미만인 때에는 모두 총회에 상정하여야 한다.

제16조 (입찰 무효 등) ① 제14조제4항에 따라 토지등소유자 등을 상대로 하는 개별적인 홍보를 하는 행위가 적발된 건수의 합이 3회 이상인 경우 해당 입찰은 무효로 본다.
② 제1항에 따라 해당 입찰이 무효로 됨에 따라 단독 응찰이 된 경우에는 제6조제2항에도 불구하고 유효한 경쟁입찰로 본다.

제17조 (계약의 체결) 사업시행자등은 제15조에 따라 선정된 자가 정당한 이유 없이 3개월 이내에 계약을 체결하지 아니하는 경우에는 총회 또는 대의원회의 의결을 거쳐 해당 선정을 무효로 할 수 있다.

제3장 전자입찰 계약 처리기준

제18조 (적용범위) 이 장은 영 제24제2항에 따라 전자조달시스템을 이용하여 입찰(이하 "전자입찰"이라고 한다)하는 계약에 대하여 적용한다.

제19조 (전자입찰의 방법) ① 전자입찰은 일반경쟁의 방법으로 입찰을 부쳐야 한다. 다만, 영 제24조제1항제1호가목에 해당하는 경우 지명경쟁의 방법으로 입찰을 부칠 수 있다.
② 전자입찰을 통한 계약대상자의 선정 방법은 다음 각 호와 같다.
  1. 투찰 및 개찰 후 최저가로 입찰한 자를 선정하는 최저가방식
  2. 입찰가격과 실적·재무상태·신인도 등 비가격요소 등을 종합적으로 심사하여 선정하는 적격심사방식
  3. 입찰가격과 사업참여제안서 등을 평가하여 선정하는 제안서평가방식
③ 제1항 및 제2항에서 규정한 사항 외에 전자입찰의 방법에 관하여는 제6조를 준용한다.

제20조 (전자입찰 공고 등) ① 사업시행자등이 전자입찰을 하는 경우에는 입찰서 제출마감일 7일 전까지 전자조달시스템에 입찰을 공고하여야 한다. 다만, 입찰서 제출 전에 현장설명회를 개최하는 경우에는 현장설명회 개최일 7일 전까지 공고하여야 한다.
② 영 제24제1항제1호가목에 따른 지명경쟁입찰의 경우에는 제9조제2항을 준용한다.

제21조 (전자입찰 공고 등의 내용) ① 사업시행자등이 전자입찰을 하는 경우에는 전자조달시스템에 다음 각 호의 사항을 공고하여야 한다.
  1. 사업계획의 개요(공사규모, 면적 등)
  2. 입찰의 일시 및 장소

3. 입찰의 방법(경쟁입찰 방법, 공동참여 여부 등)
4. 현장설명회 일시 및 장소(현장설명회를 개최하는 경우에 한한다)
5. 부정당업자의 입찰 참가자격 제한에 관한 사항
6. 입찰참가에 따른 준수사항 및 위반시 자격 박탈에 관한 사항
7. 그 밖에 사업시행자등이 정하는 사항

② 제19조제2항제2호 및 제3호의 방식에 따라 계약대상자를 선정하는 경우 평가항목별 배점표를 작성하여 입찰 공고 시 이를 공개하여야 한다.

제22조 (입찰서의 접수 및 개봉) ① 사업시행자등은 전자조달시스템을 통해 입찰서를 접수하여야 한다.

② 전자조달시스템에 접수한 입찰서 이외의 입찰 부속서류는 밀봉된 상태로 접수하여야 한다.

③ 입찰 부속서류를 개봉하고자 하는 경우에는 부속서류를 제출한 입찰참여자의 대표(대리인을 지정한 경우에는 그 대리인을 말한다)와 사업시행자등의 임원 등 관련자, 그 밖에 이해관계자 각 1인이 참여한 공개된 장소에서 개봉하여야 한다.

④ 사업시행자등은 제3항에 따른 입찰 부속서류 개봉 시에는 일시와 장소를 입찰참여자에게 통지하여야 한다.

제23조 (전자입찰 계약의 체결) ① 사업시행자등은 전자입찰을 통해 계약대상자가 선정될 경우 전자조달시스템에 따라 계약을 체결할 수 있다.

② 전자입찰을 통해 계약된 사항에 대해서는 전자조달시스템에서 그 결과를 공개하여야 한다.

제24조 (일반 계약 처리기준의 준용) 전자입찰을 하는 경우에는 제11조 및 제12조, 제14조부터 제17조까지의 규정을 준용한다.

제4장 시공자 선정 기준

제25조 (적용범위) 이 장은 재개발사업·재건축사업의 사업시행자등이 법 제29조제4항 및 제7항에 따라 건설업자등을 시공자로 선정하거나 추천하는 경우(법 제25조에 따른 공동시행을 위해 건설업자등을 선정하는 경우를 포함한다)에 대하여 적용한다.

제26조 (입찰의 방법) ① 사업시행자등은 일반경쟁 또는 지명경쟁의 방법으로 건설업자등을 시공자로 선정하여야 한다.

② 제1항에도 불구하고 일반경쟁입찰이 미 응찰 또는 단독 응찰의 사유로 2회 이상 유

찰된 경우에는 총회의 의결을 거쳐 수의계약의 방법으로 건설업자등을 시공자로 선정할 수 있다.

제27조 (지명경쟁에 의한 입찰) ① 사업시행자등은 제26조제1항에 따라 지명경쟁에 의한 입찰에 부치고자 할 때에는 5인 이상의 입찰대상자를 지명하여 3인 이상의 입찰참가 신청이 있어야 한다.
② 제1항에 따라 지명경쟁에 의한 입찰을 하고자 하는 경우에는 대의원회의 의결을 거쳐야 한다.

제28조 (입찰 공고 등) 사업시행자등은 시공자 선정을 위하여 입찰에 부치고자 할 때에는 현장설명회 개최일로부터 7일 전까지 전자조달시스템 또는 1회 이상 일간신문에 공고하여야 한다. 다만, 지명경쟁에 의한 입찰의 경우에는 전자조달시스템과 일간신문에 공고하는 것 외에 현장설명회 개최일로부터 7일 전까지 내용증명우편으로 통지하여야 한다.

제29조 (입찰 공고 등의 내용 및 준수사항) ① 제28조에 따른 공고 등에는 다음 각 호의 사항을 포함하여야 한다.
 1. 사업계획의 개요(공사규모, 면적 등)
 2. 입찰의 일시 및 방법
 3. 현장설명회의 일시 및 장소(현장설명회를 개최하는 경우에 한한다)
 4. 부정당업자의 입찰 참가자격 제한에 관한 사항
 5. 입찰참가에 따른 준수사항 및 위반(제34조를 위반하는 경우를 포함한다)시 자격박탈에 관한 사항
 6. 그 밖에 사업시행자등이 정하는 사항
② 사업시행자등은 건설업자등에게 이사비, 이주비, 이주촉진비, 「재건축초과이익 환수에 관한 법률」 제2조제3호에 따른 재건축부담금, 그 밖에 시공과 관련이 없는 사항에 대한 금전이나 재산상 이익을 요청하여서는 아니 된다.
③ 사업시행자등은 건설업자등이 설계를 제안하는 경우 제출하는 입찰서에 포함된 설계도서, 공사비 명세서, 물량산출 근거, 시공방법, 자재사용서 등 시공 내역의 적정성을 검토해야 한다.

제30조 (건설업자등의 금품 등 제공 금지 등) ① 건설업자등은 법 제29조에 따른 계약의 체결과 관련하여 시공과 관련 없는 사항으로서 다음 각 호의 어느 하나에 해당하는 사항을 제안하여서는 아니 된다.
 1. 이사비, 이주비, 이주촉진비 및 그 밖에 시공과 관련 없는 금전이나 재산상 이익을 무상으로 제공하는 것

2. 이사비, 이주비, 이주촉진비 및 그 밖에 시공과 관련 없는 금전이나 재산상 이익을 무이자나 제안 시점에 「은행법」에 따라 설립된 은행 중 전국을 영업구역으로 하는 은행이 적용하는 대출금리 중 가장 낮은 금리보다 더 낮은 금리로 대여하는 것
    3. 「재건축초과이익 환수에 관한 법률」 제2조제3호에 따른 재건축부담금을 대납하는 것
  ② 제1항에도 불구하고 건설업자등은 금융기관의 이주비 대출에 대한 이자를 사업시행자등에 대여하는 것을 제안할 수 있다.
  ③ 제1항에도 불구하고 건설업자등은 금융기관으로부터 조달하는 금리 수준으로 추가이주비(종전 토지 또는 건축물을 담보로 한 금융기관의 이주비 대출 이외의 이주비를 말한다)를 사업시행자등에 대여하는 것을 제안할 수 있다.

제31조 (현장설명회) ① 사업시행자등은 입찰서 제출마감일 20일 전까지 현장설명회를 개최하여야 한다. 다만, 비용산출내역서 및 물량산출내역서 등을 제출해야 하는 내역입찰의 경우에는 입찰서 제출마감일 45일 전까지 현장설명회를 개최하여야 한다.
  ② 제1항에 따른 현장설명회에는 다음 각 호의 사항이 포함되어야 한다.
    1. 설계도서(사업시행계획인가를 받은 경우 사업시행계획인가서를 포함하여야 한다)
    2. 입찰서 작성방법·제출서류·접수방법 및 입찰유의사항 등
    3. 건설업자등의 공동홍보방법
    4. 시공자 결정방법
    5. 계약에 관한 사항
    6. 기타 입찰에 관하여 필요한 사항

제32조 (입찰서의 접수 및 개봉) 시공자 선정을 위한 입찰서의 접수 및 개봉에 관하여는 제22조를 준용한다.

제33조 (대의원회의 의결) ① 사업시행자등은 제출된 입찰서를 모두 대의원회에 상정하여야 한다.
  ② 대의원회는 총회에 상정할 6인 이상의 건설업자등을 선정하여야 한다. 다만, 입찰에 참가한 건설업자등이 6인 미만인 때에는 모두 총회에 상정하여야 한다.
  ③ 제2항에 따른 건설업자등의 선정은 대의원회 재적의원 과반수가 직접 참여한 회의에서 비밀투표의 방법으로 의결하여야 한다. 이 경우 서면결의서 또는 대리인을 통한 투표는 인정하지 아니한다.

제34조 (건설업자등의 홍보) ① 사업시행자등은 제33조에 따라 총회에 상정될 건설업자 등이 결정된 때에는 토지등소유자에게 이를 통지하여야 하며, 건설업자등의 합동홍보설명회를 2회 이상 개최하여야 한다. 이 경우 사업시행자등은 총회에 상정하는 건설업자등이 제출한 입찰제안서에 대하여 시공능력, 공사비 등이 포함되는 객관적인 비교표를 작성하여 토지등소유자에게 제공하여야 하며, 건설업자등이 제출한 입찰제안서 사본을 토지등소유자가 확인할 수 있도록 전자적 방식(「전자문서 및 전자거래 기본법」 제2조 제2호에 따른 정보처리시스템을 사용하거나 그 밖에 정보통신기술을 이용하는 방법을 말한다)을 통해 게시할 수 있다.
② 사업시행자등은 제1항에 따라 합동홍보설명회를 개최할 때에는 개최일 7일 전까지 일시 및 장소를 정하여 토지등소유자에게 이를 통지하여야 한다.
③ 건설업자등의 임직원, 시공자 선정과 관련하여 홍보 등을 위해 계약한 용역업체의 임직원 등은 토지등소유자 등을 상대로 개별적인 홍보를 할 수 없으며, 홍보를 목적으로 토지등소유자 또는 정비사업전문관리업자 등에게 사은품 등 물품·금품·재산상의 이익을 제공하거나 제공을 약속하여서는 아니 된다.
④ 사업시행자등은 제1항에 따른 합동홍보설명회(최초 합동홍보설명회를 말한다) 개최 이후 건설업자등의 신청을 받아 정비구역 내 또는 인근에 개방된 형태의 홍보공간을 1개소 제공하거나, 건설업자등이 공동으로 마련하여 한시적으로 제공하고자 하는 공간 1개소를 홍보공간으로 지정할 수 있다. 이 경우 건설업자등은 제3항에도 불구하고 사업시행자등이 제공하거나 지정하는 홍보공간에서는 토지등소유자 등에게 홍보할 수 있다.
⑤ 건설업자등은 제4항에 따라 홍보를 하려는 경우에는 미리 홍보를 수행할 직원(건설업자등의 직원을 포함한다. 이하 "홍보직원"이라 한다)의 명단을 사업시행자등에 등록하여야 하며, 홍보직원의 명단을 등록하기 이전에 홍보를 하거나, 등록하지 않은 홍보직원이 홍보를 하여서는 아니 된다. 이 경우 사업시행자등은 등록된 홍보직원의 명단을 토지등소유자에게 알릴 수 있다.

제35조 (건설업자등의 선정을 위한 총회의 의결 등) ① 총회는 토지등소유자 과반수가 직접 출석하여 의결하여야 한다. 이 경우 법 제45조제5항에 따른 대리인이 참석한 때에는 직접 출석한 것으로 본다.
② 조합원은 제1항에 따른 총회 직접 참석이 어려운 경우 서면으로 의결권을 행사할 수 있으나, 서면결의서를 철회하고 시공자선정 총회에 직접 출석하여 의결하지 않는 한 제1항의 직접 참석자에는 포함되지 않는다.
③ 제2항에 따른 서면의결권 행사는 조합에서 지정한 기간·시간 및 장소에서 서면결의서를 배부받아 제출하여야 한다.
④ 조합은 제3항에 따른 조합원의 서면의결권 행사를 위해 조합원 수 등을 고려하여 서

면결의서 제출기간·시간 및 장소를 정하여 운영하여야 하고, 시공자 선정을 위한 총회 개최 안내시 서면결의서 제출요령을 충분히 고지하여야 한다.
⑤ 조합은 총회에서 시공자 선정을 위한 투표 전에 각 건설업자등별로 조합원들에게 설명할 수 있는 기회를 부여하여야 한다.

제36조 (계약의 체결 및 계약사항의 관리) ① 사업시행자등은 제35조에 따라 선정된 시공자와 계약을 체결하는 경우 계약의 목적, 이행기간, 지체상금, 실비정산방법, 기타 필요한 사유 등을 기재한 계약서를 작성하여 기명날인하여야 한다.
② 사업시행자등은 제35조에 따라 선정된 시공자가 정당한 이유 없이 3개월 이내에 계약을 체결하지 아니하는 경우에는 총회의 의결을 거쳐 해당 선정을 무효로 할 수 있다.
③ 사업시행자등은 제1항의 계약 체결 후 다음 각 호에 해당하게 될 경우 검증기관(공사비 검증을 수행할 기관으로서 「한국부동산원법」에 의한 한국부동산원을 말한다. 이하 같다)으로부터 공사비 검증을 요청할 수 있다.
  1. 사업시행계획인가 전에 시공자를 선정한 경우에는 공사비의 10% 이상, 사업시행계획인가 이후에 시공자를 선정한 경우에는 공사비의 5% 이상이 증액되는 경우
  2. 제1호에 따라 공사비 검증이 완료된 이후 공사비가 추가로 증액되는 경우
  3. 토지등소유자 10분의 1 이상이 사업시행자등에 공사비 증액 검증을 요청하는 경우
  4. 그 밖에 사유로 사업시행자등이 공사비 검증을 요청하는 경우
④ 공사비 검증을 받고자 하는 사업시행자등은 검증비용을 예치하고, 설계도서, 공사비 명세서, 물량산출근거, 시공방법, 자재사용서 등 공사비 변동내역 등을 검증기관에 제출하여야 한다.
⑤ 검증기관은 접수일로부터 60일 이내에 그 결과를 신청자에게 통보하여야 한다. 다만, 부득이한 경우 10일의 범위 내에서 1회 연장할 수 있으며, 서류의 보완기간은 검증기간에서 제외한다.
⑥ 검증기관은 공사비 검증의 절차, 수수료 등을 정하기 위한 규정을 마련하여 운영할 수 있다.
⑦ 사업시행자등은 공사비 검증이 완료된 경우 검증보고서를 총회에서 공개하고 공사비 증액을 의결받아야 한다.

제5장 보 칙

제37조 (입찰참여자에 대한 협조 의무) 사업시행자등은 입찰에 참여한 자가 입찰에 관한 사항을 문의할 경우 필요한 서류를 제공하고 입찰에 적극 참여할 수 있도록 협조하여야 한다.

제38조 (자료의 공개 등) 사업시행자등은 이 기준에 의한 계약서 및 검증보고서 등 관련 서류 및 자료가 작성되거나 변경된 후 15일 이내에 이를 토지등소유자가 알 수 있도록 인터넷과 그 밖의 방법을 병행하여 공개하여야 한다.

제39조 (재검토기한) 국토교통부장관은 이 고시에 대하여 「훈령・예규 등의 발령 및 관리에 관한 규정」에 따라 2021년 1월 1일 기준으로 매 3년이 되는 시점(매 3년째의 12월 31일까지를 말한다)마다 그 타당성을 검토하여 개선 등의 조치를 하여야 한다.

부   칙 <제2018-101호, 2018. 2. 9.>

제1조 (시행일) 이 기준은 발령한 날부터 시행한다.
제2조 (계약의 방법 등에 관한 적용례) 이 기준은 시행 후 최초로 계약을 체결하는 경우부터 적용한다. 다만, 시공자나 정비사업전문관리업자의 경우에는 이 법 시행 후 최초로 시공자나 정비사업전문관리업자를 선정하는 경우부터 적용한다.
제3조 (다른 법률의 폐지) ① 국토교통부고시 제2016-187호 「정비사업의 시공자 선정기준」을 폐지한다.
② 국토교통부고시 제2016-187호 「정비사업전문관리업자 선정 기준」을 폐지한다.

부   칙 <제2020-985호, 2020.12.16.>

제1조 (시행일) 이 고시는 발령한 날부터 시행한다.
제2조 (입찰보증금에 대한 경과조치) 이 고시 시행 전에 제9조의 규정에 따라 입찰공고를 한 사업에 대해서는 제10조의2의 개정 규정에도 불구하고 종전의 규정에 따른다.

부   칙 <제2020-1182호, 2020.12.30.>

이 고시는 2021년 1월 1일부터 시행한다.

부   칙 <제2023-302호, 2023.06.16.>

이 고시는 발령한 날부터 시행한다.

공동사업시행 건설업자 선정기준

서울특별시 개정고시 제2019-160호(2019.05.30.)

제1장 총 칙

제1조 (목적) 이 기준은 「도시 및 주거환경정비법」 제25조제1항·제2항, 제118조제1항·제6항·제7항·제8항 및 「서울특별시 도시 및 주거환경정비 조례」 제73조·제75조제8호·제77조제5항에 따라 서울특별시 자치구의 구청장이 공공지원을 하는 조합이 건설업자와 공동으로 정비사업을 시행하려는 경우 건설업자의 선정 및 협약 등에 관하여 필요한 사항을 규정함을 목적으로 한다.

제2조 (정의) 이 기준에서 사용하는 용어의 정의는 다음과 같다.
1. "공동사업시행자"란 「도시 및 주거환경정비법」(이하 "법"이라 한다) 제118조제7항제1호의 협약을 체결하고 공동으로 정비사업을 시행(이하 "공동사업시행"이라 한다)하는 조합과 건설업자를 말한다.
2. "조합"이란 법 제118조 및 「서울특별시 도시 및 주거환경정비 조례」(이하 "조례"라 한다) 제73조에 따른 공공지원 대상 정비사업 조합을 말한다.
3. "건설업자"란 「건설산업기본법」 제9조에 따라 건설업 등록을 한 자를 말한다.
4. "설계도서"란 설계도면·공사시방서·현장설명서 및 물량내역서 등 공사의 입찰에 필요한 서류를 말한다.
5. "물량내역서"란 해당 정비사업의 공종별 목적물의 물량과 규격 등이 적힌 내역서를 말한다.
6. "공사비 내역서"란 물량내역서에 단가를 적은 내역서를 말한다.
7. "사업비"란 정비사업에 드는 모든 비용을 말하며, 사업비는 다음 각 호의 대여금과 공사비로 구분한다.
    가. "대여금"이란 건설업자가 정비사업에 필요한 자금 중 공사비를 제외한 조합운영비, 용역비 등을 조합에 대여하는 비용을 말한다.
    나. "공사비"란 공사 시행을 위한 재료비, 노무비, 경비, 일반관리비, 이윤, 부가가치세액 등의 합계액을 말한다.
8. "전자조달시스템"이란 「전자조달의 이용 및 촉진에 관한 법률」 제2조제4호에 따른 국가종합전자조달시스템 중 "누리장터"를 말한다.
9. "검증기관"이란 국토교통부고시 「정비사업 계약업무 처리기준」(이하 "계약업무 처리기준"이라 한다) 제36조제3항에서 정한 공사비 검증을 수행할 기관으로서 「한

국감정원법」에 의한 한국감정원을 말한다.
10. "전문기관"이란 「국가를 당사자로 하는 계약에 관한 법률 시행규칙」 제9조제2항 및 「지방자치단체를 당사자로 하는 계약에 관한 법률 시행규칙」 제9조제2항에 따른 원가계산 용역기관을 말한다.

제3조 (다른 법령 등과의 관계) ① 조합과 공동으로 사업을 시행하는 건설업자의 선정 및 공동사업시행 협약(법 제118조제7항제1호의 협약을 말한다. 이하 같다) 등에 관하여 법·같은 법 시행령·조례(이하 "관계법령등"이라 한다)에서 정한 것을 제외하고는 이 기준에서 정하는 바에 따르고, 이 기준에서 정하지 않은 사항은 계약업무 처리기준에서 정하는 바에 따른다.
② 관계법령등 및 이 기준과 계약업무 처리기준에서 정하지 않은 사항은 조합의 정관에서 정하는 바에 따르며, 정관으로 정하지 않은 구체적인 방법 및 절차는 조합 대의원회가 정하는 바에 따른다.

제2장 공동사업시행자 업무 및 부담

제4조 (업무 구분) ① 조합과 건설업자 간 공동사업시행의 대표자는 조합으로 한다.
② 조합은 다음 각 호를 건설업자에게 제공한다.
 1. 정비사업에 적합하고, 권리상의 어떠한 제한이나 토지 자체에 일체의 하자가 없으며, 조합 및 조합원이 온전한 소유권을 가지는 택지
 2. 사업에 필요한 서류(사업시행계획인가, 이주 및 철거, 착공, 준공 등 관련서류 일체)
③ 건설업자는 대여금을 조합에 제공하고, 건축물 철거, 사업시행계획인가된 내용대로 건축 및 토목공사, 부대시설공사 등을 완료하여 준공한다.

제5조 (용역업체 선정) ① 조합은 정비사업과 관련하여 용역업체를 선정하는 경우에는 건설업자에게 용역시행 가능 여부 및 시행중인 용역과 중복 여부를 확인하고, 중복되지 않은 부분에 대해서만 건설업자와 협의하여 용역업체를 선정할 수 있다.
② 제1항에 따라 건설업자는 용역시행 가능여부 및 중복 여부 등에 대하여 7일 이내에 의견을 회신하여야 하며, 복잡한 용역시행인 경우에는 조합과 협의하여 의견회신 기한을 7일 이내에서 연장할 수 있다. 다만, 재해위험 등 긴급을 요하는 사항일 경우에는 건설업자의 의견 회신을 생략할 수 있다.
③ 사업시행과 관련한 모든 계약은 조합과 건설업자가 공동사업시행자로서 연명 날인하여 체결하고, 조합과 건설업자간 협약 체결 이전에 조합이 체결한 설계용역, 정비사

업전문관리업자 용역 등 계약은 조합과 건설업자가 공동사업시행자로 연명 날인하여 변경한다.

제6조 (사업비 조달 및 부담) ① 조합은 입찰에 참여하는 건설업자가 입찰 제안서 내용에 대여금과 공사비를 구분하여 조합원들이 쉽게 보고 판단할 수 있도록 사업비 내역 및 조달계획을 제시하도록 하여야 한다.
② 제1항에 따라 조달되는 대여금은 건설업자가 직접 차입하여 조합에 대여하는 것을 원칙으로 한다. 다만, 건설업자가 지급 보증하여 조합이 직접 자금을 차입하는 경우 대출이자 중 입찰시 건설업자가 제시한 이율을 초과하는 금액은 건설업자가 부담하여야 한다.
③ 공사비는 건설업자가 직접 조달하여야 하며, 조합의 명의로 차입하는 경우 대출이자는 전액 건설업자가 부담하여야 한다.
④ 제2항 단서에 따라 자금을 차입하는 경우에는 조합과 건설업자는 공동 명의 은행 계좌를 개설·관리하여야 한다.
⑤ 건설업자가 대여금을 제안하는 경우에는 금리 및 상환기간, 상환조건을 조합운영비 및 용역비 등에 따라 구분하여 제시하여야 한다.
⑥ 건설업자는 공사비를 순공사비(간접공사비를 포함한다)와 일반관리비, 이윤 등으로 구분하여 조합원들이 건설업자 공사비 제안내용을 쉽게 비교할 수 있도록 하여야 한다.
⑦ 조합은 건설업자가 제안한 설계도서와 산출내역에 따른 공사비를 사업시행계획인가 이후 관리처분계획인가 신청 전까지 확정하여야 하며, 그 금액은 건설업자가 입찰시 제안한 공사비 이하로 하여야 한다. 다만, 조합이 요구하는 설계변경과 자연재해, 법령 제·개정 등에 따라 공사비가 증가하는 경우로 공사비 증가 내역서를 첨부하여 조합 총회 의결을 거친 때에는 건설업자가 입찰시 제안한 공사비를 초과할 수 있다.
⑧ 공동사업시행 건설업자 선정시 입찰공고 및 현장설명회 내용에 대하여 건설업자가 자사의 브랜드 홍보를 위하여 사업시행계획 등 변경을 수반하는 입찰 제안을 할 경우, 그 변경에 소요되는 비용은 건설업자가 전액 부담하여야 한다.
⑨ 제7항에 따라 확정한 공사비에서 건설업자가 공기단축 및 신공법 등의 노력으로 절감한 금액은 건설업자의 수익으로 한다.

제7조 (미분양 분담) ① 조합은 준공인가시까지 미분양으로 인하여 건설업자의 대여금이나 공사비를 상환하지 못할 경우에는 공동주택 또는 상가 등의 현물로 전액 상환한다.
② 제1항에 따라 상환에 활용되는 현물의 가격은 분양 당시의 분양가격으로 결정하는 것을 원칙으로 하나, 주변시세보다 낮은 가격으로 결정하여서는 아니 된다.

제3장 건설업자 선정 절차 등

제8조 (입찰의 방법) 조합은 공동사업시행 건설업자를 법 제29조제4항 본문에 따라 선정하고자 할 때에는 계약업무 처리기준 제26조 및 제27조의 규정에 따른다.

제9조 (선정계획 결정) ① 조합은 공동사업시행 건설업자를 선정하려는 때에는 다음 각 호의 사항을 포함한 선정계획안을 작성하여 이사회 의결을 거쳐야 하며, 이사회가 의결한 선정계획안에 대하여 조례 제72조제1호에 따른 공공지원자(이하 "공공지원자"라 한다)의 검토를 받아야 한다. 이때 공공지원자는 근무일 기준 3일 이내에 검토결과를 회신하여야 하며, 제출한 자료가 미비한 경우에 한하여 처리기한을 연장할 수 있다.
  1. 입찰참여자격
  2. 입찰방법에 관한 사항
  3. 건설업자 선정방법 및 입찰에 관한 사항
  4. 합동홍보설명회 개최 및 개별 홍보 금지 등에 관한 사항
  5. 입찰기준 등 위반자에 대한 입찰 무효 또는 건설업자 선정 취소에 관한 사항
  6. 공동사업시행 협약서에 관한 사항
  7. 사업비 조달에 관한 사항
  8. 그 밖에 건설업자 선정에 관하여 필요한 사항

② 조합은 제1항에 따라 공공지원자의 검토를 거친 이후에 대의원회 소집을 통지하고 정관에 정한 방법에 따라 대의원회에서 건설업자 선정계획에 관하여 의결하여야 한다.

제10조 (조합원의 동의) ① 조합은 건설업자와 공동사업시행을 하려는 경우 법 제25조제1항 및 제2항에 따라 미리 조합원 과반수의 동의를 받아야 한다.
② 조합원의 동의방법(동의 철회의 방법을 포함한다) 및 동의자 수 산정방법 등은 법 제36조에 따른다.
③ 제1항에 따라 조합원 과반수 동의를 받은 조합은 공공지원자에게 과반수 동의 여부를 확인 받은 후 제13조에 따른 입찰공고를 하여야 하며, 공공지원자는 근무일 기준 6일 이내에 검토결과를 회신하여야 한다. 다만, 조합원의 수가 500명을 초과하는 경우에는 회신 기한을 5일 이내에서 연장할 수 있다.

제11조 (공동사업시행자 선정시기 등) ① 조합은 공동사업시행자인 건설업자를 선정하고자 하는 경우 「건축법」 제4조의2에 따른 건축위원회 건축심의를 통과한 후 제9조제1항에 따른 이사회 개최 전에 공사입찰에 필요한 설계도서(건축심의를 득한 내용을 반영한 설계도서를 말하며, 사업시행계획인가 이후 건설업자를 선정하는 경우에는 사업시

행계획인가 내용을 반영한 설계도서를 말한다. 이하 같다)를 작성하고 사업비를 산출하여야 한다.

② 제1항의 설계도서 중 설계도면의 작성은 국토교통부장관이 고시한 「주택의 설계도서 작성기준」 제4조제1항에 따른 실시설계도면 작성방법에 따른다.

제12조 (공사원가 자문) ① 조합은 제11조에 따라 설계도서가 작성되고 사업비가 산정된 경우에는 제13조에 따른 입찰공고 30일 전에 서울특별시 계약심사부서, 검증기관, 전문기관에 공사원가에 대한 자문(공사도면, 공사시방서, 물량내역서 등 제공)을 할 수 있다. 이 경우 발생하는 비용은 조합 부담으로 한다.

② 조합은 제1항에 따라 공사원가에 대하여 자문하는 경우에는 이를 공동사업시행 건설업자 선정 시 공사비 예정가격 결정에 활용하여야 한다.

제13조 (입찰공고 등) 조합은 공동사업시행 건설업자 선정을 위하여 입찰에 부치고자 할 때에는 현장설명회 개최 7일 전까지 전자조달시스템 또는 1회 이상 일간신문(전국 또는 서울특별시를 주된 보급지역으로 하는 일간신문을 말한다, 이하 같다)에 입찰을 공고하고 정비사업 e-조합시스템 또는 클린업시스템을 통하여 공개하여야 한다. 다만, 지명경쟁에 의한 입찰의 경우에는 전자조달시스템 또는 일간신문에 공고하는 것 외에 현장설명회 개최일로부터 7일 전까지 내용증명우편으로 입찰 대상자에게 통지(도달을 말한다. 이하 같다)하여야 한다.

제14조 (입찰 공고 등의 내용 및 준수사항) ① 제13조에 따른 입찰공고의 내용에는 다음 각 호의 사항을 명시하여야 한다.
1. 공동사업시행자 선정 개요
    가. 공사개요(규모, 면적, 공사기간 등)
    나. 사업비 조달 및 집행
2. 입찰의 일시 및 방법
3. 현장설명회의 일시·장소 및 구비서류
4. 부정당업자의 입찰 참가자격 제한에 관한 사항
5. 사업비 예정가격
    가. 공사비 예정가격
    나. 대여금 예정가격
6. 입찰참가에 따른 준수사항 및 위반(계약업무 처리기준 제34조를 위반하는 경우를 포함한다) 시 자격 박탈에 관한 사항
7. 그 밖에 조합이 정하는 사항

② 조합은 건설업자에게 이사비, 이주비, 이주촉진비, 「재건축초과이익 환수에 관한 법

률」 제2조제3호에 따른 재건축부담금, 그 밖에 시공과 관련이 없는 사항에 대한 금전이나 재산상 이익을 요청하여서는 아니 된다.
③ 조합은 건설업자가 대안설계를 제안하는 경우, 제출하는 입찰서에 포함된 설계도서 공사비 명세서, 물량산출 근거, 시공방법, 자재사용서 등 시공 내역의 적정성을 검토해야 한다. 이 경우 건설업자는 「도시 및 주거환경정비법 시행령」 제46조에 따른 사업시행계획의 경미한 변경 범위에서 대안설계를 제안할 수 있으며, 조합이 작성한 원안설계와 비교할 수 있도록 원안 공사비 내역서를 함께 제출하여야 한다.
④ 건설업자가 대안설계를 제안하는 경우에는 원안이 아닌 제안 내용으로 해당 입찰에 참여한 것으로 보며, 조합은 입찰서에 포함된 설계도서, 공사비 명세서, 물량산출 근거, 시공방법, 자재사용서 등 입찰제안 내용에 대한 시공 내역을 반영하여 계약 체결하여야 한다.
⑤ 제3항 및 제4항에 따라 건설업자가 제안한 대안설계에 따라 후속절차 이행되는 과정에서 기간연장, 공사비 증액 등으로 추가 발생하는 비용은 건설업자가 부담하여야 한다.
⑥ 조합은 건설업자의 입찰 내역서 작성 및 조합의 입찰 내역서 적정성 검토에 필요한 충분한 기간을 반영하여 입찰 추진일정을 계획하는 등 조합원 권익보호에 만전을 기하여야 한다.

제15조 (현장설명회) ① 조합은 입찰서 제출 마감일 45일 전까지 현장설명회를 개최하여야 한다.
② 제1항에 따른 현장설명회에는 다음 각 호의 사항이 포함되어야 한다.
  1. 건축심의를 득한 내용을 반영한 다음 각 목의 설계도서
     가. 「건축법」 제4조의2에 따른 건축위원회 건축심의 의결서(사업시행계획인가 이후 건설업자를 선정하는 경우 사업시행계획인가서)
     나. 공사도면
     다. 공사시방서
     라. 물량내역서(공사 항목별 세부 물량내역을 포함할 것)
     마. 산출내역서 작성방법 및 설계도서 열람방법(도면과 시방서 등은 현장설명회 참여자에게 정보저장매체로 제공할 것)
  2. 사업비 조달 및 상환에 관한 사항
     가. 대여금 조달 방법 및 상환에 관한 사항
     나. 공사비의 조달 및 상환에 관한 사항
     다. 연차별 사업비 조달에 관한 사항
  3. 입찰에 필요한 다음 각 목의 내용이 포함된 입찰참여안내서
     가. 입찰제안서 작성방법·제출서류·접수방법 및 입찰유의사항 등

나. 입찰보증금의 납부 및 예입조치에 관한 사항
다. 입찰의 무효에 관한 사항
라. 건설업자의 공동홍보방법 및 위반 시 제재사항
마. 건설업자 선정방법 및 일정에 관한 사항
4. 공동사업시행 협약에 관한 사항
　가. 공동사업시행 협약서
　나. 공동사업시행 공사계약조건 및 특수조건
　다. 공동사업시행 공사계약금액의 조정에 관한 사항
　라. 공동사업시행자 참여에 관한 사항
　마. 그 밖에 공사협약조건에 관한 사항
5. 그 밖에 입찰에 관하여 필요한 사항
③ 조합은 현장설명회에 참가한 건설업자만이 입찰에 참여할 수 있도록 하고, 현장설명회에 참가한 건설업자에게 별지 제2호 서식의 공동사업시행 건설업자 입찰참여 의향서를 작성·제출하게 하여 조합의 인감이 날인된 접수증을 교부하여야 한다.

제16조 (입찰신청서 제출) ① 조합은 입찰에 참여하고자 하는 건설업자에게 별지 제3호 서식의 공동사업시행 건설업자 입찰참여 신청서를 작성·제출하게 하고, 조합의 인감이 날인된 확인서를 교부하여야 한다.
② 입찰참여자는 직접 작성한 제15조제2항제1호라목의 물량내역서 및 단가를 기재한 공사비 내역서를 조합에 제출하여야 하며, 공사비는 제14조제1항제5호의 공사비 예정가격 이하여야 하고, 제출한 공사비 내역서의 기재 내용에 대한 책임은 입찰참여자에게 있다.
③ 입찰참여자는 제15조제2항제2호가목에 따라 제14조제1항제5호나목의 대여금 예정가격에 대한 대여주체, 대여기간, 이율 등이 기재된 대여금 조달계획을 조합에 제출하여야 하며, 제출한 대여금 조달계획의 기재 내용에 대한 책임은 입찰참여자에게 있다.

제17조 (협약서 작성 및 배부) ① 조합은 제15조에 따른 현장설명회에 참가하는 건설업자에게 공동사업시행 협약서를 배부하여야 한다.
② 제1항의 공동사업시행 협약서는 조례 제78조제2항에 따라 서울특별시장(이하 "시장"이라 한다)이 고시하는 「정비사업의 표준공동사업시행 협약서」를 기본으로 이 기준의 내용을 준수하여 작성하여야 한다.

제18조 (입찰서의 접수 및 개봉) 건설업자 선정을 위한 입찰서의 접수 및 개봉에 관하여는 계약업무 처리기준 제22조에 따른다.

제19조 (입찰제안서 비교표 작성 등) 조합은 계약업무 처리기준 제22조제3항 및 제4항에 따라 입찰 부속서류를 개봉한 때에는 건설업자가 제출한 입찰서에 따라 별지 제4호 서식에 준하여 입찰제안서 비교표를 작성하고 건설업자와 각각 확인·날인하여 사업을 완료하는 때까지 보관하여야 한다.

제20조 (대의원회의 의결) ① 조합은 계약업무 처리기준 제33조에서 정하는 바에 따라 대의원회를 개최하여 총회에 상정할 건설업자를 결정한다.
② 조합은 제1항에 따른 대의원회 개최 전에 제19조에 따라 작성된 입찰제안서 비교표를 대의원에게 미리 통지하여야 한다.
③ 제1항에 따라 총회에 상정될 건설업자의 홍보에 관한 사항은 계약업무 처리기준 제34조에 따른다.

제21조 (건설업자의 선정을 위한 총회의 의결 등) ① 조합은 계약업무 처리기준 제35조에서 정하는 바에 따라 총회를 개최하여 공동사업시행 건설업자를 선정한다.
② 조합은 제1항에 따른 총회 개최 전에 제19조에 따라 작성된 입찰제안서 비교표를 조합원에게 미리 통지하여야 한다.
③ 제1항에 따른 총회에 상정된 건설업자 중 어느 하나도 출석한 조합원(서면의결권을 포함한다)의 과반수 동의를 얻지 못한 경우 공동사업시행 건설업자 선정방법은 정관에 정한 바에 따르며, 정관에서 특별히 정하지 않은 경우에는 총회 의결에 따른다.
④ 조합은 제1항에 따른 총회에서 재투표하는 경우 재투표를 하기 전에 조합원의 과반수 직접 출석 여부를 확인하여야 한다.
⑤ 조합은 제1항에 따른 총회 소집을 통지하기 전에 공공지원자에게 관련 자료의 검토를 받아야 한다.

제22조 (협약의 체결 및 협약사항의 관리) ① 조합과 건설업자는 제17조제2항에 따라 작성된 공동사업시행 협약서로 협약을 체결하며, 협약 체결 시 제11조에 따라 작성된 설계도서와 공사비 내역서, 물량산출근거, 시방서, 자재사양서 등과 제6조에 따른 사업비 내역 및 조달계획을 첨부하여야 한다. 조합은 건설업자의 요청이 있는 경우에는 설계도서 등 자료를 제공하여야 한다.
② 제1항의 협약 체결 후 조합의 공사비 검증 요청에 관한 사항은 계약업무 처리기준 제36조제3항부터 제7항까지의 규정에 따른다.

제23조 (수의계약의 공사비 검증) ① 조합은 계약업무 처리기준 제26조제2항에 따라 수의계약의 방법으로 건설업자와 협약을 체결하고자 하는 경우에는 검증기관에 공사비 검

증을 요청할 수 있으며, 공사비 검증이 완료된 경우 검증보고서를 총회에서 공개하고 협약 체결을 의결 받아야 한다.
② 그 밖에 공사비 검증에 관한 사항은 계약업무 처리기준 제36조제4항부터 제6항까지를 준용한다.

제4장 보 칙

제24조 (공사도급계약으로 변경 제한) 조합은 건설업자와 공동사업시행 협약을 체결한 이후에는 협약을 공사도급계약으로 변경할 수 없다. 다만, 협약이 해제 또는 취소된 후에는 서울특별시고시「공공지원 시공자 선정기준」에 따라 시공자를 선정하여 공사도급계약을 체결할 수 있다.

제25조 (보조·지원의 제한) 공동사업시행 협약을 체결한 조합은 다음 각 호에 해당하는 보조 또는 지원의 대상에서 제외되며, 협약 체결 전 제2호의 융자금이 이미 지급된 경우 조합은 협약이 체결된 날로부터 150일 이내에 이를 상환하여야 한다.
  1. 법 제21조제3항 및 종전의 법(2017년 2월 8일 법률 제14567호로 개정되기 전의 것을 말한다) 제16조의2제4항 및 제6항에 따른 추진위원회 또는 조합이 사용한 비용의 보조
  2. 조례 제53조제4항에 따라 지원하는 융자금

제26조 (입찰보증금) ① 조합은 계약업무 처리기준 제26조에 따른 입찰 시 입찰보증금을 미리 납입하게 할 수 있다.
② 제1항에 따른 입찰보증금은 현금 또는 「지방자치단체를 당사자로 하는 계약에 관한 법률 시행령」 제37조제2항 각 호의 보증서 등으로 납부하게 할 수 있다.

제27조 (입찰보증금의 예치) ① 조합장은 총회에서 공동사업시행자로 선정된 건설업자가 정당한 사유 없이 협약을 체결하지 아니하거나 입찰참여 규정 등을 위반하여 조합에 손해가 발생한 경우 해당 건설업자의 입찰보증금을 해당 조합에 귀속시킬 수 있다. 이 경우 조합은 미리 그 뜻을 해당 건설업자에게 통지하여야 한다.
② 제1항에 따른 입찰보증금의 조합귀속조치 사유가 발생한 때에는 지체 없이 그 뜻을 해당 금융기관 또는 보증기관 등에게 통지하고 해당 입찰보증금을 현금으로 징수하게 하거나 조합 소유 유가증권으로 전환하게 할 수 있다.
③ 조합은 해당 건설업자에게 다음 각 호에 따라 입찰보증금을 환급하여야 한다.
  1. 총회 상정할 업체 결정에서 제외된 건설업자 : 대의원회 개최일부터 14일 이내

2. 총회에서 공동사업시행 건설업자로 선정된 건설업자 : 협약체결일부터 14일 이내
3. 제1호와 제2호 외의 건설업자 : 총회 개최일부터 14일 이내
④ 계약업무 처리기준 제36조제2항에 따라 총회에서 공동사업시행자 선정이 무효로 된 경우에는 입찰보증금을 제1항과 제2항의 방법 및 절차에 따라 조합에 귀속시킬 수 있다.

제28조 (부정당업자의 입찰참가자격 제한) 조합은 계약업무 처리기준 제12조에 따라 부정당업자의 입찰참가자격을 제한하는 경우에는 지체 없이 해당 업체명과 부정당 사유 및 일자를 공공지원자와 시장에게 제출하여야 한다.

제29조 (자료의 제출) 조합장은 공동사업시행 건설업자 선정에 관한 자료를 다음 각 호에 따라 공공지원자에게 제출하여야 한다.
1. 건설업자 선정계획 : 대의원회 소집 공고 전
2. 입찰공고 ; 입찰공고 의뢰 전 또는 내용증명우편 발송 전
3. 대의원회 및 총회 상정 자료 : 소집 공고 전
4. 대의원회 및 총회 결과 : 개최 후 지체 없이
5. 현장설명회 결과 : 현장설명 후 지체 없이

제30조 (관련자료의 공개) 조합은 다음 각 호의 어느 하나에 해당하는 서류 및 자료가 작성되거나 변경된 경우에는 15일 이내에 이를 조합원 또는 토지등소유자가 알 수 있도록 인터넷(클린업시스템 또는 정비사업 e-조합시스템을 말한다)과 그 밖의 방법을 병행하여 공개하여야 한다.
1. 공동사업시행자인 건설업자 선정계획에 관한 사항
2. 입찰공고에 관한 사항(설계도서 포함)
3. 현장설명회에 관한 사항
4. 이사회·대의원회 및 조합총회의 의사록
5. 건설업자와의 협약에 관한 사항
6. 입찰참여업체의 홍보에 관한 사항
7. 공사비 검증보고서(제23조 및 계약업무 처리기준 제36조 제3항에 따라 공사비 검증을 받은 경우에 한함)

제31조 (부정행위 단속) ① 공공지원자 및 조합은 입찰공고부터 건설업자 선정 완료시까지 부정행위 단속반과 신고센터를 운영하여야 한다.
② 건설업자 선정과 관련하여 부정행위 동향이 있는 경우에는 그 밖의 기간에도 제1항에 따른 단속반과 신고센터를 운영할 수 있다.

제32조 (각종 서식) ① 본 건설업자 선정 기준과 관련된 조합원 동의서 등 양식은 별지 서식에 따라야 한다.
② 조합은 해당 정비구역의 여건 등에 따라 관계법령등과 이 기준에 적합한 범위 안에서 별지 제4호 및 제5호의 서식을 수정·보완하여 작성할 수 있다.

제33조 (감독) 공공지원자는 조합이 이 기준에 따라 건설업자를 선정하지 않는 경우에는 적정한 시행을 위하여 법 제113조에 따라 그 처분의 취소·변경 또는 정지, 임원의 개선 권고 등 그 밖의 필요한 조치를 할 수 있다.

제34조 (입찰참여자 등에 대한 협조 의무) ① 조합은 입찰에 참여한 자가 입찰에 관한 사항을 문의할 경우 필요한 서류를 제공하고 입찰에 적극 참여할 수 있도록 협조하여야 한다.
② 조합은 건설업자가 제안내용 등을 성실히 이행하도록 하여야 하며, 정비사업이 원활히 추진될 수 있도록 지원 및 협조하여야 한다.

부　　칙 (2016. 11. 10.)

이 기준은 고시한 날로부터 시행한다.

부　　칙 (2019. 5. 30.)

제1조 (시행일) 이 기준은 고시한 날부터 시행한다.
제2조 (경과조치) 이 기준 시행일 이전에 종전의 선정기준 제18조에 따라 입찰공고 한 조합은 종전 규정에 따라 건설업자를 선정할 수 있다

<별지 제1호서식> 정비사업의 조합과 건설업자 간 공동사업시행 동의서

정비사업의 조합과 건설업자 간 공동사업시행 동의서				
사업구분		□ 재개발사업	□ 재건축사업	
동의자	성 명		생년월일	
	주 소	(전화)		
권리 내역	토 지	소 재 지(공유여부)		면 적(㎡)
		(계 필지)		
		( )		
		( )		
		( )		
	건축물	소 재 지(허가유무)		동 수
		( )		
		( )		
		( )		

 본인은 「도시 및 주거환경정비법」 제25조제__항에 따라 ○○구역 재개발(재건축)사업에 대하여 조합과 건설업자가 공동으로 이를 시행함에 동의합니다.

년   월   일

동의자   (서명) 지장날인

첨부 : 동의자 신분증명서 사본 1통

○○구역 재개발(재건축)사업 조합 귀중

210mm×297mm〔일반용지 60g/㎡(재활용품)〕

<별지 제2호 서식> 공동사업시행 건설업자 입찰참여 의향서

<접수번호 : 제   호>

공동사업시행 건설업자 입찰참여 의향서

귀 조합에서 실시하는 ○○구역 재개발(재건축)사업의 공동사업시행 건설업자 선정에 관한 현장설명회에 참석하여 귀 조합에서 정한 규정 및 절차에 따라 성실히 이행할 것을 확약하며, 입찰참여 의향서를 제출합니다.

참여 건설업자	업체명			
	소재지		전화번호	
	대표자		팩스번호	

년   월   일

업체명 :
대표자 :   (인)

○○구역 재개발(재건축)사업 조합 귀중

<접수번호 : 제   호>

입찰참여 의향서 접수증

당 조합에서 실시하는 ○○구역 재개발(재건축)사업의 공동사업시행 건설업자 선정과 관련 현장설명회에 참석하여 입찰참여의향서를 접수하였음을 확인합니다.

접수번호	제 호	접수자 확인	(인)
참여사명		대표자명	

년   월   일

○○구역 재개발(재건축)사업 조합장 ○○○ (인)

<별지 제3호 서식> 공동사업시행 건설업자 입찰참여 신청서

<접수번호 : 제   호>

공동사업시행 건설업자 입찰참여 신청서

입찰참여자	회사명			
	소재지		전화번호	
	대표자		팩스번호	

귀 조합에서 실시하는 ○○구역 재개발(재건축)사업의 공동사업시행 건설업자 선정에 관한 소정의 양식을 갖추어 입찰참여 신청서를 제출합니다.

년   월   일

업체명 :
대표자 :   (인)

○○구역 재개발(재건축)사업 조합 귀중

<접수번호 : 제   호>

입찰참여 확인서

접수번호	제 호	접수자 확인	(인)
회사명		대표자	
제출자		전화번호	

당 조합에서 실시하는 ○○구역 재개발(재건축)사업의 공동사업시행 건설업자 선정에 관한 서류를 첨부하여 제출하였음을 확인합니다.

년   월   일

○○구역 재개발(재건축)사업 조합장 ○○○ (인)

<별지 제4호 서식> 입찰제안서 비교표

입찰제안서 비교표

구 분			기호1	기호2	기호3	비고
회사 일반 사항		법인명				
		시공능력 평가순위				
		신용등급/부채비율				
		정비사업 준공실적				
공사비 (원안/ 대안)	직접 공사비	재료비				
		직접노무비				
		직접공사경비				
	간접 공사비	간접노무비				
		산재보험료				
		고용보험료				
		국민건강보험료				
		국민연금보험료				
		건설근로자퇴직 공제부금비				
		산업안전 보건관리비				
		환경보전비				
		기타 법정경비				
		기타 간접공사경비				
	소계					
	일반 관리비	○%				
	이윤	○%				
	총원가					
	공사손해 보험료	○%				
	부가 가치세	○%				
	총공사비					
대여금	관리비	조합운영비	(금액) 원 (이자율) % (대여기간)	(금액) 원 (이자율) % (대여기간)	(금액) 원 (이자율) % (대여기간)	
		신탁등기비				
		소송비용				

구 분		기호1	기호2	기호3	비고
	회계감사비/ 세무대행수수료 총회비용	___ ~ ___ 직접대여 여부	___ ~ ___ 직접대여 여부	___ ~ ___ 직접대여 여부	
	소계(조합부담이자)				
외주용역비	※ 필요 외주용역 세부내역 작성	(금액) 원 (이자율) % (대여기간) ___ ~ ___ 직접대여 여부	(금액) 원 (이자율) % (대여기간) ___ ~ ___ 직접대여 여부	(금액) 원 (이자율) % (대여기간) ___ ~ ___ 직접대여 여부	
	소계 (조합부담이자)				
각종 부담금	광역교통시설부담금 학교용지부담금 상수도공사비 하수도부담금 지역난방/도시가스 시설부담금 기반시설부담금	(금액) 원 (이자율) % (대여기간) ___ ~ ___ 직접대여 여부	(금액) 원 (이자율) % (대여기간) ___ ~ ___ 직접대여 여부	(금액) 원 (이자율) % (대여기간) ___ ~ ___ 직접대여 여부	
	소계 (조합부담이자)				
제세 공과금	보존등기비 재산세 채권매입비 법인세 법인세 세무조정료	(금액) 원 (이자율) % (대여기간) ___ ~ ___ 직접대여 여부	(금액) 원 (이자율) % (대여기간) ___ ~ ___ 직접대여 여부	(금액) 원 (이자율) % (대여기간) ___ ~ ___ 직접대여 여부	
	소계 (조합부담이자)				
기타경비	※ 민원처리비용, 일반분양비용 등	(금액) 원 (이자율) % (대여기간) ___ ~ ___ 직접대여 여부	(금액) 원 (이자율) % (대여기간) ___ ~ ___ 직접대여 여부	(금액) 원 (이자율) % (대여기간) ___ ~ ___ 직접대여 여부	
	소계 (조합부담이자)				
보상비	청산대상자 청산금 영업손실 보상비 주거이전비 기타 이주보상비	(금액) 원 (이자율) % (대여기간) ___ ~ ___ 직접대여 여부	(금액) 원 (이자율) % (대여기간) ___ ~ ___ 직접대여 여부	(금액) 원 (이자율) % (대여기간) ___ ~ ___ 직접대여 여부	

구 분		기호1	기호2	기호3	비고
	소계 (조합부담이자)				
	예비비	(금액) 원 (이자율) % (대여기간) ___ ~ ___ 직접대여 여부	(금액) 원 (이자율) % (대여기간) ___ ~ ___ 직접대여 여부	(금액) 원 (이자율) % (대여기간) ___ ~ ___ 직접대여 여부	
	소계(조합부담이자)				
	사업비 대여금 이자 (※ 조합 명의로 금융기관 차입시)	(금액) 원 (이자율) % (대여기간) ___ ~ ___ 직접대여 여부	(금액) 원 (이자율) % (대여기간) ___ ~ ___ 직접대여 여부	(금액) 원 (이자율) % (대여기간) ___ ~ ___ 직접대여 여부	
	소계(조합부담이자)				
	총 대여금액				
	총 조합부담이자금액				
무상제공계획(무상품목) (주1)		총금액 기재			품목별 규격, 수량, 금액 등 산출조서 및 도면 첨부
공사 조건	착공시기	이주 완료 후 개월 이내			
	공사기간	착공 후 개월 이내			
사실 확인		본 입찰제안서 비교표는 각 사에서 제출한 입찰제안서를 바탕으로 작성하였으며, 입찰제안서 등 일체 서류와 상이하지 않음을 확인합니다.			
		(인)	(인)	(인)	
		○○구역 재개발(재건축)사업 조합 (인) (법인 인감)			

(주1) 조합은 무상제공 또는 대안설계 계획에 대한 세부 자료를 포함하여 조합원에게 통지하여야 한다.

<별지 제5호 서식> 입찰참여 안내서

○○구역 재개발(재건축)사업

입찰참여 안내서

20 . .

○○구역 재개발(재건축)사업 조합

- 목 차 -

Ⅰ. 일반사항
Ⅱ. 공동사업시행 건설업자 선정 입찰 참여규정
Ⅲ. 정비구역 현황
Ⅳ. 입찰제안서 작성 기준
※ 서식 – 입찰제안서
※ 서식 – 이 행 각 서
※ 서식 – 입찰참여안내서에 대한 공람확인서
※ 서식 – 입찰참여견적서(밀봉)
※ 서식 –공동사업시행 건설업자 홍보 지침 및 준수 서약서

Ⅰ. 일 반 사 항

1. 지침의 성격
○○구역 재개발(재건축)사업 조합이 공동사업시행 건설업자를 선정함에 있어 필요한 사항을 규정한 것이며, 사업참여 및 입찰에 필요한 제안서인 동시에 총회에서 선정된 공동사업시행 건설업자와의 협약 등을 이행하는 데 기준이 되는 지침서이다.

2. 입찰참여자격
가. 입찰보증금   원을 입찰마감 전까지 납부한 업체
나. 현장설명회에 참석하여 조합이 배부한 입찰참여안내서를 수령한 업체
다. 입찰서를 입찰마감 전까지 제출한 업체
라. 면허에 관한 사항
  - 건설산업기본법에 따른 건설업 등록을 한 자.
마. 개별홍보 등 입찰참여 규정을 위반한 업체는 입찰참여 자격이 박탈됨.

3. 공동사업시행 건설업자 선정 추진일정
가. 입찰공고 : 20 년   월   일 (요일)
나. 입찰참여안내서 배부 (현장설명회시)
  - 일 시 : 20 년   월   일 (요일) 00:00(오후   시)
  - 장 소 : 조합 사무실 (☎ :   )
다. 입찰서 접수 마감(※ 전자조달시스템을 통해 입찰서 접수)
  (1) 제출시한 : 20 년   월   일(요일)00:00까지 (우편접수 불가)
  (2) 장   소 : 조합 사무실(※ 입찰서 이외 입찰부속서류 등 방문접수)
라. 공동사업시행 건설업자 선정 방법
  (1) 입찰방법 : 일반경쟁 또는 지명경쟁
  (2) 국토교통부 고시 '정비사업 계약업무 처리기준' 및 서울특별시 고시 '공동사업시행 건설업자 선정기준'에 따름.

Ⅱ. 공동사업시행 건설업자 선정 입찰 참여 규정

【제 1 조】총 칙
1. 이 규정은 ○○구역 재개발(재건축)사업 조합(이하 '조합'이라 한다)이 시행하는 서울특별시   번지 일대 재개발(재건축)사업에 참여하고자 하는 자가 유의하여야 할 사항을 규정한다.

2. 이 규정은 제1호의 정비사업의 입찰제안서 작성·입찰참여 자격에 관한 사항 및 공동사업시행 건설업자 선정을 위한 기준이 된다.
3. 이 사업의 계획은 사업시행계획인가, 관리처분계획인가 등 결정내용에 따라 변경될 수 있다.
4. 이 규정 및 낙찰자의 제출서류는 해당 사업의 성격과 업무범위를 이해하는 데 필요한 자료로서 공동사업시행 협약서의 일부가 된다.
5. 이 규정에서 특별히 정하고 있지 않은 사항은 관계 법·령 및 정관에 정한 바에 따른다.

【제 2 조】 용어의 정의

이 규정에서 사용하는 용어의 정의는 다음 각 호와 같다.
1. "발주자"라 함은 해당 ○○구역 재개발(재건축)사업 조합을 말한다.
2. "입찰자"라 함은 이 규정에서 제시된 자격 조건을 갖추고, 공동사업시행 건설업자 입찰에 참여하는 자를 말한다.
3. "낙찰자"라 함은 입찰자 중 발주자의 총회에서 선정되어 공동사업시행 협약의 우선권이 부여된 자를 말한다.
4. "사업비 예정가격"이란 "공사비 예정가격"과 "대여금 예정가격"의 합계를 말한다.
5. "공사비 예정가격"이란 발주자인 조합이 설계도서에 따라 산출한 공사원가 범위 안에서 입찰공고 시 공표한 입찰금액의 기준이 되는 가격을 말한다.
6. "대여금 예정가격"이란 발주자인 조합이 정비사업에 필요한 자금 중 공사비를 제외한 조합운영비, 용역비 등을 산출하여 입찰공고 시 공표한 가격으로서 건설업자가 조합에 대여하는 비용을 말한다.

【제 3 조】 입찰참여 신청 서류

입찰자는 발주자가 지정한 기간 안에 다음 각 호의 입찰서류를 발주자에게 제출하여야 한다.
1. 입찰제안서 1부
2. 입찰참여 신청서 1부
3. 이행각서 1부
4. 입찰참여 안내서에 대한 공람확인서 1부
5. 입찰참여 견적서(대여금 조달 및 상환에 관한 사항 포함) 1부(밀봉)
6. 시공자 홍보 지침 및 준수 서약서 1부
7. 무상제공계획서 및 대안설계계획서 1부(설계도면과 산출내역서를 첨부)
8. 산출내역서 1부(화일 첨부)
9. 법인인감증명서 1부

10. 법인등기부 등본 1부
11. 사업자등록증 사본 1부
12. 재무제표(최근 2년간) 1부
13. 회사 소개서 1부
14. 입찰보증금 예치 확인자료 및 환급받을 통장 사본 각 1부
15. 법인인감도장 또는 사용인감도장 지참(단, 사용인감도장인 경우 사용인감계 제출)

【제 4 조】 입찰제안서 및 입찰참여견적서 작성시 유의사항
1. 입찰제안서는 조합이 배부한 서식에 따라 작성하여야 한다.
2. 입찰제안서의 기재사항 중 삭제 또는 정정이 필요한 경우 입찰마감 전까지 수정할 수 있으며, 해당 내용에 인감으로 날인하여야 한다.(사용인감 가능)
3. 입찰제안서의 금액 표시는 아라비아 숫자와 한글로 기재하여야 하며, 이 경우 한글 또는 아라비아 숫자로 기재된 숫자에 차이가 있을 때에는 한글로 기재한 것에 따른다.
4. 입찰제안서의 제출시 입찰참여견적서는 밀봉하여 제출하여야 한다.
5. 입찰제안서는 일체 반환하지 아니하고 조합에 귀속한다.
6. 입찰제안서 제출시 조합이 배부한 서식에 따라 작성하여야 하며, 입찰자가 무상제공 계획서 또는 대안설계계획서를 제출하는 경우 제출된 계획서에 대한 모든 저작권은 조합에 귀속되며, 선정 여부와 관계없이 향후 설계변경시 응용 및 활용될 수 있다.

【제 5 조】 입찰의 무효
1. 입찰제안서 제출 마감일시까지 소정 장소에 도착하지 아니한 때
2. 공사비 예정가격 이상으로 입찰금액을 제시한 업체
3. 현장설명회 후 개별 홍보 등 관련 규정을 위반한 때
4. 입찰제안서의 중요한 부분이 불분명하거나 정정한 후 날인을 누락한 업체
5. 담합·타사의 참여 방해 또는 조합의 입찰 업무집행을 방해한 자가 속한 업체
6. 이행각서의 내용을 위반한 때
7. 입찰참여안내서에 따른 참여규정(제한사항) 및 제반 조건을 위반한 때
8. 현장설명회에 참여하지 않았거나 입찰참여안내서를 미수령한 업체
9. 우편 또는 FAX로 접수된 입찰제안서
10. 허위 사실을 기재하였거나 구비서류가 누락된 입찰제안서
11. 2개 이상의 상이한 입찰제안서를 제출한 회사
12. 입찰제안서 제출후 제안내용과 다르게 홍보한 업체
13. 국토교통부 고시 '정비사업 계약업무 처리기준' 제29조제2항 규정을 위반하여 시공과 관련이 없는 사항에 대한 금전이나 재산상 이익 제공을 제안한 업체

【제 6 조】입찰의 연기 및 재입찰
1. 발주자는 다음 각 목의 어느 하나에 해당하는 경우 입찰공고(내용증명) 또는 입찰참여안내서에 기재된 입찰제안서 제출마감 일시를 연기할 수 있다.
    가. 입찰자의 설명 요구사항의 내용이 중대하여 연기가 불가피한 경우
    나. 기타 불가피한 사유로 인하여 지정된 일시에 현장설명회 또는 입찰을 실시하지 못하는 경우
2. 발주자는 제1호에 따라 입찰을 연기하고자 하는 경우 그 연기 사유와 기간을 포함하여 재공고 또는 서면통지하여야 한다.
3. 발주자는 다음 각 목의 어느 하나에 해당하는 경우 재입찰을 하여야 한다.
    가. 입찰자가 없는 경우
    나. 발주자가 제시한 입찰참여조건과 입찰자의 제안내용이 현격한 차이가 있어 재입찰이 불가피한 경우

【제 7 조】공동사업시행 건설업자 선정방법
1. 투표용지의 기호 순번은 입찰제안서 제출 순서에 따른다.
2. 공동사업시행 건설업자 선정은 총회에서 조합원의 비밀투표에 따라 선정한다.
3. 국토교통부 고시 '정비사업 계약업무 처리기준' 및 서울특별시 고시 '공동사업시행 건설업자 선정기준' 등이 정한 방법 및 절차에 따라 선정한다.
4. 일반경쟁입찰의 경우 입찰제안서를 제출한 자가 2명 미만인 경우 재공고 한다. 다만, 미응찰 또는 단독응찰 등의 사유로 2회 이상 유찰된 경우에는 총회 의결을 거쳐 수의계약 할 수 있다.
5. 지명경쟁입찰의 경우 입찰제안서를 제출한 자가 3명 미만인 경우 재공고하거나 해당 입찰을 무효로 하고 일반경쟁입찰 방식으로 전환한다.
6. 입찰자는 조합이 주관하는 합동홍보설명회 이외의 개별홍보를 할 수 없다. 다만, 국토교통부 고시 '정비사업 계약업무 처리기준' 제34조제4항 내지 제5항에 따라 조합이 제공한 개방된 형태의 홍보공간에서는 조합에 미리 등록된 홍보직원에 한하여 조합원 등에게 홍보할 수 있다.

【제 8 조】협약체결
1. 낙찰자는 총회에서 선정된 날부터 3월 이내에 협약을 체결하여야 한다.
2. 조합은 제1호에 따른 기간 안에 낙찰자가 협약을 체결하지 아니하는 경우 총회 의결을 거쳐 당해 선정을 무효로 할 수 있다.

【제 9 조】입찰제안서 제출 및 입찰 서류 확인

1. 입찰자는 이 규정과 입찰제안서 작성기준에 따라 입찰제안서를 작성 제출하여야 한다.
2. 입찰 마감 이후 입찰제안서 일체를 개봉하되, 입찰제안서 중 입찰참여견적서 개봉 시기는 조합이 입찰참여 업체에 추후 통지하여 건설업자의 대표(대리인을 지정한 경우 그 대리인) 1인과 조합임원 및 기타 이해 관계인이 참여한 가운데 개봉하여 확인·날인 한다.
3. 개봉된 입찰참여견적서의 원본은 해당 입찰자가 모두 인감 날인 후 발주자의 책임하에 보관·관리한다.

【제 10 조】건설업자의 개별홍보 금지
1. 조합은 대의원회에서 총회에 상정할 입찰자로 결정된 건설업자의 합동홍보설명회를 2회 이상 개최하여야 한다.
2. 제1호에 따른 합동홍보설명회 이외에 임·직원과 홍보요원 등을 동원하여 개별홍보를 하거나 사은품 및 금품제공 등 국토교통부 고시 '정비사업 계약업무 처리기준' 제14조제4항(제34조제3항)에 따라 조합원 등을 상대로 하는 개별적인 홍보를 하는 행위가 적발된 건수의 합이 3회 이상인 경우 해당 입찰은 무효로 본다.
3. 조합은 합동홍보설명회의 개최 일시·장소 및 방법 등을 설명회 개최 3일 전까지 입찰자에게 통보하여야 한다.

【제 11 조】입찰보증금
1. 입찰보증금은 입찰제안서 제출 전까지 조합이 지정한 계좌로 입금하여야 하며, 그 금액은   원으로 한다.
   - 금융기관 :   은행
   - 예 금 주 : ○○구역 재개발(재건축)사업 조합
   - 계좌번호 :
2. 입찰보증금은 건설업자의 담합 또는 홍보지침 미준수 등 관련규정을 위반하여 입찰참여자격의 박탈 등 조합에 손해를 입힌 경우 또는 낙찰자가 정당한 사유없이 협약을 체결하지 않아 총회에서 선정이 무효로 된 경우 조합에 귀속된다.
3. 조합은 대의원회 또는 총회 개최 후 입찰자가 예치한 입찰보증금을 14일 이내 환급하되, 낙찰자의 입찰보증금은 협약 체결 후 14일 이내 환급한다. 이 경우 예치기간 중 발생한 이자는 조합에 귀속된다.

【제 12 조】관계사항의 숙지 등
1. 입찰자는 입찰참여안내서 등 입찰참여에 필요한 모든 사항에 관하여 입찰제안서 제출 전에 숙지하여야 하며, 입찰시 입찰안내서에 대한 공람확인서를 제출하여야 한다. 이 경우 관련 내용을 숙지하지 못하여 발생하는 모든 책임은 입찰자에게 있다.

2. 공동사업시행 건설업자 선정에 관하여 입찰참여 규정 등에서 특별히 규정하고 있지 않은 경우에는 관계법·령, 국토교통부 고시 '계약업무 처리기준', 서울특별시 고시 '공동사업시행 건설업자 선정기준' 및 정관과 조합이 정하는 바에 따른다.
3. 입찰자는 입찰참여안내서 등의 해석에 이견이 있는 경우에는 조합에 서면으로 질의하여야 한다. 이 경우 조합은 서면으로 입찰자 모두에게 유권해석의 내용을 통지하여야 하며, 조합임원 등이 개인적인 의견으로 답변한 내용은 효력이 없다.

III. 정비구역 현황

1. 일반현황
    가. 사 업 명 : ○○구역 재개발(재건축)사업
    나. 위   치 : 서울특별시   번지 일대
    다. 시행면적 :   m²
    라. 기존건축물 동수 :
    마. 거주가구 및 인구 :
    바. 용도지역 :
    사. 조합원수 :   명

2. 사업시행계획
    가. 공사기간 : 사업시행계획인가일부터   개월
    나. 건축시설
        - 대지면적 :   m²
        - 주 용 도 :
        - 건축면적 :   m²(건폐율   %)
        - 건축연면적 :   m²(용적률   %)
        - 층수 및 동수 :
        - 주택규모별 건설세대수(전용면적 기준)

공급구분	동수	세대수	주택규모별 세대수(전용면적 기준)				
합계							
분양							
임대							

    다. 정비기반시설

시설구분	도로			공원	녹지	공공공지	비고
	대로	중로	소로				
시설규모							

IV. 입찰제안서 작성 기준

1. 입찰제안서는 발주자가 제시한 설계도서에 대하여 입찰자들이 제안하는 공사비 및 대여금 산출내역을 동일한 기준에서 공정하게 비교하고 평가하기 위한 것으로서 조합에서 배부한 양식에 따라 작성하여야 한다.

2. 공사비 산출내역

    입찰자는 설계도서를 면밀히 검토하여 물량내역서를 직접 작성하고, 단가를 기재한 산출내역서를 제출하여야 하며, 조합이 제공한 물량내역서는 단순히 참고용으로서 낙찰자는 향후 협약체결 후 설계도서의 누락 또는 오류 등을 이유로 설계변경을 요구할 수 없다.

3. 대여금 대여조건

    입찰자는 공사비를 제외한 사업비 대여금에 대한 금액, 금리, 상환기간, 상환조건을 구분하여 제출하여야 하며, 조합이 제공한 대여금 내역서는 단순히 참고용으로서 낙찰자는 향후 협약체결 및 협약 후 조합이 제공한 대여금 내역서의 누락 또는 오류 등을 이유로 사업에 필요한 외주 용역의 시행을 거부할 수 없다.

4. 공사기간

    가. 이주 완료 후 철거공사, 부지조성(   )개월(철거 및 잔재처리 포함) 이내로 한다.

    나. 착공 후 준공 시까지 (   )개월 이내로 한다.

    다. 공사기간은 총 (   )개월 이내로 한다.

5. 금리기준

    사업비 대여이자와 연체이자로 구분하여 제시한다.

6. 대안설계제안 및 무상제공에 관한 사항

    가. 국토교통부 고시 '정비사업 계약업무 처리기준' 제29조 제3항에 따라 입찰에 참가하는 건설업자자 대안설계를 제안하는 경우 「도시 및 주거환경정비법 시행령」 제46조에 따른 사업시행계획의 경미한 변경 범위 안에서 제안할 수 있으며, 입찰참여자는 조합이 작성한 원안설계와 비교할 수 있도록 원안 공사비 내역서를 함께 제출하여야 한다.

    나. 대안설계란 조합이 작성한 원안설계와 비교하여 동등 이상의 기능 및 효과가 있고, 공기단축 또는 비용절감이 가능한 설계를 말하며, 입찰참여자는 설계도면,

수량산출서 및 산출내역서, 시공방법, 자재사용서 등 입찰서와 대안설계 설명서를 제출하여야 한다. 이는 조합총회에서 선정된 시공자가 계약 체결 후 대안을 제시하는 경우에도 또한 같다.

다. 이 기준에 따라 입찰참여자가 대안설계를 제안하는 경우에는 원안이 아닌 대안설계 제안내용로 해당 입찰에 참여한 것으로 보며, 예정가격의 범위 안에서 입찰금액을 제안하여야 한다.

라. 입찰참여자는 국토교통부 고시 '정비사업 계약업무 처리기준' 제30조에 따라 시공과 관련이 있는 사항에 한하여 입찰금액 외에 별도로 설계에 없는 부분을 무상제공 할 항목을 제안할 수 있다. 이 경우 입찰금액과 구분하여 그 품목의 규격, 수량 및 금액 등 산출조서와 설계도면을 제출하여야 하며, 이는 계약 체결 시 기초자료가 된다.

마. 대안설계 및 무상제공 할 항목을 제안한 입찰참여자가 시공자로 선정된 경우에는 입찰서에 포함된 설계도서, 공사비 명세서, 물량산출 근거, 시공방법, 자재사용서 등 입찰제안 내용에 대한 시공내역을 반영하여 조합과의 계약을 체결하여야 한다.

📖 입찰제안서

<table>
<tr><td colspan="4" align="center">입 찰 제 안 서</td></tr>
<tr><td>입찰공고번호</td><td>제20 -   호</td><td>입 찰 일 자</td><td>20 년   월   일</td></tr>
<tr><td>입 찰 건 명</td><td colspan="3">○○구역 재개발(재건축) 사업</td></tr>
<tr><td>사업발주방식</td><td colspan="3">공동사업시행</td></tr>
<tr><td>전용면적별 건축
아파트세대/
부대복리시설</td><td colspan="3">㎡ -   세대 (임대)   ㎡ -   세대
㎡ -   세대   ㎡ -   세대
부대복리시설   동   평</td></tr>
<tr><td>공 사 기 간</td><td colspan="3"></td></tr>
</table>

당사는 귀 조합의 입찰참여안내서에 따라 입찰제안서를 작성하여 구비서류와 같이 제출합니다.

구비서류 : 1. 입찰참여 견적서(대여금 조달 및 상환에 관한 사항 포함) 1부(밀봉)
          2. 공동사업시행 건설업자 홍보 지침 및 준수서약서 1부
          3. 이행각서 1부
          4. 입찰참여안내서에 대한 공람확인서 1부
          5. 회사소개서
          6. 산출내역서 1부(화일첨부, 밀봉)
          7. 무상제공계획 및 대안설계계획서 1부(필요시, 밀봉)
          8. 법인인감증명서 1부
          9. 법인등기부 등본 1부
          10. 사업자등록증 사본 1부
          11. 재무제표(최근 2년간) 1부
          12. 입찰보증금 예치 확인자료 및 환급받을 통장 사본 각 1부

                        20 . . .

          입찰참여신청자   상 호 :
                            주 소 :
                            대표자 :   (인)

📖 입찰참여 견적서

구 분			입 찰 조 건	비 고
회사 일반 사항	법인명			
	시공능력 평가순위			
	신용등급/부채비율			
	정비사업 준공실적			
공사비 (원안 /대안)	직접 공사비	재료비		설계도면, 산출내역서, 수량산출서 등 첨부
		직접노무비		
		직접공사경비		
	간접 공사비	간접노무비		
		산재보험료		
		고용보험료		
		국민건강보험료		
		국민연금보험료		
		건설근로자퇴직공제부금비		
		산업안전보건관리비		
		환경보전비		
		기타 법정경비		
		기타 간접공사경비		
	소계			
	일반관리비	○%		
	이윤	○%		
	총원가			
	공사손해보험료	○%		
	부가가치세	○%		
	총공사비			

구 분			입 찰 조 건			비고
대여금	관리비	조합운영비	(금액) ____원	(이자율) ____%	(대여기간) ____ ~ ____	※건설업자 직접 대여, 또는 조합명의 금융기관 차입 여부 명시 ※연체이율 명시
		신탁등기비				
		소송비용				
		회계감사비/ 세무대행수수료				
		총회비용				
		소계(조합부담이자)	※ 금액에 기간과 이자율 곱하여 산정			
	외주용역비	※ 필요 외주용역 세부내역 작성	____원	____%	____ ~ ____	
		소계(조합부담이자)	_____원			
	각종 부담금	광역교통시설부담금	____원	____%	____ ~ ____	
		학교용지부담금				
		상수도공사비				
		하수도부담금				
		지역난방/도시가스 시설부담금				
		기반시설부담금				
		소계(조합부담이자)	_____원			
	제세 공과금	보존등기비	____원	____%	____ ~ ____	
		재산세				
		채권매입비				
		법인세				
		법인세 세무조정료				
		소계(조합부담이자)	_____원			
	기타경비	※ 민원처리비용, 일반분양비용 등	____원	____%	____ ~ ____	
		소계(조합부담이자)	_____원			
	보상비	청산대상자 청산금	____원	____%	____ ~ ____	
		영업손실 보상비				
		주거이전비				
		기타 이주보상비				
		소계(조합부담이자)	_____원			

구 분		입 찰 조 건	비고
대여금	예비비	____원　____%　____ ~ ____	
	소계(조합부담이자)	_____원	
	사업비 대여금 이자 (※ 조합 명의로 금융기관 차입시)	____원　____%　____ ~ ____	
	소계(조합부담이자)	_____원	
	총 대여금액	____원　____%　____ ~ ____	
	총 조합부담이자금액	_____원	
	무상제공계획(무상품목)	총금액 기재	품목별 규격, 수량, 금액 등 산출조서 및 도면 첨부
공사 조건	착공시기	이주 완료 후　개월 이내	
	공사기간	착공 후　개월 이내	
사실 확인		당사의 입찰제안내용과 사실에 근거하여 작성하였으며, 이를 조합에 제출합니다. 만약 허위 사실을 작성함에 따른 모든 책임은 당사에 있음을 서약합니다. 업체명 :　　　　　　　(인) (법인 인감)	

※ 입찰참여자는 공사금액 항목 중 원안인지, 대안으로 제시하는지 여부를 명확히 기재하여야 한다.

공동사업시행 건설업자 홍보 지침 및 준수 서약서

당사는 ○○구역 재개발(재건축)사업의 공동사업시행 건설업자 선정과정에서 아래 사항을 준수하며, 이를 위반한 경우 귀 조합에서 입찰 지위 및 선정된 공동사업시행 건설업자의 지위를 박탈하여도 민·형사상의 어떠한 이의를 제기하지 않을 것을 서약합니다.

아울러 아래 사항을 위반하여 귀 조합이 공동사업시행 건설업자를 적법하게 선정하지 못하거나, 총회를 다시 개최하여야 하는 경우 당사는 귀 조합에서 공동사업시행 건설업자 선정을 위해 지출한 제반비용의 부담 및 이에 따른 조합의 손실을 배상할 것을 서약합니다.

- 아　　래 -

□ 홍보 관련 준수사항 및 위반시 제재조치

연번	구 분	준 수 사 항	제 재 조 치
1	합동 설명회	·1차 : 20 년 ○월 ○일(○) 오후 ○시 ·2차 : 20 년 ○월 ○일(○) 오후 ○시 ·회사소개 및 홍보동영상 : 20분 이내 ·홍보인원 : 회사별 5명 이내 (해당 명단과 증명사진을 조합에 제출)	·합동설명회 이외 개별홍보활동 일체금지 ·조합에 등록된 인원 외의 홍보자 적발시 입찰자격 또는 공동사업시행 건설업자 자격 박탈 - 입찰보증금 조합 귀속
2	공동사업 시행 건설업자 선정 총회일	각사 화환 설치 불가. 총회 당일 전단지·홍보물 배포 및 현수막 설치 금지. 무대·파라솔·천막 및 가설물 등 설치 일체금지	·임원,공공지원자등 감시단 통제에 불응할 경우, 입찰자격 박탈 - 입찰보증금 조합 귀속
3	홍보물	·홍보물(카다로그) 1종 : 40쪽 이내 (표지포함) ·전단지 1종 : 국전 양면 ·크기 : A4 규격(반드시 준수) ·수량 : 400매 (조합원 우편물 발송용) ·합동설명회 및 총회시 A.V 시스템은 각사 준비	·홍보물은 조합이 지정한 날까지 조합에 제출하여야 하며, ·합동설명회 전까지 조합에 신고된 것만 인정하고, 임의변경시 입찰자격 박탈 - 입찰보증금 조합 귀속
4	현수막 설치	·현수막 설치 및 홍보물 부착 일체금지	·적발시 입찰무효 및 선정자격 박탈 - 입찰보증금 조합 귀속
5	허위과장 홍보 및 상호비방, 허위사실 유포금지	·사실과 다른 내용의 홍보물 제작 금지 ·경쟁사를 비방하는 행위 금지 ·타사를 가장하는 홍보활동 금지	·타사를 가장하여 고의로 자격박탈 요건에 해당하는 행위를 한 경우 입찰참여 및 공동사업시행 건설업자 자격 박탈 - 입찰보증금 조합 귀속

6	부정행위	·금품살포 및 이권약속 금지 ·조합원의 정당한 권리행사를 방해하는 일체 행위 금지	·적발시 입찰무효 및 선정자격 박탈 - 입찰 보증금 조합 귀속
7	기 타	·모델하우스,무대,파라솔,천막 및 가설물 등 설치 일체금지(조합이 제공하는 개방된 형태의 홍보공간 1개소는 예외로 함)	·적발시 입찰무효 및 선정자격 박탈 - 입찰 보증금 조합 귀속
8	공통사항	·홍보활동과 관련하여 문의할 내용이 있을 경우, 반드시 서면으로만 할 수 있음 ·타사의 위반행위를 적발하여 본 조합에 제재조치를 요구하고자 할 경우, 서면의 방법으로 하되 반드시 증거자료(사진,녹취,동영상 촬영 등)를 첨부해야 함. ·조합은 제출된 위반행위 증거자료를 바탕으로 해당 공동사업시행 건설업자의 자격을 박탈할 수 있는 중요자료로 활용할 수 있음.	

년   월   일

위 확약인   업체명 :
            대표자 :   (인감)
            주 소 :

○○구역 재개발(재건축)사업 조합   귀중

📖 이행각서

이 행 각 서

귀 조합 재개발(재건축)사업의 공동사업시행 건설업자 선정 입찰참여를 신청함에 있어 공동사업시행 건설업자로 선정되기 전이나 선정된 후에도 아래 각 호의 사항을 위반하였을 경우 귀 조합에서 정한 결정에 대하여 민·형사상 일체의 이의를 제기하지 않고 따를 것을 약속하여 이 각서를 제출합니다.

- 아 래 -

1. 제출된 모든 서류에 하자가 있거나 보완의 필요성이 있어 조합의 요구가 있을 때에는 요구하는 지정 기간일까지 어김없이 이행하겠음.
2. 홍보시에는 기 제출된 사업계획서 내용 범위 안에서만 홍보하고, 기 제출된 사업계획서 내용을 변경하는 등 일체의 행위를 하지 않겠음.
3. 다른 참여업체를 비방하거나 관련 업무를 방해하지 않겠음.
4. 외부인을 고용하거나 관계인으로 하여금 유언비어 유포, 상호비방, 과대선전 등의 행위를 하지 않겠음.
5. 어떠한 경우에도 임원, 대의원, 조합원을 상대로 향응을 제공하거나 금전 등을 일절 제공하지 않겠음.
6. 낙찰에 관계없이 조합의 결정사항을 이의없이 따르겠음.
7. 총회에서 공동사업시행 건설업자로 선정된 후 공사 시공을 이행하지 못하는 사유가 발생된 경우 조합이 차순위 협약상대자와 협약을 체결하여도 이의없이 따르겠음.
8. 입찰지침서 상의 입찰보증금 처리 규정에 따라 이의없이 이행하겠음.
9. 공동사업시행 건설업자 선정과정 중 국토교통부 고시 '정비사업 계약업무 처리기준' 및 서울특별시 고시 '공동사업시행 건설업자 선정기준' 및 귀 조합에서 제시한 입찰 참여 규정 등을 위반한 경우 조합의 결정에 이의없이 따르겠음.

첨부 : 법인인감증명서
(사용용도 기입요망 : ○○구역 재개발(재건축)사업 조합 공동사업시행 건설업자 선정관련 이행각서용)

년 월 일

업체명 :
대표자 :   (인)

○○구역 재개발(재건축)사업 조합 귀중

📖 입찰참여안내서에 대한 공람 확인서

입찰참여안내서에 대한 공람 확인서

  당사는 귀 조합의 공동사업시행 건설업자 선정을 위한 입찰에 참여함에 있어 귀 조합이 작성, 제시한 입찰참여 안내서 등을 충분히 숙지하였기에 이에 공람확인서를 제출합니다.

20 . . .

        확 인 자 :
        상   호 :
        주   소 :
        대 표 자 :   (인)

○○구역 재개발(재건축)사업 조합   귀중

📖 회사 소개서

□ 회사명 :
○ 경영실적

(단위 : 백만원)

구 분	최근 3년간 경영실적			비 고
	년	년	년	
총 자 산				
자본총계				
부채비율				
매 출 액				
순 이 익				

○ 시공능력 평가 순위(도급순위)

(단위 : 백만원)

구 분	최근 3년간 경영실적			비 고
	년	년	년	
순 위				
평가액				

○ 정비사업 실적(최근 3년간)

사업명	대지면적	총연면적	건립세대수	착공/준공일	비 고

첨부 : 증빙서류 각 1부

소규모주택정비 등기규칙

[시행 2019. 11. 29.] [대법원규칙 제2869호, 2019. 11. 29., 제정]

제1조 (목적) 이 규칙은 「빈집 및 소규모주택 정비에 관한 특례법」(이하 "법"이라 한다) 제40조제3항에 따라 소규모주택정비사업시행에 관한 부동산등기절차를 규정함을 목적으로 한다.

제2조 (대위등기신청) ① 소규모주택정비사업시행자(이하 "시행자"라 한다)는 그 사업시행을 위하여 필요한 때에는 다음 각 호의 등기를 해당 등기의 신청권자를 대위하여 신청할 수 있다.
  1. 부동산표시의 변경이나 경정의 등기
  2. 등기명의인표시의 변경이나 경정의 등기
  3. 소유권보존등기
  4. 상속으로 인한 소유권이전등기
② 제1항의 등기를 신청할 때에는 사업시행인가가 있었음을 증명하는 정보를 첨부정보로서 제공하여야 한다.

제3조 (대위등기의 일괄신청) 제2조제1항제1호 및 제2호에 따라 등기를 신청하는 경우에는 등기원인 또는 등기목적이 동일하지 아니한 경우라도 동일한 신청정보로 일괄하여 신청할 수 있다.

제4조 (대위등기절차) ① 제2조제1항의 등기에는 「부동산등기법」제28조제2항, 제32조제4항 및 「부동산등기규칙」제50조를 준용한다.
② 등기관이 제2조제3호 및 제4호의 등기를 마쳤을 때에는 등기필정보통지서를 신청인에게 교부하고 신청인은 지체 없이 이를 해당 부동산의 등기권리자에게 넘겨주어야 한다.

제5조 (이전고시에 따른 등기신청) ① 시행자는 법 제40조제2항에 따른 이전고시를 한 때에는 지체 없이 그 사실을 관할 등기소에 통지하고 다음의 등기를 신청하여야 한다.
  1. 소규모주택정비사업시행에 따른 종전 토지에 관한 말소등기
  2. 소규모주택정비사업시행으로 축조된 건축시설과 조성된 대지에 관한 소유권보존등기
  3. 종전 건물과 토지에 관한 지상권, 전세권, 임차권, 저당권, 가등기, 환매특약이나 권리소멸의 약정, 처분제한의 등기(이하 "담보권등에 관한 권리의 등기"라 한다)로

서 분양받은 건축시설과 대지에 존속하게 되는 등기
② 제1항의 등기를 신청함에 있어서는 1개의 건축시설 및 그 대지인 토지를 1개의 단위로 하여, 1필의 토지 위에 수개의 건축시설이 있는 경우에는 그 건축시설 전부와 그 대지를 1개의 단위로 하여, 수필의 토지를 공동대지로 하여 그 위에 수개의 건축시설이 있는 경우에는 그 건축시설 및 대지전부를 1개 단위로 하여 동시에 하여야 한다. 다만, 법 제40조제1항 단서에 따라 시행자가 사업에 관한 공사의 완공 부분만에 관하여 이전고시를 한 때에는 제1항의 등기 중 건물에 관한 등기신청은 그 부분만에 관하여 할 수 있다.
③ 제1항의 등기를 신청하는 경우에는 사업시행계획 및 그 인가를 증명하는 정보와 이전고시를 증명하는 정보를 첨부정보로서 제공하여야 한다.

제6조 (종전 토지에 관한 등기신청) ① 제5조제2항에 따른 1개의 단위를 이루는 토지에 포함되는 종전 토지에 관한 말소등기를 신청할 때에는 동일한 신청정보로 일괄하여 하여야 한다.
② 제1항의 경우에는 소규모주택정비사업시행으로 인하여 등기를 신청한다는 뜻을 신청정보의 내용으로 제공하여야 한다.

제7조 (종전 토지에 관한 등기) 등기관은 제6조의 신청에 따라 등기를 할 때에는 종전 토지의 등기기록 중 표제부에 소규모주택정비사업시행으로 인하여 말소한 뜻을 기록하고 부동산의 표시에 관한 사항을 말소하는 표시를 하고 그 등기기록을 폐쇄하여야 한다.

제8조 (건축시설에 관한 등기신청) ① 건축시설에 관한 소유권보존등기 및 담보권등에 관한 권리의 등기를 신청할 때에는 건축시설(구분건물인 경우에는 1동의 건물에 속하는 구분건물 전부)에 관하여 동일한 신청정보로 일괄하여 하여야 한다.
② 제1항의 경우에는 건축시설별로 소유권보존등기, 담보권등에 관한 권리의 등기의 순서로 등기사항을 제공하여야 하며, 동일한 건축시설에 관한 권리를 목적으로 하는 2개 이상의 담보권등에 관한 권리의 등기에 있어서는 등기할 순서에 따라 등기사항을 제공하여야 한다.
③ 제1항의 경우에는 다음 각 호의 사항을 신청정보의 내용으로 제공하여야 한다.
  1. 구분소유자의 대지소유권에 대한 공유지분 비율
  2. 담보권등에 관한 권리와 그 목적인 권리의 표시, 구분건물의 경우에는 담보권등에 관한 권리가 해당 구분소유자의 대지소유권에 대한 공유지분에도 존속하는지 여부의 표시
  3. 소규모주택정비사업시행으로 인하여 등기를 신청한다는 뜻

④ 제2항의 경우 건축시설에 이전고시를 받은 자보다 선순위의 가등기 또는 처분제한의 등기가 존속하는 때에는 그 선순위의 가등기 또는 처분제한의 목적이 된 소유권등기 명의인의 소유권보존등기, 그 선순위의 가등기 또는 처분제한의 등기, 이전고시를 받은 자 명의의 소유권이전등기의 순서로 등기사항을 제공하여야 한다.

제9조 (건축시설에 관한 등기) 제8조의 신청에 따라 등기를 할 때에는 등기관은 등기기록 중 표제부(구분건물의 경우에는 1동의 건물의 표제부)에 한 등기의 끝부분에 소규모주택정비사업시행으로 인하여 등기하였다는 뜻을 기록하여야 한다.

제10조 (대지에 관한 등기신청) ① 대지에 관한 소유권보존등기 및 담보권등에 관한 권리의 등기를 신청할 때에는 1필의 토지에 관하여 동일한 신청정보로 일괄하여 하여야 한다.
② 제1항의 경우에는 소유권보존등기, 담보권등에 관한 권리의 등기의 순서로 등기사항을 제공하여야 하며, 동일한 토지에 관한 권리를 목적으로 하는 2개 이상의 담보권등에 관한 권리의 등기에 있어서는 등기할 순서에 따라 등기사항을 제공하여야 한다.
③ 제1항의 경우에는 다음 각 호의 사항을 신청정보의 내용으로 제공하여야 한다.
  1. 담보권등에 관한 권리와 그 목적인 권리의 표시
  2. 소규모주택정비사업시행으로 인하여 등기를 신청한다는 뜻
④ 제2항의 경우에는 제8조제4항을 준용한다.

제11조 (대지에 관한 등기) ① 제10조의 신청에 따라 등기를 할 때에는 등기관은 등기기록 중 표제부에 한 등기의 끝부분에 소규모주택정비사업시행으로 인하여 등기하였다는 뜻을 기록하여야 한다.
② 구분소유자의 대지소유권에 대한 공유지분을 목적으로 하는 담보권등에 관한 권리의 등기를 하여야 하는 경우로서 그 등기사항이 전유부분에 관한 것과 동일한 때에는 토지등기기록에는 이를 기록하지 아니한다.

제12조 (대지권의 등기, 대지권이라는 뜻의 등기 등) ① 구분건물에 관하여 제8조 및 제10조에 따라 신청된 등기를 할 때에는 등기관은 건물등기기록에는 대지권의 등기를, 토지등기기록에는 대지권이라는 뜻의 등기를 각각 하여야 한다.
② 토지등기기록에 대지만을 목적으로 하는 담보권등에 관한 권리의 등기가 있을 때에는 건물등기기록에 「부동산등기규칙」 제90조제1항에 따른 토지등기기록에 별도의 등기가 있다는 뜻을 기록하여야 한다.

제13조 (준용규정) 소규모주택정비사업시행에 따른 등기에 관하여 이 규칙에 특별한 규정이 있는 경우를 제외하고는 「도시 및 주거환경정비 등기규칙」을 준용한다.

부   칙 <대법원규칙 제2869호, 2019. 11. 29.>

이 규칙은 공포한 날부터 시행한다.

서울특별시 빈집 및 소규모주택 정비에 관한 조례

[시행 2023. 12. 29.] [서울특별시조례 제9051호, 2023. 12. 29., 일부개정]

제1장 총 칙

제1조 (목적) 이 조례는 「빈집 및 소규모주택 정비에 관한 특례법」, 같은 법 시행령, 같은 법 시행규칙 및 관계 법령에서 조례로 정하도록 한 사항과 그 시행에 필요한 사항을 규정함을 목적으로 한다.

제2조 (정의) ① 이 조례에서 사용하는 용어의 뜻은 다음과 같다. <개정 2020.12.31., 2021.12.30.>

1. "빈집"이란 「빈집 및 소규모주택 정비에 관한 특례법」(이하 "법"이라 한다) 제2조제1항제1호에 따라 자치구의 구청장(이하 "구청장"이라 한다)이 거주 또는 사용 여부를 확인한 날부터 1년 이상 아무도 거주 또는 사용하지 아니하는 주택을 말한다. 다만, 「빈집 및 소규모주택 정비에 관한 특례법 시행령」(이하 "영"이라 한다) 제2조 각 호의 어느 하나에 해당하는 주택은 제외한다.
2. "빈집정비사업"이란 법 제2조제1항제2호에 따라 빈집을 개량 또는 철거하거나 효율적으로 관리 또는 활용하기 위한 사업을 말한다.
3. "빈집 활용"이란 빈집을 개량 또는 철거하여 임대주택의 설치 또는 정비기반시설 및 공동이용시설 등으로 용도를 변경하여 활용하는 것을 말한다.
4. "소규모주택정비사업"이란 법 제2조제1항제3호, 영 제3조, 이 조례 제3조에 따른 요건에 해당하는 지역 또는 구역에서 시행하는 자율주택정비사업, 가로주택정비사업, 소규모재건축사업 및 소규모재개발사업을 말한다.
5. "권리가액"이란 관리처분계획기준일 현재 영 제30조에 따라 산정된 종전 토지 등의 총가액을 말한다.
6. "권리산정기준일"은 소규모주택정비사업으로 인하여 주택 등 건축물을 공급하는 경우 다음 각 목에 정한 날을 말한다.
   가. 토지등소유자가 사업시행자인 경우에는 주민합의체 구성을 신고한 날
   나. 조합이 사업시행자인 경우에는 조합설립인가일
   다. 구청장, 「한국토지주택공사법」에 따라 설립된 한국토지주택공사 또는 「서울특별시 서울주택도시공사 설립 및 운영에 관한 조례」에 따른 서울주택도시공사(이하 "토지주택공사등"이라 한다)등이 사업시행자인 경우에는 법 제18조

제2항에 따른 고시일
라. 법 제19조제1항에 따른 지정개발자가 사업시행자로 지정된 경우에는 법 제19조제2항에 따른 고시일
7. "특정무허가건축물"이란 건설교통부령 제344호 「공익사업을 위한 토지 등의 취득 및 보상에 관한 법률 시행규칙」 부칙 제5조에 따른 1989년 1월 24일 당시의 무허가건축물등을 말한다.
8. "신발생무허가건축물"이란 제7호에 따른 특정무허가건축물 이외의 무허가건축물을 말한다.
9. "마을공동체"란 「서울특별시 마을공동체 활성화 지원 조례」 제2조제2호에 따른 마을공동체를 말한다.
② 이 조례에서 따로 정의하지 아니한 용어는 「서울특별시 도시 및 주거환경정비 조례」(이하 "도시정비조례"라 한다)에서 정하는 바에 따른다. <개정 2023.12.29.>

제2조의2 (노후·불량건축물) ① 법 제2조제2항에 따라 소규모주택정비사업의 노후·불량건축물의 기준은 「도시 및 주거환경정비법」 및 도시정비조례 제4조에서 정하는 바에 따른다. <개정 2023.12.29.>
② 제1항에도 불구하고 법 제43조의2제1항의 소규모주택정비 관리계획(이하 "관리계획"이라 한다) 수립을 위한 사업대상지 및 법 제2조제1항제9호의 소규모주택정비 관리지역(이하 "관리지역"이라 한다) 내에서 주택으로 쓰는 바닥면적 합계가 660제곱미터 이하 공동주택의 노후·불량건축물로 보는 경과연수 기준은 20년으로 한다. <개정 2022.10.17.>
[본조신설 2021.12.30.]

제3조 (소규모주택정비사업의 대상범위 등) ① 영 제3조제1항제1호에서 "시·도조례로 정하는 지역"이란 다음 각 호와 같다. <개정 2019.3.28., 2019.12.31., 2020.3.26., 2020.12.31., 2023.3.27., 2023.12.29.>
1. 「도시재정비 촉진을 위한 특별법」 제2조제6호에 따른 존치지역
2. 「문화재보호법」 제13조제1항에 따른 역사문화환경 보존지역 중 구 도시계획위원회의 심의를 받아 구청장이 인정하는 지역
3. 「서울특별시 저층주거지 집수리 지원에 관한 조례」 제6조에 따른 주택성능개선 지원구역
4. 「건축법」 제2조제1항제5호에 따른 지하층이 있는 주택을 포함한 사업시행구역
5. 「재난 및 안전관리 기본법 시행령」 제34조의2의 D, E등급에 해당하는 건축물을 포함한 사업시행구역
6. 영 제8조의2의 3등급에 해당하는 빈집을 포함한 사업시행구역

② 영 제3조제1항제1호가목 및 제2호나목에 따라 관리지역 내 노후·불량건축물의 수는 해당 사업시행구역 전체 건축물 수의 57퍼센트 이상으로 한다. <신설 2021.12.30., 2023.12.29.>

③ 영 제3조제1항제1호나목 단서에서 위임된 해당 사업시행구역 내 기존주택(이하 "기존주택"이라 한다)의 호수 또는 세대수의 기준은 다음 각 호와 같다. <개정 2020.3.26., 2021.12.30.>

1. 기존주택이 모두 단독주택인 경우: 18호 미만일 것
2. 기존주택이 연립주택 또는 다세대주택으로 구성된 경우: 36세대(연립주택과 다세대주택의 세대수를 합한 수를 말한다) 미만일 것
3. 기존주택의 구성이 다음의 어느 하나에 해당하는 경우: 36채(단독주택의 호수와 연립주택·다세대주택의 세대수를 합한 수를 말한다) 미만 일 것
   가. 단독주택과 연립주택으로 구성
   나. 단독주택과 다세대주택으로 구성
   다. 단독주택, 연립주택 및 다세대주택으로 구성

④ 영 제3조제1항제1호다목의 4)에서 "시·도조례로 정하는 기준을 충족하는 나대지"란 「서울특별시 건축 조례」 제35조의3제3호에 해당하는 경우를 말한다. <신설 2020.3.26., 2021.12.30.>

⑤ 영 제3조제2항제2호가목에 따라 "시·도조례로 달리 정하는 기준 면적"은 1만3천제곱미터로 한다. <신설 2020.7.16., 2021.12.30.>

⑥ 영 제3조제1항제4호가목 단서에 따라 시·도조례로 증감하는 역세권의 범위는 250미터로 한다. <신설 2021.12.30.>

⑦ 「빈집 및 소규모주택 정비에 관한 특례법 시행규칙」(이하 "시행규칙"이라 한다) 제2조제2항 대괄호 안에서 "시·도조례로 달리 정하는 기준"은 8미터로 한다. <신설 2021.12.30., 2023.12.29.>

[제목개정 2020.7.16.]

제4조 (다른 조례와의 관계) 이 조례는 빈집정비사업 및 소규모주택정비사업에 관하여 다른 조례에 우선하여 적용한다.

제2장 빈집정비사업

제1절 빈집정비계획의 수립 등

제5조 (빈집정비계획의 수립) ① 구청장은 법 제4조제1항에 따라 빈집을 효율적으로 관리 또는 활용하기 위하여 빈집정비계획을 5년마다 수립·시행할 수 있고, 필요한 경우

에 별도로 수립·시행할 수 있다.
② 구청장은 빈집정비계획을 수립하는 경우에 법 제5조제1항에 따른 실태조사 결과를 반영하여야 하고, 빈집 소유자와 그 밖에 빈집정비사업과 관련하여 이해관계를 가지는 자에게 의견을 청취할 수 있다.
③ 구청장은 빈집정비계획의 수립에 필요한 자료 또는 정보의 제공을 유관기관에 요청할 수 있으며, 유관기관은 특별한 사유가 없으면 이에 따라야 한다.
④ 구청장은 빈집정비계획에 비용 지원이 수반되는 경우 서울특별시장(이하 "시장"이라 한다)과 협의하여야 한다.
⑤ 구청장은 빈집정비계획을 수립하는 경우, 「도시 및 주거환경정비법」 (이하 "도시정비법"이라 한다) 제23조제2항부터 제3항까지의 방법으로 시행하는 재개발사업 및 재건축사업의 정비구역(같은 법 제16조에 따라 지정되는 정비예정구역과 「도시재정비 촉진을 위한 특별법」 제2조제4호에 따른 재정비촉진구역을 포함한다)에서 빈집으로 인한 붕괴·화재 등 안전사고나 범죄발생을 예방하기 위하여 안전조치 및 관리계획을 수립하여야 한다.

제6조 (빈집정비계획의 수립 내용) 영 제4조제1항제4호에서 "그 밖에 시장·군수 등이 빈집정비사업의 추진에 필요하다고 인정하는 사항"이란 다음 각 호의 사항을 말한다.
1. 법 제9조제4호에 따른 정비기반시설 및 공동이용시설 등의 설치에 관한 계획
2. 법 제49조에 따른 임대주택을 건설하는 경우 임대주택의 건설·공급 등에 관한 계획
3. 빈집의 안전조치 등 관리방안 및 관리주체
4. 빈집정비사업의 효율적 시행과 지원을 위한 유관기관과의 협력체계
5. 빈집 소유자, 사회적기업 등에 대한 빈집정비사업의 기술지원 및 정보제공

제7조 (빈집등 실태조사) ① 구청장은 법 제5조제1항에 따라 빈집이나 빈집으로 추정되는 주택(이하 "빈집등"이라 한다)에 대하여 5년마다 실태조사를 실시할 수 있고, 필요한 경우에 별도로 실시할 수 있다.
② 구청장은 제1항에 따른 실태조사를 영 제7조 각 호에 따른 전문기관의 어느 하나를 지정하여 대행하게 할 수 있다.
③ 구청장 또는 제2항에 따른 전문기관의 장은 빈집등 실태조사에 필요한 자료 또는 정보의 제공을 유관기관에 요청할 수 있으며, 유관기관은 특별한 사유가 없으면 이에 따라야 한다.

제8조 (빈집등 실태조사의 방법 및 절차) 영 제8조제1항제5호에서 "그 밖에 시장·군수 등이 실태조사의 실시에 필요하다고 인정하는 사항"이란 다음 각 호의 사항을 말한다.

1. 실태조사의 소요 비용 및 투입 인력
2. 실태조사의 안전사고 예방 및 관리
3. 실태조사를 위한 유관기관과의 협력체계

제2절 빈집정비사업의 시행방법 등

제9조 (빈집의 활용방법) ① 시장 또는 구청장은 빈집을 매입하거나 빈집 소유자와의 협약을 통해 다음 각 호의 방법으로 활용할 수 있다. <개정 2019.12.31.>
1. 고령자, 장애인, 한부모가족, 대학생, 사회초년생, 신혼부부 및 성별·연령 등의 특성에 따른 다양한 임대수요를 고려한 임대주택
2. 도서관, 마을회관, 주민운동시설, 공용주차장, 마을텃밭 등 주민복리 증진 또는 공공의 목적을 위한 시설
3. 관리사무소, 경비실, 보안·방범·소방시설 등 마을의 안전 및 공동이용관리를 위해 필요한 시설
4. 제1호부터 제3호까지 유사한 경우로서 그 밖에 시장 또는 구청장이 필요하다고 인정하는 시설

② 시장 또는 구청장은 빈집 활용을 위하여 빈집 소유자 또는 관리자의 신청을 받을 수 있다.

제10조 (빈집정비 시행자) ① 시장, 구청장 또는 빈집의 소유자는 제9조에 따른 빈집의 활용을 직접 시행하거나 법 제10조제1항 각 호에 해당하는 자와 공동으로 시행할 수 있다.
② 시장 또는 구청장은 공개모집을 통해 시행자를 선정할 수 있고, 빈집 소유자가 요청하거나 효율적인 빈집정비를 위해 법 제10조제1항 각 호에 해당하는 자를 시행자로 지정할 수 있다.

제11조 (빈집 관리위탁) 시장 또는 구청장은 제10조에 따라 선정된 시행자에게 다음 각 호의 업무를 함께 수행하게 할 수 있다.
1. 빈집 입주 또는 이용자에 대한 임대료 또는 사용료 징수
2. 그 밖에 빈집의 관리에 관한 사항

제12조 (입주자 선정 등) ① 제9조제1항제1호에 따라 공급되는 임대주택은 시장 또는 구청장이 별도로 정한 입주요건에 따라 공개모집을 통해 입주자를 선정한다.
② 시장 또는 구청장은 제11조제1호에 따른 빈집의 임대료 또는 사용료가 당초 계획대로 부과되고 있는지 정기적으로 확인하고 지도·감독해야 한다.

제13조 (빈집의 안전조치) ① 구청장은 법 제11조제1항에 따라 빈집으로 인한 붕괴·화재 등 안전사고나 범죄발생을 예방하기 위하여 다음 각 호에 따른 조치(이하 "안전조치"라 한다)를 빈집 소유자 또는 사업시행자에게 명할 수 있다.
  1. 건물의 벽체, 기둥, 지붕, 담장 등 노후·불량 상태에 대한 보수·보강
  2. 화재발생 요인 차단
  3. 각종 범죄 및 청소년 탈선 장소로 이용여부 확인 및 차단
② 구청장은 빈집 소유자 또는 사업시행자가 특별한 사유 없이 제1항에 따른 빈집의 안전조치를 이행하지 아니하는 경우 직접 안전조치를 시행할 수 있다.

제14조 (빈집의 철거명령 시기) 영 제9조제2항에서 "시·도조례로 정하는 기간"은 빈집정비계획을 고시한 날부터 6개월로 한다.

제15조 (감정평가업자의 선정기준 등) 영 제10조제4항에 따라 구청장이 감정평가업자를 선정하는 기준·절차 및 방법은 다음 각 호와 같다.
  1. 구청장은 「감정평가 및 감정평가사에 관한 법률」(이하 "감정평가법"이라 한다) 제2조제4호의 감정평가업자 중 같은 법 제29조에 따라 인가를 받은 감정평가법인으로부터 신청을 받아 다음 각 목의 평가항목을 평가하여 감정평가업자를 선정하며, 세부 평가 기준은 도시정비조례 별표3과 같다.
    가. 감정평가업자의 업무수행실적
    나. 소속 감정평가사의 수
    다. 기존평가참여도
    라. 법규준수 여부
    마. 감정평가수수료 적정성
    바. 감정평가계획의 적정성
  2. 감정평가업자가 다음 각 목의 어느 하나에 해당하는 경우에는 선정에서 제외한다.
    가. 「감정평가법」 제32조에 따른 업무정지처분 기간이 만료된 날부터 6개월이 경과되지 아니한 자
    나. 「감정평가법」 제41조제1항에 따른 과징금 또는 제52조에 따른 과태료 부과처분을 받은 날부터 6개월이 경과되지 아니한 자
    다. 「공익사업을 위한 토지 등의 취득 및 보상에 관한 법률」 제95조, 「감정평가법」 제49조 또는 제50조에 따른 벌금형 이상의 선고를 받고 1년이 경과되지 아니한 자

제3절 사업시행계획인가 등

제16조 (사업시행계획인가의 경미한 변경) 영 제11조제11호에서 "그 밖에 시·도조례로 정하는 사항"이란 다음 각 호의 사항을 말한다.
　1. 착오임이 명백한 사항
　2. 법령 또는 조례 등의 개정에 따라 단순한 정리를 요하는 사항
　3. 영 제12조제2호에 따른 사업시행자의 성명 및 주소를 변경하는 경우
　4. 영 제12조제4호에 따른 토지 및 건축물 등에 관한 명세와 권리자의 성명 및 주소

제17조 (사업시행계획서의 작성) ① 법 제13조제6호에서 "대통령령으로 정하는 바에 따라 시·도조례로 정하는 사항"이란 영 제12조 각 호의 사항을 말한다. 이 경우 영 제12조제5호에 따른 기존주택의 철거계획서에는 비산먼지·소음·진동 등 방지대책 및 공사장 주변 안전관리 대책에 관한 사항을 포함하여 작성하여야 한다.
② 제1항의 작성과 관련하여 필요한 서식 등은 규칙으로 정할 수 있다.

제18조 (공사완료의 고시) 영 제13조제1항 단서에 따라 구청장은 한국토지주택공사인 사업시행자로부터 자체적으로 처리한 준공인가 내용을 통보 받은 때에는 영 제13조제2항 각 호의 사항을 해당 자치구의 공보에 고시하여야 한다.

제19조 (빈집정보시스템의 구축) ① 법 제15조제1항에 따라 시장은 법 제5조에 따른 실태조사 결과를 토대로 빈집을 효율적으로 정비하기 위한 정보시스템(이하 "빈집정보시스템"이라 한다)을 구축·운영할 수 있다.
② 시장은 제1항에 따른 빈집정보시스템을 영 제15조제1항 각 호에 따른 전문기관의 어느 하나를 지정하여 대행하게 할 수 있다.
③ 시장은 제1항에 따른 빈집정보시스템 구축을 위하여 필요한 경우에 자료 또는 정보의 제공을 구청장에게 요청할 수 있으며, 구청장은 특별한 사유가 없으면 이에 따라야 한다.

제20조 (사업비 지원) ① 시장은 제9조에 따라 빈집활용을 하는 경우 제45조 또는 제46조에도 불구하고 제10조에 따라 선정된 시행자에게 다음 각 호에 따른 사업비의 전부 또는 일부를 예산의 범위에서 융자 또는 보조할 수 있다.
　1. 빈집 임차 또는 매입비용
　2. 빈집 정비비용
　3. 빈집에 대한 관리비용
　4. 빈집 입주자의 임대보증금 및 임대료
　5. 제1호부터 제4호까지 유사한 경우로서 시장이 필요하다고 인정하는 비용
② 시장은 융자 또는 보조 시 기금의 설치목적에 부합하는 경우 다음 각 호에 따른 기

금을 사용할 수 있다. <개정 2020.12.31.>
1. 「서울특별시 사회투자기금의 설치 및 운용에 관한 조례」에 따른 사회투자기금
2. 「서울특별시 도시재생기금 설치 및 운용에 관한 조례」에 따른 도시재생기금
3. 「서울특별시 주택사업특별회계 조례」에 따른 도시·주거환경정비사업계정
4. 「서울특별시 사회복지기금 조례」에 따른 사회복지기금

③ 시장은 시행자가 지원요건을 위반할 경우 지급된 지원비용의 일부 또는 전부를 환수하여야 한다.

④ 시장은 지원기준 및 절차 등 지원 사항과 제3항에 따른 환수에 필요한 사항을 따로 정한다.

제21조 (지도·감독) ① 시장은 빈집의 지원비용이 목적대로 사용되었는지 확인하고 지도·감독하여야 한다.

② 시장은 필요한 경우에 구청장으로 하여금 자치구별 빈집 정비 및 활용 등에 관하여 자료제출을 요청할 수 있고, 소속 공무원 또는 시장이 지정하는 사람에게 그 업무를 확인·검사하게 할 수 있다.

제21조의2 삭제 <2023.12.29>

제3장 소규모주택정비사업

제1절 소규모주택정비사업의 시행방법 등

제22조 (지정개발자의 추정분담금에 관한 정보의 제공) ① 법 제19조제3항제2호에서 "그 밖에 추정분담금의 산출 등과 관련하여 시·도조례로 정하는 사항"이란 다음 각 호의 사항을 말한다.
1. 사업시행계획에서 정한 사업개요
2. 토지등소유자별 종전자산 추정가액
3. 건축물의 분양수입 추정가액
4. 사업에 필요한 비용의 추정가액

② 지정개발자는 제1항에 따른 추정분담금의 산출 등과 관련한 정보를 도시정비조례 제69조제1항제1호에 따른 클린업시스템을 이용하여 제공할 수 있다. <개정 2020.12.31.>

제23조 (시공자 등의 선정방법) ① 주민대표회의 또는 토지등소유자 전체회의는 총회에서 영 제18조제2항에 따라 경쟁입찰 또는 수의계약(2회 이상 경쟁입찰이 유찰된 경우로

한정한다)의 방법으로 시공자를 선정하여야 한다. 이 경우 사업계획을 반영한 설계도서를 작성하여 경쟁입찰을 부치거나 수의계약을 하여야 한다.
② 시장은 시공자의 선정방법 등에 대하여 다음 각 호의 내용을 포함하는 기준을 정할 수 있다.
　1. 업체 선정에 관한 세부절차
　2. 업체 선정방법 등 지원을 위하여 필요한 사항

제24조 (공공지원 적용) 토지등소유자 수가 100명 이상으로서 조합(조합이 건설업자 또는 등록사업자와 공동으로 시행하는 경우를 포함한다)이 시행하는 가로주택정비사업 또는 소규모재건축사업에 대하여는 도시정비법 제118조제1항 및 도시정비조례 제73조에 따른 공공지원 대상사업으로 본다. 단, 시공자 및 정비사업전문관리업자 선정에 관하여는 「빈집 및 소규모주택 정비에 관한 특례법」 제20조제2항 및 제21조제3항에 따른 국토교통부 고시에 따른다.<개정 2019.9.26., 2023.12.29.>

　　　제2절　주민합의체의 구성 및 조합의 설립

제25조 (주민합의체의 구성 및 운영) ① 법 제22조제6항제8호에서 "시·도조례로 정하는 사항"이란 다음 각 호의 사항을 말한다. <개정 2019.12.31., 2021.12.30.>
　1. 주민합의체의 소집, 사무, 의결방법 등 주민합의체 운영에 관한 사항
　2. 그 밖에 주민합의체가 자체적으로 정하는 운영규약
② 영 제19조에서 "시·도조례로 정하는 사항"이란 제1항제1호 및 제2호의 사항으로 예산의 집행 또는 토지등소유자의 부담이 되는 사항 이외의 사항을 말한다.

제26조 (조합설립인가 신청서류) 법 제23조제1항제3호에서 "그 밖에 시·도조례로 정하는 서류"란 다음 각 호의 서류를 말한다.
　1. 사업시행구역의 위치도 및 현황사진
　2. 사업시행구역 안의 토지 및 건축물의 지형이 표시된 지적현황도
　3. 매도청구대상명부 및 매도청구계획서

제27조 (조합설립인가 내용의 경미한 변경) 영 제21조제8호에서 "그 밖에 시·도조례로 정하는 사항"이란 다음 각 호의 사항을 말한다.
　1. 법령 또는 조례 등의 개정에 따라 단순한 정리를 요하는 사항
　2. 사업시행계획인가의 변경에 따라 변경되어야 하는 사항
　3. 매도청구대상자가 추가로 조합에 가입함에 따라 변경되어야 하는 사항
　4. 그 밖에 규칙이 정하는 사항

제28조 (특정무허가건축물 소유자의 주민합의체 구성 및 조합원 자격) 특정무허가건축물 소유자의 주민합의체 구성 및 조합원 자격에 관한 사항은 다음 각 호에서 정한다.
  1. 토지등소유자가 직접 시행하는 소규모주택정비사업: 주민합의서 또는 운영규약
  2. 조합이 시행하는 소규모주택정비사업: 조합 정관

제3절 사업시행계획 등

제29조 (건축심의 내용) ① 영 제24조제1항제7호에서 "그 밖에 시·도조례로 정하는 사항"이란 다음 각 호의 사항을 말한다. <개정 2019.7.18.>
  1. 법 제32조에 따른 주택의 규모 및 건설비율에 관한 사항
  2. 법 제49조에 따른 임대주택 건설에 관한 적정성 여부
  3. 안전 및 범죄예방환경설계에 관한 계획
② 법 제26조에 따른 건축심의를 요청받은 구청장은 구 건축위원회의 심의를 거쳐 완화 여부 및 적용범위를 결정하고, 그 결과를 요청일로부터 60일 이내에 신청인에게 통지하여야 한다. 다만, 구 건축위원회의 심의결과 서류보완이나, 재검토 등이 필요한 것으로 심의된 경우에는 서류 보완접수일 또는 재검토 요청일로부터 60일 이내에 최종 결과를 통지하여야 한다.

제30조 (소규모주택정비 통합심의위원회 설치) ① 법 제27조제1항 단서에 따라 시장은 다음 각 호의 사항을 검토 및 심의하기 위하여 소규모주택정비 통합심의위원회(이하 "시통합심의위원회"라 한다)를 둔다. <개정 2023.10.4.>
  1. 「건축법」에 따른 건축심의(법 제26조 및 법 제48조제1항에 따른 심의를 포함한다.)
  2. 「국토의 계획 및 이용에 관한 법률」에 따른 도시·군관리계획 및 개발행위 관련 사항
  3. 「경관법」에 따른 경관심의
  4. 「도시교통정비 촉진법」에 따른 교통영향평가
  5. 「자연재해대책법」에 따른 재해영향평가 등
  6. 「교육환경 보호에 관한 법률」에 따른 교육환경에 대한 평가
  7. 그 밖에 시장이 필요하다고 인정하여 시통합심의위원회의 회의에 부치는 사항
② 시장은 시통합심의위원회에 다음 각 호의 사항을 검토, 자문 및 심의하기 위하여 시통합심의위원회의 일부 위원으로 구성되는 소위원회를 둘 수 있다. <개정 2023.10.4.>
  1. 제30조제1항제1호부터 제3호까지의 사항에 심의가 필요한 사항
  2. 그 밖에 시장이 검토, 자문 또는 심의가 필요하다고 인정하는 사항

③ 법 제43조의2에 따라 관리계획을 심의하는 위원회는 시 도시재생위원회로 한다. <신설 2021.12.30., 2022.10.17.>
[제목개정 2023.10.4.]

제30조의2 (시통합심의위원회 구성 및 운영) ① 제30조제1항에 따른 시통합심의위원회는 위원장 1명과 부위원장 1명을 포함하여 40명 이하의 위원으로 구성하며, 다음 각 호의 어느 하나에 해당하는 위원회의 위원을 포함하여야 한다.
 1. 서울특별시 건축위원회
 2. 서울특별시 도시계획위원회
 3. 제30조제1항제3호부터 제7호까지에 대하여 심의 권한이 있는 관련 위원회
② 시통합심의위원회의 위원은 다음 각 호의 자가 되고, 위원장은 위원 중에서 시장이 임명 또는 위촉하며, 부위원장은 제1호 중 시에서 주택 관련 업무를 담당하는 3급 이상인 공무원으로 한다.
 1. 시에서 도시계획 및 주택 관련 업무를 담당하는 4급 이상인 공무원
 2. 「건축법」에 따른 서울특별시 건축위원회의 위원 중 해당 위원회의 위원장이 추천하는 자 5명 이상
 3. 「국토의 계획 및 이용에 관한 법률」에 따른 시 도시계획위원회의 위원 중 해당 위원회의 위원장이 추천하는 자 5명 이상
 4. 「경관법」에 따른 경관위원회의 위원 중 해당 위원회의 위원장이 추천하는 자 4명 이상
 5. 「서울특별시 교통영향평가에 관한 조례」에 따른 교통영향평가심의위원회의 위원 중 해당 위원회의 위원장이 추천하는 자 5명 이상
 6. 「서울특별시 재해영향평가심의위원회 구성 및 운영에 관한 조례」에 따른 재해영향평가심의위원회의 위원 중 해당 위원회의 위원장이 추천하는 자 4명 이상
 7. 「교육환경 보호에 관한 법률」에 따른 시·도교육환경보호위원회의 위원 중 해당 위원회의 위원장이 추천하는 자 4명 이상
③ 제2항제2호부터 제7호까지에 해당하는 위원의 임기는 2년으로 하되, 연임할 수 있다. 다만, 보궐위원의 임기는 전임자의 남은 임기로 한다.
④ 시통합심의위원회에 간사 1명과 서기 약간 명을 두되, 간사는 위원회 업무를 담당하는 사무관이 되며, 서기는 담당 주무관이 된다.
⑤ 시통합심의위원회의 간사는 위원장의 명을 받아 서무를 담당하며, 서기는 간사를 보좌한다.
⑥ 제1항부터 제5항까지에서 규정한 사항 외에 시통합심의위원회의 구성·운영 등에 필요한 사항은 시통합심의위원회의 의결을 거쳐 위원장이 정한다.
[본조신설 2023.10.4.]

제30조의3 (위원의 제척·기피·회피) ① 시통합심의위원회 위원이 다음 각 호의 어느 하나에 해당하는 경우에는 시통합심의 심의·의결에서 제척된다.
1. 위원 또는 그 배우자나 배우자였던 사람이 해당 안건의 당사자(당사자가 법인·단체 등인 경우에는 그 임원을 포함한다. 이하 이 호 및 제2호에서 같다)가 되거나 그 안건의 당사자와 공동권리자 또는 공동의무자인 경우
2. 위원이 해당 안건 당사자의 친족이거나 친족이었던 경우
3. 위원이 해당 안건에 대하여 자문, 연구, 용역(하도급을 포함한다), 감정 또는 조사를 한 경우
4. 위원이나 위원이 속한 법인·단체 등이 해당 안건 당사자의 대리인이거나 대리인이었던 경우
5. 위원이 임원 또는 직원으로 재직하고 있거나 최근 3년 내에 재직하였던 기업 등이 해당 안건에 대하여 자문, 연구, 용역(하도급을 포함한다), 감정 또는 조사를 한 경우

② 해당 안건의 당사자는 위원에게 공정한 심의·의결을 기대하기 어려운 사정이 있는 경우에는 시통합심의위원회에 기피 신청을 할 수 있고, 시통합심의위원회는 의결로 기피 여부를 결정한다. 이 경우 기피 신청의 대상인 위원은 그 의결에 참여할 수 없다.

③ 위원이 제1항 각 호의 제척 사유에 해당하는 경우에는 스스로 해당 안건의 심의·의결에서 회피하여야 한다.

[본조신설 2023.10.4.]

제30조의4 (위원장의 직무 등) ① 위원장은 시통합심의위원회의 업무를 총괄하며, 시통합심의위원회를 소집하고 그 의장이 된다.
② 부위원장은 위원장을 보좌하며, 위원장이 부득이한 사정으로 그 직무를 수행하지 못하는 경우에는 그 직무를 대행한다.
③ 위원장 및 부위원장이 모두 부득이한 사정으로 그 직무를 수행하지 못하는 경우에는 위원장이 미리 지명한 위원이 그 직무를 대행한다.
④ 위원장의 임기는 2년으로 하되, 한 차례만 연임할 수 있다. 다만, 보궐위원장의 임기는 전임자의 남은 임기로 한다.

[본조신설 2023.10.4.]

제30조의5 (심의대상 등의 사전검토) 시장은 시통합심의위원회에 심의 안건을 제출하기 이전에 제30조제1항 각 호의 관련법령에 따른 심의사항과 관련하여 관계기관 및 관계전문가의 의견을 들을 수 있다.

[본조신설 2023.10.4.]

제30조의6 (회의소집 및 운영) ① 시통합심의위원회는 시장 또는 위원장이 필요하다고 인정하는 경우에 시장 또는 위원장이 소집한다.
② 시장 또는 위원장은 제30조제1항의 검토 및 심의대상과 관련된 분야의 위원만으로 시통합심의위원회 소위원회를 소집할 수 있다.
③ 시장 또는 위원장이 시통합심의위원회를 소집하려는 경우에는 회의개최 7일 전까지 회의일시·장소 및 회의에 부치는 안건을 각 위원에게 통지하여야 한다. 다만, 긴급한 경우에는 예외로 한다.
④ 시통합심의위원회는 필요하다고 인정하는 경우에는 관계공무원 또는 관계전문가를 출석시켜 의견을 들을 수 있다.
⑤ 시통합심의위원회의 회의는 위원장을 포함한 재적위원 과반수의 출석으로 개의하고, 출석위원 과반수의 찬성으로 의결한다. 이 경우 제30조제1항제3호부터 제7호까지에 따른 위원은 해당위원회 심의하는 경우에만 재적위원으로 계산하며, 제30조제2항에 따른 심의는 재적위원을 해당위원회 위원을 포함하여 7명 내외로 한다.
⑥ 시통합심의위원회는 회의내용을 녹취하고 회의록을 작성하여야 한다.
⑦ 시통합심의위원회의 회의는 비공개를 원칙으로 한다. 다만, 회의록 공개는 「서울특별시 도시계획 조례」 제61조제2항 및 제3항을 준용한다.
[본조신설 2023.10.4.]

제31조 (분양신청의 절차 등) ① 영 제25조제1항제8호 및 제2항제3호에서 "그 밖에 시·도조례로 정하는 사항"이란 다음 각 호의 사항을 말한다.
 1. 분양신청 안내문
 2. 철거 및 이주예정일
② 법 제28조제3항에 따라 분양신청을 하고자 하는 자는 영 제25조제2항제2호에 따른 분양신청서에 다음 각 호의 서류를 첨부하여야 한다.
 1. 종전의 토지 또는 건축물에 관한 소유권의 내역
 2. 분양신청권리를 증명할 수 있는 서류
 3. 분양예정 대지 또는 건축물 중 관리처분계획기준의 범위 안에서 희망하는 대상·규모에 관한 의견서

제32조 (사업시행계획인가의 경미한 변경) 영 제26조제11호에서 "그 밖에 시·도조례로 정하는 사항"이란 다음 각 호의 사항을 말한다.
 1. 영 제27조제2호에 따른 사업시행자의 성명 및 주소를 변경하는 경우
 2. 영 제27조제4호에 따른 토지 또는 건축물 등에 관한 명세와 권리자의 성명 및 주소

제33조 (사업시행계획서의 작성) ① 법 제30조제1항제11호에서 "대통령령으로 정하는 바

에 따라 시·도조례로 정하는 사항"이란 영 제27조 각 호의 사항을 말한다. 이 경우 영 제27조제6호에 따른 기존 건축물의 철거계획서에는 주택 및 상가 등 빈집 관리에 관한 사항, 비산먼지·소음·진동 등 방지대책 및 공사장 주변 안전관리 대책에 관한 사항을 포함하여 작성하여야 한다.
② 제1항의 작성과 관련하여 필요한 서식 등은 규칙으로 정할 수 있다.

제34조 (제2종일반주거지역내 가로주택정비사업의 건축물 층수) ① 영 제29조제1항 단서에 따라 "시·도조례로 정하는 건축물 층수"는 7층 이하로 한다. 다만, 구 건축위원회 심의를 거쳐 평균층수를(「서울특별시 도시계획 조례」 제28조제2항의 "평균층수"를 말한다. 이하 같다) 7층 이하로 적용할 수 있다.
② 제1항에도 불구하고 시통합심의위원회의 심의를 거쳐 건축물 층수를 완화할 수 있다. <개정 2023.3.27., 2023.10.4.>
③ 삭제 <2023.3.27>

제35조 (관리처분계획의 내용 등) 영 제30조제6호에서 "그 밖에 시·도조례로 정하는 사항"이란 다음 각 호와 같다.
　1. 법 제33조제1항제1호에 따른 분양설계에는 다음 각 목의 사항을 포함하여야 한다.
　　가. 관리처분계획대상물건 조서 및 도면
　　나. 임대주택의 부지명세와 부지가액·처분방법 및 임대주택공급대상세입자 명부(임대주택을 건설하는 소규모주택정비사업에 한정한다)
　　다. 종전 토지의 지적 또는 임야도면
　2. 법 제29조제3항에 따른 동의서 또는 의결서 사본 및 영 제25조제2항2호에 따른 분양신청서(권리신고사항을 포함한다) 사본을 첨부하여야 한다.
　3. 그 밖의 관리처분계획의 내용을 증빙하는 서류를 첨부하여야 한다.

제36조 (가로주택정비사업의 분양주택 규모) 영 제31조제1항제1호에 따라 가로주택정비사업으로 분양하는 주택은 다음 각 호의 기준에 적합하여야 한다.<개정 2019.12.31.>
　1. 「주택법」 제2조제6호에 따른 국민주택규모(이하 "국민주택규모"라 한다)의 주택을 전체세대수의 60퍼센트 이상 건설하되, 주택 전체연면적의 50퍼센트 이상 건설하여야 한다.
　2. 종전의 주택규모(다가구주택으로서 가구별 분양대상인 경우에는 가구별 주택 지분면적을 말한다)가 국민주택규모를 초과한 경우, 그 초과한 세대수에 대해서는 제1호에도 불구하고 주거전용면적 165제곱미터의 범위에서 종전 주택의 규모 이하로 건설할 수 있다.

제37조 (가로주택정비사업의 분양대상) ① 영 제31조제1항제3호에 따라 가로주택정비사업으로 분양하는 공동주택의 분양대상자는 관리처분계획기준일 현재 다음 각 호의 어느 하나에 해당하는 토지등소유자로 한다.
   1. 종전의 건축물 중 주택(주거용으로 사용하고 있는 특정무허가건축물 중 조합정관 등에서 정한 건축물을 포함한다)을 소유한 자
   2. 분양신청자가 소유하고 있는 종전토지의 총면적이 90제곱미터 이상인 자
   3. 분양신청자가 소유하고 있는 권리가액이 분양용 최소규모 공동주택 1가구의 추산액 이상인 자. 다만, 분양신청자가 동일한 세대인 경우의 권리가액은 세대원 전원의 가액을 합산하여 산정할 수 있다.
② 제1항에도 불구하고 다음 각 호의 어느 하나에 해당하는 경우에는 여러 명의 분양신청자를 1인의 분양대상자로 본다.
   1. 단독주택 또는 다가구주택을 권리산정기준일 후 다세대주택으로 전환한 경우
   2. 법 제24조제1항제2호에 따라 여러 명의 분양신청자가 1세대에 속하는 경우
   3. 1주택 또는 1필지의 토지를 여러 명이 소유하고 있는 경우. 다만, 권리산정기준일 이전부터 공유로 소유한 토지의 지분이 제1항제2호 또는 권리가액이 제1항제3호에 해당하는 경우에는 그러하지 아니하다.
   4. 1필지의 토지를 권리산정기준일 후 여러 개의 필지로 분할한 경우
   5. 하나의 대지범위 안에 속하는 동일인 소유의 토지와 주택을 건축물 준공 이후 토지와 건축물로 각각 분리하여 소유하는 경우. 다만, 권리산정기준일 이전부터 소유한 토지의 면적이 90제곱미터 이상인 자는 그러하지 아니한다.
   6. 권리산정기준일 후 나대지에 건축물을 새로이 건축하거나 기존 건축물을 철거하고 다세대주택, 그 밖에 공동주택을 건축하여 토지등소유자가 증가되는 경우
③ 제1항제2호의 종전 토지의 총면적 및 제1항제3호의 권리가액을 산정함에 있어 다음 각 호의 어느 하나에 해당하는 토지는 포함하지 아니한다.
   1. 「건축법」 제2조제1항제1호에 따른 하나의 대지범위 안에 속하는 토지가 여러 필지인 경우 권리산정기준일 후에 그 토지의 일부를 취득하였거나 공유지분으로 취득한 토지
   2. 하나의 건축물이 하나의 대지범위 안에 속하는 토지를 점유하고 있는 경우로서 권리산정기준일 후 그 건축물과 분리하여 취득한 토지
   3. 1필지의 토지를 권리산정기준일 후 분할하여 취득하거나 공유로 취득한 토지
④ 제2항제3호 본문에도 불구하고 법 제33조제3항제7호가목에 따라 2명 이상이 하나의 토지를 공유한 경우로서 "시·도조례로 정하여 주택을 공급할 수 있는 경우"란 「건축법」 제정(1962.1.20) 이전에 가구별로 독립된 주거의 형태로 건축물이 건축되어 있고 가구별로 지분등기가 되어 있는 토지로서 「도시정비법」 제2조제11호에 따른 정관 등에서 가구별 지분 등기된 토지에 대하여 주택 공급을 정한 경우를 말한다.

제38조 (주택공급 기준 등) ① 영 제31조제1항제7호 및 제2항제1호에 따른 가로주택정비사업, 소규모재건축사업 및 소규모재개발사업의 주택공급에 관한 기준은 다음 각 호와 같다. <개정 2021.12.30.>
 1. 권리가액에 해당하는 분양주택가액의 주택을 분양한다. 이 경우 권리가액이 2개의 분양주택가액의 사이에 해당하는 경우에는 분양대상자의 신청에 따른다.
 2. 제1호에도 불구하고 정관 등으로 정하는 경우 권리가액이 많은 순서로 분양할 수 있다.
 3. 동일규모의 주택분양에 경합이 있는 경우에는 권리가액이 많은 순으로 분양하고, 권리가액이 동일한 경우에는 공개추첨에 따르며, 주택의 동·층 및 호의 결정은 주택규모별 공개추첨에 따른다.
② 가로주택정비사업, 소규모재건축사업 및 소규모재개발사업으로 조성되는 상가 등 부대시설·복리시설은 관리처분계획기준일 현재 다음 각 호의 순위를 기준으로 공급한다. <개정 2021.12.30.>
 1. 제1순위: 종전 건축물의 용도가 분양건축물 용도와 동일하거나 유사한 시설이며 사업자등록(인가·허가 또는 신고 등을 포함한다. 이하 이 항에서 같다)을 필한 건축물의 소유자로서 권리가액(공동주택을 분양받은 경우에는 그 분양가격을 제외한 가액을 말한다. 이하 이 항에서 같다)이 분양건축물의 최소분양단위규모 추산액 이상인 자
 2. 제2순위: 종전 건축물의 용도가 분양건축물 용도와 동일하거나 유사한 시설인 건축물의 소유자로서 권리가액이 분양건축물의 최소분양단위규모 추산액 이상인 자
 3. 제3순위: 종전 건축물의 용도가 분양건축물 용도와 동일하거나 유사한 시설이며 사업자등록을 필한 건축물의 소유자로서 권리가액이 분양건축물의 최소분양단위규모 추산액에 미달되나 공동주택을 분양받지 아니한 자
 4. 제4순위: 종전 건축물의 용도가 분양건축물 용도와 동일하거나 유사한 시설인 건축물의 소유자로서 권리가액이 분양건축물의 최소분양단위규모 추산액에 미달되나 공동주택을 분양받지 아니한 자
 5. 제5순위: 공동주택을 분양받지 아니한 자로서 권리가액이 분양건축물의 최소분양단위규모 추산액 이상인 자
 6. 제6순위: 공동주택을 분양받은 자로서 권리가액이 분양건축물의 최소분양단위규모 추산액 이상인 자

제39조 (공공지원민간임대주택의 인수 등) 시장 또는 서울주택도시공사는 법 제34조제5항 및 영 제33조에 따라 「민간임대주택에 관한 특별법」 제2조제4호에 따른 공공지원민간임대주택(이하 "공공지원민간임대주택"이라 한다)이 법 제39조에 따른 준공인가 및 공사완료의 고시가 있은 날까지 공급대상자에게 공급이 되지 아니한 때에는 해당 임대

주택을 인수할 수 있다.

제40조 (임대주택 공급대상자 등) ① 영 제34조제1항 관련 별표1제1호라목에서 "그 밖에 시·도조례로 정하는 사람"이란 다음 각 호의 어느 하나에 해당하는 자를 말한다.
1. 해당 사업시행구역 안에 거주하는 세입자로서 세대별 주민등록표에 등재된 날을 기준으로 기준일 3개월 전(「국민기초생활 보장법」 제2조제2호에 따른 수급자는 사업시행계획인가 신청일 전)부터 사업시행계획인가로 인하여 이주하는 날까지 계속하여 거주하고 있는 무주택세대주(다만, 신발생 무허가건축물에 거주하는 세입자는 제외한다) 및 해당 사업시행구역 안에 거주하는 토지등소유자로서 최소분양주택가액의 1/4보다 권리가액이 적은 자 중 해당 사업으로 인해 무주택자가 되는 세대주
2. 해당 사업시행구역 안의 주택을 공급받을 자격을 가진 분양대상 토지등소유자로서 분양신청을 포기한 자(철거되는 주택 이외의 다른 주택을 소유하지 않은 자에 한한다)
3. 해당 사업시행구역 이외의 소규모주택정비 사업시행구역 안의 세입자로서 제1호 또는 토지등소유자로서 제2호에 해당하는 입주자격을 가진 자
4. 해당 사업시행구역에 인접하여 시행하는 도시계획사업(소규모주택정비사업을 제외한다)으로 철거되는 주택의 소유자 또는 무주택세대주로서 구청장이 추천하여 시장이 선정한 자

② 영 제34조제1항 관련 별표1제2호에 따른 소규모주택정비사업의 시행으로 건설된 임대주택은 다음 각 호의 순위에 따라 공급한다.
1. 제1순위: 제1항제1호에 해당하는 자
2. 제2순위: 제1항제2호에 해당하는 자
3. 제3순위: 제1항제3호에 해당하는 자
4. 제4순위: 제1항제4호에 해당하는 자

③ 제2항에 따른 같은 순위안에서 경쟁이 있는 때에는 해당 사업시행구역 안에서 거주한 기간이 오래된 순으로 공급한다.

제4절 사업 시행을 위한 조치 등

제41조 (기존 건축물의 철거 제한) 법 제37조제4항제4호에서 "시장·군수등이 인정하는 시기"란 주변 건축물의 붕괴 등 안전사고의 우려가 있는 때를 말한다.

제5절 공사완료에 따른 조치 등

제42조 (공사완료의 고시) 영 제36조제1항에 따른 준공인가의 방법·절차 및 준공인가·공사완료의 고시 방법 등에 관하여는 제18조를 준용한다.

제6절 비용의 부담 등

제43조 (정비기반시설 등 설치비용의 지원) ① 시장은 제45조 또는 제46조에도 불구하고 법 제42조제2항 및 제43조에 따라 소규모주택정비사업으로 설치되는 임시거주시설·주요 정비기반시설 및 공동이용시설의 설치비용의 전부 또는 일부를 사업시행자 또는 구청장에게 예산의 범위에서 지원할 수 있다.
② 제1항에 따른 설치비용 지원의 산정기준과 신청방법 등에 대하여 필요한 사항은 규칙으로 정할 수 있다.
③ 구청장은 법 제43조제1항에 따라 사업시행자가 설치하여야 하는 정비기반시설의 설치부지가 일부만 확보되어 사업시행자가 정비기반시설을 설치하여도 해당 시설이 제기능을 발휘할 수 없거나 시설이용의 효율성이 미흡할 것으로 판단되는 경우에 사업시행자에게 해당 정비기반시설의 설치비용을 해당 자치구 금고에 예치하게 할 수 있다.

제44조 (공동이용시설의 범위) 영 제37조제5호에서 "그 밖에 시·도조례로 정하는 공동이용시설"이란 다음 각 호의 시설을 말한다.<개정 2020.12.31.>
 1. 관리사무소, 경비실, 보안·방범·소방시설 등 마을의 안전 및 공동이용관리를 위해 필요한 시설
 2. 주민운동시설, 도서관 등 주민공동체 활동을 위한 복리시설
 3. 쓰레기수거 및 처리시설 등 마을의 환경개선을 위해 필요한 시설
 4. 「노인복지법」 제38조제1항제2호에 따른 주·야간보호서비스를 제공하는 재가노인복지시설과 장애인복지시설(「장애인복지법」 제58조제1항제2호에 해당하는 장애인 지역사회재활시설 중 장애인 주간보호시설을 말한다)
 5. 공동택배함, 공동텃밭, 자전거 보관대 등 주민이 공동으로 사용하는 시설
 6. 「서울특별시 마을공동체 활성화 지원 조례」에 따른 마을배움터, 마을활력소 등 마을공동체시설

제7절 소규모주택정비 관리계획 <신설 2021.9.21>

제44조의2 (소규모주택정비 관리계획의 경미한 변경) 영 제38조의3제6호에서 "시·도조례로 정하는 사항을 변경하는 경우"란 다음 각 호의 사항을 말한다.
 1. 관리계획 명칭의 변경
 2. 제30조에 따른 통합심의 결과를 반영하기 위한 변경

3. 관계 법령 또는 조례 등의 개정내용을 반영하기 위한 변경
[본조신설 2021.12.30.] [종전 제44조의2는 제44조의4로 이동 <2021.12.30.>]

제44조의3 (소규모주택정비 관리계획의 내용) 영 제38조의4제3호에서 "시·도조례로 정하는 사항"이란 다음 각 호의 사항을 말한다. 다만, 제2호부터 제3호의 사항은 필요한 경우로 한정한다.
  1. 「한옥 등 건축자산의 진흥에 관한 법률」 제2조의 건축자산 및 한옥 등 역사·문화자원의 보전 및 활용계획(해당하는 사항이 있는 경우로 한정한다)
  2. 건축물의 배치·형태·색채 또는 건축선에 관한 계획
  3. 환경관리계획 또는 경관계획
  4. 그 밖에 시장이 필요하다고 인정하는 사항
[본조신설 2021.12.30.]

제44조의4 (관리지역에서의 임대주택의 공급 비율) ① 법 제43조의5제1항에 따라 "시·도조례로 정하는 비율"은 100분의 50으로 한다.
② 법 제43조의5제2항에 따라 "시·도조례로 정하는 비율"은 100분의 30으로 한다.
③ 관리지역에서 「공익사업을 위한 토지 등의 취득 및 보상에 관한 법률」을 준용하지 않은 가로주택정비사업의 사업시행자가 「공익사업을 위한 토지 등의 취득 및 보상에 관한 법률」에 준용하여 세입자 손실보상을 하는 경우 제1항에도 불구하고 임대주택 공급 비율을 최대 100분의 30까지 완화하여 적용할 수 있으며, 그 구체적인 기준은 시장이 따로 정한다. <신설 2022.10.17.>
[본조신설 2021.9.21.] [제44조의2에서 이동 <2021.12.30.>]

제44조의5 (소규모주택정비 관리계획의 수립 제안) ① 법 제43조의2제1항 단서 및 시행규칙 제10조의2제2항에 따라 주민(이해관계자를 포함한다) 또는 토지주택공사등이 구청장에게 관리계획의 수립을 제안하는 경우에는 해당 지역 토지등소유자의 60퍼센트 이상 및 토지 면적의 2분의 1 이상의 동의를 받아야 한다.
② 제1항에 따라 관리계획의 수립을 제안하는 자는 시행규칙 제10조의2의 사항이 포함된 서류를 구청장에게 제출해야 한다.
[본조신설 2023.12.29.]

제4장 사업 활성화를 위한 지원

제45조 (사업비의 보조 등) ① 시장은 법 제44조에 따라 빈집정비사업 또는 소규모주택정비사업을 시행하는 구청장이 아닌 사업시행자에게 다음 각 호의 사항에 필요한 비용의

각 50퍼센트 이내에서 보조할 수 있다.
1. 주민 이주비 융자에 따른 이자
2. 빈집의 개량비용
3. 도시경관 향상을 위한 설계 개선비용
② 시장은 빈집정비사업 또는 소규모주택정비사업을 시행하는 구청장에게 다음 각 호의 사항에 필요한 비용의 각 50퍼센트 이내에서 보조할 수 있다.
1. 기초조사비(다만, 기초조사비에 포함되는 항목 중 사업분석 비용은 전액을 보조할 수 있다)
2. 정비기반시설 및 임시거주시설의 사업비
3. 빈집의 안전조치에 소요되는 비용
4. 빈집정비계획, 빈집실태조사 등 빈집정비사업에 소요되는 비용
③ 시장은 법 제43조의2에 따른 관리계획의 수립에 소요되는 비용의 70퍼센트 범위에서 「서울특별시 지방보조금 관리 조례」 제4조에 따라 구청장에게 보조할 수 있다.
<신설 2021.9.21., 2022.10.17.>

제46조 (사업비의 융자 등) ① 시장은 법 제44조에 따라 빈집정비사업 또는 소규모주택정비사업을 시행하는 자에게 다음 각 호의 사항에 필요한 비용의 각 60퍼센트 이내에서 융자하거나 융자를 알선할 수 있다. 이 경우 토지주택공사등과 공동으로 시행하는 경우에는 80퍼센트까지 융자하거나 융자를 알선할 수 있다.
1. 기초조사비
2. 정비기반시설 및 임시거주시설의 사업비
3. 세입자 보상비
4. 주민 이주비
5. 주민합의체 및 조합의 운영자금
6. 설계비 등 용역비
7. 건축공사비
② 융자한도는 제1항에서 정하는 범위 안에서 다음 각 호의 기준에 따라 융자할 수 있다.
1. 융자금에 대한 대출 이율은 한국은행의 기준금리를 고려하여 정책자금으로서의 기능을 유지하는 수준에서 시장이 정하되, 주민합의체·조합의 운영자금 및 용역비 등 융자 비목에 따라 대출이율을 차등 적용할 수 있다.
2. 사업시행자는 사업의 준공인가 신청 전에 융자금을 상환하여야 한다.
③ 빈집정비사업 또는 소규모주택정비사업의 사업시행자는 다음 각 호의 어느 하나에 해당하는 경우 시장에게 융자를 신청할 수 있다.
1. 빈집정비사업에서 빈집 소유자가 직접 시행하거나 법 제10조제1항 각 호에 해당하는 자와 공동으로 시행하는 경우 : 빈접정비계획에 따라 시행되는 빈집정비사업

2. 소규모주택정비사업에서 토지등소유자가 직접 시행하거나 법 제17조제1항 각 호의 어느 하나에 해당하는 자와 공동으로 시행하는 경우 : 토지등소유자의 전원 합의
3. 소규모주택정비사업에서 조합이 직접 시행하거나 해당 조합이 조합원의 과반수 동의를 받아 법 제17조제1항 각 호의 어느 하나에 해당하는 자와 공동으로 시행하는 경우 : 조합 총회의 의결

④ 제3항에 따른 융자를 신청할 경우 다음 각 호의 내용이 포함된 운영규정 또는 정관(사업시행자가 토지등소유자인 경우 주민합의서)을 제출하여야 한다.
1. 융자금액 상환에 관한 사항
2. 융자 신청 당시 담보 등을 제공한 조합장(사업시행자가 토지등소유자인 경우 주민합의체 대표자) 등이 변경될 경우 채무 승계에 관한 사항

⑤ 제1항부터 제4항까지 정한 것 이외에 융자에 관하여 필요한 사항은 규칙으로 정한다.

제47조 (공동이용시설 사용료의 감면) ① 법 제45조제2항에 따른 공동이용시설 사용료 등의 면제를 위한 공익목적의 기준은 다음과 같다.
1. 마을공동체 활성화 등 공동이용시설 설치 목적에 부합하는 경우
2. 주거환경을 개선하고 주거생활의 질을 높이는 활동인 경우

② 법 제45조제2항에 따라 공동이용시설의 사용료를 면제할 수 있는 대상은 다음 각 호와 같다.
1. 구청장
2. 마을공동체
3. 제1항 목적의 달성을 위해 마을공동체와 연계되어 지역주민 주도로 구성된 조직
4. 구청장 또는 토지주택공사등이 빈집정비사업 또는 소규모주택정비사업의 시행으로 설치한 공동이용시설 운영회

③ 제1항 및 제2항에 따라 공동이용시설의 사용료를 감면받는 대상은 기존상권을 침해하지 않는 범위에서 지역에서 요구되는 수익시설을 운영할 수 있으며, 수익금 창출 시 이를 마을기금으로 적립하고 제1항의 공익목적의 달성을 위하여 투명하게 활용하여야 한다.

④ 시장은 제3항에 따른 마을기금의 적립, 사용 등에 관해서는 제48조의 규정을 준용하여 지도·감독할 수 있다.

제48조 (마을공동체의 지도·감독) ① 시장은 마을공동체에 대하여 지원 경비 및 주민공동이용시설 운영 사무와 관련하여 필요한 사항을 보고하게 하거나 업무 지도·감독에 필요한 서류와 시설 등을 검사할 수 있다.

② 시장은 제1항의 보고·검사결과 사무 처리가 위법 또는 부당하다고 인정될 때에는 시정명령을 할 수 있다.

③ 시장은 제2항에 따라 시정명령을 할 경우 문서로 마을공동체에 통보하고 사전에 의견진술의 기회를 주어야 한다. 이 경우 14일 이내에 시장에게 의견진술을 해야 한다.
④ 시장은 마을공동체가 제2항에 따른 시정명령을 이행하지 않을 경우 지원 경비 환수 또는 공동이용시설 관리주체 변경 등의 조치를 할 수 있다.

제49조 (건축규제의 완화) ① 법 제48조제1항 각 호 외의 부분 본문에서 "시·도조례로 정하는 경우"란 다음과 같다. <개정 2020.3.26., 2023.3.27., 2023.12.29.>
   1. 「도시재정비 촉진을 위한 특별법」 제2조제6호에 따른 존치지역
   2. 「문화재보호법」 제13조제1항에 따른 역사문화환경 보존지역 중 구 도시계획위원회의 심의를 받아 구청장이 인정하는 지역
   3. 「서울특별시 저층주거지 집수리 지원에 관한 조례」 제6조에 따른 주택성능개선지원구역(주택성능개선지원구역 중 도시재생활성화지역은 법 제48조제1항에 따라 근린재생형 활성화계획에 반영한 경우에 한함)
   4. 「건축법」 제2조제1항제5호에 따른 지하층이 있는 주택을 포함한 사업시행구역
   5. 「재난 및 안전관리 기본법 시행령」 제34조의2 D, E등급에 해당하는 건축물을 포함한 사업시행구역
   6. 영 제8조의2의 3등급에 해당하는 빈집을 포함한 사업시행구역
② 영 제40조제4항제1호 및 제2호에 따라 "시·도조례로 정하는 용적률"의 산정방법은 다음 각 호와 같다. <개정 2020.3.26., 2021.12.30.>
   1. 법 제48조제2항제1호에 따른 시설을 설치하는 경우: (1+1.3α)×「서울특별시 도시계획 조례」 제55조에 따른 용적률, 여기서 α란 공공시설부지로 제공한 후의 대지면적 대 공공시설부지로 제공하는 면적의 비율을 말하며, 이 경우 관리지역 외 및 소규모재개발사업의 사업시행구역에서는 각각, 「국토의 계획 및 이용에 관한 법률」 제78조 및 관계 법령에 따른 용적률의 상한을 초과하여 적용받을 수 없다.
   2. 법 제48조제2항제2호 및 제3호에 따른 시설을 설치하는 경우: 「서울특별시 도시계획 조례」 제55조에 따른 용적률에 공동이용시설 등에 해당하는 용적률을 더한 용적률로 하되, 「국토의 계획 및 이용에 관한 법률」 제78조 및 관계 법령에 따른 용적률의 상한을 초과하여 적용받을 수 없다.
③ 법 제48조제3항 및 제4항에 따라 영 제40조제5항 각 호의 요건을 충족하는 노상 및 노외주차장(이하 "주차장"이라 한다)의 사용권 확보를 위한 방법은 해당 주차장의 설치에 드는 비용을 시장 또는 구청장에게 납부하는 방법으로 한다. <신설 2020.12.31.>
④ 제3항에 따라 주차장 사용권을 확보하는 경우 주차장의 설치비용은 다음 각 호의 방법으로 산정한다. <신설 2020.12.31.>
   1. 주차장 설치비용의 총액은 해당 주차장의 주차구획 1면당 설치비용에 설치의무를

면제할 주차장의 주차대수를 곱하여 산정한다.
2. 주차구획 1면당 설치비용은 해당 주차장 중 주차에 사용되는 총 설치비용(토지가액과 건축비를 포함한다)을 총 주차구획수로 나누어 산정한다.
3. 토지가액은 「부동산 가격공시에 관한 법률」 제3조제8항의 토지가격비준표에 따라 산정하되, 구청장이 필요하다고 인정하는 경우에는 「감정평가 및 감정평가사에 관한 법률」에 따른 감정평가법인등이 6개월 이내에 평가한 가액으로 할 수 있다.
4. 건축비는 해당 주차장의 건설에 소요된 건축비(설계비와 감리비를 포함한다)로 한다.
[제목개정 2019.12.31.]

제49조의2 (소규모주택정비 관리지역에서의 통합 시행) ① 법 제48조제5항 및 영 제40조의2제4항에 따른 통합 시행의 방법, 절차 등에 관하여는 시장이 따로 정한다. <개정 2023.7.24.>

② 법 제48조제5항에 따라 "시·도조례로 정하는 비율"은 100분의 10으로 한다. <신설 2023.7.24.>

[본조신설 2021.12.30.] [제목개정 2023.7.24.]

제50조 (임대주택 건설에 따른 용적률 등에 관한 특례) ① 법 제49조제1항에 따라 용적률을 완화 받으려는 경우 임대주택 비율(건축물의 전체 연면적 대비 임대주택 연면적의 비율 또는 전체 세대수 대비 임대주택 세대수의 비율을 말한다. 이하 같다)에 따른 용적률의 상한은 다음 각 호와 같다. <개정 2020.12.31., 2021.12.30., 2022.10.17., 2023.10.4.>

1. 공공임대주택 또는 공공지원민간임대주택 비율이 20퍼센트 이상인 경우: 「국토의 계획 및 이용에 관한 법률」 제78조 및 관계 법령에 따른 용적률의 상한
2. 공공임대주택을 임대주택 비율이 10퍼센트 이상 20퍼센트 미만이 되도록 건설하는 경우: 다음의 계산식에 따라 산출된 용적률의 상한으로 하되, 구체적인 기준은 시장이 따로 정한다.

용적률의 상한(%) = a + b + c + (해당 공공임대 주택건설비율 x 100(%) x α

α(적용계수) : 2.5

a : 「서울특별시 도시계획 조례」 제55조에 따른 해당 용도지역의 용적률(%)
b : 정비기반시설을 설치하는 경우에는 제49조 제2항 제1호에 따라 증가된 용적률(%)
c : 관리지역에서 「공익사업을 위한 토지 등의 취득 및 보상에 관한 법률」을 준용하지 않은 가로주택정비사업의 사업시행자가 「공익사업을 위한 토지 등의 취득 및 보상에 관한 법률」에 준용하여 세입자 손실보상을 하는 경우 해당 금액에 상당하는 용적률(%)(최대 25퍼센트 이내)

---

② 제1항에 따라 용적률을 완화 받고자 건설하는 임대주택 비율이 세대수를 기준으로

하는 경우에는 임대주택의 평균 전용면적이 40제곱미터 이상이 되도록 하여야 한다. <신설 2020.12.31.>

③ 삭제 <2023.7.24>

④ 삭제 <2023.7.24>

⑤ 제1항에도 불구하고 소규모재개발사업의 시행으로 법 제49조제1항에 따라 용적률을 완화 받으려는 경우 임대주택 비율에 따른 용적률의 상한은 다음 각 호와 같다. <신설 2023.10.4.>

1. 공공임대주택 또는 공공지원민간임대주택 비율이 20퍼센트 이상인 경우: 「국토의 계획 및 이용에 관한 법률」 제78조 및 관계 법령에 따른 용적률의 상한 내에서 다음의 계산식에 따라 산출된 용적률의 상한(단, 공공지원민간임대주택의 계획은 공공임대주택의 임대주택 비율이 20퍼센트 이상 확보된 경우로 한정하며 이에 따른 용적률 완화에 대한 사항은 시장이 따로 정한다)

   > 용적률의 상한(%) = a + (임대주택 비율 x b)
   >
   > a : 「서울특별시 도시계획 조례」 제55조에 따른 해당 용도지역의 용적률(%)
   > b : 전체 계획용적률(%)

2. 공공임대주택을 임대주택 비율이 10퍼센트 이상 20퍼센트 미만이 되도록 건설하는 경우: 제1항제2호의 계산식에 따라 산출된 용적률의 상한(단, 준주거지역인 경우 α(적용계수)의 값은 5.0을 적용한다)

   [제목개정 2022.7.11.]

제50조의2 (소규모재개발사업 및 소규모재건축사업의 용적률 등에 관한 특례) ① 영 제41조의2제1항제1호에 따라 "시·도조례로 정하는 용도지역"은 제2종일반주거지역 또는 제3종일반주거지역으로서, 제30조에 따른 시통합심의위원회 자문 또는 심의에서 구역의 정형화 등을 위해 필요하다고 인정하는 경우에 한한다. <신설 2021.12.30., 2023.12.29.>

② 영 제41조의2제1항제2호에 따라 "시·도조례로 정하는 용도지역"은 제3종일반주거지역 또는 준주거지역으로서, 제30조에 따른 시통합심의위원회 자문 또는 심의에서 인정하는 경우에 한한다. <신설 2021.12.30., 2023.12.29.>

③ 제1항·제2항에 따라 주거지역을 세분하여 정할 때는 서울특별시 도시기본계획상 중심지 체계를 고려하되 정주환경·경관·자연환경의 보호가 필요한 곳은 대상지에서 제외할 수 있다. <신설 2021.12.30.>

④ 법 제49조의2제2항에 따라 "시·도조례로 정하는 비율"은 100분의 50으로 한다. <개정 2021.12.30.>

⑤ 법 제49조의2제3항에 따라 "시·도조례로 정하는 비율"은 100분의 50으로 한다. <신

설 2023.7.24., 2023.12.29.>
⑥ 법 제49조의2제5항에 따라 "시·도조례로 정하는 비율"은 100분의 50으로 한다. 다만, 지역여건 등을 고려하여 사업을 추진하기 어렵다고 인정된 경우 시통합심의위원회 심의를 거쳐 100분의 40까지 완화할 수 있다. <신설 2023.7.24., 2023.10.4., 2023.12.29.>
⑦ 법 제49조의2제1항 단서에 따라 시·도조례로 정하는 사항은 시장이 따로 정한다. <신설 2023.7.24., 2023.12.29.>
[본조신설 2021.9.21.] [제목개정 2023.7.24.]

제50조의3 (소규모재개발사업으로 건설하는 주택등) 영 제41조의3제1항제3호에 따라 "그 밖에 시·도조례로 정하는 건축물"이란 다음 각 호를 말한다.
  1. 공공임대산업시설(「산업발전법 시행령」 제2조에 따른 산업 관련시설 또는 「서울특별시 전략산업육성 및 기업지원에 관한 조례」 제11조제3항에 따른 권장업종과 관련된 시설로서, 시장 또는 구청장이 산업 지원 또는 창업 지원, 영세상인 지원을 위해 임대로 공급하거나 직접 운영하는 시설물 및 이를 위한 부지를 말한다)
  2. 공공임대상가(「서울특별시 상가임차인 보호를 위한 조례」 제3조제2호에 의한 상가로서, 시장 또는 구청장이 영세상인 지원을 위해 임대로 공급하거나 직접 운영하는 시설물 및 이를 위한 부지를 말한다)
[본조신설 2021.12.30.]

제51조 (정비지원기구의 지정 및 업무) 영 제42조제1항제4호에서 "지방자치단체의 장이 인정하여 추천하는 지방공사"는 「서울특별시 서울주택도시공사 설립 및 운영에 관한 조례」에 따른 서울주택도시공사를 말한다.

제51조의2 (현장지원단 운영) ① 시장과 구청장은 법 제43조의2에 따라 관리계획을 수립하고 있는 지역이거나, 관리계획이 승인·고시된 관리지역에서 사업을 효율적으로 추진하기 위하여 전문인력으로 구성된 현장지원단을 운영할 수 있다.
② 현장지원단은 다음 각 호의 업무를 수행한다.
  1. 지역주민 및 사업주체와의 소통 지원
  2. 지역주민 간, 사업주체 간의 갈등 조정
  3. 사업에 대한 설명, 상담 및 홍보
  4. 관리계획 수립을 위한 자문 및 지원
  5. 그 밖에 시장이 필요하다고 인정하는 사항
③ 현장지원단 운영에 관한 사항은 시장이 따로 정한다.
④ 시장은 구청장이 현장지원단을 운영할 경우 필요한 경비를 예산의 범위에서 지원할

수 있다.
[본조신설 2023.12.29.]

제5장 보 칙

제52조 (기술지원 및 정보제공) ① 법 제53조제1항제4호에서 "그 밖에 시·도조례로 정하는 사항"이란 다음 각 호의 사항을 말한다. <개정 2019.12.31.>
   1. 시공자의 선정 및 계약 방법
   2. 건설사업관리자 등 그 밖에 용역업체의 선정방법
② 법 제53조제2항제5호에서 "그 밖에 지방자치단체의 조례에 따라 제1호부터 제4호까지와 유사한 목적으로 설치된 센터"는 「서울특별시 저층주거지 집수리 지원에 관한 조례」에 따른 집수리 지원센터를 말한다.

제52조의2 (관련 자료의 인계) ① 법 제54조제7항에 따라 구청장 또는 토지주택공사등이 아닌 사업시행자는 소규모주택정비사업을 완료하거나 폐지한 때에는 다음 각 호의 관계서류를 구청장에게 인계하여야 한다.
   1. 이전고시 관계서류
   2. 확정측량 관계서류
   3. 청산관계 서류
   4. 등기신청 관계서류
   5. 감정평가 관계서류
   6. 손실보상 및 수용 관계서류
   7. 공동구설치 비용부담 관계서류
   8. 회계 및 계약 관계서류
   9. 회계감사 관계서류
   10. 총회, 대의원회, 이사회 및 감사의 감사 관계서류
   11. 보류지 및 체비시설의 처분에 대한 분양 관계서류
② 제1항에 따른 서류의 인계는 법 제40조에 따른 이전고시일부터 3개월 또는 정비사업이 폐지되는 경우 폐지일부터 2개월 이내에 하여야 한다. 다만, 구청장이 부득이한 사정이 있다고 인정하는 때에는 사업시행자의 신청에 따라 연기할 수 있다.
[본조신설 2022.12.30.]

제53조 (수수료 또는 점용료의 면제) 법 제55조제1항에 따라 인·허가등을 받은 것으로 보는 경우에는 법 제55조제5항에 따라 해당 인·허가등의 대가로 부과되는 수수료와 해당 국유지·공유지의 사용 또는 점용에 따른 사용료 또는 점용료를 면제한다.

제54조 (권한의 위임) 시장은 「서울특별시 공유재산 및 물품관리 조례 시행규칙」 제20조제2항에 따라 빈집정비사업 또는 소규모주택정비사업으로 조성되는 임대주택 매매계약 체결 및 단계별(계약금·중도금·잔금) 매매대금의 지급에 관한 권한을 구청장에게 위임할 수 있다.

제55조 (과태료의 징수절차) 과태료의 징수절차는 「질서위반행위규제법」에 따른다.

제56조 (조정협의체 구성 및 운영) ① 구청장은 법 제35조에 따른 매도청구 대상자와 사업시행자 간의 매도청구 대상, 매도청구 평가액 등으로 인한 분쟁을 조정하기 위하여 조정협의체를 구성·운영할 수 있다. 다만, 도시정비조례 제67조에 의한 협의체가 구성된 경우는 조정협의체가 있는 것으로 본다.
② 제1항에 따른 조정협의체는 법 제26조에 따른 건축심의 결과를 받은 날부터 30일 이내에 구성하며, 조정협의체는 다음 각 호에 해당하는 자 중 위원장을 포함하여 5명 이상 10명 이하의 위원으로 구성한다. 이 경우 조정협의체의 위원장은 제2호의 전문가 중 1인을 호선한다.
  1. 해당 자치구에서 정비사업 업무에 종사하는 6급 이상 공무원
  2. 법률, 감정평가, 정비사업전문관리업 등 분야별 전문가
③ 조정협의체 회의에는 다음 각 호에 해당하는 자의 전부 또는 일부가 참석한다. <개정 2019.12.31.>
  1. 사업시행자
  2. 재산 또는 권리 등을 평가한 감정평가업자
  3. 법 제35조에 따른 매도청구 대상자
  4. 그 밖에 구청장이 협의가 필요하다고 인정하는 자
④ 조정협의체는 사업시행계획인가 신청을 위한 법 제29조제3항에 따른 동의 또는 의결 전까지 3회 이상 운영한다. 다만 구청장이 필요하다고 인정하는 경우에는 사업시행계획인가 이후에도 운영할 수 있다.
⑤ 조정협의체는 다음 각 호의 사항을 협의 조정한다. <개정 2019.12.31.>
  1. 매도청구의 대상에 대한 분쟁
  2. 매도청구권 행사 시 감정가액에 대한 분쟁
  3. 그 밖에 구청장이 필요하다고 인정하는 사항
⑥ 구청장은 조정협의체 운영 결과 등을 사업시행자에게 통보하여야 한다.
⑦ 시장은 조정협의체 구성 방법 및 운영 등에 필요한 세부기준을 정하여 고시할 수 있고, 조정협의체 운영에 소요되는 비용의 전부 또는 일부를 지원할 수 있다.

부   칙 <제6946호,2018.12.31.>

제1조 (시행일) 이 조례는 공포한 날부터 시행한다.
제2조 (다른 조례의 폐지) 「서울특별시 빈집 활용 및 관리에 관한 조례」는 폐지한다.
제3조 (경과조치) 이 조례 시행 당시 종전의 「서울특별시 빈집 활용 및 관리에 관한 조례」에 따른 지원은 이 조례에 의하여 행하여진 것으로 본다.

부   칙 <제7091호,2019.3.28.>

이 조례는 공포한 날부터 시행한다.

부   칙 (서울특별시 조례의 상위법령 인용조문 일괄정비를 위한 조례)
<제7217호,2019.7.18.>

이 조례는 공포한 날부터 시행한다.

부   칙 <제7366호,2019.9.26.>

이 조례는 공포한 날부터 시행한다.

부   칙 (서울특별시 자치법규 일본식 표현 일괄정비 조례) <제7423호, 2019.12.31.>

이 조례는 공포한 날부터 시행한다.

부   칙 <제7417호,2019.12.31.>

제1조 (시행일) 이 조례는 공포한 날부터 시행한다.
제2조 (건축규제의 완화에 관한 적용례) 제49조제1항의 개정규정은 이 조례 시행 후 사업시행계획인가를 신청하는 경우부터 적용한다.
제3조 (용적률 완화를 위한 임대주택의 건설 비율에 관한 적용례) 제50조의 개정규정은 이 조례 시행 후 사업시행계획인가를 신청하는 경우부터 적용한다.

부   칙 <제7529호,2020.3.26.>

이 조례는 공포한 날부터 시행한다.

부   칙 <제7655호,2020.7.16.>

이 조례는 공포한 날부터 시행한다.

부   칙 (서울특별시 조례 상위법령 인용조문 정비 등 일괄개정조례)
<제7782호,2020.12.31.>

이 조례는 공포한 날부터 시행한다.

부   칙 <제7815호,2020.12.31.>

이 조례는 2021년 2월 19일부터 시행한다. 다만, 제49조제3항 및 제4항의 개정규정은 2021년 3월 23일부터 시행한다.

부   칙 <제8126호, 2021.9.21.>

이 조례는 2021년 9월 21일부터 시행한다.

부   칙 (서울특별시 조례 일본식 표현 등 용어 일괄정비 조례)
<제8235호, 2021.12.30.>

이 조례는 공포한 날부터 시행한다.

부   칙 <제8291호, 2021.12.30.>

제1조 (시행일) 이 조례는 공포한 날부터 시행한다.
제2조 (역세권 범위 적용례) 제3조제6항의 역세권의 범위는 이 조례 시행일로부터 3년이 경과한 다음날부터 적용하며, 이 조례 시행일로부터 3년까지 역세권의 범위는 350미터로 한다.

부   칙 <제8379호, 2022.3.10.>

제1조 (시행일) 이 조례는 공포한 날부터 시행한다.
제2조 (다가구주택의 분양기준에 관한 경과조치) ① 1997년 1월 15일 전에 가구별로 지분 또는 구분소유등기를 필한 다가구주택(1990년 4월 21일 다가구주택 제도 도입 이전에 단독주택으로 건축허가를 받아 지분 또는 구분등기를 필한 사실상의 다가구주택을 포함한다)은 제37조제2항제3호의 규정에도 불구하고 다가구주택으로 건축허가 받은 가구 수로 한정하여 가구별 각각 1명을 분양대상자로 한다.

부   칙 <제8436호, 2022.7.11.>

이 조례는 공포한 날부터 시행한다.

부   칙 (서울특별시 지방보조금 관리 조례) <제8468호, 2022.10.17.>

제1조 (시행일) 이 조례는 공포한 날부터 시행한다.
제2조 및 제3조 생략
제4조 (다른 조례의 개정) ①부터 ⑤까지 생략
  ⑥ 서울특별시 빈집 및 소규모주택 정비에 관한 조례 일부를 다음과 같이 개정한다.
    제45조제3항 중 "「서울특별시 지방보조금 관리 조례」 제8조"를 "「서울특별시 지방보조금 관리 조례」 제4조"로 한다.
  ⑦부터 ⑨까지 생략

부   칙 <제8509호, 2022.10.17.>

이 조례는 공포한 날부터 시행한다.

부   칙 <제8580호, 2022.12.30.>

이 조례는 공포한 날부터 시행한다.

부   칙 <제8676호, 2023.3.27.>

이 조례는 공포한 날부터 시행한다.

부   칙 <제8852호, 2023.7.24.>

이 조례는 2023년 10월 19일부터 시행한다. 다만, 제50조의2제7항의 개정규정은 공포한 날부터 시행한다.

부   칙 <제8961호, 2023.10.4.>

이 조례는 공포한 날부터 시행한다.

부   칙 <제9051호, 2023.12.29.>

이 조례는 공포한 날부터 시행한다.

서울특별시 빈집 및 소규모주택 정비에 관한 조례 시행규칙

[시행 2022. 1. 13.] [서울특별시규칙 제4461호, 2022. 1. 13., 타법개정]

제1조 (목적) 이 규칙은 「서울특별시 빈집 및 소규모주택 정비에 관한 조례」에서 위임한 사항과 그 시행에 필요한 사항을 규정함을 목적으로 한다.

제2조 (사업시행계획의 인가 등) 자치구청장(이하 "구청장"이라 한다)은 「빈집 및 소규모주택 정비에 관한 특례법」(이하 "법"이라 한다) 제12조에 따라 빈집정비사업의 사업시행계획을 인가하는 때에는 사업시행자에게 별지 제1호서식의 사업시행계획인가서를 교부하여야 한다.

제3조 (사업시행계획서의 작성) ① 「빈집 및 소규모주택 정비에 관한 특례법 시행령」(이하 "영"이라 한다) 제12조제3호에 따른 사업의 자금확보계획은 별지 제2호서식에 따른다.
② 영 제12조제4호에 따른 토지 및 건축물 등에 관한 권리의 명세와 권리자의 성명 및 주소는 별지 제3호서식에 따른다.
③ 영 제12조제5호 및 조례 제17조제1항에 따른 기존주택의 철거계획서는 별지 제4호서식에 따른다.

제4조 (조합설립인가 신청서류) 「빈집 및 소규모주택 정비에 관한 특례법 시행규칙」(이하 "시행규칙"이라 한다) 제9조제2항제1호에 따른 조합원명부는 별지 제5호서식에 따르고, 법 제2조제6호에 따른 토지등소유자의 조합 설립 동의율을 확인할 수 있는 동의총괄표는 별지 제6호서식에 따른다.

제5조 (조합설립인가서) 구청장은 법 제23조에 따라 조합의 설립을 인가하거나 해당 인가사항의 변경을 인가하는 때에는 별지 제7호서식의 조합설립(변경)인가서를 신청인에게 교부하여야 한다.

제6조 (조합설립인가 내용의 경미한 변경) 조례 제27조제4호에서 "그 밖에 규칙으로 정하는 사항"이란 사업시행계획인가 신청예정시기의 변경을 말한다.

제7조 (분양신청) 영 제25조제2항제2호에 따른 분양신청서는 별지 제8호서식에 따른다.

제8조 (사업시행계획인가의 신청) ① 시행규칙 제10조제1항 단서에 따른 토지등소유자의 동의서와 토지등소유자의 명부는 별지 제9호서식 및 별지 제10호서식에 따른다.
② 사업시행자가 「국토의 계획 및 이용에 관한 법률」 제56조제1항에 따른 개발행위의 허가 및 같은 법 제130조제2항에 따른 타인 토지의 출입허가를 사업시행계획인가와 함께 받고자 하는 때에는 시행규칙 별지 제6호서식의 사업시행계획인가 신청서에 이를 명확하게 적고 관계 법령에 의한 구비서류를 첨부하여 구청장에게 제출하여야 한다. <개정 2022.1.13.>

제9조 (사업시행계획의 인가 등) ① 구청장은 사업시행자가 인가를 신청한 사업시행계획에 법 제49조제1항제1호에 따른 공공임대주택을 건설하여 서울주택도시공사(이하 "공사"라 한다)에 매도하려는 사항이 포함된 경우에는 법 제29조제6항에 따른 공람 전에 공공임대주택 건설 및 공급계획과 비용계산서 등 관계서류를 첨부하여 서울주택도시공사사장(이하 "공사사장"이라 한다)과 협의하여야 한다.
② 공사사장은 제1항에 따라 구청장이 협의하는 경우에 공공임대주택 매입여부 및 그 비용, 매입절차 및 시기 등에 관한 의견을 통보하여야 한다.
③ 구청장은 법 제29조에 따라 사업시행계획을 인가하는 때에는 사업시행자에게 별지 제1호서식의 사업시행계획인가서를 교부하여야 하며, 공사사장에게 임대주택 건설 및 공급계획과 관계도면을 통보하여야 한다.

제10조 (사업시행계획서의 작성) ① 법 제30조제1항제4호에 따른 임시거주시설을 포함한 주민이주대책은 별지 제11호서식에 따른다.
② 영 제27조제3호에 따른 사업의 자금확보계획은 별지 제2호서식에 따른다.
③ 영 제27조제4호에 따른 토지 또는 건축물 등에 관한 명세와 권리자의 성명 및 주소는 별지 제3호서식에 따른다.
④ 영 제27조제5호에 따른 사업 시행에 지장이 있다고 인정되는 사업시행구역 내 건축물 또는 공작물 등의 명세는 별지 제12호서식에 따른다.
⑤ 영 제27조제6호 및 조례 제33조제1항에 따른 기존 건축물의 철거계획서는 별지 제4호서식에 따른다.
⑥ 영 제27조제9호에 따른 새로 설치되는 정비기반시설의 조서 및 종래의 정비기반시설의 조서는 각각 별지 제13호서식 및 별지 제14호서식에 따른다.
⑦ 영 제27조제10호에 따른 사업시행자에게 무상으로 양여되는 국·공유지의 조서는 별지 제14호서식에 따른다.

제11조 (관리처분계획의 내용) ① 법 제33조제1항제3호에 따른 분양대상자별 분양예정인 대지 또는 건축물의 추산액 및 같은 항 제5호에 따른 분양 대상자별 종전의 토지 또는

건축물의 명세 및 가격은 별지 제15호서식에 따른다.
② 법 제33조제1항제4호 및 영 제30조제1호에 따른 보류지 등의 명세와 추산액 및 처분방법은 별지 제16호서식에 따른다.
③ 법 제33조제1항제6호에 따른 정비사업비의 추산액 및 그에 따른 조합원 분담규모 및 분담시기는 별지 제17호서식에 따른다.
④ 법 제33조제1항제7호에 따른 분양대상자의 종전 토지 또는 건축물에 관한 소유권 외의 권리명세서는 별지 제18호서식에 따른다.
⑤ 법 제33조제1항제8호에 따른 세입자별 손실보상을 위한 권리명세 및 평가액은 별지 제19호서식에 따른다.
⑥ 법 제33조제3항제3호에 따라 현금으로 청산하고자 하는 토지 또는 건축물의 소유자별 명세는 별지 제20호서식에 따른다.
⑦ 영 제30조제4호에 따른 사업의 시행으로 인하여 용도가 폐지되는 정비기반시설의 명세 및 새로 설치되는 정비기반시설의 명세는 각각 별지 제14호서식 및 별지 제13호서식에 따른다.
⑧ 조례 제35조제1호가목에 따른 관리처분계획 대상물건 조서는 별지 제21호서식에 따른다.
⑨ 조례 제35조제1호나목에 따른 임대주택의 부지명세와 부지가액·처분방법 및 임대주택공급대상 세입자명부는 각각 별지 제22호서식 및 별지 제23호서식에 따른다.

제12조 (정비기반시설 등 설치비용의 지원신청 등) ① 사업시행자는 조례 제43조에 따라 주요 정비기반시설 또는 공동이용시설(이하 "정비기반시설등"이라 한다)의 설치비용을 지원받으려는 경우 사업시행계획인가 신청 시 별지 제24호서식의 설치비용 지원신청서에 다음 각 호의 서류를 첨부하여 구청장에게 제출하여야 하며, 구청장은 이를 서울특별시장(이하 "시장"이라 한다)과 협의하여야 한다.
  1. 보조대상 시설의 종류 및 규모
  2. 보조대상 시설의 조서·도면 및 설치비용 계산서
② 시장은 제1항에 따라 구청장이 협의하는 경우에 정비기반시설등 설치비용 지원 및 그 비용, 지원절차 및 시기 등에 관한 의견을 통보하여야 한다.
③ 시장은 제1항에 따른 설치비용 보조대상 금액에서 다음 각 호의 비용을 제외하고 보조할 수 있다.
  1. 새로 설치하는 정비기반시설 내 기존 정비기반시설 중 국·공유지에 해당하는 면적의 토지비
  2. 법 제43조제2항에 따라 사업시행자가 무상양도 받는 국·공유지 비용
④ 시장은 제1항에 따라 정비기반시설등의 설치비용 보조를 위하여 필요한 세부적인 절차 및 기준 등을 별도로 정할 수 있다.

제13조 (보조계획 수립) 시장은 조례 제45조에 따라 사업시행자에게 빈집정비사업 또는 소규모주택정비사업에 소요되는 비용을 보조하려는 경우에는 사업비의 보조계획을 매년 수립하여야 하며, 다음 각 호의 사항을 포함하여 시보에 공고하여야 한다.
 1. 보조대상자
 2. 우선 보조대상 정비사업
 3. 보조금액
 4. 신청기간
 5. 신청서류

제14조 (우선 보조대상 정비사업) 시장은 공공목적의 조기수행을 위하여 필요한 경우에는 우선 보조대상 정비사업을 선정하여 다른 정비사업보다 우선하여 보조할 수 있다.

제15조 (보조신청) ① 사업비의 보조를 신청하려는 자는 제13조제4호의 신청기간 내에 별지 제25호서식의 정비사업 보조신청서를 자금 사용계획서 및 세부 집행계획과 함께 구청장에게 제출하여야 한다.
② 구청장은 제1항에 따라 제출받은 보조 신청서류의 적정여부를 확인하고 시장에게 제출하여야 한다.

제16조 (보조대상 및 금액 결정방법 등) ① 시장은 제15조에 따른 보조신청자가 제출한 자금 사용계획 등의 적정성을 종합적으로 검토하여 보조여부 및 순위, 그 금액을 결정할 수 있다.
② 시장은 제1항에 따라 보조대상 및 순위, 금액 결정을 위하여 필요한 세부적인 사항을 별도로 정할 수 있다.

제17조 (보조대상자 통보) 시장은 제14조 및 제16조에 따라 보조대상자 및 금액을 결정한 때에는 지체 없이 이를 대상자에게 통보하여야 한다.

부　　칙 <제4284호,2019.5.30.>

이 규칙은 공포한 날부터 시행한다.

부　　칙 (어려운 한자어 등의 정비를 위한 서울특별시 규칙 일괄개정규칙)
<제4461호, 2022.1.13.>

이 규칙은 공포한 날부터 시행한다.

「도시정비법」과 「소규모주택정비법」의 체계 비교

도시정비법	소규모주택정비법
제1장 총칙	제1장 총칙
제1조 목적	제1조 목적
제2조 정의	제2조 정의
제3조 도시·주거환경정비 기본방침	제3조 다른 법률과의 관계
	제2장 빈집정비사업
	제1절 빈집정비계획의 수립 등
	제4조 빈집정비계획의 수립
	제5조 빈집등 실태조사
	제6조 빈집등에의 출입
	제7조 빈집등에의 출입에 따른 손실보상
	제8조 빈집등에 관한 자료 또는 정보의 이용 및 요청
제2장 기본계획의 수립 및 정비구역의 지정	
제4조 도시·주거환경정비기본계획의 수립	
제5조 기본계획의 내용	
제6조 기본계획 수립을 위한 주민의견청취 등	
제7조 기본계획의 확정·고시 등	
제8조 정비구역의 지정	
제9조 정비계획의 내용	
제10조 임대주택 및 주택규모별 건설비율	
제11조 기본계획 및 정비계획 수립 시 용적률 완화	
제12조 재건축사업 정비계획 입안을 위한 안전진단	
제13조 안전진단 결과의 적정성 검토	
제13조의2 정비구역의 지정을 위한 정비계획의 입안 요청 등	
제14조 정비계획의 입안 제안	
제15조 정비계획 입안을 위한 주민의견청취 등	
제16조 정비계획의 결정 및 정비구역의 지정·고시	
제17조 정비구역 지정·고시의 효력 등	
제18조 정비구역의 분할, 통합 및 결합	

제19조 행위제한 등	
제20조 정비구역등의 해제	
제21조 정비구역등의 직권해제	
제21조의2 도시재생선도지역 지정 요청	
제22조 정비구역등 해제의 효력	
제3장 정비사업의 시행	**제3장 소규모주택정비사업**
제1절 정비사업의 시행방법 등	**제1절 소규모주택정비사업의 시행방법 등**
제23조 정비사업의 시행방법	제16조 소규모주택정비사업의 시행방법
제24조 주거환경개선사업의 시행자	제17조 소규모주택정비사업의 시행자
제25조 재개발사업·재건축사업의 시행자	
제26조 재개발사업·재건축사업의 공공시행자	제18조 소규모주택정비사업의 공공시행자 지정
제27조 재개발사업·재건축사업의 지정개발자	제19조 소규모주택정비사업의 지정개발자 지정
제28조 재개발사업·재건축사업의 사업대행자	
제29조 계약의 방법 및 시공자 선정 등	제20조 시공자의 선정 등
	제21조 정비사업전문관리업자의 등록 및 선정 등
제29조의2 공사비 검증 요청 등	
제30조 임대사업자의 선정	
제2절 조합설립추진위원회 및 조합의 설립 등	**제3장 제2절 주민합의체의 구성 및 조합의 설립**
제31조 조합설립추진위원회의 구성·승인	제22조 주민합의체의 구성 등
제32조 추진위원회의 기능	
제33조 추진위원회의 조직	
제34조 추진위원회의 운영	
제35조 조합설립인가 등	제23조 조합설립인가 등
제36조 토지등소유자의 동의방법 등	제25조 토지등소유자의 동의방법 등
제36조의2 토지등소유자가 시행하는 재개발사업에서의 토지등소유자의 동의자 수 산정에 관한 특례	
제37조 토지등소유자의 동의서 재사용의 특례	
제38조 조합의 법인격 등	
제39조 조합원의 자격 등	제24조 조합원의 자격 등
제40조 정관의 기재사항 등	
제41조 조합의 임원	
제42조 조합임원의 직무 등	

제43조 조합임원 등의 결격사유 및 해임	
제43조의2 벌금형의 분리 선고	
제44조 총회의 소집	
제45조 총회의 의결	
제46조 대의원회	
제47조 주민대표회의	
제48조 토지등소유자 전체회의	
제49조 민법의 준용	
제3절 사업시행계획 등	제3장 제3절 사업시행계획 등
	제26조 건축심의
	제27조 통합심의
제50조 사업시행계획인가	제29조 사업시행계획인가
제51조 기반시설의 기부채납 기준	
제52조 사업시행계획서의 작성	제30조 사업시행계획서의 작성
제53조 시행규정의 작성	제31조 시행규정의 작성
제54조 재건축사업 등의 용적률 완화 및 국민주택규모 주택 건설비율	제32조 주택의 규모 및 건설비율 등
제55조 국민주택규모 주택의 공급 및 인수	
제56조 관계 서류의 공람과 의견청취	
제57조 인·허가등의 의제 등	제55조 다른 법률의 인·허가등의 의제 등
제58조 사업시행계획인가의 특례	
제59조 순환정비방식의 정비사업 등	
제60조 지정개발자의 정비사업비의 예치 등	
제4절 정비사업 시행을 위한 조치 등	제3장 제4절 사업 시행을 위한 조치 등
제61조 임시거주시설·임시상가의 설치 등	
제62조 임시거주시설·임시상가의 설치 등에 따른 손실보상	
제63조 토지 등의 수용 또는 사용	
제64조 재건축사업에서의 매도청구	제35조 매도청구
제65조 「공익사업을 위한 토지 등의 취득 및 보상에 관한 법률」의 준용	제56조 「도시 및 주거환경정비법」의 준용
제66조 용적률에 관한 특례 등	
제67조 재건축사업의 범위에 관한 특례	
제68조 건축규제의 완화 등에 관한 특례	제48조 건축규제의 완화 등에 관한 특례
제69조 다른 법령의 적용 및 배제	
제70조 지상권 등 계약의 해지	제38조 지상권 등 계약의 해지

제71조 소유자의 확인이 곤란한 건축물 등에 대한 처분	
제5절 관리처분계획 등	
제72조 분양공고 및 분양신청	제28조 분양공고 및 분양신청
제73조 분양신청을 하지 아니한 자 등에 대한 조치	제36조 분양신청을 하지 아니한 자 등에 대한 조치
제74조 관리처분계획의 인가 등	
제75조 사업시행계획인가 및 관리처분계획인가의 시기 조정	
제76조 관리처분계획의 수립기준	제33조 관리처분계획의 내용 및 수립기준
제77조 주택 등 건축물을 분양받을 권리의 산정 기준일	
제78조 관리처분계획의 공람 및 인가절차 등	
제79조 관리처분계획에 따른 처분 등	제34조 사업시행계획인가에 따른 처분 등
제80조 지분형주택 등의 공급	
제81조 건축물 등의 사용·수익의 중지 및 철거 등	제37조 건축물 등의 사용·수익의 중지 및 철거 등
제82조 시공보증	
제6절 공사완료에 따른 조치 등	
제83조 정비사업의 준공인가	
제84조 준공인가 등에 따른 정비구역의 해제	
제85조 공사완료에 따른 관련 인·허가등의 의제	
제86조 이전고시 등	
제86조의2 조합의 해산	
제87조 대지 및 건축물에 대한 권리의 확정	
제88조 등기절차 및 권리변동의 제한	제40조 이전고시 및 권리변동의 제한 등
제89조 청산금 등	제41조 청산금 등
제90조 청산금의 징수방법 등	
제91조 저당권의 물상대위	
제4장 비용의 부담 등	**제3장 제6절 비용의 부담 등**
제92조 비용부담의 원칙	제42조 비용부담의 원칙 및 비용의 조달
제93조 비용의 조달	
제94조 정비기반시설 관리자의 비용부담	
	제4장 사업 활성화를 위한 지원
제95조 보조 및 융자	제44조 보조 및 융자

	제45조 공동이용시설 사용료 등의 감면
	제46조 빈집정비사업에 대한 특례
	제47조 정비구역의 행위제한에 관한 특례
	제49조 임대주택 건설에 따른 특례
제96조 정비기반시설의 설치	제43조 정비기반시설의 설치 및 토지 등의 귀속 등
제97조 정비기반시설 및 토지 등의 귀속	
제98조 국유·공유재산의 처분 등	
제99조 국유·공유재산의 임대	
제100조 공동이용시설 사용료의 면제	
제101조 국·공유지의 무상양여 등	
제5장 공공재개발사업 및 공공재건축사업	
제101조의2 공공재개발사업 예정구역의 지정·고시	
제101조의3 공공재개발사업을 위한 정비구역 지정 등	
제101조의4 공공재개발사업 예정구역 및 공공재개발사업·공공재건축사업을 위한 정비구역 지정을 위한 특례	
제101조의5 공공재개발사업에서의 용적률 완화 및 주택 건설비율 등	
제101조의6 공공재건축사업에서의 용적률 완화 및 주택 건설비율 등	
제5장의2 공공시행자 및 지정개발자 사업시행의 특례	
제101조의8 정비구역 지정의 특례	
제101조의9 사업시행자 지정의 특례	
제101조의10 정비계획과 사업시행계획의 통합 수립	
제6장 정비사업전문관리업	
제102조 정비사업전문관리업의 등록	
제103조 정비사업전문관리업자의 업무제한 등	
제104조 정비사업전문관리업자와 위탁자와의 관계	
제105조 정비사업전문관리업자의 결격사유	

제106조 정비사업전문관리업의 등록취소 등	
제107조 정비사업전문관리업자에 대한 조사 등	
제108조 정비사업전문관리업 정보의 종합관리	
제109조 협회의 설립 등	
제110조 협회의 업무 및 감독	
제7장 감독 등	**제54조 감독 등**
제111조 자료의 제출 등	
제111조의2 자금차입의 신고	
제112조 회계감사	
제113조 감독	
제113조의2 시공자 선정 취소 명령 또는 과징금	
제113조의3 건설업자 및 등록사업자의 입찰참가 제한	
제114조 정비사업 지원기구	제50조 정비지원기구
	제51조 임대관리업무 등의 지원
제115조 교육의 실시	
제116조 도시분쟁조정위원회의 구성 등	
제117조 조정위원회의 조정 등	
제117조의2 협의체의 운영 등	
제118조 정비사업의 공공지원	
제119조 정비사업관리시스템의 구축	제15조 빈집정보시스템의 구축
제120조 정비사업의 정보공개	
제121조 청문	
제8장 보칙	**제5장 보칙**
	제52조 빈집정비사업의 지침고시 등
	제53조 기술지원 및 정보제공
제122조 토지등소유자의 설명의무	
제123조 재개발사업 등의 시행방식의 전환	
제124조 관련 자료의 공개 등	
제125조 관련 자료의 보관 및 인계	
제126조 도시·주거환경정비기금의 설치 등	
제127조 노후·불량주거지 개선계획의 수립	

제128조 권한의 위임 등	
제129조 사업시행자 등의 권리·의무의 승계	제57조 사업시행자 등의 권리·의무의 승계
제130조 정비구역의 범죄 등의 예방	
제131조 재건축사업의 안전진단 재실시	
제132조 조합임원 등의 선임·선정 및 계약 체결 시 행위제한 등	
제132조의2 건설업자와 등록사업자의 관리·감독 의무	
제132조의3 허위·과장된 정보제공 등의 금지	
제133조 조합설립인가 등의 취소에 따른 채권의 손해액 산입	
제134조 벌칙 적용에서 공무원 의제	제58조 벌칙 적용에서 공무원 의제
제9장 벌칙	**제6장 벌칙**
제135조 벌칙	제59조 ~ 제64조 생략
제136조 벌칙	
제137조 벌칙	
제138조 벌칙	
제139조 양벌규정	
제140조 과태료	
제141조 자수자에 대한 특례	
제142조 금품·향응 수수행위 등에 대한 신고 포상금	
부칙	부칙

```
┌─ ─ ─ ─┐
│ 版 權 │
│       │
│ 所 有 │
└─ ─ ─ ─┘
```

2024년 최신판
소규모주택정비사업

2024年 3月 20日 初版 發行

編　著 : 법률연구회
發行處 : 법률정보센터

주소　서울특별시 성북구 아리랑로4가길 14
전화　(02) 953-2112
등록　1993.7.26. NO.1-1554
www.lawbookcenter.com

* 本書의 無斷 複製를 禁합니다.
ISBN 978-89-6376-545-7　　　　定價 : 30,000원